国家出版基金项目
NATIONAL PUBLICATION FOUNDATION

抗战旗帜
毛泽东

杨冬权

著

江苏人民出版社

图书在版编目(CIP)数据

抗战旗帜毛泽东/杨冬权著. —南京:江苏人民
出版社,2023.7(2025.7重印)

ISBN 978 - 7 - 214 - 28072 - 5

Ⅰ.①抗… Ⅱ.①杨… Ⅲ.①毛泽东军事思想-研究
②抗日战争-史料-研究-中国 Ⅳ. ①A841.65
②K265.06

中国国家版本馆 CIP 数据核字(2023)第 083625 号

书　　　名	抗战旗帜毛泽东
著　　　者	杨冬权
责 任 编 辑	康海源　李　旭　汤丹磊
装 帧 设 计	今亮后声·郭维维
责 任 监 制	王　娟
出 版 发 行	江苏人民出版社
地　　　址	南京市湖南路 1 号 A 楼,邮编:210009
照　　　排	江苏凤凰制版有限公司
印　　　刷	江苏凤凰盐城印刷有限公司
开　　　本	652 毫米×960 毫米　1/16
印　　　张	40　插页 4
字　　　数	465 千字
版　　　次	2023 年 7 月第 1 版
印　　　次	2025 年 7 月第 4 次印刷
标 准 书 号	ISBN 978 - 7 - 214 - 28072 - 5
定　　　价	128.00 元

(江苏人民出版社图书凡印装错误可向承印厂调换)

目　录

序章 何谓"抗战旗帜"——称得上"抗战旗帜"的 12 个条件

写下本书这个题目之前,我翻来覆去考虑过多少次。

最初题目想叫"毛泽东与中国抗战",或叫"毛泽东在中国抗战中",但觉得那都太普通,突出不了毛泽东在中国抗战中的独特作用,没有鲜明性、个性和特点,也没有冲击力。因为写任何一个参加过抗日的人,题目都可以叫"某某某与中国抗战"或"某某某在中国抗战中"。

后来想起叫现在这个题目,虽然觉得有特点、有个性、有冲击力,但也犹豫过很多次。每天晚上散步时,自己都要问自己:毛泽东在抗日战争期间,始终不是中国执政党的领导人,不是中国名义上的领导人,不是世界各国承认的中国领导人,而只是中国敌后战场的领导人,少部分地区、少部分军队与少部分人民的领导人,说他是抗战旗帜,证据充不充分、理由充不充足呢? 能不能让人信服呢? 甚至会不会让人反感呢?

当我看完毛泽东在抗战时期的所有档案后,我说服了我自己,我对本书的题目坚信不疑,我不怕任何人质疑这个题目和这个观点。不错,毛泽东虽然名义上并不是抗战时期的中国领导人或"抗战领袖",但毛泽东事实上完全当得起"抗战旗帜"这个称号,毛泽东确实是中国抗日的一面旗帜,一面在十四年抗战中始终飘扬的旗帜,一面在抗日的正面战场和敌后战场军民心中都让人仰望的旗帜,一面被世界上很多国家正义人士宣传过的旗帜,一面让日本侵略者始终扎眼、始终痛恨、始终想拔掉的旗帜!我要通过这个题目和这本书,说服更多人,影响更多人,让更多人认可这面旗帜。

　　还在中国抗战进入全面抗战的初期,毛泽东曾在他最著名的中国抗战指导著作《论持久战》中,说明了作为"抗日战争的指挥员"的作用和本领。他说:"指导战争的人们不能超越客观条件许可的限度期求战争的胜利,然而可以而且必须在客观条件的限度之内,能动地争取战争的胜利。战争指挥员活动的舞台,必须建筑在客观条件的许可之上,然而他们凭借这个舞台,却可以导演出很多有声有色、威武雄壮的戏剧来。在既定的客观物质的基础之上,抗日战争的指挥员就要发挥他们的威力,提挈全军,去打倒那些民族的敌人。""我们不赞成任何一个抗日战争的指挥员,离开客观条件,变为乱撞乱碰的鲁莽家,但是我们必须提倡每个抗日战争的指挥员变为勇敢而明智的将军。他们不但要有压倒敌人的勇气,而且要有驾驭整个战争变化发展的能力。指挥员在战争的大海中游泳,他们要不使自己沉没,而要使自己决定地有步骤地到达彼岸。作为战争指导规律的战略战术,就是战争大海中的游泳术。"(《毛泽东选集》第二卷,人民出版社1991年版,第478页。以下简称《选集》)这段话,不但说出了"抗日战争的指挥员"的重要性,而且说出了作为"抗日战争的指挥员"所应具有的几个条件:(1)在客观条件的基础上发挥威力,提挈全军,打倒敌人;(2)不是乱碰乱撞的鲁莽家,而是勇敢而明智的将军;(3)既要有压倒敌人的勇气,又要有驾驭整个战争变化发展的能力;(4)能在客观条件的舞台上,导演出很多有声有色、威武雄壮的戏剧来;(5)能掌握战争的指导规律、战略战术,在战争的大海中游泳到胜利的彼岸。用毛泽东提出的这几个条件来衡量,我们可以说,毛泽东是完全做到了,是完全符合的。我们甚至可以认为,毛泽东提出的这些条件,就像是为他本人量身定制的一样。毛泽东就是这样的一个"抗日战争的指挥员",一个"导演出很多有声有色、威武雄壮"的抗日戏剧的大导演,一位不鲁莽、不乱撞、不乱碰、不做蚀本生意的"勇敢而明智的将军",一位"在战争的大海中游泳"而不沉没且到达彼岸的游泳高手。难道这样的人,还不能称为"抗战旗帜"吗?

旗帜是什么?旗帜的本义是指各种作为某种标志的旌旗,其关键词是"具有标志性"。旗帜的引申义则为人们愿意信奉并以之作为指南的思想理论和具有感召力的能够为人们指引前进方向的精神力量,或者是在某一领域具有先锋模范作用的人或事物。其关键词是"指南""感召力""指引前进方向""精神力量""先锋模范"。

根据我的理解,旗帜是标志,旗帜是指南,旗帜是方向;旗帜是指路的灯,旗帜是领航的船;旗帜是领头的雁,旗帜是带路的羊;旗帜是众望所归,旗帜是万民所向;旗帜是人心的所想所往,旗帜是意志的集中体现;旗帜是黑夜中的曙光,旗帜是困难中的希望。旗帜不应该时有时无,旗帜不应该时倒时斜;旗帜不仅在当时不倒,而且在以后也长期飘扬;旗帜不仅能指引一国人民,而且也能指引其他国家的人民。

抗战的旗帜是什么?就是抗日的标志性人物、代表性人物、象征性人物、引领性人物、领导性人物、领袖级人物,是抗日人士自愿跟随、心中向往、自发传扬的人物。

在我看来,作为抗战旗帜,最关键的至少有两点,或者至少要做到两个字:

第一是要能"抗"。也就是说，他应该是抵抗的标志。不抗日，或者抗日不坚决、不自始至终，绝不能称为抗战旗帜。他必须在从日军开始进攻中国国土的时候起，就是抗日的倡导者，就是坚定的抗日者，就必须举起抗日的大旗，组织有效的抵抗，发动正义的抗日战争。不但他本人对日始终不妥协、不投降，而且他的部下也要不妥协、不投降。他应该是抵抗的象征、抗争的标志、抗日的代名词，是在任何情况下都同日寇血战直至把他们逐出中国的代表性人物。他绝不应该对日本侵略者寄予幻想、态度犹疑、一忍再忍、百般纵容，绝不能在鬼子打进国门、炮轰自己的士兵和人民时还坚持不抵抗，听任国土沦丧，也不能在起而抵抗后还不断寻找机会对日妥协、与敌人眉来眼去，抵而不抗、抗而不胜、抵抗不住，成为世人的笑柄和诟骂对象。战争中，能"抗"者方能言胜，能"抗住"者才是大英雄、真豪杰。

第二是要能"胜"。也就是说，他应该是胜利的象征。抗日的目的和宗旨在于求胜。屡抗屡败的战争领导者也绝不应称为抗战旗帜。他应该始终具有中国必胜的信心和号召，应该掌握克敌制胜的法宝，应该是在抗战期间指挥所部常打胜仗、挫敌锐气、鼓舞国人的"常胜将军"，是收复失地、恢复河山、让更多人民免陷魔掌的克敌高手。他不但自己对日不投降，而且部下也对日不投降。他应该是胜利的希望、胜利的符号、胜利的化身。他指挥的部下不应该在日军面前望风而逃、一触即溃，降兵如潮，屡战屡败，将大片国土拱手送敌，不应该是失败的标志、失地的象征、投降者的掌门人。

如果我们要为"抗战旗帜"设立一些条件或标准，我看至少要同时符合以下 12 条：

第一，要对中国抗战作出过一系列正确的预见，对抗战起到引领性的认识作用。

第二,要始终揭示中国抗战的正义性,给抗日军民和中国抗战以正义地位。

第三,要始终地、毫不动摇地具有抗日的坚定决心和钢铁意志,成为抵抗侵略的代表。

第四,要始终地、毫不动摇地具有抗日必胜的坚强信念和充分信心,始终给人们以胜利的希望。

第五,要始终地、毫不动摇地坚持中国抗日必须取得全部胜利,即必须把日军全部逐出中国领土而不只是逐出山海关,必须恢复九一八事变即中国局部抗战发生之前而不是七七事变即全面抗战爆发之前的态势,让日本 14 年而不是 8 年的侵华所得归零。

第六,要正确地提出中国抗战的战略理论、战略方针并始终加以贯彻执行。

第七,必须坚持和实行全面抗战、全民族抗战,坚持和实行抗日民族统一战线,允许、支持并团结和带领各方面抗日人士和一切抗日力量参加抗战,成为团结抗日的旗帜。

第八,必须指挥部下常打胜仗,有效消灭、消耗或牵制敌人,是胜利而非失败的化身。

第九,必须指挥部下收拾河山,从日军手中收复失地,而非向日军送土地、送人民。

第十,必须能够在抗日中在消灭敌人的同时也不断壮大自己的力量,不断发展自己。

第十一,必须始终坚持并实行最广泛的国际反日统一战线,结成最广泛的反日国际同盟。

第十二,提出的抗战理论具有"它适性",能为抗战之后的人们和中国之外的人民在反侵略斗争中运用和实践,在比中国抗战更加广泛的时间范围与空间范围内得到传播并得到应用。

我认为，凡能全部符合这 12 个条件的人，无论是谁，都可以算是名实相符的抗战旗帜。那么，毛泽东是否能够全部符合这 12 个条件呢？

下面，我想从各个不同的方面，来梳理和罗列毛泽东在中国抗战中的主要言论特别是行动，分析和研究他在中国抗战中的旗帜性、引领性作用。我所罗列的主要是已公开发表过的毛泽东抗日言行，来自《毛泽东选集》《毛泽东文集》《毛泽东早期文稿》《毛泽东年谱》《毛泽东传》等权威性第一手资料。这些资料中，凡与抗日有关的，我都尽可能地按类别梳理并按时间顺序罗列出来，因为我自己想，同时也想让读者们全面地、系统地了解抗战时期毛泽东的所思所想、所言所讲、所做所当。我发现，这种分类梳理和系统排列，本身就已经说明问题，很多时候竟无须笔者再向读者多说些什么。我想，这就是事实的力量、逻辑的力量吧！我体会到：这种客观的梳理和排列，虽然是一种笨办法、死功夫，但实际上，它既是一种历史的再现、事实的再现，又是对毛泽东抗日言行，特别是对毛泽东在中国抗战中旗帜性作用的一种再发现、再认识。其中不少资料，以前看过，甚至不止一遍地看过，但由于是孤立地看，而没有系统地前后联系起来看，所以没看出其重要性、独到性，这次有序排列起来、系统连贯起来以及同其他史实联系起来一看，便突然觉得"眼前一亮""心头一震""热血一涌"，有了很多新的、自己从未体会到，且前人也从未说到过的、重大的发现。又有一些资料，过去自己不走心，没有"确认过眼神"去专注过，这次借机关注了一下，方知道：噢，原来毛泽东这么想过、这么说过、这么做过。还有一些资料，过去对之不理解，甚或有误解，这次联系上下文完整地读过，或联系其他史实重新读过，又有了新的理解或消除了过去的误解。

所以，我这次写这本书，可以说是重读毛泽东，也可以说是再发现毛泽东、再认识毛泽东。浅薄愚钝如我者，尚可在重读中有不少新发现，相信比我更加博识聪明的读者，肯定会有更多新的发现。特别是毛泽东关于中国抗战的许多认识，不仅对当时的中国抗战有过实践的指导意义，而且对其他的战争、其他的事务也还继续有着普遍的认识意义、借鉴意义甚至指导意义，是可以称为知识或理论或哲学的东西，它不但可以为抗战史的研究者和毛泽东的研究者所共享，而且可以为全人类所共享。所以我们重读它，就更有意义、更有价值，也更为重要了。

第一章　对中国抗战十几个方面的 100 多个准确预见

现代人出行，只需带上导航，输入目的地，就可以了。因为导航会告诉你，到达目的地大致需要多少时间，哪条路堵车需绕行，前行多少米有红灯、有探头，走到哪应该左拐或右拐，走到哪需要减速；如果走错了，它会告诉你你已经偏离了方向，应该在哪掉头。现在看来，在中国抗战中，毛泽东始终以他的科学预见，在为这场战争"导航"。从某种程度上可以说，毛泽东就是"中国抗战的导航"。谁应用了、听从了，谁的损失就小、胜利就大。

作为中国抗战的旗帜性人物，作为中国抗战的实际领导人之一，必须对中日两国国情和国际形势有全面而透彻的了解，对中国抗战有全盘、扎实的研究和深入、独到的分析，作出科学、全面的预见，从而据以作出正确的决策、充分的准备和及时的调整。

在中国抗战即将胜利之际，毛泽东曾在中国共产党的全国代表大会上告诉全党：领导就是预见，没有预见就没有领导。所以，作为中国抗战的引领性人物、领导性人物、领袖型人物，必须要对中国抗战作出一系列科学的、正确的、得到事实验证和历史检验的预见。这一条应该是衡量"抗战旗帜"的最主要条件。因为没有对战争的正确预见，即使有抗日的决心和胜利的信心，也难以实现，抗日的决心和信心也会落空。所以，没有这一条，任何人也难以真正称得上是"抗战旗帜"。所以，我把毛泽东对中国抗战十几个方面的上百个准确预见，放在开头，作为最为重要的第一章，放在首要的、显著的、突出的位置，加以介绍和分析。

第一节　对战争发生的预见

一、"二十年内，非一战不足以图存"
——对中国抗战发生时间的预见

中国抗日战争或者说日本侵华战争，虽然局部发生于 1931 年、全面发生于 1937 年，但不是突然、偶然的，而是日本侵略政策和侵华野心的必然结果，是历史演进的必然结果。这场战争会不会发生？什么时候会发生？具有强烈爱国情怀、敏锐政治警觉、宏大国际视野和深邃历史眼光的青年学子毛泽东，居然在 1916 年 7 月 25 日，也就是北大营的炮声响起之前 15 年和卢沟桥的枪声打响之前 20 年左右，就作出了当时曾令人怀疑、后来则令人叹服的精准预见：

"日人诚我国劲敌！"

"二十年内，非一战不足以图存。"（中共中央文献研究室编：《毛泽东年谱（1893—1949）》（修订本）上卷，中央文献出版社 2013 年版，第 23 页。下简称《年谱》）

也就是说，早在日本局部侵华、中国局部抗战之前 15 年和日本全面侵华或中国全面抗战爆发前 20 年多一些，毛泽东就先人一步地预见到：中国的最大敌人是日本；面对侵华野心步步扩大的日本，中国不打一场全面抗击日本的战争，是不足以救亡图存、生存立国的。

　　毛泽东作出这一大胆预测的背景是：这一年的 7 月 3 日，日本驻俄大使与沙俄外交大臣沙扎诺夫签订日俄密约，约定防止怀有敌意的第三国支配中国，一旦由此引起战争，彼此互相援助。这是日本和俄国第四次关于瓜分中国的密约，所以也称第四次日俄密约。前三个密约的内容也都是关于均分中国利益的。第一个日俄密约于日俄战争中俄国战败后的第三年即 1907 年 7 月在圣彼得堡签订，其中规定：日本承认俄国在中国东北北部和外蒙古的特殊利益，俄国承认日本在中国东北南部和朝鲜的特殊利益。第二个日俄密约签订于 1910 年 7 月，针对美国提出的中国东北铁路中立案，双方约定：维持中国东北现状和确保两国铁路利益。第三个日俄密约签订于 1912 年 7 月，针对中国辛亥革命后的新形势，两国约定将内蒙古东部划为日本的势力范围，西部划为俄国的势力范围。从 1907 年到 1919 年，通过四个密约，日本与俄国步步加深和扩大对中国的侵略，围绕中国的利益而步步深化其联盟，直至正式结为军事同盟。

　　第四次日俄密约，把日本和俄国的势力范围，从中国东北和内蒙古、外蒙古，进而扩展到全中国。这不啻一条锁住中国的军事锁链，又像一块压在中国身上的巨石。

　　第四次日俄密约签订后，7 月 25 日，在湖南长沙一师读书的毛泽东，从报上得知消息后，写信给同学萧子升："此约业已成立，两国各尊重在满蒙之权利外，俄让长春滨江间铁路及松花江航权，而日助俄以枪械弹药战争之物。"他预测："今所明布者犹轻，其重且要者，密之不令人见也。"（《毛泽东早期文稿》，湖南人民出版社 2008 年版，第 44 页）确实，密约的主要内容即日俄为均吞中国、阻止他国染指而结为军事同盟的内容，毛泽东并未从当时报纸的公开报道中读到,但他都敏锐地预测到日俄这两个对华吸血鬼,会有秘而不宣、密不示人的肮脏交易。可见其预见之深刻和可贵。

在这封信中,他还针对报载日本内阁动摇的消息提醒说:日本"无论何人执政,其对我政策不易"。即,日本不论谁执政,它侵略中国的政策都不会改变,不可能改弦易辙。后来的一系列事实证明,毛泽东的这个预见也是十分准确的。接着,他进一步推断说:"思之思之,日人诚我国劲敌!"(《年谱》上,第 23 页)

后来的历史发展,果然证实了青年毛泽东的这一论断:11 年后,1927 年,日本首相在臭名昭著的"田中奏折"中,提出了"欲征服支那,必先征服满蒙;如欲征服世界,必先征服支那"的侵略中国并侵略世界的纲领;15 年后,1931 年,日本发动九一八事变,全面侵占中国东北达 14 年之久;20 年后,日本又发动七七事变,开始全面侵略中国,蹂躏中国东部大片国土达七八年之久,成为近代中国的最大敌人和最大侵略者。

信中,毛泽东针对日本对中国主权步步侵犯、对中国权益日益侵占的情势,忧心忡忡、万分感慨地写道:"感以纵横万里而屈于三岛,民数号四万万而对此三千万者为之奴,满蒙去而北边动,胡马骎骎入中原,况山东已失,开济之路已为攫去,则入河南矣。"(《年谱》上,第 23 页)是啊!近几年日本攫去中国蒙古、东北的权益,登陆山东而染指中原,把魔爪伸到黄河之南。这让具有强烈爱国心和强烈反日感的毛泽东激愤不已,奋笔写下大胆预言:"二十年内,非一战不足以图存"!也就是说,20 年内,中日必有一场大战,中国不以一场举国抗日的大战,不足以拒日军、图生存,不足以振国威、救中国!此言何等慷慨爱国,又何等科学准确!这就是 1916 年,毛泽东为中国拉响的抗日警报、为中国敲响的抗日警钟、给中国写下的抗日警句!在全中国的 4 亿多人中,在全世界的 20 多亿人中,有几个人能比年仅 22 岁的毛泽东更深切地看到日本鲸吞中国的危险步步逼近、中日决战的结果不可避免呢？又有几个人能比毛泽东更准确地预见到中日决战的大致时间呢？又有几个人的语言比毛泽东的这句话更能让人动容、让人顿醒、让人振起，如此地振聋发聩呢？

令人遗憾的是，1931 年日本侵略东北的炮声并没有轰醒中国当局和东北当局，以致中国没有发起一场拯救危亡的全国抗战。因为当局奉行的是"不抵抗"政策，是自废武功、自动解除武装的妥协政策。因而中国"图存"的"一战"本应该发生但实际上没有发生。毛泽东的预言被推迟到 5 年多以后才真正实现。预言晚了近一年才被证实。再聪明的毛泽东，他也预料不到中国当局会在外敌入侵时放弃抵抗。

毛泽东写到这里，意犹未尽，接着感慨道："而国人犹沉酣未觉，注意东事少。"(《年谱》上，第 23 页)难道时人对日本关注真的不多吗？《中国百年大写真》回顾了 20 世纪中国百年，且看一看这本书从当时报刊上摘录的 1916 年 1 月至 7 月的大事条目：袁世凯称帝；唐继尧讨袁；袁世凯提高警权；蔡锷通电讨袁；袁英谋刺袁世凯；日警告袁世凯延缓帝制；《民国日报》创办；中华革命党人袭击肇和兵舰；陈其美任江浙皖赣总司令；袁世凯延缓登基；日本干预洪宪帝制；袁世凯撤销帝制；陈宦与蔡锷联络倒袁；广东宣布独立；江阴守军叛袁；两广达成讨袁协议；新裕轮船遭海容号军舰撞沉；冯国璋主张袁世凯退位；梁启超要求袁世凯退位；孙中山二次讨袁；陈其美遇刺身亡；丙辰复辟；袁世凯病死；孙中山发表规复约法宣言；梁启超提出善后办法；北京政府令各省停战；段祺瑞任国务总理；直系军阀集团形成；皖系军阀集团形成；黎元洪申令惩办帝制祸首；孙中山阐明国号意义。在这 30 多件大事中，大多是围绕帝制复辟的,只有 2 件是日本干涉中国帝制的事件。这或许可从一个侧面证明中国人当时对东邻日本步步侵略中国之事注意较少,"沉酣未觉"。于此说来,此时的毛泽东,年纪轻轻,便已深切忧国、心怀天下了。

　　面对这一局面,怎么办呢? 毛泽东卓然提出"磨砺以待日本"的预防大计。他接着写道:"吾侪无他事可做,欲完自身以保子孙,止有磨砺以待日本。"(《年谱》上,第 23 页)也就是说,作为中国人,面对日本的步步逼侵,要想保全自己和子孙,只有磨刀砺剑,充分准备,以待日本发动侵华大战时,严阵以对,一决雌雄,以战图存,以战雪耻,以战救亡,以战复兴。"磨砺以待日本"——这就是毛泽东在 20 世纪 20 年代提出的"抗日策""救国策""胜利策"!

　　其实,毛泽东还在 1910 年前后,就已萌生了反日、抗日的爱国思想。这一年,毛泽东在家乡上学时,曾读过一本关于列强瓜分中国的小册子。小册子开头第一句话沉痛地叹息:"呜呼,中国其将亡矣!"接着介绍了日本占领中国藩属朝鲜和中国台湾的经过以及法国侵占中国藩属越南等情况。这使年轻的毛泽东深受刺激,印象深刻。以致直到 1936 年毛泽东在与美国记者斯诺谈话时,还能清晰地回忆起这本书的内容,并谈到读后感受:对国家的前途感到沮丧。开始认识到,国家兴亡,匹夫有责。日本先占中国藩属、再占中国领土的侵略行径,无疑让毛泽东对日本心生反感。

　　1915 年 1 月,日本向中国提出形同吞灭中国的"二十一条"后,中国到处掀起反日浪潮。5 月 7 日,日本竟然无耻地发出最后通牒,限中国于两天之内明确答复。两天后,袁世凯政府居然可耻地接受。消息传到长沙,毛泽东就读的学校很快编印了有关日本侵略中国的小册子《明耻篇》。毛泽东看后,激愤地在书的封面上挥笔题词:"五月七日,民国奇耻。何以报仇? 在我学子!"(《年谱》

上，第17页)把日本的强盗行径，看作是中国的奇耻大辱，并发誓要同全国的青年学子们一起努力，有朝一日，打败日本，为中国报此大仇。毛泽东反日意志之坚定，抗日意识之强烈，于这四句题词中，鲜明地体现了出来。

二、"大规模之抗日战争""决不可免"
——对全国抗战必然发生及其发生人物、地点、规模、影响的预见

日本侵占中国东北后，侵略魔爪又悄悄伸向华北，于9月策动"华北五省自治运动"。1935年11月28日，刚刚结束长征到达陕北的毛泽东，与朱德联名发表《抗日救国宣言》，指出："继东北四省之后，现在又是华北半个中国的沦亡。日本帝国主义强盗们是要把全中国人民变为亡国奴，把整个中国变为殖民地。"(《毛泽东文集》第一卷，人民出版社1993年版，第360页。下简称《文集》)这就提前一年多预见了日本将要在华北公开打响的全面侵华战争。

这是毛泽东在全面抗战爆发前，首次提出日本全面侵华战争将必然发生的预言。在此之前，毛泽东先是在中央苏区被国民党军队一次次"围剿"后退出苏区，接着又在长征路上被国民党军队围追堵截，一路追着打，没有精力来研究日本的下一场侵华战争打不打的问题。只是他到了陕北以后，有了落脚之地，才开始关注这些问题。

1936年7月15、16日，刚到延安不几天的毛泽东，在同美国记者斯诺的谈话中，明确告诉斯诺："日本军阀想征服全中国。""就是扬子江下游和南方各港口，都已经包括在日本帝国主义的大陆政策之内。"(《文集》一，第390、402页)又一次说明了日本全面侵华战争的必然性。

这年夏天，毛泽东在写给国民党军第84师师长高桂滋的信中

恳切指出："时至今日,全国即将陷于沦亡惨境。"(《文集》一,第 413 页)提前预见了一年以后日军将大举侵华、中国国土将大片沦丧的景象。

同年 8 月 14 日,毛泽东写信给国民政府冀察政务委员会委员长、国民党军第 29 军军长宋哲元,说:"况今日寇得寸进尺,军事政治经济同时进攻,先生……果然确立抗日决心……一俟时机成熟,实行发动大规模之抗日战争,则不但苏维埃红军愿以全力为先生及二十九军助,全国民众及一切抗日力量均将拥护先生及贵军全体为真正之抗日英雄。"(《文集》一,第 418 页)

这封信看似寻常,实则对中国的全面抗战作出了极其准确的预见。这封信写后 80 多年中和公开发表后 30 多年中,少有人注意到其对中国全面抗战的预见作用。

第一,它百分之百地预见到了全面抗战的发动人——宋哲元,而非其他国民党军将领或其他中国人。信中希望宋哲元"实行发动大规模之抗日战争"。毛泽东在给宋哲元写信的前后,还曾给傅作义等 10 多位国民党军队将领写过信,表达停止内战、共同抗日的意愿,但唯独在给宋哲元的信中有这句话,给其他人的信中都没有这样的表述。事实如何呢? 不到一年后,1937 年 7 月 7 日晚,日军荷枪实弹开往宋哲元部所驻扎的北平西南宛平城附近的卢沟桥一带,举行挑衅性军事演习。深夜,日本驻北平特务机关长电话通知中国冀察当局,声称演习士兵失踪一名,要求进入宛平城搜查,遭到宋哲元部的严正拒绝。不久,日方虽得知失踪士兵已归队,却仍提出日军要进入城内,再遭中方拒绝。次日凌晨,日军向中国守军发起攻击,并炮轰宛平城,宋哲元部第 29 军的吉星文团奋起抵抗,英勇还击。毛泽东预言的"大规模之抗日战争"由此打响。中国的抗日战争也就此由局部抗战发展到全面抗战。

第二，它百分之百地预见到了全面抗战的发生地点——宋哲元第29军驻地范围，而非华北五省或全国其他军队的驻地范围。其实，在毛泽东写信的当时，绥远受到日军侵略的威胁要甚于北平，但毛泽东在致信宋哲元的同一天写给驻扎绥远的国民党军第35军军长傅作义的信中，就没有希望其"发动大规模之抗日战争"的语言，而只是说"先生如能毅然抗战，弟等决为后援"。（中共中央文献研究室编：《毛泽东书信选集》，人民出版社1983年版，第43页。下简称《书信选集》）而且，即使是到1936年12月傅作义发起绥远抗战，毛泽东也只是称绥远抗战为"全国抗战之先声"（董其武：《戎马春秋》，中国文史出版社1986年版，第108页），而未称之为"大规模之抗日战争"。

第三，它百分之百地预见到了抗战的规模——"大规模之抗日战争"，而非小规模的抗日战役或战斗。卢沟桥抗战本身的规模并不很大，但它直接引发了后来日军对中国的全面性进攻，和中国对日军的全面性抵抗，促进了中国全面抗战局面的形成，确实引发了"大规模之抗日战争"。

第四，它基本准确地预见到了第29军发动抗战后的两大影响。影响之一是"苏维埃红军愿以全力为先生及二十九军助"。果然，卢沟桥抗战的枪声打响不久，7月8日，以毛泽东为代表的中共中央就通电全国，要求国民政府立刻切实援助第29军，要求全国人民用全力援助这场神圣的抗日自卫战争。红军将领也致电宋哲元等，支持第29军抗战，愿为后盾。不久，毛泽东领导的红军又改编为国民革命军第八路军，成为宋哲元第29军的友军，成为宋哲元军抗战的支援力量。毛泽东用实际行动践行了将近一年前对宋哲元的承诺，实现了当初的那句预言。影响之二是"全国民众及一切抗日力量均将拥护先生及贵军全体为真正之抗日英雄"。果然，卢沟桥抗战中,长辛店的工人组织战地服务团,担任救护工作,还运来铁轨、枕木等在城门内外修筑工事,协助第 29 军作战。工人们还为第 29 军将士们磨大刀、修大炮、送伤员。宛平城附近的农民主动出粮、出柴、出工,为抗日军人当向导、抬担架、挖战壕、送水送饭。中华民族解放先锋队、北平学联等为前线募集麻袋做工事,学生们捐献背心、茶叶慰劳第 29 军将士。7 月 16 日,华北各抗日团体成立华北抗战后援会,拥护以宋哲元为首的平津军政当局及抗日自卫团体,共赴国难。中华职教社领导人黄炎培等致电宋哲元,希望他坚持到底。如果不是宋哲元公开拒绝各界声援,恐怕全国民众对第 29 军的支援会多得多。宋哲元麾下的第 29 军副军长佟麟阁、师长赵登禹在抗击日军的战斗中壮烈殉国,成为中华民族至今仍在纪念的"民族英雄",也成为毛泽东所说的"真正之抗日英雄"的杰出代表。就是宋哲元本人,尽管他在卢沟桥抗战和后来的平津守卫战中表现不很圆满,但由于他的部下率先打响"全国抗日第一枪",在他去世后,蒋介石仍然高规格优恤,亲送挽联予以褒扬。宋哲元和第 29 军将士确实成为全国抗日军民到处传扬的"真正之抗日英雄"。

以上这 4 个方面的预见,相当准确,得到历史的印证。

1936 年 8 月 25 日,针对国民党五届二中全会依然拒绝发动抗日战争以阻止日寇在华北的步步侵略的行径,毛泽东起草了《中国共产党致中国国民党书》,义愤地指出:"现在是亡国灭种的紧急关头了。""如果你们还要继续内争,不把向内的枪口掉转向外,不把退让的政策转到抗战,不把分离的局面转到团结,不把涣散的情况转到统一,则祸患之来,不堪设想。"(《文集》一,第 424 页)这里也提前将近一年,对日军全面侵华后中华民族所遭受的失土失民的巨大祸患作出了预警。同时,信中还"掰开了、揉碎了"地用事实告诉国民党:"抗战决不可免。"信中说:"日本帝国主义灭亡中国的强盗计划,除了动员全中国的力量给以坚决的击破之外,是决不会改变的。它的侵略方式的变换,侵略方向的转移,以及所谓'经济提携'的表示,丝毫不是因为它要停止侵略,而正是为了便利于侵略。所以如果以为冀察进兵之后,日寇一时着重于华北五省的经济侵略,而即以为和平途径有了希望,这是自欺欺人之谈。如果以为日寇的侵略会停止于黄河以北,而我们可偏安于黄河以南,也是完全的幻想。"(《文集》一,第 426 页)这段话共有 3 个预见,不久后被证明都是准确的。第一,日本灭亡中国的计划除被击破外不会改变;第二,日本不会止步于冀察;第三,日本也不会止步于黄河以北。事实是,仅仅过了一年后,这 3 个预见就全被一一证实了。1937 年7 月卢沟桥事变发生,当月日军攻陷北平、天津。8 月又进攻上海,侵略战火不但烧到黄河之南而且烧到长江之南。后来的事就更不用说了。这可以说是又一个百分之百准确的预见。

这些准确预见来自什么呢？ 来自事实和毛泽东的"眼力",即用心观察并分析这些事实,而不是对事实"视而不见"或"熟视无睹"。信中,毛泽东大声地、一件一件地告诉国民党:"看吧,正在先生们高谈和平尚未绝望的时候,察北的日伪军又大举向绥远进攻了。绥远、宁夏、内蒙、甘肃各地遍设特务机关之后,又在这些地方建立航空总站与许多分站了。在四川强设领事馆激动了残杀爱国同胞的巨变。华北增兵之后,凶横的日军蠢蠢欲动,二十九军的防线时有小接触,华北局势日趋险恶。日寇军事考察团、经济考察团等侦察集团遍行各地,无孔不入。日寇的侦探网遍布全国,并且遍布于贵党与贵党政府的各种组织中。"(《文集》一,第 426—427 页)应该说,毛泽东当时身处中国西北一个偏僻小城的土窑洞中,他能看到的外部信息并不会太多,但他一口气列举了这么多事实。正是根据这些真切的、大量存在的日军侵华事实，毛泽东作出了科学的、明白的、不容置疑的结论："所有这些，只是指明日寇灭亡中国的形势是十分危急了。和平绝不可能，抗战决不可免，已经是明白无疑的事实，先生们的想法是完全错了。"（《文集》一，第 427 页）今天读来，"绝不""决不""明白无疑""完全错了"，其用词何等坚决、语气何等坚定、意思何等明白！真是毫不游移，毫不含糊，毫不两可，体现出的是何等的自信呀！不久以后，日军全面侵华的事实就把毛泽东的这些预言全部印证、全部坐实了。

　　笔者行文至此，突然想起到《中国百年大写真》这本书上，查一查毛泽东信中告诉国民党的那些事件，看看这些事件在后人眼里是不是属于大事，够不够在这本"大事要闻"式的书中列有条目的资格。查完的结果让我吃惊，该书不但没有登录这些事件的发生情况等内容，而且连每月大事记中也未提到这些事。这从一个侧面说明，这些事件，在当时并非大事，而都是些小事。但毛泽东正是从这些一连串、一系列、普遍发生的小事上，作出了大的方面的推理和预见。这叫什么呢？这叫"见微知著"！这叫"小中见大"！这叫"一叶知秋"！这叫"明察秋毫"！古今中外，真正的智慧者、真正的领导者、真正的领袖级人物，都是这样能见人之所未见、想人之所未想，先人一步、高人一筹的人物。

　　1936 年 10 月 26 日，毛泽东起草了由他本人领衔的红军将领《致蒋介石及国民革命军西北各将领书》，其中说："现在日寇的凶焰益张。华北分离，绥宁沦亡，已经迫在目前。即长江沿海亦莫不敌船云集，蠢蠢欲动。""局势至此，非抗战不足以图存。""难道中国可亡，日寇可以听其长驱直入，惟独愿意抗日的红军非扑灭之不止吗？恐怕红军未灭，日寇已来。"（《文集》一，第 457、458 页）这里，"非抗战不足以图存"，准确预见了中国抗战之必然发生；"红军未灭，日寇已来"，则准确预见了后来国民党军尚未灭掉红军，而日军已大举进攻华北、华东直至攻陷中国首都的事实。

1937年3月1日，毛泽东在延安凤凰山的窑洞里，会见远道而来的美国作家、记者史沫特莱。史沫特莱问毛泽东："对日作战是否已成为不可避免？"毛泽东毫不闪烁其词地回答："不可避免。在日本人民推翻日本军阀政府以前，日本的侵略政策是不会停止的，因此战争无可避免。德日协定之后，战争的威胁更加紧了一步。"（《文集》一，第485页）史沫特莱又追问："九国公约……等类和平公约，你以为能够阻止日本向中国作战吗？"毛泽东又坚定、明白地回答说："这些条约，对于日本这样的侵略国家，仅只是一种道德制裁力量，要阻止日本向中国作战是不可能的。"（《文集》一，第486页）这时，离全面抗战爆发，只有4个月了。4个月后的事实，便证明了毛泽东的这一预见是多么正确！史沫特莱问毛泽东中日作战是否已不可避免，国际条约能否阻止日本对中国作战，正说明当时中国社会和国际社会仍有很多人天真地以为中日大战可以避免、一系列国际公约能够阻止日本大举进攻中国。而毛泽东则高瞻远瞩地作出了正确的科学预见。

有人可能会说，上面所述毛泽东的话，都是说给国民党听的，或是说给外国人听的，是撺掇国民党去同日本打仗，是"统战语言"。那么，我们就再来看看毛泽东对本党干部是如何讲的。

1935年11月30日，毛泽东在红一方面军营以上干部会上对红军将士说："日本帝国主义正用炮火进攻华北，并吞全国。""我们的发展对日本帝国主义是大威胁。""日本帝国主义进攻中国革命""是必然的而且是不远的"。他还号召红军将士积蓄力量，"把抗日战争掀起到最高的程度"。（《文集》一，第365、368页）

1937年3月6日，毛泽东在给红二方面军政委任弼时的电报中又指出：西安事变是中国走到"举国抗战开始的一个过渡的时期"，"今天的任务是巩固国内和平，准备对日抗战"。(《文集》一，第 495 页)

这两段话，都是毛泽东给党内和军内高级干部的指示，是要求他们本此实行的，而不是说给外国人或国民党高级军政人员听的，应该比前述的那些说法更让人信服。这说明，毛泽东相信并告诉自己的将士：举国抗战不久就会到来，我们必须积极准备这场对日抗战。

第二节　对战争持久性的预见

中国的抗日战争，是速决战、闪电战，还是持久战、长期战？对这个问题的正确判断，对于战争的指导者非常重要。因为它涉及战争的战略制定、战术采用、战争准备、战力运用等一系列问题。对此，毛泽东早在全面抗战发生一年多以前，便令人信服地作出了科学的预见和判断。

刚刚结束长征不久，1935 年 12 月 23 日，住到瓦窑堡才 10 天的毛泽东，在中央政治局会议上作了关于军事问题的报告，专门讲了"在日本帝国主义变中国为殖民地的形势之下"，"党的军事策略即战略方针"问题。提出了"以坚决的民族战争反抗日本帝国主义进攻中国"的总任务，提出了"准备直接对日作战的力量""游击战争"等军事策略，并提出了"作战指挥上的基本原则"，讲了不论防御时或进攻时的十条"一般原则"。其第五条为："战略的持久战，战役的速决战；反对战役持久战，反对'拼消耗'。"(《文集》一，第 376—381 页)这是毛泽东现在见诸文字的档案中，首次明确地提出"持久战"这一概念。要注意的是，这里已经不是预见,而是已经把它确定为在日本侵华事件下指导全党的军事战略方针。可以想见,毛泽东预见和萌生抗日的持久战思想应该要更早于这个时间。

1936 年 7 月 16 日,毛泽东在会见斯诺时,斯诺问:中国的抗日战争"要延长多久呢"? 毛泽东回答:"要看中国抗日统一战线的实力和中日两国其他许多决定的因素如何而定。""如果中国抗日统一战线有力地发展起来",如果"各国政府和各国人民能给中国以必要的援助,如果日本的革命起来得快,则这次战争将迅速结束";"如果这些条件不能很快实现,战争就要延长"。"要经过一个很痛苦的时期。"(《文集》一,第 401 页)这实际上已经估计到如果支持中国"迅速"胜利的三方面条件,即中国抗日统一战线的发展、外国的必要援助、日本国内的革命,不能很快实现,则中国抗战就要"延长",就会"经过一个很痛苦的时期",就会是一场持久的战争。

1937 年 3 月 1 日,毛泽东在同美国记者史沫特莱谈话时,史问:"如果没有国际帮助",中国是否"已足以发动一个胜利的抗日战争"? 毛泽东回答:"没有友军,中国也是必须抗战的,而且以中国的资源与自然条件,是能够支持长期作战的。"(《文集》一,第 487 页)这里说到了"长期作战",说明毛泽东设想的中国抗战,是一场长期作战的持久战。

以上是全面抗战爆发前毛泽东对中国抗战持久性的基本预见。全面抗战爆发后,毛泽东又多次作出过同样的预见。

全面抗战爆发一个多月后,1937 年 9 月 1 日,毛泽东在《中日战争爆发后的形势与任务》报告大纲中,在分析了国内外形势后,明确地说:"结论,是持久战。"(《文集》二,第 9 页)这是毛泽东在全面抗战爆发后,第一次对中国抗战持久性所作的结论性判断和极为明确肯定的预见。

1938 年 3 月 3 日，毛泽东在对陕北公学毕业生的讲话中，又多次提到持久战。其中有一段说："中日战争不会几天就完结的，国共两党现在力量还不大，日本力量比我们大……这点也规定了中日战争的长期性与持久性。"（《文集》二，第 108 页）可见，毛泽东对抗战持久性的预见，是从中日两国力量对比的分析中得出的，而不是凭空想象的。

3 月 12 日，毛泽东在纪念孙中山逝世十三周年及追悼抗敌阵亡将士大会上的讲话中说："日本差不多在任何一省都只能作部分的占领，日本的兵力不够分配……中国有广大的军队与人民，中国又实行着统一战线的良好政策，就此决定了持久战。"（《文集》二，第 114 页）这又进一步地从中日两国国情的分析对比中，预见了中国抗战是持久战。

4 月 9 日，毛泽东在延安抗日军政大学对抗大第四期第三大队毕业学员们的讲话中，又一次预言："抗日战争是持久战，不是一年半载可以解决的。"（《文集》二，第 119 页）

在以上所作多次预见、判断的基础上，1938 年 5 月，毛泽东专门写作了《论持久战》这一专著，系统地阐述了中国抗战为什么是持久战、怎样进行持久战、为什么要着重研究持久战等问题，使持久战的思想传遍全党、传遍全国、传向世界，更加深入人心，使许多人对中国抗战的持久性有了正确的认识。

毛泽东在全面抗战爆发前后对中国抗战持久性的预见表明，毛泽东对中国抗战持久性的认识是清醒的、正确的，后来的战争发展证实了毛泽东这些预见的科学性。中国的全面抗战在打了 8 年之后，日本才宣布投降。持续 8 年的全面抗战，还不是名副其实的"持久战"吗？

第三节　对战争前途的预见

中日之间的这场战争，是一场实力弱国对实力强国的战争，同时又是一场国土与人口大国对国土与人口小国的战争。战争最终将谁胜谁负？这个问题，不仅涉及中国人的抗战信心问题，而且涉及外国对中国抗战的信心及是否支持的问题。因此，这个问题相当重要。如果说，在金融领域，是"信心比黄金更重要"，那么，在战争领域，则是"信心比武器更重要"！在整个抗日战争时期，毛泽东始终对中国抗战前途有着积极的、乐观的预见，对中国抗战始终有着必胜的信心。

早在全面抗战发生一年多前的 1936 年 3 月 1 日，毛泽东在为东征抗日红军起草的布告中，就曾豪迈地预言："中华民族之不亡，日本帝国主义之必倒，胜败之数，不辩自明。"（《文集》一，第 383 页）

7 月 16 日，他与斯诺谈话时，又向这位美国记者强调："我们深信，中国人民是不会向日本帝国主义屈服的。""他们会把他们的巨大潜力动员起来，投到抗日的战场上去的，他们会全力以赴地去对付侵略者的挑战。在这场斗争中，最后胜利必定属于中国人民。"（《文集》一，第 400—401 页）可见，他预言中国抗日必胜，是因为他预见到日本的全面侵略，将引起中国的举国"动员"和全国人民"全力以赴"的抵抗。这就是中国必胜的坚实依据，这就是中国必胜的可靠保证，这就是中国必胜的制胜之道！

斯诺问："在什么条件下，中国能战胜"日本？毛泽东讲到了国际和国内的 3 个条件。如果这 3 个条件能很快实现，则中国将迅速胜利；"如果这些条件不能很快实现，战争就要延长。但结果还是一样，日本必败，中国必胜。只是牺牲会大，要经过一个很痛苦的时期"。(《文集》一,第401页)就是说,毛泽东非常自信地认为,即使外国不能给中国援助,战争结局也仍然是"中国必胜"。为什么呢? 毛泽东分析说:"日本在中国抗战的长期消耗下,它的经济行将崩溃;在无数战争的消磨中,它的士气行将颓靡。中国方面,则抗战的潜力一天一天地奔腾高涨,大批的革命民众不断地倾注到前线去,为自由而战争。所有这些因素和其他的因素配合起来,就使我们能够对日本占领地的堡垒和根据地,作最后的致命的攻击,驱逐日本侵略军出中国。"(《文集》一,第406页)毛泽东在这里,在做着缜密的军事推演,从两国的经济和人心士气等方面进行推演,推导出中国最后能驱逐日军出中国。这是一段非常精彩的推演和异常准确的预见。熟悉中国抗战历史的人们想一想,从后来日本经济越来越力不从心、士兵投降反战一年比一年多,中国数万青年奔延安、"十万青年十万兵"、敌后全民皆兵打日本、把日本碉堡一个个拔除、从局部反攻直到最后全面反攻等情况来看,毛泽东的这些推演不是全部被证实了吗? 这段推演词可曾有一字或一句落空了吗? 这样的预见是不是非常准确的预见呢? 更重要的是,毛泽东还把这些胜利预言通过斯诺传向了全中国、传向了全世界。

1936年8月25日,毛泽东起草《中国共产党致中国国民党书》,呼吁与国民党及全国各党派结成统一战线,联合抗战,并向畏惧抗日、招致亡国的国民党诸公高喊:"伟大的中华民族的子孙是誓不投降,誓不屈服的! 我们要为大中华民族的独立解放奋斗到最后一滴血!""四万万五千万人的中华民族,终会有一天在地球上的东方,雄壮地站起来,高举着民族革命最后胜利的旗帜,同全世界一切自由解放的民族携手,连那个帝国主义成分除外的日本民族也在内,统治着整个的地球,统治着光明灿烂的新世界! 让我们的敌人在我们的联合战线面前发抖吧,胜利是一定属于我们的!"

（《文集》一，第 433 页）在这里，毛泽东把他的必胜信心和中国共产党的必胜信心，用激情澎湃、振聋发聩的语言，用呐喊一般的声响，传达给国民党这个执政者、当局者，希望唤起他们共同抗日。尽管当时的国民党当局没有听进去，但一年后在日本的大举进攻面前，国民党还是同共产党结成了抗日的统一战线，并在浴血奋战 8 年后，打败日本，取得了毛泽东预见到的"胜利"，获得民族解放。中国还同美、苏、英、法等世界几大主要国家一起，成为联合国的共同发起国和常任理事国，共同建立起战后的国际新秩序。世界较之"一战""二战"的黑暗年代，真的成为毛泽东所预言的"光明灿烂的新世界"。中华民族又在 1949 年获得新生，真正如同毛泽东所预言的"在地球上的东方，雄壮地站起来"。所以，毛泽东的这段话，不仅是对中国抗战前途的正确预见，而且也是对中华民族前途的正确预见，还是对世界前途的正确预见。更为重要的是，毛泽东的这段话，不但对中国抗战、中国前途、世界前景提出了一个在 10 多年内即被历史完全证实的科学预见，而且为中华民族千秋万代的子孙，留下了一段面对侵略者永不屈服、永不投降、誓死奋战到最后一滴血的铮铮誓言。这一誓言，任何时候读来，都觉热血沸腾，顿生昂扬之气，顿长男儿之志，因而将会成为中华民族永恒不朽的精神财富。

1937 年 3 月 1 日，毛泽东在同史沫特莱谈话时，也明确告诉她："日本对中国战争的最后结果，将不是日本的胜利，而是日本财政、经济以及政权的崩溃。""中国人应该有战胜日本的自信心。"（《文集》一，第 487、488 页）毛泽东又一次通过美国记者而把他对中国抗日的胜利信心传达给全世界。

全面抗战爆发后，日本来势汹汹，不但在华北很快占领北平、天津，而且又在华东连陷上海和首都南京。许多人都对中国抗战表示悲观。在这种情况下，毛泽东仍然怀着必胜信心，决不因中国战场的暂时失利而怀疑中国的胜利前途。毛泽东在中国抗战困难时期的必胜信心，就像黑暗中的灯光和大海中的灯塔那样鼓舞人心。

7 月 23 日，毛泽东写下《反对日本进攻的方针、办法和前途》一文，提出了坚决抗战的方针，并断言，只要实行这种方针，"就一定得一个驱逐日本帝国主义、实现中国自由解放的前途"。（《选集》二，第 350 页）

10 月 25 日，毛泽东同英国记者贝特兰谈话，当贝问到中国投降危险时，毛泽东说："我相信投降主义者是得不到群众的；群众将克服投降主义，使战争坚持下去，争取战争的胜利。""最后的胜利必属于我们。"（《选集》二，第 382 页）后来中国果然克服了投降主义，取得了抗战的胜利。

1938 年 2 月，毛泽东同合众社记者王公达谈话，王问："现在有许多人对中国抗战的前途表示悲观，先生对此意见如何？"毛泽东回答："中国抗战的过程必然是先败后胜、转弱为强，这已经成了确定的方向了。""今后的形势必是日本的弱点逐渐暴露出来，中国的力量则渐渐加强起来。"日本"终必走上完全崩溃之途"。（《文集》二，第 99、100 页）3 月 3 日，毛泽东在对陕北公学毕业同学讲话时，根据全国抗战半年来的经验，对中国抗战前途又一次作出 8 个字的预言："先败后胜、转弱为强。"（《文集》二，第 105 页）后来整个的中国抗战，正是这 8 个字的结局和走向。这 8 个字，又可以说是对中国抗战前途的准确预见。

3 月 12 日，毛泽东在纪念孙中山逝世十三周年及追悼抗敌阵亡将士大会上，在对抗战形势作了分析后，以反问的语气说："最后胜利谁能说不是中国的？""日本强盗之被赶出中国谁能说不是必

然的?"(《文集》二,第 114 页)

　　1938 年 5 月,毛泽东在《论持久战》中,又从多个侧面论证了日本的必然失败。其中,日本侵华战争"最大地激起它国内的阶级对立、日本民族和中国民族的对立、日本和世界大多数国家的对立。日本战争的退步性和野蛮性是日本战争必然失败的主要根据"。又说:"中日战争互相矛盾着的基本特点","规定了和规定着战争的持久性和最后胜利属于中国而不属于日本"。(《选集》二,第448、450 页)日本之"小国、退步、寡助"和中国之"大国、进步、多助的对比,又规定了……中国决不会亡,必然要取得最后的胜利"。(《选集》二,第 453 页)该书最后的结论是:"抗日战争是持久战,最后胜利是中国的。"(《选集》二,第 515 页)

　　1939 年 3 月 8 日,毛泽东在延安纪念"三八"妇女节大会上说:"打日本是不会失败的。这次的斗争,跟一百年来的斗争是不同的,从前都失败,而这一次一定要胜利。"因为"统一战线一天一天地多起来……力量就一天一天地强起来。这样斗争下去,最后胜利是没有问题的"。(《文集》二,第 169—170 页)

　　1939 年 7 月,毛泽东为在延安做防疫工作的蒋灿题词:"抗日战争中,人人努力,个人奋进,打上十年八年,没有不能胜利的道理。"(《年谱》中,第 133 页)

　　总之,无论是在全面抗战爆发之前,还是在全面抗战爆发之后日本进攻势头最猛烈的时期,毛泽东都坚信:中国抗战的前途是胜利。无论对国内人士,还是对外国记者,毛泽东的结论都是如此。

第四节　对战争规律的预见

　　中国抗战既然是持久作战,那么,它又将呈现出什么不同的演化阶段,遵循着什么规律发展呢？ 预见到这一点,用毛泽东的话说,"给战争趋势描画一个轮廓",是"战略指导所必需"。(《选集》二,第 462 页)它可以让人们在战争的困难时期不丧失信心,在战争的光明时期更增强信心,并提前准备去对付困难,迎接胜利。

全面抗战爆发半年多后,毛泽东在《论持久战》中,专门辟出一节,系统讲中国抗日持久战的三个战略演进阶段。他说:中日战争"这种持久战,将具体地表现于三个阶段之中。第一个阶段,是敌之战略进攻、我之战略防御的时期。第二个阶段,是敌之战略保守、我之准备反攻的时期。第三个阶段,是我之战略反攻、敌之战略退却的时期"。其中第二阶段,毛泽东说,也"可以名之曰战略的相持阶段"。这抗战的三个阶段,毛泽东也称之为"中国抗战的三幕戏"。他还进一步明确地预见了三个阶段中,敌我力量的变化路径:"中国由劣势到平衡到优势,日本由优势到平衡到劣势,中国由防御到相持到反攻,日本由进攻到保守到退却——这就是中日战争的过程,中日战争的必然趋势。"(《选集》二,第 462—469 页)以上这三个阶段的预见和中日双方力量的变化路径,都被后来 7 年多的战争实践所完全证实,都被证明是完全正确的科学预见和准确论断。

更为神奇的是,毛泽东不但预见到中国抗战这三个阶段演化的战略趋势,而且还对各个阶段的具体情况,作出了一些准确的预见。

例如,他预见:"第一阶段,现在还未完结。敌之企图是攻占广州、武汉、兰州三点,并把三点联系起来。"(《选集》二,第 463 页)后来的实际战况是:日军于这一年的 10 月 21 日攻占广州,27 日攻占武汉。次年 2 月,日军轰炸兰州,遭到中国和苏联空军的痛击,之后,日军未能攻占兰州。中国抗战在日军攻占广州、武汉后,即进入第二阶段即战略相持阶段。因此,毛泽东的这段预见,言中了三个点中的两个半,应该算基本准确。

再例如,他预见在第二阶段,"除正面防御部队外,我军将大量地转入敌后⋯⋯向敌人占领地作广泛的和猛烈的游击战争,并尽可能地调动敌人于运动战中消灭之"。"此阶段的战争是残酷的,地方将遇到严重的破坏。""整个敌人占领地将分为三种地区,第一种是敌人的根据地,第二种是游击战争的根据地,第三种是双方争夺的游击区。""这将是中国很痛苦的时期,经济困难和汉奸捣乱将是两个很大的问题。"(《选集》二,第464页)熟悉中国抗战史的人都知道,这些预见完全准确。在抗战第二阶段中,不但共产党的军队全部转入敌后,开展了激烈的游击战,而且国民党军队也抽出数十万转入敌后开展游击战,可惜的是他们并未真打游击战,没有真正发挥作用。敌后抗日根据地确实遭到日军"烧光、杀光、抢光"式的残酷"扫荡",根据地总人口一度缩小一半以上,经济困难达到极度,军队不得不开展生产运动以渡过难关。在华北、华中的很多敌人占领区,基本分为完全的敌占区、敌后抗日根据地、双方拉锯的游击区。

又例如,他预见在第二阶段,"敌人将大肆其破坏中国统一战线的活动,一切敌之占领地的汉奸组织将合流组成所谓'统一政府'"。(《选集》二,第464页)果然,在敌人的破坏下,国民党三次掀起反共高潮,很多地方发生国共军队的"磨擦"战争,统一战线多次面临分裂的危险。汪精卫集团从1938年11月也就是毛泽东作此预见后半年,即与日本进行另组伪政府的谈判;1940年3月,汪伪国民政府正式在南京成立,成为日本占领区汉奸组织合流组成的"统一政府"。这使毛泽东的这一预见得到完全证实。

又例如,他预见在第二阶段,"主要的国际势力将变到进一步地援助中国。日本威胁南洋和威胁西伯利亚,将较之过去更加严重,甚至爆发新的战争"。(《选集》二,第 465 页)果然,在毛泽东作出这一预见后一个多月,苏联就在 1938 年 7 月,给中国贷款 5000万美元,1939 年 6 月又一次给中国贷款 1.5 亿美元。另外苏联还以大量的军火物资、顾问专家援助中国抗战,特别是派出志愿飞行人员参加南昌、重庆、成都、兰州等城市的空战。美国也在毛泽东作出预见的半年后,于 1938 年 12 月首次向中国贷款 2500 万美元,1940 年 4 月到 1941 年 2 月,美国又四次向中国贷款共近 2 亿美元。1941 年,美国援华支援航空队又陆续来华帮助中国同日军作战。太平洋战争爆发后,美国又提供了大量的对华军事援助。英国在毛泽东作出预见后 10 个月,从 1939 年 3 月,开始向中国提供经济援助。法国于毛泽东作出预见的下个月即 1938 年 6 月,即同意向中国提供军事装备。1939 年 3 月,法国还向中国派出了军事顾问团。这样,毛泽东的"主要的国际势力将变到进一步地援助中国"的预见完全应验。另外,毛泽东所作的"日本威胁南洋和威胁西伯利亚,将较之过去更加严重",甚至将"爆发新的战争"的预见也得到应验。在西伯利亚方面,1939 年 5 月,日军在诺门罕一带进攻蒙古人民共和国,作为下一步侵入苏联西伯利亚地区的跳板,实现其"北进计划"。5 月底,日军被苏蒙军队击败。6 月 18 日以后,战事升级。双方上百架飞机激烈空战。到 8 月上旬,日军投入近 6万兵力。在苏军的强大攻势下,日军全线溃败。到 9 月 15 日,日苏双方签订停战协定。这次战争,日军付出了伤亡 1.8 万人的惨重代价。在南洋方面,1941 年 12 月 8 日,日军偷袭珍珠港美国海军基地,同时进攻东南亚和香港,太平洋战争爆发,这场"新的战争"在毛泽东预见三年半以后,果然爆发。

还例如,他预见,"第三阶段的战略反攻,在其前一时期将不是全国整齐划一的姿态，而是带地域性的和此起彼落的姿态"。(《选集》二,第468页)果然,从1943年夏季日本陆续从中国战场抽调兵力支援太平洋作战开始,中国敌后战场就主动于7月、8月先后发起卫南、林南战役,共歼灭日伪军1.2万余人,解放了卫南、豫北广大地区。接着,山东军区又于11月在鲁南、滨海地区发起对敌攻势作战,攻克敌伪据点20多处,进一步扩大了鲁中抗日根据地。1944年,华北、华中敌后军民又普遍对日伪军展开局部反攻。其中,山东军区收复县城9座,国土4万多平方公里,解放人口约930万。晋冀鲁豫边区收复县城11座,国土6万多平方公里,解放人口500多万。晋察冀军区拔除日伪据点、碉堡1600多处,解放人口700多万。晋绥军区解放村庄3100多个、人口40多万。华中敌后抗日根据地1944年共收复国土7400多平方公里,解放人口160多万。1944年,八路军、新四军还向河南、湘粤赣边、苏浙皖边敌后进军。1945年,敌后军民又较普遍地开展春季攻势和夏季攻势,攻占与收复县城61座,扩大解放区24万多平方公里,解放人口近1000万,为1945年8月的全面反攻准备了充分的条件。中国驻印军则在1943年10月下旬开始缅北反攻作战,直到1945年春完成作战回国。中国远征军于1944年5月发起对滇西日军的反攻。经过半年苦战,胜利结束滇西反攻。但就在以上地区反攻作战陆续展开的同时,在中国的正面战场上,从1944年4月到1945年2月,国民党军队却在豫湘桂作战中,一触即溃,遭到惨败,不但损失60万军队,而且丢掉146座大小城市,丧失国土20多万平方公里,6000多万民众在日军垂死之际反而陷入日军魔掌。事实证明,毛泽东预言的中国对日反攻"不是整齐划一"而是"带地域性"的和"此起彼落的姿态",是完全准确、百分之百言中的精准预见。

　　1938年9月24日,毛泽东在中央政治局会议上分析了武汉即将失陷后的形势,指出抗日战争将开始进入一个新的阶段——相持阶段,抗日民族统一战线也将进入一个新的发展阶段。(《年谱》中,第 92 页)果然,日军在武汉会战结束后,即改速战速决战略为"长期战"战略,着手实行以保守占领地为主的重新部署,大大减轻了对中国的大规模战略进攻,中国抗战进入了战略相持阶段。

第五节　对战争制胜条件的预见

战争的目的在于制胜。那么,哪些条件能够帮助中国赢得胜利呢? 也就是说,中国抗战的胜利需要争取到哪些条件呢? 这对怎样争取中国抗战的胜利至关重要。对中国抗战的制胜条件,毛泽东也作出了科学的预见,甚至给出了一目了然的公式。

1936 年 7 月,毛泽东同斯诺谈话时说:"为了在尽可能短的时期内以最小的代价赢得对日本帝国主义的胜利,中国必须首先实现国内的统一战线,其次还必须努力把这条统一战线推广到包括所有与太平洋地区和平有利害关系的国家。"(《文集》一,第 401 页)这里实际上提出了中国制胜的两个条件,第一个是实现国内的抗日民族统一战线,第二个是国际的反日统一战线。果然,在七七事变爆发后,中国首先建立了国内的抗日民族统一战线,形成了全民族抗战、全面抗战、全国抗战的新局面;之后,又同苏、美、英、法等主要国家结成了反法西斯国际统一战线,获得了巨大的国际援助,大大地加速了胜利的进程。如果没有第一个统一战线,中国绝不能坚持八年之久;如果没有第二个统一战线,日本也绝不会在 1945 年 8 月就投降。

1937 年 5 月 15 日,毛泽东和美国记者韦尔斯谈话说:"民主制度为对日抗战胜利之必要条件,非它不可。"为什么呢? 因为"以抗战求国内和平团结，没有民主不能巩固和平与真正团结，抗日要全国人民参加，没有民主则老百姓不能参加，无和平团结，无人民参加，抗战成为不可能，即战亦不能保证胜利"。(《文集》一，第500页)这是把民主也作为抗战胜利的制胜条件之一。接着，毛泽东在回答关于中日战争结局时说："战争的结局有两种可能的前途：一是中国完全战胜日本帝国主义，中华民族得到自由解放。国内统一战线的成功，人民与政府的紧密团结，国际和平战线的胜利，日本国内和平势力的援助，是争取此种前途的条件。但中国人民自己的团结与坚决的抗战，为取得此种前途之最主要的和决定的条件；无此条件，则抗战是无前途的。"(《文集》一，第502页)这里又把中国的团结即统一战线和坚决抗战作为抗日胜利"最主要和决定的条件"。毛泽东这次和韦尔斯的谈话，强调了三个条件：一是团结，即中国国内的统一战线；二是抗战，即坚决地对日抵抗而不是放弃抵抗或抵抗不坚决；三是民主。三个条件中，团结即统一战线上边已经提到了。坚决抗战则不言而喻，中国的全国抗战之所以能坚持到胜利，就是因为国民党的主要力量和共产党的全部力量以及其他方面的主要力量，都坚持着抗战，没有像汪精卫之流那样对日投降。民主在敌后的抗战中则是重要的因素。军队内部的军事民主，极大地调动了所有军人的抗战积极性；根据地内的政治民主、人民当权、人民当家作主，极大地调动起根据地民众的抗战积极性，使敌后抗战获得最深厚的战争力量，包括人力和财力的支持等。在当时，一般的政治家和军事家，在预见抗战胜利的制胜条件时，就没有像毛泽东那样重视民主，把民主列为抗战胜利条件之一。这正是毛泽东的高明、深远和全面之处。

9月1日，在全面抗战爆发一个多月后，毛泽东在中央一级积极分子会议上讲话说：目前"全民抗战还没有到来，但非此不能战胜日本"。(《文集》二,第 8 页)全民抗战,实际上就是国内抗日民族统一战线的全面形成与坚决抗战的实现。后来的事实证明,全民抗战是支持中国抗战到胜利的最重要、最核心因素。

同年 10 月,毛泽东作目前抗战形势与党的任务报告,在讲到"中国抗战能否胜利"时,得出的结论是:"今天的中心是在坚持抗战,进行持久战。"(《文集》二,第 52 页)这里所说的抗战胜利条件,除坚持抗战外,又有持久战一条。这也为后来的事实所证明,国共双方都主张持久战,而不是速决战,结果,"以空间换时间,积小胜为大胜",终于坚持到抗战胜利。

该报告在讲到"如何争取抗战的胜利"时,共提出七条任务:(1)"扩大与巩固以国共两党合作为基础的抗日民族统一战线";(2)"在国民政府的基础上建立统一的国防政府";(3)"在现有军队的基础上扩大与建立统一的国防军";(4)"动员与武装人民,帮助政府与军队抗战,组织巩固的后方";(5)"坚持华北抗战与游击战争";(6)"扩大与建立国防工业";(7)"争取国际的援助,加强抗战的力量"。他并说:"这些任务是争取抗战胜利的必要条件,这不只是共产党的任务,而是全民族的任务。"(《文集》二,第 52、54、55、56、57、58 页)从后来的抗战进程看,这七项任务即七项条件都基本实现了,它们确实都成为抗战胜利的必要条件。

1938 年 3 月 3 日,毛泽东对陕北公学毕业同学讲话,提出了一个著名的"中国胜利公式",这个公式是:"中国的团结＋世界的援助＋日本国内的困难＝中国的胜利。"他并说"这个公式是有意义的"。(《文集》二,第 109 页)这个公式,提出了中国制胜的三个条件,一是中国的团结,这在后来的几年中一直基本维持着,国共之间的统一战线,虽然几度有分裂的危险,但因共产党"相忍为国",未同国民党闹掰,因而一直没有决裂。二是世界的援助,这在之后的几年中，也一直没有断绝过，来自世界各国的武器援助、人员援助、经济援助、精神援助一直未断。三是日本国内的困难，这在之后的几年中，是逐步加深的，这也是日本最终选择投降的深层原因之一。实际上，在任何国家，战争打的不仅是人和武器，而且最终打的是国力，是经济力。当经济困难、国力支撑不了时，战争就无法继续下去了。因此，日本的国内困难，也确实是日本战败、中国制胜的重要因素。

4月9日，毛泽东对抗大学员说：你们要"去发动组织广大的人民，把成千成万的人民变为有组织的队伍……要战胜日本帝国主义，没有这广大的有组织的队伍是不可能的。你们不论在前方后方都要发动民众、组织民众，从政治上从军事上去组织他们"。（《文集》二，第117页）发动和组织民众，实际上就是开展人民战争。因此，这是毛泽东把发动民众开展人民战争也作为战胜日军的条件之一。后来的事实证明，在广大的敌后抗日根据地，正是人民战争支持与发展了八路军、新四军，支持与发展了抗日根据地，拖住了侵华日军的一半以上和伪军的九成以上，成为克敌制胜的一个重要因素。

1938年5月，毛泽东在《论持久战》中说："惟有努力于作战多打胜仗，消耗敌人的军队，努力于发展游击战争，使敌之占领地限制于最小的范围，努力于巩固和扩大统一战线，团结全国力量，努力于建设新军和发展新的军事工业，努力于推动政治、经济和文化的进步，努力于工、农、商、学各界人民的动员，努力于瓦解敌军和争取敌军的士兵，努力于国际宣传争取国际的援助，努力于争取日本的人民及其他被压迫民族的援助，做了这一切，才能缩短战争的时间，此外不能有任何取巧图便的法门。"（《选集》二，第470—471页）在这里，毛泽东一口气说出了9个"努力于"，实际上也是列出了克敌制胜的 9 个条件,认为只有做到这 9 个"努力于",也就是有了这 9 个条件,中国抗战才能缩短时间,更快地胜利。这 9 个条件中,有的条件,如坚持抗战并打胜仗、坚持发展游击战争、坚持统一战线、发展军队和军事工业、动员各界人民即组织民众参战、争取国际援助等,上边已经涉及了,有的条件,上面并未涉及,但后来也确实成为抗战胜利的条件之一。比如,推动政治、经济和文化的进步,就是在敌后抗日根据地实行民主的政治、发展公营和私营经济、弘扬抗战精神和抗战文化,这些都是毛泽东一直要求根据地坚持实行的政策,它们在敌后战场的抗战胜利中发挥了重要的作用。再比如,瓦解敌军和争取敌军的士兵,毛泽东从战争一开始就特别强调要优待日军俘虏,瓦解和争取日军。在这一政策的感召下,许多在战争中被俘的日军官兵,在八路军的教育和帮助下,加入反战行列,建立"觉醒联盟""反战同盟"等反战组织,开展反战宣传,瓦解日军士气。因此,瓦解敌军这一招在抗战胜利中也起了一定的作用。又比如,争取日本人民援助,也没有成为空言。抗战期间,日本共产党领导人野坂参三即冈野进,曾在延安帮助中国抗战。日本的革命志士西里龙夫、中西功、尾崎秀实、手岛博俊、白井行幸、尾崎庄太郎等人,为中国提供了许多有价值的情报。日本许多知名人士、活动家、作家,如鹿地亘和夫人池田幸子,绿川英子、山田和夫、成仓进等人,曾长期与中国人民一道进行抗日战争。日本人民的援助,也成为中国抗战胜利的一支支援军。

在《论持久战》中,毛泽东还预言:"兵民是胜利之本。""战争的伟力之最深厚的根源,存在于民众之中。""军队须和民众打成一片……这个军队便无敌于天下。"(《选集》二,第 509、511、512 页)这就是把发动民众开展人民战争作为抗战胜利的根本条件。上边已说过,后来的事实证明,人民战争确实在敌后战场发挥了巨大的威力,日军陷于人民战争的汪洋大海之中,虽极力挣扎但无法逃脱。

对抗战制胜条件的预见,为怎样争取抗日胜利指明了努力方向和具体路径。这些预见,后来在战争的进程中,都全部或部分地得到实施并得到实现,共同促进了抗战的胜利。这既体现了毛泽东这些预见的科学性,更体现了毛泽东这些预见对中国抗战的前瞻性、指导性、实用性。

第六节　对战争形态和战争形式的预见

中国抗战会出现什么样的战争形态呢?

1938年2月28日,毛泽东在中共中央政治局会议上谈抗日军事问题时预见说:日军的继续进攻,将使中国被割断为许多块。将来战争的具体形势,是内线外线作战互相交错,日军包围我们,我们在战役上也包围日军。(《年谱》中,第53页)对这种中国被割断为许多块,内外线作战互相交错,我军与日军互相包围的战争形态,毛泽东又称之为"犬牙交错的战争形态"。

三个月后,毛泽东在《论持久战》中说:"我们可以断言,持久战的抗日战争,将在人类战争史中表现为光荣的特殊的一页。犬牙交错的战争形态,就是颇为特殊的一点。"(《选集》二,第471页)毛泽东分析说,这种犬牙交错的形态,表现在下述的四种情况上:

第一种:"内线和外线——抗日战争是整个处于内线作战的地位的;但是主力军和游击队的关系,则是主力军在内线,游击队在外线,形成夹攻敌人的奇观。各游击区的关系亦然。各个游击区都以自己为内线,而以其他各区为外线,又形成了很多夹攻敌人的火线。在战争的第一阶段,战略上内线作战的正规军是后退的,但是战略上外线作战的游击队则将广泛地向着敌人后方大踏步前进,第二阶段将更加猛烈地前进,形成了后退和前进的奇异形态。"(《选集》二,第 471 页)后来 7 年多的战争中,果然经常性地出现"主力军在内线,游击队在外线,形成夹攻敌人的奇观",以及各个游击区都互为内外线、互相呼应、互相支援,夹击或牵制日军的情况;经常地出现正面战场的国民党正规部队大踏步后退,敌后战场的共产党游击队则敌进我进、大面积收复日军先前占领的国土,和在敌后战场上根据地缩小、游击区扩大和游击区缩小、根据地扩大这种"后退和前进的奇异形态"。

第二种:"有后方和无后方——利用国家的总后方,而把作战线伸至敌人占领地之最后限界的,是主力军。"全国抗战当中一直担负正面战场作战的国民党军队就是如此。"脱离总后方,而把作战线伸至敌后的,是游击队。"全国抗战当中一直担负敌后战场作战的共产党军队就是如此。"但在每一游击区中,仍自有其小规模的后方,并依以建立非固定的作战线。"在抗战中的敌后战场,每个敌后抗日根据地,都是游击区的"小后方"。根据地派往游击区的游击部队,则经常地依靠根据地而时远时近地"建立非固定的作战线"。毛泽东还指出了另一种没有后方、没有作战线的"无后方作战":"和这个区别的,是每一游击区派遣出去向该区敌后临时活动的游击队,他们不但没有后方,也没有作战线。'无后方的作战',是新时代中领土广大、人民进步、有先进政党和先进军队的情况之下的革命战争的特点,没有可怕而有大利,不应怀疑而应提倡。"(《选集》二,第 471—472 页)后来,毛泽东果然多次派出游击队离开根据地去开辟新的游击区或根据地,作"无后方的作战"。如1938 年底 1939 年初派八路军三大主力,离开原来的山区根据地,挺进冀、鲁、豫平原,开创平原游击战争新局面;1939 年派新四军东进北上,开创华中抗日游击战争新局面;1944年派八路军、新四军各一部向河南、湘粤赣边、苏浙皖边敌后进军。其中,八路军南下支队向湘粤赣边的进军,转战陕、晋、豫、鄂、湘、赣、粤7省,开展了近一年的"无后方作战",是中国共产党历史上的又一次新的长征。

抗战中,除了共产党军队实施了多次"无后方作战"外,国民党军队也实施过一次大规模的"无后方作战",那就是中国远征军的入缅援英作战。1942年2月,当缅甸仰光告急时,应英国迭次请求,中国政府组织了一支10万人的中国远征军入缅作战。作战中一度撤向国内,但因回国退路被切断,不得不撤到印度境内,有的部队被迫转到无人的山区,粮断药绝。在经过多场艰苦卓绝的战斗后,中国远征军转战1500多公里,共经历了近半年的"无后方作战"。抗战中这些不同环境下的"无后方作战",进一步证明了毛泽东对中国抗战战争形态预见的准确性。

第三种:"包围和反包围——从整个战争看来,由于敌之战略进攻和外线作战,我处战略防御和内线作战地位,无疑我是在敌之战略包围中。这是敌对于我之第一种包围。由于我以数量上优势的兵力,对于从战略上的外线分数路向我前进之敌,采取战役和战斗上的外线作战方针,就可以把各路分进之敌的一路或几路放在我之包围中。这是我对于敌之第一种反包围。再从敌后游击战争的根据地看来,每一孤立的根据地都处于敌之四面或三面包围中……这是敌对于我之第二种包围。但若将各个游击根据地联系起来看,并将各个游击根据地和正规军的阵地也联系起来看,我又把许多敌人都包围起来……这又是我对于敌之第二种反包围。这样,敌我各有加于对方的两种包围。""如果把世界性的……也算在内,那就还有第三种敌我包围,这就是侵略阵线与和平阵线的关系。敌以前者来包围中、苏、法、捷等国,我以后者反包围德、日、意。""如果我能在外交上建立太平洋反日阵线,把中国作为一个战略单位,又把苏联及其他可能的国家也各作为一个战略单位,又把日本人民运动也作为一个战略单位,形成一个使法西斯孙悟空无处逃跑的天罗地网,那就是敌人死亡之时了。实际上,日本帝国主义完全打倒之日,必是这个天罗地网大体布成之时。这丝毫也不是笑话,而是战争的必然的趋势。"(《选集》二,第 472—473 页)事实上,在以后 7 年多的中国抗战中,这种包围与反包围的战争态势不止一次地出现。在中国的抗日战场上,有正面战场和敌后战场两个战场;在敌后战场又有十几个抗日根据地;在正面战场上,也有好几个战区。日军对正面战场某一战区军队形成包围和进攻,又受到正面战场其他战区以及整个敌后战场对它的反包围。日军在敌后战场对这一根据地军民形成包围,但往往受到周围其他根据地军民的反包围。有些人往往只是看到我被敌包围的这一面,但看不到敌又被我之其他友军反包围的另一面。甚至同样在中国,"敌我各有加于对方的两种包围"。这更是一般人所难以看到和预见到的了。到此还不算完。毛泽东又高瞻远瞩地从世界范围看问题,看到了国际上侵略阵线与和平阵线的存在,并看到了由这两个阵线所形成的"第三种敌我包围"。特别可贵的是,他在这时就预见到将来会形成"太平洋反日阵线",而且说这个阵线形成之时,就是日本被完全打倒之时。后来,不但苏联先在 1938 年 7 月底在张鼓峰与日军打了一小仗,后又在 1939 年 5 月至 9 月在诺门罕与日军打了一大仗,而且在太平洋战争爆发之后,在太平洋地区又形成了广泛的反日阵线,并且也确实是在这个阵线加上苏联的联合打击之下,日本被迫于 1945 年 8 月宣布投降,被完全打倒。毛泽东的预见完全被验证。我们不得不佩服毛泽东眼光之全面和深邃,他能见一般人之所未见,察一般人之所未察。他知道,很多人会把他的这些话当作"笑话",但他严肃地告诉人们:"这丝毫也不是笑话,而是战争的必然的趋势。"因此,我们说,毛泽东的战争预见,是符合战争的自然逻辑的,是符合战争的必然趋势的,是符合战争的当然规律的。

第四种:"大块和小块——一种可能,是敌占地区将占中国本部之大半……但是敌占大半中,除东三省等地外,实际只能占领大城市、大道和某些平地,依重要性说是一等的,依面积和人口来说可能只是敌占区中之小半,而普遍地发展的游击区,反居其大半。""总起来看,中国将是大块的乡村变为进步和光明的地区,而小块的敌占区,尤其是大城市,将暂时地变为落后和黑暗的地区。"(《选集》二,第473—474页)确实,在整个中国抗战期间,除东北地区外,日本表面上占领了很多省,但每个省它占领的都不是全部,而只是城市、交通要道、平原富庶地区等,而大部分的农村地区、山区、交通不便的偏远地区,实际上仍在中国军民的手中。到日本投降前,在原来的日本占领区,仅中共领导的敌后抗日根据地的面积就达100余万平方公里,人口共达将近1亿;国民党军队的游击区最多时也曾有十几个地区。因此,毛泽东预见的"大块和小块"的情况,在抗战期间一直存在。

最后,毛泽东总结说:"长期而又广大的抗日战争,是军事、政治、经济、文化各方面犬牙交错的战争,这是战争史上的奇观,中华民族的壮举,惊天动地的伟业。""全中国人都应自觉地投入这个犬牙交错的战争中去,这就是中华民族自求解放的战争形态,是半殖民地大国在二十世纪三十和四十年代举行的解放战争的特殊的形态。"(《选集》二,第474页)可见,毛泽东不但成功地预见了中国抗日战争的"犬牙交错"的特殊形态,而且还分析了这种战争形态的伟大意义以及它会存在的原因。这些都是特别令人信服的。

中国抗战中，又会出现什么样的战争形式呢？

在《论持久战》中，毛泽东把抗战划分为三个阶段，各个不同阶段，战争的主要形式有所不同。

在第一阶段，即敌之战略进攻、我之战略防御阶段，"我所采取的战争形式，主要的是运动战，而以游击战和阵地战辅助之"。这是毛泽东从对中国最有利的方面作出的判断。即在此阶段，中国应以运动战为主，而不应以阵地战为主。可惜的是，正如毛泽东所说的，阵地战"在此阶段之第一期，由于国民党军事当局的主观错误把它放在主要地位"。（《选集》二，第463页）如果国民党军事当局能在七七事变后，面对日军的强大进攻，不与日军打阵地战、拼消耗，而与日军打运动战，多与敌周旋，调动它在其所不熟悉的异国土地上"打转转"，把它们"肥的拖瘦，瘦的拖死"，那么，中国军队的伤亡会小更多，日军的实力也会被消耗更多。其实，在此之前，2月28日，毛泽东在中共中央政治局会议上，就已经批评过国民党军事当局的"硬拼"战术，说：中国抗战应有战略退却，前一段没有大踏步的进退，只是硬拼，这是错误的。（《年谱》中，第53页）

不过，尽管在第一阶段的第一期，阵地战被错误地用多了，但毛泽东还是认为："但从全阶段看，仍然是辅助的。"（《选集》二，第463页）事实上，在华北，1937年11月8日太原失陷后，阵地战就已经不存在了，剩下的就只有游击战了。1938年5月徐州失陷后，华东也基本上不再有阵地战了，有的则主要是共产党领导的八路军、新四军在敌后的游击战。这正好印证了毛泽东的另一句预言："游击战争在第一阶段中乘着敌后空虚将有一个普遍的发展。"（《选集》二，第464页）

在第二个阶段，即敌我战略相持阶段，毛泽东预见："我之作战形式主要的是游击战，而以运动战辅助之。"（《选集》二，第464页）

后来的事实证明，在长达几年的战略相持阶段，在敌后各个省，都
开展了游击战，不但共产党的军队在敌人占领区猛烈地开展游击
战，就连国民党也向敌后一共派驻最高时达 80 余万、最少时也有
20 多万的游击部队。游击战在这一阶段确实成为天天袭扰日军、
牵制其大量军队、消耗其军事实力的主要作战形式。

　　在第三阶段，即我方收复失地的反攻阶段，"我所采取的主要
的战争形式仍将是运动战，但是阵地战将提到重要地位"。"此阶
段内的游击战，仍将辅助运动战和阵地战而起其战略配合的作
用。"(《选集》二，第 466 页)果然，在 1945 年 8 月 9 日以后的全面反
攻和歼灭拒降之敌阶段，敌后战场的军民迅速脱离分散游击状况，
集中组成正规兵团，主要以运动战形式作攻击前进，很少打阵地
战、围困战、游击战，对大中城市和交通要道，能夺取的夺取，不能
夺取的让开，而主要夺取小城市及广大乡村，收复 250 多座县城及
其周围的广大农村地区。

第七节　对战争中国际形势与主要国家对中日态度的预见

　　中日两国之间的战争，受着国际形势的影响，受着世界上主要
国家对中日两国态度的影响。对这些国际因素的情况和变化作出
预见，对于争取战争的主动、作出正确的决策、及时采取对策，加速
战争的胜利，有着重要作用。毛泽东则对中国抗战过程中国际形势
的变化、世界主要国家对中日态度的变化作出过一系列科学的预见。

一、对国际形势的预见

　　1939 年 1 月 20 日，毛泽东在《论持久战》英译本序言中，借着
该书向世界发行的机会，希望唤起英语国家对中国的同情和援助，

并向全世界预言了第二次世界大战的"日益迫近"。他说："中国如果战败,英、美等国将不能安枕。""援助中国就是援助他们自己。""中国在困难之中进行战争,但世界各大国间的战争火焰已日益迫近,任何国家欲置身事外是不可能的。"(《文集》二,第 146 页)果然,毛泽东作出预见 8 个多月后,1939 年 9 月 1 日,德国入侵波兰,英国、法国随即对德宣战,第二次世界大战的"火焰"在欧洲的战场上燃起。1941 年 6 月 22 日,德国又入侵苏联,苏联也被卷入战争,人类历史上最大规模的地面战争在欧洲大陆次第展开。1941 年 12 月 7 日起,日本又陆续偷袭位于太平洋的美国军事基地和位于中南半岛的欧洲殖民地,太平洋上有史以来的最大规模战争也次第展开。全世界共有 61 个国家和地区及 20 亿以上的人口被卷入战争,共有 7000 多万人在战争中伤亡,4 万多亿美元付诸东流。历史证实了毛泽东的预见,世界各大国间的战争确实爆发了,一些开始对中日战争作壁上观、打算"置身事外"的国家,果然没能置身事外。

1 月 28 日,毛泽东在第 18 集团军延安总兵站检查工作会议上讲话,又一次预言了第二次世界大战更大规模战争的必将发生。他说:日本的"野心很大,不但要进攻全中国,还要去打南洋,缅甸、安南、印度也要去打"。(《文集》二,第 149 页)果然,一年多以后,日本便于 1940 年 9 月占领了安南等地,1941 年 12 月又开始打下南洋、缅甸,在打下缅甸后,日军缅甸方面军第 15 军于 1944 年 3 月上旬,还发动了进攻印度科希马和英帕尔的"乌号作战"。因此,毛泽东的这些预见后来基本全部命中。

在这次讲话中,毛泽东又说:"现在已经开始了世界大战,过去的与现在正在进行的,是法西斯国家打弱国小国,将来会和大国打的,但是到底哪一天打,我们不得而知。""世界一定会打更大规模的战争,但何日爆发,是无法占卜的。"(《文集》二,第 154 页)其预见的准确性,也被后来第二次世界大战的发展所证实。仅仅几个月后,世界就爆发了"更大规模的战争";再后来,几个大国也被卷了进来。1939 年 9 月 1 日毛泽东在对新华社记者谈话时说近年来,"英法的反动资产阶级,对于德意日法西斯的侵略,一贯地执行了一种反动的政策,即所谓'不干涉'政策"。这"乃是'坐山观虎斗'的政策,是完全损人利己的帝国主义的政策"。"往后的时间,就不得不变成英法和德意两大帝国主义集团直接冲突的局面。""张伯伦以损人的目的开始,以害己的结果告终。"(《选集》二,第580、581 页)毛泽东说这话的当天,德军就向波兰发动进攻,两天后,英法被迫对德宣战,并在战争中损失惨重。英法果然陷入与德意"直接冲突"的局面;英国首相张伯伦的绥靖政策果然以"害己的结果"告终;欧洲果然爆发了"全面性的战争"。他又说美国"为了自己的利益,暂时还不至于转入战争"。它"暂时不参加战争的任何一方,以便在将来出台活动,争取资本主义世界的领导地位"。(《选集》二,第 583 页)果然,美国直到两年多以后日本发动太平洋战争才加入战争,并果然在战后争得了"资本主义世界的领导地位"。

9 月 14 日,毛泽东在延安干部大会上说:第二次帝国主义世界大战是持久的战争,其规模将比第一次世界大战大得多。世界的前途是光明的,中国的前途也是光明的,一个自由独立的新中国将会出现。(《年谱》中,第 139 页)

果然,这四句话全部应验。(1)第二次世界大战全面爆发于1939 年 9 月,结束于 1945 年 9 月,历时 6 年,可以称得上是"持久的战争";(2)第二次世界大战先后有 60 多个国家和地区的 20 多亿人口卷入战争,其规模的确比第一次世界大战的 30 多个国家的

15 亿多人卷入战争要"大得多";(3) 第二次世界大战后,很多原来被西方殖民的国家获得独立和解放,国际新秩序得以建立,此后没有爆发新的世界大战,世界的前途确实是"光明的";(4) 中国于 1945 年取得抗战的胜利,1949 年又建立人民当家做主、外交上独立自主的新中国,中国的前途更加"光明"。

1941 年 8 月 18 日,毛泽东出席中共中央政治局会议,对 4 天前美国总统罗斯福和英国首相丘吉尔在大西洋的纽芬兰海面会谈后发表的共同宣言进行分析:罗丘宣言证明美国决心参加反侵略战争,对英、美、苏、中等都是有利的。(《年谱》中,第 322 页)3 个多月后,太平洋战争爆发,美国果然"参加反侵略战争",英、美、苏、中国成为国际反法西斯统一战线的盟友和联合国的领衔签署国。美国参加反侵略战争和国际反法西斯统一战线的建立,加速了德、意、日法西斯的灭亡和中国抗战的胜利,使英、美、苏、中等反法西斯战争的主要参战国都取得了胜利。

12 月 28 日,毛泽东向全党全军发出《1942 年的中心工作任务》的指示,说:"太平洋战争是长期战争,日寇将在南太平洋愈陷愈深,目前正从华北、华中抽兵南进,将来还有抽调一部可能。"(《文集》二,第 385 页)这段话中有几个预见,都极为准确。(1)"太平洋战争是长期战争。"历史事实是,太平洋战争自 1941 年 12 月 7 日爆发后,直到 1945 年 9 月 9 日才结束,历时近 4 年,当然可以说是一场"长期战争"了。(2)"日寇将在南太平洋愈陷愈深。"确实,日本在太平洋战争爆发后,半年之内,即先后侵占了马来西亚、新加坡、缅甸、菲律宾、印度尼西亚、关岛、威克岛、新几内亚一部分、阿留申群岛以及太平洋上其他许多岛屿。但在日军占领的许多地区中,人民群众发动了民族解放斗争,因而日军在这些地方陷入泥潭,不可自拔。1943 年,美国及其盟国开始在太平洋上进行有限的反击,1944年10月,美国又在菲律宾登陆,直到1945年太平洋战争结束。可见,事实证明毛泽东的这一预言完全准确。(3)"将来(日军)还有(从中国战场抽调一部(兵力去太平洋战场)可能。"确实,日本陷入太平洋战争后,每年都从中国战场抽调一部兵力去太平洋战场。1943年夏季以后,由于日本抽兵较多,华北敌后战场有些地方出现日军兵力减弱的状况。1944年,日军从华北抽调的兵力更多,以致日军不得不将一些次要据点交由伪军守备。因而,从1943年夏季开始,华北敌后战场有些地区就次第进行对日伪军的局部反攻,收回大量被占土地。因此,毛泽东的预见也果然说中了。

毛泽东正是预见到了日军将继续从敌后战场抽兵去太平洋战场,才转变政策,作出决策:"应乘1942年敌人忙于太平洋对中国采取战略守势之际,集中精力恢复元气。"(《文集》二,第385页)这就有了1942年敌后战场的"敌进我进""到敌后之敌后去""把敌人挤出去"等行动,粉碎了敌人的"扫荡"和"治安强化运动",基本上制止了敌人的进攻,扭转了不利局面。这也是毛泽东根据抗日战争形势作出科学预见后及时调整战略、调整政策的典型一例。这正好有力地说明了预见对抗战胜利的引领性作用。

1942年10月12日,当斯大林格勒之战尚在进行时,毛泽东在为《解放日报》写的社论《第二次世界大战的转折点》中说:"在斯大林格勒保卫战之后","苏联将举行极大规模的第二个冬季反攻,英美对第二条战线的开辟将无可拖延(虽然具体时间仍不能计算)"。"等到有死老虎可打的时候,第二条战线总是要建立的。"(《选集》三,第887—888页)果然,就在毛泽东预见的下个月,苏联红军就在斯大林格勒组织了冬季反攻,到1943年2月,歼灭了被围的德国军队,从根本上扭转了第二次世界大战的战局。接着,1943年5

月,英美华盛顿会议最后决定:于 1944 年 5 月在西欧开辟第二战场。毛泽东又进一步预言:"这一形势,将直接影响到远东。明年也将不是日本法西斯的吉利年头。它将一天一天感到头痛,直至向它的墓门跨进。"(《选集》三,第 888 页)果然,1943 年侵华日军在中国正面战场上发动的鄂西、常德两个较大规模的战役,遭到中国军队的抵抗,共死伤 3 万余人;在敌后战场,八路军歼灭日伪军 19 万多人,新四军歼灭日伪军 3.6 万余人,甚至在一些地方开始对日伪军进行局部反攻。日本确实在"向它的墓门跨进"。

1943 年 10 月 15 日,毛泽东在为《解放日报》所写社论《评国民党十一中全会和三届二次国民参政会》中说:"国际局势已到了大变化的前夜。""罗斯福、丘吉尔正在等待希特勒摇摇欲坠时打进法国去。""欧洲反法西斯战争的问题已处在总解决的前夜。""国民党人又嚷'罗丘视线移到东方了,先欧后亚计划改变了'","但这已是国民党人的最后一乐","自此以后","'先亚后欧'或'欧亚平分'从此送入历史博物馆"。(《选集》三,第 914、915 页)后来的事实是:在此预见 8 个月后,英美军队就在法国诺曼底登陆,开辟欧洲第二战场,给了德国法西斯以致命一击;15 个月后,苏联军队和英美军队分路攻入德国本土;19 个月后,德国就无条件投降,欧洲法西斯确实被"总解决"掉了;国际局势也确实发生了令很多人难以想象的"大变化",罗斯福、丘吉尔也确实在"希特勒摇摇欲坠时打进法国去"而不是打进别国去;英美确实没有如国民党人所期待的那样"先亚后欧"或"欧亚平分",而是"先欧后亚",先解决了欧洲法西斯德国,然后才来解决亚洲法西斯日本。

1944 年 6 月 12 日,毛泽东在会见中外记者西北参观团时说:"第二战场的开辟,其影响不仅在欧洲,而且将及于太平洋与中国。"(《文集》三,第 167 页)确实,太平洋战争受欧洲第二战场开辟的鼓舞和影响，美国在毛泽东作出这一预见后的第 6 天，就在马里亚纳海战中重创日军，使日本"绝对国防圈"惨遭突破。4 个月后，美军又在菲律宾登陆，次年 2 月又在硫黄列岛登陆，两个月后又进攻琉球群岛，并加强轰炸日本本土。中国战区受欧洲第二战场开辟的影响，敌后战场连续对敌占区发起攻势作战，收复大批国土；正面战场的中国远征军在滇西收复腾冲、龙陵，给滇西日军以沉重打击。这些事实都印证了毛泽东预见的准确性。

12 月 15 日，毛泽东在《一九四五年的任务》演说中指出："打倒希特勒明年就可以实现。我们唯一的任务是配合同盟国打倒日本侵略者。"（《年谱》中，第 566 页）果然，4 个多月后，苏军就攻入柏林，希特勒自杀身亡，德国无条件投降；再过 3 个多月，日本也宣布投降，中国在同盟国的有力支持下，最终"打倒日本侵略者"。毛泽东的这一预见几个月后便得到了历史的验证。

1945 年 4 月 23 日，毛泽东在中共七大开幕词中说："现在的时机很好。在欧洲，希特勒快要被打倒了。""现在柏林已经听到红军的炮声，大概在不久就会打下来。在东方，打倒日本帝国主义的战争也接近着胜利的时节。我们的大会是处在反法西斯战争最后胜利的前夜。"（《选集》三，第 1025 页）果然，毛泽东话音刚落下 8 天，苏联红军便攻克了德国首都柏林，希特勒彻底被打倒；接着再过 3 个多月，日本便于 8 月 15 日宣布投降，并在 9 月 2 日签署投降书。中国人民抗日战争暨世界反法西斯战争胜利结束。中共七大确实成为"处在反法西斯战争胜利的前夜"召开的一次大会。

5 月 31 日，毛泽东在中共七大上说："说苏、英、美三国不团结，说英、美两国要联合日本，联合德国的那些俘虏，组织一个反苏反世界人民的第三次世界大战，这种可能性今天存在不存在？不存在，这种可能性是没有的。"（《文集》三，第 378 页）后来的事实果然证明毛泽东的这一预见是正确的。第三次世界大战在二战结束 70 多年后，至今也没有发生。

二、关于苏联对中日态度的预见

还在中国全面抗战爆发将近一年前，1936 年 7 月 16 日，毛泽东在同斯诺谈话时，斯诺问："你认为苏俄与外蒙会卷入这场战争并支援中国吗？"毛泽东回答："当然。"苏联是"会坐视日本征服全中国，把中国变成进攻苏联的战略基地呢，还是会帮助中国人民反对日本侵略者，赢得独立，与苏联人民建立友好的关系呢？我们认为苏联是会选择后一条道路的。一旦中国人民……开始抗战……我们相信，苏联将会站在与我们握手的国家的前列。反对日本帝国主义的斗争是一个世界性的任务，作为世界一部分的苏联和英美一样，是无法继续保持中立的"。（《文集》一，第 402—403 页）中国全面抗战开始后，苏联果然第一个用军事援助的方式，"帮助中国人民反对日本侵略者"。从 1937 年 9 月到 1941 年 6 月苏德战争爆发，苏联共向中国提供了 900 多架飞机、80 多辆坦克、2000 多辆汽车和牵引车、1100 多门大炮、9700 多挺机关枪、5 万多支步枪、200 多万发炮弹和炸弹。在中国全面抗战的前期，世界各国唯有苏联以中国最需要的军火物资援助中国。苏联还派遣大批军事顾问、技术专家到中国帮助抗战，派 700 多名空军志愿队来中国参加抗战，并有 200 多名苏联志愿飞行员，把生命献给了中国抗战。毛泽东对苏联的预见，竟是这样的准确无误、毫不偏差。

值得注意的是，毛泽东的这一预见，不是建立在纯粹的猜测之上，而是基于苏联的国家利益，从苏联的国家利益出发而作出的合理推论。因为作为政治家，毛泽东知道，国家之间的态度背后，隐藏的是国家利益，有利益则有友谊，没利益则不会有友谊，或者说友谊也不会长久。正因为当时在中日战争中，帮助中国对苏联利益更大，因此，毛泽东才会作出这样的预见。这种基于现实情况和国家利益的预见，属于科学的推理，当然更加准确可信。

全面抗战爆发后，1937年9月29日，毛泽东在给周恩来等党内高层领导的电报中，分析在"华北大局非常危险""河北局面已经完结"的情况下，"估计中国政局在数月后将起变化"。判断"在彼时苏联将给中国以实力的援助"。（《文集》二，第28页）果然，后来当中国的首都南京遭受日机轰炸之时，苏联的第一批空军志愿队飞临南京。12月1日，刚到中国的苏联飞机5次升空，击落日机6架，飞行员安德烈也夫牺牲在空战中。这不但是苏联，而且也是世界所有国家在中国全面抗战爆发后，第一次派人在中国参战，给予中国以最需要、最及时、最实际、最直接的"实力的援助"。毛泽东的这一预见，又一次被苏联的行动所证实。

1938年3月3日，毛泽东在陕北公学对毕业同学们说："虽然德国公开地帮助日本，承认了'满洲国'，不卖军火给中国，英国内阁的态度也发生了变化，但是这只是时局的一面；而代表世界总方向的全世界人民，特别是苏联，会来鼓励与援助中国的。苏联是一定会帮助中国的，总有一天苏联会是日本的直接对头。"（《文集》二，第107页）这里有两个预见后来均被证实。一个是："苏联是一定会帮助中国的。"上文已经列举了1941年6月苏联在遭到德国的大规模进攻之前一直从各方面积极援助中国抗战的事实。可以说，在中国全面抗战爆发的最初4年里，比较世界各国来看，苏联对中国抗战的援助时间最早、武器最多、人员最众、牺牲最大，援助最直接、最实际、作用最大。另一个是："总有一天苏联会是日本的直接对头。"事实是：毛泽东作出这一预言后仅仅两个月，日本就在诺门罕一带进攻蒙古人民共和国，准备以此为跳板，继续北上进攻苏联西伯利亚地区。苏军介入战事,于 5 月 28 日,全歼进攻日军。6 月中旬开始,苏军又以更大规模对垒日军。日军最多时集中 8 万兵员攻击苏军。8 月 20 日,苏军对日军发起总攻,200 多架飞机轰炸与扫射日军。在苏军强大打击下,日军全线溃败。日本不得已于 9 月 15 日与苏联签订停战协定。在这场历时 135 天的大战中,苏联确实成了"日本的直接对头",以雷霆之势重击日军,双方投入兵员 20 余万人,伤亡 6 万余人。此战使日本被迫改"北进"侵苏为"南下"袭美,日苏之间停战了数年。1945 年 8 月,在美国向日本投下第一颗原子弹、日本失败已成定局之时,苏联又正式对日本宣战,苏联红军再次以雷霆之势,进入中国境内,横扫日本关东军,经过 20 多天的作战,以伤亡 3 万多人的代价,击毙日军 8 万多人,俘虏日军 60 多万,迫使日本关东军投降,直接加速了日本投降的进程。苏联这一次不但再一次成为"日本的直接对头",而且还在日本的棺材板上钉上了重要的一颗钉子。苏联再次用行动验证了毛泽东的科学预见。

1945 年 2 月 3 日,毛泽东致电周恩来,说:苏联"红军迫近柏林,各国人民及进步党派声势大振。苏联参与东方事件可能性增长"。(《年谱》中,第 577 页)果然,半年后,苏联在欧洲战场打败德国法西斯后,又出兵扫灭日本关东军,深度"参与东方事件",在东亚的中日战争中强力介入。毛泽东的预见得到验证。在作出这一预见后,毛泽东继续预见说:"在此种情形下,美、蒋均急于和我们求得政治妥协。"因而他指示周恩来:"请明白告诉国民党及小党派:除非明令废止一党专政,明令承认一切抗日党派合法,明令取消特务机关及特务活动,准许人民有真正自由,释放政治犯,撤销封锁,承认解放区,并组织真正民主的联合政府,我们是碍难参加政府的。"(《年谱》中,第 577—578 页)从毛泽东这封电报中,我们看到：毛泽东先是预见了国际形势——苏联参与东方事件可能性增长；由此再预见了国内形势——蒋介石急于和我们求得政治妥协；接着则据此作出了党的政策调整——抬高向国民党的要价。这让我们充分看清了预见对决策的重要作用，看清了正确预见在全国抗战中的引领性作用。

三、关于美国对中日态度的预见

1936 年 7 月 15 日，毛泽东同美国记者斯诺谈苏维埃政府的外交问题。作为一名美国人，斯诺问毛泽东："苏维埃政府目前对美国政府和美国人民的希望是什么？"毛泽东说："我们认为美国人民和美国政府对中国是有远见的，形势注定美国政府要对中国和日本的未来起非常积极的作用。我们希望并且相信，他们将同中国人民结成统一战线以反对日本帝国主义及日本所代表的法西斯战线。""但是也有一些目光短浅的美国政治家以为中国的灭亡与他们无关。我们共产党人认为这是一种对于实际情况的错误认识，实际情况是美国的东方利益同抵抗日本帝国主义紧密连结在一起。这些人提倡孤立政策。但是随着历史面貌的进一步暴露，我们相信他们会放弃'孤立主义'政策，美国将觉悟到它在太平洋的真正责任是同直接威胁美国理想和利益的日本帝国主义作斗争。"（《文集》二，第 394—395 页）在毛泽东作此预见时，美国对日本实行的还是妥协退让的绥靖政策，而没有明显支持中国抗击日本。甚至在日本全面侵华后的一年多里，美国虽对日本进行过一些谴责，但仍未放弃对日绥靖，反对经济制裁日本，尽量避免同日本直接冲突。但是，为了保护美国的在华利益，在中国抗战进入相持阶段后，美国逐渐加强了对华援助，于 1939 年 2 月向中国第一次提供借款，援助中国抗战。1941 年 2 月，又开始以租借形式向中国提供

军火物资。1941 年 4 月，美国总统批准美国退役军人可以加入陈
纳德的美国援华志愿航空队即"飞虎队"，帮助了中国空军同日本
作战。日本偷袭美军珍珠港后，美国对中国的援助力度更为加大，
两国共同对日宣战，并互相支援，成为盟国、盟军，美军出动远程轰
炸机，从中国出发轰炸日本本土，直至在日本投下两颗原子弹，加
速了日本的投降。美国在中国抗战中的表现，完全证实了毛泽东
上述预见的正确性。因为毛泽东又是从美国的国家利益出发来作
出上述预见的，是从本质上看问题的，具有基础性、现实性，符合客
观实际，因而是科学的、正确的。

　　1941 年 4 月 20 日，毛泽东复电周恩来，同意他对国民党统治
区英美派等对苏日条约所持的态度，指出："英、美总方针是先对德
后对日，决不敢对日本取强硬态度。""我们方针是要争得蒋及国民
党主体转变到亲苏、和共、改良的方向，而以维持他们的政权、承认
我们的地位为条件。"(《年谱》中，第 291 页)果然，后来即使在日本
偷袭珍珠港、美英两国都对日本宣战的前提下，美、英都坚持先对
德、后对日。12 月 22 日至次年 1 月 14 日，美英两国首脑在华盛顿
举行"阿卡迪亚"会议，确认德国仍是主要敌人，欧洲是主要战场，
决定继续坚持一年前两国确定的"先欧后亚"战略，首先集中力量
击败德国，在亚洲太平洋方面对日暂取防御战略。正像美国陆军
部部长史汀生所说的："在英美总战略中，对德作战居第一位，位居
第二的是横跨太平洋对日本岛国的大规模'陆海空'行动。"(［美］
赫·菲斯：《中国的纠葛》，北京大学出版社 1989 年版，第 16 页)
1944 年 6 月，美英联军在法国西北部诺曼底地区登陆，开辟了第二
战场，消灭德军有生力量，为攻入德国本土扫清了前进道路。在
1945 年 5 月德国投降后，美、英才又集中力量在太平洋上对日军展
开进攻。在遭到日军顽强抵抗的条件下，美国不惜使用极端手段，

对日本投放原子弹,逼迫日本投降。可见,毛泽东关于"英美总方针是先对德后对日"的预见是符合后来包括中国抗日战争在内的第二次世界大战的战争进程的,是被事实证明完全正确的。

同样值得注意的是,毛泽东根据这一战略预见,确定了中国共产党同国民党谈判和斗争的方针。这也同样体现出预见的重要性。

1941年12月12日,毛泽东致电周恩来,分析太平洋战争爆发后的时局,说:"在半年内英、美均非日本之敌,但只要留得新加坡、马尼拉、达尔文等二三据点,即可在半年后造成对日相持局面,以待日军之敝,然后举行反攻。"(《年谱》中,第345页)果然,在从1941年12月太平洋战争爆发到1942年夏季的半年多时间内,日军先后侵占了马来亚、新加坡、缅甸、菲律宾、印度尼西亚、关岛及太平洋上的许多岛屿,新加坡、马尼拉两个城市皆陷于日军之手。半年多以后,1943年,美国及其盟国英、法等国开始在太平洋上对日有限反攻,进行岛屿争夺战;1944年10月,美军更在菲律宾登陆,逼近日本本土。太平洋战争的战况,基本按照毛泽东预见的日本先进攻、再相持、最后被反攻的路径在发展。

电报中毛泽东又说:"英、美的总方针可能是对日取守,而对德取攻,先集合英、美、苏力量解决德国,然后集合英、美、苏、中力量解决日本,而两方面苏联都将是决定力量。"(《年谱》中,第345页)确实,在第二次世界大战中,在日本发动太平洋战争后,美英仍然坚持"先欧后亚"战略,把德国法西斯作为头号和主要敌人,作为优先消灭的对象,与苏联在斯大林格勒的对德军反攻相配合,美英军队于1942年11月在北非登陆,并于次年5月把德意军队逐出北非。1945年初,苏联军队又和英美军队分路攻入德国本土,彻底打败德国;接着,英、美集中力量在太平洋上展开进攻,美国并在日本本土投下原子弹,苏军随即向驻在中国的日军精锐部队关东军发动狂飙式进攻,中国人民则立即转入全国规模的对日反攻,日本法西斯也被彻底打败。在对德军的最后解决和对日军的最后解决中,苏联红军都发挥了重要的作用,特别是攻入德国首都柏林的正是苏军。因此,毛泽东这段预见全部被历史证实,成为又一个百分百言中的精准预见。

四、关于英国对中日态度的预见

1936 年 7 月 15 日,毛泽东在会见斯诺时,也回答了关于英国怎样帮助中国的问题。毛泽东不客气地批评说:"英国政治家中有一派过去采取了错误的政策。英国政府奉行的政策实际上使得日本占领中国领土成为可能,即使它在事实上没有鼓励日本这样做。"(《文集》一,第 395 页)毛泽东所说的英国错误政策,是指日本开始侵略中国东北后,英国对日本所采取的妥协退让、中立自保的绥靖纵容政策。九一八事变一个多月后,1931 年 10 月 30 日,英国驻日大使竟黑白颠倒地认为:"当前的危机是由中国人故意采取破坏这些权益和尽其所能地用一切办法鼓励反日情绪的政策造成的。"([英]路易斯:《英国在远东的战略》(1919—1939),牛津大学出版社 1971 年版,第 181 页)英国一个内阁成员的话,把英国的政策表述得更明白:"英人最好保持一公平坦白之态度,无论对华对日,均不表示同情。"(《国闻周报》第 9 卷,第 37 期,第 6 页)英国前代理印度总督李顿率领国联调查团调查九一八事变情况后,于 1932 年 10 月发表报告书,竟主张不必恢复东北的原状。这一错误政策,理所当然地受到毛泽东的批评。

接着,毛泽东进行了预测:"英国政府似乎要采取新的策略,但看来它还没有足够的勇气在世界的这一部分贯彻它的信念。英国如继续动摇并像过去那样采取观望政策,如继续乞求日本的'合作',那将对英国毫无好处。日本帝国主义的面目已经一清二楚。对英国来说,它不是一张友善的面孔,而是破坏的形象。"(《文集》一,第395—396页)后来的事实如何呢?1937年日本全面侵华后,尽管破坏了第一次世界大战后建立的凡尔赛-华盛顿体系所维系的世界和平秩序,但英国等西方主要国家,仍然从自身利益出发,继续对日本奉行绥靖政策,反对制裁日本,不愿意援助中国,并向日本输出战争物资。但这些对日"观望政策",并未给英国带来好处。1938年11月,日军封锁长江、禁止外国船只航行,直接损害英国等国在华利益。1941年12月,日本又直接发动太平洋战争,在几个月时间内,即抢占了香港、新加坡、缅甸等英国势力范围。直到这时,英国才正式向日本宣战,完全站到世界反法西斯阵营中来,与中国成为盟国。因此,历史的进程证明:毛泽东在1936年对英国的三大预见都没有错:第一,在其后几年时间内,英国并没有勇气"采取新的策略";第二,对日"采取观望政策","对英国毫无好处";第三,日本对英国"不是一张友善的面孔,而是破坏的形象"。

尽管毛泽东对英国政策非常不满,但在第二天他同斯诺的另一场谈话中,毛泽东还是预见到英国最终会反对日本。他说:"反对日本帝国主义的斗争是一个世界性的任务,作为世界一部分的苏联和英美一样,是无法继续保持中立的。"(《文集》一,第403页)确实,随着日本侵略直接损害英国利益时,英国还是结束了在中日之间的中立政策。当1938年11月日军禁止外国船只在长江航行时,英国开始同美国、法国共同对日本提出抗议,并在美国向中国提供借款后,于1939年3月开始向中国提供名义上的借款。太平洋战争爆发后,英国又改变过去的封闭滇缅路政策,与中国共同防御滇缅路,使国际援华物资得以从滇缅路进入中国。1942年元旦,英国与中、美、苏领衔签署《联合国家宣言》，宣布共同打击日本等共同敌人。至此，事态的发展完全证实了毛泽东关于在反对日本这个"世界性的任务"面前，英国和苏联、美国一样，都"无法继续保持中立"的科学预见。其准确性又是百分之百。事实上，无论是在1936 年毛泽东作预测时，还是日本全面侵华战争正式打响之后的一年多时间内，英国对中国的态度都比苏联、美国更加消极，但毛泽东能够准确地预见到英国最终会同美国、苏联一样，在中日间不再保持中立，而是共同加入打击日本的行列。这确属独具眼光，也更属难能可贵。

1937 年 5 月 15 日，在中国全面抗战爆发的前夜，毛泽东在回答美国记者韦尔斯对于如何看待"英、日最近的接近"这个问题时说："英日两国在对华问题上的妥协，现在并没有很好的基础。不错，英日的妥协是永远存在的并且可能的，但是何时何地是有限制的。英国欲维持现状，但现状的内容容易时刻变动着，这从'九一八'后英国的步步退让中可以看出来。在基本上，日本对华的独占政策与英国及其他帝国主义所持的门户开放政策是对立的，但是一时的、某些部分的妥协是可能的，因为英国本来随时可以出卖中国的利益，而达到于它有利的目的。不管英日妥协的程度如何，关于中国民族存亡的问题，中国人民不应一刻疏忽。在抗日运动中，不能过于信赖英国。我们要认清英国的本质，就不会上它的当。""对英国保守党与广大的英国人民，我们应当区别开。保守党在西欧政策上徘徊于和平阵线与法西斯阵线之间，已引起国内人民的极大不满；如在对华问题上再与日本侵略者相勾结，求妥协，则除了引起中国人民反对外，英国人民也不见得对他们表同情。"（《文集》一，第 502—503 页）

在这段话中，毛泽东对英国有 3 个方面的基本预见。第一，从根本上看,"日本对华的独占政策"与英国"门户开放政策"是对立的,因此,日英不会永远妥协,不会一直妥协到底,包括当前的妥协也没有很好的基础,英国对日妥协会随时间、地点的变化而变化。这一预见已被后来英国逐渐放弃对中日两国的中立政策、最终与中国共同打击日本的史实所验证。第二,出于英国暂时的国家利益,英国对日妥协是永远存在并且可能的,英国随时可以出卖中国利益而与日本妥协;因此,抗日"不能过于信赖英国"。这一预见,也被后来的历史进程所证实。全面抗战爆发后,直至太平洋战争爆发,英国是一直与日本进行妥协的。1938 年 11 月,在中国抗战进入相持阶段后,英国还向日本表示,愿意就中日和平问题进行斡旋。([日]《现代史资料图 9·中日战争 2》,美铃书房 1964 年版,第547 页)次年 7 月,英国又与日本签订《有田-克莱琪协定》,承诺"完全承认"日本在中国造成的"实际局势",对"有利于日本之敌人(按:当然这首先指中国)的行动和因素",英国"均无意加以赞助"。(《中国近代对外关系史资料选辑》下卷,第 2 分册,上海人民出版社 1977 年版,第 143 页)1940 年 4 月,英国大使与美、法大使联合要求中国停止抗战,"及时对日媾和"。([日]防卫厅防卫研究所战史室编:《中国事变陆军作战 3》,朝云出版社 1975 年版,第 185—186 页)1940 年 7 月,英国又应日本要求,封闭了中国抗战的西南国际通道——滇缅公路。即使在 1939 年 3 月至 1942 年 2 月先后答应向中国提供共计 6000 多万英镑的贷款和借款,但又在实际上没有完全兑现。事实完全证明,英国是随时可能对日妥协的,中国抗日不能过于信赖英国。第三,英国政府对日本等法西斯的妥协,不但将引起中国人民的反对,而且"英国人民也不见得对他们表同情"。确实,早在全国抗战前,英国人民中就有了类似"中国人民之友"的社团,支持中国抗日。全国抗战爆发后,英国共产党中央委员会首先发表呼吁书,呼吁援助英勇的中国人民。英国其他各党派、各阶层人士都积极参加援华运动,建立了"英国援华运动总会""国际反侵略大会英国分会"等 10 多个援华组织。英国民众踊跃捐钱捐物,把大批药材、衣物、资金送到中国。这些都表明了英国人民与英国政府的不同立场。从 1937 年担任英国首相的保守党领袖张伯伦,因实行纵容法西斯侵略的"绥靖政策"而臭名昭著。第二次世界大战在欧洲战场爆发后,英国被迫卷入战争,张伯伦的"绥靖政策"宣告破产,张伯伦于 1940 年终于下台。这些事实也都证明了毛泽东的这个预见的科学性、正确性。

　　1938 年 5 月 5 日,毛泽东会见美国海军部观察员卡尔逊。卡尔逊认为德国侵略捷克斯洛伐克,英国就会参战。毛泽东认为英国不会为捷克斯洛伐克而打仗。(《年谱》中,第 69 页)后来的事实如何呢? 此前,1938 年 3 月,德国在吞并奥地利后,开始着手吞并捷克斯洛伐克。英国与法国为了自己免受德国入侵,不惜牺牲捷克斯洛伐克,并企图以此换取德国向东进攻苏联。同年 9 月,英、法与德、意在慕尼黑签订协定,规定捷克斯洛伐克将苏台德地区及同奥地利接壤的南部地区割让给德国,捷克斯洛伐克的其余领土,由签约四国"保证"不再受侵犯。但协定墨迹未干,仅仅过了半年,德国就于 1939 年 3 月,出兵吞并捷克斯洛伐克全部领土。对此,英法两国并未为捷克斯洛伐克而与德国开战。只是到了 1939 年 9 月 1 日,德国进攻波兰,英、法才于 9 月 3 日对德宣战,世界大战在更大范围内展开。事实证明,作为一名曾担任过美国总统卫队长的美国军官,卡尔逊的预见没有得到验证,而毛泽东的预见则得到了验证。这给了我们一个可以参照的比较。比较的结果则是毛泽东预见得比卡尔逊准。

　　1941 年 4 月 20 日,毛泽东复周恩来关于国民党统治区英美派等各派对苏日条约所持态度的电报,指出:在德国打击下,英国对苏邦交即将好转,美国亦将大体上取英国的步骤,绝不能得罪苏联。(《年谱》中,第291页)毛泽东关于英国对苏邦交即将好转的预见不久即得到验证。这真是又一个百分百准确的预见。因为作此预见后不到3个月,1941年7月12日,英国就同苏联缔结了对德作战联合行动条约,即英苏协定。又过3个多月后,12月16日,英国外交大臣艾登又赴莫斯科与苏联会谈。双方就彻底击败希特勒德国并建立战后和平体制和安全组织使德国侵略不能重演达成了《英苏互助同盟条约》,标志着英国与苏联正式结成了同盟,使国际反法西斯阵线进一步巩固和扩大。1942年5月26日,这一条约在伦敦签字。这个条约是对1941年4月13日苏联和日本签订的《日苏中立条约》的反应,表明苏联此时的战略重点仍在欧洲,对日本的中立只是为了不与德国、日本两面作战。毛泽东根据这一判断,又判断中国英美派、顽固派、中间派及进步派中之动摇分子均将在英、美影响下对苏献媚,并进而提出我们的方针:"我们方针是要争得蒋及国民党主体转变到亲苏、和共、改良的方向,而以维持他们的政权、承认我们的地位为条件。"(《年谱》中,第291页)在这封电报中,毛泽东从国家间利益的分析,预见到国际形势的变化;再由国际形势的变化,预见到国内各方面态度的变化;最后再根据国内各方面态度的变化,提出中国共产党方针、政策的变化。毛泽东在抗日时期的好多决策和政策、策略之调整,都是这样来的。确实,在毛泽东作出这一预见后,直到1943年5月共产国际解散,国共关系都基本保持着"平和"的状态。这正是中国当局对苏和好的结果。

　　1941年7月15日,在英苏协定达成后第三天,毛泽东在给周恩来的电报中说:"英苏协定将成世界政治的枢纽,美国在政治上只能跟着这条路线走，不能操纵一切了。英苏协定将影响日本，增加其顾虑，亦将影响中国，促成中苏、国共的好转。"（《年谱》中，第312—313 页）这一预见与上一条预见精神一致，且更进一步明确地预见到了英苏关系好转对日本及中国的影响。上文说到的后来的历史发展也完全证实了这一预见的正确性。其对日本的影响，则是促进了日本实施南进政策、在太平洋地区直接向英美发动进攻。

五、关于日本、德国、意大利的预见

1936 年 7 月 16 日，毛泽东在与斯诺谈话时，斯诺问：中国目前能"在没有任何外国支援的条件下打败日本"？毛泽东提醒说："无论是中国还是日本都不是孤立的国家，东方的和平与战争问题是一个世界性问题。"毛泽东指出："日本有它潜在的盟国——例如德国与意大利。"（《文集》一，第 400 页）意思是，日本虽然目前还没有同德国、意大利结为盟国，但将来有可能会。后来的情况怎样呢？日本在发动全面侵华战争的 4 个月后，即于 1937 年 11 月 6 日，也就是在毛泽东作此预见的 15 个月后，就在罗马与德国、意大利签订议定书，这标志着柏林—罗马—东京轴心的形成，即德意日三国政治同盟的形成。这一结果，证实了毛泽东上述谈话中的两大预见：第一，东方即中日的和战问题"是一个世界性问题"；第二，日本是德国、意大利的潜在盟国，它们将来可能会结为盟国。正是在这些预见的基础上，毛泽东向斯诺说明："中国想要成功地反对日本，也必须争取别国的支援。"（《文集》一，第 400 页）后来的事实也证明，正是争取到了世界很多国家的国际援助，中国抗战才能坚持下来，并能在 1945 年即取得胜利。

1938 年 5 月，毛泽东在《论持久战》中说："意大利同阿比西尼亚打了之后，接着意大利同西班牙打，德国也搭了股份，接着日本又同中国打。还要接着谁呢？无疑地要接着希特勒同各大国打。"
"这次战争，将比二十年前的战争更大，更残酷，一切民族将无可避免地卷入进去。"(《选集》二，第475页)这里，意大利和阿比西尼亚即埃塞俄比亚的战争发生于1935年，意大利与德国武装干涉西班牙发生于1936年8月，日本同中国的战争指的是1937年七七事变标志的日本全面侵华战争。到了1938年5月，毛泽东看出法西斯的战争没有完结，还会接着再打，他非常肯定地预见道："无疑地要接着希特勒同各大国打。"果然，毛泽东作此预见后仅3个多月，希特勒便打了捷克斯洛伐克；又过了一年，希特勒再打波兰，挑起第二次世界大战的欧洲战火，导致英国、法国都向它宣战；到1940年3月，希特勒又打了丹麦、挪威、比利时、荷兰、卢森堡、法国；1941年6月又打苏联。毛泽东的预见果然不虚，一步步被证实。

　　1941年10月20日，在德军向苏联首都莫斯科大举进攻后20天，毛泽东在中共中央政治局会议上指出：现在莫斯科危急，但德国的进攻可能已到最高点。日本新内阁(东条英机内阁)应估计为直接准备战争的军人内阁，日本有北进的危险，但尚未与英、美妥协还不敢北进；南下可能性较大，但日本要准备战争，也不会立即南下，目前不会对我国有大的军事行动，但今后仍有大的进攻形势。(《年谱》中，第334—335页)同一天，毛泽东在给周恩来等人的电报中，也作出了相同的判断，并提到了国民党的判断："东条内阁是一个直接准备战争的军人内阁，它是直接准备战争的，但还不见得马上动兵。其战争趋向有北进危险，但南进的可能性并未丧失。国民党正肯定北进，我们不必与之一致。无论日本北进南进，其对华侵略决不放松，此点我们应加强调。关于德苏战争，莫斯科一线虽尚未脱离被侵略危险，但苏联还是能坚持的，德国的情况并不怎样好，美、英、苏、中的合作必能胜法西斯。当此党内外都生长

着悲观情绪之时，我们应坚持正确立场反对这种悲观情绪。"（《年谱》中，第335页）

在同一天里，毛泽东作出了以下几项重要预见：

第一，德军对莫斯科的"进攻可能已到最高点"，"苏联还是能坚持的"。在毛泽东作出此预见之前，1941年9月30日至10月2日，德军集中80个师的兵力向莫斯科大举进攻。10月13日，中路德军占领了莫斯科西南100英里的卡卢加，再于18日占领莫斯科正西60英里的莫扎伊斯克，同时，北路德军占领了莫斯科西北98英里的加里宁。正如毛泽东所说："莫斯科危急！"但是，10月18日起开始下雨，泥泞的道路使德军被迫全线停止前进。这使苏军赢得喘息，不断从其他地区抽回军队。11月3日和4日，天气又骤然变冷，没有冬装的德军出现严重的冻伤，士气出现低落。11月7日，苏联在德军兵临城下时，仍然照常进行红场阅兵，部队受阅后即直接开赴前线，展示出苏军的英勇和无畏。11月15日，德军又以51个师的兵力开展攻势。苏军3个方面军的部队在冰天雪地里抵抗德军。到12月6日，苏军便开始转入反攻，到次年4月20日，反攻胜利结束，德军被迫向西退却100—250公里。莫斯科会战取得了胜利。战争的进程与走向恰好同毛泽东预见的一个样。

第二，"东条内阁是一个直接准备战争的军人内阁"。东条内阁指的是由东条英机组成的内阁。1941年10月16日，日本近卫文麿内阁宣布总辞职，第二天，重臣会议提名东条英机组阁。11月18日，东条内阁正式成立，东条这名现役军官，不但担任首相，而且兼任陆相和外相，以后又兼任文部相、商工相、军需相等，集各种军政大权于一身，确实是一个典型的"军人内阁"。他正式登台后，仅仅20天就于12月8日发动日本历史上最大规模的侵略战争——太平洋战争，践踏10多个国家和地区，造成数千万人民的无辜死亡。因此,东条内阁又确实"是一个直接准备战争"的内阁。

第三,"日本有北进的危险,但尚未与英、美妥还不敢北进;南下可能性较大"。确实,在 1941 年 10 月 20 日前,日本到底是南进,还是北进,对日本曾经是一个问题,对外界也确实是一个谜。1941 年 6 月 22 日德军大举进攻苏联,使日本面临一个重大抉择。有人主张日本北进苏联,与德国进攻相呼应;有人认为日本陆军主力陷在中国战场,且苏联在西伯利亚陈兵以备,北进攻苏没有把握,应该南进,至于苏联则"待柿子熟了再摘",等德军消灭了苏军主力后再去进兵攻取。日军统帅部则取折中立场,一方面继续进行南进部署,一方面从国内调兵增强关东军至 85 万人,并举行"关东军特别大演习",以备攻苏。结果,由于在中国战场难以抽兵实施北进,日军统帅部还是被迫放弃了北进对苏开战的抉择。11 月 5 日,日本御前会议批准了由大本营和政府联席会议制定的《帝国国策实施要领》:"帝国为打开目前危局……决心对美、英、荷开战。"([日]防卫厅防卫研究所战史室:《大本营陆军部 2》,朝云新闻社 1968 年版,第 570 页)苏联在 10 月下旬得到来自潜伏日本的著名间谍报来的谍报:"日本武装力量将全力南进,无意对苏作战。"因此才开始将部署于西伯利亚防日进攻的 25 个步兵师和 9 个装甲旅陆续西调到莫斯科前线。在此之前,连斯大林也摸不透日军的战略意图。在中国国内,国民党则判定此时日军肯定是要北进。而毛泽东则在日本战略意图未定之时、很多人都认为日军确定北进之际,就大胆地作出日本"未与英、美妥还不敢北进,南下可能性较大"的战略预见,这不能不说他确实是与众不同、高人一筹的。他甚至还专门告诉在重庆与国民党及各方面人士联络、掌握有更多信息的周恩来:"国民党正肯定北进,我们不必与之一致",提醒他不要被国民党的误判所误导。这段话又给了我们一个参照和对比，即国民党判断日军是必定北进的，而毛泽东却认为更大可能是南进。两相对比，高下立判。毛泽东的水平和国民党的水平由此可见一斑。

第四，"无论日本北进南进，其对华侵略决不放松"。果然，日本实施南进战略后，为了配合太平洋战争、尽早脱身中国战场，仍然对中国不断发起进攻。在正面战场，为配合日军进攻香港、牵制中国军队向广东方面转用，日军以12万兵力，第三次进攻长沙等地，遭到中国军队重创，伤亡5万余人，于1942年1月中旬退回战前驻地。1942年4月底，为摧毁美国飞机轰炸日本本土的中国空军基地，日本调集9万多人，开始实施浙赣作战，并在作战中实施了大规模细菌战。直至9月底，战役才告结束。1943年日军又发动鄂西、常德等较大规模的进攻战役。1944年，日军更发动了向豫、湘、桂地区进攻的"一号作战"，新占领中国20多万平方公里土地，完成了打通大陆交通线的任务。在敌后战场，日军对抗日根据地实行所谓"总力战"，进行更加野蛮残酷的"扫荡"、"清乡"、"蚕食"、封锁和"治安强化运动"，实行灭绝人性的烧光、杀光、抢光的"三光"政策。华北抗日根据地在1941年和1942年连续缩小，出现整个抗战时期的最为严重的局面。直到1943年，华北各敌后抗日根据地才逐渐恢复和再发展。总之，日本在南下发起太平洋作战后，无论是在正面战场还是在敌后战场，都没有放松对中国的侵略。只不过有时由于力不从心或无暇顾及，显得规模小一些或节奏慢一些而已。

第五，"德国的情况并不怎么好，美、英、苏、中的合作必能战胜法西斯"。毛泽东作此预见时，德国对苏联的大规模进攻气势正盛，苏联正面临首都莫斯科被德军占领的空前严重危机，世界法西斯力量正处于最旺盛期。全世界几乎很少有人对战胜法西斯还充满信心。但是，毛泽东从德国的大肆进攻中看出了它"情况并不怎样好"，并坚信美、英、苏、中能够进行"合作"且"必能战胜法西斯"。后来，太平洋战争的爆发，果然促使美、英、苏、中四国结成国际反法西斯统一战线，并于1942年元旦，领衔签署有26国签署的《联合国家宣言》，宣布"尽其兵力与资源，以打击共同之敌人"。四国的"合作"真的如毛泽东所预见的那样很快就成功实现了。之后，四国又开展战略合作，召开四国巨头的峰会，协调战争行动和战后安排，终于在1945年9月完全打败了法西斯。毛泽东关于美、英、苏、中的合作必能战胜法西斯的预言在不到4年后即被完全证实。

值得注意的是，毛泽东作出这一预见时，还告诉周恩来："当此党内外都生长着悲观情绪之时，我们应坚持正确立场反对这种悲观情绪。"这就显示，当时在中国，无论是在共产党内，还是在共产党外，都充满着对战争的悲观情绪，毛泽东显然是党内和党外那少数的乐观主义者之一。他不但自己不悲观，还要求周恩来同自己一起去说服更多人战胜悲观情绪。这更能说明毛泽东对胜利的自信、对形势估计的正确，更能说明毛泽东确实是高人一筹的。在最困难时自己看到希望并给人们以希望，在最黑暗中自己看到光明并给人们以光明，在绝境中自己看到前途并告诉人们以前途。我想，这应该就是人们所说的旗帜吧！作为旗帜的最重要作用恐怕也就在于此吧！如果胜利在望之时他高喊胜利、光明在前之时他高喊光明，那样的作用就不是太大也不足珍惜了。

1942年10月12日，毛泽东为《解放日报》写的社论《第二次世界大战的转折点》发表。3天前，苏联红军突破斯大林格勒被德军围困的西北部工业区。毛泽东的社论就是为此事而写的。尽管离这场战役的最后胜利还有3个多月，但毛泽东已经预言："希特勒是处在最后失败的门口了。""希特勒已到再衰三竭之时。""十月九日以后的希特勒,将只有死路一条好走了。""德国及其欧洲伙伴再也无力举行大规模的攻势了,希特勒只好把整个方针转入战略防御。""斯大林格勒一战将停止法西斯的进攻,这一战是带着决定性的。"(《选集》三,第 887—888 页)"这一战,不但是苏德战争的转折点,甚至也不但是这次世界反法西斯战争的转折点,而是整个人类历史的转折点。"(《选集》三,第 885 页)事实是,11 月 19 日开始,参加斯大林格勒会战的苏军就从南北两翼转入反攻,次年 2 月初,将德军主力 33 万人全歼。这次战争成为公认的苏德战争的转折点和第二次世界大战的转折点,它也可以算作人类历史的一个转折点。因为此战导致了苏联的崛起、苏联对东欧地区的解放和后来的控制、英美对欧洲第二战场的开辟、反法西斯战争的胜利及战后国际格局特别是东西方两大阵营的形成。它对人类历史的影响是巨大且深远的。

　　10 月 16 日,毛泽东为《解放日报》写的社论《评柏林声明》又发表。4 天前,柏林发言人发表声明,称:"德军已由攻势转入守势","此不应被视为吾人未来的作战计划","而以镇静态度及必胜信心以观变化"。毛泽东对此评论说:"这后一段话是说谎的。""所谓'守势不应被看作将来的作战计划',似乎还有第三个攻势的希望似的,但这只是完全的谎言。"接着,毛泽东作出 3 个预见。第一,"希特勒的旧军队是疲敝不堪了,精锐部分已经耗完"。第二,"日本的情况稍有不同,他的实力还可以举行一个进攻,这是因为过去的战争还没有动用他的主力的原故"。第三,"不论怎么样,世界形势已起了根本的变化,一切法西斯国家实际上都已丧失了主动地位,不管德国或日本,都是如此,也不管日本采取这样或那样的政策,都是如此"。(《文集》二,第 448—452 页)

　　历史的事实到底是否如此呢? 先看第一个预见。这个预见作出的下个月，苏联军队就开始对围攻斯大林格勒的德军开展反攻，3个月后又歼灭了被围的德军精锐部队，从而根本扭转了德国法西斯和其他法西斯的命运。同样在这个预见作出的下个月，美、英军队也在北非登陆，并于半年后把德、意军队逐出北非。之后，德军也一直处于颓势，1944年6月美、英军队在诺曼底登陆，开辟了欧洲第二战场，对德军形成了夹击，接着，苏军继续追击德军，欧洲很多国家从希特勒魔爪下解放出来。1945年初，苏军和英、美军队分路攻入德国本土，5月2日攻克柏林。可见，毛泽东关于德国精锐已经耗尽、不可能再组织第三个攻势的预见是准确无误的。

再看第二个预言。在毛泽东作此预见后，仅在正面战场，日军就在1943年5月发起10万兵力的鄂西会战，10月发起10万兵力的常德战役。1944年4月开始，日军更发起总兵力达50余万的"一号作战"，在10个月内，相继占领豫湘桂三省。豫湘桂作战完全证实了毛泽东关于日本的"实力还可以举行一个进攻"的预见。

最后看第三个预见。前文说到过的第二次世界大战进程以及众所周知的德国和日本在1945年5月和8月先后投降的结局，都证明毛泽东在1942年10月所作的"法西斯国家实际上都已丧失了主动地位"的预见是科学的、准确的，日本在豫湘桂的进攻，不过是垂死前的最后挣扎而已。

1943年7月2日，毛泽东在《中共中央为抗战六周年纪念宣言》中说，由于反法西斯各国的联合打击，包括中、英、美三国在太平洋上及中国战场上对日军的打击与合围，"于是不论德、意法西斯，或日本法西斯，就均只剩下'无条件投降'一条死路了"。(《文集》三，第38页)后来，两个月后，1943年9月8日，意大利首先无条件向盟军投降。接着，1945年5月8日，德国无条件投降；再接着，8月15日，日本宣布无条件投降。世界最大的3个法西斯国

家,果然按照毛泽东提前一两年所预见的方式,无条件投降,宣告
失败了。

第八节　对战争中国共两方面情况的预见

中国抗日战争是在国民党、共产党两支主要力量的联合与斗
争中进行的。因此,对毛泽东来说,取得抗战胜利,不仅要研判国
际形势和日本企图,还要研判国内形势特别是国民党方面的立场、
态度、动作等以及我们将要遇到的情况,从而决定自己方面的
政策。

还在 1936 年 9 月 1 日,毛泽东为中共中央起草《关于逼蒋抗日
问题的指示》时,就预见到国民党军队有抗日的可能。他说:在日
本帝国主义继续进攻,全国民族革命运动继续发展的条件下,蒋军
全部或其大部有参加抗日的可能。我们的总方针应是"逼蒋抗
日"。(《年谱》上,第 575 页)后来,在日本全面侵华后,蒋介石的大
部军队果然参加了抗日。事实证明:毛泽东的这一预见是完全正
确的,他根据这一预见所采取的"逼蒋抗日"方针,也是完全正
确的。

1938 年 5 月 20 日,毛泽东致电朱德等八路军将领,说:徐州失
守后,河南将很快落入敌手,武汉危急。那时蒋介石将同意我军南
进在豫、皖、苏、鲁四省深入敌人后方活动,第 129、第 115 两师将相
应地作整个新的部署,提醒他们预作准备。(《年谱》中,第 73 页)
果然,1938 年 7 月上旬,八路军第 115 师一部从冀南进抵鲁北,开
辟了冀鲁边抗日根据地。1938 年 12 月至 1939 年 3 月,第 115 师
又一部从山西再东进冀鲁豫边区。1939 年 3 月,第 115 师师部及
第 349 旅主力又抵达鲁西地区,随后又陆续向山东其他地区挺进。

1938 年底，新四军也在苏南创建了抗日根据地，次年又东进北上，在苏、皖两省开辟了大片根据地。毛泽东关于武汉危急后蒋介石将同意我军南进在豫、皖、苏、鲁四省深入敌人后方活动的预见，在一年内全部实现。

11 月，毛泽东在西北青年救国联合会第二次代表大会上，作了关于抗战形势和统一战线问题的讲话。他估计：蒋介石和国民党的大多数不会同日本讲和，国民党是有进步的，磨擦是局部现象，是可以改变的，我们必须看到全局。(《年谱》中，第 99 页)后来的事实证明：国民党没有公开地和日本"讲和"、对日投降；国民党和共产党之间的磨擦也确实是有不少的，如 1939 年底到次年 2 月的第一次反共高潮、1941 年初的皖南事变等，但都是"局部现象"，在共产党的克制下，国共之间的统一战线一直没有破裂。一些磨擦确实也被"改变"了，如 1943 年国民党军队准备对陕甘宁边区的进攻，就因共产党的揭露与准备而被制止。

12 月 8 日，毛泽东在后方军事系统干部会上讲话说：我们现在钱虽少但还有，饭不好但有小米饭，要想到有一天没有钱、没有饭吃，那该怎么办？就得要生产。我们来一个动员，我们几万人下一个决心，自己弄饭吃，自己搞衣服穿，衣、食、住、行统统由自己解决。我看有这种可能。(《年谱》中，第 100—101 页)据我估计，当时听毛泽东讲话的人中，恐怕没有人会相信毛泽东的这些话会从一年多以后开始得到应验。后来，由于日军的"三光"政策，并由于国民党停发共产党军队军饷、对抗日根据地进行封锁，加上连续遭受大灾，共产党领导的各抗日根据地从 1940 年冬开始出现困难局面，一直持续到 1943 年。毛泽东号召开展大生产运动，许多部队实现了粮食、被服和其他日用品的全部自给或部分自给。毛泽东关于我们将遭受没钱、没饭吃的严重困难，将通过生产来自己解决衣食住行的两大预见都被证实。

1939 年 4 月 12 日,毛泽东在中共中央书记处会议上,又一次预见到华北敌后抗日根据地将会遇到的严重困难。他说:现在敌人准备大举进攻华北,将来趋势我们经济将更困难,部队也将缩小,地区也将缩小。(《年谱》中,第 120 页)确实,后来到 1942 年,华北抗日根据地不但遇到经济困难,而且八路军减少了好几万人,根据地面积和人口也大大缩小,其中人口减少了一半左右。

同年 11 月中旬,毛泽东在中共中央政治局会议上说:目前时局可能好,可能坏,现在看好的可能更大。抗战两年后要投降是困难的。国民党还没有下最后决心坚决反共,即所谓"反共好,反不了"。"在目前时局下,我们的统战工作要有新姿态。"(《年谱》中,第 146 页)确实,后来一直到抗战胜利,国民党既没有向日本投降,也没有"下最后决心坚决反共"、同共产党决裂。根据这一估计,12 月 1 日,毛泽东为中共中央起草了《关于吸收知识分子的决定》,对统战工作作出了新的调整。

1940 年 7 月 5 日,毛泽东为纪念全国抗战三周年撰写文章说:"抗战的第四周年将是最困难的一年。"(《年谱》中,第 197 页)果然,从这一年下半年开始,华北抗日根据地即开始进入全国抗战以来最困难的时期,这种困难时期一共延续了将近三年才逐渐好转。

10 月下旬到 12 月初,毛泽东几次预见到中国最黑暗的局面。10 月 21 日,他在中共中央政治局讨论目前形势时说:目前时局有由小风波转到大风波的可能,这将是中国的最黑暗的局面。党的工作布置应放在准备整个东方大黑暗的基点上。(《年谱》中,第 215—216 页)25 日,毛泽东复电周恩来并发八路军、新四军负责人,指出:国民党英美派"现在仍是动摇于英美路线与贝当路线之间……全面反共的决心也不容易下","但我们应估计到最困难最危险最黑暗的可能性,并把这种情况当作一切布置的出发点"。(《年谱》中,第216页)当日又发一电给他们说:我们要准备蒋介石做贝当,准备他宣布我为反革命而发动全面反共,准备对付最黑暗局面。(《年谱》中,第217页)29日,毛泽东又给他们发一电报,在分析时局后说:无论哪一种局面,国共间的严重斗争是不可免的,蒋介石要驱逐新四军、八路军于老黄河以北而封锁之,这一计划是有了决心的。(《年谱》中,第218页)果然,两个月后,国民党制造了皖南事变,以8万余人围攻新四军北移部队9000余人,使新四军损失六七千人,造成了全面抗战以来同时也是整个全面抗战期间国共最严重的分裂危机,"小风波"果然转到了"大风波",国共两党之间果然出现了"严重斗争",中国抗战果然出现了"最黑暗的局面"。

1940年12月26日,毛泽东为中共中央书记处起草致新四军领导人电,批评他们对北移方针动摇犹豫,指出:"最近决定全部北移,至如何北移,如何克服移动中的困难,要你们自己想办法,有决心。现虽一面向国民党抗议,并要求宽展期限,发给饷弹,但你们不要对国民党存任何幻想,不要靠国民党帮助你们任何东西。""你们要有决心有办法冲破最黑暗最不利的环境,达到北移之目的。如有这种决心、办法,则虽受损失,基本骨干仍可保存,发展前途仍是光明的;如果动摇犹豫,自己无办法无决心,则在敌顽夹击下,你们是很危险的。""在移动中如遇国民党向你们攻击,你们要有自卫的准备与决心,这个方针也早已指示你们了。""似此毫无定见,毫无方向,将来你们要吃大亏的。"同日,毛泽东又与朱德联名致电项英:"你应估计在移动中可能遇到特别困难,可能受袭击,可能遭损失,要把情况特别看严重些,在此基点上,除想尽一切办法克服困难外,必须把一切机密文件电报通通销毁,片纸不留。每日收发电稿随看随毁，密码要带在最可靠的同志身上，并预先研究遇危险时如何处置。此事不仅军部，还要通令皖南全军一律实行，不留机密文件片纸只字，是为至要。"（《年谱》中，第 248—249 页）在第一封电报中，毛泽东预见到，第一，国民党不会对新四军"宽展期限，发给饷弹"，故告诉他们对国民党不存任何幻想，不指靠任何帮助。后来，国民党除了以重兵伏击北移中的新四军外，未给新四军任何帮助。第二，在北移中会有不利，但如有决心、有办法，则虽受损失，骨干仍可保存，将来仍可发展。后来，尽管因新四军领导层意见不一而丧失最佳突围时机，但仍有 2000 余人突围出去。皖南事变后，新四军经过重组，凤凰涅槃，获得新生，重新发展壮大起来，成为一支活跃于华中的抗日劲旅。证明毛泽东说得对。第三，若动摇犹豫，则在敌顽夹击下，新四军"是很危险的"。后来，在国民党军对新四军的伏击打响后，新四军领导人为向哪个方向突围问题而犹豫不决，致使全军丧失最佳突围时机。如果当机立断，确定任一突围方向，9000 余人的铁军也不致大半受损。事实恰好证明毛泽东关于犹豫将使新四军"很危险""吃大亏"的预见是多么准确！第二封电报，完全是"嘱托后事"式的，其办法之彻底、口气之严肃，说明毛泽东已预见到新四军北移"可能受袭击、可能受损失"这种严重情况，所以才会有通令全军机密文件"通通销毁、片纸不留"这样通常只有在最严重情况下才会采取的极端措施。果然，8天以后，9000 多人的北移新四军即遭 10 倍于己的国民党军队的包围袭击，10 天内即有六七千人被俘和牺牲，只有 2000 多人突围出去。新四军领导人或被国民党扣押，或被叛徒杀害，或者壮烈牺牲。这是抗战期间国民党军队对共产党抗日军队的最大一次袭击，是共产党军队在抗战期间损失人数最多的一次战斗。事实证明毛泽东的预见和部署完全正确。

12 月 31 日，毛泽东为中共中央书记处起草致全党全军各大单位首长的电报，指出：蒋介石派遣李仙洲、汤恩伯、李品仙向华中、山东我军进攻的决心已经下了，我党我军有举行自卫战斗，打破这一进攻、争取时局好转的任务。(《年谱》中，第 250 页)后来，4 天后，国民党军队在皖南围攻袭击新四军，遭到共产党在政治上的坚决反击和军事上的严密防御，加之日军发动豫南战役对国民党军形成牵制，苏联和美国皆要求国共合作对蒋形成压力，国民党军队未再向共产党军队发动新的进攻。毛泽东这一预言因国际因素而只发生了一半，国民党军队是只进攻华中而未进攻山东。

1941 年 2 月 25 日，毛泽东在一份关于华侨方面对国共分裂危险的反应材料上加写了一段话，其中说："国民党方面，在各方反对其反动措施的压力下，虽然不会变更其反共的根本计划，但更大的破裂，却有被制止的可能。"(《年谱》中，第 277 页)次日，毛泽东在给周恩来的电报中也作了同样的预见：国内外形势日益对我有利，"蒋介石反共是一定的，但大举是不可能的"。(《年谱》中，第 278 页)3 月 5 日，毛泽东在中共中央政治局会议上又一次给出大体类似的判断：现在以大势观之，国民党反共政策是不会停止的，但在日本南进的政策下反共高潮将会降低。(《年谱》中，第 281 页)3 月 18 日，毛泽东在为中央起草的党内指示中说："从何白《皓电》(去年十月十九日)开始的第二次反共高潮，至皖南事变和蒋介石一月十七日命令达到了最高峰。""时局可能从此暂时走向某一程度的缓和。"(《选集》二，第 778 页)4 月 5 日，毛泽东在起草的对山东、华中的战略部署的电报中，仍然坚持这种判断："在日蒋矛盾依然尖锐存在条件下，反共军向我大举进攻是不可能的。"(《年谱》中，第 287 页)4 月 16 日，毛泽东在中共中央政治局会议上又指出，目前不会有新的反共高潮，蒋介石进攻陕甘宁边区似还不会立刻到来，但我们必须准备。(《年谱》中,第289页)5月8日,毛泽东在其起草的一个党内指示中指出:"只要中日矛盾继续尖锐地存在,即使大地主大资产阶级全部地叛变投降,也决不能造成一九二七年的形势,重演四一二事变和马日事变。"(《选集》二,第781页)果然,皖南事变后,国民党与共产党"更大的破裂"被制止;蒋介石没有再"大举反共"或"大举进攻","反共高潮"确实"降低"了,准备"进攻陕甘宁边区"的"新的反共高潮"直到1943年才发生且被共产党及时制止,四一二事变和马日事变那样的全面反共事件在抗战中始终未能发生。这一切说明,毛泽东的以上预见是科学而又准确的。

1941年5月14日,在日军对据守中条山一带的国民党军队发起进攻后的一个星期,毛泽东致电彭德怀说:"目前国民党非常恐慌,望我援助甚切。判断在日寇此次打击下,国民党不能不向我讨好,国共地位将发生根本变化,我党在抗战中将日益占据领导地位。"(《年谱》中,第296页)此前,在3月18日他为中央起草的党内指示中已经作出了国共力量对比将发生变化的预见,说:"这次斗争表现了国民党地位的降低和共产党地位的提高,形成了国共力量对比发生某种变化的关键。"(《选集》二,第778页)后来,1942年8月14日,蒋介石约见周恩来,主动提出拟在西安会晤毛泽东;10月13日毛泽东派代表林彪拜见蒋介石;16日,国共两党在重庆重开会谈。这说明毛泽东关于国民党向我党讨好的预见是对的。还有,1941年11月22日,中共中央决定抗日根据地内的国民党员加入共产党;1942年11月12日召开的国民党五届十中全会决定对共产党采取"宽大"政策;1944年2月2日,国民政府欢迎中共代表周恩来、朱德、林伯渠来重庆;1944年6月9日蒋介石被迫同意中外记者西北参观团去延安;6月21日,美国副总统华莱士与蒋介石专门谈国共关系问题;7月22日,美军观察组第一批人员到达延安,他们不久即得出"救中国,非共产党之力量不可"的结论(程子华等:《关于美军观察组活动概况给叶剑英的电报》,1944年12月21日,见中央档案馆编:《中央档案馆藏美军观察组档案汇编》,上海远东出版社2018年版,第220页);9月15日中共代表在三届三次国民参政会上提出组织联合政府的主张,得到全国各阶层人民的热烈响应;11月7日,美国总统特使赫尔利访问延安,3天后与毛泽东签署《中国国民政府、中国国民党与中国共产党协定》;1945年4月6日,因毛泽东争取而成的出席联合国会议的中共代表董必武自延安赴重庆;7月1日,国民参政员褚辅成等6人飞赴延安,与中共商谈团结与统一问题,达成五点共识。所有这些,也都证明毛泽东当时关于国共地位开始发生变化,共产党在抗战中日益占据领导地位(当然是指实际影响上的)的预见并非虚言。

1941年7月18日,毛泽东复电刘少奇等,指出:"乘机取利,制日制共,是蒋的方针,因此我们对蒋还是既不让又不攻的方针,让地盘给蒋在我既事实上不可能,他也决不会同日本拼,他是很机会主义的,很精巧的。"(《年谱》中,第313页)这里对蒋所作的"乘机取利、制日制共""决不会同日本拼"的预见,完全符合抗战进入相持阶段后蒋介石的所作所为。蒋介石既不同日本拼,又不向日本投降,既不全面反共,又不全面和共,不正是"乘机取利、制日制共"的"很精巧的""机会主义"吗? 正是基于这一预见,毛泽东确定了对蒋介石"既不让又不攻"的方针,绝不"让地盘给蒋"。毛泽东真是把蒋介石看透了、看准了!

10月11日,毛泽东致电在华中主持抗战的刘少奇说:"依国内外大局看,蒋及国民党不会投降,亦不可能大举'剿共',华中我军主要是对敌伪分散作战,你来延安指挥华中,似对华中工作不会有大损失。"(《年谱》中,第332页)上文已讲过,蒋在此后的抗战中确实既未降日,又未大举"剿共"。为什么呢?因为无论是放手抗日或大举"剿共",都会大大损耗自身实力,让第三方(日或共)占便宜最终自己被第三方吃掉。所以毛泽东料定蒋介石既不会降日,又不会大举反共,因而他让刘少奇放心来延安指挥华中,而不用在华中前线坐镇指挥。

1942 年 6 月 26 日,毛泽东致电周恩来,指出:"国共一时不会好转,也不会决裂,是拖的局面。"(《年谱》中,第 388 页)果然,国共这种既不和好,也不决裂的"拖的局面",后来一直拖到抗战胜利。

12 月,毛泽东在陕甘宁边区高级干部会议上说:"国民党的顽固分子……每天都在等待着边区'塌台'。……他们是永远也看不到我们'塌台'的日子的,我们只会兴盛起来。"(《选集》三,第 895页)确实,毛泽东说这番话时,正是陕甘宁边区经济最为困难的时候。就在这次会上,毛泽东提出"发展生产、保障供给"的总方针,后来又提出"十大政策",陕甘宁边区和各抗日根据地积极实行后,形势从 1943 年下半年即开始好转,一直到抗战胜利,陕甘宁边区和各抗日根据地,不但没有"塌台",而且日益"兴盛起来"。毛泽东在最困难时期的预见果然应验了。

1943 年 2 月 12 日,毛泽东复电正与国民党谈判的林彪、周恩来:"国共谈判成功大概要等到实行反攻前夜,不到反攻,彼方认为是不需要和我妥协的。"(《年谱》中,第 427 页)后来,国共谈判确实一直没有成功。直到 1945 年大反攻开始的 5 天后,即日本天皇宣布投降的前一天,蒋介石才发电邀请毛泽东赴重庆谈判,经三电迭请,毛泽东于 8 月 28 日到达重庆。4 天后,日本在投降书上签字,抗日战争正式结束。10 月 10 日,国共双方正式签署"双十协定"。事态的发展,基本如同毛泽东所预见的那样。

1943 年 7 月 6 日,在接到董必武关于国民党当局禁止《新华日报》刊登纪念中共成立二十二周年的社论,并派人监视报馆的电报后,毛泽东复电董必武,要他将"办事处一切秘密文件速即烧毁,以防突然查抄"。(《年谱》中,第 450 页)正如毛泽东所预见的,国民党当局当夜果然派军队包围报馆。

1944 年 4 月 12 日,毛泽东在延安高级干部会议上说:"国民党以五年半的袖手旁观,得到了丧失战斗力的结果。共产党以五年半的苦战奋斗,得到了增强战斗力的结果。这一种情况,将决定今后中国的命运。"(《选集》三,第 945 页)确实,在全面抗战的八年中,共产党的军队由开始的不足 5 万人,发展到约 132 万人,民兵达260 余万人。正是这支敢打敢拼、越战越强的队伍,在解放战争开始后,又只用三年多的时间就打垮了号称 800 万的国民党军队,解放了全中国。毛泽东从抗战期间国共双方战斗力的情况而预见到这"将决定今后中国的命运",真是一点不错的。

1944 年 10 月 7 日,毛泽东在中共六届七中全会主席团会议上说:"今后主要发展方向是南方,江南、湖南、河南;同时要注意东北,还要准备苏联打日本。"(《年谱》中,第 549—550 页)后来,在江南,12 月 27 日,粟裕率部队渡江南下,开辟了苏浙皖边敌后新区。在河南,1944 年 10 月,新四军第 5 师增派一部进入豫南、豫中;1945 年春夏,八路军冀鲁豫军区陆续增派部队到豫东的水东、水西地区;1944 年 9 月至 11 月,八路军先后有 4 个支队挺进豫西。在湖南方面,11 月 9 日,八路军派出南下支队,本拟开往湘中,后直至湘粤边界。江南、河南、湖南这 3 个发展方向都有部队去经略。"苏联打日本"的事也确于 1945 年 8 月 9 日实现,这一天,苏联对日宣战。2 天后,朱德总司令即令晋察冀、晋绥和山东军区各以一部向辽、吉等东北地区进发。10 个月前毛泽东的预见一一应验。

1945 年 5 月 27 日,毛泽东在中共七大主席团和各代表团主任会议上说:今后的问题,要得到技术条件,要准备 20 到 30 个旅,15 万到 20 万人,脱离军区,将来开到东北去。(《年谱》中,第 601 页)后来,到 11 月中旬,进入到东北的各解放军部队已达 20 余万人。

5 月 31 日,毛泽东在中共七大上说:东北四省极重要,有可能在我们的领导下。有了东北四省,我们即有了胜利的基础。(《年谱》中,第 602 页)抗战胜利后,共产党军队立即进军东北,东北不少地方果然在中国共产党的"领导下"。再后来,解放战争中,共产党军队在与国民党军队的三大决战中,第一场决战就全部解放了东北,东北又果然成为进军全国的基地和夺取全国"胜利的基础"。

第九节　对战争具体进程的预见

全面抗战爆发后,战争的具体进程将会如何? 毛泽东也根据形势的发展,作出过一些预见。

1936 年 7 月 16 日,在全面抗战发生前将近一年,毛泽东在同斯诺谈话时,就曾预言:"在战争的过程中,中国能俘虏许多的日本兵,夺取许多的武器弹药来武装自己;同时,争取外国的援助,使中国军队的装备逐渐加强起来。"(《文集》一,第 406 页)后来,中国果然俘了许多日本兵,并组织他们成立"反战同盟";中国也果然从日军手里夺取了许多的武器弹药,特别是共产党领导的敌后抗日武装的武器弹药,很多都是从日伪军手中夺来的;中国政府特别是国民党军队也果然从苏联和美国那里获得了外国包括武器弹药在内的援助,甚至中国远征军的 6 个军几乎全部装备的是美军军械。这一预见,竟然无一字落空。

全面抗战爆发后,1937 年 9 月中旬,在日军进逼下,中国第二战区部队退守平型关至雁门关内长城一线。9 月 17 日,毛泽东致电八路军领导人，预测敌"以大迂回姿势，企图夺取太原，威胁平汉线中央军而最后击破之，夺取黄河以北"。(《文集》二，第15页)果然，日本大本营于10月1日命令华北方面军"以一部兵力在山西省北部作战占领太原"。(《中国抗日战争史》编写组编：《中国抗日战争史》，人民出版社2011年版，第178页)10月6日，阎锡山在太原以北的忻口发起作战，但11月2日忻口守军全线撤退，11月8日，太原即告陷落。11月中旬，晋、察、冀、绥、鲁这华北五省中的黄河以北地区基本沦入日军之手。毛泽东提前预见了日本占领太原的企图和作战，并预见到了日军夺取黄河以北即整个华北的战争进程。

1937年9月21日，毛泽东致电彭德怀，分析说："阎锡山现在处于不打一仗则不能答复山西民众，要打一仗则毫无把握的矛盾中。""他的部下全无决心，他的军队已失战斗力，也许在雁门关、平型关、沙河一带会被迫地举行决战，然而大势所趋，必难持久，不管决战胜败如何，太原与整个华北都是危如累卵。个别同志对于这种客观的必然的趋势，似乎还没有深刻认识，被暂时情况所诱惑。如果这种观点不变，势必红军也同阎锡山相似，陷入于被动的、应付的、挨打的、被敌各个击破的境遇中。"(《文集》二，第19页)后来，阎锡山果然被日军所迫，在忻口与日军决战；并且确实未能持久，仅20多天就全线撤军，太原又失陷。又过几天后，整个华北基本全部沦陷。毛泽东的这个预见又是全部命中。特别是毛泽东还批评了党内对这种趋势认识不到而被暂时情况所迷惑的那些人，并指出红军应有不同于阎锡山对付日军的新的打法。

9月29日，毛泽东致电在山西组织抗战的周恩来等，指出："敌已从平汉、津浦两路的中间突破进来，保定已失，敌正迂回石家庄的侧面，河北局面已经完结了。""河北失后，敌将从海州登陆进占徐州,则山东将不战而失。不久中国阵地将变为扼守黄河、运河两线。这一形势将影响到上海战线发生某些变化,南京将被大轰炸,国民党如不妥协,必将迁都。"(《文集》二,第 28 页)毛泽东作出这些预见后,在河北方面,10 月 10 日,石家庄被日军占领,10 月中旬日军又相继占领大名、邢台、邯郸等地,中国军队退至漳河、卫河南岸与日军对峙,日军大规模占领河北的局面基本完结。在山东方面,10 月 3 日,日军攻占山东北大门德县,12 月 27 日占领山东省城济南,1938 年 1 月上旬又连陷泰安、大汶口、济宁、邹县等地。1 月中旬,日军又在青岛登陆,西进转南,进迫临沂,与自南京北犯的日军合围徐州。5 月 19 日徐州失陷。山东战局虽有台儿庄一场大战,但大多地区皆"不战而失",山东守军指挥韩复榘因此而被处死。上海、南京方面,1937 年 10 月 26 日,淞沪战局急转直下,11 月 12 日,上海市区沦陷。接着,日军兵分三路,直逼南京。之前,日军飞机已多次轰炸南京。11 月 20 日,国民政府宣布迁都重庆,12 月 13 日,日军攻陷南京。战局发展的趋势,基本与毛泽东的预测相一致。尽管后来进攻徐州的一部分日军登陆地点不是海州而是海州北边的青岛,又尽管山东很多地区"不战而失"发生在日军进占徐州之前,但是,日军进占徐州和山东"不战而失"这些大的战争趋势或发展结果还是同毛泽东的预见基本相一致的。特别是国民党迁都一事,被毛泽东提前两个月预测出来,可见毛泽东对战局推演之准确,以及对国民党认识之深刻。毛泽东虽然不是国民党和国民政府领导人,做不了国民党的主,但是他能通过科学分析,准确地预见到国民党将来会干什么。这不能不让人佩服他的远见与卓识。

　　1937 年 10 月 25 日,毛泽东在同英国记者贝特兰的谈话中预言:"我们可以断言,日军在华北今后将遇到最坚强的抵抗。日军要在山西横行,必然将遇到它前所未有的困难。"(《选集》二,第378页)果然,在后来的几年当中,日军在山西和华北,都遇到了八路军和抗日军民的最坚强抵抗,使它遇到前所未有的困难。仅共产党在华北建立的抗日根据地就有晋察冀、晋绥、冀热辽、晋冀豫、冀鲁豫、山东等。这些抗日根据地,成为日军始终攻不破的抗日堡垒,也成为每天袭扰日军的前进基地和把几十万日军牢牢拖住使其不得脱身的巨网。

　　11月12日,毛泽东在中国共产党活动分子会议上作报告时预言:"上海太原失陷后","在华北,以国民党为主体的正规战争已经结束,以共产党为主体的游击战争进入主要地位"。(《选集》二,第388页)确实,在华北,太原失陷后,国民党军队再未向日军发起过大规模进攻战役,只是在1941年5月,当日军向中条山守军发起全面进攻时,国民党军队才被迫应战,但20天内20多万军队大部溃败,结果死伤4万余人,被俘3万多人。日军几乎未遇到激烈的抵抗,故伤亡很少。这次战役,被蒋介石称为"抗战史上最大之耻辱"。这是抗日战争在整个相持阶段中正面战场国民党军队在山西以及华北范围内唯一一场大规模对日作战。除了中条山战役,整个华北在太原失陷后,日军的主要作战对象都是共产党领导的人民武装,遇到的战争形式主要是游击战争。以1943年为例,日本华北方面军司令部公布1943年综合战果称:"敌大半为中共军,与蒋军相反,在本年交战1.5万次中和中共的作战占七成五。"也就是说,日军1943年在华北与中共军队共作战11200多次,平均每天作战30次。每天这么多次战斗,当然是游击战。

　　1938年3月3日,毛泽东对即将毕业的陕北公学学生们说:"如武汉失守,就会出现动摇妥协与怀疑应否继续抗战的问题。""武汉失守——这种趋向是可能的。"(《文集》二,第106页)毛泽东作出"武汉失守"的预见时，日军尚未正式决定对武汉作战。6 月 15 日，日本御前会议才正式决定攻占武汉。不过在此前 3 天，日军已攻陷安庆，为其进攻武汉拉开了战幕。经过一系列外围准备，8 月 22 日，日军大本营下达进攻武汉的命令，10 月 27 日占领武汉三镇。武汉确如毛泽东在 7 个多月前预见的那样——"失守"了。

3 月 12 日，毛泽东在追悼抗敌阵亡将士大会上说："判断日本法西斯是还要前进的，它还要进攻我们的西安、郑州、武汉、南昌、福州、长沙与广州。"（《文集》二，第 113 页）后来，这几个城市如何呢？除了西安，其余全部遭到日军进攻。西安，日军虽有进攻计划，但后来一直没有实施。郑州，1938 年 6 月初日军攻占开封后即准备夺取郑州，但被国民党军队决口黄河所阻滞；1941 年 10 月初，日军又进攻郑州，两天后即攻占。武汉，于 1938 年 10 月 27 日被日军攻占。南昌，于 1939 年 3 月 27 日被日军攻陷。福州，于 1941 年 4 月遭日军进攻。长沙，在 1939 年 9 月到 1942 年 1 月间，三次遭到日军进攻，都未被攻陷，直到 1944 年 6 月在第四次日军进攻下，才被攻陷。广州，于 1938 年 12 月 23 日被日军攻占。因此，毛泽东的这一预见，命中率为七分之六，可以说基本准确。

3 月 23 日，毛泽东在中央政治局常委会上说：日军的进攻在占领西安、武汉、广州后将要告一段落，将在华北修路筑堡，使游击队不能有大部队的活动，抗日根据地可能缩小，但能支持。（《年谱》中，第 59—60 页）后来，日本在占领广州、武汉后，果然对军事战略作了调整。1938 年 12 月 6 日，日本陆军《1938 年秋季以后对华处理方案》所提的战略要点有："放弃速战速决，准备长期战争。""为应付长期作战……以攻占汉口、广东为行使武力时期。然后，自主地指导新中国的建设。""把作战重心转向巩固占领区。"肃清后方的抗日武装是"当前第一位的基础性工作",对正面战场则要把"兵力配备限制在最少限度内。为此,日军对军力部署作出以保守占领地为主的重新部署。1939年9月组建完成的中国派遣军,共分为4个战略集团,辖24个师团、20个独立混成旅团、1个骑兵集团,其中近百分之四十的兵力受辖于华北方面军,负责恢复华北地区的安定,并确保主要交通线"。([日]《现代史资料9·中日战争2》,第553—554页)从此,日军在正面战场,从过去以军事经略为主、政治经略为辅,改为以政治经略为主、军事经略为辅。这样,毛泽东对日军战略变化的预见基本准确。另外,华北的敌后抗日根据地曾在1941—1942年陷入困难,缩小近半,但结果还是坚持了下来,并得到重新恢复和发展。可见,毛泽东对华北抗日根据地前途的预见也完全准确。

　　1938年5月20日,即徐州失守后的第二天,毛泽东致电朱德等:徐州失守后,河南将很快落入敌手,武汉危急。(《年谱》中,第73页)之后,日本果然于6月4日攻陷河南开封,次日再占中牟、尉氏、扶沟等县,并分兵迂回新郑,准备夺取郑州。6月9日,国民党军队为阻敌攻打郑州,以水当兵,在花园口开决黄河大堤,以淹没豫皖苏3省44个县、淹死80万人的巨大代价,陷敌4个师团于黄泛区,迟滞了日军对河南的进攻。6月18日,日军大本营下达实施汉口作战的命令,之后,日军以20多万大军,分三路包围武汉。8月3日,国民政府武汉卫戍司令部劝导武汉民众疏散,武汉进入危急状态。8月下旬,日军开始总攻武汉,10月27日,武汉三镇全面陷落。河南、湖北的战局基本照着毛泽东几个月前的预见在发展。

　　1939年6月10日,毛泽东在延安高级干部会议上作报告指出:"华北局面有变到极严重的可能,敌人主力有进攻华北的可能,因此八路军与华北党必须严重注意这种情况的可能到来,而从……各方面进行准备。"(《文集》二,第 226 页)果然,半年以后,即 1939 年底,日军华北方面军就达 9 个师团、12 个独立混成旅团和 1 个骑兵集团,成为关内侵华日军中最大的战略集团。(《中国事变陆军作战 3》,第 7—8 页)1940 年,日本华北方面军确定把进攻重点全面指向中共军队。比如,1940 年 4 月 10 日起,华北日伪军 3.7 万多人对冀中根据地进行 50 多天的"大扫荡";6 月 5 日,华北日军 2 万多人对晋西北根据地进行"扫荡";12 月 14 日,华北日军又组织 2 万多人对晋西北进行冬季大"扫荡"等等。1941 年 3 月至 1942 年 12 月,华北日伪军连续实施了 5 次"治安强化运动",1941 年和 1942 年,华北抗日根据地连续转入严重困难,根据地大面积缩小,直到 1943 年才开始逐步有所恢复和发展。这些事实证明,毛泽东关于敌人主力将进攻华北、华北局面有变到极严重可能的预见和提醒是准确而及时的。

1942 年 7 月 9 日,毛泽东致电新四军领导人胡服即刘少奇:"须估计日本战败从中国撤退时,新四军及黄河以南部队须集中到华北去,甚或整个八路、新四须集中到东三省去……如此则山东实为转移的枢纽。"(《文集》二,第 434—435 页)后来,日本投降前后,八路军和新四军果然先后抽调 100 个团的兵力,从山东、华中、河北等地集中到东北,开辟了东北根据地,为后来夺取全国胜利奠定了基础。其中,山东也确实成为"转移的枢纽"。这种局面,毛泽东竟然在 3 年多前就预见到了。

1944 年 3 月 27 日,毛泽东领衔致电黎玉等:日军有打通平汉路模样。(《年谱》中,第 503 页)后来,日军华北方面军果然于 4 月中旬开始实施平汉线作战,并很快打通了平汉线。日军的打通平汉线作战,毛泽东提前半个多月就预见到了。

第十节　对战争胜利时间的预见

毛泽东不但对中国抗战必胜的结果和中国抗战是持久战的长期性有过预见,而且对抗战胜利的具体时间也作过预见。

1941 年 6 月 7 日,在全面抗战进行已近四年的时候,毛泽东开始预见战争结束的大体时间了。他在中央政治局会议上说:目前大局,可能德国继续反英反美,美国参战,造成长期战争;中国则继续国共合作,造成长期战争,长期磨擦。因此,我们的战略方针,要准备继续四年的长期战争。(《年谱》中,第 304 页)后来,在继续坚持了四年零两个多月后,日本终于宣布投降。毛泽东的这一预见,把国际因素包括美国参战和国内的国共合作等因素全部综合进去了,所以基本准确,几乎没有什么误差。

1942 年 3 月 4 日,毛泽东同朱德等写信慰问八路军留守兵团和陕甘宁边区保安部队,说:我们要准备反攻,在今后两三年内打败日本帝国主义。(《年谱》中,第 366—367 页)这时,是敌后抗战最艰难的时候,但恰恰是在最艰难、最黑暗的时候,毛泽东又一次憧憬抗战胜利的具体时间了。后来,中国果然在三年多以后打败了日本,取得了抗战的胜利。

1943 年 1 月 5 日,毛泽东在给陈毅等新四军领导人的复电中指出:"整个抗战,尚须准备两年,你们须想各种办法熬过两年。"(《年谱》中,第 421 页)后来,抗战终于在两年多以后结束。

3 月 16 日,毛泽东在中央政治局会议上说:"中国抗战有打七八年的可能。我们仍要坚持两年到两年半。"(《文集》三,第 9 页)后来,抗战果然在不到两年半的时候结束,全面抗战一共打了八年。

6 月 1 日,毛泽东在复彭德怀的电报中说:"抗战还须准备三年","我党应在此三年中力求巩固,屹立不败"。(《年谱》中,第 443 页)后来,抗战在两年多以后结束。

在对抗战胜利时间的预见上,毛泽东在 1942 年 6 月,曾经作出过一次过于乐观的预见。6 月 19 日,他在中央政治局会议讨论抗战五周年纪念问题时说:纪念"七七"五周年宣言的内容,应拥护建立反法西斯战争的第二条战线,提出应有信心次年战胜日本帝国主义,并提出战后建国的主张。(《年谱》中,第 387 页)同年 9 月 7 日,他在为《解放日报》写的社论中,也提出要"争取两年打败日寇"的目标。(《选集》三,第 880 页)这些估计,后来证明过于乐观。毛泽东为什么会作出 1943 年打败日本这一过于乐观、同后来的事实出入较大的预计呢? 1943 年 5 月 1 日,毛泽东为中央书记处起草关于解释"今年打垮希特勒、明年打垮日本"问题给各中央局和中央分局的电报,对这一错误估计向全党作出了解释,并重新作出新的预计。电报说:"当苏联提出一九四二年打败德国时,是以英、美约定于一九四二年建立第二条战线为根据的,在当时不但可以而且应该提出此种口号以为动员努力之目标。但当英、美没有开辟第二条战线,又无新的约定时,就没有继续宣传此种口号。""当苏联根据英、美约定提出上述口号时,我党亦提出一九四三年打败日本的口号,这也是不但可以而且应该的。但当英、美没有履行诺言因而去年打败德国没有实现时,我党即不应该继续宣传此种口号,而应向群众解释今年所以还不能打败日本的原因,鼓励群众坚持努力争取胜利。"(《年谱》中,第 436 页)由此可见,毛泽东关于"1943 年打败日本"的预计,根据于苏联提出了"1942 年打败德国"的口号,而苏联这一口号又根据于英、美曾约定 1942 年在欧洲开辟打击希特勒的第二战场。但是,"计划赶不上变化",英、美没有履行诺言于 1942 年开辟第二战场,因而苏美英 1942 年并没有打败德国。因此,毛泽东很快便及时提出我党不应继续"1943 年打败日本"的估计,并向群众解释其原因。后来,英美于 1944 年 6 月才在欧洲开辟第二战场,9 个月后,德国便被彻底打败,德国投降后 3 个多月,日本便宣布投降。从后来的第二次世界大战发展进程看,毛泽东关于在打败德国一年后打败日本的预计并不离谱。

在这份电报中,毛泽东根据情况的变化,重新作出新的估计:"各中央局及分局须作长期坚持打算,准备再作两年至三年的极端艰苦斗争,并须准备或有的意外变化。"(《年谱》中,第 436 页)后来,在经过两年零三个多月的艰苦斗争后,抗战终于在毛泽东新的预见时间内取得胜利。事实证明,毛泽东的新的预见是正确的。

从这份电报当中我们可以看出,毛泽东对抗战胜利时间的预见,有这样几点需要重视:

第一,他的预见,不是头脑发热的空想,而是对国际国内各种战争因素或制胜条件的推演。第二,他的预见,不是死的、一成不变的,而是随着战争各方面情况的变化而有所变化的。第三,当他听到有关方面已经作出某种对中国抗战有利的承诺时,及时作出相应的预见、及时提出相应的口号以鼓舞人们的士气,这是可以而且应该的。第四,当他发现有些关键性的制胜条件因有关国家失信而没有出现时,他就果断地停止这种预见,停止宣传根据这种预见而提出的口号,并向全党和根据地群众作出解释。这说明毛泽东没有用教条僵化的态度坚持已不适合新的实际的预见,他是与时俱进的、认真负责的。第五,他又根据新的情况及时作出了新的正确的预见。这让我们又一次看到了毛泽东的伟大,让我们不得不对毛泽东更加肃然起敬,更加高看一眼。我们从毛泽东对抗战胜利时间的预见所发生的这一幕来看,毛泽东对抗战的所有预见,都是科学的、严肃认真的、极其负责任的。第六,他认为根据形势作出预见或提出口号"以为动员努力之目标"是"不但可以而且应该的"。提出"动员努力之目标"的预见的作用,正是旗帜的作用。毛泽东的每一方面重大预见,都是中国抗战中鼓舞全国人心的一面旗帜,都是引人向前、导人努力、指向胜利的一面旗帜。

第十一节 关于战争其他方面的预见

1936 年 8 月 13 日,日本尚未对中国全面进攻,毛泽东在写给杨虎城的信中,就预见到蒋介石退据西南保其半壁山河的前景。信中说:"目前日本进攻绥远,陕甘受其威胁。覆巢之下,将无完卵。蒋氏向西南求出路,欲保其半壁山河,倚靠英国,西北已非其注意之重心。"(《书信选集》,第 38 页)日本全面进攻中国后 3 个多月,当首都南京受到日本进攻的威胁时,蒋介石果然于 1937 年 11 月宣布迁都重庆,之后直到抗战胜利,蒋介石都一直坐镇重庆,固守西南,以西南、西北为防御日本进攻的后方基地。蒋介石在抗战中经营"西南"以保"半壁河山"的局面,被毛泽东提前一年多准确地预见到了。

在同一天毛泽东写给杜斌丞的信中,他还提前预见到了西安事变这件抗日伟大事业的发生。杜斌丞是爱国民主人士,曾任杨虎城西北军的总参议。1936 年 8 月 13 日,毛泽东写信给他说:"虎臣先生同意联合战线,但望百尺竿头,更进一步。时机已熟,正抗日救国切实负责之时,先生一言兴邦,甚望加速推动之力,西北各部亦望大力斡旋。救西北救华北救中国之伟大事业,愿与先生勉之。"(《书信选集》,第 36 页)同一天,毛泽东在写给杨虎城的信中又说:"九个月来,敝方未曾视先生为敌人。良以先生在理在势在历史均有参加抗日战线之可能。"(《书信选集》,第 38 页)4 个月后杨虎城倡议并与张学良共同发动的西安事变,不正是在"同意"与红军建立"联合战线"之后,"百尺竿头、更进一步"的举动吗?不正是"抗日救国切实负责"的壮举吗?不正是"救西北救华北救中国之伟大事业"吗?除了西安事变,在那时还有什么事件,能称为这样的"三救"伟业呢?

1939 年 1 月 28 日,毛泽东在第 18 集团军延安总兵站检查工作会议讲话说:"六中全会说:'抗战能够坚持下去',这是在去年十月上半月讲的,到现在已经有了三个月,事情怎样呢?去年十月三十日,蒋委员长发表了告国民书,十二月二十六日发表了驳近卫的文章,驳得很好,又开除了汪精卫的党籍,这些都说明了是要坚持抗战这一条,证明了亲日派力量不能动摇抗战。"(《文集》二,第 148 页)这是毛泽东自己用 3 个月的事实,来证明他在 3 个月前关于"抗战能够坚持下去"的预见是对的。实际上,在此之后 6 年多的中国抗战实践,也继续证明了毛泽东在 1938 年 10 月上半月所作的这一预见是正确的。

在讲到战争形势时,毛泽东又说:"去年十月我们估计到,武汉、广州失守后我们将更加困难,同时更加进步。对于困难,同志们都知道的,由于主要大城市与交通线的丧失,国家政权与作战阵地就在地域上被敌人分割了,财政经济上的困难等等增加了;至于进步,主要的表现在坚持抗战,在两次参政会里克服了主和派。那末进步能不能克服困难呢?我们的回答是肯定的。"(《文集》二,第 148—149 页)这是毛泽东用 3 个月的事实,来证明他在 3 个月前关于广州、武汉失守即进入战略相持阶段后,我们将更困难也更进步的预见是对的。而在此后 6 年多中国曾遭受很严重困难,但仍坚持了抗战并最终取得胜利的抗战实践,更进一步证明了毛泽东这一充满辩证法的预见是完全正确的。

毛泽东又说:"我们讲敌人进攻还未停止,武汉、广州失守后这三个月来,在正面敌人没有大举动,但在侧后敌人是打得很凶的。有人说我们估计不对,敌人进攻已经停止了。我们不这样说,也不这样想,因为敌人还会进攻。""虽然到我讲话这时止,我的话还未证实,不过我们还是准备的好,没有准备就会损失更大。为什么敌人还会进攻呢?"因为"他不进攻,法西斯军阀就会马上垮台",而且"它的野心很大"。(《文集》二,第 149 页)这是毛泽东在论证他 3 个月前关于敌人还会进攻的预见现在尚未被全面证实但将来必然会被证实,并讲了敌人不会停止进攻的原因。其实,日军自 1938 年 10 月下旬占领广州、武汉后,1939 年 1 月即对冀南、冀中等敌后抗日根据地进行了大规模"扫荡",2 月 20 日又对湖北中部随枣一线中国军队发动进攻,3 月 17 日再对南昌附近中国军队发起进攻,4 月底,还对随枣一带中国军队发动更大规模的进攻。可见毛泽东讲话前 3 个月,日军未对正面战场中国军队进攻;毛泽东讲话后 3 个月中,日军就连续对敌后战场和正面战场中国军队发动进攻,从而证实了毛泽东 1938 年 10 月关于日军还会进攻的预见是对的,而非像某些人所说"估计不对"。而且,1939 年 5 月以后直到日本投降前,日军对正面战场或敌后战场的进攻总是存在的,没有一年完全消停过,只不过有时多一些、有时少一些,有时大一些、有时小一些而已。中国抗战的全部历史,完全证明日本在投降前不会停止进攻的预见是完全正确的。

毛泽东又说:"至于我们估计,在敌后能大大发展游击战争,并能建立根据地,现在已证明了,以后更将证明。同时,我们又指出,游击战争并不是一帆风顺的,要看到敌人是要回头进攻的,在那时,游击战争更会困难的。"(《文集》二,第 150 页)毛泽东用 3 个月来的事实证明他3个月前关于在敌后能发展游击战、能建立根据地的预见是正确的,并说以后更将证明。在那以后,敌后游击战争和抗日根据地都得到更广泛的发展。到1940年,敌后抗日武装部队发展到50万人,此外还组建了大量的民兵和自卫队,并在华北、华中、华南等地创建了广阔的敌后抗日根据地和游击区。到抗战胜利时,敌后抗日根据地共有19块,100多万平方公里,人口达9000多万人。这益加证明毛泽东这一预见的正确性。另外,在1938年10月,他还曾预见到敌人要回头进攻,游击战争会更困难。果然,日军从1938年12月就作出把作战重心转向巩固占领区的部署,加强对敌后战场的兵力部署和军事进攻,使敌后游击战争和敌后抗日根据地曾在1941、1942年两年遭到极为严重的困难,根据地面积和人口大量缩小。这些事实证明毛泽东的这一预见同样也是极为正确的。毛泽东这两个预见,也是充满辩证法的。这两个预见的被证实,同时也是辩证法的胜利。

毛泽东在讲话中又说:"统一战线里是一定有磨擦的","他要磨擦,我们就反磨擦"。"现在国民党正在开五中全会,我们估计它的结果不会坏的。但同样不应忽视磨擦还是可能有的。"(《文集》二,第151—152页)两天后,国民党五届五中全会结束。会议的主要方针,仍为继续抗战和联共抗战,同时在提高抗战信心、打击悲观失望情绪等方面作了相当的努力。因此,这次全会对抗战的主要面仍是积极的。但是,这次会议又提出中日问题的解决办法,在于召集太平洋会议,不依靠民众而依靠外援等不彻底的抗战路线,并提出"溶共"的反共路线,这导致了后来国民党在抗战期间对共产党发起了一次次"磨擦"行动,迫使共产党不得不一次次打响对国民党的"反磨擦"战争。历史证明,毛泽东关于国民党五中全会对抗战不会太坏,今后统一战线将会发生磨擦和反磨擦的预见,是完全符合事实的。

毛泽东在讲话中还讲到了日本，说，日本的"朋友只有希特勒和墨索里尼，英、美、法等民主国家都不喜欢它，苏联就更不必说了"。（《文集》二，第 153 页）果然，一直到日本投降，日本的主要盟友也只有德国和意大利，而苏、美、英、法四国都与它对立并最终对它宣战。毛泽东这一关于日本朋友与敌人的预见，被之后 6 年多的国际关系事实一一予以验证。

毛泽东还说："英、美借钱给我们"，"但是否能大帮助我们？不会有的，帝国主义国家是有限制的"。毛泽东还指出："我们不是靠国际'吃饭'的，应该把主要点放在中国。"（《文集》二，第 154 页）在太平洋战争之前，英美对华在经济上虽有一些援助，但确实未能"大帮助我们"。从 1939 年到 1941 年，英国只给了中国 1000 多万英镑的借款，美国慷慨些，共给了 2 亿多美元的借款。太平洋战争爆发后，美国又给予中国 5 亿多美元的经济援助，英国则口惠而实不至，未给中国实际上的贷款援助。这些钱对中国抗战来说，只能说是杯水车薪。事实证明，毛泽东的这一预见是正确的，国民党想靠外援打败日本的想法是不切实际的。

1941 年 2 月 14 日，毛泽东致电周恩来说："蒋不会对敌举行反攻，他的主意仍是保存实力。但日本向蒋进攻的可能甚大，蒋亦不得不被迫应战，实力仍不能保存。"（《文集》二，第 329 页）第二天，即 2 月 15 日，日军就以 4 万多人，对上高地区的国民党军队发起了攻势作战；5 月，日军又对中条山地区的国民党军队发起大规模进攻；9 月和 12 月，日军又发起第二次和第三次长沙战役。日军果然多次"向蒋进攻"。而这一年内，蒋军除为配合第二次长沙会战而在宜昌作战中主动进攻过一次外，也果然未对日军举行反攻，而在日军进攻时"不得不被迫应战"，实力并未得到保存，仅中条山一

战,就死伤被俘 7 万多人。第二次长沙战役中也伤亡失踪 7 万多
人。事实证明,毛泽东的这一预见基本是正确的。而且直到抗战
结束,国民党军队对日本的反攻作战也少得可怜,大多数都是在日
军进攻中被动作战。

第十二节　"领导就是预见"——预见对中国抗战的引领作用

　　前文,我们说了毛泽东对中国抗战的这么多预见。那么,预见
究竟对中国抗战能起到什么样的作用呢?

　　我们还是看看毛泽东的一些看法吧!

　　1942 年 9 月 7 日,毛泽东在为《解放日报》写的一篇社论中说:
"普通的人,容易为过去和当前的情况所迷惑,以为今后也不过如
此。他们缺乏事先看出航船将要遇到暗礁的能力,不能用清醒的
头脑把握船舵,绕过暗礁。"(《选集》三,第 881 页)按照他的说法,
能预见的人,就是不同于"普通的人"的人,就是不会"容易为过去
的和当前的情况所迷惑"的人,就是能"事先看出航船将要遇到暗
礁"的人,就是具有"清醒头脑"的人,就是"能用清醒的头脑把握船
舵,绕过暗礁"的人。从上面的好多预见来看,毛泽东确实就是这
样的人。这样的人,就是舵手,就是先知,就是领航人,就是领导,
就是旗帜。

　　10 月 12 日,毛泽东在为《解放日报》写的另一篇社论中又说:
"在人类历史上,凡属将要灭亡的反动势力,总是要向革命势力进
行最后挣扎的,而有些革命的人们也往往在一个期间内被这种外
强中干的现象所迷惑,看不出敌人快要消灭,自己快要胜利的实
质。"(《选集》三,第 884 页)按这里所说的,预见者则是不被外强中
干的现象所迷惑的人,是能够看出敌人快要被消灭、自己快要胜利

的实质的人。从上面的好些预见来看,毛泽东不也正是这样的人吗? 这样的人,是能廓清迷雾、看清前途并指出前途的人,是不会被现象所迷惑而始终能看清问题实质和本质并能为众人指点迷津的人,这样的人,是具有火眼金睛的人,是头脑始终清醒的人,是指引方向和前途的人,是领导,是旗帜。

在抗战胜利前夜召开的中共七大上,毛泽东于 1945 年 5 月 31 日作了会议结论。在这次讲话中讲到领导问题时,他专门讲到了预见。他说:"预见就是预先看到前途趋向。如果没有预见,叫不叫领导? 我说不叫领导。""没有预见就没有领导。""坐在指挥台上,如果什么也看不见,就不能叫领导。坐在指挥台上,只看见地平线上已经出现的大量的普遍的东西,那是平平常常的,也不能算领导。只有当着还没有出现大量的明显的东西的时候,当桅杆顶刚刚露出的时候,就能看出这是要发展成为大量的普遍的东西,并能掌握住它,这才叫领导。""所谓预见,不是指某种东西已经大量地普遍地在世界上出现了,在眼前出现了,这时才预见;而常常是要求看得更远,就是说在地平线上刚冒出来一点的时候,刚露出一点头的时候,还是小量的不普遍的时候,就能看见,就能看到它的将来的普遍意义。"(《文集》三,第 394—395 页)

在毛泽东看来,预见就是领导,能预见或有预见才是真正的领导。如果当着领导,坐在指挥台上,什么也看不见,或者只看得见大家都能看出来的东西,而不能看见一些刚刚露头、刚刚出现但将要普遍出现的东西,那就不能称作真正的领导。只有当事物刚出现、刚露头就能看见并能预见其将会大量出现,并能把握其发展趋势,这才算作真正的领导,即使他没有坐在指挥台上,不是名义上的领导者,但他因其具有预见而称得上是实至名归的领导。这里,毛泽东把预见的内涵和作用都讲了出来,把预见和领导的关系也讲得很清楚。我可以把毛泽东所说的领导和预见的关系归结为：预见就是领导，能预见者是当然的领导、实际上的领导，即使他没有领导之名；领导应该预见，应该比别人先看清事物及其前景；没有预见就不能叫领导，即使他有领导之名，占着领导的位置，也不能算是真正的领导。

从前文各节所列事实来看，毛泽东对抗战的发生时间、地点、规模、发生后的影响等，对战争的长期性、持久性，对战争中中国必胜、日本必败的前途，对战争将经历敌进攻我防御、敌我相持、我反攻敌防御三个战略演进阶段的发展规律，对人民战争、游击战争、统一战线、外国援助等制胜条件，对你中有我、我中有你、互相包围、犬牙交错的战争形态，对战争中国际形势的发展走向、各主要国家对中日两国态度的变化、第二次世界大战的爆发、太平洋战争的爆发、国际反法西斯战争联盟的形成等，对战争中中国两大抗日力量国民党与共产党之间的关系变化，对战争的一些具体进程，包括日军将夺取太原及黄河以北，山东将不战而失，上海战局将不利，国民党将迁都，日军将进攻郑州、武汉、南昌、福州、长沙、广州等地，武汉失守，日军主力将进攻华北，日军战败时八路军、新四军将集中到东北去，日军将打通平汉路等，对战争胜利的大体时间等，都提前作出了比较准确、基本与后来结果相符的预见，而且预见的数量竟达百条之多。可以说，毛泽东确实是中国抗日战争预见的高手。他虽然没有坐在全国最高的指挥台上，但他对中国抗战的前景预见最多、预见最准。因为在我个人孤识寡闻的范围内，目前我还没有看到国内外有其他人对中国抗战有着如此全面又如此准确的预见。尤其是他还根据自己的预见，确定自己的战略，制定并调整自己的政策，在他领导的范围内切实地贯彻实行自己的一套正确方针，并用自己的预见、自己的看法去影响党内外、国内外的其他人,团结各方面共同打日本。他用自己高超的智慧,以一个个超前的、过人的、科学的、令人信服的预见,一步步引领抗战从胜利走向胜利。光从对中国抗战有着这么多的准确预见来看,我们也可以说,毛泽东是中国抗战实至名归、当仁不让的一位领导者,是中国抗战中始终高扬着并指引着人们走向胜利的一面旗帜。

第二章　毫不妥协地坚决抵抗日本侵略中国

抗日战争,要点在于"抗"字,核心也在于"抗"字。没有"抗",何谈"抗日"战争呢? 抗日战争的旗帜上,必须用大字写着一个醒目的"抗"字。作为抗日战争的旗帜,他必须是始终坚定的抗日者,是首先站起来挺身而出的抗日者,是始终不服软、不服输,不妥协、不投降,不半途而废、不时软时硬并坚持把日本全部赶出中国的彻底抗日者。下面,我就围绕一个"抗"字,来看看毛泽东在抗战中的所作所为,是不是"抗"字当头、一抗到底的。

第一节　在全中国和全世界率先对日宣战

1931 年 9 月 18 日,日本关东军先是把中国沈阳柳条湖附近的一段铁路炸毁,然后借此为由,突袭中国东北军驻地北大营,并乘夜袭取沈阳城。日本由此开始了先是对中国东北,继而对中国全国的侵略战争,同时也拉开了中国抗日战争的序幕。中国长达 14 年的抗日战争,就是从九一八事变开始的。

九一八事变发生时,驻守沈阳的东北军,因遵奉当政者蒋介石"现非抗日之时","我方应不予抵抗,力避冲突","我们的力量不足，不能打"，"严令东北军，凡遇到日军进攻，一律不准抵抗"的指令，"不事抵抗"。（马越山：《九一八事变录》，辽宁人民出版社 1991 年版，第 131、154 页）结果，一夜之间，沈阳城竟被敌占，守城东北军的 260 多架飞机、3000 多门大炮、十几万支枪，全部"奉送"日军。之后，又经过 4 个多月，日军便全部侵占了面积三倍于日本的中国东北，驻守东北的近 20 万中国军队，在"不抵抗"指令的指挥下，在日军 1 万多正规部队和一万多非正规部队面前，竟不战而退，不抗而溃，一跑了之，其中仅有江桥一场比较激烈的抵抗，其他仅有零星官兵出于正义而违背上级命令自发作过一些小规模抵抗。一场中国"不抵抗"的战争，让日本轻取中国东北。在抗日战争的前半场中，日本政府对中国不宣而战，中国政府对日本不战而输。

九一八事变前，中国的主政者蒋介石实行"攘外必先安内"战略，没有部署军队防止日本侵华，而是调集大军进行"剿共"。1930 年 11 月，以 10 万兵力对中央苏区的"朱毛红军"进行第一次大"围剿"；失败后又于次年 2 月以 20 万兵力进行第二次大"围剿"；再次失败后又于 1931 年 6 月 21 日，即九一八之前不到 3 个月，亲到南昌，躬自督兵 30 万，进行第三次大"围剿"。7 月 12 日，在日本对东北的步步野心面前，蒋介石电示东北军统帅张学良："此非对日作战之时。"（李勇、张仲田编：《蒋介石年谱》，中共党史出版社 1995 年版，第 194 页）7 月 23 日，蒋介石在南昌向全国同胞发表通电，称："惟攘外应先安内"，"故不先消灭'共匪'……则不能御侮"。（［日］古屋奎二：《蒋总统秘录》第 7 册，台北"中央"日报社 1976 年译印，第 185 页）8 月 16 日，在九一八事变前 1 个多月，他又致电张学良，明确指示："无论日本军队此后如何在东北寻衅，我方应予不抵抗，力避冲突。"同时还从国家民族的高度，严厉告诫张："吾兄万勿逞一时之愤，置国家民族于不顾。"（《蒋介石年谱》，第 194 页）张学良将此电转饬东北军将领遵照执行。九一八事变后东北军的不抵抗，就是执行这一来自军政最高层的指示的结果。9月12日，即九一八事变前一周，蒋介石又在火车上召见张学良，要其对日军进攻不要抵抗，依靠国际联盟调停。9月18日，蒋又离开首都赴江西"督剿"苏区红军，第二天早晨接到日军侵占沈阳的消息后，当天下午回到南京，两天后主持召集国民党中央会议，提出："此时惟有诉诸于公理"，"忍耐至于相当程度"。9月22日，蒋在南京市国民党员大会上，又公开宣示对日政策："此刻必须上下一致，先以公理对强权，以和平对野蛮，忍辱含愤，暂取逆来顺受态度，以待国际公理之判决。""勿作轨外之行动。"（《蒋介石年谱》，第195页）可见，九一八事变后东北迅速沦陷于日军，正是中国当政者"以和平对野蛮、忍辱含愤""逆来顺受"的结果。

九一八事变前，毛泽东在1931年1月当选为中共中央政治局的一名候补委员。中共中央当时实际上由王明等人把持。毛泽东则在闽赣中央苏区担任中共苏区中央局四人常委之一，中央革命军事委员会副主席、总政治部主任，指挥红一方面军反对蒋介石的第三次大"围剿"。九一八事变爆发后第三天，9月20日，中共中央即为日本强占东三省事件发表公开宣言，谴责日本帝国主义"公开进兵中国，强暴占领奉天安东营口，更大规模的屠杀中国民众"，"使中国完全变成它的殖民地"的罪行，号召"全中国工农劳苦民众""一致动员武装起来，给日本强盗与一切帝国主义以严重的回答"。宣言同时也揭露了"国民党在中国民众被日本强盗大大屠杀的时候，高唱无抵抗主义，与和平镇静的忍耐外交"，"无耻的屈服，出卖民族利益的面目"。号召全国工农兵士"一致反对日本强暴占领东三省，实行变帝国主义压迫中国的战争，为拥护苏维埃中国反帝国主义反国民党的革命战争"。（中央档案馆编：《中共中央文件选集》第7册，中共中央党校出版社1991年版，第396—398页）9月22日，中共中央又作出《关于日本帝国主义强占满洲事变的决议》，号召"进行广大的反对日本帝国主义的暴行的运动"，同时"加紧在北满军队中的工作，组织他的兵变与游击战争，直接给日本帝国主义以严重的打击"。（《中共中央文件选集》第7册，第422—423页）这些宣言、决议，表达了中国共产党反对日本侵略中国、武装民众，用战争打击日本侵略者的主张。

　　与中共中央的宣言、决议相呼应，指挥红一方面军刚刚粉碎了蒋介石第三次大"围剿"的毛泽东，九一八事变发生七天后的9月25日，领衔发表《中国工农红军为日本帝国主义强占满洲告白军士兵兄弟书》，揭露国民党军阀不抵抗日本帝国主义的侵略暴行，只能向帝国主义献媚投降、充当帝国主义的走狗，既不能"保国"，也不能"为民"。号召白军士兵投身革命，加入红军，为共同抗日、打倒国民党、建立工农兵苏维埃政府而战。（《年谱》上，第355页）这时，毛泽东领导的红军正在遭受国民党军队一次比一次更加残酷的"围剿"，他的迫在眉睫的主要任务是反对国民党军队的进攻。因此，在此日本侵略的严重关头，作为红军的指挥员，他着重地向国民党军士兵揭露国民党"不抵抗日本"的错误政策，号召国民党军士兵"共同抗日"。也许就是由于毛泽东等人发表了这个文告，国民党竟有人造出谣言，说"江西共产党、江西工农红军的领袖朱德、毛泽东"，"愿意为了'一致对外'，投降国民党，为国民党效力"，遭到中国共产党的公开驳斥。（《中共中央文件选集》第7册，第428页）

　　这时，中共中央因受共产国际和王明教条主义的影响，看不到九一八事变后国内阶级关系将起的变化，过多地强调日本占领中国东北"是反苏战争的导火线"，并不切实际地提出要"武装保卫苏

联"。1932 年 1 月中旬,已经成为中共苏区中央局主席的毛泽东,
在江西瑞金县叶坪村,主持召开苏区中央局会议,报告三次反"围
剿"的情况和九一八事变后的全国形势。他认为日本帝国主义灭
亡中国的大举侵华,势必引起全国人民的抗日高潮,国内阶级关系
必将发生变化。这同当时中共中央主要领导人的主张是不同的。
因而,参加会议的中央代表团有的成员不同意作这样的分析,指责
说:日本占领东北主要是为了进攻苏联,不作此估计就是右倾机会
主义,我们必须提出武装保卫苏联,不这样提出口号,就是典型的
右倾机会主义。会议中途另选了会议主持人。(《年谱》上,第 364
页)实事求是、与时俱进、指挥实战的毛泽东,被共产国际派、教条
派们戴上了"右倾机会主义"的帽子,失去了主持会议、实际上也失
去了主持苏区中央局的资格。于是,毛泽东请了病假,去瑞金郊外
休养。

　　1932 年 1 月 28 日,为了扩大对中国的侵略,日军又向中国驻
守上海的第 19 路军发起进攻,挑起一·二八事变。第 19 路军不顾
政府命令,奋起还击,进行了著名的一·二八抗战。由于日军增
兵、南京政府支援不力,在激战月余后,第 19 路军于 3 月 1 日撤出
防线。

　　就在一·二八抗战结束的当天,1932 年 3 月 1 日,以毛泽东为
主席的中华苏维埃共和国临时中央政府人民委员会,研究决定正
式宣布对日作战。第二天出版的《红色中华》第 12 期,以《临时中
央政府人民委员会第八次常会议决正式宣布对日作战》为标题,报
道了这次会议的这项内容:"中央政府人民委员第八次常会,于 3
月 1 日举行,讨论和议决的重要事项如下:(一) 对日帝国主义积极
侵占中国,屠杀中国人民,帝国主义瓜分中国的大战以及国民政府
无耻投降帝国主义,出卖中国,议决正式宣布对日作战,以民族革

命战争去驱逐日本帝国主义出中国,决发表宣言号召全中国的劳苦群众,在苏维埃领导下,自动对日帝国主义作战,推翻帝国主义工具的国民党统治并反对任何帝国主义对于中国的侵略,并报告中央执行委员会批准后宣布。"(中国井冈山干部学院、中央档案馆编:《红色中华》全编,江西人民出版社2016年版,第209页)临时中央政府不久即于3月15日以前,批准了人民委员会的决议,正式宣布对日作战。这是日本侵略中国东北后,中国最早向日本正式宣战的。这个宣战,是由中国的一个红色政府作出的,是同毛泽东的名字紧紧联系在一起的。因为宣战是由以毛泽东为主席的中华苏维埃共和国中央执行委员会人民委员会提议,由以毛泽东为主席的中华苏维埃共和国中央执行委员会批准的,宣战的宣言也是由毛泽东亲自起草的。中华苏维埃共和国临时中央政府的对日宣战,比南京国民政府的对日宣战,时间上提早了9年多。

关于临时中央政府的对日宣战时间,现在一般认为是4月15日,因为《红色中华》第18期发表的《中华苏维埃共和国临时中央政府宣布对日战争宣言》,末尾署的时间是"一九三二年,四,一五"。(《红色中华》全编,第309页)但是实际上,从史料来看,至少在3月15日以前,临时中央政府已宣布对日作战了,并已得到了一些地方的声援与支持。理由是:

1. 1932年3月23日出版的《红色中华》第15期,在第二版的"专电"栏里,在"拥护临时中央政府对日宣战的专电"标题下,刊发了各地给中华苏维埃共和国临时中央政府的两件专电。一件是"湘鄂西省苏维埃"的专电,其中说:"临时中央政府已正式宣布对日作战,湘鄂西省正在动员一切力量,扩大反帝国主义反国民党的革命战争。"(《红色中华》全编,第260—261页)电报末尾署的时间是"十五日",应该是早于该刊出版的1932年3月15日,而不可能是晚于该刊出版的 4 月 15 日。另一件是红二军团总指挥贺龙、总政委关向应的专电,电报中说:"我们热烈的拥护中央苏维埃对日宣战。"(《红色中华》全编,第 261 页)电报没有署时间,但时间应该同于上一件电报的时间,因为贺龙、关向应领导的红二军团,即活动于湘鄂西,而且湘鄂西省苏维埃正是由贺龙等人创建的,因此,这两份电报应是同一天发出的。

除了这两件专电,该刊同期还刊载了一则消息,标题为"福建省工农兵苏维埃第一次大会——通电拥护中华苏维埃中央政府对日本作战的决议"。内容则是大会给"中华苏维埃中央政府"的电报,其中说:"福建省工农兵苏维埃大会,完全拥护中华苏维埃中央政府对日作战的决议。"(《红色中华》全编,第 261 页)电报没有署时间,但应发于 3 月 21 日。因为福建省工农兵苏维埃第一次大会是 1932 年 3 月 18 日开幕的。"会议的第三四日通过了……大会宣言、电文等。"(《红色中华》全编,第 268 页)第四日即大会闭幕的那一天——3 月 21 日。

从以上这 3 封电报看,中华苏维埃共和国临时中央政府的对日宣战决定,应该在 1932 年 3 月 1 日至 15 日期间作出,不会晚于 3 月 15 日。因为人民委员会 3 月 1 日才决议对日宣战并报临时中央政府;3 月 15 日,远在湘鄂西的红二军团和湘鄂西省苏维埃已知道消息并致电拥护,3 月 21 日福建省工农兵苏维埃大会也通电拥护,《红色中华》并于 3 月 23 日公开发表拥护电。

2.《毛泽东年谱》载:1932 年 1 月下旬,"去瑞金城郊东华山古庙休养。休养期间,起草了《对日战争宣言》"。并注释说:"这个宣言于 1932 年 4 月 15 日发表。"(《年谱》上,第 365 页)"3 月上旬,在东华山古庙会见……项英。项英谈了赣州前线战事失利的情况,并转交了中革军委来电,请毛泽东暂停休养,赶赴前线参加决策。

毛泽东立刻下山,冒雨回到瑞金。"(《年谱》上,第 366 页)之后,毛泽东便一直在前线随红军主力行动。据此可知,这个宣言是由毛泽东起草的,其起草时间应在 1932 年 3 月 12 日之前。因为《年谱》记载他 3 月 12 日已在南康县唐江镇参加红一军团的团以上干部会议了。

另外,从宣言中提到的一些事情看,宣言起草时间应在 1932 年 3 月 4 日甚至是 9 日以后。因为宣言中有句话说,国民党政府"用机枪扫射抗拒撤退命令之十九路军的英勇兵士"。此事应来源于 1932 年 3 月 9 日出版的《红色中华》第 13 期第二版上刊载的一则消息,标题是:"国民党卖国中,用机枪强迫士兵撤退"。内容是:"上海三月四日电:国民党政府接受各帝国主义调停办法……而限定十九路军一日退南翔一带……十九路军士兵三次坚拒撤退令,主将以机枪扫射,威胁始退,但极愤懑。"(《红色中华》全编,第 222 页)可见毛泽东至少在 3 月 4 日,更有可能在 3 月 9 日从《红色中华》上看到这则消息以后,才有可能把这件事写进宣言中。

从上面的史料分析,可以看出以下几点:(1)以毛泽东为主席的中华苏维埃临时中央政府人民委员会常委会,在 1932 年 3 月 1 日便开会议决,正式对日宣战;(2)毛泽东本人 3 月 12 日前,在瑞金东华山养病时,为同样以他本人为主席的中华苏维埃共和国临时中央政府起草了《对日战争宣言》;(3)这一宣言在 3 月 15 日前已发布到湘鄂西等地,从 3 月 15 日开始,陆续有湘鄂西省苏维埃、红二军团、福建省工农兵苏维埃第一次大会等致电拥护。

宣言最早刊载于 1932 年 4 月 21 日出版的《红色中华》第 18 期。宣言首先历数并谴责日本对中国不断扩大的侵略罪行:"日本帝国主义,自去年九一八以武力强占中国东三省后,继续用海陆空占领上海嘉定各地，侵扰沿海长江各埠，用飞机大炮屠杀中国人民，焚烧中国房屋，在东北及淞沪等地，被损害的不可数计。"（《红色中华》全编，第 308 页）因此宣言宣布："中华苏维埃共和国临时中央政府特正式宣布对日战争，领导全中国工农红军和广大被压迫民众，以民族革命战争，驱逐日本帝国主义出中国。"（《红色中华》全编，第 308—309 页）

宣言同时还历数并谴责国民党政府与军阀将东三省和淞沪各地奉送日本的投降行径："国民党政府与其各派军阀"，"连接［接连］的将东三省和淞沪各地奉送于日本帝国主义"。"现更已和平谈判，实行出卖整个中国。""屠杀反日群众，强迫自动对日作战之淞沪兵士和民众的义勇军撤退，用机枪扫射抗拒撤退命令之十九路军的英勇兵士，以表示其对于帝国主义的忠诚。"（《红色中华》全编，第 308 页）因此，宣言也同时宣布推翻阻碍直接对日作战的国民党反动统治："要……直接与日本帝国主义作战，必须首先推翻帮助帝国主义压迫民族革命运动，阻碍民族革命战争发展的国民党反动统治，才能直接的毫无障碍的与日本帝国主义作战，才能使民族革命战争在全国大大的发展起来。苏维埃中央政府郑重声明：要不是国民党军阀集其全力来进攻苏区与红军，苏区工农劳苦群众与红军早已与抗日的英勇士兵和义勇军站在一起直接对日作战了。"（《红色中华》全编，第 309 页）宣言号召国民党统治区的"工人农民兵士及一切劳苦民众自己起来，组织民众抗日义勇军，夺取国民党军阀的武装来武装自己，直接对日作战"；又号召国民党军队的"兵士要暴动起来……自动对日作战"。宣言宣称："只有苏维埃政府，才能真正领导全国的民族革命战争，直接对日宣战。"（《红色中华》全编，第 309 页）

这个宣言，以中华苏维埃共和国临时中央政府即中国红色政府的名义,代表全国被压迫民众和爱国士兵对日本公开宣战,"正式宣布对日战争",号召"直接对日作战","驱逐日本帝国主义出中国"。这与国民党政府的对日软弱态度,形成了鲜明的对比。它不仅代表了中国共产党的主张和红色政权区域内广大民众的意愿,而且代表了当时全国广大反日爱国者的意愿。因为一·二八抗战结束后,3月2日,就有反对蒋介石的"中国国民党临时行动委员会"发表《对上海事件紧急宣言》,提出"立即对日宣战"的主张。(程栋等编著:《旧中国大博览(1900—1949)》,科学普及出版社1996年版,第813页)

毛泽东起草并由他领导的政府发表的这个宣言,是中国共产党人的第一个对日宣战书,是中华苏维埃共和国临时中央政府的第一个对日宣战书,是全中国同时也是全世界第一个以政府名义宣布的对日宣战书。毛泽东根据全国各地爱国军人与民众自发对日作战的实际,顺应全国人民提出的"对日宣战"的要求,代表全国人民率先发出了对日宣战的第一声,高高举起了对日抗战的国家旗帜。这个宣言,在中国共产党及其领导的红色政权的文件中,第一次对日本正式宣战,第一次明确提出"驱逐日本帝国主义出中国"的目标,第一次提出"直接对日作战"的口号,具有强烈的抗日主调和浓重的抗战色彩,体现出对日本针锋相对、毫不妥协、以战对战的强硬态度。

宣言发出后,4月7日,为了进一步扩大宣言的影响,促进宣言的落实,"真正实现对日的民族战争",中华苏维埃共和国临时中央政府人民委员会第十一次常会上,又就"对日宣战"问题"决定下训令给各级苏维埃政府和红军,一致动员发展革命战争……并发通电,发宣言,号召全世界无产阶级及被压迫民族,加紧反对日本帝国主义,保护中国革命"。(《红色中华》全编,第299页)于是,1932

年4月15日，以毛泽东为主席的中华苏维埃共和国临时中央政府又对外公开发表《为对日宣战向全世界无产阶级和被压迫民族宣言》，宣布本政府已"正式决定对日本帝国主义宣布战争"，并希望他们"一致起来援助我们这一艰苦的战争，反对日本帝国主义侵占中国"。（《红色中华》全编，第310页）同时，又对内向全国工农红军和全苏区各级苏维埃政府发出《关于动员对日宣战的训令》，要求"对于全体红色战士实行对日宣战的动员"，"在红色战士中做到对日宣战的广大宣传"，"实行对日宣战的群众动员"。（《红色中华》全编，第320—321页）4月15日发出的对外宣言和对内训令，后来于4月21日，连同宣布对日战争宣言，一起发表在《红色中华》第18期上。

　　如果说，之前中华苏维埃共和国临时中央政府的对日宣言只是在红色区域内部传达宣布的话，那么，到了1932年4月15日，则又向全世界公开宣布了，并又在红色区域内下发训令，进一步予以动员和宣传。这样，毛泽东所领导的中国红色政权的对日宣战，就变得进一步为人所知了，影响也变得更加广泛了。尽管这股宣战的力量还很弱小，宣战的声音还不被世人广泛关注，但是，它发出了中国政府应该发出却没有发出的声音，采取了中国政府应该采取却没有采取的行动，代表了亿万不屈中华儿女的正义要求，也代表了中国未来的行动。后来，1941年12月太平洋战争爆发，美国、英国对日宣战后，蒋介石领导的国民政府终于也正式对日宣战。因此，毛泽东领导的红色政府对日宣战，比国民政府的对日宣战先行了将近10年，是中国抗战中的一个先导性行动、引领性行动，在全国率先发出了抗日的"官宣"，率先树起了抗日的旗帜。这一点，更加深了我对毛泽东这面抗战旗帜的认同。

第二节　提出、坚持并最终实现红军"北上抗日"

九一八事变爆发时,毛泽东领导的中央红军被国民党军队一直围困于闽赣地区,无法直接对日作战。1932年4月15日发表的毛泽东起草的《中华苏维埃共和国临时中央政府宣布对日战争宣言》中,曾经"郑重声明"说:"要不是国民党军阀集其全力来进攻苏区与红军,苏区工农劳苦群众与红军早已与抗日的英勇士兵和义勇军站在一起直接对日作战了。"(《中共中央文件选集》第8册,第637页)

1933年5月,在中央红军取得第四次反"围剿"的胜利后,毛泽东又提出了"红军北上抗日"的主张。5月28日,毛泽东以中华苏维埃共和国临时中央政府主席的名义,领衔发表《告闽粤白军士兵书》,提出:为要使英勇的工农红军北上抗日,消灭占领华北的日本帝国主义的一切军队,必须消灭同日本订立密约出卖整个华北的国民党罪魁蒋介石的主力,来肃清北上抗日的道路。因而向广东、福建的一切武装队伍提议,在承认三个条件的原则下,同他们订立战斗协定,去反对日本帝国主义、卖国的蒋介石南京政府。(《年谱》上,第402页)从年谱内容看,这是毛泽东首次提出红军"北上抗日"的方针。

毛泽东不但提出红军北上抗日,而且向国民党军提出"到北方去打日本"即北上抗日的号召。1934年6月,毛泽东同朱德发表《告白军官兵书》,向国民党军指出:"救国家,救家乡,救你们自己的父母妻子,到北方去打日本,真是我中华好男儿保国卫民、立功于国家的时候了。"(《年谱》上,第429页)

1934年7月上旬,以毛泽东为主席的中华苏维埃共和国中央政府人民委员会，又同中央政治局书记处、中革军委会共同发出作战训令，把红七军团组建为抗日先遣队，北上抗日，"开展福建浙江的反日运动"。(《中共中央文件选集》第 10 册，第 332 页)这是红军北上抗日的一次实践，也是一次预演。

　　7 月 15 日，毛泽东又领衔发表《中华苏维埃共和国中央政府、中国工农红军革命军事委员会为中国工农红军北上抗日宣言》。指出："为了要动员全部力量，同日本帝国主义直接作战"，"苏维埃政府与工农红军不辞一切艰难，以最大的决心派遣抗日先遣队，北上抗日"。宣言宣布："我们中国工农红军北上抗日先遣队，愿意同全中国的民众与一切武装力量，联合起来共同抗日"，表达了抗日先遣队愿同全国民众与一切武装力量共同抗日的最大诚意与决心。宣言还进一步地表示："只要进攻苏区的武装队伍接收[受]我们提出的三个条件，那我们工农红军的主力，即可在先遣队之后，全部出动，同全中国一切武装队伍联合起来共同抗日。"(《中共中央文件选集》第 10 册，第 347—348 页)表达了中国工农红军主力也可同全国一切武装队伍共同抗日的最大愿望和最大决心。这是对一年多以前毛泽东提出的红军"北上抗日"主张的又一次公开宣示。

　　毛泽东为什么要一再提红军"北上抗日"呢？我们从 1934 年 7月 5 日中共中央书记处对红七军团即抗日先遣队的政治训令中可以看出端倪。训令要求抗日先遣队"最广泛通俗的与不倦怠的解释党的三个基本的口号"。这三个基本口号，第一条就是："以武装民众的民族革命战争反对日本及一切帝国主义，保卫中国独立自由与领土完整。"并指出："最重要的任务就是武装民众。"(《中共中央文件选集》第 10 册，第 339、340 页)也就是说，在日本对中国的侵略步步加深、民族危机不断加大，以及国民党军队对中央苏区的

"围剿"日益加强的时候,中国共产党决心"以武装民众的民族革命战争"来抵抗日本,并把这作为党头等重要的任务。这样就可以把国共之间的国内革命战争转变为中日之间的民族革命战争,把红军的力量转用于抗日,摆脱红军在苏区受"围剿"的困境,在抗日中立民族大功,彰民族大义,并在抗日中以武装民众来求得自己的更大发展。而红军"北上抗日",则是实现党的这一战略意图的唯一出路,也是实现这一意图的最好口号。在当时的条件下,抗日,既是中共的最大任务,也是中共的最好出路。红军北上抗日,既符合民族大义,又符合党的任务;既符合民族利益,又符合党与红军的利益。只有这样理解,才能解释得了中国共产党和毛泽东为什么在国民党第五次"围剿"前,就已提出北上抗日,为什么不但提出"北上抗日"的口号,而且把它节节付诸行动,特别是最后还真正将其完全实现。如果真像有些人所说的只是一种宣传口号、一种临时策略,那就难以解释为何这一方针早在红军失利之前就已提出,而且坚持了几年、付诸了一系列行动,并最终真的实现。

由红七军团组建的北上抗日先遣队共6000多人,1934年7月6日由瑞金秘密出发,7月31日渡过闽江后,正式打出北上抗日先遣队的旗帜。这一天,毛泽东在瑞金接受《红色中华》报记者采访,谈到了抗日先遣队派出的目的。他说:苏维埃中央政府与革命军事委员会,在国民党卖掉半个中国、全国民众望红军北上抗日如大旱望雨的时候,派遣了一个抗日先遣队,即将经东部各省北上抗日,目的在使全国民众明白红军是全中国内真正抗日的军队,红军的主力虽因国民党军第五次"围剿"挡住了北上的路,正在也只有在彻底粉碎国民党军的"围剿"之后,才能大举北上,却在此时派出了自己的先遣部队。同时他还号召全国援助红军粉碎"围剿",集中力量抗日反帝;援助我们的抗日先遣队,反对南京政府的拦阻政

策,使抗日红军迅速前进。(《年谱》上,第431页)

可惜,由于南京政府的拦阻政策,抗日先遣队于1935年1月底在赣东北被国民党军队围攻打散,未能实现"北上抗日"的任务。其突围出去的余部,在闽浙赣三省坚持游击战,直到全面抗战爆发后,才改编为新四军,真正实现"北上抗日"的初衷。

还在红军北上抗日先遣队失败之前,1934年10月,中央红军被迫离开中央苏区,进行长征。在抗日先遣队被国民党军队围攻失败前半个月左右,之前被剥夺了军权的毛泽东,在遵义会议上进入并实际上成为中共中央和工农红军的领导核心。

在中央红军长征进入四川与红四方面军会师后,国民党政府于1935年6月9日与日本签订《何梅协定》,使河北主权实际沦丧。面对这一卖国协定,6月15日,毛泽东以中华苏维埃共和国中央政府主席的名义,领衔发表《为反对日本并吞华北和蒋介石卖国宣言》,再次提出"红军北上抗日"的主张。宣言说:"现在中华苏维埃政府继续宣布对日作战,号召全中国海陆空军与红军携手共同北上抗日。"(《建党以来重要文献选编(1921—1949)》第12册,中央文献出版社2011年版,第209页)这是在红军长征以后,毛泽东和中国共产党首次提红军"北上抗日"。次日,毛泽东等人又致电张国焘等红四方面军领导人,指出:"今后我一、四两方面军总的方针应是占领川、陕、甘三省,建立三省苏维埃政权。"(《年谱》上,第457页)6月26日,在两河口中央政治局会议上,毛泽东再次提出中国红军要用全力到新的地区发展根据地,在川陕甘建立根据地,并提出要选好向北发展的路线,先机夺人。(《年谱》上,第459页)这样,红军北上抗日的落脚点在这时就选在了川陕甘。

两河口会议后不久,与中央红军会合后的红四方面军领导人张国焘便提出与中央北上方针背离的南下川康边的主张。毛泽东与张国焘作了坚决的斗争。当张国焘背着中央电令陈昌浩率右路军南下，并企图分裂和危害党中央时，毛泽东毅然率领红一、红三方面军立即北上，并电令张国焘，"只有向北才是出路"，"北上方针绝对不应该改变"。（《年谱》上，第 470 页）

9 月 20 日，毛泽东在宕昌县哈达铺出席陕甘支队团以上干部会时，又一次指出：民族的危机在一天天加深，我们必须继续行动，完成北上抗日的原定计划。首先要到陕北去，那里有刘志丹的红军。大家要振奋精神，继续北上。（《年谱》上，第 475 页）鼓舞红军将士为完成北上抗日的原定计划而继续行动。

9 月 27 日，中央政治局常委会确定把中共中央的落脚点放在陕北。第二天，毛泽东在陕甘支队连以上干部会议上，分析了日本侵略北方的严重性，和北方可成为抗日新阵地的经济、政治条件，并要求红军将士宣传我军北上抗日的意义。（《年谱》上，第 476 页）

10 月下旬，毛泽东领导的中央红军主力到达陕北。11 月 30 日，毛泽东在陕西富县东村召开的红一方面军营以上干部大会上，宣布了红军到达陕北后"新的任务"："把抗日战争掀起到最高的程度。这是我们的总任务。"（《文集》一，第 368 页）毛泽东的这一宣示，标志着中国共产党和红军"北上抗日"方针的胜利实现，并开始了新的演进。

一年多以后，在全国抗战的炮火中，工农红军的主力全部改编为国民革命军第八路军，从陕北渡过黄河，开赴华北抗日前线，同日本军队进行了殊死的战斗，成为抗日的一支劲旅，真正实现了"北上抗日"的夙愿。当年中央红军北上抗日的终点——陕北，在全面抗战前和全面抗战期间，一直是毛泽东推动全面抗战、指挥敌后抗战的大本营和策源地。事实证明，毛泽东当年首先提出"北上抗日"方针也是正确的,毛泽东在提出以后又始终坚持"北上抗日"也是正确的。特别是后来毛泽东和中国共产党又用一系列行动,践行了北上后的"抗日"方针,没有在北上后停止抗日。这就用行动、用事实证明当年的"北上抗日"不只是口号,不只是策略,而是行动的纲领、根本的任务。其实,就全国来说,毛泽东可贵的不是在共产党内最早提出、后来并一直坚持红军的"北上抗日",因为九一八事变之后,在全国人民的强烈要求下,在请愿学生的逼迫下,蒋介石也曾多次许诺过要"北上抗日",但在七七事变前,始终既未见他北上,也未见他积极抗日。毛泽东的可贵之处在于,他在提出"北上抗日"后,确实"北上"了,特别是在北上后,又真的"抗日"了。后来的历史发展证明,红军北上抗日,不但开辟了红军发展和中国共产党发展的新局面,而且开辟了中国抗日战争的新局面、开辟了中华民族历史的新篇章。

第三节　为实现"直接对日作战"而东征

红军北上到达陕北后不久,面对日本对华北五省的控制及对中国新的干涉日益增强之势,以毛泽东为主要领导人的中共中央,于1935年11月13日,发表《为日本帝国主义并吞华北及蒋介石出卖华北出卖中国宣言》,指出:"察哈尔事变之后,华北五省(河北、山东、山西、察哈尔、绥远)实际上已经放到了日本帝国主义统治之下。然而这并不能满足日本帝国主义强盗们的贪欲,新的进攻的行动,在更大的规模上又开始了。"日本又提出了包括将中国沿海五省变为非武装区、停止全中国一切反日运动在内的"八个条件"。"这些条件,不但要并吞整个华北,而且要把全中国变为日本帝国主义的殖民地。""然而以蒋介石为罪魁祸首的国民党政府却泰然不以为耻的答应了日本的这些要求。"宣言提出："在亡国灭种的紧急关头,我们的出路,只有坚决的武装起来,开展反对日本帝国主义侵略的民族革命战争,与打倒卖国贼首蒋介石国民党的革命战争,以保卫华北,与保卫中国。"(《中共中央文件选集》第 10 册,第572—574 页)这是一个重要的战略转变。这实际上把抗日战争放到了反蒋"围剿"战争的前边,把抗日变成了党的首要任务。12 月23 日,毛泽东在瓦窑堡中共中央政治局会议上作军事问题的报告时,又进一步明确指出:要以坚决的民族革命战争,反抗日本帝国主义侵略,把国内战争与民族战争结合起来。(《年谱》上,第 496页)从而把抗日放到了红军作战的首位。为此,他又指出:1936 年应准备直接对日作战的力量,扩大红军。(《年谱》上,第 496 页)步骤上则分三步:第一步,打击来犯之敌,巩固和发展陕北苏区,并做好渡黄河去山西的准备;第二步,到山西去,开辟局面;第三步,根据日军对绥远进攻的情形,适时地由山西转向绥远,用小的游击战争与日军周旋。(《年谱》上,第 497 页)他在为会议起草的军事战略问题决议中,甚至还提出了"在一九三六年下半年""有可能和有必要同日本军队发生部分的战斗(晋绥察方面)"这样的具体设想。(《文集》一,第 377 页)红军从陕北再到山西,这又是"东进抗日",直接进入华北抗日前线。这种"东进抗日",实际上是"北上抗日"的延伸和继续,总目标就是"直接对日作战",步骤则是一步一步向抗日前线迈进,并发展壮大抗日力量。12 月 29 日,毛泽东在中央政治局常委会上指出:我们东进及长征都是为着抗日。(《年谱》上,第 500 页)这就明确揭示了不久后将要发起的红军东征的目的及实质。

　　瓦窑堡会议后,毛泽东把主要力量放在红军东征上。对红军主力刚到陕北不久就要东征山西,中共中央内部是有不同意见的。

在 1936 年 1 月 17 日召开的中央政治局会议上，毛泽东着重强调：
"我们要扩大抗日力量及红军"，"只有向东"。"我们要下极大决心
到山西"，"山西的发展，对陕北有极大帮助"。（《毛泽东在中共中
央政治局会议上的报告记录》，1936 年 1 月 17 日，转引自金冲及主
编：《毛泽东传（1893—1949）》，中央文献出版社 1996 年版，第 379
页）这次会议，为红军东征最后拍了板。

　　为了实现瓦窑堡会议确定的"以坚决的民族战争，反抗日本帝
国主义进攻中国"的党的总任务，贯彻准备直接对日作战的力量的
战略方针，1936 年 1 月 19 日，毛泽东领衔签署《西北革命军事委员
会东进抗日及讨伐卖国贼阎锡山的命令》，命令英勇的抗日主力红
军，即刻出发，打到山西去，开通抗日前进道路，同日本直接开火。
命令黄河两岸的抗日红军、游击队和民众，奋勇过河东去，在河东
发展抗日根据地，配合红军主力打大胜仗。（《年谱》上，第 505、
506 页）

　　2 月 18 日，毛泽东发布东征作战命令，并在红一方面军的团以
上干部会上讲话，指出东征的任务有三项，其中包括壮大自己的力
量，促进抗日民族统一战线的实现。（《年谱》上，第 511 页）强调当
前的首要任务是东渡黄河。

　　从当晚开始，红一方面军以"中国人民红军抗日先锋军"的名
义，在毛泽东、彭德怀的指挥下，从陕北绥德县沟口、清涧县河口等
地渡过黄河，突破国民党晋绥军防线。28 日，毛泽东领衔电告李克
农：抗日东征军连日突破东岸二百里封锁线，占领石楼、中阳、孝
义、隰县、永和五县广大地区。（《年谱》上，第 515 页）3 月 1 日，毛
泽东领衔发布《中国人民红军抗日先锋军布告》，宣布本军"东行抗
日"，"本军主张停止一切内战，红军、白军联合起来，一致对日"。
（《文集》一，第 383 页）3 月 2 日，毛泽东等人在山西石楼电告秦邦

宪等,要他们来讨论外交问题、对日作战的战略和策略问题、主力红军取道等问题。(《年谱》上,第 517 页)这份电报非常有力地说明,红军东征山西,是"对日作战"这一战略的一部分,是"主力红军"为实现"对日作战"而如何"取道"的问题。从近处看和表面看,东征是红军为扩大生存局面而进行的国内战争,从长远看和实质看,东征则是红军"取道"山西而实现直接"对日作战"目的的抗日民族革命战争,是这个战争的第一步。

1936 年 3 月 4 日,毛泽东等致电秦邦宪转周继吾,向南京国民党当局提出"容许全国主力红军迅速集中河北,首先抵御日寇迈进"的意见。(《年谱》上,第 518 页)这是对原定红军东进山西后向绥远集中的战略方向的一个变动。同时也说明,这次红军东征山西并非最终目的地,最终目的地是集中于抗日最前线河北。换句话说,红军东征山西是"取道"山西而"集中河北","抵御日寇"。抗日最前线河北,才是红军东征的目的地。

红军渡河进入山西,统治山西的阎锡山随即调集 14 个旅的兵力,三面围攻红军。

3 月 8 日,毛泽东在山西交口县大麦郊参加中央政治局会议,调整了东征战役的战略部署,决定在兑九峪一带重创晋绥军。3 月 10 日,晋绥军的第一次反击被粉碎。同日,毛泽东领衔发布《中国人民红军抗日先锋军布告》,指出:"红军东征的目的是为了抗日。""号召一切爱国志士与红军联合一致抗日。"(《毛泽东传(1893—1949)》,第 381 页)

3 月 12 日,毛泽东在大麦郊主持召开会议,决定兵分三路:中路军转战隰县、交口、石楼、永和一带;右路军南下作战;左路军北上行动。

3 月 20 日,毛泽东领衔致电张学良等东北军官兵,请他们劝阎锡山"撤其拦阻红军之兵，开赴张家口，与红军一同执行抗日任务"。(《年谱》上，第 522 页)可见，毛泽东不但想让红军去河北张家口一带抗日，而且想让阎锡山阻拦红军去路的兵也同红军一道"开赴张家口"抗日。

从 3 月 20 日至 27 日，中共中央政治局在东征前线召开了晋西会议。为了表明东征抗日的合理性，3 月 23 日，毛泽东在石口村举行的会议上明确指出："中国共产党要站在民族解放战争的最前列，集中力量反对主要敌人。"(《毛泽东在中共中央政治局会议上的发言记录》，1936 年 3 月 23 日，见《毛泽东传(1893—1949)》，第 382 页)这说明，红军东征，是为了站到抗日战争这一民族解放战争的最前列，集中力量反对最主要敌人日本。他还再次强调：中央提出的"国内革命战争与民族战争联系起来"，"停止内战，一致抗日"，"红军集中河北"，"争取迅速直接对日作战"这些口号，是布尔什维克的，不是冒险主义的。(《年谱》上，第 524 页)毛泽东反复强调这些，意图何在呢？因为党内高级干部对主力红军东征、集中河北是有不同意见的。李德就说东征是"想挑起日苏战争"。他的说法在党内是有一定市场的。毛泽东强调这些，就是要说明，红军东征是实现党中央以上所提口号的可行路径，是红军走向抗日战场的必由之路，方向没有错，步骤也没有错。

说完这些，毛泽东意犹未尽。第二天，会议转到四江村召开时，毛泽东两次发言，进一步用世界形势发展的大视野，来看红军向华北发展、到华北对日作战的正确性：华北形势是世界最大的喷火口之一。……日、美、英、国民党、苏维埃、苏联六个势力的矛盾集中于华北。日本已把喷火口爆发。我们到华北对日作战，不是跑得太远，而是太慢。华北有广大的、革命情绪极高的群众，在那里还可以进行没有固定战线的大规模的运动战。"不相信向华北发展,以为向华北发展会动摇了陕北,是完全不对的。"(《年谱》上,第 524—525 页)看来,党内还有人认为红军东征山西是"跑得太远",以为向华北发展"会动摇了陕北"。所以,毛泽东才从国际形势发展来论证红军"到华北对日作战"的正确性。不过,毛泽东也向反对者解释说:向河北开进是战役问题,红军将来主要做山西的文章。(《年谱》上,第 525 页)

3 月 25 日,政治局会议继续在四江村举行,讨论战略方针。毛泽东作了报告,指出:华北是全面对日作战的战场,华中是后方。黄河流域以华北五省为战场,其他为后方。经营山西,是对日作战的重要步骤。我们的方针,是"以发展求巩固",只有发展才能求得巩固。目前经营山西为主,也要准备在河北、山西、绥远三省进行运动战。(《年谱》上,第 525 页)与会者同意了这个报告。

3 月 28 日,毛泽东领衔致电红一、红十五军团领导人,告诉他们:中央政治局会议分析了华北时局,决定了争取迅速对日作战为党与红军的重要任务,批准了军委的提议,在争取迅速对日作战方针下,第一时期以经营山西为基本战略方针,在此种方针下向河北、河南、绥远三省境内作战役的跳跃是许可的。(《年谱》上,第 527 页)

就在晋西会议期间,蒋介石于 3 月 24 日委派陈诚统率中央军援助晋绥军围攻入晋红军。他们于 29 日占领晋西黄河沿线各渡口。在此形势下,3 月 29 日,毛泽东领衔发布《中国人民抗日红军西北军事委员会为一致抗日告全国民众书》,要求停止一切内战,红军、白军联合抗日。

4 月 1 日,为贯彻中央晋西会议精神,毛泽东又领衔签署训令:"为执行党中央争取迅速对日作战的决定,将第一方面军全部改为中国人民红军抗日先锋军。""抗日先锋军以华北五省为作战范围,第一阶段以在山西创造对日作战根据地为基本方针。以山西为方针下,可以全部或一部跃入绥远或河北或河南之一部,作为临时步骤。"(《年谱》上,第529页)

4月2日,毛泽东又领衔致电林彪等:"目前阶段战略基本方针,是在山西战胜敌人,造成抗日根据地,把山西与陕北联系起来。"他继续强调:"山西的经营是必不可少的,因为没有山西即不能设想同日帝进行大规模作战。"(《年谱》上,第529页)

4月5日,毛泽东又领衔发布《为反对卖国贼蒋介石阎锡山拦阻中国人民红军抗日先锋军东下抗日捣乱抗日后方宣言》,再次宣示了红军"东下抗日"的义举,揭露国民党军队"拦阻"红军抗日道路、捣乱抗日后方的助日行径。

4月9日,当得知已回陕北的张闻天要发布讨蒋令后,毛泽东领衔致电张闻天:"目前不应发布讨蒋令。""在此时机发讨蒋令,策略上把我们自己最高的政治旗帜弄模糊了。我们的旗帜是讨日令,在停止内战旗帜下实行一致抗日。""中心口号在停止内战。""在停止内战一致抗日的大题目下,号召全国人民、蒋系官兵一致反对蒋介石接受广田三大原则,反对阻拦红军抗日与捣乱抗日后方。""无疑的,日本正在企图用反共统一战线来击破我们的反日统一战线,此时,我们应紧握反日统一战线去击破日本反共的统一战线。因此,我们的基本口号不是讨蒋令,而是抗日令。"(《年谱》上,第532页)这里所说的"广田三大原则",指的是1936年1月21日,日本外相广田弘毅再次发表的"对华三原则",包括:(1)中国彻底取缔反日言论和行动,放弃依赖英美的政策;(2)中国承认"满洲国",确立中、日、"满"经济文化合作;(3)中日共同防共。其要害是以日本助中国"防共"而换取中国放弃反日、承认"满洲国",即承认日本侵略东北合法化。这是日本看准了蒋介石对共产党死打严防的心思而为蒋介石"量身定做"的政策。广田在这次演说中还表示，中国政府业已对日本帝国所提出的三原则"充分谅解"，"表示赞成"。尽管中国国民政府外交部随后发表声明，对此加以否认，但中国共产党当然不会相信这一否认，并把蒋介石派军队"拦阻红军抗日与捣乱抗日后方"同接受"广田三大原则"联系起来。因此，当毛泽东得知党的负责人张闻天要发表"讨蒋令"的消息后，立即去电，说明在红军东征的形势下，我们的最高政治旗帜应是讨日而非讨蒋。电报中明确地、毫不含糊地把讨日即抗日作为"我们自己最高的政治旗帜"，这就把瓦窑堡会议以来中国共产党的政治旗帜，同时也把为贯彻瓦窑堡会议精神而进行的红军东征的最高旗帜或最终目的，在党内讲得再明白不过了。这份电报，对于我们今天研究红军东征的战略意图，确定红军东征的最高旗帜，是至关重要的、不可或缺的关键史料。实际上，毛泽东最担心的是日蒋建立反共统一战线，那对红军、对中国共产党、对中华民族都将是最不利的局面。因此，在蒋介石坚不抗日的情况下，毛泽东必须以红军的抗日，特别是实现红军"直接对日作战"、实际形成中国对日本的抗日战争局面，来阻止蒋介石的对日投降，阻止日蒋结盟，从而打破日蒋的反共统一战线。这才是毛泽东的大智慧、大战略、大棋局，这才是红军东征的背后意图和真正看点，这才是我们今天正确理解红军东征战役的钥匙和密码。尤其是这一电报是给中共在名义上的最高负责人的，说明当时在中共党内，在党的相当高级的领导人中，对红军东征的最高旗帜是认识不当的。这更表明毛泽东的远见卓识和坚持真理的勇气。

在东征战役中，毛泽东还让人同驻守西北的张学良会谈，说明红军东出河北抗日的意图，并请其协助。4月11日，毛泽东向东征将领通报了周恩来4月9日在肤施与张学良会谈的情况，说："张云,红军出河北恐不利,在山西亦恐难立足,彼主张红军经营绥远,但如红军决定出河北,他可通知万福麟部不打我们。"(《年谱》上,第533页)这一情况,又进一步说明红军东进河北抗日,确实是毛泽东准备付诸实行的主张,而非用来欺世的宣传口号。

4月20日,毛泽东领衔致电周恩来等,要中央政治局候补委员邓发快些动身去苏联。其任务,关于军事方面的有如下各项:(1)对日作战彼我双方的共同步骤问题;(2)两军委间通信联络问题;(3)我军向绥远行动并向绥远创立局面问题;(4)技术帮助问题;(5)人员帮助问题。(《年谱》上,第535—536页)邓发去苏联,是1936年4月13日张闻天等在中共中央常委会议上作出的决定。毛泽东所列邓发去苏联商谈的军事问题,第一个问题就是红军的对日作战问题,以及与苏联共同采取的对日作战步骤问题。这透露出毛泽东的战略意图是要让苏联一起"共同"抗日。怪不得李德曾经批评毛泽东发起东征是"想挑起日苏战争",看来李德之前还是看出了一些端倪的。不过,"挑起日苏战争"可能说得大了点。但是,想与苏联共同抗日,还是恰如其分的。电报还表明,这时毛泽东已接受张学良的建议,在原先红军东进抗日所选的山西、河北、绥远三个具体落脚目标中,又放弃了河北为首选,而改以绥远为首选,准备红军"向绥远行动并向绥远创立局面"。这更说明毛泽东从谏如流、择善而从的大胸怀、大格局。上一份电报表明,毛泽东同国民党将领谈了红军东进河北抗日的问题;而这一份电报表明,毛泽东又要求中央同苏联也就是外国谈"对日作战"的"共同步骤问题"。这又一次并更加有力地说明,毛泽东的东征抗日,确实是在积极准备实行的。

4月22日,在得知山西敌军主力正在对东征红军构筑东、南、北三面封锁线,陕北张学良、杨虎城受命围困红军的部队均准备从西面封锁黄河的情况后，毛泽东感到形势已变得不利于东征红军，于是他领衔致电红军将领，部署"向东或向北突出封锁线，进到晋东南或晋西北"的行动方针，并说："万一情况改变到暂时不许可我们在山西继续活动时（没有出封锁线可能时），我们也准备暂时地回到陕、甘，经营神府区域、三边区域、环水区域、渭水区域、陕南区域等次要的战略方向。""若干时间之后，即情况改变到东出有利于我作战之时，仍然准备回到东面主要方向。"（《年谱》上，第 536 页）这个电报中，明确地把陕甘地区定为当时红军活动"次要的战略方向"，而把黄河以东地区作为红军活动的"主要方向"，并且作出了今后情况利我东出作战时仍要回到河东的决定。果然，一年多以后，全国抗战开始不久，陕北的红军改编为八路军，3 个主力师迅速渡过黄河，东进山西，部署于晋东北、晋西北和晋南，在山西平型关重创日军，取得全国抗战以后的第一个大胜利；几个月后，又在山西相继建立了晋察冀、晋西北、晋东南、晋西北四大抗日根据地；随后，又由此继续东进，分别挺进冀、鲁、豫平原地区，在华北敌后上演了有声有色的抗日活剧，把华北变成了陷敌于汪洋的人民战争大战场。毛泽东东进抗日的初心最终得到了实现。

在到红一军团研究敌情后，4 月 28 日毛泽东领衔发出回师电报，决定红一方面军西渡黄河，回师陕甘。电报指出：山西方面，阎锡山和蒋介石有 51 个团，取堡垒主义向我推进；陕西方面，蒋介石强令张学良、杨虎城军向陕北进攻，企图封锁黄河；国民党军控制下的神府、三边地区和环县、合水及其以西地区均较空虚。"根据上述情况，方面军在山西已无作战的顺利条件，而在陕西、甘肃则产生了顺利条件，容许我们到那边活动。""我军决西渡黄河，第一步集结于延长地域。"电报中，毛泽东再次强调："向西执行上述任务，仍然是为着争取迅速直接对日作战之基本的政治任务。华北各省仍然是战略进攻方向的主要方向。""再一次进入山西作战的机会是会有的。""坚持以陕甘苏区为中心，……而以东方各省为长时期内的主要方向，这是确定的方针。"（《年谱》上，第537—538页）

5月2日，毛泽东指挥东征军主力西渡黄河，至5月5日，全部渡完。当日，他领衔向全国发出《停战议和一致抗日通电》，指出："国难当前，双方决战，不论胜负属谁，都是中国国防力量的损失，而为日本帝国主义所称快。""为了保存国防实力，以便利于迅速执行抗日战争……将人民抗日先锋军撤回黄河西岸。"呼吁在全国范围首先在陕甘晋"停止内战"，"一致抗日"。（《文集》一，第385—386页）至此，红军的抗日东征正式结束。

历时75天的红军东征，取得了渡河作战的经验，扩大了兵员和给养，扩大了抗日武装和根据地，提高了抗日的战斗力，准备了直接对日作战的条件和力量；同时，又在山西20多个县开展了抗日的宣传工作，建立了一些抗日游击队和游击区，为后来八路军立足山西抗日取得了经验，打下了基础；而且以实际行动宣传了中国共产党的抗日主张，扩大了抗日民族统一战线的影响，推动了全国抗日救亡运动的深入发展。

红军东征抗日虽然在国民党中央军和驻山西、陕西军队的联合围攻下被迫中断了，由于军事形势的变化而没能达到预期的目的，但是，这是红军北上抗日的继续和发展，是日本确定联蒋防共原则后，中国共产党以抗日的民族革命战争作为首要政治任务的政治路线的切实体现，目的是打通抗日路线，由陕北东进到山西、河北、绥远等华北抗日前线，更加靠近日军，迅速实现红军"直接对日作战"，开展抗日战争，在抗日中求发展。毛泽东无论是在对外发表的公开通电或公开宣言中，还是在对内发布的内部电报、讲话中，无论是在对国内的抗日联盟者(如张学良)所提要求中，还是在对国外的抗日联盟者(如苏联)所提要求中，无论是在对下级干部的讲话、电报中，还是在对同级干部甚至是上级领导的讲话、电报中，都一致地主张红军东出抗日并解释和宣传其必要性、重要性，都始终把红军"直接对日作战"作为基本政治任务，把东出抗日作为红军到达陕北后的主要战略方向，并且非常明确地把讨日抗日作为红军东征"最高的政治旗帜"，特别是在后来全国抗战的新形势下，又践行诺言，再出山西抗日，从而用实际行动验证了这时的红军东征抗日不是虚言。因此，尽管红军东征没有实现"直接对日作战"或"直接抗日"这一最终目标，没有与华北的日军接上火，没有消灭一个日军，但是，此次毛泽东发起并亲自率队指挥的红军东征战役，是一次以抗日为最高旗帜、为最终目标、为总的任务的战役，是红军东出抗日的一次试探，是红军东进山西以至华北抗日的一次预演。毛泽东曾经把全国抗战之前的一个阶段，称为"准备抗战的阶段"，那么，红军东征则可称为红军抗日或为实现"对日直接作战目标"的一次"准备战役"。毛泽东指挥红军东征，是毛泽东抗日实践的一部分；毛泽东在红军东征时期形成的一些认识，特别是对抗日统一战线问题的新认识，是毛泽东抗日思想的重要组成部分。我们今天讲毛泽东与中国抗战，不能忽视毛泽东在指挥红军北上抗日到达陕北后，再继续指挥红军东进华北前线准备直接对日作战这一实践。

第四节　始终坚定抗日的决心

从九一八事变开始，毛泽东就有着坚定的抗日决心。直到战争结束，这种决心，始终没有动摇过。这种决心，不但给中国共产党人以抗日的精神支持,而且也给全国人民以抗日的士气鼓舞。他始终是中国抗日的代表性人物,是坚定的抗日派、抗日分子、抗日领袖。

九一八事变爆发后一星期,毛泽东领衔发表《中国工农红军为日本帝国主义强占满洲告白军士兵兄弟书》,揭露国民党军阀不抵抗日本的侵略暴行,号召国民党军人为共同抗日而战。(《年谱》上,第 355 页)

1934 年 4 月 17 日,日本外务省发表关于对华政策致列强通牒。4 月下旬,毛泽东向《红色中华》报记者发表谈话,强调苏维埃中央政府坚决反对日本帝国主义独占中国的企图。(《年谱》上,第424—425 页)

6 月 19 日,毛泽东领衔发表《为国民党出卖华北宣言》,批驳国民党政府关于中国目前"国力未充,无力抗日"的谎言,坚决拥护中共中央关于"中国必须立即完全对日绝交,动员整个海陆空军对日作战"等反帝纲领。(《中共中央文件选集》第 10 册,第 688、689 页)7 月 15 日,他领衔发表《为中国工农红军北上抗日宣言》,再次提出立即宣布对日绝交,动员全中国海、陆、空军对日作战,武装全国民众,直接参与抗日战争等抗日主张。(《年谱》上,第 430 页)

1935 年 6 月 15 日,面对日本在华北步步入侵、国民政府对日步步退让的危局,长征途中的毛泽东领衔发表《为反对日本并吞华北和蒋介石卖国宣言》,号召全国人民"反对日本帝国主义占领华北,反对蒋贼等卖国,坚决对日作战,恢复一切失地,驱逐日本帝国主义出中国"。(《年谱》上,第 457 页)

红军到达陕北后不久,毛泽东即于 1935 年 11 月 28 日领衔发表《抗日救国宣言》,表示:"在亡国灭种的前面,中国人民决不能束手待毙。只有……开展神圣的反日的民族革命战争,以打倒日本

帝国主义，……中国民族才能得到最后的彻底的解放。"(《文集》
一，第 360 页)11 月 30 日，毛泽东在红一方面军营以上干部大会上
说："日本帝国主义正用炮火进攻华北，并吞全国，……我们是不准
许你这个日本帝国主义灭亡我们的华北和全国的，……红军与苏
维埃要同人民携手，用我们的枪炮与热血打倒日本帝国主义。"提
出了"给日本帝国主义进攻中国革命……以空前未有的大打
击，……把抗日战争掀起到最高的程度"的新任务，并号召红军将
士"准备着同日本帝国主义的侵略军队直接作战"，"用武装制止日
本帝国主义进攻华北、并吞全国"。(《文集》一，第 365、368、
370 页)

　　同年 12 月 23 日，毛泽东为中央政治局瓦窑堡会议起草的军事
战略问题决议中，提出了"以坚决的民族战争反抗日本帝国主义进
攻中国"的总任务，和"准备直接对日作战的力量"这一 1936 年军
事部署总方针，及"在 1936 年下半年，第一方面军有可能和有必要
同日本军队发生部分的战斗(晋绥察方面)"这一具体军事任务。
(《文集》一，第 376、377 页)

　　为了实现上述方针和任务，1936 年上半年，毛泽东亲率红一方
面军进行了东征。1936 年 1 月 19 日，毛泽东领衔签署东进抗日的
命令，命令英勇的抗日主力红军，即刻出发，打到山西去，开通抗日
前进道路，同日本直接开火。(《年谱》上，第 505 页)1 月 25 日，毛
泽东又领衔发出《致东北军全体将士书》，指出苏维埃政府和红军
是愿意"去同日本帝国主义直接作战的"，"愿意首先同东北军来共
同实现这一主张，为全中国人民抗日的先锋"。(《年谱》上，第 507
页)"为全中国人民抗日的先锋"，既表明了毛泽东和红军的抗日决
心，也成了毛泽东和红军在中国人民抗日战争中的实际地位和实
际作用的真实写照。4 月 1 日，毛泽东又下令把红一方面军全部改

为"中国人民红军抗日先锋军",并划定该军以华北五省为作战范围(《年谱》上,第529页),以抗日的实际步骤来进一步彰显其坚定的抗日决心。之前,他在《抗日先锋军布告》中严正指出:"我中华最大敌人为日本帝国主义,凡属食毛践土之伦,炎黄华胄之族,均应一致奋起,团结为国。""建义旗于国中,申天讨于禹域。"(《文集》一,第383页)在东征结束后又发表通电,号召全国人民"赞助我们停战议和一致抗日的主张,组织停止内战的促进会,派遣代表,隔断双方火线,督促并监视这一主张的完全实现"(《年谱》上,第539页),公然让全国人民来监督自己的抗日决心。

1936年6月,陈济棠、李宗仁所部改编后宣布"北上抗日"。12日,毛泽东领衔发布《为两广出师北上抗日宣言》,要求立刻召集全国抗日代表大会,实现"宣布对日绝交宣战,讨伐'满洲国',收回华北与东北失地","取消一切中日间的不平等条约与卖国借款","动员全中国陆海空军直接对日作战"等纲领。(《年谱》上,第551—552页)

1936年夏,毛泽东在给国民党军第84师师长高桂滋的信中说:"时至今日,全国即将陷于沦亡惨境,凡属食毛践土之伦,实舍救国无急务,舍抗日无工作。"红军"所务者救中国,所求者抗日本"。(《文集》一,第413页)把抗日作为举国之急务,作为全国人民的工作,作为红军的所务、所求,可见抗日在毛泽东心中的地位。

7月15日,毛泽东在同美国记者斯诺谈话时,斯诺问苏维埃政府对资本主义国家的总政策是什么,毛泽东提醒他,"中国人民今天面对的根本问题是同日本帝国主义的斗争"。"反对日本侵略,反对日本军事和经济侵略的斗争——这些主要任务是我们在分析苏维埃政策时不能忘掉的。"可见,毛泽东明确地把抗日作为今天"中国人民"的"根本问题",作为"苏维埃政策"的"主要任务"。当斯诺问他苏维埃政府是否承认中国对外条约时,毛泽东又说道:目前"什么更为迫切? 是修改条约,还是民族救亡? 显然,对我们来说更为重要的是抗日,因此苏维埃政府和中国人民将把主要力量集中在这个任务上"。(《文集》一,第390、392页)这里仍然把抗日当作中国人民和苏维埃政府的最迫切任务和应把主要力量集中于此的任务。他还肯定地说:"对于日本,我们现在只有一种办法,武装抵抗的办法。"(《文集》一,第393页)

8月9日,毛泽东领衔致信张学良:"根据二、四方面军北上、西南事变发展、日本对绥蒙进攻等情况,我们认为兄部须立即准备配合红军选定九、十月间有利时机,决心发动抗日局面,而以占领兰州、打通苏联、巩固内部、出兵绥远为基本战略方针。"(《年谱》上,第566—567页)再次表明了"发动抗日局面"的决心,并提出了具体的战略方针和行动时间。

8月25日,毛泽东起草《中国共产党致中国国民党书》,指出,现在"和平早已绝望,牺牲早已到了最后关头,除了发动全国人民全国武装力量的坚决的自卫战争外,中国领土主权的全部沦亡是无法挽救的"。"中国共产党人随时准备着同这些国民党人携手,组织坚固的民族统一战线,去反对全民族的最大敌人——日本帝国主义。"同时表示:"伟大的中华民族的子孙是誓不投降,誓不屈服的! 我们要为大中华民族的独立解放奋斗到最后一滴血。"(《文集》一,第426、431、433页)

10月15日,鉴于中日关系极度紧张,蒋介石似有以重兵保长江流域及黄河以南,而于晋、绥实行局部抗战之意,毛泽东向苏维埃新闻社发表谈话,宣布了苏维埃中央政府与红军所采取的"一切红军部队停止对国民革命军之任何攻击行动"等四项措施,并说:"如南京政府诚能顾念国难停止内战出兵抗日,苏维埃愿以全力援助,并愿以全国之红军主力为先锋,与日寇决一死战。"(《年谱》上,第597页)3天后,毛泽东又起草徐向前致胡宗南的信,再次表示了"尽弃前嫌","共向中华民族最大敌人日本帝国主义决一死战"的决心。(《年谱》上,第599页)

1937年3月1日,毛泽东在会见美国记者史沫特莱时说,中国共产党是爱国主义者,"为了保卫祖国,愿意抵抗日本到最后一滴血"。"如果战争不能避免的话,中国应该坚决抗战。""在日本进攻中国时,不管在什么时候进攻,中国都应该立起抗战。"即使"没有友军,中国也是必须抗战的"。(《文集》一,第484、486、487页)

3月6日,毛泽东联衔电告任弼时:"今天的任务是巩固国内和平,准备对日抗战,以推动全国统一战线的实际工作与抗战的开始。"(《文集》一,第495页)毛泽东这封发给红军高级干部的电报,真实地显示了他的抗日决心和具体行动。

4月5日,毛泽东在祭黄帝陵的祭文中,也对外公开宣示了坚决抵抗日本侵略的坚定决心:"四万万众,坚决抵抗","亿兆一心,战则必胜。还我河山,卫我国权"。(《年谱》上,第670页)

5月15日,毛泽东会见美国记者韦尔斯,韦尔斯问毛泽东对准备抗战有何意见,毛泽东坚定地回答:"不管日本帝国主义哪一天向我进攻,我们都要即时予以抵抗,我们时刻准备着应付事变,不论战争爆发在何时与何地。""我们要同敌人斗争到底。"(《文集》一,第501、502页)

由上可见,从九一八事变到七七事变,在日本局部侵略中国的6年中,毛泽东一直主张对日抵抗,对日作战,以抗日战争反抗侵略,呼吁各方面共同抗日,并以实际行动准备对日直接作战,准备与日军决一死战,为抗日流尽最后一滴血。其心不移,其志坚定!

七七事变爆发后,毛泽东的抗日决心更加坚定,即使当日军不可一世、中国节节败退或遭受巨大困难之时，也毫不动摇、毫不改变。

日军全面侵华的第二天，毛泽东就领衔致电蒋介石，表示红军将士愿为国效命，以达保土卫国之目的。（《年谱》中，第1页）7月13日，他又出席延安市共产党员与机关工作人员紧急会议，号召每一个共产党员与抗日的革命者，应该沉着地完成一切必需准备，随时出动到抗日前线。同日，他电示叶剑英，与国民党军队将领接洽，协商对日坚决抗战之总方针及办法，并告诉他，红军准备先派4000人赴华北抗日，主力改编后出发。红军大学增加抗日课程。次日，他又同朱德命令红军在10天内准备完毕，待命开赴抗日前线，并将此命令由叶剑英转告蒋介石。（《年谱》中，第2—3页）7月15日，毛泽东又派周小舟面见阎锡山，协商"关于坚决抗战之方针及达到任务之方法问题，红军开赴前线协同作战问题"。（《年谱》中，第4页）7月16日，毛泽东又致电红军将领，提出了在国民政府"许可主力红军参战条件下"和"不许可主力参战，但许可部分参战条件下"红军出动抗日的方案。（《年谱》中，第5页）这些都更可见毛泽东和中国共产党抗日的决心之大、态度之切和心意之诚。

7月23日，毛泽东写了《反对日本进攻的方针、办法和前途》一文，指出"对付日本进攻"有"坚决抗战"和"妥协退让"这两种方针，号召："第二十九军的全体爱国将士团结起来，反对妥协退让，实行坚决抗战！平津和华北的全体爱国同胞团结起来，反对妥协退让，拥护坚决抗战！全国爱国同胞团结起来，反对妥协退让，拥护坚决抗战！蒋介石先生和全体爱国的国民党员们，希望你们坚持自己的方针，实践自己的诺言，反对妥协退让，实行坚决抗战，以事实回答敌人的侮辱。全国军队包括红军在内，拥护蒋介石先生的宣言，反对妥协退让，实行坚决抗战！"（《选集》二，第345页）这一连串5

个"反对妥协退让,拥护(实行)坚决抗战",把毛泽东的坚定抗日决心表露得极其充分和酣畅淋漓。

7月28日,在蒋介石尚未同意红军改编办法的情况下,毛泽东联衔致电周恩来等,要其转告蒋介石:红军8月15号前编好,20日出动抗日。(《年谱》中,第6页)再次以红军的"出动抗日"显示其抗日决心。

8月1日,毛泽东出席陕甘宁边区第一届抗战动员体育运动大会,并作了抗战动员的演说,指出此次平津失陷,是由于华北当局动摇不定,没有抗战决心和压制民众的爱国抗日运动,我们现在只有一个方针,就是坚决打日本。他号召同志们准备出发到河北去,到抗日的最前线去,把我们的决心带到抗日最前线去。(《年谱》中,第8页)这里,毛泽东把全面抗战爆发后中国的第一个大失利——平津陷落,同当局"没有抗战决心"联系了起来,并号召红军将士把抗日的"决心带到抗日最前线去",可见毛泽东把抗日决心看得很重,看作抗日胜利的重要因素。

8月25日,毛泽东在为中共中央宣传部起草的宣传鼓动提纲中声明:"中国共产党及其所领导的民众和武装力量,决本上述纲领(按:指《抗日救国十大纲领》),站在抗日的最前线,为保卫祖国流最后一滴血。"(《选集》二,第357页)

1937年10月25日,毛泽东和英国记者贝特兰谈话,告诉他:"现在河北、察哈尔、绥远和山西的一部分虽已丧失,但我们决不灰心,坚决号召全军配合一切友军为保卫山西恢复失地而血战到底。八路军将和其他中国部队一致行动,坚持山西的抗战局面;这对于整个的战争,特别是对于华北的战争,是有重大的意义的。"(《选集》二,第379—380页)可能有人会说:这话不过是说给外国人听的,是对外宣传用的。但实际并非如此。请看:11月1日,毛泽东在延安陕北公学开学典礼上对自己的战士们说:"我们决不要因现在的局面而悲观,我们完全赞成蒋介石先生在十月九日的演说,坚决打到底,一直打到最后一个人一根枪还要再打,这就是共产党'为保卫祖国流最后一滴血'的意思,是对目前时局的根本方针。"(《文集》二,第 63 页)把打到底作为党的根本方针。11 月 2 日,在晋东娘子关方面作战失利、太原已危在旦夕的情况下,毛泽东联衔致电林伯渠并告周恩来等在山西与国民党军队协同抗日的中共领导人:我们决坚持山西抗战,即使太原失守,日军也不能安枕,国民党各军也不得不和我军一道作战。不轻易退回黄河以南。(《年谱》中,第 36—37 页)这一内部指示电报,清楚地显示出毛泽东坚持山西抗战,即使太原失守、国民党军不抗,我军也要坚持抗日,使日军不能安枕,并使国民党军也不得不和我军一道抗战的坚强决心和不可动摇的意志,同时也说明毛泽东的抗日决心不是说给别人听的,也不是做给别人看的,而是实实在在的,是不计后果、不顾自身利益、超出党派算计的,完全是出于民族大义、出于中华民族最高利益的。

11 月 12 日,毛泽东在延安的中国共产党活动分子会议上作报告时,又向党内同志宣称:"共产党和八路军决心坚持华北的游击战争,用以捍卫全国,钳制日寇向中原和西北的进攻。"(《选集》二,第 389 页)再次显示其坚持华北抗日的决心。

1938 年 5 月,毛泽东在《论持久战》中指出:抗日战争是求世界和平、永久和平的,"欲达此目的,便须决一死战,便须准备着一切牺牲,坚持到底,不达目的,决不停止"。(《选集》二,第 476 页)这铮铮誓言,充分表达了毛泽东的抗日决心。

在全面抗战进入相持阶段后,毛泽东的抗战决心仍未动摇。

1939 年 1 月 20 日,毛泽东在《论持久战》英文本序言中写道:

抗战正向战略相持阶段发展,这阶段的"全部任务在于准备反攻","我们有全部勇气与精力来进行这种准备,一定要把也必然能把日本帝国主义赶出中国去"。中国的力量"将压倒敌人而驱除之"。(《文集》二,第146页)

1939年2月7日,毛泽东在延安职工纪念二七罢工十六周年会上说,中国无产阶级有伟大的历史任务,在目前就是抗日救国。(《年谱》中,第112页)明确把抗日救国作为中国无产阶级的历史任务。

2月28日,毛泽东在中共中央书记处会议上作形势报告时,提出了目前党的方针:我们的主要方针是争取国民党的大多数,争取中央军,发展八路军、游击队,要我们有力量造成抗战的局面,逼迫蒋介石不得不继续抗战。(《年谱》中,第115—116页)这与上述毛泽东在太原失陷前所提出的我军坚持抗战、使国民党军也不得不和我军一道抗战的想法是完全一致的。所不同的是,在日本战略进攻时期,毛泽东坚持我军在山西的抗战,以此造成华北抗战的局面;在战略相持阶段,毛泽东坚持我军继续发展力量,造成全国抗战局面,逼迫蒋介石继续抗战。同时,这个方针也同样显示毛泽东独自造成抗战局面以带动全国抗战的抗日决心和抗日方针。毛泽东多次说到的"造成抗战的局面",既是我们理解毛泽东抗日决心的一把钥匙,也是我们理解毛泽东一系列抗日举措、抗日言辞的一把钥匙。毛泽东好多政策举措的目的,就在于"造成抗战的局面"。

5月5日,毛泽东在八路军留守兵团军事会议上说:留守兵团的任务,一方面是准备对日作战,一方面是保卫陕甘宁边区。(《年谱》中,第124页)连留守兵团,毛泽东都赋予其"对日作战"的首要任务,可见,毛泽东和共产党军队的抗日决心是真的。

6月13日,毛泽东在延安高级干部会议上,分析了我们党坚持抗战、反对投降的纲领,指出:"华北确有相持形势,但这还是暂时的,我们提出了'坚持华北游击战争',是想把暂时变为长期。如果别处都黑暗了,剩下华北(同样,新四军、陕甘宁边区),那它虽在地域上人数上是局部的,但因已没有别的抗日军了,它成了唯一的抗日军,也就取得了战略相持的意义。这是困难局面,但我们也应准备。大半边天都黑了,剩下共产党抗日,我们也要干下去,也能干下去的。这样干个三年五年,唤醒人民,吸引友军,又逐渐形成新而大的抗日阵线,那时,我们就成了抗日救国的核心与领导力量。"(《文集》二,第231页)这就是毛泽东向党内宣示的"大半边天都黑了,共产党也要抗日,也能抗日"的决心。后来共产党领导的军队,之所以能在敌后坚持到底,就是靠的这种"别人不干了我们也要干并要干到底"的不屈精神和坚强决心。具有这种决心和精神,难道还不是抗日的旗帜、抗日的核心、抗日的中坚力量、抗日的中流砥柱吗?

1940年7月5日,毛泽东在为延安《新中华报》写的纪念抗战三周年文章中,提出:"抗战的第四周年将是最困难的一年。我们的任务是团结一切抗日力量,反对投降分子,战胜一切困难,坚持全国抗战。"(《选集》二,第761页)显示了在抗战最困难时也坚持全国抗战的决心与勇气。

11月16日,毛泽东领衔发出关于华北、山东各部队今冬任务的指示,第一条就是坚持抗战,与敌人的冬季"扫荡"作斗争。(《年谱》中,第227页)

日军在中条山对国民党军队大加围歼后,1941年5月14日,毛泽东电告在香港的廖承志:"日寇准备大举进攻,我军决配合国民党作战。"让他对最近到达重庆的美国记者鲁斯等人"表示我党坚决抗日到底"。(《年谱》中,第296—297)有人可能又会认为这只是毛泽东的对外宣传之词或国际统战之词。其实这并非对美国人的宣传之词,而是中国共产党的既定方针。同一天,毛泽东致电八路军领导人彭德怀,指出:"我们的基本方针是团结对敌,是配合作战。"(《年谱》中,第296页)同一天,毛泽东还致电在重庆的周恩来,要他告诉苏联驻华大使和党外人士:"武汉失守后,两年半来,日本政策是主要对共、放松对国。""我党对日则无日不战,对目前进攻,又决定配合作战。"(《年谱》中,第297页)可见,毛泽东的抗日决心不是空的,他领导的人民抗日力量,对日军是"无日不战"、无日不抗的。

5月16日,毛泽东为《解放日报》撰写发刊词说:中国共产党的总路线"团结全国人民战胜日本帝国主义",就是本报的使命。"现在是中国存亡绝续的关键,全国一切抗日党派抗日人民必须团结起来,对付日本帝国主义这个主要的敌人。中国共产党是站在这一斗争的前线的,过去如此,现在还是如此,将来还是如此。"(《年谱》中,第298页)中国共产党始终站在抗日斗争前线,毛泽东更是如此。

5月25日,毛泽东复信旅美华侨王履孚等,告诉他们:"不论国际风云如何诡谲,敌伪与亲日派如何呼应,中共同人必与国内一切真诚抗日之党派团结抗战到底,不达民族解放之目的誓不休止。"(《年谱》中,第301页)

1942年10月19日,毛泽东在中共中央西北局高级干部会议上说:我们始终坚持抗战的方针,始终坚持抗日民族统一战线,当磨擦到来了,我们采取防御性的斗争。(《年谱》中,第407页)

1943年2月21日,毛泽东在祝贺苏联红军成立二十五周年的电报中,也表示要"像红军驱逐德国侵略者一样地驱逐日本侵略者",而且相信:"由于中国人民的团结奋斗,由于苏联、英、美的胜利和对于中国的援助,我们也一定能够转入反攻并取得最后胜利的。"(《文集》三,第7页)

1944年3月5日,毛泽东在中央政治局会议上说,党的七大要强调避免内战,集中力量抗日。(《年谱》中,第500页)

3月16日,毛泽东领衔向罗荣桓等八路军将领发出指示电,强调:"争取国内和平,团结抗战、坚持敌后斗争是我党一贯方针。"(《年谱》中,第501页)

4月15日,毛泽东在中央书记处会议讨论林伯渠去重庆谈判问题时说:这次总的态度是不卑不亢,表示我们要想求和缓,要求抗战到底,团结到底。我们要求与他们一同抗日。(《年谱》中,第508—509页)

5月21日,毛泽东在中央六届七中全会的工作报告中说:"在抗日准备时期和抗战时期,我们的目的就是为驱逐日本帝国主义出中国而奋斗。"(《文集》三,第136页)这说明,毛泽东是把驱逐日本出中国作为党在抗日时期的一贯目的、一贯宗旨与一贯任务的。3天后,他在延安大学开学典礼上又说:"我们的一切工作,只有一个目标,就是打倒日本帝国主义,驱逐日本帝国主义出中国。日本帝国主义侵略中国,深入中国国土,每一个中国人的任务就是打日本。""我们是一条心,……就是要把日本打出去。""我们的方针是非常清楚的、确定的,就是打日本,中国的一切党派,一切阶级,一切政治的、非政治的团体,只要是赞成打日本、同共产党合作的,不是破坏共产党的,我们都要团结。这个方针是始终不变的。同志们学政治,就要坚持这样的方针,团结全国人民,达到打败日本的目的。"(《文集》三,第149、152页)可见,毛泽东所号召和教育于革命青年的,也是坚持打日本、把日本打出去的抗日方针。并强调,在抗日时期,"这个方针是始终不变的"。

6月12日,毛泽东会见中外记者西北参观团,又一次向中外记者宣示:中国共产党"坚持国共合作与全国人民的合作,为着打倒日本帝国主义,建立独立民主的中国而奋斗","此种政策始终不变"。(《文集》三,第168页)

6月14日,毛泽东起草关于兵役制度致晋察冀分局电报,指出:"现在日寇尚在践踏我们的家乡及沦陷区人民。我们必须再接再厉,驱敌出国,为人民及自己报仇","嗣后动员补兵,均以不打倒日寇不回家为口号,不再宣传义务兵役制"。(《年谱》中,第520—521页)从这一点上,也可看出毛泽东"不打倒日寇不回家"的抗日到底的决心和为此所作的实际部署。

1945年,是抗日的最后一年。在1月1日中共中央召集的新年干部晚会上,毛泽东又向与会者指出:我们的任务是团结一切力量打倒日本帝国主义。(《年谱》中,第572页)5月31日,毛泽东在党的七大上作结论时又提出:"我们的方针,我们的路线,就是:放手发动群众,壮大人民力量,在我党的领导下,打败日本侵略者,解放全国人民,建设一个新民主主义的中国。"(《文集》三,第376页)从而在抗战即将胜利前,再次把"打败日本"作为党的方针和路线。为了争取更好实现这一方针,毛泽东以他特有的"在最坏的可能性上建立我们的政策"(《文集》三,第388页)的"底线思维",提醒全党在最后时刻"更要准备困难""准备吃亏"。他一口气列出了17条困难。其中第13条是:"敌人兵力集中华北。有的同志问:日军退出华南、华中,把兵力统统撤到华北,怎么办呢?现在日本法西斯作战是寸土必争,看样子是不会撤的。但我们要把事情往坏一点想,即使长江流域的日军统统撤到华北,难道我们就呜呼哀哉了吗?中国抗战的局面是明年日本就要被打倒了,它横行不了多久

了。"（《文集》三，第 391 页）这就是说，即使日军从华南、华中全部
集中到华北来对付我们，我们仍然要抗日，我们也能最后胜利。这
就是毛泽东"天塌下来我们也要顶着、也能顶着"，"别人都不抗日
了，我们也要抗日、也能抗到胜利"的抗日气概和雄心。这种"死活
也要抗"，"死活也要抗到底"的气概和雄心，是中华民族永不屈服
的英雄气概和中国人民勇于战胜一切敌人的盖世雄心的集中代
表。中国人民正是因为有了这种气概和雄心，才把抗日战争坚持
到了最后胜利。

第五节　始终坚信中国抗日必胜

毛泽东不但有着始终坚定的抗日决心，而且始终地坚信中国
抗日必胜。在中国抗战的 14 年间，即使在日军"黑云压城城欲摧"
的疯狂进攻时期，和敌后军民遭到各种最严重困难的最难熬时期，
毛泽东也都没有丝毫地动摇过他的必胜信念。他的必胜信念，如
同暗夜里大海上的灯塔，不但支撑着敌后军民的希望，而且鼓舞着
全国抗日志士的斗志。他始终高擎着胜利的旗帜，永远是信心十
足、意志坚定的"胜利派""乐观派"，是胜利的化身、胜利的代表、胜
利的符号、胜利的标志。

1935 年 11 月 28 日，红军长征刚到达陕北，毛泽东就领衔发表
《抗日救国宣言》，提出《抗日救国十大纲领》，并向全国人民宣称：
"只要我们大家能够同心协力实现这一主张，则最后的胜利是我们
的。"（《文集》一，第 361—362 页）

1936 年 3 月 1 日，毛泽东在《中国人民红军抗日先锋军布告》
中，也坚定地向全国宣示："中华民族之不亡，日本帝国主义之必
倒，胜败之数，不辩自明。"（《文集》一，第 383 页）

　　7月16日,毛泽东在同美国记者斯诺的谈话中,就向斯诺表达过"中国必胜"的信念。当斯诺问他,中国是否能"在没有任何外国支援的条件下打败日本"时,他说:"我们深信,中国人民是不会向日本帝国主义屈服的。我们深信他们会把他们的巨大潜力动员起来,投到抗日的战场上去的,他们会全力以赴地去对付侵略者的挑战。在这场斗争中,最后胜利必定属于中国人民。如果中国单独作战,相对地说,牺牲就会大些,战争的时间也会拖得长些。"不管战争胜利的三个条件能否实现,"但结果还是一样,日本必败,中国必胜。只是牺牲会大,要经过一个很痛苦的时期"。(《文集》一,第400—401页)

　　1937年3月1日,毛泽东同美国记者史沫特莱谈话,又向她分析日本必败、中国必胜的道理:"日本侵略中国,对于日本人民是完全没有利益的。日本对中国战争的最后结果",将"是日本财政、经济以及政权的崩溃"。而且,日本还"正准备用这种方法取得全世界"。"据我看来,他们的结果将不是怎样完满的。中国人应该有战胜日本的自信心。"(《文集》一,第487—488页)

　　5月15日,毛泽东在同美国记者韦尔斯谈话时,韦尔斯问,中日战争的结局怎样估计,毛泽东答道:战争的结局有两种,"一是中国完全战胜日本帝国主义",另一是日本"把中国变为它独占的殖民地"。"共产党为争取第一个前途斗争","我们要同敌人斗争到底"。(《文集》一,第502页)

　　可见,在全国抗日民族统一战线形成之前,毛泽东就对中国的抗战胜利抱有必胜的信心,而且还把这种信心通过各种途径,传递给全党、全国、全世界。

　　日本全面侵华战争爆发后,日军在战争中取得了不少胜利。在这种情况下,毛泽东于1937年7月23日撰写了《反对日本进攻的方针、办法和前途》一文，提出了坚决抗战的方针和实行这一方针的一套办法即八大纲领，指出，只要实行和采取这种方针和这套办法，"就一定得一个驱逐日本帝国主义、实现中国自由解放的前途"。(《选集》二，第 350 页)8 月 25 日，他又为中共中央宣传部起草《为动员一切力量争取抗战胜利而斗争》，提出十大救国纲领，号召全党"坚决反对那种以为无法战胜日寇的民族失败主义"。他说："中国共产党坚决相信，在实现上述十大纲领的条件下，战胜日寇的目的是一定能达到的。只要四亿五千万同胞一齐努力，最后的胜利是属于中华民族的。"(《选集》二，第 357 页)10 月 25 日，他在同英国记者贝特兰谈话时，针对一些国人对中国抗战的悲观情绪说：民族悲观主义"认为中国在打了败仗之后再也无力抗日"，他们"只看见抗战中的失败，不看见抗战中的成绩，尤其不看见失败中已经包含了胜利的因素，而敌人则在胜利中包含了失败的因素。我们应当向人民群众指出战争的胜利前途，使他们明白失败和困难的暂时性，只要百折不回地奋斗下去，最后的胜利必属于我们"。(《选集》二，第 382 页)用辩证的观点分析了中国抗战的胜利前途。10 月间，毛泽东又撰写了《目前抗战形势与党的任务报告提纲》，指出中国战场在全面抗战发生以来 3 个多月的失利"是暂时的与部分的失利，不是最后的与完全的失败"。"我们要用最具体的事实在全国人民面前证明中国抗战能够胜利。"在分析了"中国的力量正在抗战中坚强起来""日寇的弱点及困难""国际形势有利于中国"等国内外因素后，得出结论："中国有力量战胜日本。"更重要的是，他还提出了中国应该"如何争取抗战的胜利"的七个方面条件和办法。(《文集》二，第 49—52 页)

　　1938 年 1 月的一天，毛泽东在延安会见梁漱溟时，就抗战前途问题同他进行了长达数小时的谈话。毛泽东很肯定地对他说：中国的前途大可不必悲观，应该非常乐观，最终中国必胜、日本必败，只能是这个结局，别的可能性不存在。（《年谱》中，第49页）毛泽东的"中国必胜、日本必败"的观点，让梁漱溟这位从不轻易服人的人也十分信服，通过梁的介绍，又让全国更多人信服。毛泽东的抗战胜利信心也通过梁漱溟这位改良主义者传递给了全国人民。

1938年2月11日，毛泽东在延安反侵略大会上发表演说，针对"有人说，中国过去几十年的反侵略运动都失败了，今天的反侵略运动也会失败"，他批驳说，"这是不对的"。因为现在有了"全国的反侵略统一战线""全世界反侵略统一战线"，"同日本人民的统一战线相遇合"。"所以我们说中国的打败仗是暂时的，中国的抗战一定可以取得最后的胜利。""最后的胜利必属于我们，悲观主义是没有根据的。"（《文集》二，第90页）

2月28日，毛泽东在中央政治局会议上，就抗日军事问题发言指出：中国抗战最后是必然胜利的，但必须经过许多困难。（《年谱》中，第53页）用他的必胜信心来统一党内高层领导的认识。

1938年2月，毛泽东会见美国合众社记者王公达。王开门见山地问："现在有许多人对中国抗战的前途表示悲观，先生对此意见如何？"毛泽东满怀自信地回答说："我对此完全是乐观的，因为中国抗战的过程必然是先败后胜，转弱为强，这已经成了确定的方向了。"他分析说，日本侵华战争"已经消耗它大量的国力"，日本"'速战速决'计划已经失败"，"它的兵力不够分配防守之用"。"日本已动员三分之一的军队来侵略中国了，如果它再要占领汉口、广州等地，至少须再动员几十万军队，那时它的情况将十分困难。""它终必走上完全崩溃之途。"王接着再问："中国的力量能够渐渐加强起来吗？"毛泽东说："根据过去七个月作战的经验，在军事上我们若能运用运动战、阵地战、游击战三种方式互相配合，必能使敌军处于极困难地位。""在政治方面,我们已有国内的统一,更拥有全世界民主国家的同情和援助。""这就显示着前途的光明。"王又问:"第八路军在日军数面包围之中有被日军驱逐或歼灭的危险吗?"毛泽东告诉他:"八路军现在共在四个区域中进行广大的游击战争。""从这些区域看来,中国失去的不过是几条铁路及若干城市而已,其他并没有失掉。这一实例给全国以具体的证明:只要到处采用这种办法,敌人是无法灭亡中国的。"(《文集》二,第99—101页)可见毛泽东不但对八路军的抗日前途充满胜利信心,而且对整个中国的抗日前途也充满胜利信心。在南京已被日军占领、许多国内外人士对中国抗战前途充满悲观的情况下,毛泽东通过合众社记者把这种信心传向国内外,给国内外人以新的希望和鼓舞。

3月3日,毛泽东在陕北公学对毕业同学发表临别赠言:"今天,敌人要进攻武汉、西安、长沙、南昌等地,中国将会受到免不了的困难,在这个困难面前,会有若干人动摇。"但是,"根据半年来的经验,可以讲下面两句话:'先败后胜,转弱为强。'这是我们长期抗战的前途"。在经讨对国内国际情况的分析后,毛泽东告诉同学们:"日本一定吞不下中国的。哪一年的'天狗'把月亮吞下去了?""即使吞下去也是吞不久的,这个判断是建筑在对中国与国际条件的分析之上的。日本兵力不够,它自己也不能长久支持下去。由此断言,中国抗日的总的方向必然是胜利的。"在这个演讲中,他还提出了著名的"中国抗战胜利公式",即"中国的团结＋世界的援助＋日本国内的困难＝中国的胜利"。(《文集》二,第104—109页)这一抗战胜利公式,我们可以称之为"毛氏公式"。发明并提出这一公式说明,毛泽东对中国抗战必胜的信心,不是来自盲目的空想,不是心血来潮的大话,而是来自科学的推演,是有科学依据的实话。

　　3月12日,毛泽东在纪念孙中山逝世十三周年及追悼抗敌阵亡将士大会上说:"日本法西斯的胜利,历史判定只会是暂时的,不会是永久的,有充足的理由证明,最后胜利只会属于我们一方面。而且战争打到结局",日本"也一定只能占领我们一部分地方,要占领全国是不可能的"。日本只能占领中国的"几条大路与若干城市",但数倍于此的"乡村将始终是中华民国的"。(《文集》二,第114页)

　　3月29日,毛泽东在陕北公学演讲时,又向学员们宣讲了中国抗日必胜的道理:有了人民、国民党和共产党的进步这三个条件,中国不会亡国。有人说地方太小了,好的地方已被敌人占去,即使抗战也不行。然而我是顽固党的最后胜利派,仍旧主张我们会胜利。王羲之说"大块假我以文章",岂只大块地方可以做文章吗?小块也行。有人说中国亡了,我说不是全亡,城市亡了,乡村未亡;大路亡了,小路未亡;白天亡了,夜里未亡。(《年谱》中,第62页)真是见人之所未见,发人深省,令人信服。

　　5月5日晚,毛泽东会见美国军人卡尔逊。在谈到目前的抗日战争时,毛泽东对卡尔逊说:只要人民有志气忍受困难,有决心继续抵抗,中国就不会垮台。为什么呢? 毛泽东打了一个比方说:中国像一个容量一加仑的细颈瓶,而日本灌进了半品脱水。它的部队进占一地方,我们转向另一地方;他们追击,我们就后退。日本兵力不足,无法占领全部中国,只要人民决心继续抵抗,它就无法用政治手段控制。毛泽东又用山西的抗战实际向卡尔逊作解释:有几种围困。日本在五台山包围我们,围困我们。但我们有另一种围困,比如日本在太原驻守,太原的东北是聂荣臻的部队,西北是贺龙的部队,林彪的部队在西南,朱德的部队在东南。日军在山西一出动就会撞上我们的巡逻队。正像山西是华北的战略锁钥一样,五台地区也是山西的锁钥,我们占领五台,日本人就不能控制山西。这是中国在日本占领区对日军的围困。毛泽东接着又说还有另一种围困,应是美国、苏联同中国一道围困日本,这将是一种国际的围困。(《年谱》中,第 69 页)卡尔逊中校是美国总统罗斯福的卫队长,1937 年春以海军部观察员身份来中国。临行前,总统要求他不时地写信给自己,告诉自己中国发生过什么事情。因此,毛泽东作为一个军事指挥员,用军事术语讲述的中国必胜的道理,一定会说服同样作为军人的卡尔逊,又从而通过卡尔逊,说服美国总统罗斯福。因此,毛泽东同卡尔逊的这些谈话,可能影响了当时国际上的关键人物。

5 月 11 日,毛泽东在会见国民党老党员施方白时,施问抗战胜利的把握如何。毛泽东坚定地回答:抗战的必胜是确有把握的。(《年谱》中,第 70 页)

5 月间,毛泽东在《抗日游击战争的战略问题》一文中,分析了日军有兵力不足、异国作战、指挥笨拙三个弱点,这"三个弱点所产生的必然结果",就是日本的"进攻是有一定限度的",它"无限止地吞灭中国是不可能的"。(《选集》二,第 411 页)

同月,毛泽东在《论持久战》中,通过对各种条件的分析,提出了他的主要观点:"中国会亡吗?答复:不会亡,最后胜利是中国的。中国能够速胜吗?答复:不能速胜,抗日战争是持久战。"根据是:"日本的军力、经济力和政治组织力是强的,但其战争是退步的、野蛮的,人力、物力又不充足,国际形势又处于不利。中国反是,军力、经济力和政治组织力是比较地弱的,然而正处于进步的时代,其战争是进步的和正义的,又有大国这个条件足以支持持久战,世界的多数国家是会要援助中国的。"这些"中日战争互相矛盾着的基本特点","规定了和规定着战争的持久性和最后胜利属于中国而不属于日本"。他最后推演出的结论是:"抗日战争是持久战,最

后胜利是中国的。"（《选集》二，第442—443、449—450、515页）

7月1日，毛泽东为《解放》周刊的"抗战一周年中国共产党十七周年纪念专刊"题词："坚持抗战，坚持统一战线，坚持持久战，最后胜利必然是中国的。"（《年谱》中，第81页）

在抗战进入相持阶段以后，即使在敌后抗日根据地遭受严重困难的时候，毛泽东的胜利信心仍不动摇。

1939年5月4日，毛泽东在五四运动二十周年纪念会上说："现在的抗日战争""将从失败转到胜利"，"这次抗日战争是一定要胜利的，非胜利不可"。因为"中国的广大的人民进步了"。（《选集》二，第567页）

9月7日，毛泽东在为《新华日报》写的社论《国际新形势与我国抗战》中指出："只要我们能始终坚持抗战到底国策，坚持内部团结，尤其是国共合作的方针，坚持力争全国进步的方针，那末，在有利的国际形势下，我们可以缩短时间，减少牺牲，而取得抗战的胜利，就是在更困难的形势下，我们同样可以而且一定能够克服一时困难，进而取得抗战的胜利。"（《年谱》中，第138页）这就向国统区人民宣示了只要坚持抗战、团结和进步，我们不但在现有条件下能取得抗战胜利，而且在更困难的条件下也一定能取得抗战胜利的坚定信心。

1939年12月，毛泽东在《中国革命和中国共产党》一文中指出："现在，虽然日本帝国主义竭其全力大举进攻中国，虽然中国有……公开的汪精卫和暗藏的汪精卫之流，已经投降敌人或者准备投降敌人，但是英勇的中国人民必然还要奋战下去。不到驱逐日本帝国主义出中国，……这个奋战是决不会停止的。"（《选集》二，第632页）

1940年2月1日，毛泽东在延安民众讨汪大会上，又公开宣

布:"我们决不悲观失望,我们是乐观的。""中国决不会亡国。"(《选集》二,第717页)

7月5日,毛泽东为《新中华报》写纪念抗战三周年文章,表示相信"驱除日寇、还我河山的目的,是能够达到的,抗战的前途是光明的"。(《选集》二,第761页)

1941年10月20日,中共中央政治局讨论时局问题,针对当时国民党和共产党内一些人的悲观情绪,毛泽东说:最近时局有到转变关头的味道。国民党说不要悲观,实际上有悲观情绪。蒋介石又提三北政策(即日军北进,国民党军北进,八路军、新四军北进)。现在我们党员中也有悲观情绪,这种悲观失望是没有根据的。现在我们党有长期斗争历史和新的力量,是能够应付困难的局面的。(《年谱》中,第334页)这一天,为了反对国内外对目前时局的悲观情绪,毛泽东专门致电在重庆的周恩来并告在香港的廖承志,告诉他们:"德国的情况并不怎样好,美、英、苏、中的合作必能胜法西斯。当此党内外都生长着悲观情绪之时,我们应坚持正确立场反对这种悲观情绪。"(《年谱》中,第335页)

11月6日,毛泽东在陕甘宁边区参议会上演说称:"中国共产党的主张就是要团结全国一切抗日力量打倒日本帝国主义。""就目前来说,革命的三民主义中的民族主义,就是要打倒日本帝国主义。"(《选集》三,第807—808页)

1942年10月14日,毛泽东在为《解放日报》写的社论《历史教训》中坚定地认为,"日本的实力与他的野心之间的矛盾,也是一定要把日本法西斯压得粉碎"的。16日,毛泽东在为《解放日报》所写的另一篇社论《评柏林声明》中,再次坚定地认为:"不论怎么样,世界形势已起了根本的变化,一切法西斯国家实际上都已丧失了主动地位,不管德国或日本,都是如此,也不管日本采取这样或那样

的政策,都是如此。"(《年谱》中,第 406 页)

11 月 6 日,毛泽东为《解放日报》撰写《祝十月革命二十五周年》一文,说:"我们的抗日战争已经进行五年多了,我们的前途虽然还有艰苦,但是胜利的曙光已经看得见了。战胜日本法西斯不但是确定的,而且是不远的了。"(《选集》三,第 890 页)

1943 年 2 月 21 日,毛泽东在致电斯大林等的电报中,在庆祝苏联红军反攻的伟大胜利时,也告诉苏联领导人:"我们相信,由于中国人民的团结奋斗,由于苏联、英、美的胜利和对于中国的援助,我们也一定能够转入反攻并取得最后胜利的。"(《年谱》中,第 427页)毛泽东通过这封电报,也把对中国抗战的胜利信心传递给了对中国抗战的最大国际支持者——苏联,和世界反法西斯战争的重要领导人——斯大林。

7 月 2 日,毛泽东在为中共中央起草的抗战六周年纪念宣言中说:"苏、英、美团结的巩固与对德、意法西斯决战的实现,将不但是德、意法西斯的失败,也是日本法西斯的失败。""日本法西斯虽然企图用其短腿和美国赛跑,但无论如何是要被打倒的。""不论德、意法西斯,或日本法西斯,就均只剩下'无条件投降'一条死路了。"(《文集》三,第 37、38 页)

11 月 6 日,毛泽东在庆祝十月革命二十六周年晚会上讲话说:"不久的时间内,我们将看得见""解决欧洲的问题",这就"折断了整个法西斯的脊骨与右手,剩下日本帝国主义这个左手,也就不难打断了"。他号召全国军民一齐努力,打败日本帝国主义,建立自由平等的新国家。(《年谱》中,第 479 页)

11 月 29 日,毛泽东在中共中央招待陕甘宁边区劳动英雄的大会上说:"我们有打仗的军队,又有劳动的军队","我们的军队有了这两套本领,再加上做群众工作一项本领,那末,我们就可以克服

困难,把日本帝国主义打垮"。(《选集》三,第928页)

11月下旬,毛泽东在同国民党将领邓宝珊、续范亭的谈话中说:现在日本的困难越来越大,抗战胜利在望,只须国共两党继续努力了。(《年谱》中,第483页)

1944年4月12日,毛泽东在延安高级干部会议上,对时局问题作了讲演,他说:"希特勒不久就会被打败,日寇也已处在衰败过程中。""现在的任务是要准备担负比较过去更为重大的责任。我们要准备不论在何种情况下把日寇打出中国去。"(《选集》三,第941、945页)

1945年三四月间,毛泽东在修改《关于若干历史问题的决议》时,加写了这样一段温暖人心的话:"团结全党同志如同一个和睦的家庭一样,如同一块坚固的钢铁一样,为着获得抗日战争的彻底胜利和中国人民的完全解放而奋斗。"(《年谱》中,第589页)

1945年4月23日,毛泽东在中共七大开幕词中宣布:"这个大会是一个打败日本侵略者、建设新中国的大会,是一个团结全中国人民、团结全世界人民,争取最后胜利的大会。"(《选集》三,第1025页)次日,他又向大会提交《论联合政府》的书面政治报告并讲了话,他说:七大的路线是,放手发动群众,壮大人民力量,在我们党领导下,打倒日本帝国主义,解放全国人民,建立新民主主义的中国。(《年谱》中,第595页)这是毛泽东在抗战胜利的前夜,最后一次向全党也向全国人民吹响抗战胜利的号角。

第六节　始终坚持抗日必须全胜

毛泽东不但有着始终坚定的抗日决心,始终坚信中国抗日必胜,更加可贵的是,毛泽东还始终坚持抗日必须全胜。也就是说,毛泽东不但是坚定的抗日派，而且是抗日派中的胜利派、乐观派，更加可贵的是，毛泽东还是胜利派中的全胜派，是完全彻底的胜利派，是坚持抗战到底的胜利派。

还在全面抗战爆发前，1932 年 3 月，毛泽东起草的、后于 4 月 15 日公布的《中华苏维埃共和国临时中央政府宣布对日战争宣言》中，便已明确提出"驱逐日本帝国主义出中国"的主张。（《红色中华》全编，第 309 页）主张驱逐日本出中国，就是主张抗日战争的全胜。

1936 年 7 月 16 日，毛泽东在同斯诺谈话时，斯诺问："中国的迫切任务是从日本手中收复所有的失地呢？还是仅仅把日本从华北与长城以内的中国领土上赶出去？"毛泽东明确回答："是收复所有失地，而不仅仅是保卫我们在长城以内的主权。"毛泽东还更加明确地说："这就是说，东北必须收复。这一点同样适用于台湾。至于内蒙，那是汉族与蒙族人民共同居住的地区，我们要努力把日本从内蒙赶出去，帮助内蒙建立自治。"斯诺又问："假如战争拖得很长，日本没有完全战败，共产党能否同意讲和，并承认日本统治东北？"毛泽东坚定地回答："不能。中国共产党和全国人民一样，不容许日本保留中国的寸土。"（《文集》一，第 403 页）这是日本侵占中国东北以后，毛泽东第一次谈及中国抗战的底线，这就是：不但收复长城以南的日本新占领土，而且要全部收复东北，收复内蒙古，甚至收复日本在甲午战争后攫取的台湾。总之，"不容许日本保留中国的寸土"。毛泽东向外国记者发出的这番谈话，实际是向全世界发出的中国要求抗日全胜的铮铮誓言。

1937 年 5 月 15 日，毛泽东在同美国记者韦尔斯的谈话中，也表达了同样的态度。他告诉韦尔斯："中国的抗战是要求得最后的胜利，这个胜利的范围，不限于山海关，不限于东北，还要包括台湾

的解放。"(《文集》一,第 501 页)

全面抗战爆发后,虽然中国处境更加艰难,但毛泽东关于抗日必须全胜的态度始终没有动摇过。

1937 年 8 月 25 日,毛泽东在为中共中央宣传部起草的宣传鼓动提纲中,提出了"彻底战胜日寇的十大救国纲领",其中包含有"为收复平津和东北而血战到底"。(《选集》二,第 354 页)

1938 年 7 月 2 日,他在同世界学联代表团谈话时,解释了中国共产党关于"坚持抗战"的主张。他说:"什么叫做坚持抗战? 妥协还是坚持抗战,这是存在着的问题。我们是主张抗战到底,反对任何妥协的。我们愿和国民党及其他党派与全国人民一道,坚持抗战,绝不动摇,直至收复失地打到鸭绿江为止。"(《文集》二,第 132 页)

1939 年 2 月中旬,毛泽东在中央书记处会议上发言指出,现在日本的企图是在政治上拉拢国民党。蒋介石所谓抗战到底是只要恢复七七事变以前状态,这实际上是承认割让东北。(《年谱》中,第 114—115 页)2 月 28 日,毛泽东在中央书记处会议上作目前形势报告时说,"只有斗争才能达到抗战到底的目的","我们的口号是打到鸭绿江,收复一切失地"。(《年谱》中,第 116 页)毛泽东抗战到底的底,是打到鸭绿江,这显然同他所分析的蒋介石抗战到底只是要恢复七七事变前状态的底,是不一样的。

4 月 8 日,毛泽东在抗大检查工作总结大会上又次公开宣称:我们全国大多数人民的抗战到底的"底"是在鸭绿江。(《年谱》中,第 120 页)

6 月 30 日,毛泽东为纪念全国抗战两周年撰写文章《反对投降活动》,说:"我们共产党人公开宣称:我们是始终站在主战派方面的。""我们仅仅愿意和全国一切爱国党派、爱国同胞一道,……抗战到底,打到鸭绿江江边,收复一切失地,而不知其他。"(《选集》

二,第 571 页)

9 月 18 日,延安举行纪念"九一八八周年大会",毛泽东讲话说:九一八到今天已有八年了,卢沟桥抗战也打了两年了,可是,现在中国还是在两条道路上徘徊着:一条是妥协、投降、分裂、倒退的道路;一条是坚持抗战、反对投降,坚持团结、反对分裂,坚持进步、反对倒退的道路。我们的口号只有一个,"就是打到鸭绿江边,收复一切失地"。(《年谱》中,第 140 页)

1944 年 9 月 27 日,毛泽东为林伯渠起草复王世杰、张治中的信,明确向他们表示中国共产党的态度:"全部敌后解放区的军队与政权","不管国民政府、国民党承认与否",对"万恶的日本强盗总是要打的,而且是要打到鸭绿江边,收复一切国土的"。(《文集》三,第 216 页)

1945 年 4 月 24 日,毛泽东在中共七大上作《论联合政府》的报告。这时,开罗协定已经公布,抗日胜利已经指日可待。但毛泽东仍然指出:"开罗会议又决定将东北四省、台湾、澎湖列岛归还中国,这是很好的。但是根据国民党政府的现行政策,要想依靠它打到鸭绿江边,收复一切失地,是不可能的。"因而他提出人民军队要"准备直接配合同盟国作战,收复一切失地,决不要单纯地依靠国民党"。(《选集》三,第 1066 页)

由上可知,毛泽东的抗战到底、抗战胜利,是有明确底线和具体范围的,不是一句空洞口号,也不是一笔含糊账,而是有着明确的国土收复清单的。这个国土收复清单,不但包括七七事变以后日本占领的所有中国领土,而且包括九一八事变以后日本占领的所有中国领土,甚至包括甲午战争后日本攫取的所有中国领土。总之一句话:收复所有失地,收复一切失地。如此坚定的立场,如此彻底的收复,在抗日时期的中国,这是非常难得的。更为难得的是，抗战胜利后，上述毛泽东所提出的清单上的中国国土，包括七七事变以后 8 年中日本占领的一切中国国土，包括九一八事变以后 14 年中日本占领的一切中国国土，包括甲午战争以后 50 年中日本攫取的一切中国国土，一块不少、一寸没丢地全部回到了中国手里。毛泽东的要求完全得到了实现。这说明了毛泽东这种坚持、这种要求的正义性、正当性、正确性和合法性、合情性、合理性。

第七节　始终坚决反对对日投降与妥协

九一八事变后，国民政府对日本一味妥协，步步退让，每当国民党当局与日本签订妥协退让的协定后，毛泽东总是坚决地加以反对。

日本侵略上海的淞沪战争停战后，1932 年 5 月 5 日，中日双方代表在上海英国领事馆，签订了《淞沪停战协定》。为签订协定，国民党当局与日本达成了对中国最致命的所谓三项谅解：第一是中国政府同意取缔全国的抗日运动；第二是把发起和坚持抗日的第 19 路军调离上海；第三是中国同意在上海部分地区不驻扎中国军队。这实际上把上海的一部分地区出卖给了日本。

5 月 9 日，以毛泽东为主席的中华苏维埃共和国临时中央政府向全国发出《反对国民党出卖淞沪协定通电》，指出："这个协定是完完全全的出卖中国无产阶级的中心的上海，在协定中允许日本长期屯集上海无数的海陆空军，而上海的周围永远不驻中国军队。""这种无耻的投降与公开的卖国，更明白的揭露了国民党的政府是帝国主义瓜分中国的内奸。"通电"代表全国的劳苦群众"宣告：他"否认反革命的国民党政府与日本及一切帝国主义的谈判与密约，否认五月五日卖国的国民党政府签订的停战协定"。（《中共

中央文件选集》第 8 册,第 646 页)

1934 年 4 月 17 日,日本外务省情报部长天羽英二发表"日本与中国有特殊关系"的声明后,受到各国包括中国外交部的反对。4 月 20 日,中华苏维埃中央政府主席毛泽东专门发表谈话,指出天羽声明"直接地提出了日本将以武力保持日本对于中国一切军事政治和经济的垄断",表示苏维埃中央政府"坚决地反对日本帝国主义独占中国的企图"。(《旧中国大博览(1900—1949)》,第 881 页)

6 月 19 日,毛泽东又领衔发表《中华苏维埃共和国中央政府为国民党出卖华北宣言》,指出:"国民党已经愿意把黄河以北所有中国的领土,完全划为'满洲国'的领土。'满洲国'与华北的通车通邮已经开始。""国民党更允许'满洲国'在华北增设关卡征收捐税,而日本帝国主义的商品则可以毫无障碍的通行华北。在'中日满经济提携'下,国民党承认日本在华北投资的优先权,共同开发华北财富与华北交通。""华北已经为万恶的国民党出卖给日本帝国主义了。"宣言号召全国民众拥护中共中央"坚决反对国民党整个的投降出卖政策","中国必须立即完全对日绝交,动员整个海陆空军对日作战等"反帝纲领。(《中共中央文件选集》第 10 册,第 687、689 页)

红军长征到达陕北后,1935 年 12 月 27 日,毛泽东在瓦窑堡党的活动分子会上作报告指出:"现在是日本帝国主义要把整个中国……改变为日本独占的殖民地状态。"这"就给中国一切阶级和一切政治派别提出了'怎么办'的问题。反抗呢? 还是投降呢? 或者游移于两者之间呢?"中国共产党的基本策略和任务"就是建立广泛的民族革命统一战线","把日本帝国主义和汉奸卖国贼打垮"。(《选集》一,第 143、152、155 页)

　　七七事变爆发后,虽然出现了国共合作抗日、全民族共同抗战的好局面,但是毛泽东始终敏锐地揭露和防止各种对日妥协与投降的论调和阴谋,始终对党内的、国内的、国外的各种对日妥协、投降势力作斗争,一直到抗战胜利为止。

　　七七事变后的第二天,中共中央向全国发表了号召抗战的宣言;第10天,蒋介石发表了准备抗战的庐山谈话。1937年7月23日,毛泽东在《反对日本进攻的方针、办法和前途》一文中,首先肯定了这两个宣言都是主张坚决抗战的,是"对付日本进攻的""正确的方针"。但同时也指出了在中国抗战中,除了有一种"坚决抗战"的方针外,还有一种"妥协退让"的方针。他敏锐地揭露说:"近月以来,平津之间的汉奸和亲日派分子积极活动,企图包围平津当局,适应日本的要求,动摇坚决抗战的方针,主张妥协退让。""这种妥协退让的方针如不迅速改变,将使平津和华北尽丧于敌人之手,而使全民族受到绝大的威胁。"他提醒"每个人都应十分注意"这种危险。他号召平津抗日前线的"第29军全体爱国将士"们、"平津和华北的全体爱国同胞"们、"全国爱国同胞"们"团结起来,反对妥协退让";号召"蒋介石先生和全体爱国的国民党员们"、"全国军队包括红军在内","反对妥协退让"。(《选集》二,第345页)毛泽东还宣布:"共产党人……愿同国民党人和全国同胞一道为保卫国土流最后一滴血,反对一切游移、动摇、妥协、退让,实行坚决的抗战。"(《选集》二,第346页)事实上,七七事变后,蒋介石在发布庐山谈话时,仍然同日本继续谈判,甚至接受日本同中国地方当局议定所谓和平解决的办法。另外,自1938年武汉、广州失守后,蒋介石更采取消极抗日和积极反共的政策。这说明,毛泽东这时所揭露的中国抗战中的对日妥协退让方针,是实实在在地存在着的,是给中国抗战造成巨大危害的。

1937年8月25日,毛泽东在关于形势与任务的宣传鼓动提纲中,向全国公开提出了"彻底战胜日寇的十大救国纲领",其第一条"打倒日本帝国主义"中就包括有"反对任何的动摇妥协"的内容。提纲还号召为了达到战胜日寇的目的,"应该坚决反对那种投降妥协的汉奸理论,同时也应该坚决反对那种以为无法战胜日寇的民族失败主义"。(《选集》二,第354、357页)

10月25日,毛泽东在同英国记者贝特兰谈话时,又专门讲到了"抗日战争中的投降主义"。贝特兰问:"据我所知,日本一面进行战争,一面又在上海放出和平空气。"目的何在? 毛泽东回答:日本"现在的和平空气,不过是施放和平烟幕弹的开始而已。危险是在中国居然有些动摇分子正在准备去上敌人的钓钩,汉奸卖国贼……散布种种谣言,企图使中国投降日寇"。从而揭露了中国投降派的存在。贝特兰又问:"这种危险的前途如何?"毛泽东回答说:"中国人民是全体要求抗战到底的,中国统治集团中如果有一部分人在行动上走入投降道路,则其余坚决部分必起而反对,和人民一道继续抗战。""我相信投降主义者是得不到群众的。"(《选集》二,第381—382页)这里,毛泽东算定投降派是"得不到群众"的,中国大多数人不会是投降派并会"起而反对"投降派。

11月1日,毛泽东在陕北公学开学典礼上讲话说:在目前中国抗战"遭受了许多失败"的情形下,"汉奸与亲日派乘机抬头,'战必败''唯武器论'这一套,一定会跟着活动。他们的结论是:中国打不过,只有投降"。因而他敏锐地指出:"民族投降主义是目前新的危险。"(《文集》二,第62—63页)

11月12日,毛泽东在延安党的活动分子会议上作报告,提出了反对民族投降主义的任务。他说:大地主大资产阶级是"民族投降主义的大本营。一方面害怕战争对于他们的财产的破坏,另一

方面害怕民众的起来,他们的投降倾向是必然的"。"我们的任务是坚决地反对民族投降主义。"(《选集》二,第396页)

1938年3月3日,毛泽东在给陕北公学的临别赠言中,又说:"投降是没有出路的。""人民的大多数也是反对投降的。"(《文集》二,第106页)

同年5月,毛泽东在《论持久战》中专辟一章,讲"妥协还是抗战?"。他指出:对日妥协"是有其社会根源的",但"妥协是不会成功的"。他从日本、中国、国际三个方面进行了分析。就日本方面看,因其"战争的坚决性和特殊的野蛮性",即使将来到"某种时机,敌之劝降手段又将出现","但是大势所趋",中国"是降不了的"。就中国方面看,共产党是"抗日的可靠力量",国民党是"依靠英美的,英美不叫它投降,它也就不会投降"。"别的党派,大多数是反对妥协、拥护抗战的。"所以,在中国,"谁要妥协就是站在汉奸方面,人人得而诛之"。妥协"难于成功"。就国际方面看,"有一部分赞助妥协,但是主要的力量赞助抗战"。因此,中国"能克服妥协危机,坚持抗战到底"。(《选集》二,第454—456页)

7月2日,毛泽东在同世界学联代表团谈话时,告诉柯乐满等世界学联代表:现在中国"妥协还是坚持抗战,这是存在着的问题"。他宣称:"我们是主张抗战到底,反对任何妥协的。"(《文集》二,第132页)

在日本攻占武汉,对华政策改软硬兼施到由硬到软之后,毛泽东集中火力揭露和批判投降主义。1939年6月1日,延安举行抗大成立三周年纪念大会,毛泽东讲话:反对投降,抗战到底,这就是抗大的政治方针。(《年谱》中,第128页)6月10日,毛泽东在延安高级干部会议上,专门作了关于反投降的报告。报告开头便指出:"目前形势的特点在于:国民党投降的可能已经成为最大的危险,而其反共活动则是准备投降的步骤。"他并指出:"国民党投降的可能是从抗战开始就存在的",而今天"成为时局的最大危险","是由于三方面因素造成的,即是:一、日本的诱降政策,二、国际的压力,三、中国地主资产阶级的动摇"。(《文集》二,第196页)毛泽东运用29条材料,分析了日本从九一八事变以来对中国诱降政策的三个历史发展阶段,接着又分析了英、美、法等国的"渔人政策",分析了国民党中反共降日的因素,因而得出结论:"目前时局处于投降派与抗战派的严重斗争中,投降可能成为当前的最大危险,而反共正是准备投降的一个必然步骤。"他向全党提出当前"新的具体的任务":"全力反对投降。"(《文集》二,第209页)他还揭露了一些人准备投降的七种主要借口。这个报告,是从九一八事变到当时为止,毛泽东对中国投降活动分析最全面、揭露最尖锐的一次。

　　同年6月30日,为纪念全国抗战两周年,毛泽东又写了《反对投降活动》一文,指出:"中华民族在日本侵略者面前,历来存在的劈头第一个大问题,就是战不战的问题。""卢沟桥抗战的炮声,把这个争论暂时地解决了。"而现时,"变为所谓'和战'问题,又提出来了,在中国内部,因而就掀起了主战派和主和派之争"。(《选集》二,第570页)当时,英、美、法帝国主义者和中国主和派阴谋召开所谓"太平洋国际会议",同日本妥协,将中国出卖。时人把这称为"远东慕尼黑"或者"东方慕尼黑"。因为在此之前,1938年9月,英、法、德、意四国首脑在德国慕尼黑城签订协定,把捷克出卖给德国,作为德国进攻苏联的条件。之后,英美又曾几次酝酿出卖中国而同日本达成妥协。但中国的"抗日领袖蒋介石",认为太平洋国际会议并非东方慕尼黑。毛泽东在文章中,则把认为"太平洋国际会议是有益于中国的,这不是什么慕尼黑"的观点,当作"中国主和

派即投降派"的观点来批驳,把这种人称作"和汪精卫里应外合地
演出"的"张精卫、李精卫"。毛泽东明确地、坚定地、公开地宣布:
"我们共产党人公开宣称:我们是始终站在主战派方面的,我们坚
决地反对那些主和派。"(《选集》二,第571页)"我们坚决地斥责
那些认为日本帝国主义能够觉悟、能够让步的空谈。"他指出:"半
年以来,由于日本诱降政策的加紧执行,国际投降主义者的积极
活动,主要地还是在中国抗日阵线中一部分人的更加动摇","投
降的可能就成了当前政治形势中的主要危险"。他把反对投降的
任务明白地提到了全国人民面前:"反对投降和分裂——这就是
全国一切爱国党、一切爱国同胞的当前紧急任务。"(《选集》二,第
572、573页)

《苏德互不侵犯条约》订立后,1939年9月1日,毛泽东同《新
华日报》记者就国际新形势进行了谈话,再次向记者并通过记者向
全国人民呼吁:"坚持抗战的主场,反对任何的妥协运动。不论是
公开的汪精卫和暗藏的汪精卫,都应该给以坚决的打击。不论是
日本的引诱和英国的引诱,都应该给以坚决的拒绝,中国决不能参
加东方慕尼黑。"(《选集》二,第584—585页)

9月8日,毛泽东又领衔发出中共参政会委员《对于过去参政
会工作和目前时局的意见》,指出:当前全国人民的严重任务是"坚
持抗战到底国策,反对中途妥协危险"。(《年谱》中,第138页)

10月10日,毛泽东为中共中央起草《目前形势与党的任务》的
决定,指出:"抗日统一战线中的投降危险、分裂危险和倒退危险仍
然是当前时局中的最大危险,目前的反共现象和倒退现象仍然是
大地主大资产阶级准备投降的步骤。我们的任务,仍然是……切
实执行我党《七七宣言》中'坚持抗战、反对投降'"等三大政治口
号,准备反攻力量。(《选集》二,第616页)

12月12日,抗日将领、东北挺进军总司令马占山途经延安,毛泽东设宴欢迎地,并在其后的欢迎晚会上讲话说:抗日是一件大事,要始终如一,抗战到底。现在有些投降派,半途而废,他们是虎头蛇尾。我们要和马将军一道,和全国抗战的人一道,抗战到底。(《年谱》中,第152页)

尽管毛泽东和中国共产党在1939年不断地向全国人民揭露投降的危险,揭露投降派,但是,国民党中的汪精卫集团还是于1939年底与日方秘密签订了包括承认"满洲国"等内容在内的卖国协定。1940年1月28日,毛泽东为中共中央起草《克服投降危险,力争时局好转》的党内指示,指出:"目前时局的发展情况,证明中央的历次估计是正确的。""大地主大资产阶级的投降方向"是存在的。"不要把各地发生的投降、反共、倒退等严重现象孤立起来看","应认识其严重性,应坚决反抗之,应不被这些现象的威力所压倒"。毛泽东还分析:"在最近时期内,抗战和进步势力还不可能发展到足以全部压服投降和倒退势力。"并提出"我们的方针,就在于在全国范围内一切有共产党组织的地方,极力扩大反对汪精卫卖国协定的宣传"。(《选集》二,第712、713页)根据这一精神,延安于2月1日召开了反对汪精卫卖国协定的民众大会。毛泽东在会上揭露了汪精卫投降派,并揭露了与投降派配合的反共顽固派。他说:日本的"灭华方针是坚决的",汪精卫"看了这种情形,吓得发疯,跪倒在日本面前,订了日汪卖国条约,把中国出卖给日本帝国主义"。"他对于反蒋近来不大提了,据说已经改为'联蒋'。""他们就利用国民党内部的顽固派,到处放火。在湖南就闹平江惨案,在河南就闹确山惨案,在山西就闹旧军打新军,在河北就闹张荫梧打八路军,在山东就闹秦启荣打游击队,在鄂东就闹程汝怀杀死五六百个共产党员,在陕甘宁边区就闹内部的'点线工作',外部的

'封锁工作',并且还准备着军事进攻。""这样,汪精卫派和国民党的反共顽固派两家里应外合,把时局闹得乌烟瘴气了。"(《选集》二,第715—716页)毛泽东这里所列举的反共顽固派所制造的反共事件,都是1939年当中所发生的,都是在汪精卫的投降脚步中一件件发生的。因此,毛泽东提出了"我们党的两条政策:一方面,团结一切进步势力";一方面,"反对那些投降派和反共顽固派"。他说:"我们共产党和全国人民的任务,就是团结一切抗日的进步的势力,抵抗一切投降的倒退的势力,力争时局的好转。""这就是我们的根本方针。"(《选集》二,第717页)这次延安民众讨汪大会全场义愤激昂,一致决议声讨汪精卫卖国投降,大会还通过了毛泽东为大会起草的声讨汪精卫的通电,向国民党提出了"全国讨汪"等十点要求。在不久后举行的中央政治局会议上,毛泽东还要求我党对参政会提出"反汪"等提案。3月15日八路军、新四军讨汪救国通电发表后,毛泽东又给各地发电,要求多印多发,一切公开刊物均须登载。(《年谱》中,第180页)在毛泽东的坚持和推动下,全国掀起讨汪运动的高潮。

1940年7月6日,毛泽东在延安高级干部会议上,讲到投降危险与好转的可能性之增加将表现于抗日阵线内部的分化时指出:"我之任务在争取一切可能好转的部分,争取国民党主体(即蒋介石)延长合作时间而孤立与驱逐一切投降派。"(《年谱》中,第198页)

8月16日,毛泽东在中央政治局会议发言指出:日本企图以截断中国西南交通迫使中国言和,而蒋介石没有外援将不能继续抗战,所以中国抗战有和平妥协的可能。要准备这一年多是国际国内的大的转变关头,中国处在大事变的前夜。(《年谱》中,第203页)在党内提出了防止蒋介石对日妥协的想法。

　　10月19日，国民政府军事委员会参谋总长何应钦等致电朱德等，强令八路军和新四军限于电到一个月内，全部撤至黄河以北。这标志着反共高潮节节上升。反共是投降的见面礼。反共是投降的准备活动。因此，11月2日，毛泽东致电周恩来说："此次反共是国民党发动的，投降危险是严重的。"（《年谱》中，第219页）次日，毛泽东领衔致电刘少奇，告诉他："蒋介石准备投降，决心驱我军于黄河以北，然后沿河封锁，置我于日蒋夹击中而消灭之，其计至毒"，你们一切部署，应"放在最黑暗局面上"。（《年谱》中，第220页）同时复电周恩来，判断蒋介石"目前还处在三角交叉点上，对德日谈判，目前还在讨价还价中"。"我们现在是两面政策，一面极力争取好转避免内战，一面准备应付投降应付内战，而把重点放在应付投降应付内战方面，方不吃亏。""立即准备对付黑暗局面，这是全党的中心任务，有了这一着，就不会重踏陈独秀的覆辙了。"同日，毛泽东还致电李克农、项英并告周恩来："蒋介石准备投降，加入英美集团的宣传是掩护投降的烟幕弹，再不要强调反对加入英美集团了，要立即强调反对投降。目前的投降危险是直接的投降危险，目前的反共高潮是直接投降的准备。"要他们将"以上估计速告南方各省党部及党外人员。反对直接投降，是目前全国的中心任务"。（《年谱》中，第221页）11月6日，毛泽东又致电周恩来，指出："蒋加入英美集团有利无害，加入德意日集团则有害无利，我们再不要强调反对加入英美集团了。""而且应与英、美作外交联络，以期制止投降打击亲日亲德派活动。""'剿共'则亡党亡国，投降则日寇必使中国四分五裂，必使蒋崩溃。请你利用时机向国民党各方奔走呼号，痛切陈词，以图挽救。是否于适当时机，请求见蒋面陈一次，亦请你考虑。"（《年谱》中，第222页）11月9日，毛泽东领衔发出佳电，对国民党军事当局的"皓""齐"两电作出答复，同意将江南新四军移至江北。同时也严正地指出："国内一部分人士正在策动所谓新的反共高潮，企图为投降肃清道路。……欲以所谓中日联合'剿共'，结束抗战局面。以内战代抗战，以投降代独立，以分裂代团结，以黑暗代光明。其事至险，其计至毒。道路相告，动魄惊心。时局危机，诚未有如今日之甚者。"(《选集》二，第773页)尽管毛泽东和中共中央作了很大努力，但国民党还是于1941年1月上旬发动了皖南事变，对北撤中的新四军发起包围袭击，把第二次反共高潮掀到顶点。由于中共中央的克制，共产党没有同国民党完全决裂；同时由于毛泽东事变前的揭露和国内外的压力，蒋介石也没有像汪精卫那样公开对日投降。

1941年6月，毛泽东为中央书记处起草《关于中国共产党诞生二十周年、抗战四周年纪念的指示》，要求在党外深入宣传中国共产党"今天无论在国际国内任何困难情况下"，"都要坚持抗日民族统一战线政策，团结到底，抗战到底，反对分裂，反对投降"。(《年谱》中，第310页)再次向党内外宣示了他和中国共产党坚决反对投降的决心和意志。

在抗战胜利的前夜，1945年4月24日，毛泽东在中共七大所作政治报告中讲到我们的具体纲领时，再次强调要"彻底消灭日本侵略者，不许中途妥协"。他说："现在日本侵略者正在暗地里进行活动，企图获得妥协的和平；国民党政府中的亲日分子，经过南京傀儡政府，也正在和日本密使勾勾搭搭，并未遇到制止。因此，中途妥协的危险并未完全过去。""中国人民应该要求国民党政府彻底消灭日本侵略者，不许中途妥协。一切妥协的阴谋活动，必须立刻制止。"(《选集》三，第1065—1066页)

由上可见，从全面抗战爆发到抗战胜利前夜，8年当中，毛泽东一直在强调反对对日妥协和投降，始终反对各种明的和暗的对日

妥协和投降活动与阴谋,始终揭露公开的汪精卫和暗藏的汪精卫
等对日妥协投降分子。他有着一双金睛火眼,每当对日妥协、投降
的阴谋一露头,他就大声呵斥,及时揭露,带头反对,造成声势。有
时甚至尚未出现,他就加以预防。他对中国对日妥协投降活动的
反对,是最为坚定、最为彻底、最为有力的。

第八节　揭示中国抗战的正义性、进步性

在全面抗战开始后不久,毛泽东就揭示中国抗战的进步性和
正义性。

1937 年 10 月 25 日,毛泽东在和英国记者贝特兰谈话时,就已
指明了"抗日战争的革命性"。他说:"这个战争的性质是革命的。"
"日寇原欲在中国求偿其大欲,但中国的长期抵抗,将使日本帝国
主义本身走上崩溃的道路。从这一方面说,中国的抗战不但为了
自救,且在全世界反法西斯阵线中尽了它的伟大责任。抗日战争
的革命性也表现在这一方面。"(《选集》二,第 375 页)11 月 1 日,他
在陕北公学开学典礼上又说:"中国的抗战是百年来未有的,它的
性质是革命的。"(《文集》二,第 63 页)

1938 年 3 月 12 日,毛泽东在纪念孙中山逝世十三周年及追悼
抗敌阵亡将士大会上讲话说:为了抗日,"我们的方法就是战争与
牺牲,拿战争对抗战争,拿革命的正义战对抗野蛮的侵略战"。
(《文集》二,第 113 页)指明中国抗战是"革命的正义战"。

5 月,毛泽东在《论持久战》中说:"中国的战争是进步的,从这
种进步性,就产生了中国战争的正义性。因为这个战争是正义的,
就能唤起全国的团结,激起敌国人民的同情,争取世界多数国家的
援助。""由于中国战争的进步性、正义性而产生出来的国际广大援

助,同日本的失道寡助又恰恰相反。""中国的短处是战争力量之弱,而其长处则在其战争本质的进步性和正义性。"(《选集》二,第449页)"日本的军力、经济力和政治组织力是强的,但其战争是退步的、野蛮的,……国际形势又处于不利。中国反是,军力、经济力和政治组织力是比较地弱的,然而正处于进步的时代,其战争是进步的和正义的……世界的多数国家是会要援助中国的。"这些就"规定了和规定着战争的持久性和最后胜利属于中国而不属于日本"。(《选集》二,第449—450页)他又说:"历史上的战争分为两类,一类是正义的,一类是非正义的。""日本的战争是阻碍进步的非正义的战争","我们的战争是神圣的、正义的,是进步的、求和平的"。(《选集》二,第475—476页)

揭示中国抗战的正义性这一点,也是非常重要的。尤其是对抗日领导人来说,这尤其是必须的。因为揭示了抗战的正义性、进步性、神圣性,就能使抗日的人们站在人类道义的制高点上,站在人类进步事业的圣坛上,为抗日的人们增强正义的力量,增添精神的动力,使抗日的人们获得更多的同情和支持。它对抗日能产生无穷的内生力和巨大的外推力。这种力量,甚至超过一支10万人的偏师,胜过一场大规模的阻击战。作为抗日旗帜,应该具有这一内涵、这一功能、这一作用。

第九节　抗战决心与必胜信心对中国抗战的旗帜性作用

抗日战争,首先是抗,抗是首要,抗是灵魂,抗是根本。没有抗,中国必败、中国必亡、毫无悬念、毫无希望。作为抗战的领导人,作为抗战的领袖型人物,作为抗日的旗帜,首先要有抗日的意志、抗日的勇气、抗日的决心、抗日的毅力,而且这种意志、勇气、决心、毅力，要是始终一贯、坚持不变、毫不动摇的，而不是时有时无、或断或续的；不但抗战顺利时、光明时要有，而且抗战困难时、黑暗时也要有；不但在人人都有或多数人都有时他有，而且在人人都无或多数人都无时他也有。中国的历史和世界的历史证明，在外敌入侵时，只要抗，只要坚持抗，就有可能由小到大、由弱转强、反败为胜，就有胜利的希望、赢的机会、翻身的本钱；如果不抗，如果不坚持抗，就必败无疑、必亡无疑，一点胜利的希望也没有，一点赢的机会也没有。在中国的抗日战争中，九一八事变发生时，由于不抵抗，日军兵不血刃，长驱直入，如入无人之境，如临无防之国，几个月就占了中国上百万平方公里土地；七七事变发生时，由于抵抗，日军20多天才占领北平城，8年所占中国领土也不过百万平方公里左右，而且不曾完整地占领中国哪一个省。总之，无论是历史还是现实，无论是中国还是外国，事实都告诉我们：抗则存，不抗则亡；抗则有胜利希望，不抗则必败无疑。可以说，在外国侵略者面前，抗不抗，比如何抗更加重要。决心抗日并坚持抗日，是抗日领导人的重要素质，是抗日旗帜的重要标志，在抗日中作用巨大、意义非凡。

与抗日决心相伴随的是胜利信心。抗日决心越大，胜利信心越足。毛泽东不但有着抗日的坚强决心，而且有着抗日的胜利信心和必胜信念。他认为中国这样的大国，有着共产党领导人民进行人民战争的进步因素，只要抗日，就必能胜利。抗战开始时他这样认为，抗战进行到最难熬的黑暗时期、困难时期他这样认为，抗战即将胜利时他还这样认为。他是始终一贯的胜利派、乐观派，是最坚定的胜利党。他从不说"日本想打中国，中国几天就会亡"这样悲观的、失败主义的丧气话，他也从不相信"日本很快就能灭亡中国"这样的论调。他始终坚信，日本侵略中国的战争，是一场持久战，日本不可能侵占中国的全部领土，日本最后必然要失败，中国抗战一定会坚守一部分领土特别是广大的乡村，并以这些抗日根据地为基础，最后战胜日军，把日军全部逐出中国，收复一切国土。这一信念他从来没有动摇过。他始终给人以胜利的信心、胜利的鼓舞、胜利的希望。他就是中国的胜利之神、胜利之光。附着在抗日决心之上的胜利信心，是抗日领导人的基本要素，是抗日领袖的必备素质，同样是抗日旗帜的重要标志，在抗日中有着重要的作用和非凡的意义。

第三章　开辟抗日的无硝烟战场（上）：与时俱进地提出抗日统一战线思想主张

　　在毛泽东看来，中国的抗日战争，首先要结成抗日的国内统一战线和国际统一战线，在国内实现国共合作，实行全民族抗战、全面抗战、全国抗战，在国际结成包括日本人民和日本反战人士在内，也包括亚洲和太平洋地区及一切反日国家和人民在内的世界反法西斯统一战线，才能坚持下去并取得胜利。他把统一战线看作战胜日军的一大法宝。因此，他根据抗日形势的发展，不断地提出新的抗日统一战线思想主张，从而形成了丰富而独特的抗日统一战线思想，指导了抗日统一战线的建立，推动了抗日统一战线的巩固发展，推动了中国抗战的节节胜利。

　　统一战线是什么？在我看来，统一战线就是联合主要敌人之外的一切人，来共同打击主要敌人。统一战线虽然不直接招兵买马，不扩大军队，但能组织起浩浩荡荡的盟友，孤立并共同打击主要敌人，其力量抵得上千军万马；统一战线虽然不开辟军事战场、不在战场上较量，但开辟出政治战场，以政治角力支援战场较量；统一战线虽然不生产武器，但能化敌为友、化干戈为玉帛、化战火于无形、化战争为和平。有了统一战线，没有军队可以带来军队，没有武器可以得到武器，没有后勤保障可以争取到后勤保障。因此，统一战线在中国抗战中作用甚巨。如果说，上一章讲的是毛泽东对"抗不抗"的态度，那么，这一章和以下几章讲的则是毛泽东关于"怎么抗"的想法和做法。而在"怎么抗"的一整套法宝中，最重要的就是统一战线这个法宝。

第一节　提出建立面向全国民众和军队的抗日统一战线

九一八事变之前，国民政府的军队接连对毛泽东领导的中央革命根据地发起了三次"围剿"，但都被一一粉碎。当时，在毛泽东的字典里，最大敌人是蒋介石领导的"围剿"红军和根据地的国民党军队、国民党政府和国民党。九一八事变之后，由于日本的入侵，民族矛盾上升为主要矛盾，日本侵略者成为中国共产党、中国工农红军以及中国红色政权的主要敌人，毛泽东因此而开始提出了建立面向全国民众和全国军队的抗日统一战线的一系列主张。

九一八事变发生后三天，1931 年 9 月 20 日，中共中央就在一项议案中提出："党应该特别加紧反帝斗争，尤其是反日斗争的领导，尽量同下层小资产阶级群众，如像一部分革命学生、小商人，以至城市贫民成立反帝的统一战线。"(《中共中央文件选集》第 7 册，第 412 页)这里"反帝的统一战线"，实际上就是指反日的统一战线。决议并提出，在上海等地，"反对日本帝国主义""应该是党目前的中心鼓动口号"。(《中共中央文件选集》第 7 册，第 413 页)可见中国共产党从九一八事变发生起，就开始把反日作为党的中心口号，并提出同城市小资产阶级成立反日统一战线。

上述决议作出后 5 天，毛泽东即领衔发表《中国工农红军为日本帝国主义强占满洲告白军士兵兄弟书》，号召白军士兵投身革命，为共同抗日、打倒国民党、建立工农兵苏维埃政府而战。(《年谱》上,第 355 页)这实际上是对国民党"围剿"红军的士兵进行抗日统一战线工作。这是目前所见到的体现毛泽东抗日统一战线思想的最早文献。

1932 年 1 月 28 日,淞沪抗战爆发,国民党上海守军不顾政府反对,自动抗击来犯日军,得到全国民众的大力支援。毛泽东看到了国民党军队和全国民众的抗日热情和抗日力量。淞沪抗战结束后不久,1932 年 3 月上旬,毛泽东在起草的《中华苏维埃共和国临时中央政府宣布对日战争宣言》中,号召"白色统治区域的工人农民兵士及一切劳苦民众自己起来,组织民众抗日义勇军,⋯⋯直接对日作战";"白军的兵士要暴动起来,打倒反动军官,自动对日作战"。(《红色中华》全编,第 309 页)4 月 15 日,毛泽东还领衔发布《中华苏维埃共和国临时中央政府关于动员对日宣战的训令》,再次提出这些号召。这是毛泽东对白区的工人、农民、士兵及一切劳苦民众,对全国所有白军士兵进行抗日统一战线工作。

1933 年 1 月 1 日,日军猛攻山海关,中国守军英勇抗击,以 2000 弱兵与 3000 日军激战 3 天,揭开了华北军民长城抗战的序幕。日军攻占山海关后,1 月 11 日,日本陆军省发表声明,宣传"热河为满洲国之一部",又将侵略的魔爪伸向华北。面对这一民族危机,1 月 17 日,毛泽东领衔发布中华苏维埃临时中央政府和工农红军革命军事委员会"为反对日本帝国主义侵入华北、愿在三个条件下与全国各军队共同抗日"的宣言,首次提出:"在下列条件之下,中国工农红军准备与任何武装部队订立作战协定,来反对日本帝国主义的侵略。(一)立即停止进攻苏维埃区域,(二)立即保证民众的民主权利(集会、结社、言论、罢工、出版之自由等),(三)立即武装民众创立武装的义勇军,以保卫中国及争取中国的独立统一与领土的完整。"宣言呼吁"中国民众及士兵,拥护这个号召,进行联合一致的民族革命战争"来"反对日本及一切帝国主义"。(《中共中央文件选集》第9册，第458页)这一宣言，虽然是中共驻共产国际代表团根据共产国际执委会第12次全会精神和中共代表团讨论的意见，以毛泽东等人的名义而起草的，但与毛泽东的一贯思想和后来的所作所为是符合的。这是在日本侵华步步加深、中国的民族危机进一步加大的形势下包括毛泽东在内的中国共产党人作出的一次重要政策转变和一项重大政策宣示，这实际上是要用抗日的"民族革命战争"代替目前的国内战争，表明了中国共产党和毛泽东在对待民族敌人问题上的新的认识、新的转折、新的发展，表明自己已开始调整政策，向建立全民族的抗日统一战线迈出了一大步。这一宣言，成为中国共产党和毛泽东抗日民族统一战线思想的一个代表性思想、一个政策支柱和一块理论基石。这一宣言，在社会各阶层中产生了积极影响，更在之后指导和影响了中国共产党和中国工农红军的一系列抗日民族统一战线工作，切实地推进了中共和部分爱国军人、爱国人士的合作抗日。

1933年3月，日军攻陷热河全省，接着又进攻滦东，威胁平津。民族危机进一步加深。4月15日，毛泽东再次领衔发表宣言，重申"愿在三个条件下与任何武装部队共同抗日的主张"。(《中共中央文件选集》第9册，第470页)

5月，日军大举进攻冀东，对北平形成三面包围之势。为了使英勇的工农红军北上抗日，消灭占领华北的日本帝国主义的一切军队，肃清北上抗日的道路，毛泽东同朱德联名发表《告闽粤白军士兵书》，向广东、福建的一切武装队伍提议，在承认三个条件的原则下，同他们订立战斗协定，去反对日本帝国主义、卖国的蒋介石南京政府。(《年谱》上，第402页)5月30日和9月6日，毛泽东又两次领衔发布《为国民党出卖平津宣言》和《告全世界工农劳苦民众宣言》,重申红军愿同全国军队签订共同反日的停战协定。11 月11 日,毛泽东又发表《为中日直接交涉告全国民众书》,向进攻苏区的国民党军提议,在三个条件下订立反日反蒋的战斗协定。

11 月 20 日,第 19 路军将领蒋光鼐、蔡廷锴等人发动反对蒋介石的福建事变,成立"中华共和国人民革命政府",并提出"打倒日本帝国主义"的口号。事变发生前,曾经领导一·二八抗战的蒋光鼐等人,派出全权代表,与以毛泽东为主席的中华苏维埃共和国临时中央政府及工农红军的全权代表,签订了"反日反蒋的初步协定"。第 19 路军是国民党军队中响应毛泽东上述迭次宣言、接受三个条件,敢于举起抗日反蒋旗帜、同红军实行停战抗日的第一支部队。这个协定,是中国共产党和毛泽东愿与全国任何军队共同抗日宣言和政策的第一次成功实践。

1934 年 1 月 15 日,第二次全国苏维埃代表大会在瑞金召开。东北人民革命军派代表参加了大会,并与苏维埃政府和红军订立了共同作战的协定。东北人民革命军是与中国工农红军签订反日共同作战协定的第二支部队,这也是红军第二次同中国军队签订共同抗日协定,是 1933 年 1 月 17 日苏维埃临时中央政府宣言的又一次成功实践。会上,毛泽东还以大会主席的名义致电东北人民革命军及抗日义勇军,对他们"坚持进行着的抗日民族革命战争,表示无限的同情"。(《年谱》上,第 420 页)这是毛泽东第一次使用"抗日民族革命战争"这一名词,表明毛泽东对抗日战争有了准确的定性;也表明,在毛泽东看来,这时的中国已经进入抗日战争阶段,东北人民革命军及抗日义勇军的战争,是抗日战争的一部分。

1935 年 1 月 7 日,长征途中的红军袭占贵州遵义。12 日,毛泽东参加遵义全县民众大会,宣布:共产党愿意联合国内各界人民、各方军队一致抗日。(《年谱》上,第 442 页)这就把各界人民和各方军队共同纳入了一致抗日的民族统一战线中。这也表明，即使在长征途中，毛泽东也不忘向民众传播抗日民族统一战线的政策主张。

　　从九一八事变直到长征结束，毛泽东的抗日统一战线思想与中共中央的思想认识基本一致，统一战线的范围基本是广大下层民众和全国各种部队。这同他这一时期在党内与军内的地位是相称的。因为九一八事变发生后不久，他就被排挤出党和红军的领导岗位和决策层，而专做政府工作去了，直到 1935 年遵义会议才逐渐地先在红军内、后在党内有了发言权和一定影响力。他这时的思想和认识不可能超出党的政策的范围。

第二节　提出建立包括国内上层的抗日统一战线

　　根据华北事变后中国民族危机日益加深的情况和共产国际第七次代表大会关于建立广泛的反帝民族统一战线的精神，1935 年 8 月 1 日，中共驻共产国际代表团草拟了中国苏维埃政府和中共中央《为抗日救国告全体同胞书》，即《八一宣言》，于 10 月 1 日在巴黎《救国报》上发表。宣言把抗日统一战线的范围扩大到各党派、各界同胞、各军队、各民族、各侨胞，甚至包括国民党和蓝衣社中有民族意识的青年。10 月，中共中央又发出《反日讨蒋的秘密指示信》，更明确把统一战线范围扩大到"上层"，包括"国民党官员要人"。（《中共中央文件选集》第 10 册，第 566 页）这就扩大了抗日民族统一战线的范围，把国民党官员要人等上层人物扩大了进来。这是中国共产党抗日民族统一战线思想的新转变。

　　1935 年 11 月中旬，中共驻共产国际代表团的成员张浩从苏联回到陕北，向中共中央传达了共产国际关于建立广泛的反法西斯统一战线的精神和《八一宣言》的内容。11 月 28 日，经长征到陕北后不久的毛泽东，联名发表抗日救国宣言，向全国人民宣布："不论任何政治派别、任何武装队伍、任何社会团体、任何个人类别，只要他们愿意抗日反蒋者，我们不但愿意同他们订立抗日反蒋的作战协定，而且愿意更进一步的同他们组织抗日联军与国防政府。"同时提出了这个抗日联军和国防政府所应实行的"十大纲领"。(《中共中央文件选集》第 10 册，第 581 页)这一文件，把抗日民族统一战线的范围扩大到"愿意抗日反蒋"的"任何政治派别、任何武装队伍、任何社会团体、任何个人类别"。

12 月 10 日，毛泽东发表《对内蒙古人民的宣言》，指出："只有我们同内蒙古民族共同奋斗，才能很快地打倒我们共同的敌人日本帝国主义及蒋介石。"(《年谱》上，第 495 页)这样，在民族方面，把内蒙古人民纳入了抗日民族统一战线范围。

12 月 15 日，毛泽东又下达中华苏维埃共和国中央执行委员会关于改变对富农政策的命令，称："鉴于日本帝国主义之积极侵略"，富农已经"开始同情于反帝国主义与土地革命的斗争"，"为扩大全国抗日讨蒋之革命战线，特决定改变对于富农之政策"。宣布"富农有与普通农民分得同样土地之权"。(《文集》一，第 374—375页)这又在阶级方面，进一步把富农也纳入抗日民族统一战线中来了。

12 月 17 日，毛泽东出席瓦窑堡中央政治局会议。会议根据民族矛盾逐步上升为社会主要矛盾的新特点，讨论并确定了抗日民族统一战线的策略方针，解决了党的政治路线问题。23 日，毛泽东在会上提出党的军事策略，要"使白军士兵革命运动……同抗日红军抗日游击队结合起来"，"没有士兵的援助(中国的，还有日本的)，民族战争的彻底胜利是不可能的"，"把蒙回两族(首先蒙古)

反日反中国统治者的斗争提到武装斗争的程度"，"把苏联红军同中国红军在反对共同敌人日本帝国主义的基础之上结合起来"。（《文集》一，第378—379页）这样，又把抗日统一战线从国内扩大到了国际，即包含了日军士兵、苏联红军等国际因素；同时，在国内的抗日统一战线中，又进一步明确把回族纳入了进来。

12月27日，毛泽东又在瓦窑堡党的活动分子会议上论反对日本帝国主义的策略，充分地说明了民族资产阶级在抗日的条件下重新建立统一战线的可能性和重要性，着重地指出共产党和红军在这个统一战线中具有决定意义的领导作用，批判了过去党内长期存在的狭隘关门主义。他分析了各个阶级对于日本侵略的态度："目前形势的基本特点，就是日本帝国主义要变中国为它的殖民地。"对日本，"中国的工人和农民都是要求反抗的"，"小资产阶级也是要反抗的"，"大土豪、大劣绅、大军阀、大官僚、大买办们""组成了一个卖国贼营垒"，民族资产阶级"在斗争的某些阶段，他们中间的一部分（左翼）是有参加斗争的可能的"。在列举了蔡廷锴、冯玉祥、马占山等人的抗日行动后，他指出："在日本炸弹的威力圈及于全中国的时候，在斗争改变常态而突然以汹涌的阵势向前推进的时候，敌人的营垒是会发生破裂的。""即使在地主买办阶级营垒中也不是完全统一的"，比如胡汉民就在我党所提出的抗日救国六大纲领上签过字。"我们要把敌人营垒中间的一切争斗、缺口、矛盾，统统收集起来，作为反对当前主要敌人之用。"在此基础上，他提出："目前是大变动的前夜。党的任务就是把红军的活动和全国的工人、农民、学生、小资产阶级、民族资产阶级的一切活动汇合起来，成为一个统一的民族革命战线。""党的基本的策略任务……就是建立广泛的民族革命统一战线。""日本帝国主义决定要变全中国为它的殖民地，和中国革命的现时力量还有严重的弱点,这两个基本事实就是党的新策略即广泛的统一战线的出发点。组织千千万万的民众,调动浩浩荡荡的革命军,是今天的革命向反革命进攻的需要。只有这样的力量,才能把日本帝国主义和汉奸卖国贼打垮。"他在批评关门主义时说:"目前的时局,要求我们勇敢地抛弃关门主义,采取广泛的统一战线。""关门主义的策略""是孤家寡人的策略"。"关门主义'为渊驱鱼,为丛驱雀',把'千千万万'和'浩浩荡荡'都赶到敌人那一边去,只博得敌人的喝采。关门主义在实际上是日本帝国主义和汉奸卖国贼的忠顺的奴仆。"所以,"我们一定不要关门主义,我们要的是制日本帝国主义和汉奸卖国贼的死命的民族革命统一战线"。毛泽东还指出,统一战线中要有中心支柱,"共产党和红军不但在现在充当着抗日民族统一战线的发起人,而且在将来的抗日政府和抗日军队中必然要成为坚强的台柱子"。"只要共产党和红军是存在的,发展的,那末,抗日民族统一战线必然也会是存在的,发展的。这就是共产党和红军在民族统一战线中的领导作用。"毛泽东还专门讲到了国际援助问题,说:"我们的抗日战争需要国际人民的援助。"国际援助"是中国抗日战争和中国革命取得胜利的一个必要的条件"。(《选集》一,第 142—162 页)在这个报告中,毛泽东多次提出了"抗日民族统一战线"的提法,并强调了共产党和红军在其中的领导作用,通过历史和现实的事例,分析了民族资产阶级参加抗日统一战线的可能性,以及利用敌人营垒中一切矛盾的可能性,从理论上说清了为什么要建立以及怎样建立广泛的抗日民族统一战线的问题。这个报告,是毛泽东对抗日民族统一战线理论的第一次系统阐述,也是毛泽东对中国共产党抗日民族统一战线理论的重大贡献。他的关于统一战线就是从敌人"队伍中多拉一些人出来",从而"减少""敌人的队伍","扩大""我们的队伍"(《选集》一,第 158 页),就是利用敌人营垒中的一切矛盾，"反对当前主要敌人"(《选集》一，第148页)的形象说法，直到今天仍被人们用来形象地、简明扼要地解释什么是统一战线。因此，这份文献具有强大的生命力。

1936年3月27日，毛泽东在山西石楼召开的中央政治局会议上，专门作了关于统一战线问题的报告，指出：国民党破裂为民族反革命派与民族革命派。其中民族革命派中的左翼，在我们的领导下可以坚决走上抗日。要在"停止内战，一致抗日"的口号下，使民族改良主义中的右派同蒋介石进一步分离，使其中的左派同蒋决裂；同民族革命派的左翼建立坚固的同盟。(《年谱》上，第526—527页)再一次明确把国民党中的相当一部分人列入抗日统一战线范围中。

6月1日，毛泽东领衔发出布告，向全国人民、党派团体、军队提出救国救民主张20条，其中包括：全国工农商学兵团结起来抗日救国；停止内战，不分红军白军，一致抗日；全国各党各派各团体创立抗日人民联合战线；召集全国抗日救国代表大会，成立国防政府和抗日联军；联俄联共，一致抗日；保护知识界、科学界、文艺界一切进步分子；保护工商业等。(《年谱》上，547页)显示了建立广泛的、照顾国内各方面利益的抗日统一战线的立场。

1936年7月22日，毛泽东出席中央政治局常委讨论土地政策问题的会议，指出：土地革命与反帝是中国革命主要元素。但在亡国灭种面前，同时提出两大任务不妥当。没收地主土地平均分配的原则，不能取消；被没收的地主，仍分给他一份土地，使他能够进行生产。根据这一发言精神，会后，中共中央发出《关于土地政策的指示》，规定：对地主阶级的土地、粮食、房屋、财产一律没收，没收之后仍分给耕种份地及必需的生产工具和生活资料；富农的土地及多余的生产工具均不没收。(《年谱》上，第560页)这样，为了建立广大的抗日统一战线,中国共产党对地主和富农的土地政策又作了一次改变。

7月26日,毛泽东在中央政治局常委讨论统战联络工作的会议上指出:对上海党组织的指示,着重点在建立更广泛的统一战线,但须分清敌友。对一切可能同情我们的应大大地开门,但对真正的法西斯分子是应该关起门来的。(《年谱》上,第562页)他强调的建立广泛的统一战线须分清敌友的问题,也是统一战线中的一个具有普遍指导意义的思想或原则。

次日,毛泽东在中央政治局会议上指出,以后的工作方针,要把建立联合战线放在第一位。对东北军,对杨虎城部队,对南京部队,都要建立工作委员会。建立联合战线的工作,应大家出马,不应关起门来。不仅注意上层,还应该抓紧中级的工作。(《年谱》上,第562页)同日,毛泽东领衔电示红军将领,要求"把统一战线的任务提到比较其他任务在政治比重上更加高的地位",尽管当时"打破进攻是野战军目前的中心任务"。(《年谱》上,第563页)这足以见得统一战线在毛泽东心目中的地位之高、程度之重。

8月14日,毛泽东致信在上海工作的老友易礼容说:"现在局势,非抗日无以图存,非合作无以抗日,统一战线之能得全国拥护,可知趋势之所在了。"(《书信选集》,第47页)又一次说明了统一战线对抗日图存的重要性。

8月18日,针对红军中有人在筹款中没收地主商店的错误做法,毛泽东领衔发布关于筹款的训令,指出:根据最近中央对于土地政策的新决定,对于地主,只要他不反对抗日红军,应避免用没收办法,而以募捐的方法使其尽量拿出金钱、粮食和物品,宁可少没收一家,不可错没收一家。在筹款中,必须注意经济政策,没收地主的商店固然不对,没收一般的商店尤不容许。在苏维埃法律范围内，给商人以适当的保护。在不损害商业的条件下，向富商作深入的救国宣传，进行募捐运动，筹得抗日经费。(《年谱》上，第571—572页)这样，在抗日民族统一战线政策中，又明确加上了适当保护商人、不损害商业的内容。

次日，毛泽东又就改哥老会为江湖抗日救国会问题，领衔电示彭德怀：我们对哥老会是以统一战线的策略争取其大多数到抗日战线上来；不应勉强使回人哥老会加入汉人哥老会，必须坚持回人事情由回人自己处理的原则。(《年谱》上，第572页)这就把哥老会这种江湖社会组织也纳入抗日民族统一战线中来了。其中提出的少数民族的事情由少数民族自己处理的原则，后来也成为统一战线工作中的一条重要原则。

第三节　提出建立包含蒋介石的抗日统一战线

1936年1月29日，毛泽东以中华苏维埃中央政府主席的身份，向《红色中华》报记者发表谈话，说："要是蒋介石或任何方面的军队能够停止进攻红军，中国苏维埃政府立即命令该敌对地方的红军停止军事行动，并实行动员来进行共同抗日战争。""倘蒋能真正抗日，中国苏维埃政府当然可以在抗日战线上和他携手。"(《救国时报》1936年1月29日)这就开始把蒋介石也列入抗日民族统一战线的范围了。这是毛泽东和中国共产党抗日统一战线思想的又一个重大的变化和转折。

毛泽东作出这种表示，是因为这时蒋介石已开始秘密派人在苏联与中共接触谈判了。2月27日，蒋介石的密使董健吾到了陕北。3月4日，参加东征住在山西石楼的毛泽东通过博古转给周继吾(即董健吾)一封电报，称："弟等十分欢迎南京当局觉悟与明智

的表示,为联合全国力量抗日救国,弟等愿与南京当局开始具体实际之谈判。"(《年谱》上,第 518 页)

在毛泽东向蒋介石密使复电的 3 天前,即 1936 年 3 月 1 日,毛泽东在他起草的《中国人民红军抗日先锋军布告》中已经公开宣布:"一切爱国志士,革命仁人,不分新旧,不管派别,不分出身,凡属同情于反抗日本帝国主义者,本军均愿与之联合,共同进行民族革命之伟大事业。""本军主张停止一切内战,红军、白军联合起来,一致对日,凡属爱国军人,不论积极地与本军联合抗日,或消极地不反对本军及爱国人民抗日者,本军均愿与之进行协商、协定或谅解。"(《文集》一,第 383 页)同样表达了中国共产党和红军愿与包括蒋介石在内的一切愿意抗日的人联合抗日、建立抗日统一战线的意愿。

4 月 9 日,毛泽东在东征前线复电张闻天,不赞成党中央此时发布讨蒋令。他说:"我们的旗帜是讨日令,……中心口号在停止内战。在这口号之外,同时发布主张内战的讨蒋令,在今天是不适当的。我们的基本口号不是讨蒋令,而是抗日令。"(《年谱》上,第532 页)这封电报所体现出的思想是:蒋在此时已不是共产党和红军的主要敌人,而日本才是。我们应该把主要矛头对准主要敌人。蒋介石应该也成为我党的抗日统战对象,列入抗日民族统一战线的范围。

5 月 5 日,毛泽东同朱德联名向南京国民政府、军事委员会及全国各方面,发出《停战议和一致抗日通电》,宣布撤回东征抗日的红军,并宣布"我们愿意在一个月内与所有一切进攻抗日红军的武装队伍实行停战议和,以达到一致抗日的目的"。通电"特慎重地向南京政府当局诸公进言,在亡国灭种的紧急关头,理应翻然改悔,以'兄弟阋于墙外御其侮'的精神,在全国范围首先在陕甘晋停止内战,双方互派代表,磋商抗日救亡具体办法"。(《文集》一,第386 页)这里的南京诸公,显然是包括蒋介石的。

两广事变发生后,1936 年 6 月 12 日,毛泽东在中央政治局会议上敏锐地指出:时局发展到一个新的阶段。日本派兵到华北,蒋介石的国民党中央的势力退出华北,中国内部整个起了很大变化。帝国主义世界也起了变化,英国原是支持日本侵略中国的,现在变为反对日本侵略中国。我们的口号,我们的重心是抗日,请蒋出兵,以扫除抗日阻碍。(《年谱》上,第 551 页)这是毛泽东首次提出"请蒋出兵"抗日。一个"请"字,表现出毛泽东对蒋介石态度的重大变化,表明这时毛泽东不但把蒋介石列入抗日民族统一战线的范围,而且列入重要的争取对象。对蒋这一态度的变化,是由于国际和国内形势都起了很大变化。这就告诉我们:统一战线的政策、范围、对象、重点等,必须与势俱变、与时俱进,随着周围形势的变化而及时改变。

7 月 18 日和 19 日,毛泽东和斯诺谈了中国共产党目前的抗日民族统一战线政策。他说:在整个中国正面临着要变为日本奴隶的迫切关头,为着把一切爱国分子组成一个抗日的民族阵线,我们的政策,在许多方面已经改变了。从苏维埃运动开始以来,我们永远是欢迎知识分子参加的。一切自由职业者,均给予苏维埃市民的权利。小资产阶级、小商人等等,并给予政治权利。出身于资本家或地主家庭,但本人参加革命的,也给予苏维埃市民全部权利,而且能被选举担任官职。富农的土地是不被没收的,被没收的地主也给他们一份土地。小地主的财产不被没收。参加抗日运动的地主,给予特殊的看待。反对日本帝国主义的战争,不能只限于任何一个阶级的参加,也不可能在一个单独的战线上进行。一些资本家,一些银行家,甚至许多地主和许多国民党军队中的军官们,已经表示了他们为民族解放而战的志愿,我们不能拒绝他们在这个斗争中担负一种职务。甚至蒋介石,如果他一旦决定参加反日的抗战,我们也会欢迎他参加的。(《年谱》上,第559页)这是九一八事变以来,直到西安事变发生前,毛泽东对中国共产党抗日民族统一战线政策所作的最全面的总结和最完整的概括,也是对欢迎蒋介石"参加反日的抗战"的最明确表达。其抗日战争"不能只限于任何一个阶级的参加,也不可能在一个单独的战线上进行"的思想,更是超越了时间和空间,适用于彼时和彼地,对国内统一战线具有普遍的指导意义。

第四节　提出建立反日国际统一战线

1936年5月15日,毛泽东在中央政治局常委会议上说:现在对国际各国统一战线与国内统一战线问题,我们只能说日本侵略中国,也侵犯了各国在中国的利益。我们同各国的关系,将来可根据双方的利益得到解决,尊重各国的利益。(《年谱》上,第541页)这是毛泽东第一次把反日统一战线明确地分为国际统一战线和国内统一战线,并以"日本侵略中国,也侵犯了各国在中国的利益"、将来将"尊重各国的利益"去号召结成反日的国际统一战线,而不是以空洞的口号和其他的东西去号召。从各国利益出发,是各国能够结成统一战线的重要基础。这种统一战线,从实际出发,有利益作基础,容易结成。即使在今天,甚或在明天,我们在国际上寻求建立统一战线,仍要从各国利益出发,考虑各国的共同利益和特殊利益,否则,统一战线不仅不易结成,即使结成仍易破裂。这是我们从毛泽东这段发言中所应该领悟到的道理。

7月15日、16日,毛泽东在同美国记者斯诺的谈话中,谈到了反日国际统一战线问题。他说：日本侵略不仅威胁中国，而且也威胁世界尤其是太平洋的和平。日本不仅是中国的敌人，同时也是世界各国特别是和太平洋有利害关系的各国即美、英、法、苏等国的人民的敌人。"日本的大陆政策和海洋政策不仅指向中国，而且也指向这些国家。""这样，日本的侵略就不仅是中国的问题，而且是应由太平洋地区所有国家来对付的问题。中国苏维埃和中国人民因此要同各国、各国人民、各党派和各群众组织团结起来，组成反对日本帝国主义的统一战线。"(《文集》一，第390—391页)这就提出了建立"反对日本"的国际"统一战线"问题。毛泽东还重点点到了可以同中国结成反日国际统一战线的一些国家，其中，有的是"不愿参加一场新的世界大战"，或"不愿看到日本占领中国，如美国、英国、法国、荷兰和比利时这些国家"；还有的是"或多或少都受到日本威胁"的国家，"如暹罗、菲律宾、中美各国、加拿大、印度、澳大利亚、荷属东印度等等"；再有就是"我们把它们看作自己的朋友"的国家，如苏联。以上仅点到的这些国家，已分布于亚洲、欧洲、南美洲、北美洲、大洋洲五大洲，足见其广泛性。接着，毛泽东总结说："除了日本以及那些帮助日本帝国主义的国家，上述各种类型的国家(反战国家、殖民地和半殖民地国家、社会主义国家)能够组成一个反侵略、反战、反法西斯的世界联盟。"(《文集》一，第391页)这样，毛泽东又把反日国际统一战线，上升到"反侵略、反战、反法西斯的世界联盟"的高度，使反日国际统一战线的意义更加重大。其意义不仅在反对日本，更重要的还在"反侵略、反战争、反法西斯"。

当斯诺问在什么条件下中国能战胜日本时，毛泽东回答："要有三个条件：第一是中国抗日统一战线的完成；第二是国际抗日统一战线的完成；第三是日本国内人民和日本殖民地人民的革命运动的兴起。"(《文集》一,第401页)这三个条件,也可以理解为三个统一战线,即一是中国国内的抗日统一战线,二是国际上除日本及帮助日本的国家以外其他国家的抗日统一战线,三是日本国内及殖民地内反战、反侵略人民的统一战线。这就又把日本国内及殖民地内人民的反战力量也考虑进去了,也列入了反日国际统一战线的范围,也作为了可以团结的力量。这种对统一战线的"三分法",可以说把各方面的因素都考虑进去了,把各方面的力量都计算进去了,是最广泛的抗日统一战线。

统一战线不仅要善于在国内建立,还要在国际上建立;统一战线思想不但要善于运用在国内,也要善于运用到国际上;统一战线的力量不仅要虑及本国、世界各国,还要虑及敌国国内的反对力量。这些就是我们从毛泽东上述谈话中所看到的或能够总结出的统一战线思想。

第五节　提出以停战抗日为中心建立抗日统一战线

1936年8月10日,毛泽东在中央政治局会议上作国共两党关系和统一战线等问题的报告,指出:蒋介石依靠日本、出卖投降的基本战略没有改变,但他准备开国防会议,实行局部的对日作战等,战术有所改变,而战术的改变有可能影响其战略的动摇。蒋介石过去让出东三省、镇压群众,不同我们往来。现在改变了,也说统一战线、国防政府,要同我们往来,这是为了得到群众的拥护和日本的退让,以巩固他的统治。我们愿意与南京谈判,现在还是这个方针。在今天应该承认南京是一种民族运动的大力量,我们可以承认统一指挥、统一编制,在许多策略方面要有所改变,但是(蒋)一定要停止"剿共",一定要实行真正的抗日。(《年谱》上,第

567 页)这里,毛泽东一方面指出了蒋介石在对日态度方面的改变,一方面也指出了蒋介石改变的目的;既承认了南京是一种抗日方面的大力量,表明了我党愿接受其统一指挥的态度,同时也亮出了我们的底线,即以蒋为首的南京政府要停止"剿共",真正抗日。这就明确提出抗日统一战线的建立,要以停战抗日为中心。

8 月 12 日,毛泽东领衔致电红四方面军领导人,提出对南京的策略为:"认定南京为进行统一战线之必要与主要的对手,应与南京及南京以外之国民党各派,同时地分别地进行谈判。""在忠实进行抗日准备,实行国内民主与实行停止'围剿'等前提之下,承认与之谈判苏维埃、红军的统一问题。""在抗日进军路上,遇到蒋介石部队和其他部队,实行先礼后兵政策。""一切统一战线的谈判,以忠诚态度出之。"(《年谱》上,第 568—569 页)"一切统一战线的谈判,以忠诚态度出之"一语,既表明了毛泽东建立广泛抗日统一战线的一贯态度,也提出了开展统一战线工作的基本原则。态度忠诚,则统一战线成之;态度不忠诚,则统一战线必然败之。

8 月 25 日,毛泽东起草《中国共产党致中国国民党书》,再次向国民党大声疾呼:"立即停止内战,组织全国的抗日统一战线,发动神圣的民族自卫战争,抵抗日本帝国主义的进攻。"希望他们能"把向内的枪口掉转向外","把退让的政策转到抗战","把分离的局面转到团结","把涣散的情况转到统一"。(《文集》一,第 424 页)毛泽东郑重宣布:"在全中国统一的民主共和国建立之时,苏维埃区域即可成为全中国统一的民主共和国的一个组成部分。"(《文集》一,第 429 页)中国共产党愿意同国民党中的"觉悟与爱国之士"携手,"组织坚固的民族统一战线,去反对全民族的最大敌人——日本帝国主义"。(《文集》一,第 431 页)我们方面"早已准备着在任何地方与任何时候派出自己的全权代表,同贵党的全权代表一道,开始具体实际的谈判,以期迅速订立抗日救国的具体协定,并愿坚决地遵守这个协定"。(《文集》一,第433页)在这封公开书中,毛泽东充分表达了中国共产党愿意停战抗日的最大诚意和具体条件。

同一天,毛泽东电示与国民党谈判代表潘汉年:同南京进行具体的进一步的谈判,以期在短期内成立统一战线,这是我们进行整个统一战线的重心。(《年谱》上,第573页)明确把同南京政府的统一战线作为整个抗日统一战线的重心。

1936年9月8日,毛泽东领衔致电朱德、张国焘等,告诉他们:"中国最大敌人是日本帝国主义,抗日反蒋并提是错误的。我们从二月起开始改变此口号。""你们不要提出'打倒中央军'及任何中国军队的口号,相反地要提出'联合抗日'口号。"(《年谱》上,第576—577页)向他们通报了停战抗日这一新的抗日统一战线方针。

9月27日,毛泽东领衔致电朱德等,告知:"南京内部已起变化,民族资产阶级与上层小资产阶级均与以前不同,所以我们重提国共合作,力求停止内战,以便真正抗日,这是当前唯一正确方针。"(《年谱》上,第589页)把国共合作、停止内战当作此时实现抗日的唯一正确方针,表明此时毛泽东抗日心意之诚。

为了真正实现第二次国共合作,10月上旬,毛泽东草拟了《国共两党抗日救国协定草案》,提出:"鉴于日本帝国主义者对于中国侵略之有加无已","惟有两党合作并唤起民众","实行对日武装抗战,方能达到驱逐日本帝国主义,保卫与恢复中国领土主权,争取国家独立与民族生存之目的"。协定草案共八条,其中包括:"实现全国各党各派各界各军之抗日救国联合战线","立即停止军事敌对行为"等。(《文集》一,第446页)毛泽东主动起草国共协定草案,充分显示出毛泽东对建立国共抗日统一战线、实现停战抗日的主动性和真心诚意。这一协定草案的基本内容后来成为国共谈判以及中国共产党同各地方实力派谈判建立抗日民族统一战线的基础。

　　10月14日,毛泽东致电叶剑英,告诉他:我方已向南京提出四项意见,第一,希望宁方坚持民族立场,不作任何丧权让步。第二,我方首先执行停止对国民党军队攻击,仅取防御方针,等候和议谈判集力抗日。第三,请蒋暂时以任何适当名义停止军队进攻,以便开始谈判。第四,在进攻未停止、周恩来未出去以前,准备派在沪的潘汉年进行初步谈判。(《年谱》上,第596页)这时,在国共尚未正式开谈、谈判前景不知如何的情况下,毛泽东主动提出共产党军队首先单方面执行停止对国民党军队的攻击,以"集力抗日"。同时也要求蒋介石让国民党军队停止进攻共产党军队。这再一次显示出毛泽东对建立国共抗日统一战线、停战抗日的主动态度和真诚意愿。第二天,毛泽东领衔致电红军诸将领:"现中日关系极度紧张,蒋介石似有……于晋、绥实行局部抗战之意。我们为抓紧目前有利时机扩大停战抗日运动,除公开致函国民党并去电要求停战谈判外,现拟以红军各将领名义发布致西北各军将领书,进行广大的停战抗日运动,以响应和援助可能发动的绥东抗战。"(《年谱》上,第596—597页)这一天,毛泽东还向苏维埃新闻社发表谈话,指出:"苏维埃中央政府与人民红军军事委员会现已发布命令:(一)一切红军部队停止对国民革命军之任何攻击行动;(二)仅在被攻击时,允许采取必需之自卫手段;(三)凡属国民革命军,因其向我进攻而被我缴获之人员、武器,在该军抗日时一律送还,其愿当红军者欢迎;(四)如国民革命军向抗日阵地转移时,制止任何妨碍举动,并须给以一切可能之援助。"谈话还表示:"吾人已决定再行恳切申请一切国民革命军部队与南京政府,与吾人停战携手抗日";"如南京政府诚能顾念国难停止内战出兵抗日,苏维埃愿以全力援助,并愿以全国之红军主力为先锋,与日寇决一死战"。(《年谱》上,第597页)这里,毛泽东为实现停战抗日,表现出了最大的善意和最大限度的让步。

1936年10月18日,毛泽东领衔致电红军将领,告诉他们:"我党致国民党书已在全国各地及国民党军队中发生极大影响,得到国民党中及各阶层中广大同情。""总观各方情况,目前时局正处在转变交点,我应不失时机,善于运用,争取国内和平转向对日抗战。"(《年谱》上,第598—599页)由此可见,前一时期毛泽东所提出的停战抗日主张是颇见成效的。同时,毛泽东又提出要抓住时机,乘势而上,争取时局进一步由国内和平停战向国共一致对日抗战转变。

11月4日,毛泽东又给1933年国民党军第19路军与红军的联络代表陈公培写信说:"各方统一战线,……对内则化干戈为玉帛,对外则求一致之抗战。"(《年谱》上,第607页)再次把这时的抗日民族统一战线归结为对内停战、对外抗日即停战抗日这个中心点上。

第六节　西安事变前后的抗日统一战线主张

1936年12月12日,驻守西北的东北军将领张学良、西北军将领杨虎城,因劝说前来督军"剿共"的蒋介石抗日无效,在西安华清池扣留了蒋介石及其几十名军政随员。这就是震惊中外的西安事变。

在此之前,毛泽东和中国共产党与张、杨之间已开展了一年多的抗日统战工作,并在很多问题上达成了共识。

还在1936年8月30日,毛泽东在其领衔发给朱德等的电报中,就预见性地指出:估计蒋介石在西南问题解决后出兵到西北,尚有两个月左右时间。蒋介石有于西南问题解决后分化东北军撤换张学良的企图。我们的基本方针是:(一)迫蒋抗日,……(二)紧密地联合东北军,并进行西北其他各部的联合谈判,造成西北新局面。(《年谱》上,第574—575页)就像要印证毛泽东的预言似的,两个月后,1936年10月,蒋介石果然亲赴西安,逼迫张、杨率部剿共,同时调集30多万嫡系军队,准备随时开赴陕甘宁地区进攻红军;继又于12月4日,严令张、杨将其军队开赴"剿共"前线,否则将其军队调往南方。不过,毛泽东在8月30日的电报中,就已确定了"迫蒋抗日""联合东北军""造成西北新局面"的若干方针。这份电报,对西安事变的发生与结局作了相当准确的预测,可以说是又一份有着精准预见的电报。

9月15、16日,毛泽东在中央政治局会议上又提出:"加紧对南京以外各党派的统一战线工作,更能逼蒋走到抗日。"(《年谱》上,第580页)三个月后的西安事变确实"逼蒋走到"了"抗日"。

10月2日,毛泽东领衔致电朱德、张国焘等,指出,现全国人心愤激,要求南京抗战,南京亲日、抗日两派争论未决,新事变在酝酿变化中。(《年谱》上,第591页)果然,70天后,新的事变就在西安上演了。

11月13日,毛泽东在中央政治局会议上讲到统一战线问题时说:我们总的方针就是要团结群众,用群众的力量,利用国民党将领张学良、杨虎城、阎锡山等要求与红军联合的变化,逼蒋介石走到与我们联合。我们的原则是在抗日的目标下逼蒋抗日。(《年谱》上,第609页)这里,提出了利用国民党将领要求与红军联合的变化,逼将抗日这个新的策略。一个月后西安事变的发生,这一新的策略应该说是起了相当大的作用的。西安事变,不正是国民党将领与红军联合逼将抗日的历史事件吗？同时，毛泽东还第一次把团结群众、运用群众的力量作为统战工作的总的方针，这是把党的群众路线引入和运用到统战工作中来，要求在统战工作中贯彻和体现党的群众路线。这是毛泽东统一战线思想中的一个重要观点、重要亮点、重要特点。

这时，中共与国民党的谈判虽然取得重大进展，但在究竟保留多少中共军队问题上，国民党条件苛刻。蒋介石还亲自到西北督"剿"红军，希望能"剿"灭红军，至少也希望能削弱红军，为谈判增加筹码。对此，毛泽东针锋相对，同样用"以打促谈"的两手对付蒋介石"以打促谈"的两手。11月15日，毛泽东连续两次致电红军将领，要求红一、二、四方面军集结准备对胡宗南部作战，指出："蒋介石仍坚决打红军，与南京妥协一时难成，我们应坚决粉碎其进攻。"同时，他还以中革军委名义电示他们："敌既继续向我进攻，目前中心是打破敌人之进攻，然后才能开展局面，才有利统一战线，否则敌以为我可欺，不但局面不能开展，与南京的统一战线也是不可能的。"（《年谱》上，第610—611页）这体现出毛泽东在开展统一战线时坚持针锋相对、敢于展示实力、决不被人视为可欺的原则和策略思想。

11月18日，毛泽东领衔向红军将领发布《粉碎蒋介石进攻的决战动员令》。21日，红军向进入山城堡地区的国民党军发起进攻，歼敌一个多旅，取得山城堡战役的胜利，粉碎了国民党军对陕甘宁根据地的进攻，也打碎了蒋介石的谈判"筹码"和从军事上"剿灭"红军的梦想，向蒋介石展示了实力，为后来国共统一战线的建立打下了新的基桩。

山城堡战役胜利后，毛泽东对与国民党谈判开出了新的条件。11月22日，毛泽东领衔致电正同南京政府进行谈判的潘汉年，强调：对国民党谈判的方针是，我只能在保全红军全部组织力量、划定抗日防线的基础上与之谈判。(《年谱》上，第 612—613 页)之前，南京政府曾开出条件，要求红军只保留三千人，师长以上领导一律解职出洋。现在，毛泽东开出的条件是："保全红军全部组织力量。"这一点，毛泽东高瞻远瞩，他看到，无论是未来的抗日，还是未来的人民革命、民主建国，红军都是中坚力量，是核心势力，是本钱，这些中坚力量和核心势力，坚决不能散；这些本钱，坚决不能丢。保全红军，既是为未来的抗日，也是为抗日胜利后建立人民民主的新国家而保全力量，保留本钱。这就揭示出一个重要的统一战线思想：在统一战线中，核心利益不能丢。

在这封电报中，毛泽东又提出：从各方面造成停止进攻红军的运动，以此迫蒋停止"剿共"，"此是目前抗日统一战线的中心关键"。(《年谱》上，613 页)毛泽东这时看出：蒋介石不可能主动停止"剿共"，当前我党统一战线的中心关键是要"从各方面造成停止进攻红军的运动"，与有关"剿共"军队达成停战抗日的协议、开展停战抗日的运动，从外围各个方面来迫使蒋介石停止"剿共"内战，转向抗日。这一统战方针的转变和统战思想的提出，在 20 天后就结出了果实，见到了实效，得到了验证：20 天后，西安事变爆发，东北军、西北军将领对蒋实行"兵谏"，迫使蒋介石停止了"剿共"内战，使抗日民族统一战线和中国抗日战争有了新的发展。对这封电报，我们不可小视，它对抗日民族统一战线的建立与中国全国抗战的实现，都非常重要。

11 月 22 日，毛泽东在中国文艺协会成立大会上演讲说："要结成抗日民族统一战线，把日本帝国主义赶出去。""首先就要停止内战"，"要文武两方面都来。要从文的方面去说服那些不愿停止内战者，从文的方面去宣传教育全国民众团结抗日。如果文的方面说服不了那些不愿停止内战者,那我们就要用武的去迫他停止内战"。(《文集》一,第461页)这就提出了统一战线要文武两方面都用的思想,对有些不愿停止内战的人,文的说服不了,则需用武的去逼迫他们。其实,在战争时期,有些和平协定的达成,或有些地方和平解放的实现,实际是兵临城下的结果;统一战线的盟主,有时实际是实力强大者。在今天的和平时期,统一战线又何尝离得了武的一手、离得开实力的展示呢?统一战线要有文武两个方面、要从文武两方面下手的思想,是毛泽东统一战线思想的一个重要内容。无论是在此时中共和国民党的谈判,还是抗战胜利后的重庆谈判、解放战争时期的国共谈判、抗美援朝战争中同美韩停战协定的谈判等,毛泽东都很好地运用了这一思想,很好地使用了文武两手,很好地注意了文武两个方面。

11月23日,毛泽东致电红军将领,为他们分析:"现时敌军中发展着四种矛盾:第一种是抗日与'剿共'之间的矛盾;第二种是蒋军与东北军之间的矛盾;第三种是上级的严令进攻与下级的对红军恐惧的矛盾";"第四种是官长与士兵间的矛盾"。"我们的任务是捉住这些矛盾,……坚决地各个击破进攻之敌。"(《年谱》上,第613页)这种对统一战线对象方面各种矛盾的分析,以及所提出的利用矛盾、各个击破的思想,在统一战线工作中是一个示范,更是一种指导,其意义具有普遍性和恒久性。统一战线工作永远需要深入细致地分析各方面矛盾,敏锐地发现和抓住矛盾,科学地合理地利用矛盾去解决问题,达到目标。西安事变主要就是由这四种矛盾中前三种矛盾激发形成的。

11月28日,毛泽东向彭德怀通报说:"蒋介石还站在中间地位,对日仍力求妥协,但比过去强硬了许多,对我力求缩小苏区打击红军,但已觉得困难,许其部下二陈与我谈判。潘汉年去南京两次,距离甚远,一时不易成就。我之政策,一方面从人民、从反蒋军阀、从国民党内部造成运动;一方面红军消灭蒋军,双管齐下,迫蒋妥协。苏区与红军任务坚持打蒋,不稍放松。"(《年谱》上,第614页)在这里,无论是分析蒋介石的对日态度和对我态度,还是讲我方政策,都坚持了两分法、两面性。在讲蒋态度时,既讲蒋的对日妥协性,又讲蒋对日较过去的强硬性;既讲蒋对我力量力求缩小,又讲其已觉困难,故与我谈判。在讲我政策时,既讲要从社会各面造成运动去迫蒋妥协,又讲要以武力消灭蒋军迫蒋妥协。这也非常鲜明地体现出毛泽东统一战线思想的辩证特点。

12月10日,毛泽东领衔致电张学良,通报中共与南京方面谈判情况说:"陈立夫第三次找潘汉年谈,红军留三万,服从南京,要我方让步。我们复称根本不同意蒋氏对外妥协、对内苛求之政策,更根本拒绝其侮辱红军之态度。红军仅可在抗日救亡之前提下承认改换抗日番号,划定抗日防地,服从抗日指挥,不能减少一兵一卒,并须扩充之。彼方如有诚意,须立即停战,并退出苏区以外,静待谈判结果。""我们愿以战争求和平,绝对不作无原则让步。"同日,毛泽东又致电潘汉年,指出:"合作为实行抗日救亡,但至今蒋介石似尚无抗日救亡之决心。合作谈判缺乏必要之前提。南京抗日派诸君如不能促成蒋氏此种决心,则谈判显无速成之望。""离开实行抗日救亡任务,无任何商量余地。"(《年谱》上,第620—621页)从这两份电报中,我们可以非常明显地看出:毛泽东不遗余力地对蒋让步、与蒋谈判,其目的全在"抗日救亡"四个字;毛泽东对"抗日救亡"是真说真干、全力以赴、念兹在兹、全心全意的,绝非权宜之计和自保之举。"离开实行抗日救亡任务,无任何商量余地","绝对不作无原则让步"等语,何等地掷地有声,何等地坚持原则!充分体现出毛泽东在统一战线中坚持原则、不丧失原则,坚守核心目标、维护核心权益的重要思想。

西安事变发生后，12月13日，毛泽东在中央政治局讨论西安事变的会议上，对西安事变作了定性，指出：这次事变是革命的，是抗日反卖国贼的，它的行动、它的纲领，都有积极的意义。它没有任何帝国主义的背景，完全是站在抗日和反对"剿匪"的立场上。它的影响很大，打破了以前完全被蒋介石控制的局面，有可能使蒋介石的部下分化转到西安方面来。我们在政治上的步骤，应使张学良、杨虎城这些人物在行动上和组织上与我们一致，要派重要的同志去做工作。我们应以西安为中心，以西北为抗日前线，来影响和领导全国，形成抗日战线的中心。围绕这一环，我们要向人民揭露蒋介石的罪恶，稳定黄埔系、CC派，推动元老派、欧美派以及其他杂派赞助西安事变。为了争取群众，我们对西安事变不轻易发言。我们不是正面反蒋，而是具体指出蒋介石个人的错误，不把反蒋抗日并列。应该把抗日援绥的旗帜突出起来。（《年谱》上，第622页）他对西安事变作了正面的评价，强调其抗日反卖国贼的革命性质与进步意义，肯定其打破完全由蒋控制局面的重要作用，这不但同国内许多指责西安事变的态度不同，而且也同共产国际和苏联指责西安事变是"亲日派"阴谋的态度不同，表现出毛泽东的独立见解和求实态度。他还提出目前应以西北为抗日前线、以西安为抗日中心的新思路。特别是指出我们不正面反蒋，不把反蒋与抗日并列，还要突出抗日援绥。可见即使在这时，抗日仍在毛泽东心中占着最中心的地位，反蒋仍在其次的位置。他的所有设想和准备实行的步骤，都在于建立新的抗日民族统一战线。

12月15日，毛泽东领衔发表《关于西安事变致国民党、国民政府电》，力劝南京不要发动内战、讨伐张杨，指出："彼日本者，自闻南京决定讨伐张杨，兴高采烈，坚甲利兵，引满待发。诚使南京诸公萃沿海长江守备之军，大兴讨伐于西北一角，……而日本乘机入寇，因虚而袭沪宁，取青济，华北独立，西北亦危，全国丧亡，真将万劫不复。""宜立下决心，接受张杨二氏主张，停止正在发动之内战，罢免蒋氏，交付国人裁判……举内战之全军，立即开赴晋绥，抗御日寇，化黑暗为光明，变不祥为大庆。若是，则鄙人等虽不敏，愿率人民红军二十万众，与贵党军队联袂偕行，共赴民族革命之战场，为自由解放之祖国而血战。"(《文集》一，第 468—469 页)这一电报，表明了中国共产党希望南京政府和平解决西安事变，不要发动内战讨伐张杨而给日本以可乘之机的立场。不过，其中"罢免蒋氏，交付国人裁判"的提法，在西安事变和平解决后不久，毛泽东已在党内承认过在当时不妥。

12 月 16 日，毛泽东致电阎锡山，指出："时局应和平解决，万不宜再起内战，自速覆亡。""当前急务抗日第一。"(《年谱》上，第 624页)明确提出了和平解决西安事变和避免内战、抗日第一等主张。这些主张后来得到了实现。

12 月 19 日，毛泽东在中央政治局讨论关于西安事变通电的会上发言指出：西安事变后南京一切注意力集中在捉蒋问题上，把张、杨一切抗日的主张都置而不问，更动员所有部队讨伐张、杨，这是事变发生后所引起的黑暗的一面。这次事变促进抗日与亲日的分化，使抗日战线更为扩大，这是事变发生后所引起的光明的一面。现在光明面被黑暗面掩盖住。我们应坚定地站在抗日的立场上，对于光明面予以发扬，对于黑暗面予以打击。我们应与东北军、西北军接近，对他们的态度，不仅不与南京混同，而且与阎锡山也不同。我们对张、杨是同情的。应当根据这样的立场发表通电。毛泽东在作结论时还说：西安事变是站在红军的侧面，受红军的影响很大。现在的营垒是两方面，一方是日本帝国主义与亲日派，另一方是共产党与抗日派。中间还有动摇与中立的一派，我们应争取这些中间派。要争取南京，更要争取西安，只有内战结束才能抗日。有六种力量可能使内战结束：一是红军，二是东北军，三是西安的友军，四是人民，五是南京的内部分化，六是国际援助。应把六种反内战的力量团结起来，使内战结束，变国内战争为抗日战争。（《年谱》上，第 626 页）毛泽东对西安事变后的黑暗面与光明面的分析，又一次表现出他对西安事变的支持，认为西安事变促进了抗日。看来，他是把是否有利于抗日作为标准来衡量和看待西安事变的。他提出的发扬光明面、打击黑暗面、争取中间派的思想，是他在抗日统一战线工作中始终坚持的思想，也是对统一战线工作具有长远指导意义的一种方针。他对结束内战六种力量的分析，为我们在统一战线工作中全面而科学地分析各种力量并巧妙地团结利用各种力量，作出了示范。他的结束内战的观点，又进一步阐述了和平解决西安事变的主张。

12 月 21 日，毛泽东电示潘汉年，要他即向南京政府陈立夫等人提出和平解决西安事变的五项条件，指出："目前最大危机是日本与南京及各地亲日派成立联盟，借拥蒋旗帜，造成内乱，奴化中国。"五项条件包括"停止'剿共'政策，并与红军联合抗日"等。在五项条件"有相当保证时"，"劝告西安恢复蒋介石先生之自由，并赞助他团结全国一致对日"。（《文集》一，第 471 页）正式向南京提出了恢复蒋介石自由即放蒋的条件，并指出放蒋是为了避免中国内乱，避免让日本得利。

12 月 25 日，蒋介石在口头承认了中共提出的抗日条件后获释，西安事变和平解决。当天，毛泽东向红军将领通报："在五个条件下恢复蒋之自由，以转变整个局势的方针，是我们提出的。谈判结果，蒋与南京左派代表完全承认。"（《年谱》上，第 631—632 页）

12 月 27 日,毛泽东在中央政治局会上指出:我们过去估计西安事变带有革命性是对的,西安事变给国民党以大的刺激,成为它转变的关键,逼着它……结束十年内战,而内战的结束也就是抗战的开始。西安事变促进了国共合作,是划时代的转变,是新阶段的开始。(《年谱》上,第 632 页)又一次肯定了西安事变的革命性。

其实,从今天《毛泽东年谱》中所公布的毛泽东一系列档案中,我们可以看出:西安事变的发生,就是抗日统一战线的产物,就是在之前毛泽东和中共一系列抗日统一战线工作影响下发生的,就是毛泽东一系列抗日统一战线思想主张的结果。同时,西安事变的和平解决,也是在毛泽东和中共的一系列抗日统一战线工作之后获得成功的。试想,如果没有西安事变前毛泽东"逼蒋抗日"等方针的提出和中共与张学良东北军、杨虎城西北军的一系列停战抗日宣传、逼蒋抗日宣传等抗日统一战线工作,张、杨会发动西安事变吗? 如果没有西安事变前中共代表与蒋介石代表的一系列谈判及谈判所已经取得对停战抗日的基本共识,蒋介石能在被扣后口头答应"停止'剿共'、联共抗日"等条件吗? 如果没有毛泽东和中共中央对西安事变的坚定支持与实际赞助,没有毛泽东和中共中央对和平解决方针的确定与坚持及实际操作,没有毛泽东和周恩来等中共领导人对有关各方的政治宣传、政治联络、政治斡旋,西安事变会较快得到和平解决吗? 因此,可以说,西安事变的发生与和平解决,受到毛泽东抗日民族统一战线主张的很大影响,也以事实证明了毛泽东抗日民族统一战线思想的正确性。因为西安事变的结果,达成了毛泽东抗日民族统一战线的根本目标——停止内战,共同抗日,把中国的十年内战中止了,把中国的抗日民族统一战线和抗日战争都推进到了一个新的阶段,为全民族的团结抗战打通了道路,创造了条件。

西安事变和平解决后,南京政府仍不执行撤兵命令,内战危险依然存在。毛泽东又为阻止内战、促进共同抗日而继续努力。

蒋介石被放出西安后,12月26日在洛阳发表了《对张杨的训词》。两天后,毛泽东就此发表了一个声明,针对蒋介石说要"言必信,行必果",毛泽东赞扬这段话是表明蒋"不会因为未签字而不守信用",并顺势公布了蒋在被释放前"所允诺的条件"。针对蒋说西安事变系受"反动派"包围,堂堂正正地指出:"西安事变的发动,确系受下列数种势力的影响:(一)张杨部队及西北革命人民的抗日怒潮的高涨;(二)全国人民的抗日怒潮的高涨;(三)国民党左派势力的发展;(四)各省实力派的抗日救国的要求;(五)共产党的抗日民族统一战线的主张;(六)世界和平阵线的发展。"毛泽东并提醒蒋介石:"蒋氏应当记忆,他之所以能够安然离开西安,除西安事变的领导者张杨二将军之外,共产党的调停,实与有力。共产党在西安事变中主张和平解决,并为此而作了种种努力,全系由民族生存的观点出发。设使内战扩大,张杨长期禁锢蒋氏,则事变的进展徒然有利于日本帝国主义和中国讨伐派。"(《选集》一,第245—247页)这一声明,实际是对蒋介石的统战声明,是在极力把蒋往停止内战共同抗日上引、推、拉,不让他与亲日派合流。在这个声明中,毛泽东公开把"共产党的抗日民族统一战线主张"列为影响西安事变发生的势力之一,把共产党"和平解决"的主张和为和平解决而作的种种努力与调停,当作西安事变和平解决、蒋能安然离开西安的重要因素,是非常谦虚而又恰当的,也是完全符合历史真实的。

12月28日,毛泽东到红军大学作了关于和平解决西安事变的报告,指出:"现在蒋介石出于无奈,已经承认了停止内战、一致抗日的条件,但并没有签字。究竟执行不执行呢,这就要全国人民进一步努力,逼迫蒋介石执行。世界上很多事情不可能都是顺利的,都要有一定的压力才能成功。"(《年谱》上,第 633—634 页)这就提出了中国共产党和全国人民在西安事变结束后,继续逼迫蒋介石实践诺言、停止内战、共同抗日的任务。另外,他这里所说的很多事情不可能都顺,要有一定压力才能成功的经验,不但在这次西安事变中得到了验证,而且在后来的统一战线工作中也得到了验证,也可以说是统一战线工作中的一条普遍经验。

1937 年 1 月 1 日,毛泽东领衔电示潘汉年,要他本以下方针,速与陈立夫接洽,向他们指出:西安事变和平解决,极于国事有利,但闻亲日派极力阻碍蒋介石新政策的实施,不执行撤兵命令,企图重新挑起内战,将给民族国家以极大损害。表示:"共产党与红军坚决站在和平解决国事之立场上,赞助国民党一切有利于救亡图存之改革,愿与陈立夫、宋子文、孙哲生、冯焕章各方面商洽团结一致挽救危局之方法。"(《年谱》上,第 637—638 页)表达了中国共产党团结一切愿意抗日的方面反对亲日派的立场。

1 月 2 日,毛泽东在中央政治局会上,讲了西安事变后的形势和我们的方针,指出:目前我们的方针,仍是打击右派,争取中派,所不同的是对军事上应有准备,对西安更要积极地帮助与团结。以下两点是不变的:一、与西安合作;二、打击亲日派,争取中间派。(《年谱》上,第 638 页)

1 月 9 日,毛泽东领衔致电周恩来,指出:"力主和平,拉拢蒋、宋,策动国内各派各界舆论,策动英美,保持西北目前局面,非不得已不开火,乃目前基本方针。"并让周向西安方面主要人物宣传此方针,"改正其'左'的宣传"。(《年谱》上,第 642 页)

1 月 21 日,毛泽东领衔电示潘汉年:"为避免内战一致对外,我们原则上不反对蒋之方针,并应劝告西安服从南京统一方针,蒋宜给张、杨以宽大，以安其心。"(《年谱》上，第 645 页)但蒋后来并未听进中共关于宽大张杨的建议。

1 月 24 日，毛泽东在中央政治局常委会议上指出：自从释放蒋介石，我们的总方针是和平，西安亦是如此。现在已一般地趋向和平了，所以能趋向和平，就是因为红军靠近张杨。他还说：对国民党三中全会应有表示，并应有新内容，应说明不是人民阵线而是民族阵线，对西安事变问题我们的立场是和平解决。我们现在申明不待民主共和国成立就愿意成为统一的区域，我们是特别的，但应归他管。西安事变将蒋扣留，我们是主张和平解决的。释放蒋后，我们军队开去，还是为了和平。我们的错误，是在一九三五年十二月决议时提出了抗日没有放弃反蒋，然而在五月间还是渐渐在变，彻底的转变是在共产国际指示以后。西安事变后，我们通电中说将蒋交人民裁判，是不对的。(《年谱》上，第 646—647 页)这次讲话中，毛泽东一方面再次阐明了中国共产党在西安事变之中和之后的和平立场，并提出了为真正达到和平，中共控制区域愿归蒋介石政府管辖的新的立场，特别是他还检讨了 1935 年 12 月以来中共中央在抗日民族统一战线工作中一段时间提了抗日而未放弃反蒋的错误，以及在西安事变发生后的通电中提出把蒋介石交人民裁判的错误。这既是他对一年多以来党的抗日民族统一战线工作中经验教训的及时总结，也是他对中央这些错误的自我承担，体现出他善于及时总结经验教训、勇于开展自我批评并勇于为错误承担责任的博大胸怀和坦荡精神。这也启示我们：统一战线工作必须善于及时总结经验教训，发现错误必须及时加以纠正并勇于承担责任。

1 月 25 日，毛泽东又两次致电周恩来等，要他们"立即准备退出西安的一切事情"。"现在一切工作应放在退出西安后可能发生的新战争或新压迫的基点上去布置。"(《年谱》上，第 648 页)为了在西安事变和平解决后继续保持和平局面，毛泽东这时作了又一个让步：把西安让给了蒋介石。这是先前毛泽东设想的最大的让步或让步的底线。可见为了实现国内和平与一致抗日，毛泽东与中共中央对蒋介石和国民党作出了最大的让步。

1 月 27 日，毛泽东又领衔致电中共中央与红军领导人，指出：(1)"无论从哪一方面说，主要的从政治方面说，均应对南京让步"。(2)"全力说服左派实行撤兵"。(3)"十五军团亦准备撤退"。(4)"和平解决后三方面团结一致，亦不怕可能发生的新的战争"。同日，毛泽东又单独致电在西安的周恩来等，要他们"无论如何要说服东北军左派，全军整然撤退，不可冲突"。说到这里，毛泽东还不放心，又特意嘱咐他们："请以红军代表资格正式向左派申言，为大局计应即撤兵。"同日，毛泽东又致电潘汉年，告诉他东北军高层干部已完全同意服从中央，但东北军大多数师团干部坚决要求张学良回西安一行，否则要打。并说：我意蒋介石不妨让张来陕一次，仍回南京，使撤兵不生波折，很和平地解决此问题。(《年谱》上，第 648—649 页)为了和平，毛泽东真是什么主意都想到了，可惜蒋介石并不接受毛泽东的意见，坚持不放张临时回西安。28 日，东北军代表与国民党军将领顾祝同达成协议：东北军在 7 天内将渭河南岸部队撤到北岸。但东北军少壮派 1 月 29 日在渭南开会，坚持反对和平解决，决定在张学良未回西安前绝不先撤兵。

1 月 29 日，毛泽东电告在西安的周恩来等说，蒋令胡宗南向西安进迫，"判断蒋意，仍以军事威胁求不战解决问题"。因此，"尚有相当时间，以利交涉与说服左派"。(《年谱》上，第 649 页)同日，他又领衔复电潘汉年："为坚决赞助蒋先生方针和平解决西北问题，并永远停止内战一致对外起见，我们决定放弃陕南驻兵的要求。"

（《年谱》上，第650页）放弃驻兵陕南这一新的让步，进一步显示了毛泽东和中共中央争取和平的诚意。

1月30日，毛泽东在接到周恩来关于西安左派"不论红军参加与否均主抗战"的电报后，电示周恩来等，应提醒杨虎城和其他高级干部并经他们去提醒中级干部，"认识自己的前途，并说明我们与他们始终愿在一起，为和平统一御侮救亡之总方针而奋斗。撤兵后蒋如食言进攻，彼时曲在蒋，我们则为最后自卫而战，国人当同情。我们现在作战则失去国人同情"。同日，又领衔电示周恩来等：一、"和平是我们基本方针，也是张、杨的基本方针"。二、"我们与张、杨是三位一体，进则同进，退则同退，我们不能独异失去张、杨"。三、"向张、杨两部表示我们始终同他们一道，在他们不同意撤兵以前，我们不单独行动，协助他们争取更有利条件"。四、"用以上态度，争取最后的和平"。（《年谱》上，第650页）这两封电报，表明了中国共产党始终愿与张杨部同进退、共步调的立场，并说明这样做是为了"和平统一御侮救亡"，是出于民族大义，说明目前撤兵是为了不失国人同情，不失民心。同时也表明，如果我三方撤兵后蒋仍进攻，则我们必"为最后自卫而战"。特别是提出我军不能独异于张杨，不单独行动。这就毫不含糊地表明了支持张杨两部的态度和决心。

1月31日，毛泽东又致电周恩来等，说："我们与张、杨两部应取进则同进、退则同退之方针，我们立场已向南京表明，即打亦不至基本妨碍我们方针，无论打胜打败，结果仍是讲和，但对张、杨两部影响较好。""当然在打之前，力争张回，而免去打。"（《年谱》上，第651页）再次阐明了中共与张、杨部同进退的态度，说明我们仍力争不打，但张、杨两部若坚持打，我们亦随之同打。因为毛泽东分析道：打的结果，无论胜败，终是讲和，但与张、杨两部共同打，则对张杨两部影响更好。这说明：毛泽东和中共在西安事变之中和之后，绝没有出卖过张、杨二部。这些电报就是铁证。不出卖统一战线中的朋友，是毛泽东在西安事变后一系列统战主张中的一条原则、一个底线。

2月2日，东北军中主张武力拒蒋的青年军官，枪杀了主张和平解决西安事变善后问题的东北军第67军军长王以哲。2月8日，顾祝同率国民党中央军进驻西安。西安事变和平解决后的西北和平终于得以实现。

2月9日，中共中央政治局召开会议，讨论并通过了毛泽东和张闻天等人酝酿起草的《中共中央给中国国民党三中全会电》。这一电报，于2月10日发表，其中，对国民党提出了五项要求，同时表示，国民党如能将此五项要求定为国策，则中国共产党为达一致抗日之目的，愿作四项保证："（一）在全国范围内停止推翻国民政府之武装暴动方针；（二）苏维埃政府改名为中华民国特区政府，红军改名为国民革命军，直接受南京中央政府与军事委员会之指导；（三）在特区政府区域内实行普选的彻底的民主制度；（四）停止没收地主土地之政策，坚决执行抗日民族统一战线之共同纲领。"（《中共中央文件选集》第11册，第157—158页）这四项保证，标志着中国共产党政策的重大变化，是中国共产党为了实现抗日这一民族最高利益、达到抗日这一最高目的而作出的重大政策让步和政治妥协，是中共抗日民族统一战线中的一个重要里程碑。作出这一重大政策转变，是要冒很大政治风险和受不少政治诟病的。在2月9日的会议上，毛泽东已经预见到了这些，他说："此电发表，……托派必说我们投降，左派怕我们上当，然而在政治上是可以说明的，是可以表示我们真正抗日团结御侮决心的。"（《毛泽东在中共中央政治局常委会议上的发言记录》，1937年2月9日，见

《毛泽东传(1893—1949)》,第426页)在2月11日的中央政治局会议上,毛泽东又说:"我们致国民党三中全会通电是大的让步,是带原则性的让步,为着一个大的问题,就是为着抗日。"(《毛泽东传(1893—1949)》,第429页)由此可见,毛泽东和中国共产党是真心抗日的,是真正为了抗日而不惜作出原则性让步、作出政治牺牲、作出政治冒险、付出政治代价的,这充分显示了毛泽东和中共的抗日决心和抗日勇气。如果有人说毛泽东和中国共产党不是真心抗日的,那我们请他好好看看中共中央的这份电报和毛泽东的这两次内部讲话。试问在中国历史上,还有哪个政治人物和政治党派,曾经为了抗日而作出这么大的政治牺牲和原则性政策改变呢?

《中共中央致国民党三中全会电》发表后,得到全国各方面的热烈支持。在2月15日至22日召开的国民党三中全会文件中,第一次提到了"抗战"两个字,会议决议所提的谈判条件,也与中共电报中所提相近。这表明毛泽东和中国共产党的政策转变也得到了蒋介石和中国国民党的呼应,国民党当局正在逐步接受中共的一致抗日政策。这是西安事变的一大成果,也是毛泽东在西安事变前后一系列统战主张影响的效果,它又一次验证了毛泽东抗日民族统一战线思想的正确性。

第七节　准备全国抗战阶段的抗日统一战线主张

西安事变和平落幕后,抗日战争进入准备全国抗战的新阶段。

1937年3月1日,毛泽东会见美国作家、记者史沫特莱。史首先问,共产党的统一战线政策,与去年秋季有无改变。毛泽东强调,"我们的统一战线是抗日的。因此,不是反对一切帝国主义,而是反对日本帝国主义";"我们的统一战线是民族的","包括全民族一切党派及一切阶级,只除开汉奸在外","这种民族阵线比起法国和西班牙的人民阵线来,范围广大得多"。(《文集》一,第 479 页)这就阐明了抗日民族统一战线的性质、矛头、特点以及与外国的人民阵线的区别。

史又问:"为了完成抗日民族统一战线,你们准备牺牲到什么程度?"毛泽东向她回顾了九一八事变以来,中国共产党一次次的政策转变,包括 2 月 10 日电报中的四项保证,并说:"这些新的表示,完全是为了消除各界疑虑,取消对立状态,以便同国民党成立抗日民族统一战线。"(《文集》一,第 480—481 页)毛泽东还向她介绍了共产党对商人、知识分子、地主、工人、国民党军队的政策。史问:"新的统一战线政策,是否即谓中国共产党人为建立民族阵线,放弃阶级斗争,而变成了民族主义者?"毛泽东回答说:"共产党决定实行的各种具体政策,其目的完全在为着要真正抵抗日本保卫中国,因此必须实现国内和平","否则对日抗战是不可能的。这叫做将部分利益服从于全体利益,将阶级利益服从于民族利益","共产党人决不将自己观点束缚于一阶级与一时的利益上面,而是十分热忱地关心全国全民族的利害,并且关心其永久的利害"。(《文集》一,第 482—483 页)这一方面表明了中国共产党抗日民族统一战线政策的转变,全是为了真正实现抗日。另外,也是非常重要的一点,毛泽东提出了一个统一战线的重要原则,即"部分利益服从于全体利益","阶级利益服从于民族利益",暂时利益服从于长久利益。在任何时候,全体利益、民族利益、长久利益都是统一战线中各方的最大公约数,各方面都应该坚持这些、维护这些,否则,统一战线将会破裂。

在史问到"共产党为什么主张西安事变的和平解决"时,毛泽东回答说:"自日本侵略开始以来,我们就是愿意停止内战的,因为只有国内和平，才能对日抗战。""兵连祸结，不知要弄到何种地步，必然给日本一个最好的侵略机会，中国也许因此亡国，至少也要受到极大损害。"他驳斥有些关于"西安事变是共产党的阴谋"的说法"完全不合事实"，指出："西安事变是国民党内部在抗日问题与国内改革问题上，因政见不同而发生的，完全是一件突发的事变，我们事前全不知道。"（《文集》一，第488页）他把西安事变的和平解决同中共从日本侵华开始以来就一直坚持停止内战的政策联系了起来，让人们看到了它们之间的联系；又把西安事变同抗日联系了起来，让人们看到了西安事变的发动是出于抗日的目的，和平解决西安事变也是为了实现抗日的目的。

史问："外面传说共产党现在的政策是向国民党屈服、投降和悔过。于此，你有何意见？"毛泽东回答说，不久前共产党为迅速准备抗战而作出的"四项保证"，"是对国民党一个大的让步。但这种让步是必要的，因为这种让步是建立在一个更大更重要的原则上面，这就是抗日救亡的必要性与紧急性。这叫做双方让步，互相团结，一致抗日"。（《文集》一，第489—490页）从史的提问中，我们更可见中共中央的"四项保证"政策，是确实受到过一些人的责难的，这里，毛泽东则进一步从抗日救亡这一更大更重要的原则上对之进行了解释。

毛泽东还把一些不理解"四项保证"政策的人称为"性急的志士们"，并对他们提出了善意的批评。他还说："国内一切先进分子的责任，在于多方说服暂时还不能了解我们观点的人使之得到了解，以便共同赴敌。这其间需要忍耐性，有时需要退让一步，只要不违反抗日救国的大原则都可以商量。"（《文集》一，第491页）这里说到的"说服""忍耐性""退让一步"等，都是任何时候统战工作所不可缺少的工作态度和工作方法。

1937年3月6日,毛泽东领衔致电任弼时指出,国民党"三中全会在法律上确认伟大西安谈判顺利的和平解决,成为开始在全国停止内战一致抗日与和平统一团结御侮的新阶段,也走到全国统一战线的实际建立,举国抗战开始的一个过渡的时期";"今天的任务是巩固国内和平,准备对日抗战,以推动全国统一战线的实际工作与抗战的开始"。(《文集》一,第495页)这里把西安事变及西安事变之后中共的新政策、国民党三中全会政策上的某些转变,看作是走向全国停止内战一致抗日,全国统一战线实际建立、举国抗战新阶段的开始,同时提出了这一时期党的工作和抗日民族统一战线工作的新任务。

为了迎接全民族抗日的新形势,1937年5月2日至14日,中国共产党在延安召开了全国代表会议。5月3日,毛泽东在会上作了《中国共产党在抗日时期的任务》的报告,指出,日本的侵华,"在中国共产党和中国人民面前提出了中国的抗日民族统一战线和世界的和平阵线相结合的任务"。中国应当同友好国家"和那些在现时愿意保持和平而反对新的侵略战争的帝国主义国家建立共同反对日本帝国主义的关系"。抗日民族统一战线"是包括资产阶级及一切同意保卫祖国的人们的,是举国一致对外的"。(《选集》一,第253页)这就把中国的抗日民族统一战线对外的范围和对内的范围讲清楚了,从而讲清了国际和国内"谁是我们的朋友"的问题,同时也明确了谁是我们的敌人。而这正是统一战线要解决的首要问题。另外,他还提出了同一切反侵略国家结成反对日本的共同阵线即反日国际统一战线的任务,以及把抗日民族统一战线同反日国际统一战线结合起来的任务。

毛泽东还全面地向全党解释了"四项保证"的政策,指出:"这些保证,是必需的和许可的。因为只有如此,才能根据民族矛盾和国内矛盾在政治比重上的变化而改变国内两个政权敌对的状态，团结一致，共同赴敌。这是一种有原则有条件的让步，实行这种让步是为了去换得全民族所需要的和平、民主和抗战。然而让步是有限度的。在特区和红军中共产党领导的保持，在国共两党关系上共产党的独立性和批评自由的保持，这就是让步的限度，超过这种限度是不许可的。让步是两党的让步：国民党抛弃内战、独裁和对外不抵抗政策，共产党抛弃两个政权敌对的政策。我们以后者换得前者，重新与国民党合作，为救亡而奋斗。"（《选集》一，第258页）这里，毛泽东提到了有原则、有条件、有限度的让步。这种让步，是在统一战线工作中经常要作出的，因此，毛泽东实际上揭示出了统一战线工作中的一种工作方法和工作原则，具有普遍的指导意义。另外，毛泽东的这段解释，是对中国共产党最新提出的"五项要求"和"四项保证"所作出的我们至今所能见到的最为全面、最为深刻的解释，把为什么要让步、让步的原则、让步的结果、让步的目的都讲得很清楚，解释得很透彻，有利于统一全党对抗日民族统一战线新政策的认识。

报告还鲜明地提出了是"使无产阶级跟随资产阶级呢，还是使资产阶级跟随无产阶级呢?"这个统一战线中谁领导谁的问题，并指出："这个中国革命领导责任的问题，乃是革命成败的关键。""依现时的情况说来，离开了无产阶级及其政党的政治领导，抗日民族统一战线就不能建立，和平民主抗战的目的就不能实现。"（《选集》一，第262页）这是毛泽东首次提出抗日民族统一战线领导权的问题，以及要保持无产阶级及其政党在统一战线中的政治领导的问题。这是毛泽东统一战线思想的一个重要内容和鲜明特点，也是他对中国共产党抗日民族统一战线理论的一个独特建树和一个大的、新的贡献。

还是在这次会议上,5月8日,毛泽东又作了《为争取千百万群众进入抗日民族统一战线而斗争》的结论,其中指出,应看到近来国民党的一些变化,"从战争和屠杀的政策改变到改良和欺骗的政策,从硬的政策改变到软的政策,从军事政策改变到政治政策。为什么有这种改变?资产阶级和国民党处在日本帝国主义面前不得不暂时向无产阶级找同盟军,也和我们向资产阶级找同盟军一样"。我们"也从军事的变到政治的。我们不需要阴谋诡计,我们的目的在团结资产阶级和国民党中一切同情抗日的分子,共同战胜日本帝国主义"。(《选集》一,第273—274页)这里提出的"找同盟军"的问题,也是统一战线工作中的一个中心问题和经常性、普遍性问题。统一战线的目的就在于"找同盟军",统一战线中的各方都在"找同盟军",当对方"找同盟军"时,我方也要"找同盟军"。"找同盟军"是统一战线工作永恒的任务。因此,毛泽东这里指出的"找同盟军"问题,点出了统一战线工作的核心,是统一战线理论中的一个重要思想,对统一战线工作有重要指导意义。

在这个报告的最后,毛泽东提出了争取群众进入抗日民族统一战线的任务。他说:"我们的正确的政治方针和坚固的团结,是为着争取千百万群众进入抗日民族统一战线这个目的。""抗日民族统一战线的组成、巩固及其任务的完成……丝毫也不能离开这一争取群众的努力。如果经过这种努力而争取千百万群众在我们领导之下的话,那我们的革命任务就能够迅速地完成。"(《选集》一,第278—279页)这样,毛泽东又把群众路线贯彻到抗日民族统一战线工作中来,要求全党为争取千百万群众进入抗日民族统一战线而斗争。这是毛泽东抗日民族统一战线思想的一个特点、亮点和创新点,也是抗日民族统一战线和抗日战争之所以取得成功的一个根本点。

1937 年 6 月 23 日,毛泽东会见美国外交政策协会远东问题专家毕森等人,在回答他们关于抗日民族统一战线将怎样发展的问题时说:统一战线的构成,基本力量是工人阶级和农民阶级,小资产阶级在它的一翼,民族资产阶级在它的另一翼。他们有一些共同的东西,也有一些不同的东西,他们之间的分歧将导致曲折的斗争。统一战线的前途还会受到发生在国际舞台上的外部事件的影响。(《年谱》上,第 683 页)毛泽东在这里提出了两个观点:一是抗日民族统一战线的基本力量是工人农民,这是群众路线思想在统一战线思想中的体现;二是抗日民族统一战线的前途将受国际事件的影响,这体现出毛泽东的世界眼光和国际视野,体现出毛泽东抗日民族统一战线思想的国际观。

第八节　提出全面抗战、全民族抗战的思想

1937 年 7 月 7 日,卢沟桥事变爆发,日本开始全面侵华,中国抗战也进入全国抗战的新阶段。

事变发生后的第二天,以毛泽东为主要领导的中共中央即向全国发出宣言,指出:"只有全民族实行抗战,才是我们的出路。"并要求"立即开放全国民众的爱国运动,发扬抗战的民气。立即动员全国陆海空军准备应战","要求全国人民用全力援助神圣的抗日自卫战争"。(《选集》二,第 343—344 页)这就提出了"全民族抗战"这个思想,指出了实行全民族抗战的具体途径。

7 月 14 日,毛泽东电示正在两广联络抗战的张云逸,指出:"此时各方任务,在一面促成蒋氏建立全国抗战之最后决心(此点恐尚有问题);一面自己真正地准备一切抗日救亡步骤,并同南京一道做去。"(《年谱》中,第 3 页)这里又提出了"全国抗战"这一概念。

7月23日，毛泽东撰写《反对日本进攻的方针、方法和前途》一文，提出了包括"全国军队的总动员"，"全国人民的总动员"，"全中国人民、政府和军队团结起来，筑成民族统一战线的坚固的长城"等在内的抗日办法，并指出："民族战争而不依靠人民大众，毫无疑义将不能取得胜利。"（《选集》二，第346、348、347页）这些说的，也是指全民族抗战。

8月25日，中央政治局洛川会议通过了毛泽东为中共中央宣传部起草的宣传鼓动提纲《为动员一切力量争取抗战胜利而斗争》。其中说："卢沟桥中国军队的抗战，是中国全国性抗战的开始。"他批评一些国民党人"以为单纯的政府抗战便可以战胜日寇，这是错误的。单纯的政府抗战只能取得某些个别的胜利，要彻底地战胜日寇是不可能的。只有全面的民族抗战才能彻底地战胜日寇"。他提出了"彻底战胜日寇的十大救国纲领"，其中包括："动员全国陆海空军，实行全国抗战"，"动员全民族参战"，"在国共两党合作的基础上，建立全国各党各派各界各军的抗日民族统一战线，领导抗日战争"。他最后呼吁："抛弃单纯政府抗战的方针，实现全面的民族抗战的方针。"（《选集》二，第352—356页）这里又提出"全国性抗战""全面的民族抗战"等概念，并指出了"单纯政府抗战"与"全面的民族抗战"两种不同的方针。其中，"全面的民族抗战"的概念，应基本同于"全民族抗战"，即包括广大人民在内的全面抗战、全民族抗战。

9月1日，毛泽东在中央一级积极分子会议上作报告时指出，卢沟桥事变作为日本大规模进攻的开始，标志着"中国全国性抗战开始"，"但还是单纯的政府抗战，压制人民的积极性"，"全民抗战还没有到来，但非此不能战胜日本"。今后的任务在于按照十大纲领，"动员一切力量"，开展"全面的全民族的战争"。（《文集》二，第

8—9页）在这里，毛泽东认为，卢沟桥抗战虽然是"全国性抗战"的开始，但"全民抗战"还没有到来，今后还要争取"全面的全民族的战争"。由此我们可以看出，毛泽东是把"全国性抗战"同"全民抗战"或"全面的全民族战争"区别看待的，他是坚持"全民抗战"或全面抗战而反对单纯政府抗战和片面抗战的。

9月22日，国民党发表《中共中央为公布国共合作宣言》。这个宣言，是中共中央于本年7月15日提交给国民党的，提交后，中共为之作了很大努力，不待国民党公布，即把陕北红军改编为国民革命军第八路军，并开赴抗日前线，与国民党军队并肩作战。在中国共产党诚意的打动下，在日本对中国侵略不断扩大、急需中共军队支持国民党军队抗日的情况下，在国民政府首都面临日军进攻的紧张形势下，蒋介石决定加以公布，并于次日在庐山发表谈话，表示团结御侮的必要，承认中国共产党的合法地位。这标志着国共两党的第二次合作正式成立，也标志着以国共合作抗日为基础的抗日民族统一战线正式形成。这一成功，为全民族抗战或全面抗战局面的形成创造了条件，也对取得抗战胜利产生了决定性的作用。

9月29日，毛泽东写作《国共合作成立后的迫切任务》一文，指出："共产党的这个宣言和蒋介石氏的这个谈话，宣布了两党合作的成立，对于两党联合救国的伟大事业，建立了必要的基础。"现在，"两党的统一战线是宣告成立了，这在中国革命史上开辟了一个新纪元""将对于打倒日本帝国主义发生决定的作用"。他对抗日民族统一战线中的这一里程碑式的重大事件给予了高度评价。同时，他也对国共两党的统一战线给予了高度评价："现在两党重新结成的统一战线，形成了中国革命的一个新时期。""历史的车轮将经过这个统一战线，把中国革命带到一个崭新的阶段上去。"他说，目前，这个统一战线已经产生了重大影响，"最为显著的，就是全国性抗日战争的发动。这个抗战，就目前的情况说来，我们是不能满意的，因为它虽然是全国性的，却还限制于政府和军队的抗战"。毛泽东接着提出了新的任务、新的要求："两党的统一战线还需要发展。"如何发展呢？那就是把全国人民都加入统一战线中。他说：抗日民族统一战线"是全民族的统一战线"，"是各党各派各界各军的统一战线，是工农兵学商一切爱国同胞的统一战线。现在的统一战线事实上还停止在两个党的范围之内，广大的工人、农民、兵士、城市小资产阶级及其他许多爱国同胞还没有被唤起，还没有被发动，还没有组织起来和武装起来"。"单纯的政府和军队的抗战，是决然不能战胜日本帝国主义的。""统一战线没有民众充实起来，前线危机就无可避免地只会增大，不会缩小。""抗日需要一个充实的统一战线，这就要把全国人民都动员起来加入到统一战线中去。""我们应该把统一战线发展充实起来，把民众加进去。"（《选集》二，第 363—371 页）在这篇文章中，毛泽东既高度评价了国共两党统一战线形成的伟大意义，又对这种统一战线的当前情形有所不满，明确提出抗日统一战线应该是全民族的统一战线，应该把广大人民加进去，从而鲜明地反对单纯依靠政府和军队抗战的片面抗战方针和片面统一战线方针，明确地提出同时也要依靠民众、把民众加进去的全面抗战方针和全面统一战线方针。

为了建立全面的抗日民族统一战线，毛泽东作了很多布置。

八路军开赴山西与国民党共同抗日后，在忻口战役中，国民党也将 10 个团的右翼晋军暂归八路军统一指挥。1937 年 10 月 4 日，毛泽东专门电示八路军师以上负责人："我们对于国民党交给我们指挥之部队，应采取爱护协助态度，不使他们担任最危险的任务，不使他们给养物资缺乏。对作战应使他们主要打几个小胜仗，对动员民众应详告以政策、方法,对他们多取商量,表示殷勤爱护之意,力戒轻视、忽视、讥笑、漠不关心及把他们置于危险地位等错误态度。"(《年谱》中,第 28 页)这种对友军的真心关爱,显示出毛泽东和中国共产党人的博大政治胸怀和高尚政治情操,显示出毛泽东对加入统一战线的原来敌对方面的真诚关心和对维护统一战线团结的满腔诚意。宁让自己吃亏,也不能让盟友吃亏,不容轻视、忽视、讥笑、损害盟友,这种统一战线的工作方法,不仅对抗日民族统一战线,而且对任何时候的统一战线工作都有着普遍的适用价值和指导意义。根据毛泽东的这一指示精神,后当娘子关告急时,八路军第 129 师救出了被日军包围的国民党军 1000 多人。

10 月 5 日,毛泽东致电去新疆执行统战任务的周小舟,批评他在工作中"存在着某种程度上的轻躁、粗率与骄傲的作风"。告诉他"改变的方向是用谨慎、周密与谦逊的态度去观察问题,去处理工作,去待人接物,特别在统一战线工作中须严格采这样的态度"。(《年谱》中,第 29 页)为了在统一战线工作中争取到更多的盟友,毛泽东批评了党内同志的轻率骄傲态度,要求他们在统战工作中严格地采取"谨慎、周密与谦逊的态度"。这种态度,不管对任何从事统一战线工作的人,不管对任何时候的统一战线工作,都是必要的,也都是有益的。

10 月 15 日,毛泽东领衔复电八路军负责人,指出:"在一切汉奸分子中,首先应坚决没收大地主,而对中层分子之为汉奸者,在未得民众同意以前,不应急于没收。工农中有被迫为汉奸者,应取宽大政策,以说服教育为主。这是统一战线中的阶级路线,有向全体明确说明的必要。"(《年谱》中,第 30 页)对汉奸只没收大地主,而不没收中层地主;对工农出身的汉奸,更以说服教育为主。这就对汉奸也采取了区别对待的政策,这种统一战线中的阶级路线,能最大限度地分化瓦解敌人。

10月19日，毛泽东领衔致电在山西的周恩来等，指示他们：在山西须坚持与阎锡山合作，不参加任何倒阎阴谋。(《年谱》中，第33页)这再次显示出毛泽东对抗日民族统一战线的诚意和切实维护。

10月25日，毛泽东在和英国记者贝特兰谈话时指出，中国共产党在全面抗战爆发前，就已要求政府"动员全体民众加入抗日战线"，并说，对于"相信不动员民众也可以抵抗日寇的人们，我们曾经反复地指出了他们的错误"。他还把中国共产党在全面抗战爆发前后的政策方针，总结为一句话："全面的、全民族的抗战。"(《选集》二，第373—374页)这就非常明确地提出了"全面抗战""全民族抗战"这个方针。在回答关于中国抗战的教训时，毛泽东指出："这次参战的地域虽然是全国性的，参战的成分却不是全国性的。""从参战的成分说来则是片面的，因为抗战还只是政府和军队的抗战，不是人民的抗战。"抗日的战争"而不带群众性，是决然不能胜利的"。(《选集》二，第375页)这也明确地把国民党只依靠政府和军队而不发动民众的抗战，归结为"片面的"抗战。

1937年10月，毛泽东在《目前抗战形势与党的任务报告提纲》中，对扩大与巩固以国共合作为基础的抗日民族统一战线问题作了系统阐述，指出："统一战线内各党各派合作的目的是：'互相帮助、互相发展'，不是谁领导谁。""我们对同盟者工作方法：1.切实的具体的帮助，多采取建议的方法；2.依照他们觉悟的程度与迫切的需要，提出适当的要求与口号，不要太高太左；3.善意的批评，也应该赞扬他们的好处；4.利用群众的力量的推动，即自下而上的推动，但不是对立。"这些工作方法，对各时期的统一战线工作皆有指导意义。他还说："共产党不但要在抗日问题上与国民党合作，而且要在实现三民主义建立新中国上同国民党合作。因此这是一个长期的几十年的合作,而不是一个时期的合作或玩弄手腕。"(《文集》二,第53页)这是毛泽东对党内的讲话,而非对外的表态,益见毛泽东对国共合作和抗日民族统一战线是非常真诚的,而不是玩弄政治手腕的。

1937年11月8日,日军进占太原;12日,又占领上海。中国南方、北方两个大城市,在国民党军队组织的两场大规模抗战中,4天之内连续失守。11月12日,毛泽东在延安中国共产党活动分子会议上作《上海太原失陷以后抗日战争的形势和任务》报告,开头便明确指出:"我们赞助一切反对日本帝国主义进攻的抗战,即使是片面的抗战。""但是我们早就指出:……不要人民群众参加的单纯政府的片面抗战,是一定要失败的。""我们主张全国人民总动员的完全的民族革命战争,或者叫作全面抗战。因为只有这种抗战,才是群众战争,才能达到保卫祖国的目的。""国民党主张的片面抗战,……是一定要引导战争趋于失败的,是决然不能保卫祖国的。""这是共产党的抗战主张和现时国民党的抗战主张的原则分歧。如果共产党员忘记了这个原则性,他们就不能正确地指导抗日战争,他们就将无力克服国民党的片面性。""目前是处在从片面抗战到全面抗战的过渡期中。片面抗战已经无力持久,全面抗战还没有来到。"国民党主持全国抗战5个月来的失败,使毛泽东看到了国民党的片面抗战路线不能取得抗日胜利,看到了在中国抗战中存在着国民党片面抗战路线与共产党全面抗战路线的原则分歧,看到了必须坚持全面抗战路线才能取得抗日胜利。因此,他尖锐地提出了片面抗战一定失败,只有实行全面抗战,才能保卫祖国的问题,并尖锐地指出了这两种抗战路线的原则分歧。同时,他还提出应该"结束片面抗战,代以全面抗战"。(《选集》二,第387—389

页)毛泽东提出的全面、全民族抗战路线,高扬爱国主义旗帜,以打败侵略者、保卫祖国为最高利益,坚持了群众路线和人民战争思想,反映了广大人民群众的迫切要求,得到了全国广大人民群众的拥护支持,成为指引敌后抗战和中国抗战取得胜利的一面旗帜。不过,毛泽东的这个提法,在当时受到党内一些具有右倾思想的人的反对,直到大约一年后中共六届六中全会召开,全党的认识才基本统一到毛泽东的这些认识上来。

11月13日,为了团结各方面实现全面抗战,毛泽东致电八路军总部,指示在山西的"正规战争结束"后,"红军任务在于……坚持华北游击战争,……发动民众,收编溃军,扩大自己,……多打小胜仗,……用以影响全国,……实现全面抗战之新局面"。(《年谱》中,第39页)要求八路军为实现全面抗战而发动民众,打人民战争。

12月6日,毛泽东领衔电示朱德等,"日寇正在进攻我军,企图引诱阎锡山及国民党之中右派分裂抗日阵线。我们无论在友军区域及敌人后方,均应执行统一战线的策略为基本方针,破坏敌人阴谋"。(《年谱》中,第41—42页)

1938年2月19日,毛泽东在中央常委会上听取绥米五县警备区工作的报告后,提出在扩兵、粮饷等问题上,要注意到统一战线各方面的关系。(《年谱》中,第52页)

1938年5月,毛泽东在《论持久战》中,再次强调:"抗日民族统一战线是全军全民的统一战线,决不仅仅是几个党派的党部和党员们的统一战线;动员全军全民参加统一战线,才是发起抗日民族统一战线的根本目的。"(《选集》二,第513页)

全面抗战、全民族抗战的思想,不但是毛泽东抗日统一战线思想中的闪光点和突出点,而且是毛泽东抗战思想中的闪光点和突

出点,是群众路线和人民战争思想在其中的体现。在全面抗战爆
发后不久,毛泽东便提出了这一思想,并在其后的整个抗战时期一
直不断地坚持和实施,从而在中国抗战中,高扬起了一面不同于国
民党当局的抗战旗帜。整个抗战的实践证明,这是一面胜利的旗
帜,光辉的旗帜。

第九节　提出三个反侵略的统一战线的思想

　　1938 年 2 月 11 日,毛泽东在延安反侵略大会上发表演说,指
出,世界上"现在有三个反侵略的统一战线:中国的统一战线,世界
的统一战线,还有一个是日本的统一战线,在日本有广大人民群众
不赞成他们政府侵略中国,正在组织反侵略的统一战线。这三个
统一战线的目标是一样的,就是一致反对日本帝国主义的侵略战
争"。正因为有了这三个"统一战线相遇合",所以,"中国的抗战一
定可以取得最后的胜利"。(《文集》二,第 90 页)这里明确地提出
了三个反对日本侵略的统一战线的思想,指出了当时世界上有这
三个统一战线存在的事实,实际上也提出了我们应争取这三个统
一战线成功的任务和努力方向。这体现出毛泽东的国际视野和世
界眼光,他不但要团结全中国的抗日力量,而且要团结全世界的抗
日力量,特别是团结日本的反侵略力量。毛泽东不愧为一位世界
级的政治大师,他不但利用国内的一切力量,而且利用国际的一切
力量来抗日。这充分体现出毛泽东的高明之处和过人之点。

　　3 月 3 日,毛泽东在对陕北公学毕业同学的临别赠言中再次指
出,现在"世界上有三个统一战线——国际的、中国的以及日本国
内的","这三个统一战线互相配合起来","可以打倒日本帝国主
义"。针对陕公从武汉来的一个同志所说的外面对中国抗战的公

式，"就是卢变以来，中国一定会得到最后胜利的"公式，毛泽东指出这个公式在胜利之前"中间还差一段文章"，因而他提出了自己的公式："中国的团结＋世界的援助＋日本国内的困难＝中国的胜利。"（《文集》二，第105、109页）这个公式中所列的三个制胜条件，实际上也可以说是前文说到的三个统一战线。这个抗战胜利公式，可以称作"毛氏公式"，公式把三个统一战线的相加，作为中国抗战胜利的结果。可见他对统一战线在中国抗战中的作用的重视。

1938年5月毛泽东在《论持久战》的结论中说："在什么条件下，中国能战胜并消灭日本帝国主义的实力呢？要有三个条件：第一是中国抗日统一战线的完成；第二是国际抗日统一战线的完成；第三是日本国内人民和日本殖民地人民的革命运动的兴起。""三个条件中，中国人民的大联合是主要的。"（《选集》二，第513页）他再次强调，三个统一战线是战胜日本的条件，三个条件中，中国的抗日民族统一战线是最主要的。

7月2日，毛泽东同世界学联代表团谈话。在回答中国是否有条件可以缩短抗战的时间这个问题时，毛泽东说："要缩短战争时间，必须加强三个条件。第一个条件，是中国的统一战线更加巩固与扩大，这是基本的。"第二个条件，"是日本国内人民的帮助"，"还有一个条件，是世界各国的帮助"。"中国、日本、世界各种反法西斯的势力是互相影响的，互相帮助的。""世界是一个整体，这是现在世界政治的特点。这三个条件多具备一分，则战争时间就能缩短一分。"（《文集》二，第133页）毛泽东再次把三个统一战线作为缩短中国抗战时间的条件。特别是他清晰地认识到并明确地指出，世界是一个整体，中国抗战不只是中国的事，而且与世界相关，可以运用并善于运用世界上的所有反日力量。

第十节　提出统一战线中统一与斗争的思想

武汉失守前一个月左右,1938 年 9 月 24 日,毛泽东在中共中央政治局会议上,分析了武汉即将失陷后的形势:抗日战争将开始进入一个新的阶段——相持阶段,抗日民族统一战线也将进入一个新的发展阶段。他预见到在这一阶段,国共之间的磨擦将会增加,因而,他论述了统一战线中统一与斗争的辩证关系:统一战线中统一是基本的原则,要贯彻到一切地方一切工作中,任何时候任何地方不能忘记统一;同时不能不辅助之以斗争的原则,因为斗争正是为了统一,没有斗争不能巩固与发展统一战线。(《年谱》中,第 92—93 页)这就为后来共产党与国民党顽固派的反磨擦斗争提供了理论,也事先为国共之间的磨擦斗争打了预防针。

1939 年 1 月 21 日至 30 日,国民党召开五届五中全会,确定了"溶共、防共、限共、反共"的方针,会后并加紧了反共活动。这不仅证明了 4 个月前毛泽东的预见,而且也埋下了后来国共一系列磨擦的火种。2 月 5 日,毛泽东在中央党校作《反对投降主义》的讲话时,针对国民党的防共政策再次明确指出,统一与斗争是统一战线的原则问题,统一是统一战线的第一个的基本的原则;斗争是统一战线的不可缺少的原则。同时并针锋相对地提出 16 字原则:"人不犯我,我不犯人;人若犯我,我必犯人。"(《年谱》中,第 111 页)这个 16 字原则,后来成为抗战时期共产党对待国民党磨擦的一贯方针。

1 月 28 日,毛泽东在第 18 集团军延安总兵站检查工作会议上讲话时进一步指出:"统一战线里是一定有磨擦的。""因为讲统一,起码是两个以上才有可能"，"两个手掌就拍得响了，磨擦就难免的。统一战线有一万年，磨擦也有一万年，有统一战线就有磨擦存在。因为有不同，所以有磨擦"。"他要磨擦，我们就反磨擦。"(《文集》二，第151—152页)他用对立统一规律解释了统一战线中磨擦存在的必然性，解释了在抗日统一战线工作中坚持既团结统一又斗争反对磨擦的必要性。

2月8日，毛泽东在中央书记处会议上听了关于华北华中磨擦问题的报告后说："国民党对我们的磨擦是取消我们已有的力量。只有我党力量增强才能巩固统一战线。要国民党进步没有斗争是不行的。今天对党内教育，必须注重斗争是不可少的，要教育党员如何团结同盟者及如何与同盟者斗争。"(《年谱》中，第112页)他在这里提出的"如何团结同盟者及如何与同盟者斗争"的问题，是统一战线中的普遍性问题，是统一战线中不同利益的各方面相处的必然结果，是任何时候都会出现、更是需要注意的问题。只注意一面而忽视另一面，就会吃大亏。

面对国民党顽固派的磨擦，毛泽东在强调斗争的同时，也强调联合。2月28日，毛泽东在中央书记处会议上分析：国民党的磨擦倾向也是错综曲折的，国民党中主张联共同时又防共的占多数，我们要增加左翼，争取中间派。阻止磨擦危险倾向的发展，我们的主要方针是争取国民党的大多数，争取中央军，发展八路军、游击队，要我们有力量造成抗战的局面。(《年谱》二，第115—116页)他仍然把争取中间派、争取大多数，保持团结、联合与统一，放在抗日民族统一战线的首位，同时也强调要发展自己，让自己有能力造成抗战局面。

6月10日，毛泽东在延安党的高级干部会议上指出，国民党五中全会后，在河北、山东，特别是在陕甘宁边区所进行的磨擦，是必须给以坚决抵抗的,但必须严格站在自卫立场上,绝不能过此限度。他强调:"统一不忘斗争,斗争不忘统一,二者不可偏废,但以统一为主,'磨而不裂'。"(《年谱》二,第129页)这里,他为反磨擦画出了一条底线:自卫。即反磨擦不能超过自卫,不能主动进攻。超过自卫的反磨擦则会破坏统一战线。统一战线以统一为主,反磨擦不能造成统一战线的破裂。他提出的"统一不忘斗争,斗争不忘统一""以统一为主"的原则,也成为后来抗战期间中共在抗日民族统一战线工作中的指导思想。

8月24日,毛泽东在中央政治局会议上指出,目前一切策略的出发点不要脱离国民党的大多数。在国民党退步、妨碍统一战线开展时的危险,是怕反磨擦破坏统一战线,不知道反磨擦的必要,忘记了区别性;在磨擦到尖锐时的危险,可能最容易忘记同一性,忘记三民主义与统战策略。(《年谱》二,第136页)这里,毛泽东提出了统一战线的"同一性"和"区别性"问题,并指出了什么时候应讲同一性,什么时候应讲区别即斗争性。毛泽东真不愧是哲学大师,善于从哲学高度去总结、去看问题;也不愧是政治大师,知道何时该进、何时该退。

1939年9月16日,毛泽东和中央社、扫荡报、新民报三记者谈话。在回答共产党对待磨擦态度时,他说:"我们根本反对抗日党派之间那种互相对消力量的磨擦。但是,任何方面的横逆如果一定要来,如果欺人太甚,如果实行压迫,那末,共产党就必须用严正的态度对待之。这态度就是:人不犯我,我不犯人;人若犯我,我必犯人。但我们是站在严格的自卫立场上的,任何共产党员不许超过自卫的原则。"(《选集》二,第590页)这就比较全面地表述了共产党对磨擦的一反对、二不怕、三不超过自卫的态度。从这里我们可以看到毛泽东在抗日民族统一战线中的斗争立场和原则。

1940 年 3 月 25 日,毛泽东起草中央书记处及军委给八路军各部和各中央局负责人的指示,要求对"向我磨擦者","切忌轻易戴大帽子。并应使干部明白,所谓国共合作,主要就是同中央军合作,我全体干部在加强对一切军队的团结说服工作中,要特别着重对中央军的团结说服工作。现当整个西北、华北的反磨擦军事斗争告一段落之时,各方亟应加紧这种统一战线工作"。(《文集》二,第 277 页)4 月 1 日,毛泽东再为中央及军委起草给八路军、新四军负责人的电报,指示鲁南、胶东部队"须极力争取中间势力,对一切尚能与我合作抗日之部队及虽然不好但尚未向我进攻之部队,均须极力联络,不得侵犯其一人一枪"。(《文集》二,第 280 页)4 月 12 日,他又代中央书记处及军委起草给新四军、八路军各负责人电报,指示他们对有关部队附近的国民党军队采取如下方针:"(一)直接派人或间接托人或公开寄信发传单,表示我们完全不愿意同他们磨擦,请他们顾全大局,保存友谊,以免两败俱伤,渔人得利。""(二)当他们迫于某方命令向我进攻时,我应在不妨害自己根本利益条件下,先让一步,表示仁至义尽,并求得中途妥协,言归于好。""(三)当他们不顾一切向我进攻妨碍我之根本利益时,我应对其一部分给以坚决打击作为警告,打后仍求得互相妥协。""(四)只有中间派转变成了坚决的不可变化的顽固派,……才采取完全决裂政策,坚决、彻底、干净、全部消灭之。""中央军对我进攻时亦须同样采取此方针。"(《文集》二,第 284—285 页)

从上面 3 封电报中,我们又一次看出毛泽东对抗日统一战线对象"统"的意愿和诚心,也更看出毛泽东对磨擦者的斗争态度实属不得已而为之,看出毛泽东对顽固派斗争有理、有利、有节的高超艺术。

1940 年 7 月 13 日，毛泽东在延安高级干部会议上，再次强调了统一战线中的"团结与斗争问题"，指出："1. 我们历来是强调团结的，今后还是一样——对付一切抗战派。2. 我们历来是强调斗争的，今后还是一样——对付一切投降派。3. 我们又强调团结又强调斗争——对付一切又抗日又反共的顽固派。4. 有时强调团结，有时强调斗争——依顽固派的态度是团结为主还是反共为主而定。5. 斗争为了团结——为了延长合作时间。6. 不论哪一方面（政治、军事、文化），目前时期都以团结为主。但不论哪一方面，都同时有斗争。因为国民党顽固派的反共政策是没有变化的。"（《文集》二，第 290—291 页）这一段论述，用毛泽东自己这次讲话中的一句话来说，真是充满了"活泼的辩证法的观点"。（《文集》二，第 291 页）团结还是斗争，完全取决于统战对象的态度。共产党对国民党之所以要斗争，根本在于国民党采取反共或投降政策。

在这次讲话中，毛泽东把"抗日民族统一战线"确定为抗日时期中国共产党的"战略策略"，并指出："有四种形式的统一战线——1. 在国民党统治区域：在野的与在朝的统一战线。2. 在八路军与新四军区域：我们与其他党派、阶级在政权内的统一战线。3. 国民党政权与我们政权之间的统一战线。4. 在敌人占领之大城市：下层统一战线。"（《文集》二，第 290 页）这四种形式，实际上指出了抗日民族统一战线的四个方向、四方面内容、四方面任务，进一步丰富了抗日民族统一战线工作理论。

在这次讲话结束时，毛泽东指出："加紧争取同盟军又不失自己立场的策略教育是必要的，老大与形式主义都是无用的。""有用的是用马克思主义观点研究具体环境与具体策略。"（《文集》二，第 292 页）这又提出了统一战线工作中的一些重要原则和方法：第一，

"争取同盟军又不失自己立场";第二,不要唯我独尊当老大;第三,要用马克思主义的辩证的观点去研究具体环境、具体对象,分别运用具体策略。

第十一节　提出统一战线是"三大法宝"之一的思想

1939年7月9日,毛泽东向即将开赴抗日前线的陕北公学学生们,送了"三大法宝"。第一个法宝是统一战线。他说:对于投降分子闹分裂,我们一定要坚持抗日民族统一战线,凡是可以多留一天的,我们就留他一天,能够争取他半天一夜都是好的,甚至留他吃了早饭再去也是好的。从规定革命力量的相当布置计划,决定无产阶级的主要打击方向这一点来说,抗日民族统一战线是战略的,它规定战略任务,调动同盟军。其他两个法宝,一个是游击战争,一个是团结。(《年谱》中,第132页)这里,毛泽东把统一战线看作取得抗战胜利的法宝,而且是第一大法宝,因为抗日民族统一战线是战略的,是决定打击方向和调动同盟军的。这段话,充分反映了毛泽东对抗日民族统一战线的重视程度和真心坚持的态度。

10月4日,毛泽东在为《共产党人》写的发刊词中,再次把统一战线列为"三大法宝"之首。他说:"统一战线,武装斗争,党的建设,是中国共产党在中国革命中战胜敌人的三个法宝,三个主要的法宝。"(《选集》二,第606页)在这里,他不但把统一战线看作争取抗日胜利的第一法宝,而且看作是中国革命中战胜敌人的第一法宝。他总结了中国共产党建立18年来无产阶级同其他阶级的统一战线在三种不同阶段的不同发展情况,并总结出六条规律。他指出,党既要反对统一战线中的"左"倾关门主义,又要反对当资产阶级尾巴的右倾机会主义。他分析了中国资产阶级的"二重性"，并指出由此便确定了中国共产党同资产阶级既联合又斗争的政治路线。"所谓联合，就是同资产阶级的统一战线。所谓斗争，在同资产阶级联合时，就是在思想上、政治上、组织上的'和平'的'不流血'的斗争；而在被迫着同资产阶级分裂时，就转变为武装斗争。"如果党在一定时期不同资产阶级联合，党就不能前进；如果党不知道同资产阶级在联合时也要斗争，党就会瓦解。（《选集》二，第 608页）这篇文献，从党的历史发展角度，对统一战线作了更加系统、更加深刻、更具理论性的论述，让人们对统一战线的历史、规律、原则等认识得更加清楚。

正因为毛泽东如此看重统一战线，因而他十分注意维护统一战线。1939 年 11 月 1 日，毛泽东领衔电示陈毅："凡不积极反共之国党、国府、省府人员及地方绅士，均应采取协作政策，望通知部队及地方党实行。"（《年谱》中，第 145 页）12 月 1 日，毛泽东又亲自为中央起草《关于吸收知识分子问题的指示》，要求大量吸收知识分子。1940 年 1 月 10 日，毛泽东在中央政治局会议上指出，南方工作要加紧争取中产阶级，争取时局好转。争取中产阶级的工作大有文章可做。（《年谱》中，第 160 页）2 月 14 日，《新中华报》发表毛泽东起草的第 18 集团军富甘警备区司令部、政治部布告，声明富县、甘泉属于陕甘宁边区 23 县范围，本军奉命驻防，保卫边区，对于友军维持统一战线，实行互不侵犯。（《年谱》中，第 171 页）3 月 5 日，毛泽东领衔电示王震："榆林一带是……中间势力的集中地，我们的政策是极谨慎地争取这些中间势力。""在何绍南走后，你的态度要放和缓些，十分注意不要失去中间派绅士的同情。对友军、对绅士和对顽固派完全不同。"（《年谱》中，第 176 页）

第十二节　提出抗日民族统一战线政权
"三三制"的思想和"发展进步势力、
争取中间势力、反对顽固势力"的策略

1940 年 2 月 21 日，毛泽东领衔电示贺龙等："注意吸收一批不左不右之中间派人士参加政府与文化经济工作，以便争取他们，任何党外机关只要保证我们及左派的领导就行了。"(《年谱》中，第174 页)首次提出了吸收中间派人士参加抗日边区政府的要求。

3 月 6 日，毛泽东为中央起草了关于抗日根据地的政权问题的党内指示，指出："在抗日时期，我们所建立的政权的性质，是民族统一战线的。""是一切赞成抗日又赞成民主的人们的政权，是几个革命阶级联合起来对于汉奸和反动派的民主专政。""根据抗日民族统一战线政权的原则，在人员分配上，应规定为共产党员占三分之一，非党的左派进步分子占三分之一，不左不右的中间派占三分之一。"指示强调："上述人员的分配是党的真实的政策，不能敷衍塞责。为着执行这个政策，必须教育担任政权工作的党员，克服他们不愿和不惯同党外人士合作的狭隘性，提倡民主作风，遇事先和党外人士商量，取得多数同意，然后去做。同时，尽量地鼓励党外人士对各种问题提出意见，并倾听他们的意见。"(《选集》二，第741—743 页)抗日政权中三部分人各占三分之一的原则，后被称为"三三制"。这一原则提出后，各抗日根据地政权都按此原则，吸收了相应比例的非党进步分子和中间人士参加。这一统一战线政策的实行，使敌后根据地的抗日民主政权具有更加广泛的代表性和更加宽阔的政权基础，共产党和抗日政权对中间派的吸引更加有力，敌后抗日民族统一战线更加牢固。毛泽东能够把本党政权中

相当部分职位拿出来让给非党人士担任,并教育本党党员善与党外人士合作,倾听他们意见,足以显示出他的博大政治胸怀和扩大抗日民族统一战线的诚意与努力。

3月11日,毛泽东在延安中国共产党高级干部会议上指出:"抗日战争胜利的基本条件,是抗日统一战线的扩大和巩固。而要达此目的,必须采取发展进步势力、争取中间势力、反对顽固势力的策略。这是不可分离的三个环节,而以斗争为达到团结一切抗日势力的手段。在抗日统一战线时期中,斗争是团结的手段,团结是斗争的目的。以斗争求团结则团结存,以退让求团结则团结亡,这一真理,已经逐渐为党内同志们所了解。"(《选集》二,第745页)这里,他把统一战线的策略,概括为简单易懂的三句话:发展进步势力,争取中间势力,反对顽固势力。这是任何时候、任何地方的统一战线工作都应该坚持的三个方针和三种着力方向,对统一战线工作有着重要的指导意义。同时,又用两句话非常简明地讲清了抗日统一战线时期团结与斗争的关系:斗争是团结的手段,团结是斗争的目的。特别是还用两句非常辩证的话讲清了求团结的方法及其结果:以斗争求团结则团结存,以退让求团结则团结亡。这些道理,说得非常浅显通俗,又明白易记,后来成为统一战线工作中人们常用的名言警句。

讲话中,他又一次讲到了抗日根据地的政权问题,再次强调了抗日政权人员分配上的"三三制":"共产党员占三分之一,他们代表无产阶级和贫农;左派进步分子占三分之一,他们代表小资产阶级;中间分子及其他分子占三分之一,他们代表中等资产阶级和开明绅士。只有汉奸和反共分子才没有资格参加这种政权。这种人数的大体上的规定是必要的,否则就不能保证抗日民族统一战线政权的原则。"(《选集》二,第750—751页)

他还根据反磨擦斗争特别是打退第一次反共高潮的经验,从对抗日的态度上,首次对大资产阶级与民族资产阶级、亲日派大资产阶级与英美派大资产阶级、大地主与中小地主及开明绅士加以明确的区分。指出,中等资产阶级和开明绅士,都是抗日统一战线中的中间势力。并指出:"争取中间势力是我们在抗日统一战线时期的极严重的任务",对中间势力必须采取十分慎重的态度。他阐述了同顽固派斗争的原则,即"有理""有利""有节",对统一战线中又团结又斗争的策略原则作了进一步发挥和具体化。(《选集》二,第747—750页)

4月21日,毛泽东电示刘少奇等:"目前中心是在淮南铁路以东,……广泛发动民众,建立……抗日民主政权,团结广泛小资产分子及开明绅士加入政权,切不可由我一党包办。"(《年谱》中,第188页)

5月4日,毛泽东起草中央给东南局和新四军分会关于《放手发展抗日力量,抵抗反共顽固派的进攻》的指示,指出:"在国民党反共顽固派坚决地执行其防共、限共、反共政策,并以此为投降日本的准备的时候,我们应强调斗争,不应强调统一,否则就会是绝大的错误。因此,对于一切反共顽固派的防共、限共、反共的法律、命令、宣传、批评,……均应采取坚决斗争的态度。这种斗争,应从有理、有利、有节的原则出发,也就是自卫的原则、胜利的原则和休战的原则,也就是目前每一具体斗争的防御性、局部性和暂时性。"(《选集》二,第754页)"斗争是克服投降危险、争取时局好转、巩固国共合作的最主要的方法。""在应付可能的全国性的突然事变的问题上,也只有采取斗争的方针,才能使全党全军在精神上有所准备,在工作上有所布置。否则,就将再犯一九二七年的错误。""我们的任务,是坚持地猛力地执行中央'发展进步势力''争取中间势力'‘孤立顽固势力’这三项唯一正确的方针,用以达到克服投降危险、争取时局好转的目的。"(《选集》二,第755页)从这个内部指示中我们可以看出,毛泽东在抗日民族统一战线中强调斗争的根本原因,第一在于国民党在抗日的同时又推行防共、限共、反共的政策,并由此而发动一起起杀害共产党人、进攻共产党敌后抗日根据地的磨擦事件。第二在于1927年第一次国共合作中,党中央对国民党的反共事件未予反击、不敢斗争而吃了大亏,给了毛泽东和其他中央领导人以严重的教训。我们绝不能把毛泽东强调斗争看作主动挑起矛盾或激化矛盾,而应看作毛泽东根据历史经验和现实情况而作出的应激反应。而且即使是应激反应,毛泽东仍然始终是把握度、坚持底线和原则的,这个度、底线和原则就是自卫,就是有理、有利、有节,就是防御性、局部性、暂时性,其目的仍是巩固统一战线、争取时局好转。正因如此,毛泽东再次告诉他们:"在抗日战争中,我们在全国的方针是抗日民族统一战线的。在敌后建立民主的抗日根据地,也是抗日民族统一战线的。"并叮嘱他们:"中央关于政权问题的决定",即"三三制"原则,"你们应该坚决执行"。(《选集》二,第756页)这也再次说明毛泽东是始终维护并严格要求所属坚决执行抗日民族统一战线的,他的斗争策略并非破坏抗日统一战线。特别是联系几个月后的皖南事变,新四军在北行途中突遭国民党军伏击、损失六七千人这一惨案来看,毛泽东在这个指示中所说"在应付可能的全国性的突然事变的问题上,也只有采取斗争的方针,才能使全党全军在精神上有所准备,在工作上有所布置。否则,就将再犯1927年的错误"一段话,是多么正确和准确,又是多么具有针对性和预见性!

5月29日,毛泽东在中央书记处会议上听取了朱德关于国共磨擦问题的报告后说:我们还要努力争取中间势力,对顽固势力也要争取与分化，即使打了他们，也还要争取他们。不能把顽固派当作汉奸打，把中间派当作顽固派打。我们要大大组织进步势力和中间势力，这就必须有统一战线的办法，如实行"三三制"的政权等，同时在理论上也要多作说明。(《年谱》中，第192页)对顽固派也要作争取分化，这就更进一步扩大了争取和发展的对象，缩小了打击面，更利于抗日统一战线的扩大。从这次讲话中我们可以看出，"三三制"政策的提出和实施，以及一段时间以来毛泽东对统一战线理论的深化，都是为了进一步组织进步势力和中间势力，扩大抗日队伍。

为了贯彻上述政策，6月11日，毛泽东领衔电示王震：对国民党驻洞峪岔的高双成部队决不能打。绥德、清涧、安塞、吴堡等四县应建立抗日民族统一战线政权，县政府及专员公署人员分配实行"三三制"。(《年谱》中，第194页)

7月5日，毛泽东为延安《新中华报》写的文章《团结到底》发表。文章指出，"一切共产党员须知：我们发起了抗日民族统一战线，我们必须坚持这个统一战线"。"共产党人不许可同人家建立无原则的统一战线，因此，必须反对所谓溶共、限共、防共、制共的一套。""但同时，任何共产党员也不许可不尊重党的统一战线政策"，"必须在抗日原则下团结一切尚能抗日的人"。"为此目的，在政权问题上，我们主张统一战线政权，既不赞成别的党派的一党专政，也不主张共产党的一党专政，而主张各党、各派、各界、各军的联合专政，这即是统一战线政权。共产党员在敌人后方消灭敌伪政权建立抗日政权之时，应该采取我党中央所决定的'三三制'，不论政府人员中或民意机关中，共产党员只占三分之一，而使其他主张抗日民主的党派和无党派人士占三分之二。无论何人，只要不投降不反共，均可参加政府工作。任何党派，只要不投降不反共

的,应使其在抗日政权下面有存在和活动之权。"在军队问题上,
"凡不向八路军新四军举行军事磨擦的军队,应一律采取友好态
度。即对某些举行过磨擦的军队,在其停止了磨擦之时,亦应恢复
友好关系"。"其他财政、经济、文化、教育、锄奸各方面的政策",也
都"实行统一战线政策"。(《选集》二,第 760—761 页)这样,在全
面抗战即将三周年之际,毛泽东和中共中央又对抗日民族统一战
线政策进行了新的调整,对国民党作出了更大的让步。

　　7 月 7 日,中共中央发表了《关于目前形势与党的政策的决
定》,对中间势力的成分作了新的补充,包括国民党中的多数党员,
中央军中的多数军官,多数的杂牌军,中等资产阶级,中小地主及
开明绅士,上层小资产阶级,各抗日小党派。之前一天,毛泽东在
延安高级干部会议上讲述这个决定时说:"中间势力观念在党内尚
未普遍,这是要注意纠正的。"我们的"任务在争取一切可能好转的
部分,争取国民党主体(即蒋介石)延长合作时间而孤立与驱逐一
切投降派"。他强调全党应加强统一战线教育,指出:"以前一时期
强调斗争教育是必要的,否则不能达到反磨擦的胜利。""现在主要
的问题是放松了统一战线的策略教育。决不能把复杂的问题简单
化,有理有利有节的原则是重要的。国民党一打一拉的政策我们
应该学习。"(《年谱》中,第 198 页)他强调的"不能把复杂问题简单
化"和"有理有利有节"的斗争原则,在统一战线中是具有普遍意
义的。

　　8 月 8 日,毛泽东在中央政治局会议上说:"利用矛盾,联合多
数,反对少数的策略,是从大革命、苏维埃、抗日三个时期总结出来
的。中间势力问题是一个中心问题,现在注意了中间势力。"(《年
谱》中,第 201 页)这又提出了统一战线中"利用矛盾,联合多数,反
对少数"的策略原则,并把争取中间势力作为统一战线的中心问

题,这都具有普遍的指导意义。

8月28日,毛泽东领衔电示山东党政负责人:"开展山东统一战线,采取纯粹自卫原则,减少军事磨擦。""更努力地从政治上争取中间派,孤立顽固派。"(《年谱》中,第205页)把争取中间派落到对地方工作的指导中。

9月11日,毛泽东在中央政治局会议上说:目前,我们的方针,是团结与争取进步派、中间派,分化顽固派,争取可能变化的顽固派,反对投降派,以争取时局的初步好转。(《年谱》中,第207页)再次把"争取可能变化的顽固派"作为抗日统一战线的方针之一。

10月14日,毛泽东特意电示新四军领导人,要他们"对苏北以外的江浙民族资本家及其代表"加以联络,"约请他们派人或介绍人参加苏北之地方政权工作,民意机关工作,及经济、文化、教育建设工作"。(《文集》二,第300页)这就要求把民族资产阶级的代表也纳入抗日民主政权中来。

12月13日,毛泽东为中央书记处起草致各中央局的指示电中,特别要求:"苏北组织政权机关及民意机关时,应坚决实行'三三制',共产党只占三分之一,在开始时还可少于三分之一,网罗各党各派无党无派一切不积极反共之领袖人物参加,其中应有国民党中派及左派,韩国钧等民族资产阶级及开明地主均应该参加,也可容许少数右派代表,真正组织各党各派各界各军的联合政权,力避我们包办。这对于全国是有大影响的。"(《年谱》中,第241页)可见毛泽东对"三三制"是严格坚持、严格要求的。

第十三节　提出"左"倾错误是当前主要危险

1940年10月14日,毛泽东领衔致电新四军领导人,指示在苏北根据地建设中,"注意调节各阶层利益,实行政权中的'三三制',预防'左'的危险"。(《年谱》中,第 213 页)为了争取中间势力,在这封电报中,毛泽东还把预防"左"的危险问题提了出来。

10 月 18 日,毛泽东在为中央书记处起草给北方局等的电报中也指出,"冀南的土地政策,我们认为是过左的,是违反抗日统一战线原则的,业已造成了严重结果"。电报举一反三,要求北方局等对"晋东南及山东两地土地政策是否有过左错误","加以检查报告我们"。(《年谱》中,第 214 页)同日,毛泽东又为防止和纠正"左"倾错误问题,专门起草中央书记处对新四军和八路军负责人的指示电,称已发现"许多地方犯有极左错误,主要是在土地政策,劳动政策,财政政策,锄奸政策,对待知识分子政策,对待俘虏政策,对待国民党人员政策,以及我之政权组织上表现过左。其结果是缩小了我之社会基础,引起中间势力害怕,给日寇、汪逆与顽固派以争夺群众团聚反动力量的机会","你们必须预防下级执行政策时犯过左错误,你们必须懂得'左'倾错误是当前主要危险,必须及时检查下级工作,纠正过左行动","此事望你们尖锐地提起全党全军注意,切勿等闲视之"。(《文集》二,第 302 页)在不少人看来,毛泽东的抗日统一战线思想是偏"左"的,但是,实际上,毛泽东首先从 1940 年 9 月 15 日彭真的一份电报中发现了冀南土地政策中"左"的问题,并举一反三,果断地在全党全军尖锐地把"左"的问题提了出来,尖锐地指出"'左'倾错误是当前主要危险",为全党全军敲响了防"左"的警钟。这可能是很多人所不曾想到的。

11 月 16 日,毛泽东领衔发出指示电:"我党我军中过去把黄埔生看作一个笼统的反共集团的传统观念是错误的、有害的。""急须改正此观念,利用一切机会与黄埔生军人进行统一战线工作","使他们不肯投降日寇"。(《文集》二,第 318 页)进一步把黄埔生也纳入统一战线工作范围。

12 月 13 日，毛泽东在中央政治局会议上说：现在各根据地土地政策、劳动政策都是过左的，如实行八小时工作制、过高增加工资等。(《年谱》中，第 240 页)同日，毛泽东在为中央书记处起草的给各中央局的电报中指示说："劳动政策力避过左，目前只作轻微改良"；"土地政策应实行部分的减租减息，……避免华北方面曾经发生过的过左错误"；"锄奸政策……极力避免多杀人"；"经济政策……力避破坏生产与商业"。(《文集》二，第 320—321 页)提出了一系列纠"左"的政策。

12 月 25 日，毛泽东在为中共中央起草的党内指示《论政策》中说："土地革命时期的许多政策，……不但在今天抗日时期，一概不能采用，就是在过去也是错误的。这种过左政策，……表现其为'左'倾机会主义的错误。"要克服"党内许多干部对于策略问题上的片面观点和由此而来的过左过右的摇摆"。"目前党内的主要倾向，仍然是过左的观点在作怪。""自一九三九年冬季以来，由于国民党的反共磨擦和我们举行自卫斗争所引起的过左倾向，却是普遍地发生了。"(《选集》二，第 762—766 页)在这一指示中，毛泽东一共讲了目前主要应该执行的在政权组织、劳动政策、土地政策、税收政策、锄奸政策、人民权利、经济政策、文化教育政策、军事政策等 9 个方面的政策，要求全党坚决执行。这使一年来各敌后根据地陆续出现的"左"的倾向得到了纠正。

第十四节　皖南事变前后的统一战线策略

1940 年 10 月 12 日，毛泽东就新四军行动方针，领衔电示新四军负责人：因为蒋介石站在反日立场上，我们不能在南方国民党统治区进行任何游击战争。"因此军部应乘此时速速渡江,以皖东为根据地,绝对不要再迟延。皖南战斗部队,亦应以一部北移。"(《年谱》中,第 212 页)这是从抗日大局出发,为不破坏蒋的抗日立场,主动要求将皖南新四军北移。次日,毛泽东又领衔电示新四军负责人:"为对付日寇进攻,为巩固国内团结,华中磨擦在韩(按:指韩德勤)进攻失败后,应设法暂时缓和一下,采取完全自卫的方针","对韩不应进攻,而应在韩再向我进攻时,各个反攻击破之,否则会妨碍我在重庆之统一战线工作"。"对李品仙应力求和解。"(《年谱》中,第 212 页)又主动要求对苏北、皖北的国民党部队取缓和与和解态度。

但 10 月 19 日,国民政府军事委员会正、副参谋长何应钦、白崇禧,发出致八路军、新四军领导人的"皓电",强令八路军和新四军于电到一个月内,全部撤至黄河以北。这显示了国民党的反共高潮在急速上升。

10 月 25 日,毛泽东电告八路军、新四军领导人:目前"我们的对策是稳健地对付国民党的进攻,军事上采取防卫立场,他不进攻,我不乱动。政治上强调团结抗日"。(《年谱》中,第 216 页)

11 月 3 日,毛泽东领衔电告新四军领导人:对皓电,"中央决定用朱、彭、叶、项名义答复,采取缓和态度,以期延缓反共战争爆发时间。对皖南方面,决定让步,答应北移"。(《年谱》中,第 220 页)中央答复皓电的电报,于佳日即 9 日发出,表示为顾全大局,江南新四军部队可以移至长江以北。可见这时为了抗日大局,毛泽东对国民党当局作了多大的忍耐与让步。

11 月 10 日,毛泽东又领衔电示苏北与山东党政负责人:"东北军五十七军霍守义师已由鲁南向苏北转移。""我对东北军基本政策是争取,不是打击,你们应考虑于其南下时,我取欢迎态度","劝其不要参加磨擦,于其向我进攻时,我应先取让步态度,只有至万不得已时才作自卫反击,但随即退还人抢,争取友好"。(《年谱》中,第 224 页)这也可见毛泽东对国民党军队的忍让克制态度。

11 月 13 日,毛泽东领衔致电彭德怀:"对于国民党在华中举行的军事进攻,决采取自卫的防御战。""另在重庆及各方进行统战活动,以求在政治上取得有理有利地位,并使抗战能再拖一时间,这种可能性还未丧失。"(《年谱》中,第 226 页)可见毛泽东一再忍让的目的是使全国抗战局面维持更长时间,哪怕只有一点可能性,毛泽东也在争取。这就是毛泽东对全面抗战的坚持、对抗战大局的维护。

11 月中旬,国民政府军委会密令 20 万兵力,准备向华中八路军和新四军进攻。11 月 15 日,毛泽东致电各有关方面说:"对于蒋介石此次反共进攻,决对皖南取让步政策(即北移),对华中取自卫政策,而在全国则发动大规模反投降反内战运动,用以争取中间势力……拖延抗日与国共合作时间。"(《年谱》中,第 227 页)在全国不同地区采取不同方针,总以拖延抗日时间为旨归。

11 月 25 日,毛泽东领衔电示徐向前等,对东北军于学忠部"进行的小磨擦,在行动上应稍加忍让"。因为"东北军是中间势力,与我有西安事变前后之友好历史,我对之应取争取团结态度,决不能轻启衅端,即顽固分子从中挑拨,我们亦应加以忍让为要"。(《年谱》中,第 230 页)"稍加忍让""忍让为要"之类的词语,频现于毛泽东对下级的指示电报中,我们若不在此一一呈现,不少人一定会想象不到。尤其是对于学忠部忍让的原因,还特意点出西安事变前后其对我军的友好历史。西安事变过去已近四年,毛泽东仍不忘其好。谁说毛泽东是无情无义之人呢?

11 月 27 日,毛泽东在中央政治局会议上分析形势说:国民党统治总的特点是不巩固。蒋介石要实行反共的统一战线，进行两面战争，既要抗日，又要反共。要打破国民党的反共统一战线，需要3个条件，即日本的进攻，德国的积极行动，更主要的是共产党积极地打破反共统一战线。打破的政策是："表面缓和，实际抵抗，局部战斗，针锋相对。"(《年谱》中，第230—231页)11月30日，毛泽东在给周恩来等的电报中，又把这一方针调整为："表面和缓，实际抵抗，有软有硬，针锋相对。"并解释说："缓和所以争取群众，抵抗所以保卫自己，软所以给他以面子，硬所以给他以恐怖。"(《年谱》中，第233页)

12月4日，毛泽东在中央政治局会议上说：现在我们的统一战线的路线是又联合又斗争，不是绝对的联合或斗争。在抗日问题上对国民党又拥护又斗争，在反共问题上也有现在与将来之分，即反共也有高潮、低潮之分。我们总的政策是在团结中要斗争，在斗争中又要团结，是统一中的独立，统一是主，独立是辅。他还总结全面抗战爆发以后抗日民族统一战线的教训说：中央关于知识分子问题的指示发得太迟了。在建立政权和吸收知识分子问题上，我们曾经失去了一些时机。(《年谱》中，第237—238页)看来，毛泽东是不断地对统一战线工作进行总结、进行反思的，他真的是靠总结经验而变得更加聪明的。他的这种态度永远值得人们学习和继承。

1941年1月，国民党军8万余人围攻奉命北撤的新四军9000余人的皖南事变发生后，毛泽东于1月13日领衔电示八路军、新四军负责人：如皖南部队被蒋介石消灭，我应坚决、彻底、干净、全部消灭韩德勤、沈鸿烈部。并要求对皖南事变应公开宣传。(《年谱》中，第256—257页)同日，毛泽东又两次电示周恩来等："你处交涉应带严正抗议性质，勿用哀乞语气为盼。""请向当局提出最严重交

涉,如不立即解围,我们即刻出兵增助,破裂之责由彼方担负。"(《年谱》中,第 257 页)

1 月 15 日,毛泽东在中央政治局会议上说:对于皖南事变,我们要实行全国的政治反攻。只有不怕决裂,才能打退国民党的进攻。左派主张我们马上与国民党大打起来,我们也不能实行这种政策。同日,他致电周恩来等并告八路军、新四军负责人,"中央决定发动政治上的全面反攻,军事上准备一切必要力量粉碎其进攻"。"只有猛烈坚决的全面反攻,方能打退蒋介石的挑衅与进攻,必须不怕决裂,猛烈反击之。我们'佳电'的温和态度须立即终结。"(《年谱》中,第 258 页)

1 月 17 日,国民政府军委会通令撤销新四军番号,诬蔑新四军为叛军。

1 月 20 日,毛泽东为中央军委起草命令,重建新四军军部。他并以中央军委发言人的名义,对新华社记者发表谈话,谴责皖南事变,并严正提出解决皖南事变的十二条办法。谈话提醒全国人民"准备着对付任何黑暗的反动局面"。表示,"中国共产党和中国人民,不但有责任,而且自问有能力,挺身出来收拾时局,决不让日寇和亲日派横行到底"。(《选集》二,第 774 页)同日,他致电周恩来、彭德怀、刘少奇,指出:蒋介石已将我们推到和他完全对立的地位。中央决定将各办事处逐步撤销,人员陆续撤回,八路军总部不再向蒋介石呈报任何文电。"目前我们在政治上取猛烈攻势,而在军事上暂时还只能取守势","不作大的军事调动,以免震动。八路人员暂时亦不发表反蒋言论"。(《年谱》中,第 262 页)

1 月 25 日,毛泽东致电周恩来说:"人家已宣布我们叛变,我们决不能再取游移态度,我们决不能再容忍,我们决不能怕破裂,否则我们就要犯严重错误。""你们应向各方表示,蒋介石已将我们推到对立地位,除非蒋介石取消十七号命令及实行其他必要步骤,我们是只有和他对立一途,因为我们没有别的路走。你们应迅即回延。"(《文集》二,第325页)同日,他又为中央书记处起草致周恩来电,指出:"为了对抗蒋介石一月十七日的步骤,我们必须采取尖锐对立的步骤回答他。""政治上取全面攻势,军事上取守势","坚决反攻,跟踪追击,绝不游移,绝不妥协"。同日,毛泽东又致电彭德怀等说:"我们三个月来的让步态度('佳电'及皖南撤兵)取得了中间派的好感,但给了蒋以向我进攻的机会,这种态度应立即结束,转到尖锐对立与坚决斗争的立场。"(《年谱》中,第262页)

在毛泽东和中国共产党的尖锐态度面前,在苏联对蒋的压力下,1月27日,蒋介石在重庆发表讲话,声称皖南事变"完全是我们整饬军纪的问题","并无其他丝毫政治或任何党派的性质夹杂其中"。用毛泽东的话来说,蒋的这一讲话,"已转入辩护(防御)态度"。(《年谱》中,第265页)

1月28日,毛泽东领衔致电新四军领导人,指出:皖南事变后,我们对蒋政策已"由一打一拉政策改变为完全孤立他的政策","但对实行'三三制'及12月25日中央指示中所述各项政策均不变,对统一战线原则均不变"。(《年谱》中,第263页)由此益见毛泽东对抗日统一战线政策的坚守。

皖南事变后,日军乘蒋介石全力反共之机,集中5个师团兵力包围国民党军15万人于平汉路以东。2月1日,毛泽东为中央书记处就日军进攻河南起草致周恩来等电报,认为此事"在政治上给蒋介石以很大的打击,因他煽起皖南事变造成国共间深刻裂痕,敌乃乘虚而入"。要求"各地应强调宣传蒋介石此种全力对内的反革命作法,完全为敌人造机会,如不变计,必至闹到亡国"。电报还告诉其他同志:"蒋介石在我们表示强硬立场之后,又遇敌人大举进攻,乃向我们提出廉价的妥协办法,允许华中我军展期北移及新四军归入八路军增编一军等条件","蒋在危急时求妥协之心,已可概见。我们必须坚持尖锐斗争立场"。(《年谱》中,第266—267页)2月7日,毛泽东在准备发给共产国际的《新四军事变后的各方动态》上加写道:中共十二条要求发表后,"党外人士例如冯玉祥说,只有共产党的十二条国事才能解决,参政员张一麐等看了,异常高兴,中间人士从前怕共产党过于强硬引起破裂者,现在则赞成我党采取强硬态度。蒋、何、白原估计我们可以吓下来,以为苏联不要破裂,中共一定也不敢强硬,今见如此,出于他们意外,表示着慌,蒋几次派他的代表张冲、张治中与周恩来商妥协办法,并派叶剑英返延"。"截至今日止,……已开始有了妥协的基础,内战已可避免,中国时局有发生有利于我们的变化的象征。"(《年谱》中,第269页)

蒋介石发动皖南事变,不但招致日军对中国的新进攻,招致苏联对蒋的不满,而且也招致美国对蒋的不满。同样在2月7日,美国总统罗斯福的私人代表居里会见蒋介石,次日,蒋又收到罗斯福希望国共合作的来函。

2月14日,毛泽东复电周恩来说,目前"利用日蒋矛盾仍是我们政策中心","但对蒋让步则危险(如你所说),目前是迫蒋对我让步时期,非我对蒋让步时期"。"蒋从来没有如现在这样受内外责难之甚,我亦从来没有如现在这样获得如此广大的群众(国内外)。""我之政治攻势(十二条)压倒了蒋之攻势","我们目的不在蒋承认十二条或十二条之一部分,他是不会承认的","而在于以攻势打退攻势"。"一月十七日以前他是进攻的,我是防御的,十七日以后反过来了,他已处于防御地位,我之最大胜利在此。""军事守势政治攻势八个字是完全正确的,二者相反正是相成。"(《文集》

二,第 329—330 页)由上可见,皖南事变发生后,毛泽东所采取的
"政治攻势"是正确的、有成效的,揭露了蒋介石不顾抗日民族大义
的行径,争得了广泛的国内外同情。

　　为了争取国内外更大同情,2 月 17 日,毛泽东领衔致电八路
军、新四军主要领导人,进一步阐述了军事守势、政治攻势的方针,
指示:"目前对反共军,基本上只应该打防御战,不应该打进攻战,
不应该企图在大后方发动反蒋的游击战争。""必须使部队高级人
员懂得,一方面要准备对付可能的突然事变(全面破裂),一方面又
要在自己的行动上避免引起过早破裂,要知道破裂愈迟愈有利,愈
早愈有害。"(《年谱》中,第 273 页)这一内部指示电,表明了毛泽东
希望长期坚持、不愿过早破裂以国共合作为中心的抗日民族统一
战线的真实心态。

　　2 月 20 日,毛泽东又为中央书记处和军委总政治部起草致八
路军有关领导人的指示电,指出:前总 2 月 9 日所发训令是不适当
的,"混淆大资产阶级与民族资产阶级的区别,从理论上动摇了'三
三制',使全军得到这样一个印象,即整个资产阶级都已经快要叛
变了"。"这样就将中央及全党一年以来纠正'左'倾错误的努力都
有可能从理论上给以推翻。"毛泽东指出:"在反共高潮时期,主要
地应该防止的是'左'倾危险",而 2 月 9 日训令势必助长"左"倾危
险的发展,"我们明白这是由于皖南事变的刺激而发生的"。"现在
有些同志似乎觉得在皖南事变后,中央七七决定与十二月指示中
所持的原则立场已经不适用了,这种观点是不正确的。"(《年谱》
中,第 274—275 页)这份电报表明,皖南事变后,党内有些同志改
变了以前中央的统一战线政策原则,但毛泽东则没有改变之前中
央确定的包括"三三制"在内的抗日民族统一战线政策。毛泽东对
此及时发现并立即加以纠正。

2 月 27 日，毛泽东在中央政治局会议上又提出蒋如果不答应十二条要求，中共就不出席参政会(《年谱》中，第 278 页)，来作为对蒋介石发动皖南事变的又一回击。3 月 1 日，国民参政会第二届第一次会议在重庆开幕，由于国民党不接受中共提出的解决皖南事变的十二条办法，中共参政员拒绝出席。3 月 6 日，蒋介石在参政会上一面攻击中共十二条，一面又不得不公开保证："以后亦决无'剿共'的军事。"

3 月 18 日，毛泽东为中央起草党内指示电，他判断：3 月 6 日蒋介石的参政会演说"是此次反共高潮的退兵时的一战。时局可能从此暂时走向某一程度的缓和"。他总结说：皖南事变"表现了国民党地位的降低和共产党地位的提高，形成了国共力量对比发生某种变化的关键"。"我党在这次反共高潮开始时采取顾全大局委曲求全的退让政策(去年 11 月 9 日的电报)，取得了广大人民的同情，在皖南事变后转入猛烈的反攻(两个十二条，拒绝出席参政会和全国的抗议运动)，也为全国人民所赞助。我们这种有理、有利、有节的政策，对于打退这次反共高潮，是完全必要的，且已收得成效。"他还要求"各根据地必须坚决地执行中央去年 12 月 25 日的指示，加强党内的策略教育，纠正过左思想"。(《选集》二，第 778—779 页)

5 月 8 日，毛泽东又为中央起草一份党内指示电，对打退以皖南事变为中心的第二次反共高潮作了总结，指出，中日民族矛盾依然是中国的基本矛盾，国内阶级矛盾依然处于从属地位。国民党对日本，"既和日本对立，又不积极地作战"；对共产党，"依然是一打一拉的政策"。中国共产党的方针则是"以打对打，以拉对拉"。对国民党的反革命政策，除了"作针锋相对的斗争，便无他路可循"。"但是斗争必须是有理、有利、有节的。"在斗争中，要"争取中间派","须知中国社会是一个两头小中间大的社会,共产党如果不能争取中间阶级的群众,并按其情况使之各得其所,是不能解决中国问题的"。(《选集》二,第781—783页)毛泽东提出的争取中间群众并使之各得其所的方针,应该是统一战线中长期坚持的方针。

第十五节　第二次反共高潮结束后的统一战线政策

1941年5月1日,经毛泽东作了重大补充修改的《陕甘宁边区施政纲领》在《新中华报》正式发表。其中,毛泽东起草的条文包括对汉奸、叛徒、反共分子,除绝不改悔者外,一律施行宽大政策;在土地未经分配区域,保证地主的土地所有权及债主的债权;宽大俘虏等。这些都是抗日民族统一战线中的重要政策。

5月9日,毛泽东领衔电示八路军、新四军各部负责人,要求当前在接近日军进攻地区,"应有相当部队配合友军作战,并极力发展统战工作,但不要乘机向国民党地区扩展,使蒋、桂各军放心对敌"。(《文集》二,第349页)12日,又领衔电示新四军负责人,在敌占郑州后,"为减轻蒋对我恐惧起见","不应越过津浦线以西","亦不可扰击李品仙"。14日,又电示八路军负责人:在日军进攻面前,"目前国民党非常恐慌,望我援助甚切","我们的基本方针是团结对敌,是配合作战"。(《年谱》中,第296页)同日,他还领衔电示八路军负责人,现日军沿黄河增兵甚多,扬言渡河,"我军于此时机有在敌侧背给以打击以振奋国民党之必要"。次日,他又领衔电示八路军总部:"应不断向蒋介石等通报敌情、战况,特别是胜利消息(包括全华北的),以影响其抗战决心,争取国共关系好转。"(《年谱》中,第297页)5月30日,毛泽东又电告彭德怀:"九个月来中央社第一次广播我军战绩。"指示他:"对正太、平汉两路战绩多报卫、蒋。"(《年谱》中,第302页)这些都显示出毛泽东坚持国共合作抗日的民族大义。

6月28日,毛泽东电告刘少奇,指出："我们的抗日民族统一战线是包括一切还在抗日的大地主大资产阶级在内的,是全民族联盟,不但是工农小资产阶级联盟。""故在抗日过程中,不论在全国范围内在根据地内,除汉奸外,对大地主大资本家是一拉一打政策,拉其抗日,打其反共反民主。但目前拉还是主要的。"(《文集》二,第356页)再次明确了抗日民族统一战线的"全民族联盟"性质和范围,以及对大地主、大资本家"拉其抗日,打其反共反民主"的方针。

8月17日,毛泽东领衔电示新四军负责人："对待伪军应采德威兼施办法。"对伪军中的两面派分子,应控制使他不完全倒在敌人方面来反对我们,"对伪军俘虏","原则上一概不杀",即使对放了又来打我的伪军,也"应耐烦地采取七擒孟获政策"。(《年谱》中,第321页)这是对投降日本的伪军的统一战线政策,提出的目的在于最大限度地孤立日本。

9月9日,在日军进攻湘北及郑州、洛阳,国民党正集中力量抗敌之际,为了争取时局好转,毛泽东领衔电示八路军、新四军负责人,要求"各部应向各重要交通线予以可能的袭击,配合国民党之作战","同时并向国民党各部发出通知,要求配合对敌"。(《年谱》中,第326—327页)重申了共产党军队配合国民党军队抗日作战的方针。

11月6日,毛泽东在陕甘宁边区参议会上发表演说,指出："中国共产党提出的各项政策,都是为着团结一切抗日的人民,顾及一切抗日的阶级,而特别是顾及农民、城市小资产阶级以及其他中间阶级的。"他特别提出了共产党员同党外人士合作这一统一战线的重要政策，批评"一部分共产党员，还不善于同党外人士实行民主合作，还保存一种狭隘的关门主义或宗派主义的作风。他们还不明白共产党员有义务同抗日的党外人士合作，无权利排斥这些党外人士的道理"。他要求："共产党员必须倾听党外人士的意见，给别人以说话的机会。别人说得对的，我们应该欢迎，并要跟别人的长处学习；别人说得不对，也应该让别人说完，然后慢慢加以解释。共产党员决不可自以为是，盛气凌人，以为自己是什么都好，别人是什么都不好；决不可把自己关在小房子里，自吹自擂，称王称霸。"他强调："国事是国家的公事，不是一党一派的私事。因此，共产党员只有对党外人士实行民主合作的义务，而无排斥别人、垄断一切的权利。"他恳切地说："共产党的这个同党外人士实行民主合作的原则，是固定不移的，是永远不变的。只要社会上还有党存在，加入党的人总是少数，党外的人总是多数，所以党员总是要和党外的人合作。"（《选集》三，第808—809页）这是毛泽东关于统一战线中共产党员要同党外人士实行民主合作这一问题的最著名的演讲，把共产党员为什么要和党外民主人士合作以及应该怎样做，说得非常透彻，是毛泽东统一战线思想中一个重要的方面，在统一战线工作中具有长远的指导和提醒作用。

在这次会上，毛泽东还同出席会议的国民党联络参谋陈宏谟等人谈话，说："我向你们保证，只要国民党抗日，不论国民党有何等危险困难，共产党决不趁火打劫，仍与你们合作的。"（《年谱》中，第339页）再次表达了愿与国民党合作抗日的决心。

11月10日，毛泽东在中央书记处会议上提议，这次陕甘宁边区参议会选举边区政府正副主席时，在两个副主席中要有一位非党的进步人士。会议同意了毛泽东的提议。结果，米脂县参议会议长、边区参议员、开明绅士李鼎铭被选为陕甘宁边区政府副主席，充分体现出陕甘宁边区政府的统一战线政权性质。

12月8日，毛泽东在中央政治局会议上讲到"三三制"问题时，批评各地过去并没有做好，没有使共产党员只占三分之一。他讲了"三三制"的两大好处：一是分化大地主大资产阶级，扩大其矛盾；二是打破共产党的关门主义，集中民众的意见，要与非党干部接近才能感觉新的问题。(《年谱》中，第344页)

1942年3月31日，毛泽东在《解放日报》改版座谈会上说："共产党的路线，就是人民的路线，现在共产党推行抗日民族统一战线的政策，就是合乎人民公意的政策。"(《文集》二，第409页)把抗日民族统一战线政策同党的群众路线联系了起来，为我们认识统一战线提供了新的视角。

1943年7月2日，毛泽东在起草的《中共中央为抗战六周年纪念宣言》中，再次向世人宣布："我们共产党人是始终坚持抗日民族统一战线与支持政府抗战的。""抗日战争应该是始于团结，终于团结，团结是全国人民抗日的基础，也是全世界人民反法西斯的基础。"(《文集》三，第42页)指出了团结即抗日民族统一战线在抗日战争中的"基础"地位和重要作用。

1944年1月10日、11日，毛泽东在中央书记处会议上说：过去延安重视知识分子，不重视工农分子，"抢救运动"以来，又走到完全不相信知识分子。现在应估计大多数知识分子是好的。(《年谱》中，第491页)24日，毛泽东在一份电报中加写道："在反特务斗争中要注意保护知识分子。"(《年谱》中，第493页)强调了要保护知识分子。

同时，对国民党也采取了更加团结的政策。

1944年1月10日、11日，毛泽东在中央书记处会议上强调：除非国民党下决心跟我们破裂，否则我们不应与它破裂。(《年谱》

中,第491页)18日,又起草中央书记处致各中央局电:"为保持国共间之平静,争取抗战最后胜利起见,请你们通饬有关各部队,对于国民党军队,我军谨守防地,不得发生由我启衅之任何事件。仅在彼方进攻时,我应执行自卫原则。"(《年谱》中,第492页)2月8日,面对国民党第61军东进的挑衅计划,毛泽东领衔电示八路军前方指挥部参谋长滕代远等:"目前须争取时局平静,不生波澜。""你处应令太岳部队先行忍让,不和它冲突","顾全大局","非至最后不得已时,不要发生冲突"。次日,毛泽东再次电示他们:"日寇有进攻西北企图,阎部东进目的在挑起国内冲突缓和日寇进攻,我们万万不可中计。阎部东进无论多少,我军应让出一块地方,坚持不打政策,至少六个月内不得发生冲突。"(《年谱》中,第495页)这又次显示出在日军进攻面前,毛泽东深明大义、顾全大局,对国民党一再忍耐、一再让步以避免发生冲突的民族立场、合作立场、统战立场。

3月5日,毛泽东在中央政治局会议上说:"我们的方针是避免内战,集中抗战。""我们要采取同国民党搞好关系的方针,即是实行'孔夫子打麻将——和为贵'。"党的七大也要"强调避免内战,集中力量抗日,强调战后和平"。(《文集》三,第99—100页)"避免内战,集中抗战"这8个字,可以说是毛泽东在整个抗战期间一贯坚持的方针,是毛泽东抗日民族统一战线思想的中心和政策的出发点。特别是"和为贵",不但是抗日民族统一战线中对国民党的方针,而且也应该成为任何时期统一战线工作中的根本方针,成为统一战线各方的指导思想和共同认识。

4月3日和6日,毛泽东分别电示华中局、山西分局、北方局、晋鲁豫分局等:"务遵前令集中注意于对付敌伪","切勿刺激国民党"。(《年谱》中,第504页)4月5日,毛泽东又领衔电示八路军有关领导人："近日，日将库页岛权益还苏，北和苏联，南抗美、英，进攻中国(打通平汉路甚至粤汉路)，扫荡敌后，……因此日蒋冲突今年必更剧，故争取国内平静，准备拉蒋抗日，是目前政策中心。"(《年谱》中，第505页)这都可见毛泽东与国民党共同抗日的诚意，可见毛泽东始终把与国民党团结抗日作为政策中心。

4月14日，毛泽东在批示林伯渠所作关于"三三制"的报告时，在其中谈到中间分子的右翼的地方，改写了一段话，说："县以上参议会中，可以吸收这种政治态度较右但不是坚决反共分子的少数人(用聘请办法)，这对于影响外面的地主资本家与安定本地富有阶层，都有作用。对待他们的态度，要团结和斗争并重，责之以大义，晓之以利害，可使其服从大局。应该给以适当的礼貌与尊重，团结他们，并利用其一技之长，但不可任以要职，更不可假以大权。"(《年谱》中，第508页)毛泽东要求县以上参议会吸收右翼分子参加，足见其抗日民族统一战线政策的广泛性。毛泽东所说的对这些人的态度和工作方法，对统一战线工作也具有普遍的指导意义。

4月15日，毛泽东在中央书记处会议上谈与国民党谈判问题时说：这次总的态度是不卑不亢，表示我们要想求和缓，要求抗战到底，团结到底。我们要求与他们一同抗日。(《年谱》中，第508—509页)5月21日，毛泽东在扩大的中共六届七中全会第一次全体会议上说到团结友军这一抗日方针时说：我们始终站在团结国民党抗日的立场上，但遇到反共磨擦则要同它斗争。在反磨擦中，我们是采取有理有利有节的方针，使磨擦斗争归于缓和，将国民党引导到对敌斗争目标上去。(《年谱》中，第514页)这些一方面再次说明毛泽东团结国民党抗日立场的一贯性，一方面也说明，在抗战期间共产党开展的反磨擦斗争并非得已，更非主动，其目的仍在引导国民党抗日。

5月24日,毛泽东在延安大学开学典礼上讲话说:"我们的方针是非常清楚的、确定的,就是打日本。""只要是赞成打日本、同共产党合作的,不是破坏共产党的,我们都要团结。这个方针是始终不变的。"同志们"要坚持这样的方针,团结全国人民,达到打败日本的目的"。(《文集》三,第152页)再次号召人们坚持团结抗日的抗日民族统一战线方针。

10月30日,毛泽东在陕甘宁边区文教工作者会议上作了《文化工作中的统一战线》的演讲,指出:"统一战线的原则有两个,第一个是团结,第二个是批评、教育和改造。在统一战线中,投降主义是错误的,对别人采取排斥和鄙弃态度的宗派主义也是错误的。我们的任务是联合一切可用的旧知识分子、旧艺人、旧医生,而帮助、感化和改造他们。为了改造,先要团结。只要我们做得恰当,他们是会欢迎我们的帮助的。"(《选集》三,第1012页)这里毛泽东又提出了统一战线的两个原则,即团结的原则,批评、教育和改造的原则;提出了文化工作中的统一战线这个问题;提出了在文化统战工作中联合一切旧文化人的任务。

11月19日,毛泽东在中共六届七中全会主席团会议上指出:"我们总的方针是抗日统一战线,军事战略以抗日为主。统一战线是有理、有利、有节的原则。有理是自卫原则,有利是局部原则,有节是暂时原则。"(《年谱》中,第559页)再次把抗日统一战线作为中国共产党的总方针,再次总结了统一战线中有理、有利、有节的斗争原则。

12月15日,毛泽东在陕甘宁边区参议会第二届第二次会议上说:"民族统一战线是中国人民抗日救国的根本路线,在解放区,首先表现在各阶级各党派合作的'三三制'政府工作中。"(《文集》三,第 239 页)可见在毛泽东眼里民族统一战线在抗日战争中的重要地位和"三三制"在抗日根据地统战工作中的重要地位。

第十六节　提出建立联合政府的主张

1944 年 9 月 27 日，毛泽东重新起草共产党谈判代表林伯渠复国民党谈判代表张治中、王世杰信，强调指出："现在唯一挽救时局的办法，就是要求国民政府……开紧急国是会议，成立各党派联合政府，并由这个政府宣布并实行关于彻底改革军事、政治、经济、文化各方面的新政策。"(《年谱》中，第 548 页)首次提出了成立联合政府的主张。这封信后于 10 月 13 日交给张、王。

11 月 8 日，毛泽东在与美国特使赫尔利谈话时，再次提出必须改组现在的国民党政府，建立包含一切抗日党派和无党无派人士的联合国民政府，改变现在政府的不适合于团结全中国人民打日本的老政策。(《年谱》中，第 556—557 页)

12 月 12 日，毛泽东在中共六届七中全会主席团会议上明确指出，现在全国总的任务是建立统一中国一切力量的民主联合政府。七大也要采取这种态度。(《年谱》中，第 565 页)

12 月 15 日，毛泽东在陕甘宁边区参议会第二届第二次会议上说："必须使全国人民明白，用人民的力量，促成由国民党、共产党、其他抗日党派及无党派人士，在民主基础上召集国是会议，组织联合政府，才能统一中国一切抗日力量，反对日本侵略者的进攻，并配合同盟国，驱逐日本侵略者出中国。"他希望全国人民"一致起来，大声疾呼，要求国民党当局改变现行政策，以便迅速建立民主的联合政府"。他说："只要中国有一个真正实行民主政策的、能够动员与统一中国一切抗日力量的联合的中央政府出现了，中国抗日战争的胜利与中国人民的解放，就会很快了。"（《文集》三，第234—235页）可见，成立联合政府的目的是统一全国抗日力量打日本，联合政府必须包括全国一切抗日力量，必须实行一系列民主的、利于抗日的新政策。

毛泽东提出和坚持的联合政府，绝不只是简单的由共产党派几个人到国民政府中去做官，那只是美国人和蒋介石的愿望。12月12日，毛泽东在领衔发给重庆谈判代表王若飞的电报中就明确指出："牺牲联合政府，牺牲民主原则，去几个人到重庆做官，这种廉价出卖人民的勾当，我们决不能干。这种原则立场我党历来如此，希望美国朋友不要硬拉我们如此做。我们所拒绝者仅仅这一点，其他一切都是好商量的。"电报并要王若飞将以上意思转告美军观察组的核心成员包瑞德或戴维斯。（《中央档案馆藏美军观察组档案汇编》，第205页）

毛泽东的联合政府主张，蒋介石并不感兴趣。12月18日，毛泽东在给八路军晋察冀军区负责人程子华的复电中告诉他："蒋对我党不愿作任何原则上让步，我党应坚持联合政府，在此种立场上不关闭谈判之门，其他不应再谈，结果仍是拖。"（《年谱》中，第567页）

1945年1月15日，中国民主同盟发表召集党派会议产生联合政府等十项政治主张。1月24日，周恩来飞抵重庆与国民党谈判。行前，毛泽东指示他："争取联合政府，与民主人士合作。"（《年谱》中，第575页）

2月3日，毛泽东在中共六届七中全会主席团会议上说："去年九月提出建立联合政府的主张是正确的，这是一个原则的转变。以前是你的政府，我要人民，九月以后是改组政府，我可参加。联合政府仍然是蒋介石的政府，不过我们入了股，造成一种条件。为着大局,可能还要忍耐一点。如何避免缴枪,要采取慎重步骤。要反对右的危险。"同日,他致电周恩来,告诉他:在苏联红军迫近柏林、世界反法西斯战争胜利在望、美蒋均急于和我们求得妥协的条件下,"请明白告诉国民党及小党派:除非明令废止一党专政,明令承认一切抗日党派合法,明令取消特务机关及特务活动,准许人民有真正自由,释放政治犯,撤销封锁,承认解放区,并组织真正民主的联合政府,我们是碍难参加政府的"。(《年谱》中,第 577—578页)这封电报,郑重提出了中国共产党参加联合政府的几个前提条件。

毛泽东提出的联合政府主张,获得国内外的支持。2 月 12 日,毛泽东电告周恩来:提出结束一党专政产生联合政府的中国民主同盟纲领"卖到二百元一份,可见民意所在。今日美新闻处广播美州十家华侨报纸要求废止一党专政成立联合政府,可见我党主张已得海外拥护。外国多数舆论亦是拥护此项主张的"。(《年谱》中,第 580 页)

3 月 31 日,毛泽东在中共六届七中全会全体会议上,对七大政治报告《论联合政府》作了说明,他说:"联合政府是具体纲领,它是统一战线政权的具体形式。这个口号好久没有想出来,可见找一个口号、一个形式之不易。这个口号是由于国民党在军事上的大溃退、欧洲一些国家建立联合政府、国民党说我们讲民主不着边际这三点而来的。这个口号一提出,重庆的同志如获至宝,人民如此广泛拥护,我是没有料到的。"(《文集》三,第 275—276 页)这就把毛泽东提出联合政府的原因和背景说清楚了,也把联合政府的性质说清楚了,即它是统一战线政权的具体形式。毛泽东还慨叹找一个让人拥护的好口号、好形式不容易。这也是统一战线工作的经验之谈,也说明了在统一战线工作中,找到一个好口号、好形式的重要性。

4 月 24 日，毛泽东在《论联合政府》的报告中指出，目前"中国急需把各党各派和无党无派的代表人物团结在一起，成立民主的临时的联合政府，以便实行民主的改革，克服目前的危机，动员和统一全中国的抗日力量……打败日本侵略者"。(《选集》三，第1029 页)重申成立联合政府的目的，是统一全国抗日力量打败日本侵略者。

第四章 开辟抗日的无硝烟战场(中):推动抗日民族统一战线建立和全民族抗战局面形成

抗日战争中,毛泽东不但提出一系列抗日统一战线的主张,形成丰富而独特的抗日统一战线思想,而且具体地、切实地着手去建立国内和国际的抗日统一战线。在国内,毛泽东对蒋介石、对蒋介石以外的国民党军政人员、对其他人,都开展了卓有成效的统一战线工作,推动了抗日民族统一战线的建立和全民族抗战局面的形成。

第一节 对蒋介石的统一战线工作

一、九一八事变后的"反日反蒋""抗日反蒋""抗日讨蒋"

九一八事变爆发,中日矛盾成为中国的主要矛盾。但是,事变爆发时,蒋介石正在江西前线指挥军队"围剿"毛泽东领导的红军,且事变发生后,这一"围剿"也未停止。因此,中共中央和毛泽东的抗日民族统一战线在一开始,都是不包括蒋介石在内的,都是反日与反蒋并提的。因为在那时看来,"不推翻国民党统治,就不能实行真正的民族革命战争",即抗日战争。(《中共中央抗日民族统一

战线文件选编》上册,档案出版社 1984 年版,第 47 页)

1933 年 5 月 28 日,毛泽东领衔发表《告闽粤白军士兵书》,提议与闽粤两省的一切军队订立战斗协定,去反对日本帝国主义、卖国的蒋介石南京政府。(《年谱》上,第 402 页)可见是把反对日本和反对蒋介石政府并提的,不过已经把反对日本放在首位。

1934 年 1 月 13 日,毛泽东在领衔发给福建人民革命政府领导人的电报中,建议他们组织反日反蒋的斗争团体,赞助反日反蒋活动,并向第 19 路军官兵宣布:为反日反蒋,只有与苏维埃和红军合作到底。(《年谱》上,第 419 页)这就明确地、多次地提出了"反日反蒋"的口号。需要指出的是,尽管这时的统一战线策略把"反日"与"反蒋"并提,但还是先提"反日",把"反日"放在第一位、放在"反蒋"的前头的。也就是说,尽管这时蒋介石还是红军的敌人,但在日本侵略中国东北的情况下,中国共产党和毛泽东还是把日本当作头号敌人、首要敌人,而把蒋介石看作二号敌人、次要敌人。这同九一八事变之前,只把蒋介石看作唯一敌人和最大敌人,是有显著不同和重大变化的。

红军到达陕北后,1935 年 11 月 25 日,毛泽东在同《红色中华》记者的谈话中,"号召全国民众总动员起来,武装起来,抗日反蒋"。先前的"反日反蒋",至此又改为"抗日反蒋"。26 日,毛泽东在致国民党军东北军第 57 军军长董英斌的信中也说:"凡愿抗日反蒋者","红军愿与订立条约,一同打日本打蒋介石"。(《年谱》上,第 489 页)28 日,毛泽东在领衔发布的抗日救国十大宣言中,也宣布任何团体个人,"只要他们愿意抗日反蒋者",我们均"愿意同他们订立抗日反蒋的作战协定"。(《文集》一,第 361 页)12 月 5 日,毛泽东在致国民党军第 17 路军领导人杨虎城的信中更强调,"盖日本帝国主义实我民族国家之世仇,而蒋介石则通国人民之公敌",

"是以抗日反蒋,势无偏废"。这封信中,在用"抗日反蒋"一词时,有的地方也用"抗日讨蒋"一词,称:"凡愿加入抗日讨蒋之联合战线者",我们愿与之"共组抗日联军,并设国防政府,主持抗日讨蒋大计"。(《年谱》上,第493、494页)12月15日,毛泽东在一件党内命令中称:"为扩大全国抗日讨蒋之革命战线,特决定改变对于富农之政策。"(《文集》一,第374页)把抗日民族统一战线别称为"抗日讨蒋之革命战线"。1936年1月15日,毛泽东在致彭德怀电报中所提同东北军谈判的条件,首要一条就是"全部军队停战,全力抗日讨蒋"。(《年谱》上,第504页)1936年1月,毛泽东在写给国民党军第84师师长高桂滋的信中,又把"抗日讨蒋"改为"抗日讨卖国贼",此卖国贼即指"卖国贼首蒋介石"。(《书信选集》,第30页)一封信中,共有3处提及"抗日讨卖国贼"。

"抗日反蒋"或"抗日讨蒋""抗日讨卖国贼"的口号,从1936年2月起开始放弃。1936年9月8日毛泽东曾联衔电告朱德等:"中国最大敌人是日本帝国主义,抗日反蒋并提是错误的。我们从二月起开始改变此口号。"(《年谱》上,第576页)

二、1936年开始的"联蒋抗日""请蒋出兵""请蒋抗日"

1935年华北事变以后,蒋介石的对日态度由软弱趋向强硬,由一味妥协退让开始有所抵制,并表示:"至非牺牲不可之时,自必决然牺牲。"另外,蒋介石对共产党的态度也发生转变,向共产党伸出和平的橄榄枝。因此,毛泽东和中共中央从1936年起,开始改变对蒋介石的态度,不再把他排除在抗日民族统一战线之外。

《救国时报》1936年1月29日载,毛泽东和王稼祥在与《红色中华》报记者谈话时说:"倘蒋能真正抗日",我们"可以在抗日战线上和他携手"。毛泽东希望"一切党派,一切团体,都应抛弃一切门户之见，真诚合作，以谋挽救国家"，并强调，"中国苏维埃政府在不分党派、不问过去关系、只求一致抗日这一主张上，决不保留任何例外，决不绝人自新之路"。这一谈话，《毛泽东年谱》并未收录，有可能并非真正出自毛泽东之口，而是驻共产国际中共代表团借毛泽东之口而公开发表的中共立场。理由是，这一谈话发表于远在巴黎的《救国时报》，而这个报纸，经常公开表达中共驻共产国际代表团的声音，而且此前于 1935 年 12 月 9 日，该报就曾刊载过一份中共宣言，第一次公开称蒋介石为"蒋总司令"，称蒋系军队为"蒋总司令的军队"，转变了中共对蒋介石及其军队的态度。不过，在我看来，这个谈话即使不是出于毛泽东之口，但中共中央的路线，作为中共中央主要负责人之一的毛泽东也是要执行的；特别是，这一路线，实际上也符合毛泽东关于联合一切力量共同抗日的大立场、大原则，因此，毛泽东不但不打折扣地执行了这一路线，而且创造性地、百分之二百地推行了这一路线。

1936 年 2 月 21 日，以毛泽东为主席的苏维埃中央政府发表关于召集全国抗日救国代表大会通电，呼吁"停止内战，一致抗日讨逆"。（《六大以来》上，人民出版社 1981 年版，第 749 页）首次以"抗日讨逆"取代了此前的"抗日讨蒋"，显示出毛泽东对蒋态度的逐渐变化。

2 月 27 日，在上海由中共领导从事秘密工作的牧师董健吾，化名周继吾，带着蒋介石与中共秘密谈判的四项条件，来到陕北中共中央所在地瓦窑堡，要见毛泽东。但这时，毛泽东正和张闻天、彭德怀等人在东征前线的山西石楼。毛泽东悉知后，于 2 月 28 日向李克农通报说：周继吾、张子华昨日到瓦窑堡。据谈，蒋介石系陈果夫主张联红反日，孙科、于右任、张群、冯玉祥等均主张联俄联共，并云蒋介石亦有与红军妥协反日的倾向。（《年谱》上，第 515

页)博古听取了董健吾的报告后,向毛泽东等人密报了谈话结果。3月2日,毛泽东联衔致电博古,要他和董健吾等人来石楼。但董健吾急着回南京复命,故没能去石楼。3月4日,毛泽东便联衔发了一封电报给周继吾,称:"为联合全国力量抗日救国,弟等愿与南京当局开始具体实际之谈判。""我兄复命南京时,望恳切提出弟等之下列意见:一、停止一切内战,全国武装不分红白,一致抗日;二、组织国防政府与抗日联军;三、容许全国主力红军迅速集中河北,首先抵御日寇迈进;四、释放政治犯,容许人民政治自由;五、内政与经济上实行初步与必要的改革。"电报最后说:"同意我兄即返南京,以便迅速磋商大计。"(《年谱》上,第518页)这是日本侵华战争爆发后,毛泽东和蒋介石之间第一次通过中间人秘密传话,传递团结抗日的善意,传达互相合作的条件。如果说,1936年1月29日的毛泽东谈话,标志着毛泽东的"被联蒋";那么,3月4日的毛泽东致周继吾电报,则标志着毛泽东的主动联蒋、真正开始联蒋,在联蒋抗日方面,迈出了实际的一步。所以说,从1936年开始,毛泽东的抗日统一战线政策,已由过去的"抗日反蒋",变成了"联蒋抗日",毛泽东已开始把蒋介石也包括到抗日民族统一战线的范围之内来了。这是中共中央也是毛泽东抗日民族统一战线政策的一个重大的、具有分水岭性质的变化。

不过,毛泽东的联蒋之路并非一帆风顺。3月24日,蒋介石派中央军入晋,准备围歼东进抗日的红军。27日,毛泽东在中央政治局会议上,由此对蒋作了"假装抗日"的判断,把他归入民族反革命派,指出:国民党破裂为民族反革命派与民族革命派。民族反革命派,以蒋介石为代表,坚持其自大革命失败以来的反动路线。他们可能在民众逼迫下假装抗日,其作用在瓦解抗日阵线。他提出,目前中共中央的统一战线方针是:在"停止内战、一致抗日"的口号下,使民族改良主义中的右派同蒋介石进一步分离,使其中的左派同蒋决裂,并同民族革命派的左翼建立坚固的同盟。不过,他仍然坚持他在 3 月 4 日向蒋提出的 5 个条件,并把这 5 个条件作为"同一切人交涉的基本"。(《年谱》上,第 526—527 页)

4 月 7 日,在蒋介石派重兵向东征红军进攻的紧急形势下,身处陕北的中共中央领导人张闻天等致电毛泽东等,指出:目前抗日战争,讨蒋已成中心;拟由军委下令讨伐;如同意,请由前方拟稿发表。9 日,身处东征前线的毛泽东,同彭德怀致电张闻天,指出:"目前不应发布讨蒋令。""我们的旗帜是讨日令","在讨日令旗帜下实行讨蒋","中心口号在停止内战。在这口号之外,同时发布主张内战的讨蒋令,在今天是不适当的"。此时,"我们的基本口号不是什么讨蒋令,而是抗日令"。(《年谱》上,第 532 页)这份电报,突出地反映出抗日与讨蒋在毛泽东心中的分量,突出地反映出在九一八事变后毛泽东的心理天平上,抗日始终大于讨蒋、重于讨蒋、高于讨蒋,突出地反映出毛泽东对联蒋抗日是出于主动、出于真诚的,对联蒋抗日政策是创造性地、百分之百地加以推行的。

5 月 5 日,毛泽东领衔向全国公开发出《停战议和一致抗日通电》,其中表示,"为了促进蒋介石氏及其部下爱国军人们的最后觉悟,故虽在山西取得了许多胜利,然仍将人民抗日先锋军撤回黄河西岸",以表示红军"停止内战,一致抗日"的诚意。(《文集》一,第 385—386 页)这里用了"蒋介石氏"这个中性的称呼,而没有使用以前常用的"卖国贼首蒋介石"等蔑称。这也反映出毛泽东在对蒋公开态度上的转变。

6 月 12 日,毛泽东在中央政治局瓦窑堡会议上指出:时局发展到一个新的阶段,中国内部整个起了很大变化,我们的口号,我们的重心是抗日,请蒋出兵,以扫除抗日阻碍。(《年谱》上,第 551

页)为了抗日,毛泽东又提出了"请蒋出兵"的口号,作为这时抗日民族统一战线工作的重点。

本年3月毛泽东提出与蒋谈判的5个条件后,中共代表与南京政府进行了秘密谈判。6月28日,毛泽东致电红军部分将领,通报谈判情况说："南京以铁道部次长曾养甫出面答复我们的信已到,满纸联合抗日,实际拒绝我们的条件,希望红军出察、绥、外蒙边境,导火日苏战争。"(《年谱》上,第554页)看来,与蒋的第一轮谈判并未取得实际成果。

1936年7月18、19日,毛泽东在同斯诺谈话中指出：反对日本帝国主义的战争,不能只限于任何一个阶级的参加;甚至蒋介石,如果他一旦决定参加反日的抗战,我们也会欢迎他参加的。(《年谱》上,第559页)这又向外国人表明了欢迎蒋介石抗日、欢迎蒋介石参加抗日民族统一战线的态度。

8月10日,毛泽东在中央政治局会议上,分析了蒋介石准备开国防会议,实行局部的对日作战的变化,以及过去让出东三省,镇压群众,不同中共往来;现在也说统一战线、国防政府,要同中共往来等方面的变化。他提出,中共愿意与南京谈判,在许多策略方面要有所改变。但前提是蒋介石一定要实行真正的抗日。他强调指出,"抗日必须反蒋"的口号,现在已不适合,要在统一战线下反对卖国贼。(《年谱》上,第567页)毛泽东还说,要与蒋联合,而不是与他对立起来,讨伐他。这就在党内统一了思想,明确放弃了过去所提的"抗日必须反蒋"的口号,提出在蒋真正抗日的前提下,与蒋建立抗日民族统一战线。

8月12日,毛泽东联衔致电朱德、张国焘等,通报说：中央目前对南京的策略为,"认定南京为进行统一战线之必要与主要的对手","继续停战议和请蒋抗日的号召","在抗日进军路上,遇到蒋介石部队和其他部队，实行先礼后兵政策"。(《年谱》上，第568—569页)在这个向党内的通报中，再一次明确了这时"请蒋抗日"的政策。

8月25日，毛泽东起草《中国共产党致中国国民党书》，公开称蒋介石为"委员长"。并称他在国民党五届二中全会上对"和平未到完全绝望时期，决不放弃和平，牺牲未到最后关头，亦不轻言牺牲"的对外政策所作的新的解释，"较之过去是有了若干进步，我们诚恳地欢迎这种进步"。(《文集》一，第425页)并宣布，假如国民党真正实行抗日，"我们是坚决地赞助你们的"，"我们愿意同你们结成一个坚固的革命的统一战线"。(《文集》一，第431页)

8月26日，毛泽东致电中共与南京政府的谈判代表潘汉年，指出："因为南京已开始了切实转变，我们政策重心在联蒋抗日。"(《年谱》上，第574页)明确了中共这时对蒋的政策重心是"联蒋抗日"。

三、西安事变前的"迫蒋抗日""逼蒋抗日"

1936年8月30日，毛泽东联衔致电朱德、张国焘等红军将领，通报中央目前的基本方针是："迫蒋抗日，造成各种条件使国民党及蒋军不能不与我们妥协，以达到两党两军联合反对日本的目的。"(《年谱》上，第574—575页)这是毛泽东第一次提出"迫蒋抗日"。这是对之前"联蒋抗日""请蒋出兵""请蒋抗日"政策的进一步发展、进一步转变。9月1日，中共中央发出《关于逼蒋抗日问题的指示》，把之前毛泽东的"迫蒋抗日"改称"逼蒋抗日"。指示说：目前中国的主要敌人是日本帝国主义，把日本帝国主义与蒋介石同等看待是错误的，"抗日反蒋"的口号也是不适当的。目前，我们的总方针应是"逼蒋抗日"。(《年谱》上，第575页)通过这一指示，

"逼蒋抗日"就成了这时全党的方针和共识。之前，请蒋、联蒋，都是不施压力的，"迫蒋"及"逼蒋"，则都是带有某种施压成分的，是要采取一些主动措施迫使其不得不抗日、逼着其走向抗日的意思。3个多月后发生的西安事变，就是一个"逼蒋抗日"或"迫蒋抗日"的实际行动，是张学良、杨虎城对中共"逼蒋抗日"政策的实际响应。

在这前后，毛泽东在致东北军将领王以哲的信中也说："蒋氏政策之开始若干的转变，南京国民党左派之开始形成，实为近可喜之现象。蒋氏及国民党果能毅然抛弃过去之政策"，"弟等极愿与之联合一致，共同担负抗日救亡之事业"。(《书信选集》，第49页)

9月15日、16日，毛泽东在中央政治局会议上说：要用各种办法逼蒋抗日。加紧对南京以外各党派的统一战线工作，更能逼蒋走到抗日。我们改倒蒋为批蒋，改反蒋为联蒋，而我们的警戒是不能放松的。(《年谱》上，第580页)

11月22日，毛泽东在联衔发给潘汉年的电报中强调，从各方面造成停止进攻红军的运动，以此迫蒋停止"剿共"，此是目前抗日统一战线的中心关键。(《年谱》上，第613页)

12月1日，毛泽东起草他同朱德等19位红军将领率中国人民红军给蒋介石的信，批评他自去年8月共产党与红军要求停止内战、一致抗日以来，"始终孤行己意"，"集全力于自相残杀之内战"。指出："当前大计只须先生一言而决，今日停止内战，明日红军与先生之西北'剿共'大军，皆可立即从自相残杀之内战战场，开赴抗日阵线。"是则"国仇可报，国土可保，失地可复，先生亦得为光荣之抗日英雄"。"吾人敢以至诚，再一次地请求先生，当机立断，允许吾人之救国要求，化敌为友，共同抗日。"(《文集》一，第463—464页)

12月上旬，国民党谈判代表陈立夫找潘汉年谈，提出，红军留三万，服从南京，要中共让步。12月10日，毛泽东电示潘汉年："合

作为实行抗日救亡。但至今蒋介石似尚无抗日救亡之决心,合作
谈判缺乏必要之前提。南京抗日派诸君如不能促成蒋氏此种决
心,则谈判显无速成之望。""红军在彼方忠实地与明确地承认其参
加抗日救亡之前提下,可以改换抗日番号,划定抗日防地,服从抗
日指挥。""离开抗日救亡任务,无任何商量余地。"(《年谱》上,第
620—621页)同日,毛泽东联衔电告张学良以上情况和中共态度,
并说:"我们愿以战争求和平,绝对不作无原则让步。"(《年谱》上,
第620页)这两份电报,充分显示了毛泽东对抗日救亡原则的坚
持、对抗日大义的坚持、对抗日旗帜的坚持,充分显示出毛泽东在
西安事变前夕逼蒋抗日的决心和力度。

12月12日,张学良、杨虎城在西安扣留来此督促"剿共"的蒋
介石,以"兵谏"来逼蒋抗日。这样,张学良和杨虎城便以实际行动
来"逼蒋抗日"了。西安事变是对"逼蒋抗日"的最好诠释。

对"逼蒋抗日"这一方针,在西安事变结束后的一次会议上,毛
泽东曾做过一个生动形象的比喻,他说:对付蒋介石,就要像陕北
的农民赶着毛驴上山,前面要人牵,后面要人推,牵不走还得用鞭
子抽两下,不然它就耍赖、捣乱。

四、西安事变后的"赞蒋抗日""拥蒋抗日""拥蒋反汪"

西安事变当天,12月12日,毛泽东收到张学良关于发动事变
的电报后,连夜致电共产国际,报告了对西安事变采取的5点紧急
处置意见。其中第5点是"争取蒋军全部"。(《中共中央关于西安
事变中我方步骤问题致共产国际书记处电》,1936年12月12日,
转引自杨云若、杨奎松:《共产国际和中国革命》,上海人民出版社
1988年版,第388页)"争取蒋军全部",显然也包括蒋介石本人。
当日,毛泽东又复电张学良,提议派周恩来赶赴延安,和张、杨共商

大计。

13 日凌晨,毛泽东又发一电给共产国际,告之:"我们站在西安事变的侧面说话,并在数日之内不发表公开宣言。"(《共产国际和中国革命》,第 388 页)可见这时毛泽东尚无对蒋处置的意见。

12 月 13 日,毛泽东在中共中央政治局讨论西安事变的会议上指出:"这一事变的影响很大,打破以前完全被蒋介石控制的局面",我们应"以西安为中心来领导全国","以西北为抗日前线","形成抗日战线的中心"。他强调指出:"我们的政治口号:召集救国大会。其他口号都是附属在这一口号下,这是中心的一环。"在其他几个人发言之后,他作结论时说:"我们不是正面的反蒋,而是具体地指出蒋的个人的错误","又要反蒋,又不反蒋,不把反蒋与抗日并立"。(《毛泽东传(1893—1949)》,第 416、417 页)在这次会议的发言中,毛泽东为了支持当时全国非常热烈的群众抗日运动,也提到了"罢蒋",即"罢免蒋介石,交人民公审"。(程中原:《张闻天论稿》,河海大学出版社 1990 年版,第 318 页)15 日,毛泽东又与其他 14 名红军将领发出《致国民党国民政府电》,也明确要求:"罢免蒋氏,交付国人审判。"(《中共中央文件选集》第 11 册,第 124 页)

13 日夜,共产国际复电中共中央:应争取和平解决西安事变,利用这一时机与蒋介石作友善的商谈,促使其赞成抗日,并在和平解决的基础上自动将蒋释放。之后,国内外对西安事变的反应又不断传来。尤其是 17 日周恩来到西安后当夜发来电报,提出"保蒋安全"。18 日周恩来又电告毛泽东:"南京亲日派目的在造成内战,不在救蒋";"汪将回国"。"蒋态度开始表示强硬,现亦转取调和。"(《关于西安事变的三十四封电报》,《文献和研究》1986 年第 6 期)这使毛泽东感到罢蒋的结果可能是蒋下汪上。如果拿蒋介石和汪精卫来作比较,当时人所共知的是,两人反共虽较一致,但在对日态度上，蒋显然比汪对日更强硬，与其让亲日、降日又反共的汪精卫上，还不如让只反共不亲日且又不肯降日的蒋介石留下，以堵住亲日派的当权之路。同时，毛泽东还得悉：日本关东军声明，要求南京"反共防共"。这些都使毛泽东的对蒋态度发生了变化。

18日，以毛泽东为主要领导人的中共中央致电国民党中央，要求他们"为国家民族计，为蒋氏个人计"，"决定对日抗战"，"停止一切内战，一致抗日"等，表示："如贵党能实现上项全国人民的迫切要求，不但国家民族从此得救，即蒋氏的安全自由当亦不成问题。"（《毛泽东传（1893—1949）》，第418页）

12月19日，毛泽东在中央政治局扩大会议上说："目前问题主要是抗日问题，不是对蒋个人的问题。""我们主要是要消弭内战与不使内战延长。""只有结束内战才能抗日"，"我们应变国内战争为抗日战争"。（《毛泽东传（1893—1949）》，第418、419页）这次会议确立了和平解决西安事变的方针。会后，毛泽东即致电潘汉年，要他"向南京接洽和平解决西安事变之可能性，及其最低限度条件，避免亡国惨祸"。（《关于西安事变的三十四封电报》，《文献和研究》1986年第6期）

20日，中共中央收到共产国际关于在四项条件基础上和平解决西安事变的指示电后，21日，毛泽东致电潘汉年，要他立即向陈立夫等提出和平解决西安事变的五项条件："甲、吸收几个抗日运动之领袖人物加入南京政府，排斥亲日派。乙、停止军事行动，承认西安之地位。丙、停止'剿共'政策，并与红军联合抗日。丁、保障民主权利，与同情中国抗日运动之国家成立合作关系。戊、在上述条件有相当保证时，劝告西安恢复蒋介石先生之自由，并赞助他团结全国一致对日。"（《文集》一，第471页）这五项条件中，乙和戊两项是共产国际来电中所没有的，是毛泽东自主提出的。其中，乙项表明了毛泽东对西安方面的支持，戊项则表明了毛泽东对蒋介石的最新态度，即"赞蒋抗日"——赞助、赞扬蒋介石的抗日。这是毛泽东对蒋介石态度的又一次转变，即由事变刚发生不久一度主张的"罢蒋"抗日到"赞蒋抗日"。

12月25日，蒋介石在同意联合红军抗日等条件后被释放。当夜，毛泽东电告彭德怀等："依情势看，放蒋是有利的。"（中国人民解放军国防大学党史党建政工教研室编：《中共党史教学参考资料》第15册，1985年版，第549页）蒋介石被释放后，于12月26日在洛阳发表了《对张杨的训词》。28日，毛泽东发表了对这一训词的声明，指出："蒋氏倘能……彻底地改变他的对外退让、对内用兵、对民压迫的基本错误，而立即走上联合各党各派一致抗日的战线，……则共产党自当给他以赞助。"（《选集》一，第247页）又一次表明了"赞蒋抗日"的态度和立场。

1937年1月9日，毛泽东联衔致电周恩来等，指示在潘汉年和南京谈判时及周恩来致蒋介石的信中，要表明"共产党在对内和平对外抗战基础上用全力赞助蒋"。（《年谱》上，第642页）说明在西安事变和平结束后，共产党"赞蒋抗日"的立场仍然没有变。

1月21日，毛泽东领衔致电潘汉年，指出："为避免内战一致对外，我们原则上不反对蒋之方针，并应劝告西安服从南京统一方针。"（《年谱》上，第645页）次日，又领衔复电潘汉年，要他向蒋介石说明："我们的政策是与蒋一道团结全国（即反对分裂与内战）共同对日，以后许多事情均愿与蒋商量，一切有利日本与汉奸而有损国力与两党合作之事，均当与蒋一道坚决反对之。"（《年谱》上，第645—646页）这实际上也都是"赞蒋抗日"的立场。

1月29日，毛泽东领衔电复潘汉年："为坚决赞助蒋先生方针和平解决西北问题，并永远停止内战一致对外起见，我们决定放弃陕南驻兵的要求，将徐海东部第一步由商县撤至礼泉，第二步撤至正宁、庆阳。"(《年谱》上，第650页)可见，为了"赞蒋抗日"，毛泽东采取了实际行动，放弃了原先驻兵陕南的要求，把红军一部撤出原来驻防地。到这时，"赞蒋抗日"已不再是口号，而是变成了行动。

3月1日，毛泽东联衔致电周恩来等，提出同国民政府谈判方针和对付国内反蒋派的方针，包括："一、坚持拥蒋抗日路线。二、一方面向蒋建议废除挑拨离间、排斥异己政策，改为实际的团结全国、一致对外政策，但对于勾结日本之地方派，则与蒋一道反对之。三、一方面向各反蒋派建议废止反蒋政策，争取推动南京进一步改变国策，并废除军事、财政等方面与南京对立之方针，以达到抗日救国目的。"(《年谱》上，第659页)这里又进一步提出了为"达到抗日救国目的"而"拥蒋抗日"的路线，并进一步作出了建议国内各反蒋派废止反蒋政策、陕甘宁边区政府废除与南京政府对立方针等新的实际让步。

卢沟桥事变爆发后，尽管蒋介石并未正式承认中共和红军的合法化，但面对日军进攻，7月8日，毛泽东领衔致电蒋介石，要求实行全国总动员，保卫平津，保卫华北，收复失地。并表示：红军将士，愿为国效命，以达保土卫国之目的。(《年谱》中，第1页)7月14日，毛泽东又领衔致电在西安的叶剑英，让他通过西安行营转告蒋介石：红军主力准备随时出动抗日；同意担任平绥线国防，并愿以一部深入敌后方，打其后方。一再主动地向蒋介石表达了以实际行动赞助蒋抗日的态度。7月14日，毛泽东又致电在广州同广东、广西军政人员进行联络工作的张云逸，提出地方当局对全国抗战应采取的方针，指出："为坚蒋氏抗日决心，各方应表示诚意拥护蒋氏及南京的抗日政策，不可有牵制之意。""此时各方任务，在一面促成蒋氏建立全国抗战之最后决心(此点恐尚有问题)；一面自己真正地准备一切抗日救亡步骤,并同南京一道做去。""此时是全国存亡关头,又是蒋及国民党彻底转变政策之关头,故我们及各方做法必须适合于上述之总方针。"(《年谱》中,第 3 页)这又表明,毛泽东不但要求中共力量"赞蒋抗日",而且还建议与中共有联系的其他政治力量也一致赞助蒋之抗日。

卢沟桥事变爆发 10 天后,1937 年 7 月 17 日,蒋介石在庐山发表谈话,宣布准备实行对日抗战。8 月初,蒋介石又密邀毛泽东、朱德、周恩来飞南京共商国防问题。中共中央确定以朱德、周恩来、叶剑英赴宁。8 月 4 日,毛泽东在同张闻天商定后,致电周恩来等,提出中共方面对国防问题的意见,实际地赞助蒋领导的全国抗日。

9 月 22 日,国民党发表 7 月份中共提交的《中共中央为公布国共合作宣言》。23 日,蒋介石在庐山发表谈话,表示团结御侮的必要,承认中国共产党的合法地位。中共中央宣言的发表和蒋介石的谈话,宣布了国共两党合作的成立,标志着中国的抗日民族统一战线进入国共公开合作的新阶段,也标志着中国抗战进入了国共合作抗战的新阶段。这一结果表明,毛泽东和中共中央对蒋介石和国民党的统战政策是正确的、统战工作是成功的。9 月 25 日,毛泽东联衔发给周恩来的电报,对蒋介石的谈话是这样评价的:"我们宣言及蒋谈话宣布了统一战线的成功,建立了两党团结救国的必要基础。""蒋谈话指出了团结救国的深切意义,确定了共产党在全国合法地位,发出了'与全国人民彻底更始'的诺言。但还表现着自大主义精神,缺乏自我批评,未免遗憾。"(《年谱》中,第 26 页)

武汉会战之前,1938 年 8 月 6 日,毛泽东等人专门电示在武汉赞助国民党抗战的中共领导人:"在抗战过程中巩固蒋之地位,坚持抗战,坚决打击投降派,应是我们的总方针。"(《年谱》中,第 88 页)这表明,在蒋介石积极抗日的情况下,毛泽东和中共中央是把

"巩固蒋之地位"、赞助蒋"坚持抗战"作为党在抗战中的总方针的。

9月29日,受中共六届六中全会主席团委托,毛泽东起草了他致蒋介石的信,强调国共团结。信中赞扬了蒋所领导的全国抗战:"先生领导全民族进行空前伟大的民族革命战争,凡我国人无不崇仰。十五个月之抗战,愈挫愈奋","胜利之始基,业已奠定"。接着指出,抗战将进入新阶段,国共团结将更重要:"敝党六次全会,一致认为抗战形势有渐次进入一新阶段之趋势","同人认为此时期中之统一团结,比任何时期为重要","泽东坚决相信:国共两党之长期团结,必能支持长期战争,敌虽凶顽,终必失败"。(《旧中国大博览》,第1062页)10月4日,周恩来面见蒋介石,转交了这封信。这封信预计到抗战进入相持阶段后,日本将挑拨国共关系,因而对蒋先打了"预防针"。但事实上,蒋介石没有响应毛泽东的倡议加强国共团结,而是在几个月后,主持国民党五届五中全会,制定了反共的方针办法。

武汉失陷前,10月16日,毛泽东等致电周恩来:为着直接有力地配合支持武汉以及武汉失守后滞阻敌人继续前进,以八路军一部进至鄂豫皖地区活动为有利。请向陈诚、白崇禧透露此意,让蒋知道。(《年谱》中,第95页)这是毛泽东又一次以军事行动来实际支持蒋介石的抗战。

11月1日,毛泽东在陕北公学开学典礼上讲话说:"我们完全赞成蒋介石先生在十月九日的演说,坚决打到底,一直打到最后一个人一根枪还要再打。这就是共产党'为保卫祖国流最后一滴血'的意思,是对目前时局的根本方针。"(《文集》二,第63页)公开对蒋介石的抗战言论表示"完全赞成"。

1938年12月29日,汪精卫潜往河内,发表艳电,公开叛国投日。1939年1月5日,毛泽东在中共中央书记处会议上指出:蒋介石最近在军事上、外交上及反汪行动上都表现是进步的,但在进步中又要限制我们。蒋的政策是联共又反共,所以最近反映出来各地磨擦增加。我党对目前事件的方针是拥蒋反汪。(《年谱》中,第104页)"拥蒋反汪"表明了汪精卫投敌后毛泽东和中共中央对蒋介石抗日的继续支持和赞助。

五、国民党五中全会后的"促蒋反省"

1938年10月,武汉、广州失陷后,中国抗战进入战略相持阶段。蒋介石在坚持继续抗战的同时,也开始积极反共。1939年1月21日至30日,国民党召开五届五中全会,会议根据蒋介石的报告,确定了"溶共、防共、限共、反共"的方针,并专门成立了"防共委员会"。

1939年2月4日,毛泽东在陕甘宁边区第一届参议会闭幕时讲话,批评国民党的反共、溶共方针。2月6日,根据毛泽东的指示精神,中共中央书记处电示南方局:对即将召开的国民参政会"我们应宜采取较冷淡态度,以促蒋及国民党反省"。(《年谱》中,第111—112页)自此,毛泽东和中共中央对蒋介石又采取了"促蒋反省"的态度。

6月10日,毛泽东在延安高级干部会议上讲反投降问题,他在报告提纲中写道:"拥护蒋委员长的口号,过去是对的,现在是对的,只要蒋领导抗战一天我们还是拥护的(当然以抗战为条件),不应对蒋有不尊重的表示。"将来如果"蒋对抗战""不能坚持",那时我们"应以有利团结多数抗战、有利国共继续合作为原则,而不能随便地轻率地恢复'反蒋'口号"。"积极帮助蒋与督促蒋向好的一边走,仍然是我们的方针。"(《文集》二,第220页)这一讲话,表现出毛泽东和中国共产党在抗日时期对蒋的态度底线和对拥蒋抗战

的坚定立场。"督促蒋向好的一边走",实际就是促蒋反省而继续
抗日。后来,即使在国民党反共达到高潮、国共合作几近破裂时,
毛泽东和中国共产党也没有提出"反蒋"的口号。

6月13日,毛泽东在延安高级干部会议上讲话说:日本正在组
织国际和中国的投降主义者这两支战略同盟军。我们目前要极力
争取的,是争取多数抗日,拥护并帮助并监督并批评国民党与蒋介
石,使之能够从反汪精卫斗争中从今后发展中克服投降倾向,这是
目前的中心任务。(《年谱》中,第130页)毛泽东这时对抗日反共
的蒋介石的态度是:既拥护并帮助蒋抗日,又监督并批评其反共。
实际上还是以监督和批评来促蒋反省、促蒋继续抗日。

9月16日,毛泽东在和中央社等三记者的谈话中指出:"现在
汪精卫有三个口号:反蒋、反共、亲日。汪精卫是国共两党和全国
人民的共同敌人。"我们的口号"一定要和汪精卫的口号对立起
来","他要反蒋,我们就要拥蒋;他要反共,我们就要联共;他要亲
日,我们就要抗日"。并表示了"我们根本反对抗日党派之间那种
互相对消力量的磨擦"。(《选集》二,第590页)这表明,在汪精卫
投敌后,毛泽东和中共中央一方面拥蒋抗日,一方面也反对磨擦,
反对磨擦的目的仍在促蒋反省、促蒋抗日。

六、皖南事变后的"抗日批蒋"

皖南事变发生后,1941年1月28日,毛泽东领衔致电刘少奇
等:"我们对蒋介石为代表的大地主大资产阶级应有政策上的变
动,即由一打一拉政策改变为完全孤立他的政策,在党内外尽量揭
破他的反动阴谋,惟在蒋没有宣布全部破裂时(宣布八路及中共
'叛变'),我们暂时不公开提出反蒋口号,而以当局二字或其他暗
指方法代替蒋介石名字。"(《年谱》中,第263页)次日,毛泽东在中

央政治局会议上指出：皖南事变及一月十七日反动命令，是全面破裂的开始。破裂的责任在蒋介石。我党只有采取尖锐对抗的政策，才能抵制蒋介石的政策。应公开批评蒋介石。日本企图使中国彻底投降，亲日派想推动蒋介石由抗战到投降，蒋介石目前还是第三集团。(《年谱》中，第 264 页)因此，皖南事变后，毛泽东和中共中央在坚持抗日的同时，对蒋介石又采取了公开批评、尖锐对抗的政策，即"抗日批蒋"的政策。

　　为了保持批蒋的"火候"，不使批蒋"过火"，1 月 30 日，毛泽东起草中央军委总政治部致八路军、新四军各级政治部电，指出："目前除中央军委及新四军表示与蒋介石尖锐对立的态度外，八路军将领暂时对外保持沉默态度。"(《年谱》中，第 265 页)

　　1 月下旬，日军乘蒋发动皖南事变造成国共政治对立之机，发起对国民党军队的豫南战役。2 月 1 日，毛泽东复电彭德怀，指出："日蒋矛盾仍是目前的基本矛盾，我们仍须尽量利用之。"(《年谱》中，第 266 页)同日，又起草中央书记处致周恩来等电，告诉他们："蒋介石在我们表示强硬立场之后，又遇敌人大举进攻，乃向我们提出廉价的妥协办法，允许华中我军展期北移……等条件，已为恩来同志坚决拒绝。""蒋在危急时求妥协之心，已可概见。我们必须坚持尖锐斗争立场，不达到我们必要条件决不与之妥协。"(《年谱》中，第267 页)

　　2 月 14 日，毛泽东复电周恩来，指出："敌必向蒋进攻"，"利用日蒋矛盾仍是我们政策中心"。"但对蒋让步则危险"，"目前是迫蒋对我让步时期，非我对蒋让步时期"。"只有军事攻势才会妨碍蒋之抗日"，"政治攻势反是，只会迫蒋抗日，不会妨蒋抗日"。(《文集》二，第 329—330 页)可见，毛泽东和中共中央在此时的批蒋，目的仍是促蒋反省、"迫蒋抗日"。

七、第二次反共高潮结束后的"拉蒋抗日""拉蒋抗战""拥蒋建国"

1941 年 6 月 8 日,毛泽东领导的中央书记处及军委电示八路军有关领导人:从大局着眼,目前争取以蒋为统帅仍继续抗战局面十分必要。当此中央军在中条山溃败,日军仍将继续进攻,而在东方慕尼黑危险尚未过去的时候,我们对蒋方针着重在拉,而卫立煌在拉蒋抗日问题上有更大作用。(《年谱》中,第 305 页)为了继续抗战,毛泽东和中共中央又提出了"拉蒋抗日"的方针。为了不"给蒋以刺激,给卫以反感",电报要求他们暂不执行建立太岳军区和派兵南下的计划。

6 月 12 日,毛泽东又领衔电示山东我军负责人朱瑞等,指出:"目前我党方针在拉蒋抗战。"应即停止"向国民党军进攻的行动"。(《年谱》中,第 307 页)"拉蒋抗战"实际上也就是"拉蒋抗日"的方针。

6 月 28 日,毛泽东复电彭雪枫并告八路军、新四军领导人,指出:"蒋介石还在抗战","目前抗战还少不了他,他也还没有破裂统一战线"。"我们对付蒋介石反共政策的方针只应该是有理、有利、有节的自卫政策。"(《年谱》中,第 310 页)

1942 年 8 月 25 日,毛泽东修改一份党内通报,指出:"由于我党一贯实施争取好转的政策,特别是今年七七宣言,重申我党拥蒋合作方针,这不能不起促进好转的作用。"(《年谱》中,第 399 页)8月 29 日,毛泽东还致电周恩来,决定"先派林彪见蒋,然后我去见他。依目前国际国内大局,我去见蒋有益无害"。(《年谱》中,第 400 页)可见拉蒋抗日的方针使此时国共关系出现了明显好转,毛泽东为了拉蒋抗日,甚至开始考虑并部署见蒋。后来,周恩来出于毛泽东安全的考虑,建议毛泽东此时暂不考虑见蒋,毛泽东才取消了这一想法。

1943年1月25日，毛泽东复电彭德怀，指出："蒋在抗战中有功劳，同时人民心理厌恶内战，故我们应争取在抗战后与国民党建立和平局面，在民主、民生上做文章。去年七七宣言是在这个基点上发的。争取边区与新四军合法化，并答应国民党在战后将黄河以南部队集中到黄河以北；两年来《解放日报》及新华社，根据和国方针，尽量避免刺激国民党；去年九月蒋约我见面，派了林彪去，……到适当时机，我准备出去见蒋，以期谈判成功。所有这些也都是从这个基点出发的。就是精兵简政，……也有这个作用。我们既不准备打内战，无须多兵，兵少又可减轻国民党的畏惧心理，求得和平。"（《文集》三，第1页）这份毛泽东给彭德怀的"交心式"电报，把皖南事变后两年来中共和毛泽东对国民党、对蒋介石的"和国""拉蒋"方针的来龙去脉、提出背景、实施情况等解释清楚。于此可见，此时，毛泽东不但准备在抗战中与蒋介石合作，而且准备在抗战胜利后也与蒋长期合作；毛泽东不但准备在抗战时期促蒋抗日，而且准备在抗战胜利后促蒋改进民主与民生；毛泽东对蒋介石的统一战线政策不是权宜之计，而是长期政策。其原因就在于，毛泽东认识到：第一，"蒋在抗战中有功劳"；第二，"人民心理厌恶内战"。那些认为抗战期间国共磨擦责在中共和毛泽东的人，那些认为抗战胜利后的国共内战也责在中共和毛泽东的人，是肯定没有读过这份电报的，也是应该好好读读这份党内同志交心的电报的。因为这份电报是同志间的交心，反映的是真实的思想。这份电报，对于理解毛泽东的统一战线思想，理解毛泽东的抗日思想，甚至理解毛泽东本人，以及理解抗日战争与解放战争史、理解国共关系史和中国近代史，都会有很大帮助，都会让我们有新的看法。

　　1943 年 10 月 5 日，毛泽东在《评国民党十一中全会和三届二次国民参政会》一文中，曾经列举大量事实，证明毛泽东和中共方面对蒋介石和国民党方面破坏抗战行为，是一忍再忍、忍到极点的："武汉失守以来，华北华中的大小反共战斗没有断过。太平洋战争爆发亦已两年，国民党即在华北华中打了共产党两年，除原有国民党军队外，又复派遣王仲廉、李仙洲两个集团军到江苏、山东打共产党。太行山庞炳勋集团军是受命专门反共的，安徽和湖北的国民党军队也是受命反共的。所有这些，我们过去长期内连事实都没有公布。国民党一切大小报纸刊物无时无刻不在辱骂共产党，我们在长期内一个字也没有回答。国民党毫无理由地解散了英勇抗日的新四军，歼灭新四军皖南部队九千余人，逮捕叶挺，打死项英，囚系新四军干部数百人，这是背叛人民、背叛民族的滔天罪行，我们除向国民党提出抗议和善后条件外，仍然相忍为国。"（《选集》三，第 919 页）这一切的忍让、忍耐，都是为了"拉蒋抗日"，不与蒋公开破裂，不把蒋推到降日的地步、推到日本那边去。这真的是"相忍为国"啊！

　　1944 年 1 月，毛泽东会见国民党联络参谋郭仲容。当郭征询对国共合作的意见时，毛泽东说，中国共产党拥蒋抗战与拥蒋建国两项方针，始终不变。（《年谱》中，第 493 页）这里，毛泽东又把中共对蒋的方针概括为"拥蒋抗战"和"拥蒋建国"八个字，再次表明毛泽东和中共此时希望不仅与蒋联合抗战，而且与蒋联合建立抗战胜利后的独立民主新国家。

　　4 月 5 日，毛泽东领衔致电八路军有关将领，告诉他们："日蒋冲突今年必更剧，故争取国内平静，准备拉蒋抗日，是目前政策中心。"（《年谱》中，第 505 页）重申了"拉蒋抗日"的方针。

　　6 月 12 日，毛泽东在会见中外记者西北参观团时，再次向中外记者申述了中共对国共关系的态度:"拥护蒋委员长,坚持国共合作与全国人民的合作,为着打倒日本帝国主义,建立独立民主的中国而奋斗。中国共产党此种政策始终不变,抗战前期是如此,抗战中期是如此,今天还是如此,因为这是全中国人民所希望的。"(《文集》三,第168页)这段面对中外记者的公开讲话,同一年多以前他给彭德怀的"交心式"私密电报精神是完全一致的,仍然是为了抗日胜利,为着顺应民心,共产党不但拥蒋抗日,而且拥蒋建国。这一方针,中共中央和毛泽东一直坚持到抗战胜利。

第二节　对国民党其他军政人员的统一战线工作

一、红军长征到陕北前

九一八事变爆发一周后,1931年9月25日,毛泽东就领衔发表中国工农红军告白军士兵兄弟书,号召国民党军士兵加入红军,为共同抗日而战。从而开始了对国民党普通士兵的抗日统一战线工作。

在日军攻占山海关,把侵略矛头指向华北的形势下,中共驻共产国际代表团于1933年1月17日,发表了以毛泽东领衔的宣言,宣布红军为反对日本入侵华北,愿在停止进攻苏区等三个条件下与全国任何武装部队订立停战协定,共同抗日。4月15日,毛泽东领衔发表宣言,重申上述精神。5月28日,毛泽东又领衔发表《告闽粤白军士兵书》,提出为肃清北上抗日的道路,红军愿同广东、福建的一切武装队伍停战抗日。9月6日,毛泽东领衔发表告全世界工农劳苦民众宣言,再次向全国军队宣告,只要赞成停止进攻苏区等三个条件,就可以和红军签订协约,共同反日。这些都把抗日统一战线扩大到了全国军队。

这些政策宣布后,很快便见了效。第 19 路军首先派人和红军谈判。1933 年 10 月,毛泽东和朱德共同会见前来谈判的国民党福建省政府及第 19 路军代表,对他们的到来表示欢迎,并赞同和第 19 路军在抗日反蒋方面的合作。10 月 26 日,中国工农红军和第 19 路军的代表共同草签了《反日反蒋的初步协定》。抗日民族统一战线政策在国民党的军队中结出了第一个果实。不久,第 19 路军将领蔡廷锴等人发动福建事变,成立抗日反蒋的革命政府,公开同蒋介石决裂。毛泽东的抗日民族统一战线政策,在国民党阵营撕开了第一个裂口。

1933 年 11 月 11 日,毛泽东签署发布《为"中日直接交涉"告全国民众》,再次向进攻苏区的武装队伍提议,在三个条件下订立反日反蒋的战斗协定。

1934 年 1 月 13 日,毛泽东领衔致电不久前成立的福建人民革命政府,呼吁第 19 路军全体官兵,为反日反蒋,与红军采取联合一致的军事行动。(《年谱》上,第 419 页)1 月 28 日,毛泽东又以第二次全国苏维埃代表大会主席的名义,向全国一切抗日义勇军提议,在三个条件下,订立反对日本和国民党的作战协定。

6 月,毛泽东领衔发表《告白军官兵书》,号召"围剿"苏区的国民党军与红军"互派代表,订立停战抗日同盟,联合一起去抵抗日本"。(《年谱》上,第 429 页)

华北事变发生后,1935 年 6 月 29 日,毛泽东在两河口中央政治局常委会上指出,党对时局应有表示,要在部队中宣传反对日本帝国主义,反对放弃华北,这最能动员群众。(《年谱》上,第 460 页)会议决定,准备向国民党军派工作人员,具体从事对国民党军队的统一战线工作。

二、红军长征到达陕北后

1935 年 11 月 25 日,到达陕北后的毛泽东与《红色中华》记者谈话,重申"苏维埃中央政府愿意与国内任何武装队伍订立反蒋的作战协定",彻底进行抗日的民族革命战争。(《年谱》上,第 489 页)

11 月 26 日,毛泽东致信围困陕北红军的国民党军东北军第 57 军军长董英斌,指出:"东北军之与红军,固犹属中国境内之人,何嫌何仇而自相斫丧!"并与其相约:"东北军不打红军,红军亦不打东北军。""贵军或任何其他东北军部队,凡愿抗日反蒋者,……红军愿与订立条约,一同打日本打蒋介石。""红军优待东北军官兵。"信中并愿互派代表商洽一切。(《年谱》上,第 489—490 页)这是毛泽东第一次向国民党军将领直接写信,开展统战工作。这是毛泽东向东北军做统战工作的开始。

11 月,毛泽东等红军领导人联名发布告围攻陕甘苏区各部队官兵书,提出愿和他们"订立抗日作战协定,并组成抗日联军与国防政府,联合起来,打日本救中国。不论哪一派的军队,……都一律欢迎同我们联合起来共同抗日"。(《年谱》上,第 492 页)

12 月 1 日,毛泽东致信张闻天,告诉他:"这里已经实行对俘虏官一律不杀、优待释放的政策。我给董英斌的信已普遍发表,现正进行广泛瓦解白军的工作。"(《文集》一,第 373 页)可见从这时起,毛泽东已经广泛地开展了对与红军作战的国民党官兵的统一战线工作,包括对俘虏不但不杀还优待释放,公开散发毛泽东致国民党军军长的信件等,广泛宣传统一战线新政策。

12 月 5 日,毛泽东领衔致信国民党军第 17 路军负责人杨虎城,指出:"抗日反蒋,势无偏废。""驱除强寇,四万万俱有同心。""鄙人等卫国有心,……倘得阁下一军,联镳并进,则河山有幸,气势更雄。""凡愿加入抗日讨蒋之联合战线者,鄙人等无不乐与提携,共组抗日联军,并设国防政府,主持抗日讨蒋大计。"同日,毛泽东又致信第 17 路军总参议杜斌丞,指出:"时至今日,论全国、论西北、论陕西,均舍抗日反蒋无第二条出路。"因而请他"居中策划",使红军"与虎城先生成立谅解,逐渐进到共组抗日联军、国防政府之步骤"。同时并请他代转达红军愿与东北军沈克等部及甘肃邓宝珊部等联合的意愿。(《年谱》上,第 493—494 页)毛泽东还会见了曾在第 17 路军工作过的汪锋,了解杨虎城和第 17 路军的情况,派他前往西安,把这封信交给杨虎城。这是毛泽东第一次向杨虎城做抗日统战工作,这一工作,后来大见成效。

红军到达陕北后,曾在甘泉一带俘获了一批东北军官兵,东北军要红军放还。1936 年 1 月 1 日,毛泽东领衔电示彭德怀:"原则上可同意甘泉敌人归还其主力,但须向其指出,要抗日须与红军合作,且须影响和组织其他东北军一同抗日。""交涉宜努力进行,要处处表示我们诚意。只要其加入抗日,一切条件无不可以磋商。"(《年谱》上,第 501—502 页)由此可见,毛泽东为了建立抗日统一战线,是不计一切的。

这次放还俘虏,大大促进了红军与东北军的统一战线。东北军第 107 师 619 团团长高福源被放还后,不久即受东北军委派,到甘泉邀请红军派正式代表赴洛川与东北军会谈。1936 年 1 月 15 日,毛泽东致电彭德怀,提出同东北军谈判的条件。次日再次电彭,要他即刻印刷中共中央政治局瓦窑堡会议政治决议案,由谈判代表带去洛川,交给东北军第 67 军军长王以哲等人。19 日,中共代表李克农便带着发电密码本随同高福源去了洛川。

1936 年 1 月 19 日,毛泽东电告彭德怀:"近与高桂滋谈判合作问题,有成功希望。"(《年谱》上,第 505 页)高桂滋时为国民党军第

84 师师长,驻守陕北。毛泽东先派马志明去高部陈说中共与各军建立抗日联军等主张,得到高的赞同。马志明回来向毛泽东报告后,毛泽东领衔致信高桂滋,阐明红军"间关南北,克抵三秦,所务者救中国,所求者抗日本。任何个人团体党派军队,凡与此旨合者则联合之"的政策,希望他的部队出现于"抗日讨卖国贼之革命联合战线上"。并提出"两军各守原防,互不相犯","互派代表在共同基础上订立初步的抗日讨卖国贼协定"等八项建议。(《书信选集》,第 30—31 页)随信还附上中共中央的瓦窑堡会议政治决议和多种文告,供其了解中共最新的抗日统一战线政策。

1 月 20 日,毛泽东又致电与东北军的谈判代表李克农,要他"向彼方表示在抗日反蒋基础上我方愿与东北军联合之诚意,务使进行之交涉克抵于成"。(《年谱》上,第 506 页)当晚,李克农据此精神与张学良在洛川举行会谈。张学良愿意为成立国防政府奔走,并愿目前与红军各守其防,恢复通商。毛泽东对张学良东北军的统战工作初见成效。1 月 25 日,毛泽东又同其他 19 位红军将领联名发出致东北军全体将士书,愿意同东北军联合抗日,建议互派代表共同协商具体办法。2 月 19 日,毛泽东又派李克农赴洛川与东北军面谈。21 日,毛泽东联衔训令李克农,要他在会谈中,处处把张学良与蒋介石分开;求得互不侵犯协定的订立。3 月 1 日,毛泽东联衔发布《中国人民红军抗日先锋军布告》,主张"停止一切内战,红军、白军联合起来,一致对日"。再次呼吁全国军队联合抗日。(《年谱》上,第 517 页)

3 月 2 日,毛泽东领衔电示红军将领并让他们转告各地方武装首长:"必须向全体红色战士指战员说明优待俘虏、特别优待官长的用意何在,以及对于清查敌军大小军官,一经解除武装,一律不得剥衣,不得搜身,不得打骂,不得捆绑,不得讥笑,而以热烈欢迎、诚恳招待的态度向着他们,用此策略以瓦解白军。"(《年谱》上,第517—518页)这"五个不得"的对待俘虏政策,使对国民党军官兵的统一战线工作收到更大实效。

3月3日,毛泽东复电李克农,同意他与王以哲达成的口头协定,其中包括:两军为团结一致对日,互不侵犯,各守原防;恢复两军驻守地区的通商关系等。毛泽东对东北军的统战工作取得初步成果。

3月4日,毛泽东联衔致电在陕北的中央有关领导人,告诉他们上述口头协定已达成,要他们通知有关地区,凡属王以哲军,务以友军相待,对其通过苏区者表示诚意的欢迎与招待,并派人去洛川采购有关物资。(《年谱》上,第518页)3月5日,李克农又向毛泽东电告了他同张学良会谈的情况:他们两人在3月4日、5日在洛川进行了会谈,张学良提议毛泽东或周恩来中之一人,方便时到肤施(旧县名,今属延安市)同他再谈一次。双方商定,红军和东北军派代表去苏联;中共派人常驻西安。张学良还向毛泽东赠送了图书。16日,毛泽东在听取李克农当面报告同张学良的会谈情况后,了解了张学良、王以哲对抗日救国的进一步计划,认为张学良的抗日要求是有诚意的,并决定即派周恩来为中央全权代表到肤施同张学良会谈联合抗日事。当日,毛泽东领衔将此决定电告王以哲和张学良,并对张学良的赠书表示感谢。

3月20日,毛泽东又领衔致电张学良及东北军全体官兵,请他们劝阻阎锡山撤其拦阻红军东进张家口之兵,并与红军联合制止捣乱抗日后方者。

3月27日,毛泽东在中央政治局会议上指出:向蒋介石提出的五个谈判条件,"是同一切人交涉的基本"。其中,对张学良的策略包括蒋、张分开,互不侵犯。(《年谱》上,第527页)不管政治派别,皆以向蒋提出的五个条件进行谈判，这就进一步加大了抗日民族统一战线的力度。

3月29日，毛泽东领衔发布《为一致抗日告全国民众书》，呼吁停止一切内战，不分红军、白军，共同一致，联合抗日。

4月6日，毛泽东领衔电告王以哲和张学良：周恩来约于4月8日赴肤施与张先生会谈，我方拟定的会谈问题，包括停止内战，一致抗日救国；全国红军集中河北抗日；组织国防政府、抗日联军的具体步骤及其政纲；双方签订互不侵犯及经济通商初步协定等问题。(《年谱》上，第531页)

4月11日，毛泽东领衔致电红军有关将领，通报周恩来9日夜与张学良会谈的成果，包括：张学良赞助红军集中河北，同意停止内战并互派代表常驻。14日，毛泽东又指定以后由周恩来统一负责对张、杨两部关系的接洽与商谈。

5月5日，毛泽东领衔发布《停战议和一致抗日通电》，表示，"为了保存国防实力，以便利于迅速执行抗日战争，为了坚决履行我们屡次向国人宣言停止内战一致抗日的主张"，红军愿"在全国范围首先在陕甘晋停止内战，双方互派代表，磋商抗日救亡具体办法"。(《文集》一，第385—386页)再次呼吁全国军队停止内战，一致抗日。

5月7日，毛泽东领衔致电张学良等，提出双方再度会谈，问题包括：同杨虎城、阎锡山、马鸿逵、邓宝珊、盛世才、王均、毛炳文七部建立联合战线问题。(《年谱》上，第540页)这表明毛泽东此时欲同华北及西北各方面军队建立抗日统一战线的真实想法，也显示出毛泽东此时抗日统一战线的广泛性、包容性。

5月23日，毛泽东在政治局常委会议上说：为了扩大抗日民族统一战线，我们要争取军队，要在抗日问题上接近东北军，工作重

心摆在第 57 军上。要集中力量去做,在 3 个月内一定要有大的进步。(《年谱》上,第 543 页)

5 月 25 日,毛泽东又发出《对回族人民的宣言》,宣布联合回族中一切武装力量,成立"回民抗日军"。(《年谱》上,第 543 页)把回族武装力量也纳入抗日统一战线当中来。

同日,毛泽东致信阎锡山,对晋军开展统战工作。之前,毛泽东专门会见了不久前被东征红军俘获的阎部团长郭登瀛,并亲笔写了这封信,让郭转交给阎,信中附上 5 月 5 日的《停战议和一致抗日通电》,信中说:"先生如能与敝方联合一致,抗日反蒋,则敝方同志甚愿与晋军立于共同战线。""如有所教,乞令郭君再来,以便沟通两方,成立谅解,对付共同之公敌。"(《文集》一,第 388 页)同日,毛泽东在致晋绥军第 72 师师长李生达、第 66 师师长杨效欧及赵次陇的信中,皆称愿与晋军、与阎锡山停战议和,筹商大计。(《年谱》上,第 544 页)这是毛泽东对阎锡山的晋军进行抗日民族统一战线工作的开始。这一工作,后来持续了很长时间,并且取得了很多成果。

5 月,毛泽东又致信盟克耳纪,表示坚决反对日本侵略内蒙古,愿与蒙古族联合一起,缓急相助,共同打倒公敌。(《年谱》上,第 546 页)这就把蒙古族各方面人士也纳入抗日民族统一战线中来了。

6 月 1 日,红军在阜城战斗中,逼使国民党军第 35 师旅长冶成章以下 150 多人投降。接报后第二天,毛泽东即领衔电示红军有关领导人:要特别优待冶成章旅长,治好伤口后,送后方一行,谈后即送其回宁夏。俘获官兵可分配送走二三十人,要有回民,给以优待。(《年谱》上,第 547 页)可见,毛泽东对国民党官兵、回族官兵的统战政策是落到实处、真正做到的。

6月上旬，广东的陈济棠和广西的李宗仁、白崇禧等人发动两广事变，成立抗日救国西南联军。6月8日，毛泽东对红色中华社记者发表谈话，表示"希望西南的领袖能彻底执行抗日救国的纲领，将两广造成抗日救国的根据地，开展抗日战争"。(《年谱》上，第550页)又对远在南方的两广部队开始进行了抗日民族统一战线工作。

6月10日，毛泽东领衔电示彭德怀："宁夏外交(按：此处外交即指统一战线工作，下同)根据联合抗日与回人自决两原则由你负责进行。""安边、定边的外交争取要用大力，且八等寨子亦然。庆阳方向则着重东北军。"(《年谱》上，第550—551页)对红军在宁夏地区的统一战线工作提出了原则，指示出了重点地区和重点对象。同日，毛泽东又领衔致电有关部队领导人：在悦乐、曲子、阜城地区"应以主要力量争取东北军工作，而不是向东北军突击或攻击"。(《年谱》上，第551页)再次强调做东北军的统战工作。毛泽东认为此时此地，做统战工作胜于作军事攻击。他绝不把军事攻击作为扩大自己的唯一手段，而把争取对方加入自己阵线当作扩大自己的首选。从这一点，我们就可以明白，在抗日战争中，毛泽东何以在建立抗日统一战线上花费那么大精力、倾注那么多心血了。毛泽东作为军事家，绝不是单纯的军事家，而是一位"政治军事家"，他追求的是"不战而屈人之兵"，是调动一切力量为我所用，"撒豆成兵"。统一战线就是毛泽东的抗日百万雄兵。

6月12日，毛泽东领衔发布《为两广出师北上抗日宣言》，对两广事变表示支持，提出要召集全国抗日代表大会，实现对日绝交宣战、收回华北与东北失地等纲领。(《年谱》上，第551页)

6月20日，以毛泽东为重要领导人的中共中央发出致国民党五届二中全会书，表示"我们随时都准备同贵党任何组织、任何中央委员、任何军政领袖进行关于合作救国的谈判"。(《年谱》上,第553页)这就把国民党的所有人都纳入抗日统一战线的范围之内来,都作为统一战线的对象,愿同所有愿意抗日的国民党人或军政领袖合作抗日。其中还表示,中共全力支持西南诸领袖的抗日事业,并呼吁国民党军开入华北对日作战。同日,中共中央还根据毛泽东的一系列指示原则,发出《关于东北军工作的指导原则》,指出,东北军有极大可能转变为抗日的革命的军队。中共在东北军中的工作目标,不是瓦解东北军,分裂东北军,也不是把东北军变为红军,而是要使东北军变为红军的友军,使东北军实行彻底抗日的纲领。超出这个范围的一切言论与行动,均在排除之列。(《年谱》上,第554页)

7月1日,毛泽东电示彭德怀:七八两月须注大力于东北军的军、师、团三级的工作,派较得力的人分途去见军、师、团长,根据他们的思想程度与接受可能,向他们解释"抗日""反蒋""联俄""联共"等问题。"这个中层乃是枢纽,目前最为重要。"(《年谱》上,第555页)由此开始了对东北军中层干部的统一战线工作。

7月5日至7日,毛泽东在安塞主持会议,要求刘鼎放手大胆地争取张学良,并强调对东北军的政策是帮助、团结、改造,使之成为抗日的力量。(《年谱》上,第556页)

7月27日,毛泽东在中央政治局讨论东北军工作委员会的会议上说,今后要把建立联合战线放在第一位,对东北军,对杨虎城部队,对南京部队,都要建立工作委员会。对庆阳方面的敌军,应广泛地去联合他们。(《年谱》上,第562页)会上决定成立白军工作部,专做对国民党军队的抗日统战工作。同日,毛泽东还领衔致电红军各将领,要求在西方,"在沈克、马鸿逵、何柱国三个集团中进行统一战线,并把统一战线的任务提到比较其他任务在政治比

重上更加高的地位"，"在东方亦是把争取汤、陈、二高加入统一战
线作为第一任务"，"在南方，最主要的是发展统一战线于杨、王、刘
各部中"。(《年谱》上，第 563—564 页)这就提出了陕甘宁地区红
军全面地对围攻红军的各个方面、各支国民党军队开展统一战线
工作的任务，并提出把统一战线放在比其他任务更高地位，也就是
首位的要求。可见统一战线在毛泽东心中的地位。

　　7 月 30 日，中央政治局常委会决定毛泽东负责对东北军及整
个统战联络的领导工作。8 月 9 日，毛泽东联衔致信张学良，建议
他"决心发动抗日局面"。信中预测"蒋介石一解决西南问题，就有
极大可能进攻西北"，因而提醒他："无论如何兄不要再去南京了，
并要十分防备蒋的暗害阴谋。"(《年谱》上，第 567 页)

　　8 月 12 日，毛泽东联衔致电陕北红军将领，要求他们为了开展
统战工作，"从前线俘获的白军官兵中施以着重的政治教育并特别
优待，以便训练出一批可以奔走各方的人才，至少可以做联络交
通"。(《年谱》上，第 569 页)后来，红军确实从这些俘获的白军官
兵中训练出了一些对国民党军队的统战人才。

　　8 月 13 日，毛泽东派张文彬面谒西北军爱国将领、第 17 路军
总指挥杨虎城和第 17 路军总参议杜斌丞，并分别致信二人。在给
杨虎城的信中，首先对他同意联合战线表示赞赏，并促其进一步明
确表示态度："先生同意联合战线，盛情可感。九个月来，敝方未曾
视先生为敌人。良以先生在理在势在历史均有参加抗日战线之可
能，故敝方坚持联合政策，不以先生之迟疑态度而稍变自己之方
针。然为友为敌，在先生不可无明确之表示。"信中明确表示："先
生如以诚意参加联合战线，则先生之一切顾虑与困难，敝方均愿代
为设计，务使先生及贵军全部立于无损有益之地位。"信中还希望
杨部与我军"确保经济通商"，使"双方关系更臻融洽"。(《书信选

集》,第 38—39 页)在这封信的促进下,4 个月后,杨虎城即与张学良共同发动了逼蒋抗日的西安事变,以实际行动参加了抗日战线。在给杜斌丞的信中,则希望他"加速推动"杨虎城在"同意联合战线"的基础上,"百尺竿头,更进一步",并"大力斡旋""西北各部",以共襄"救西北救华北救中国之伟大事业"。(《年谱》上,第 36 页)后来,杜斌丞果然对促进杨虎城接受中共的抗日统一战线政策起了积极作用。

8 月 14 日,毛泽东一连发出 8 封信,对各方进行统一战线工作。在给原西北军将领、山东省政府主席韩复榘,天津市市长张自忠,察哈尔省主席刘汝明的信中,分别向他们呼吁组成抗日联合战线,并告以派人前去拜谒,乞赐具体进行办法。(《年谱》上,第 570 页)在给国民党军第 29 军军长、冀察政务委员会委员长宋哲元的信中称赞他"情殷抗日",说:"曩者日寇入关,先生奋力边陲,慨然御侮,义声所播,中外同钦。况今日寇得寸进尺,军事政治经济同时进攻,先生独力支撑,不为强寇与汉奸之环迫而丧所守。"希望他"果然确立抗日决心","联合华北人民群众作实力之准备","俟时机成熟","发动大规模之抗日战争"。信中表示:"红军愿以全力为先生及二十九军助","誓竭全力以为后援"。信中愿派张金吾即张经武为长驻对方之联络代表,并希望宋哲元设法介绍山东韩复榘、绥远傅作义、山西阎锡山,与陕甘红军"共组北方联合战线"。(《书信选集》,第 40—41 页)10 个多月后,宋哲元的第 29 军果然在卢沟桥打响了全国抗日的第一枪,发动了"大规模之抗日战争"。红军也确实竭尽全力地支援了第 29 军的抗日。在给国民党绥远省主席、第 35 军军长傅作义的信中,首先指出了日本步步迫近绥远的形势,指出:"今之大计,退则亡,抗则存;自相煎艾则亡,举国奋战则存。"信中表示:"先生如能毅然抗战,弟等决为后援。"并希望"互

派代表,速定大计,为救亡图存而努力"。(《书信选集》,第 43 页)3
个月后,当日伪军队发动侵绥战争时,傅作义果然率部"毅然抗
战",取得百灵庙大捷。在给国民政府全国经济委员会主席、中国
银行董事长宋子文的信中指出:"救亡图存,惟有复归于联合战
线。"希望他"起为首倡,排斥卖国贼汉奸,恢复贵党一九二七年以
前孙中山先生之革命精神,实行联俄联共农工三大政策"。(《书信
选集》,第 45 页)在致工作于国民党控制的工会中的老同事易礼容
的信中,希望他努力促成在上海工人运动中建立国共两党的统一
战线。在致中共中央北方局联络部部长王世英并转中央驻华北局
代表刘少奇的信中,要求北方局必须向宋哲元及第 29 军继续做统
一战线工作。韩复榘、傅作义、阎锡山、张自忠、刘汝明、商震六处,
一有机会,即须接洽。信中强调:"统一战线以各派军队为第一位,
千万注意。"(《年谱》上,第 571 页)

在这前后,毛泽东又派马明方去联系国民党军第 84 师师长高
桂滋,接着又致信高桂滋,附送中共关于抗日统战的政治决议及文
告,信中对他赞同中共抗日联军的提议表示赞赏。相信:"从此抗
日讨卖国贼之革命联合战线上,有广大民众,有红军,复有阁下之
义师。"信中向他提出了"两军各守原防,互不相犯"等八项谈判条
件。(《书信选集》,第 30—31 页)

8 月 27 日,毛泽东又领衔致电红军西征军将领,要求西征军目
前抓紧对马鸿逵、马鸿宾的争取工作。

8 月 30 日,毛泽东联衔致电朱德等,向他们通报中共的基本方
针包括:"紧密地联合东北军,并进行西北其他各部的联合谈判,造
成西北新局面。"(《年谱》上,第 575 页)西安事变的发生证明,这一
方针是正确的,是被实践证明起到实效的。

在这前后,毛泽东还致信东北军爱国将领、国民党军第 67 军

军长王以哲,向他通报:"近日外间谣传蒋氏将于西南问题解决之后进攻东北军,谓将用分化政策不利于张副司令。"然后坚定表示:"谁要反对张副司令及我兄","弟等所率领的红军必以全力出而声讨蒋氏"。信中强调:"以全国与西北的有利形势,以东北军与红军的联合力量,决不怕外间若何之风波也。"(《书信选集》,第50页)信中同时也提醒他严密警戒,加强团结,防止坏人乘机捣乱。

1936年9月3日,毛泽东致信国民党军第17路军第17师师长孙蔚如,建议"自即日起,双方应即取消敌对行为,各守原防,互不侵犯;同时允许经济通商,保证双方来往人员之安全"。(《年谱》上,第575—576页)

9月7日,毛泽东电告中共三边特委书记贾拓夫:我们委任回人马怀蔺为西北抗日救国军第一路游击司令。马为哥老会首领,在宁夏有群众,应优待和帮助他。电报特意嘱咐:马由保安到定边,需沿途派兵接送。3天后,毛泽东再次电贾,叮嘱马怀蔺到定边后,要经常以开会方式同他讨论,争取马部军队、争取宁夏军队。(《年谱》上,第576页)由此可见毛泽东在做国民党军队统一战线工作过程中的考虑之细。

9月8日,毛泽东致电彭德怀,向他通报统战工作的进展情况:"林育英率一组人在曲子主持统战工作,由周恩来指挥。南京代表来而复去,约主要负责人见面,有成就希望。李宗仁、白崇禧有代表来华北,我们有人去南京。"(《年谱》上,第577页)由此可见毛泽东主持统战工作以来,统战工作的进展之大和涉及面之广。

这一天,毛泽东又向4名国民党军政人员分别致信,并向他们奉送8月25日中共中央给国民党的信。在致陕西省政府主席邵力子的信中,希望他在日本"正用飞机大炮呼声动地而来"的形势下"去旧更新",不要再"无一言及于御寇"。信中指出:"国共两党实

无不能合作之理。""弟与先生分十年矣,今又有合的机会,先生其
有意乎?"(《书信选集》,第54—55页)向他表示了重新合作的愿
望。在致国民党军西北"剿总"第一路副总司令、第3军军长王均
的信中指出:"我们致国民党书,为了共同抗日,实全国一致之要
求。先生爱国健儿,对此谅有同感! 朱玉阶(按:即朱德,与王均是
云南陆军讲武堂同学)同志极愿与先生合作,如能与之互通声气,
自己元气少消耗一分,则抗日力量多保存一分。两党合作之局既
为时不远,双方前线宜尽可能减少冲突。如何之处,敬候卓裁。"
(《书信选集》,第56页)在致国民党军西北"剿总"第一路总司令、
甘肃绥靖主任朱绍良的信中,呼吁他"抛嫌释怨,以对付共同之
敌",表示"先生而同意统一战线,则鄙人竭诚以迎。惟事宜急办,
迁延则利在长驱而入之寇"。因而请他"致意蒋先生,立即决策"。
(《书信选集》,第58页)在致国民党军第37军军长毛炳文的信中指
出:"红军北上为抗日,此外悉无所求,先生断乎不可以恶意抗拒。"
表示:"已电告甘南甘北部队,在贵军不过为已甚条件下,不与先生
以困难。如先生赞同一致抗日之议,可随时派人与前线红军首长
协商。"(《年谱》上,第578页)

　　9月18日,毛泽东致信宋庆龄,并派潘汉年持信面见她,与她
"面申具体组织统一战线之意见"。信中指出:"目前停止内战联合
抗日之呼声虽已普及全国,然而统率大兵之蒋氏及国民党中央迄
今尚无彻底悔祸之心。"信中希望她"利用国民党中委之资格作具
体实际之活动",以"唤醒国民党中枢诸负责人员,觉悟于亡国之可
怕与民意之不可侮,迅速改变其错误政策"。并请她介绍潘去与吴
稚晖、孔祥熙、宋子文、李石曾、蔡元培、孙科"诸国民党中枢人员"
面谈。(《书信选集》,第61—62页)

　　两广事变结束后,两广事变领导人派钱寿康先生到延安,向中

共通报情况,并带来与中共的协定草案。9月22日,毛泽东在对草案加以修改后,致信两广事变领导人李济深、李宗仁、白崇禧,托钱寿康带回修改后的协定草案,并奉送8月25日中共致国民党书。信中指出:"目前,抗日救国大计必须进入具体实际之阶段。""当前急务,在于全国范围内停止内战一致对日。""全国各党各派各界各军向南京当局一致呼吁,请其将仇恨国人之心移以对外,蒋介石氏及中国国民党一律参加抗日统一战线,实为真正救国政策之重要一着。""抗日不成,实为南京当局缺乏抗日救亡之认识与决心,因循于对外退让对内苛求之错误政策而不变。督促批判,责其更新,全国人民及各实力派系与有责焉。"信中强调:"贵我双方订立抗日救国协定,实属绝对必要。""中华民族之不亡,日本帝国主义之驱逐出中国,将于贵我双方之协定开其端矣。"他希望双方尽早确立协定,并在确定后"务达抗日救亡之目的而后已"。(《书信选集》,第70—71页)

同日,毛泽东又致信著名爱国将领蒋光鼐、蔡廷锴,托钱寿康面交,随信并送上8月25日中共致国民党书。信中首先回顾了三年前"兄我双方合作救国"之旧谊,接着,一方面指出了当前国难当头的危急形势:"国难日亟,寇进不已,南京当局至今尚无悔祸之心,内战持续如故,全国人民之水深火热又如故。瞻念前途,殷忧何极!"另一方面也指出了目前抗日统一战线发展的新局面:"国际形势进入了新的阶段,国内爱国运动蓬勃发展。光荣的十九路军系统在先生等领导之下,继续奋斗,再接再厉。弟等则转战南北,接近了抗日阵地。抗日救亡的统一战线得到了全国各党各派各界各军一切有良心的爱国人士之赞成与拥护,即国民党内部亦有了若干开始的转变。凡此都是不同于昔的新局面。"信中说:"为达推动全国(包括南京在内)进行真正之抗日战争起见,特向先生及十九路军全体同志提议,订立根据于新的纲领之抗日救国协定。""如荷同意,即宜互派代表集于适当地点正式签订。"(《书信选集》,第73—74页)

这一天,毛泽东还致信甘肃省政府主席、国民党军东北军第51军军长于学忠,介绍彭雪枫去"申述敝方联合救国之旨"。指出:"抗日合作成功之日,两军之利,抑亦民族国家之福也。"希望能首先实现"贵我两军停止自相残杀",进而实现"西北停战议和"。(《书信选集》,第76页)

9月23日,毛泽东又单独致信李济深,希望他和李宗仁、白崇禧派遣政治上负责人员来陕,并能有专人常驻沟通。信中说:"国难如斯,非有几个纯洁无私之政治集团及许多艰苦奋斗之仁人志士为全国各党各派各界各军之中坚,伟大的反日统一战线之真正完成与坚持斗争,是不能容易达到目的的。"(《年谱》上,第586页)行文至此、读信至此,笔者油然而生一种感觉:从毛泽东在这段时间内连三再四地为停止内战一致抗日而向各方面人士大声疾呼、痛切陈词的事实看,毛泽东不就是他在这封信中所说的那种"纯洁无私"的、"艰苦奋斗"的、"伟大的反日统一战线中""全国各党各派各界各军之中坚"吗? 在当时的中国,又有谁比毛泽东在建立抗日统一战线方面用力更多呢? 这样的抗日统一战线之"中坚",毛泽东完全当得起!

10月1日,毛泽东领衔电示红军各将领,建议他们通知所属各部队:"对一切白军相遇接近时,先由我方试派人员携带要求建立反日统一战线而态度诚恳的信件,如彼方先派人来或因同意我方要求派人来接洽,不论其动机仅是怕打或真有合作抗日诚意,我方均一律以诚恳面貌招待他们,以期沟通双方,扩大西北统一战线范围。"(《年谱》上,第590—591页)这就把他本人的对国民党军的反日统战行动扩大成红军各部对国民党军的反日统战行动。

10月5日,毛泽东同周恩来致信张学良,提议:为迅速达到停止内战一致抗日的目的,只要国民党军队不拦阻红军的抗日去路与侵犯红军的抗日后方,我们首先停止向国民党军队的攻击,以此作为我们停战抗日的坚决表示,静待国民党当局的觉悟。仅在国民党军队向我们攻击时,我们才在自卫的方式上以必要的还击,这同样是为着促进国民党当局的觉悟。信中请张学良将上述意见转达蒋介石,速即决策,互派正式代表,谈判停战抗日的具体条件。(《年谱》上,第592—593页)很快,南京方面代表曾养甫约中共代表周恩来飞赴香港或广州会谈。毛泽东提出先停战,后谈判,并亲拟出《国共两党抗日救国协定草案》,准备由周恩来带去和国民党谈判。但后来双方没有签订这个协议。同时,毛泽东还向南京提出,希望他们坚持民族立场,不作任何丧权让步,并表示中共首先停止对国民党军队攻击,等候和议谈判集力抗日。

10月18日,毛泽东为黄埔军校生、红四方面军总指挥徐向前起草给黄埔同学、国民党军第1军军长胡宗南的信。信中说:"目前日寇大举进迫,西北垂危,山河震动,兄我双方亟宜弃嫌修好,走上抗日战线,为挽救国家民族于危亡而努力。"红军已奉命令,"停止进攻","总以和平方法达到停止内战一致抗日之目的","非畏贵军也,国难当前,实不欲自相残杀,伤国力长寇焰也"。"敝方各军仅为抗日之目的而斗争,深愿与贵军缔结同盟,携手前进。"信中希望双方能"尽弃前嫌,恢复国共两党之统一战线,共向我全民族最大敌人日本帝国主义决一死战"。并希望双方能停止"军事行动",静候两党之谈判。(《文集》一,第451页)

10月中旬,毛泽东又派林育英、聂洪钧、刘道生等人到红二、四方面军帮助开展对东北军的统战工作,并约他们到驻地谈话,指示意见。

10月22日,毛泽东派彭雪枫去绥远做傅作义部上层人员的统战工作,并交待他如何做好统战工作。同日,又致信刘少奇,指出:"北方统一战线非常要紧,特别着重于军队方面,加紧二十九军工作之外,晋绥应放在第一位。"并指示他"好好联络"南方的抗日反蒋团体中华民族革命同盟,"首先推动他们赞助晋绥与我们的关系"。(《年谱》上,第601页)

10月23日,毛泽东致电叶剑英、刘鼎,要他们通过张学良或另设他法,向阎锡山表示:赞同其"对日抗战捍卫疆土的决心与行动",我方将"竭以全力以为之助";我方盼"与晋绥当局成立谅解以至订立抗日协定"。(《年谱》上,第601—602页)

10月25日,毛泽东致信傅作义,对他今夏的绥远抗战甚表赞佩,"四万万人闻之,神为之王,气为之壮,诚属可贺可敬"。信中通报说,红军"所求者救中国,所事者抗日寇",东征抗日未能实现而引军西还后,目前正"从事各方抗日统一战线之促进"。"国内统一战线粗有成就,南京当局亦有转向抗日趋势,红军主力之三个方面军已集中于于陕甘宁地区,一俟取得各方谅解,划定抗日防线,即行配合友军出动抗战。"在此之前,红军虽"志切抗战",但"决不冒然向抗战阵地开进"。信中希望与其"建立直接通讯关系"。(《书信选集》,第82页)

10月26日,毛泽东同朱德等46人联名发出由他亲自起草的《红军将领致蒋介石及国民革命军西北各将领书》,指出:"中华民族已经到了最危急的时候",深望诸先生"立即停止进攻红军,并与红军携手共赴国防前线","驱逐日寇,收复失地"。真切表示:"只要贵党政府决心抗战,红军愿作前驱,并誓与你们合作到底。在抗日战线上,红军愿担任一定的战线","在作战指挥上,红军愿服从全国统一的军事指挥"，"不得抗日友军的同意，红军决不开入抗日友军的防地"。热忱希望诸先生"是奋起抗战的民族英雄"，而不是"继续内战成为民族罪人"。认为："抗战发动得早，是中华民族的大幸。"并提出，对各种形式的谈判，"我们都愿接受"，"只要内战一停，合作门径一开，一切谈判都将要在抗战的最高原则之下求得解决"。(《文集》一，第458—459页)在这篇文告中，毛泽东发出了"中华民族到了最危急的时候"的最有力呐喊，表达了红军为了抗日一切都愿意、一切服从抗日的最真挚态度。

11月10日，毛泽东委托潘汉年同国民党代表陈立夫会谈。但此时蒋介石正在西北部署对共产党的军事"围剿"行动，为了配合军事行动，陈立夫突变态度和条件，提出必须取消对立的政权和军队，红军可保留3000人，师长以上领导一律解职出洋，半年后按才录用。这种国民党在战场上也得不到的谈判条件，理所当然地遭到拒绝。于是，陈立夫又改提出四项条件：共产党公开活动，苏维埃继续存在，苏区派代表参加国会，红军改名照国民革命军编制及待遇但不变更原有人员。毛泽东权衡后，准备同意。11月12日，他致电中共驻东北军联络代表刘鼎，通报同国民党谈判情况，表示中共对以上四条，均可同意，并派潘汉年为正式代表迅速与陈立夫进行谈判。电报让他们将此告知张学良，并要他多方设法促其早成。(《年谱》上，第609页)

11月13日至19日，傅作义率部在红格尔图大败日伪军进攻。21日，毛泽东领衔致电傅作义，祝贺绥远守军抗日胜利。电报说："足下之英勇抗战，为中华民族争一口气，为中国军人争一口气。""吾人深信，吾人现所努力之停止内战、抗日救国之行动，必能对于足下之抗日义举，遥为声援。"(《年谱》上，第612页)可见，全国不管哪支部队，只要真正抗日，毛泽东就为之赞、为之贺，为之鼓、为之呼,对之表示支持。

11 月 30 日,毛泽东电告彭德怀:胡宗南败后其内部充满联俄容共、一致抗日之空气。张学良建议我们,对"胡军勿作仇敌,应尽力争取"。电报表示:我们完全同意张的建议。电报要彭立即采取如下办法:(1)首先释放一部分俘虏,勿骂其长官;(2)用诚恳和气与尊重彼方态度,分别写信致胡宗南、孔令恂、周祥初;(3)派人到豫旺见胡;(4)用毛、朱、张、周及各方面军各军团各军首长名义,发表告胡军官佐士兵书,简单明了说明停战议和、一致抗日的志愿。(《年谱》上,第 615 页)可见,毛泽东对张学良关于争取胡宗南部的建议,不但完全同意,而且切实实行。

12 月 2 日,毛泽东两次致电刘少奇,指出急须同晋绥当局成立友好关系,要他速从民族解放同盟或其他关系与晋阎、傅绥接洽。并告诉他接洽时所提的三个条件。(《年谱》上,第 618 页)

12 月 5 日,毛泽东分别致信冯玉祥、孙科、杨虎城。致冯玉祥信中在批评了蒋介石"对日无抗战决心",对内则动员 300 个团大举"剿共"的行径后说:"目前急务似无急于停止内战。诚得先生登高一呼","今日停战,明日红军与西北'剿共'各军立可开进于绥远战场"。(《文集》一,第 466 页)致孙科信中说:"今日天下之人莫不属望国民抗日","莫不属望于国民党中之抗日派能有计划地有步骤地向着降日妥协之辈进行坚决之斗争","莫不属望于哲生先生"。(《年谱》上,第 619 页)致杨虎城信中则与其协商联合救国之大计和以长安为中心的西北五六省区的具体合作计划,并表示:红军往任何方向行动,均与贵军唇齿相关、患难与共。(《年谱》上,第 619 页)

12 月 12 日,张学良在与杨虎城发动西安事变后,致电毛泽东等:吾等为中华民族及抗日前途利益计,不顾一切,今已将蒋等扣留,迫其释放爱国分子,改组联合政府。兄等有何高见,速复。(《年谱》上,第 621 页)当日,毛泽东同周恩来复电张学良:立即将东北军主力调集西安、平凉一线,十七路军主力调集西安、潼关一线。红军决不进占寸土。红军担任钳制胡宗南、曾万钟、毛炳文、关麟征、李仙洲各军。恩来拟赴兄处协商大计。(《年谱》上,第 621 页)

12 月 13 日,在中央政治局讨论西安事变的会议上,毛泽东指出:我们对这次事变,应明白表示拥护。我们在政治上的步骤,应使张学良、杨虎城这些人物在行动上和组织上与我们一致,要派重要的同志去做工作。(《年谱》上,第 622 页)同日,毛泽东还同周恩来致电张学良,陈述我方意见:只有将全部行动基础置于民众之上,西安起义才能确定地发展其胜利;对全军举行广大深入的政治动员;胡宗南等军向南压迫时,红军决从其侧后配合兄部坚决消灭之。(《年谱》上,第 622—623 页)

12 月 14 日,毛泽东领衔致电张、杨,提出西安事变后的行动方针:宣布以东北军、第 17 路军、红军组成西北抗日援绥联军。目前第一要务是巩固内部,战胜敌人。同日,毛泽东又同周恩来致电张学良"请将全部精力注意于集中与团结东北军及十七路军上面。"(《年谱》上,第 623 页)

12 月 15 日,毛泽东领衔致电南京国民党、国民政府诸先生,呼吁他们:谋国共之合作,化敌为友,共赴国仇;接受张、杨主张,停止正在发动的内战;组织统一战线政府。(《年谱》上,第 624 页)

12 月 16 日,毛泽东致电阎锡山,请他"周旋宁、陕之间,先停军事行动,再议时局善后",使时局得以"和平解决"。并表示红军愿与阎部及张、杨所部等,"于绥、察之间共组抗日联军,推先生为统帅,各军指挥调遣惟先生之命是从"。(《年谱》上,第 624 页)

12月18日,以毛泽东为实际领导人的中共中央致电国民党中央,指出"武力的讨伐,适足以杜塞双方和解的余地",呼吁国民党"决定对日抗战",组织"抗日联军","承认红军、东北军及十七路军的抗日要求","停止一切内战,一致抗日"。(《年谱》上,第625页)

12月19日,毛泽东在中央政治局讨论中央关于西安事变通电的会议上指出:我们应争取和帮助西安方面,把阵线整理好,打击讨伐派,反对内战,要求和平,夺取胜利。我们应与东北军、西北军接近,对他们的态度,不仅不与南京混同,而且与阎锡山也不同,我们对张、杨是同情的。应当根据这样的立场发表通电。要争取中间派。要争取南京,更要争取西安。要把当前的六种反内战力量团结起来,使内战结束,变国内战争为抗日战争。(《年谱》上,第626页)这一天,毛泽东11次致电周恩来,通报国内外形势并提出军事部署,指出,中央通电乃为团结一切国内、国际左翼及中间势力,为反对内战、拥护抗日而斗争。争取第17路军全部稳定于抗日反内战立场,是当前重要一着。这一天,毛泽东还致电潘汉年:"请向南京接洽和平解决西安事变之可能性,及其最低限度条件,避免亡国惨祸。"(《年谱》上,第627页)

12月20日,毛泽东致电周恩来:"如宋子文态度同情陕变,兄可设法见他,一面提出我党调和陕变、中止内战、共同抗日之主张。"(《年谱》上,第627页)同日,毛泽东又托人带书信给在山西从事统战工作的彭雪枫,要他立即商办苏区与阎锡山方面建立电台交通、徒步交通和通商关系等事宜。(《年谱》上,第628页)

12月21日,根据共产国际来电精神,毛泽东致电潘汉年,要他立即向陈立夫等提出和平解决西安事变、成立国内和平的各项条件。同日,毛泽东又致电周恩来,要他派人去国民党军第28师师长董钊、第46军军长樊松(嵩)甫、第3集团军第10纵队第51师师长王耀武以及胡宗南等黄埔将领处,告以"亲日派实欲置蒋于死地之阴谋,愿与谈判恢复蒋自由之条件,黄埔系不要受亲日派、阴谋派所愚,并发传单揭破日本与何应钦派联合害蒋之阴谋"。(《年谱》上,第628页)同日,毛泽东又领衔致电王以哲转马鸿宾:"承王军长介绍贵师与敝方结为抗日友军,曷胜欢迎。从此化敌为友,谊同一家,为抗日而誓师,为救亡而奋斗。"(《年谱》上,第628—629页)

12月22日,毛泽东复信中华民族革命同盟诸先生,指出:我们坚决声明:"完全同情于晋绥当局及军队与人民真正抵抗日寇捍卫疆土的决心与行动,我们愿以全力为他们援助。""如果晋绥当局真心抗日,而又于他们认为必要时,红军当与之订立合作协定。""红军的唯一企图在保卫西北与华北,目前是集中于陕甘宁地区,首先求得国民党军队的谅解,在合作基础上共同进入抗日阵地,舍此并无其他企图。""当此国亡无日之时,我们的志愿是抗日救亡,也仅仅在于抗日救亡。""悠长的岁月将证明我们所说的就是我们所做的。""希望双方结成坚固的阵线,为驱逐日本帝国主义而斗争到底,并望你们推动各方首先是晋绥当局迅速执行抗战并成立各派的联合阵线。"(《文集》一,第473—474页)同日,毛泽东又致信阎锡山并由宋绍林送达,信中对阎锡山在西安事变后所持"共维大局"态度表示钦佩,指出:"敝方为大局计,不主决裂,亦丝毫不求报复南京,愿与我公及全国各方调停于宁、陕之间,诚以非如此则损失尽属国家,而所得则尽在日本。目前宁军攻陕甚急,愿我公出以有力之调停手段。"如果宁方坚持进攻,"如何使晋、绥、陕、甘四省亲密团结,联成一气,俾对国事发言更为有力之处,敬祈锡示南针"。信中还就双方的电台联络时间、徒步通信站设立办法、经济通商、双方联络人员之人选等提出建议。(《书信选集》,第95—96

页)次日,毛泽东又请山西吉县县长璩象咸向阎锡山、赵戴文面陈双方密切合作的五方面意见。

12月23日,毛泽东致电周恩来,要他告诉"张、杨及其干部,把工作放在困难点上","凡事向好坏两面着想,力争好的前途,同时也准备对付坏的局面"。(《年谱》上,第630页)同日,毛泽东又致电南汉宸,让他去第17路军帮助工作。这天,毛泽东在中央政治局会议上发言,主张参加西北抗日联军军事政治委员会。

12月25日,蒋介石在口头答应停止"剿共"、联共抗日等条件后被释放,西安事变和平落幕。

12月27日,毛泽东在中央政治局会议上作关于西安事变问题的报告并作结论,指出当前要张、杨更加团结,成为抗日的核心。具体策略是推动左派,争取中派,打击右派。改造东北军和西北军。加强对国民党的工作,特别要做好左派、中派和军队的工作。(《年谱》上,第632—633页)同日,毛泽东又致信韩复榘,表示在今后如何抗日方面,愿与"鲁军方面切实合作"。(《年谱》上,第633页)

12月31日,毛泽东两次致电周恩来等,一次要他们与杨虎城商谈中共中央迁移延安后红军驻地问题,一次要他们商杨虎城电马步芳,停止向西攻击,红军亦不向凉州。(《年谱》上,第634页)

1937年1月1日,面对南京亲日派扣留张学良、进攻西安的形势,毛泽东电示周恩来与杨虎城、王以哲等商议团结对敌;加紧晋、绥、川、桂、直、鲁的活动,反对内战。又领衔致电周恩来等,要他们"注意与张、杨左派密切联系,准备万一的事变"。(《年谱》上,第637页)同日,毛泽东又领衔电示潘汉年,要他速与陈立夫接洽,表示"愿与陈立夫、宋子文、孙哲生、冯焕章各方面商洽团结一致挽救危局之方法"。(《年谱》上,第637—638页)

1月2日,毛泽东在中央政治局会议上重申以下两点不变的方针:(1)与西安合作;(2)打击亲日派,争取中间派。同日,他致电周恩来等,指出:"目前全局重心,在巩固张、杨两军团结于红军周围,以对抗亲日派,推动时局转向有利方面。"(《年谱》上,第638—639页)

由于亲日派回师进攻我抗日联军,1月3日,毛泽东致电王以哲说:"惟有万众一心,巩固团结,坚决作战。"(《年谱》上,第639页)为此,毛泽东令红军罗炳辉部次日从大水坑向固原附近开进,配合王以哲部作战。

1月9日,毛泽东联衔电告周恩来,目前基本方针是:"力主和平,拉拢蒋、宋,策动国内各派各界舆论,策动英美,保持西北目前局面,非不得已不开火。"要周设法使西安方面有关人士了解这一方针,并"改正其'左'的宣传"。(《年谱》上,第642页)

1月21日,毛泽东致电周恩来等:西路军在甘肃高台、临泽一带不能立足,"望速商于学忠准备一部策应,并与交涉红军离开河西抗日,勿加干涉"。(《年谱》上,第645页)

1月30日,毛泽东致电周恩来等,要他们提醒杨虎城及其中级以上干部提高"对整个政治前途之自信心",并说明"我们与他们始终愿在一起,为和平统一御侮救亡之总方针而奋斗"。(《年谱》上,第650页)同日,毛泽东又领衔致电周恩来等,指出:"我们与张、杨是三位一体,进则同进,退则同退,我们不能独异失去张、杨","向张、杨两部表示我们始终同他们一道,在他们不同意撤兵以前,我们不单独行动,协助他们争取更有利条件"。(《年谱》上,第650页)这封电报,真实地反映出西安事变后毛泽东和中共中央对张、杨二人及两部军队的真心和诚挚态度。

2月2日,主张和平解决西安善后问题的东北军第67军军长王以哲,被东北军中主张武力解决的青年军官枪杀。2月4日,毛泽东两次领衔发电,吊唁王以哲遇难。

2月21日,毛泽东联衔电告周恩来等:"桂代表本日返三原,令其速赴川、桂、粤活动。京、沪两方小开负责。山西彭雪枫回。直、鲁暂时无办法,过一时再说。""各方活动均以巩固和平促成抗战为目标。"(《年谱》上,第655—656页)可见在西安事变善后问题解决后,毛泽东仍领导对川、桂、粤、京、沪、晋等地国民党党政军领导人进行以促成抗战为目标的统战活动。

3月3日,毛泽东联衔复电周恩来,告诉他:国共谈判中,为使谈判迅速成功,红军编为6万人的提议,可以接受。我们今天的中心是在谈判成功后,我们在南京政府下取得合法地位,使全国各方面的工作得以开始。(《年谱》上,第660页)3月7日,毛泽东又致电周恩来,指出红军编制仍以四个师为宜,但如蒋介石坚持三个师时,亦只得照办。(《年谱》上,第661—662页)可见,为了争取以国共合作为中心的抗日统一战线早日成功,毛泽东是一让再让的。但国民党谈判人员把毛泽东的一让再让视作软弱,着着进迫,谈判条件一改再改。3月12日,毛泽东为首的中央书记处致电周恩来等,提出3个国防师组成某路军,领导不变,副佐不派,政工人员不变,每师人数15000余,编制表自定;苏区完整,坚持民选等最低条件。(《年谱》上,第663—664页)

3月5日、9日、16日,毛泽东多次致电周恩来等,要他们向顾祝同、张冲交涉由他们电令二马停止"剿杀"红军西路军。

3月13日,毛泽东同朱德致电绥远阵亡将士追悼大会,吊唁绥远抗战的阵亡将士:"诸将士英勇杀敌,成仁取义,伟大之精神足以昭示后世,风励全国。泽东等追念国殇,同深恻悼。"(《年谱》上,第664页)

1937年4月23日,毛泽东致电周小舟,要他向阎锡山提出和平团结一致对外、容许共产党公开参加救国运动等要求。(《年谱》上,第672页)

5月13日,毛泽东复电李宗仁,指出:和平、民主、抗战为今日民族解放斗争不可分割的方针,"非民主不足保证抗战"。(《年谱》上,第677页)

5月14日,毛泽东联衔致电周恩来,同意国民党派考察团到陕北考察,并指出考察目的应为增进团结。5月29日,涂思宗率国民党中央考察团到达延安。当晚,毛泽东等人便设宴欢迎,并致欢迎词,希望两党长期地合作下去。次日,毛泽东又出席延安欢迎考察团的群众大会并讲话,指出,现在最中心最主要的是打日本救中国,为此,就要国内团结。(《年谱》上,第679页)推动各方共同抗战。

6月24日,毛泽东领衔致电张云逸,要他向李宗仁、白崇禧说明,"只有以抗日民主与蒋比进步才能生存发展"。并要他们设法推动广东、广西、香港三方政治人物前往庐山参加蒋介石和汪精卫函请各方参加的谈话会。同日,毛泽东又致电彭雪枫,也要他推动山西方面政治人物参加庐山谈话会。(《年谱》上,第684页)

三、全面抗战爆发后国共合作抗战时期

卢沟桥事变发生后,1937年7月8日,毛泽东致电驻守北平的宋哲元、驻守天津的张自忠、驻守张家口的刘汝明、驻守保定的冯治安等国民党军第29军将领,请他们策励全军,为保卫平津、保卫华北而战。同日,又致电时在天津从事统战工作的南汉宸,要他立即以毛泽东及红军代表的名义,与华北当局及各界领袖协商团结抗日的具体办法。7月9日,毛泽东联衔复电叶剑英,同意西安救

国团体的各项要求，请他们努力与政府、国民党党部及各界领袖协商，迅速组成对付大事变的统一战线。又联衔电示上海、太原、广西、西安的中共负责人，请他们与当地政府、国民党党部及各界领袖协商，迅速组成统一对外之阵容，才能应付大事变。(《年谱》中，第1—2页)

7月13日，毛泽东电示叶剑英，要他积极同国民党中央军、第17路军及第7军军长冯钦哉等接洽，协商对日坚决抗战之总方针及办法。(《年谱》中，第2页)

7月15日，毛泽东致信阎锡山，特派周小舟前去商谈"关于坚决抗战之方针及达到任务之方法问题，红军开赴前线协同作战问题"。(《年谱》中，第4页)两天后，毛泽东再次致信阎，又派彭雪枫前去再谈。信中说："日寇大举，全华北危险万状，动员全力抗战到底，发动民众与扶助义军工作，实属刻不容缓。"请其对中共驻太原的指导华北工作者数人予以方便。(《年谱》中，第5页)8月10日，毛泽东又致电彭雪枫，要他与阎交涉红军出动路线及中共在太原设办事处问题。经争取，阎同意毛泽东所揭红军由韩城渡河的出动路线。

8月22日，国民政府军事委员会委员长蒋介石委任朱德、彭德怀为国民革命军第八路军总指挥和副总指挥。31日，毛泽东致电周恩来等，要周即赴太原、大同晤阎锡山，商量好八路军入山西后活动地区、作战原则、指挥关系、补充计划等事。(《年谱》中，第18页)9月3日，毛泽东再次致电周等，要周与彭德怀到太原与阎交涉，明确规定红军活动区域。(《年谱》中，第19页)7日，毛泽东电告周恩来应向阎争取的对八路军有利的具体活动区域。10月19日，毛泽东等人致电周恩来等，叮嘱他们：在山西须坚持与阎锡山合作，不参加任何倒阎阴谋。(《年谱》中，第33页)11月15日，毛泽东电告周恩来和八路军负责人：在阎锡山等人"在日寇打击之下，已基本上丧失在山西继续支持的精神与能力"的情况下，"我们须自己作主"，"但仍然是在统一战线中的独立自主"，"在大的方面仍应与国民党及阎、黄、卫商量"。（《文集》二，第70页）

12月2日和6日，毛泽东两次领衔电示朱德等："山西仍须着重巩固统一战线，尤其是与阎的关系，特别在日寇缓进阎留山西的条件下，我们更应避免与其作不必要的磨擦。""日寇正在进攻我军，企图引诱阎锡山及国民党之中右派分裂抗日阵线，我们无论在友军区域及敌人后方，均应执行民族统一战线的策略为基本方针。"（《年谱》中，第41—42页）

12月24日，毛泽东领衔指示绥德等五县警备区及边区各部队军政负责人，强调在友军区域内应坚持统一战线原则。（《年谱》中，第44页）

1938年4月17日上午，国民政府第二战区副司令卫立煌途经延安，毛泽东特意会见了他，并进行了交谈，分析了日军的动向，说明目前山西抗战的重要性和国共合作的重要性，并请卫帮助催促国民党主管部门发给八路军军需品。中午，毛泽东又宴请卫立煌。晚上并陪同卫出席延安各界举行的欢迎晚会，并致欢迎词。卫立煌离开延安到达西安后，下达手令："即发十八集团军步枪子弹一百万发，手榴弹二十五万枚。"还发给了180箱牛肉罐头。

5月11日，毛泽东会见国民党老党员施方白，回答了他提出的9个问题。指出"抗战的必胜是确有把握的"。次日，毛泽东把一张自己签名的照片送给施方白，并为他题写赠言，指出：完成战胜日军与建立新的民主共和国及将来建立社会主义共和国，都需要"坚持统一战线政策，只有好好团结一切革命势力于统一战线里面，才能达到目的"。（《年谱》中，第71页）

在日军进攻晋西北的情况下，6月15日，毛泽东领衔致电第120师负责人等，让他们考虑是否可向傅作义及其他军政首长提议，召集晋西北及绥东各部队首长(连游击队在内)、各政府与民众团体的领袖开一个会议，讨论如何打退日军进攻、保卫晋西北的作战计划，并相机提出建立根据地的某些重要问题。他认为，这个会议是能推进统一战线的。(《年谱》中，第80页)

7月22日，毛泽东领衔电示郭洪涛等人："对石友山应继续采取争取的方针。"(《年谱》中，第85页)

8月18日，八路军在晋察冀、冀中、冀南等地展开后，毛泽东等人电示聂荣臻、邓小平等，要他们与驻守河北的国民党军负责人之一鹿钟麟谈判，"原则为要求鹿对一切维持现状，承认既成事实，不妨害华北抗战，军事行政照既定方针进展"。(《年谱》中，第90页)

10月24日，毛泽东领衔电示到大青山开展游击战争的李井泉，要他处处照顾到同傅作义的统一战线，团结蒙汉人民联合抗日，以中共的模范作用来推动影响国民党首先是傅作义的转变。(《年谱》中，第95页)

11月15日，山东第六区专员、鲁西北抗日游击总司令范筑先牺牲后，24日，毛泽东领衔致电朱德等：应用一切办法团结与巩固范筑先领导的抗日部队，并实际帮助鲁西北地区抗战。(《年谱》中，第98页)

12月5日，因有消息称日军准备侵略西北，毛泽东致信国民党军第21军团长、晋陕绥边区总司令邓宝珊，告诉他："不论迟早，敌攻西北之计划是要来的，因之准备不可或疏。"因而特派八路军绥德警备区司令陈奇涵前去向他"报告防务，并将敝党六中全会之报告、决议、宣言等件带呈左右，借供参考"。(《书信选集》，第132页)

1939年5月11日,毛泽东在中央书记处会议上指出:尽管秋林会议后阎锡山态度右倾,但我们对阎锡山仍应有条件地拥护,可以对他进行必要的批评。(《年谱》中,第125页)显示出毛泽东在统一战线中对阎锡山的最大忍让。

9月下旬,国民党军骑兵第2军军长何柱国到延安时,毛泽东设宴招待了他和其他外国朋友,陪同他出席延安各界欢迎会并讲话。

1939年9月,全国慰劳总会北路慰问团副团长王右瑜在见到毛泽东时,转交了国民政府参军长吕超致毛泽东、朱德的信。10月7日,毛泽东特意复信吕超,指出:"先生翊赞中枢,功高望重。""国难当前,团结为第一义。"(《书信选集》,第158页)表达了增强抗日统一战线中国共团结的愿望。

四、国共磨擦时期

在顽固派加强对中共军队磨擦时,毛泽东仍坚持统一战线政策,极力争取尚有希望之人。

1940年2月11日,毛泽东为中央军委起草复徐向前等人电,指出:我们在"对反共顽固派取坚决反攻彻底消灭的政策"时,"对一切尚有希望之人取极力争取的政策"。山东"沈鸿烈属于顽固派"。在打沈的斗争中"要注意分化其部下,争取其尚有希望分子。于学忠与沈鸿烈不同,他是尚有希望的,除对其反共政训人员应加以坚决打击外,对东北军应极力争取,至少使之取中立态度"。"河北磨擦事件望刘、邓亦照此办理。"(《年谱》中,第169—170页)

晋西事变发生后,毛泽东十分注意对阎锡山的统战工作。2月11日,毛泽东为新军起草薄一波致阎锡山的电报,希望阎调和山西新旧两军,重新团结,一致抗日。同日,毛泽东还领衔致电八路军领导人,提出处理晋西事变的意见:在蒋介石的分化政策下,阎锡山可能与新军达成妥协,新军也以在有利条件下仍属阎指挥、恢复合法地位为宜。我们的政策在于暂时中立阎,不使阎与国民党中央联合对我,不使新军受国民党中央指挥。(《年谱》中,第170页)2月23日,毛泽东领衔致电晋西北的贺龙等,指出贺龙致阎锡山电,用语太硬,已加修改,嘱咐他们"以后对外立词,请注意和缓些","你们准备派两个团向南行动,现不适宜",应即停止。(《年谱》中,第174页)同日,毛泽东又致信阎锡山,表示愿意和平解决山西发生的磨擦事件,并告之派人前往谈判。次日,毛泽东又领衔致电贺龙等,指出:新军部队绝对不应编入八路军;晋西北施政大纲六项没有提到坚决实行阎锡山的十大纲领,是一个大缺点;要十分注意争取中间派人士,不可使他们感到冷淡和不满。(《年谱》中,第170页)在毛泽东的斡旋和指导下,八路军与阎锡山的谈判获得成功。3月5日,毛泽东为中共中央和中央军委起草致八路军及新军领导人电,通报与阎谈判成功的情况,并指出:今后我们的基本政策是,继续团结阎锡山,以利华北和西北的抗战。(《年谱》中,第175页)为此,双方商定了划区作战的条件。同日,毛泽东又电示八路军领导人等:"目前尊重阎锡山的一定地盘,保存这个国共之间的中间力量,对于抗战与国共合作是有大利益的。"应乘此次同阎锡山谈判取得成功的机会,极力争取阎系一切人员,彻底打击蒋介石企图消灭阎系取而代之以便直接反共的恶毒政策。(《年谱》中,第176页)

1940年3月5日,毛泽东领衔致电王震:榆林一带是邓宝珊、高双成等许多中间势力的集中地,我们的政策是极谨慎地争取这些中间势力。靠近榆林的米脂及佳县暂时不要边区化,应维持现状。在何绍南走后,你的态度要放和缓些,十分注意不要失去中间

派绅士的同情。对友军、对绅士和对顽固派完全不同。(《年谱》中,第 176 页)

3 月 7 日,毛泽东领衔电示八路军负责人:此时应对卫立煌有所让步,将八路军第 344 旅略向北撤。在临汾至大名一线以南,"应与国民党休战"。"在汾离公路以南则与阎锡山休战。""在何绍南驱逐后,我们亦决定在边区境内与国民党暂时休战。"(《年谱》中,第 177—178 页)3 月 15 日,毛泽东起草致卫立煌电,指出:"目前抗日局面必须维持,国共合作必须巩固。""地方磨擦事件日益加多,如不加以调整,实于抗战不利。除电八路军诸同志注意外,请先生亦作合理之处置,俾一切争论问题得以和平解决。"(《年谱》中,第 178 页)

3 月 15 日,毛泽东领衔致电朱德等将领:蒋介石集结重兵企图迫我退出陵川、林县一线。"我们此时必须避免同中央军在该地域作大规模战斗。因此须准备让步,以便维持两党合作局面。"(《年谱》中,第 179 页)次日,毛泽东复电彭德怀,再次告诉他"须避免在陵川、林县地域再与中央军冲突,如彼进迫,我应北退,如彼再三再四进迫不已,然后我军加以还击"。(《文集》二,第 275 页)

3 月 20 日,毛泽东领衔电示八路军有关将领:"山西、河北两省反磨擦行动,全部告一段落,在此期间内,偃旗息鼓,一枪不打,向一切国民党军队表示友谊,求得恢复感情,推动时局好转。"(《年谱》中,第 181 页)在毛泽东抗日民族统一战线政策的影响下,特别是在毛泽东为抗日大局而对国民党军队的极力忍让下,国民党挑起的第一次反共高潮就此平息了。

1940 年 3 月 25 日,毛泽东起草中央书记处及中央军委指示,指出:"应使干部明白,所谓国共合作,主要就是同中央军合作。我全体干部在加强对一切军队的团结说服工作中,要特别着重对中央军的团结说服工作。"(《文集》二,第277页)这是毛泽东向全党全军的指示中要求"特别着重对中央军"的统战工作。

4月1日,毛泽东起草中央及军委致八路军、新四军主要领导人的电报,指出:在华北地区对国民党军的"军事挑衅",我军应"极力忍耐,不还一枪","非得中央同意,不得发生军事冲突",以"使山西、河北两省归于平静局面"。"我鲁南、胶东部队","对一切尚能与我合作抗日之部队及虽然不好但尚未向我进攻之部队,均须极力联络,不得侵犯其一人一枪"。"无论华北、华中",一律"号召一切友军反对内战,拥蒋讨汪,团结抗战"。(《文集》二,第279—280页)这里,极其罕见地要求对"顽固派的军事挑衅"也"极力忍耐,不还一枪",可见为了保持抗日民族统一战线,毛泽东真是极尽忍耐。

由于看出国民党第90军有偷渡黄河进占绥德警备区的可能,4月1日,毛泽东一面电示第120师加以严防,一面亲自起草八路军河防兵团政治部致国民党军第90军书,希望他们坚持抗日,不要枪口对内。(《年谱》中,第184页)毛泽东还让部下把这封信铅印广为散发,并登报和广播。

4月12日,毛泽东领衔复电朱德等,同意武安县和涉县由卫立煌派县长,向卫再让一步。他指出,目前应力争八路军和中央军的和好团结,并指示朱德与卫立煌会晤一次。同日,毛泽东又起草中央书记处致朱德电,告诉他"见卫立煌谈话中心,在于强调团结抗战","向他们声明,只要中央军不打八路军,八路军决不打中央军"。(《年谱》中,第186页)这一天,毛泽东还起草中央书记处及军委致在山东的陈光等人电,指出:当地方实力派迫于命令向我进攻时,我"应在不妨害自己根本利益条件下,先让一步";"当他们不顾一切向我进攻妨害我之根本利益时,我应对其一部分给以坚决打击作为警告,打后仍求得互相妥协";"中央军对我进攻时,应同样采取此方针"。"决不能把中央军看成都是顽固派。"(《文集》二,第284—285页)4月21日,毛泽东起草中央书记处致刘少奇等电,指出:你们不要提反对李品仙的口号,也不要提反对桂军的口号,对桂军进攻应取劝告及争取的态度,不到必要时机与必胜地点,不要轻易同桂军作战。(《年谱》中,第188页)以上这些电文的内容,很多人恐怕难以想象是出自毛泽东之手。可见毛泽东对抗日民族统一战线是极力维护、精心呵护、无比爱护的。

4月26日,毛泽东领导的中央书记处电示项英等:"在团结抗战时期,我军不应向友党后方行动,而应向战争区域与敌人后方行动。"(《年谱》中,第189页)这一指示及毛泽东后来的许多类似电报说明,中共领导下抗日根据地的扩大和发展,是从日本人手中夺下而不是从国民党军手中夺下的。

7月6日,毛泽东在延安高级干部会议上作报告时说:在反共高潮下降时期,对国民党应强调团结一致;必须继续扩大八路军、新四军及抗日游击队,但应限制在战区、敌人后方及陕甘宁边区境内。纠正在执行统一战线政策中的"左"倾错误。报告在分析中间势力还保存抗战积极性时指出:"中间势力的成分现在比前次更有了新的补充,把国民党中央军的大部分也放在里面了。"(《年谱》中,第197—198页)可见,在这一时期,毛泽东的抗日民族统一战线把中央军的大多数也包括了进来。

7月20日,毛泽东领衔电示中原局:与李品仙力求和缓冲突;极力扩大统一战线工作,拉拢一切动摇分子,只打击当前直接向我进攻的一部分,以暂时中立其余部分。(《年谱》中,第200页)7月30日,毛泽东领衔致电刘少奇等,指出,对苏鲁皖地区的李明扬、李长江应加强统一战线工作,争取其对中共同情或中立,目前不应进攻两李部队。(《年谱》中,第200页)

8月15日,延安各界在中央大礼堂举行大会,追悼在枣宜会战中壮烈殉国的国民党军第33集团军总司令张自忠将军。毛泽东送了挽词"尽忠报国"。这不但是对张自忠将军的礼赞,也是毛泽东对所有国民党军队中为国牺牲的将士的礼赞,对推动同国民党军队的抗日民族统一战线具有示范性作用。

10月11日,毛泽东领衔电示彭德怀等:"目前方针是缓和磨擦,强调团结。"除"缓和对韩、李(按:指韩德勤、李品仙)关系外,山东方面亦应对沈、秦(按:指沈鸿烈、秦启荣)缓和一下"。(《年谱》中,第211页)可见这时的抗日民族统一战线,把一些反共顽固派也包括了进来,作为对象,对他们采取缓和的态度。

10月12日,毛泽东领衔电示陈毅等人,对黄桥战役中的"俘虏兵只释放少数坏分子,其余一概补充自己,加以训练,增强部队战斗力。下级俘虏军官亦应留一部分稍带革命精神者,其余官长一概优待释放,不杀一人(不论如何反动)"。(《年谱》中,第211页)6天后,毛泽东又为中央书记处起草对全党发出的关于优待反共俘虏的指示,其中说:"任何国内反共派向我进攻被我捕获之俘虏官兵、侦探人员、特务人员及叛徒分子,不论如何反动与罪大恶极,原则上一概不准杀害。"毛泽东为了抗日民族统一战线的巩固,对反共派军队进攻我军的俘虏也做到了最大的容忍。他把这一政策看作是"孤立与瓦解反共派的最好方法"。(《文集》二,第304页)后来的事实证明,这一政策确实是很见成效的。

毛泽东和中共中央对国民党军队的一切忍耐、团结,并没有换来国民党军队的同情与进一步回应。1940年10月19日,国民政府军委会正副参谋长何应钦、白崇禧发出"皓电",强令八路军、新四军于一个月内全部撤到黄河以北,从而挑起了第二次反共高潮。对此,毛泽东和中共中央开始仍采取缓和态度。11月2日,毛泽东电告周恩来说:"宣言与指示拟好又停。"今日会议,"仍主表面和缓,实际抵抗"。(《年谱》中,第219页)11月3日,毛泽东又领衔电告新四军领导人:对皓电,中央决定"采取缓和态度,以期延缓反共战争爆发时间。对皖南方面,决定让步,答应北移"。同日,又起草中央书记处复周恩来电:"我们的炸弹宣言,已决定缓发,待时机成熟时发";复何、白电"内容决取缓和态度,在彼方没有动兵以前,一切对外表示,均取缓和态度"。(《年谱》中,第220页)

11月4日,为了对付新的反共磨擦,毛泽东又领衔致电新四军及其各师主要负责人,要求加强争取友军工作。指出:"根据华北(朱怀冰三个师打八路军时,由于我们火线上的统战工作,其中一个师守中立)、陕甘宁边区(保安队和我们交战时,由于我们的联络工作,预三师在旁边观望不动)和苏北黄桥(由于陈毅统战工作的结果,两李及陈泰运严守中立)等反磨擦战斗的经验,在反磨擦的武装斗争中,加紧争取友军对我同情或严守中立的工作,不但有很大的意义,而且有很大的可能。"因此,在华中"立即动员一切可能的党政军民力量去进行争取友军工作,成为你们今天最中心任务之一"。电报还要他们"立即选派得力代表","向周围各友军进行交友工作"。(《文集》二,第306—307页)从这一电报中可以看出,在反对国民党军队磨擦的斗争中,八路军和新四军争取友军的统战工作是发挥了重要作用、产生了很大成效的。它减少了双方的作战次数和人员损失,为中国抗战保存了更多的实力。

11月9日,毛泽东起草的朱、彭、叶、项复何白电,即佳电发出,八路军、新四军拒绝撤到黄河以北,但表示,为顾全大局,江南新四军部队可以移至长江以北。佳电发出后,毛泽东又布置了一系列的统战活动,以延缓内战爆发。当天,他即致电周恩来,要他同李宗仁、张冲等晤谈,以延缓蒋的进攻。次日,又致电叶挺等,指示叶挺与顾祝同谈判的主要问题。

11 月 10 日,在得知东北军第 57 军霍守义部由鲁南向苏北转移的消息后,毛泽东领衔致电刘少奇等:"我对东北军基本政策是争取,不是打击。你们应考虑于其南下时,我取欢迎态度(不管他如何顽固),告以苏韩(按:指国民党江苏省政府主席韩德勤)各种反动证据,劝其不要参加磨擦,于其向我进攻时,我应先取让步态度,只有至万不得已时才作自卫还击,但随即退还人枪,争取友好。"(《年谱》中,第 224 页)11 月 12 日,毛泽东又致电周恩来等,要他们"向各方面放出空气",说我们不希望打,但是一定要打,我们也不能坐视,"那时乱子闹大,彼方应负其责"。他希望以此来延缓进攻,并要他们把蒋"调动 29 个师进攻新四军的事实公开宣布",并宣传这将是"大规模内战","只使日本人渔人得利"。(《年谱》中,第 225 页)

11 月 13 日,毛泽东领衔电告彭德怀:"对于国民党在华中举行的军事进攻,决采取自卫的防御战。""华北各部,暂不调动。"次日,又电告周恩来:"已令苏北取拉韩政策,非至万不得已时不得解决韩。"(《年谱》中,第 226 页)

11 月 15 日,毛泽东致电周恩来等,指出:"对皖南取让步政策(即北移),对华中取自卫政策,而在全国则发动大规模反投降反内战运动,用以争取中间势力","缓和蒋介石之反共进军,拖延抗日与国共合作时间"。(《年谱》中,第 227 页)这就是皖南事变前毛泽东和中共中央对蒋介石这次反共进攻的总方针,其目的在于"拖延抗日时间",争取抗日利益。

11 月 16 日,毛泽东领衔发出指示,要求对黄埔系军人进行统战工作。在举了几个事例之后,他指出:"我党我军中过去把黄埔生看作一个笼统的反共集团的传统观念是错误的、有害的。在目前严重时局,急须改正此观念,利用一切机会与黄埔生军人进行统一战线工作","使他们不肯投降日寇,使他们对反共战争取中立或消极态度"。(《文集》二,第318页)进一步在全军明确把黄埔系军人纳入抗日民族统一战线中来。

得悉胡宗南部即将进攻关中边区的消息后,11月19日,毛泽东领衔致电董必武,要他速见熊斌、胡宗南、蒋鼎文,要求他们停止进攻,否则引起大冲突,双方都不利。(《年谱》中,第229页)

11月25日,毛泽东领衔电示徐向前等:应极力争取东北军于学忠部,对其磨擦应稍加忍让。(《年谱》中,230页)

在得悉国民党军第61师师长已向胡宗南请示如何处置八路军驻太原办事处及电台的消息后,11月28日,毛泽东领衔电示王世英:应征得阎锡山同意后搬去克难坡(按:指当时阎锡山政府所在地)附近,并向他们说明国民党反共是自杀政策,我们希望晋绥军取中立态度,双方维持友好。(《年谱》中,第231页)

11月29日,毛泽东又电示董必武等人:"我们人员应天天出马,采取'佳电'立场,到处游说,即顽固分子亦应去见,表示团结、抗战、尊重蒋。"并告诉他:"我们决派南汉宸日内去见胡宗南,作一番大解释工作。"(《年谱》中,第232页)

日、汪条约签订后,国民党投降危险下降。12月20日,毛泽东领衔电示刘少奇等:"苏北应全面休战,求得妥协。"(《年谱》中,第245页)25日,毛泽东又电告周恩来:胡宗南全无战意,汤恩伯部据所得情况也很少打的兴趣。桂军几个师毫无东进消息。(《年谱》中,第247页)看来,这一阶段毛泽东对国民党军统战政策是收到一定效果的。电报要周向国民政府军委会军令部次长刘斐说明,要求停止李仙洲、莫德宏东进,否则难免引起大冲突。望示意白崇禧,如想保持友谊,则请他将莫德宏师撤退。(《年谱》中,第247—

248 页)

12 月 27 日,毛泽东领衔电叶挺等,请周、叶向蒋交涉,下令李品仙不得妨碍新四军北移。(《年谱》中,第 249 页)同日又起草朱德等致国民党军第五战区司令李宗仁、副司令李品仙电,要其勿在庐江至滁县地区妨碍新四军北移。

12 月 31 日,毛泽东起草中央书记处电报,指示中央各分局和八路军、新四军各首长,蒋介石"向华中、山东我军进攻的决心已经下了","我党我军有举行自卫战斗以打破这一进攻、争取时局好转的任务"。同时指示"对于反共军不但要注意打击,而且要注意争取,注意统一战线工作"。(《文集》二,第 322—323 页)在即将与国民党军开展自卫战斗的时候,毛泽东仍要求各部注意统一战线工作,注意争取反共军。

1941 年 1 月 4 日,国民党军以 8 万余人在皖南包围袭击正在北移的新四军皖南部队 9000 余人,使其大部牺牲,一部被俘。在得知情况后,1 月 12 日,毛泽东领导下的中央书记处致电周恩来等,希望他们向国民党提出严重交涉,并向各方面呼吁,促国民党改变方针。同日,毛泽东又致电刘少奇等转叶挺等人,"应注意与包围部队首长谈判"。(《年谱》中,第 255 页)次日,又电示周恩来等:"请向当局提出最严重交涉,如不立即解围,我们即刻出兵增助,破裂之责由彼方担负。"14 日,毛泽东又次电示周等"立即要蒋下令停战撤围"。(《年谱》中,第 257 页)

1 月 17 日,国民政府军委会宣布撤销新四军番号并将叶挺交军法审判。在综合各方面意见后,1 月 20 日,毛泽东致电周恩来等:"目前我们在政治上取猛烈攻势,而在军事上暂时还只能取守势。"目前在陕甘宁"边区及晋西北方面不作大的军事调动,以免震动。八路人员暂时亦不发表反蒋言论"。(《年谱》中,第 262 页)这表明,毛泽东和中共中央为了不使抗日民族统一战线完全破裂,对蒋介石和国民党采取了最大的克制与忍耐态度,最大限度地保持了抗战中的国共团结。

2月14日,毛泽东起草中央书记处复周恩来电,同意将我党对皖南事变的12条意见"提到参政会要求讨论,以期恢复国共团结、重整抗日阵容、坚持对敌抗战"。(《年谱》中,第271页)由此看来,皖南事变后毛泽东和中共方面的忍耐,目的就在于"重整抗日阵容,坚持对敌抗战"。

2月17日,毛泽东领衔致电彭德怀等,指出:卫立煌"是可与合作人物,对他的政策应十分谨慎,应向着争取他与我们长期合作的方向去做"。(《年谱》中,第272页)同日,又领衔致电彭德怀等:"目前对反共军,基本上只应该打防御战,不应该打进攻战,不应该企图在大后方发动反蒋的游击战争。"新四军"亦不应该去大后方,暂时仍以限制于敌占区及其附近地区活动为原则"。(《年谱》中,第273页)这一内部指示又一次说明,八路军、新四军的发展,是在日本占领区的发展。

4月17日,毛泽东领衔致电彭雪枫,同意国民党军第92军第425团团长陈锐霆在坚持团结、坚持抗战、反对中国人打中国人等口号下光荣起义。20日、21日,毛泽东又两次领衔致电彭雪枫等,要求陈团起义后不要改为八路军或新四军番号,在陈团内部,"须团结一切不反共的中间分子",只有这样,"才有利于争取国民党军队"。(《年谱》中,第289—290页)

5月1日,毛泽东起草的《陕甘宁边区施政纲领》发布,其中明确写上:"坚持与边区境外友党、友军及全体人民的团结,反对投降、分裂、倒退的行为。"(《文集》二,第334页)对于在攻击抗日部队战斗中被俘之官兵,"一律实行宽大政策,其愿参加抗战者,收容

并优待之"。(《文集》二,第 337 页)

5 月 9 日,毛泽东领衔电示八路军、新四军各部负责人:日军近日有可能进攻豫、陕等地,"国民党要求我军配合作战"。"在接近豫、陕地区,应有相当部队配合友军作战,并极力发展统战工作,但不要乘机向国民党地区扩展,使蒋、桂各军放心对敌。""对韩、沈、于、高(按:指苏鲁地区的国民党军政领导人韩德勤、沈鸿烈、于学忠、高树勋)各部亦暂时停止攻击。"(《文集》二,第 349 页)在日本进攻面前,毛泽东和中共中央又捐弃前嫌、顾全大局,与国民党军全面休战并共同对敌了。

5 月 29 日,毛泽东领衔致电卫立煌,指出:"目前惟有国共团结并在蒋委员长领导之下实行亲苏外交,坚持抗日到底,方能挽救危亡。"表示"赞同卫长官与胡宗南先生会见,时间约定后,我们即派南汉宸来洛,共商团结对敌大计"。(《年谱》中,第 302 页)

6 月 9 日,毛泽东起草朱德等致卫立煌电,说:"目前大局,非国共两党贵我两军密切合作不足以图存。""八路军决在委座及吾兄领导下与友军配合作战","为保卫郑、洛、西安而战"。(《年谱》中,第 306 页)电报并提出了八路军配合作战的具体建议。

7 月 5 日,毛泽东致电周恩来,要他"将我党力主团结之方针告张冲"。(《年谱》中,第 311 页)张冲是国民党同中共谈判的代表、国民党中央执行委员。8 月 11 日,张冲逝世,毛泽东于 13 日致电张冲家属,吊唁张冲逝世。

在得悉国民党军第 13 集团军总司令王靖国即将东进中条山的消息后,8 月 14 日,毛泽东领衔电示王世英去见阎锡山,请阎保证王靖国东进后不反对八路军,保持八路军与晋绥军的良好关系。17 日,又致电彭德怀:"阎锡山与蒋矛盾甚大,向我们拉拢。王靖国部队东进,目的在占地盘吃饭,我们应让他占一部地盘不与磨擦。"

(《年谱》中,第 321 页)8 月 21 日,毛泽东又次电告彭:王世英回延,称阎已允与陕甘宁边区通商(已开始运盐),又允我再设电台,声称华北仅余我们两家,宜好好合作。"判断阎现时不会投敌",故应在河东"给阎以生存余地,请善处之"。(《年谱》中,第 322—323 页)可见之前毛泽东指示的对阎统战工作也是有很大效果的。

9 月 1 日,毛泽东同国民党联络参谋陈宏谟等人进行了 4 个小时谈话。陈等表示蒋介石等人在国共关系上均愿转圜,要求朱德到重庆去一次。毛泽东要求国民党方面释放叶挺,恢复新四军等。9 月 24 日,毛泽东电告周恩来:"我又找陈宏谟等谈了一次,欢迎他们去华北视察,看我们到底作了些什么,看一看没有八路军全国是否能继续抗战。"(《年谱》中,第 329 页)11 月 6 日,毛泽东在出席陕甘宁边区参议会开幕会时,与应邀参会的陈宏谟等谈了何文鼎部进攻边区等问题,表示何来必打。陈宏谟等要求陕甘宁边区部队不要打响。他们担保何不来进攻。(《年谱》中,第 338 页)10 日,毛泽东电告周恩来:据连日侦察,何文鼎部未动。看来这次统战工作又产生了效果。16 日,毛又致电周,告以何文鼎部已确定缓调。其中,"三个联络参谋确做了许多有利团结的工作"。因而要周在这几位联络参谋到重庆后接待一下。(《年谱》中,第 341 页)

由于日军进攻湘北和郑州、洛阳,为了争取时局好转,9 月 9 日,毛泽东领衔致电八路军、新四军负责人:目前"国民党正集中力量抗敌",八路、新四各部"对国民党敌后各部应停止任何攻击性行动","并向国民党各部发出通知,要求配合对敌"。(《年谱》中,第 326—327 页)

11 月 9 日,在冯玉祥将军六十寿辰之际,毛泽东领衔电贺。

1942 年 7 月 13 日,毛泽东复电新疆省主席盛世才:"当此全世界反法西斯、中国抗日胜利在望之际,深望彼此团结一致,共济时艰。"(《年谱》中,第 393 页)看来,毛泽东的抗日民族统一战线工作一直做到了大西北的新疆。

7 月 24 日,毛泽东领衔电告王世英:"已令前方援助晋绥军之英勇抗战,请告阎长官。"(《年谱》中,第 394 页)可见这时毛泽东已令八路军援助晋绥军队的抗战。

9 月 15 日,毛泽东电告陈毅:"目前已至促成国共好转","以便坚持抗战时期。关于打磨擦仗方面,已电李先念今后极力避免,并设法与周围国军改善关系。其他部队,请你加以注意"。同日,又电告朱瑞:"山东方面凡可避免的国共磨擦,均须避免。"(《年谱》中,第 402 页)10 月 6 日,毛泽东又领衔复电李先念等:"在顽军继续进攻时应坚决打击之,以求生存。在获得胜利后应表示愿与他们恢复和平,以求好转。"(《年谱》中,第 405 页)

11 月,因本年夏天延安发生大水灾,国民政府派赈济委员会委员郑延卓等人携款到延安放赈。11 月 11 日,毛泽东领衔致电郑延卓,欢迎他来延安。郑延卓来延安后,毛泽东同他谈了两次话。郑称在延安的观感与外边所见两样。他还要求毛泽东给蒋介石写一封信,毛泽东欣然答应,写了一封给蒋介石的信,托郑转交。

1943 年 1 月 16 日,毛泽东领衔电示李先念等:"敌对大别山发动'扫荡'是暂时的","我们不可乘机取得,只应收回被侵占地方,协助友军击敌,以利两党谈判"。(《年谱》中,第 424 页)

2 月 7 日,为进一步改善国共关系,毛泽东领衔向各战略区发出对统战工作的指示,要求各地"不放松每一机会和每一小的事件,主动地加强局部统战工作,改善关系"。"如有磨擦事件,必须先经报告批准,不许自由行动。"(《年谱》中,第 425—426 页)

3 月 19 日,毛泽东领衔复电陈毅等,同意释放在反磨擦斗争中俘虏的国民党江苏省政府主席韩德勤。

得知国民党第一战区司令蒋鼎文命令其第 24 集团军司令庞炳勋部向八路军进攻的消息后，1943 年 3 月 27 日，毛泽东领衔电示彭德怀："以事先设法消弭、不致引起冲突为上策"，"仅在万不得已时，才可在严格自卫原则下，给向我进攻之部队以部分打击"。（《年谱》中，第 431 页）

尽管毛泽东严令各部禁止磨擦，但国民党军队仍屡次挑衅。3 月 30 日，毛泽东为中央书记处复电周恩来等说"无论华北、华中、边区，中央都曾几次下令禁止磨擦，我军亦无任何侵犯友区行动。但彼方进攻之事则屡起"，请其向蒋方交涉制止。（《年谱》中，第 432 页）

1943 年 5 月 8 日，毛泽东电告周恩来等："《解放日报》及各根据地报纸还是一点也不刺激国民党。"（《年谱》中，第 438 页）

5 月中旬，毛泽东会见了不久前接替陈宏谟等人工作而到达延安的国民党联络参谋徐佛观、郭仲容二人，同他们恳谈国共关系问题，并请他们向重庆、西安国民党方面转达共产党精诚团结的愿望。（《年谱》中，第 438 页）

日军在进攻太行山南部地区的作战中，先攻国民党军，使其大败；后攻八路军第 129 师，第 129 师奋战半月，大获胜利。5 月 18日，毛泽东致电彭德怀，指出：国民党正在寻衅发动反我斗争，因此我军配合作战部队必须避免与国民党军队任何冲突。（《年谱》中，第 438 页）尽管我军获胜后这一地区已无国民党军，但毛泽东仍于次日令他们"即速北撤"，"不给国民党任何借口"。（《年谱》中，第 439 页）可见毛泽东对维护国共合作、维持抗日民族统一战线用心之细、存心之良、考虑之周。

5 月 19 日，毛泽东主持中央书记处会议，决定改派袁任远去榆林见邓宝珊、高双成，调整双方关系，并要国民党联络参谋也派一人去米脂视察。(《年谱》中,第439页)6月17日,邓宝珊去重庆开会,特意到延安停留一周。毛泽东在延安大礼堂设宴欢迎他。后又几次单独会晤他。20日,毛泽东又在交际处再次宴请他。

1943年6月1日,毛泽东致电彭德怀:"对国民党应极力避免大的军事冲突,使彼方一切力量均用在对敌上。"(《文集》三,第24页)

7月,蒋介石调集20多个师兵力包围陕甘宁边区。7月3日,毛泽东致电在西安的周恩来等,要他们探询此事,并向胡宗南"商谈军事冲突对抗战团结之利害"。次日,毛泽东又急电在重庆的董必武,要他立即将上述情况向外传播,发动制止内战运动。特别通知英、美有关人员,同时找张治中、刘斐交涉制止。(《年谱》中,第449页)7月9日,毛泽东又致电董必武,要他速将有关国民党军进攻边区的材料"密印分发各报馆、各外国使馆、各中间党派、文化人士,并注意设法寄往成都、桂林、昆明各界及地方实力派"。同日,又起草任弼时致周子健电,要他将国民党军将进攻边区的材料在西安"密发社会各界"。(《年谱》中,第452—453页)经过一系列工作,至7月底,第三次反共高潮被中止。

五、抗战胜利前

1943年8月4日,毛泽东起草中共中央致林森治丧机关的唁电,对国民政府主席林森逝世表示悼唁。电中称赞林森"领导抗战,功在国家"。(《年谱》中,第461页)

11月下旬,毛泽东派人把住在陕甘宁边区政府交际处的邓宝珊、续范亭二人接到自己的住处叙谈。他说:国民党可能采取三个方向,一是直接投降和内战,这走不通;二是假装抗日、积极反共,这最终也行不通;三是根本放弃独裁和内战政策,这才是生路。我们大家必须为此而努力奋斗。现在日本的困难越来越大,抗战胜利在望,只须国共两党继续努力了。12月4日,毛泽东在复续范亭的信中,又表示:"邓先生西北人望,调护国共关系,出力甚多,此次南行,讲了许多好话,我们心中感谢他。惟此次见面,似不满足,因我们未谈具体办法。其实我们毫无具体办法,例如撤消封锁,承认边区,恢复新四等等,除听候国民党解决外,我们方面是毫无办法的。"(《年谱》中,第483页)

1944年2月4日,毛泽东复电董必武,指出今年"国共有协调之必要与可能"。时机"当在下半年或明年上半年"。今年上半年,"除延安报纸力避刺激国民党,并通令各根据地采谨慎步骤,力避由我启衅外,拟先派伯渠于春夏之交赴渝一行,恩来则准备下半年赴渝"。(《年谱》中,第493页)

2月8日,在得悉国民党军第61军节节迫近八路军太岳军区时,毛泽东起草了朱德致阎锡山电:"目前抗战阵营亟需团结,六十一军行动,请予制止,免起冲突。"同时又领衔电示八路军前方总指挥部参谋长滕代远等:"目前须争取时局平静,不生波澜。六十一军东进,可能是蒋、阎设置的挑衅计划。""除此间电阎请加制止外,你处应令太岳部队先行忍让,不和它冲突,去信六十一军交涉撤回,顾全大局。""彼若坚决来攻","非至最后不得已时,不要发生冲突"。次日,毛泽东又领衔致电滕代远等:"日寇有进攻西北企图,阎部东进目的在挑起国内冲突缓和日寇进攻,我们万万不可中计。阎部东进无论多少,我军应让出一块地方,坚持不打政策,至少六个月内不得发生冲突。特达,望遵照勿误。"(《年谱》中,第495页)可见,毛泽东为了制止国共冲突,可谓是两面劝和,一再申禁。

2月17日,毛泽东会见国民党联络参谋郭仲容,告诉他:中共中央决定派林伯渠于3月12日以后赴重庆谈判,你可与之同去。

3月5日,毛泽东在中央政治局会议上讲话指出:"我们的方针

是避免内战,集中抗战。对北面高双成更要注意联络,对联络参谋更要改善关系。"(《文集》三,第 99 页)

12 月 2 日,八路军南下支队请示"可否取道敌、阎交界线通过"。4 日,毛泽东起草中央军委电报,告诉王震等人:"阎锡山在孝义兑九岭线筑工增兵,防我甚严,你们不可引起冲突,只可在其防线以外通过。"(《年谱》中,第 563 页)

12 月 22 日,毛泽东致信邓宝珊:"去年时局转换,先生尽了大力,我们不会忘记。八年抗战,先生支撑北线,保护边区,为德之大,更不敢忘。"(《文集》三,第 245 页)

1945 年 3 月 31 日,毛泽东在中共六届七中全会上讲话。在谈到中共同国民党军队在内的其他军队的合作时教育大家说:"如果有的军队同我们合作,以后又不合作了,这时我们应该让他们走,留余地,不要伤感情,即使再变成敌人也不过同合作以前一样。同别的军队的外部合作,山东做得很好,我们许多地方还是'左'了,需要耐心说服。"(《文集》三,第 277 页)可见直到抗战胜利前夜,毛泽东还在教育全党,要在同其他军队的合作抗日方面克服"左"的倾向。正是因为这种政策的坚持,正是因为在抗战期间,毛泽东和中共中央始终以抗日为目的,对国民党军政人员采取了团结的政策、联合的政策,采取了克制的态度、忍让的态度,所以,一直到日本投降,国共军队未再新起磨擦,国共合作抗日一直在维持着。这其中,毛泽东对国民党军政人员的大量抗日统一战线工作,是起了不小作用的。

第三节　对其他人士的统一战线工作

1936 年 9 月 18 日,毛泽东致信上海文化界救国会和全国各界救国会领导人、中国征信所董事长章乃器,晓庄师范学校校长陶行知，著名律师沈钧儒，著名记者邹韬奋，送上中共 8 月 25 日致国民党信，提出："要达到实际的停止国民党军队对红军进攻，实行停止内战一致抗日，先生们与我们还必须在各方面作更广大的努力与更亲密的合作。"信中委托潘汉年"与诸位先生经常交换意见和转达我们对诸位先生的热烈希望"。(《书信选集》，第 63—64 页)

9 月 22 日，毛泽东致信曾任中国民权保障同盟副主席的蔡元培，痛陈时局之危亡，指出："今日者何日？民族国家存亡绝续之日"，"河山将非复我之河山，人民将非复我之人民，城郭将非复我之城郭，所谓亡国灭种者，旷古旷世无与伦比"。信中痛斥当局："共产党创议抗日统一战线，国人皆曰可行，知先生亦必曰可行，独于当权在势之衮衮诸公或则曰不可行，或则曰要缓行，盗入门而不拒，虎噬人而不斗，率通国而入于麻木不仁窒息待死之绝境。"信中期望蔡先生在"同情抗日救国事业"的基础上，"百尺竿头，更进一步，持此大义，起而率先"，"当民族危亡之顷，作狂澜逆挽之谋"，"痛责南京当局立即停止内战，放弃其对外退让对内苛求之错误政策，撤废其爱国有罪卖国有赏之亡国方针，发动全国海陆空军，实行真正之抗日作战"。(《书信选集》，第 66—67 页)

11 月 2 日，毛泽东致信许德珩等北平各位教授。此前，1935年底，许德珩和夫人劳君展得悉毛泽东已到达陕北，买了 30 多双布鞋、12 块怀表和十几只火腿，托北平地下党转送到陕北。毛泽东收到后，特意致信感谢。同时对他们以抗日相号召，说："我们的敌人只有一个，就是日本帝国主义，我们正准备一切迅速地进到团结全国出兵抗日，我们与你们见面之期已不远了。为驱逐日本帝国主义而奋斗，为中华民主共和国而奋斗，这是全国人民的旗帜，也就是我们与你们共同的旗帜。"(《书信选集》，第 84 页)这里，毛泽东明确地把抗战——"驱逐日本帝国主义"——作为自己的旗帜以及全国人民的旗帜。看来,毛泽东在全面抗战爆发前,就已经自觉地把抗战作为自己的旗帜了,即使在同自己朋友的私人通信中,也要高扬这面旗帜。仅从这一点看来,毛泽东也堪称"抗战旗帜"。

11月4日,毛泽东致信3年多前第19路军与红军的联络代表陈公培,对他斡旋"各方统一战线"寄以厚望,称赞统一战线"对内则化干戈为玉帛,对外则求一致之抗战",是"争取民族革命战争"即抗日战争"彻底胜利之前途"。(《书信选集》,第86页)

1937年2月9日,《大公报》记者范长江在访问西安后到达延安。当晚毛泽东出席欢迎他的宴会,并在住处同他作彻夜长谈。毛泽东指出,目前应以民主求统一求和平,和平统一之后,始可以言抗日。故为实现民主政治,共产党可放弃土地革命和苏维埃、红军的名义。(《年谱》上,第653页)范长江访问回去后,在《大公报》上发表通讯,报道西安事变真相和中共抗日主张。3月29日,毛泽东又致信范长江,对他的报道"深致谢意",并随信附上自己同史沫特莱的谈话等,请他"可能时祈为发布"。(《书信选集》,第102页)

6月,毛泽东会见来延安的中华民族解放行动委员会即第三党中干会成员彭泽湘,并同他谈好了两党合作的问题。

1938年2月下旬,《星粤日报》编辑、《抗战》三日刊特约通讯员冒舒湮等5位青年记者,从国民党统治区和香港来延安访问。毛泽东会见了他们,同他们谈起了抗日民族统一战线、建设国防工业等问题。(《年谱》中,第54页)向他们指出:我们的抗敌圣战,需要广大的群众,更需要广大的青年。

3月24日晚,毛泽东会见记者邓静溪,回答了他提出的中国抗战前途、目前抗日民族统一战线的发展、八路军的情形等问题。他告诉邓:八路军的枪支装备都是由日本"义务"送来的,现在差不多有一师人的装备都完全像日本军队了。谈话结束时,毛泽东特意

手持洋蜡送他出门。(《年谱》中,第 61 页)

广州中山大学地质系教授同时也是国民党的抗日人士邱琮1938 年 2 月到延安后,毛泽东曾经会见他。同年 5 月,邱琮离开延安到了西安后,根据自己在延安的观感,对延安工作提出 9 个方面的批评意见和建议,寄给毛泽东。6 月 6 日,毛泽东把这封信批交有关同志,认为这些"善意的建议"中"颇多可采","希着重注意此建议"。(《年谱》中,第 77 页)

6 月 14 日,毛泽东会见来延安参观的平民教育会的诸述初先生,同他亲切交谈了两个小时。

在抗战一周年和中共成立十七周年的前夕,毛泽东在《新中华报》发表题词:"共产党员,应与各党各派各界人民一道坚持抗战,为驱逐日寇建设新中国而奋斗,并在斗争中起模范作用,不达目的,决不停止。"(《年谱》中,第 81 页)

7 月 7 日,毛泽东出席延安各界追悼抗日阵亡将士及死难同胞大会,并献上"抗战到底、浩气长存"的挽词。接着,又在大雨中为抗日阵亡将士纪念碑奠基,为死难者敬献花圈。(《年谱》中,第 83 页)同年 12 月,《大公报》记者陆诒到延安采访毛泽东。毛泽东亲自为陆倒茶,并高兴地回答了她的提问。陆诒根据访谈写的通讯《毛泽东谈抗战前途》于 12 月 20 日在《大公报》发表,把毛泽东对抗战前途的乐观看法,以及延安的直接抗战状态、毛泽东为抗战竟夜工作的状态等,展示给了国民党统治区的人民。

1939 年 7 月,蒋灿受国联防疫团派遣到延安开展防疫工作。毛泽东为他题词:"精神一到,何事不成。抗日战争中,人人努力,个个奋进,打上十年八年,没有不能胜利的道理。"(《年谱》中,第 133 页)向他传递了抗战必胜的信心。

七八月间,毛泽东会见和宴请华侨记者黄薇等,同他们谈抗战

形势与前景,使他们充满了抗战必胜的信心。毛泽东鼓励记者们
把目睹的战争真相向海外侨胞作报道,并介绍黄薇去了晋察冀敌
后抗日根据地采访报道。

9月9日,全国慰劳总会北路慰劳团到达延安。次日,毛泽东
专程到慰劳团驻地陕甘宁边区政府招待处,拜访领队的南北总团
长张继、北路团长贺衷寒等人,并设宴招待慰劳团。之后,又陪同
出席在中央大礼堂举行的延安各界欢迎会,并致词对他们表示欢
迎。9月16日,毛泽东又会见随同北路慰劳团来延安的中央社记
者刘尊棋、《扫荡报》记者耿坚白、《新民报》记者张西洛,回答了他
们的提问。指出,抗战的相持阶段是有条件地到来了,这一阶段的
任务,就是准备反攻。国民党和共产党应该互相团结,互相协助,
无使亲者痛仇者快。9月22日,毛泽东还出席延安文化界、青年团
体、各报纸杂志社同北路慰劳团举行的座谈会,并讲了话。

9月,同在陕北的国民党辖区绥德、榆林一带发生旱灾后,毛泽
东专门捐款一万元,赈济灾民。

12月12日,毛泽东领衔电示晋西北区党和军队负责人,要他
们"经常与雷任民(按:时任山西决死队第4纵队政治委员)、续范
亭(按:时任山西新军暂编第1师师长)二人接头。他们办法较多,
你们要多同他们商量、讨论。要使雷任民能够直接指挥四纵队,号
召四纵队的党员及新派团结在雷任民的周围"。(《年谱》中,第150
页)1940年2月1日,在毛泽东的提名下,续范亭又担任了晋西北
行政公署主任。11月,续范亭在延安柳树店中国医科大学治疗肺
病时,毛泽东还专程去看望他。1941年4月20日,毛泽东又致电
周恩来,请他为续范亭购买药品治病。5月15日,又分别致电廖承
志、周恩来,请他们在香港、重庆为续范亭购药并速寄延安。药寄
来后,毛泽东又致信续范亭,把买到的药先送上用。

1939 年 12 月 22 日,抗日将领、东北挺进军总司令马占山途经延安,毛泽东专门设宴欢迎他,并陪同他出席延安各界的欢迎晚会,作了热情洋溢的讲话,称赞马占山是始终如一抗战到底的人,表示:我们要和马将军一道,和全国抗战的人一道,抗战到底。(《年谱》中,第 152 页)

1940 年 1 月 10 日,毛泽东在中央政治局会议上指出:南方工作要加紧争取中产阶级,争取时局好转;争取中产阶级的工作大有文章可做。(《年谱》中,第 160 页)提出了做中产阶级统战工作的任务。

2 月 15 日,来自国民党统治区的西北摄影队去内蒙古拍摄电影《塞上风云》外景途经延安,毛泽东特意设晚宴招待他们,关切地询问他们的生活、工作和学习情况。领队应卫云介绍了影片内容后,毛泽东称赞这部电影较好地体现了抗日民族统一战线精神。(《年谱》中,第 171 页)上海青年画家沈逸千应邀出席晚宴,并为毛泽东画了速写像。毛泽东在画像上签名留念。

3 月 5 日,中国著名的民主革命家、教育家、思想家蔡元培在香港病逝。10 日,毛泽东向蔡元培家属发出唁电,称蔡为"学界泰斗,人世楷模"。(《年谱》中,第 178 页)

5 月 28 日,毛泽东会见了抵达延安的作家沈雁冰(茅盾)。沈向毛泽东讲述了他在新疆一年的经历。6 月初,毛泽东又到沈的住处看望他,建议他到鲁艺工作,并送他一本刚出版的《新民主主义论》。7 月,毛泽东又把沈雁冰接到住处长谈了一次,内容包括抗战以来文艺运动的发展。

10 月 11 日,毛泽东领导的中央书记处致电陈毅等,要他们争取苏北著名绅士。他指出:韩国钧、黄炎培、张一麐等为江苏民族资产阶级的一部分著名代表,如能争取他们与我们合作,则对孤立买办大资产阶级集团有着重要的作用。因此，望你们把与韩国钧等苏北绅耆的统战工作看成是党争取民族资产阶级的一部分最重要的任务，把对这个问题的认识提到党的策略原则的高度。(《年谱》中，第 211 页)3 天后，毛泽东又致电刘少奇等："应注意黄炎培、江问渔等所领导的职业教育社在江、浙两省知识分子中有颇大影响"，"也应吸收职业教育社社员及其有关的各方人员，参加我们的文化教育和财政经济事业"。还应设法同"江浙民族资本家及其代表如张一麐、黄炎培、江问渔、褚辅成、穆藕初等加以联络"，"约请他们派人或介绍人参加苏北之地方政权"等各项工作。(《文集》二，第 300 页)

10 月 12 日，毛泽东领衔致电陈毅等：对知识分子，只要是稍有革命积极性，不问其社会出身如何，来者不拒，一概收留，为建设广大抗日根据地之用。(《年谱》中，第 211 页)

12 月 13 日，毛泽东起草中央书记处电报，指示中原局尽量招收上海及苏北的广大青年职工、青年学生、知识分子及半知识分子，准备办两万人的大学校，不分男女、信仰、党派、阶级，只要稍微有点抗日积极性的，一概招收，来者不拒。大量招收上海、苏北原有的教职员参加办学。一切不反共的旧军官，凡愿来的，一概收留。(《年谱》中，第 242 页)

皖南事变后，1941 年 2 月 5 日，毛泽东领衔致电廖承志，同意用毛泽东等人名义致电陈嘉庚、柳亚子、张一麐等，对他们为全国团结抗战仗义执言表示敬佩与鼓励。(《年谱》中，第 268 页)

6 月 17 日，毛泽东致电周恩来，提议他"可否找张季鸾、王芸生(按：分别是当时重庆《大公报》的总编辑和主笔)开一次谈判"，"向他们申明只要不妥协不反共，我们是拥蒋(所谓国家中心)到底的。否则是蒋拒绝人家拥他，解散新四军，对八路不发饷弹，公开的普

遍的反共言论与反共行动,叫人如何拥法? 问他们有无改善国共
关系的办法"。(《年谱》中,第 308 页)

7 月 22 日,毛泽东起草中央书记处复周恩来等人电,要他们向
各小党派说明,"我们决赞助他们的民主运动"。(《年谱》中,第
313 页)

7 月 30 日,毛泽东领衔向各兵团首长发出指示:"今后应尽可
能地吸收大后方与广大沦陷区技术水平高深的医务人材,不惜其
津贴予以任用,政治上作非党干部看待,生活上作专门家待遇之。"
(《年谱》中,第314 页)

重庆《大公报》总编辑、国民参政员张季鸾逝世后,毛泽东于 9
月 18 日领衔向《大公报》致电吊唁。

1941 年 9 月底,毛泽东接见陇东分区士绅参观团,向他们讲了
"亲爱团结"的道理。他说:"今天中国抗战正处在困难阶段","只
要大家协力渡过这一时期,大家生活便可改善,负担也可减轻了"。
(《年谱》中,第330 页)

国民参政会参政员张一麐逝世后,1943 年 10 月 26 日,毛泽东
领衔致电,加以吊唁。

1944 年 9 月 7 日,毛泽东致电张云逸等人:第三党张云川等已
离渝赴北平,准备到各根据地访问,望妥为招待,给以参观访问之
便利。(《年谱》中,第 544 页)

9 月 18 日,毛泽东在得悉胡政之、王云五、冷遹、傅斯年、陶孟
和 5 位参政员要来延安访问的消息后,专门致电欢迎:"闻五先生
决定来延,甚表欢迎,敬祈早日命驾为祷。"(《年谱》中,第 546 页)

1945 年 6 月 2 日,国民参政会参政员褚辅成、黄炎培、冷遹、王
云五、傅斯年、左舜生、章伯钧 7 人致电毛泽东等,希望到延安同中
共继续商谈。18 日,毛泽东领衔电复 7 位参政员,欢迎他们来延安

商谈国是。

6 月 30 日，毛泽东又领衔复电沈钧儒、陶行知、张申府："三先生拟来延赐教，无任欢迎。"(《年谱》中，第 609 页)

7 月 1 日，7 位参政员中除王云五因病未能同行外，褚辅成等 6 位参政员在王若飞陪同下，从重庆飞抵延安。次日下午，毛泽东在杨家岭会见了他们。参政员们认为国内团结有绝对的必要。毛泽东说：双方的门没有关，但门外有一块绊脚的大石挡住了，这块大石就是国民大会。晚上，毛泽东陪同他们出席欢迎晚宴和文艺晚会。3 日下午，毛泽东又同章伯钧、左舜生谈话。晚上，又到六参政员下榻处同他们继续会谈。黄炎培《延安归来》一书中说："今天谈话时间特别长，谈到的事项特别多。各抒己见，但不涉辩论，尽大家自由发表。结果约定由中共方面把意见写出来，明日公开阅看。"(《年谱》中，第 610 页)4 日，毛泽东主持中央书记处会议，通过了这次会谈记录。会谈记录包含两部分内容。一、双方同意下列两点：停止国民大会进行；从速召开政治会议。二、中共建议"在国民政府停止进行不能代表全国民意的国民大会之条件下，中国共产党同意由国民政府召开民主的政治会议"。并提议在会前对"会议的组织、性质、议程以及释放政治犯等作出确定"。(《年谱》中，第 610 页)接着，毛泽东又在住处会见了六参政员，同他们进行第三次会谈。毛泽东将会谈记录交给六参政员，并对中共方面之建议作了说明。晚上，毛泽东又出席宴会为参政员们饯行。5 日，毛泽东还到延安机场欢送参政员们返回重庆。

第五章 开辟抗日的无硝烟战场(下):推动国际反法西斯统一战线建立

在抗日战争中,毛泽东在扎实推动民族统一战线的同时,也对海外华侨、外国人士甚至日本的有关人士,开展了国际抗日统一战线工作,扎实地推动国际反法西斯统一战线的建立。

第一节 对外国的统一战线工作

毛泽东早就开始重视国际抗日统一战线的建立。还在1936年初,他在写给国民党军第84师师长高桂滋的信中就指出:"居今日而言,抗日讨卖国贼,非有广大之联合战线不为功,此不但在国内者为然,即在国际者亦然。""其在国际则联合一切与日本为敌之国家与民族,实为抗日讨卖国贼重要纲领之一。"他特别还提到了苏联:"远者姑勿具论,近在西北,则有伟大强立之苏维埃联邦。是国也,有与我共同反侵略目标,有援助中国反帝运动之深长历史,引以为友,实无损而有益。"(《书信选集》,第31—32页)

1936年7月13日,美国记者埃德加·斯诺和美国医生乔治·海德姆到达保安,毛泽东于当天傍晚就到苏维埃中央政府外交部看望了他们,欢迎他们来苏区访问。海德姆是美籍黎巴嫩人,后改用中国名字马海德。这是毛泽东在抗战期间第一次同外国友人见面。次日，毛泽东又出席了保安为斯诺和马海德举办的欢迎会，并即席讲话。7 月 15 日和 16 日，毛泽东连续两天会见斯诺，并同他谈话。毛泽东重点同他谈到了抗日国际统一战线问题，向他指出："日本侵略不仅威胁中国，而且也威胁世界和平，尤其是太平洋的和平。日本帝国主义不仅是中国的敌人，同时也是要求和平的世界各国人民的敌人，特别是和太平洋有利害关系的各国即美、英、法、苏等国的人民的敌人。日本的大陆政策和海洋政策不仅指向中国，而且也指向这些国家。""这样，日本的侵略就不仅是中国的问题，而且是应由太平洋地区所有国家来对付的问题。中国苏维埃和中国人民因此要同各国、各国人民、各党派和各群众组织团结起来，组成反对日本帝国主义的统一战线。"（《文集》一，第 390—391 页）这就明确提出了中国与世界各国组成反对日本的国际统一战线这一任务，并阐明了建立这个统一战线的理由。

毛泽东还希望世界上除日本及帮助日本的国家以外的"反战国家、殖民地和半殖民地国家、社会主义国家""能够组成一个反侵略、反战、反法西斯的世界联盟"。（《文集》一，第 391 页）这是毛泽东第一次提出建立反法西斯世界联盟的问题。反法西斯世界联盟，是比国际抗日统一战线更宽广的国际统一战线。这说明，毛泽东不但具有清醒的抗日意识，而且具有宽广的国际视野和远大的世界眼光，具有明确的反法西斯意识。

毛泽东在谈话中，希望美国、英国等国人民和政府"同中国人民结成统一战线以反对日本帝国主义及日本所代表的法西斯战线"。（《文集》一，第 395 页）并认为"中国同资本主义民主国家缔结反法西斯条约是完全可能和合乎需要的"。他也希望中国"与苏联缔结条约"，"因为法西斯日本既是中国也是苏联的敌人"。（《文集》一,第 398 页)毛泽东还呼吁"各国人民联合起来! 抵抗日本法西斯主义的侵略和压迫"。(《文集》一,第 399 页)他呼吁把抗日统一战线"推广到包括所有与太平洋地区和平有利害关系的国家"。(《文集》一,第401 页)

7 月 23 日,毛泽东又向斯诺介绍了中国共产党与共产国际及苏联的关系。10 月间,毛泽东连续几个晚上向斯诺谈了个人经历和关于红军长征的经过。

西安事变发生后,12 月 13 日,毛泽东在中共中央政治局会议上指出:对英美应很好联络,使他们对西安事变在舆论上表示赞助。(《年谱》上,第 622 页)为了达到争取英美支持西安事变的目的,12 月 15 日,毛泽东致电建议张学良说:闻兄之前顾问英人端纳有来陕说,如宜经过端纳停止南京正在发动的内战,并争取英国同情,乘端纳返宁派人同去,与何应钦、孔祥熙、陈立夫三人接洽。(《年谱》上,第 624 页)后在端纳斡旋下,宋美龄等人到西安与张学良会商,和平解决了西安事变。可见毛泽东的国际抗日统一战线主张和办法,在西安事变中已加以实际应用并取得成功的效果。这是我们今天应予注意的。也就是说,西安事变的和平解决,毛泽东的国际抗日统一战线策略在其中发挥了一定的作用。

1937 年 3 月 1 日,毛泽东在延安凤凰山住处会见美国记者史沫特莱,提出:"我们要求英、美、法、苏等国同情中国的抗日运动,至少不反对;在这个基点上我们愿意同这些国家建立友谊的关系。"(《文集》一,第 479 页)他进一步指出:"我们主张中、英、美、法、苏五国建立太平洋联合阵线。这种联合阵线是援助中国的,同时也是各国互助的。""我以为中、英、美、法、苏五国应该赶快地联合一致,否则有被敌人各个击破之虞。"(《文集》一,第 487 页)3 月10 日,毛泽东又致信斯诺,请他对外"宣播"自己同史沫特莱的谈话,(《书信选集》,第100页)以促进国际抗日统一战线特别是太平洋联合阵线的建立。后来,随着日、德、意法西斯战争的发展,苏、美、英、法四国先后都对中国抗战给予了援助,并同中国结成了反法西斯的国际统一战线。毛泽东的这些呼吁成了现实。

5月15日,毛泽东致书西班牙人民,支持和声援西班牙政府和人民反对德意法西斯的斗争。

1937年5月15日,毛泽东同美国记者韦尔斯谈话。韦尔斯是斯诺夫人海伦·福斯特·斯诺的笔名。之前,5月6日,毛泽东曾和朱德一起到韦尔斯的驻地看望她。这一次,毛泽东就国共合作、准备抗战等问题,回答她的提问。毛泽东指出:民主制度是对日抗战胜利的必要条件;我们今天所作的抗战准备,是停止内战,巩固国内和平,实行民主政治,加速完成各方面的抗战准备工作。7月4日,在美国国庆日这一天,毛泽东和韦尔斯谈了关于中国革命的几个问题,其中包括中国革命的前景。韦尔斯认为毛泽东选择这一天接受采访,表示了他对中美友好的期望和对自己的善意。卢沟桥事变后,1937年8月13日,毛泽东再次会见韦尔斯,送给她一份中共中央提出的抗日救国十大纲领,并对她说:如果有国民党政府的合作,这十大纲领就能实现,我们就能打倒日本帝国主义。(《年谱》中,第13页)8月中旬,毛泽东还向韦尔斯介绍了中国工农红军的十年奋斗史。韦尔斯想去前线采访,毛泽东专门为她新派了警卫员和一匹马,并亲笔写信给八路军有关领导人任弼时、邓小平,要他们在工作、生活诸方面予以协助和关照。

6月22日,毛泽东在凤凰山住处会见美国外交政策协会远东问题专家毕森、美国《太平洋事务》杂志主编拉铁摩尔、美国《美亚》杂志主编贾菲等,就抗日民族统一战线问题回答了他们的提问。他指出,目前群众的口号是巩固国内和平、争取民主改革、实现对日抗战。(《年谱》上,第 682 页)会见后,又同他们共进晚餐,共同出席文艺晚会。次日,再次同他们继续谈抗日民族统一战线等问题。

6 月 24 日,毛泽东致信美国共产党总书记白劳德,说:"美国共产党和美国人民大众是深切关心着中国的反日斗争而曾多方援助我们。这使我们感觉到,我们的斗争绝不是孤立的。"(《年谱》上,第 684 页)

10 月 25 日,毛泽东会见英国《泰晤士报》记者贝特兰,同他进行了长时间谈话。之前,在一次学校的毕业典礼上,毛泽东曾见过贝特兰,贝特兰在回忆录中记录了这次见面的情况:当自己坐在一个长条木凳上时,"一个高大的、背微微有些弯的人站起了,向我伸出手。我看着他那褪色的蓝布帽檐下敏锐地皱起来的眼睛"。"抽支烟吗?毛泽东说,向我递过一包揉皱了的老刀牌香烟。"这就是他们初次见面时的交流。散会后,他们又共进午餐,交谈。毛泽东问了贝特兰一些关于国际形势的问题,并问英国劳动运动情况怎么样,以及这些运动能否促使英国政府采取更为积极的政策。在署为 10 月 25 日的这次谈话中,毛泽东向他介绍了中国共产党和抗日战争、抗日战争的情况和教训、在抗日战争中的八路军、抗战中的投降主义、民主制度和抗日战争等,指出了中国抗战的必胜前景。

12 月,美国海军陆战队的情报观察员卡尔逊要求到八路军的抗日前线去。由于前线很危险,八路军总部请示毛泽东。19 日,毛泽东致电朱德等:"卡尔逊既坚欲去五台,不便拦阻,但须:一、除写信给美使馆外,需写一信交总统府说明:如遇危险,中国中央政府及八路军无责任。二、派可靠队伍送他,严密保护。"(《年谱》中,第 43 页)在八路军的保护下,卡尔逊深入考察了八路军的抗战。1938

年 5 月初，卡尔逊又到了延安。5 月 5 日，毛泽东专门会见了他，同他从晚上一直交谈到凌晨。卡尔逊后来回忆："我们一直谈到深夜，从战争谈到了欧洲和美国的政局、历史上政治思想的演变、宗教对社会的影响和建立一个有效国际组织的各种条件。"（[美]路易·艾黎：《在中国的六个美国人》，徐存尧译，新华出版社 1985 年版，第 201 页）毛泽东指出：日本围困我们，但我们也围困日本。他希望美国、苏联等国能同中国一道来围困日本。他把这称作"国际的围困"。实际上就是国际的抗日统一战线。卡尔逊回国后，出版了《中国的双星》一书，向全世界宣传了八路军抗战和中国抗战的真相，并在美国到处宣传禁止对日贸易，为推动建立国际抗日统一战线出了力。

1938 年 2 月 11 日，毛泽东在延安反侵略大会上说：现在世界的侵略者结成一条侵略阵线，世界的反侵略者则团结世界上大多数人民保卫世界的和平。现在有三个反侵略的统一战线，即中国的统一战线，世界的统一战线，日本人民的统一战线。（《年谱》中，第 50—51 页）论证了建立世界反法西斯统一战线的必要性。

2 月，美国合众社记者王公达访问延安，毛泽东专门会见了他，并回答了他提出的 9 个问题。当王公达问对美国一般感想如何时，毛泽东说："美国民主党的赞助国际和平，罗斯福总统的谴责法西斯，霍华德系报纸的同情中国抗日，尤其是美国广大人民群众对于中国抗日斗争的声援，这些都是我们所欢迎与感谢的。不过希望美国能更进一步，出面联合其他国家给暴日以实际的制裁。现在，是中美两国及其他一切反对侵略威胁的国家更进一步联合对敌的时候了。"（《文集》二，第 103 页）这一回答，表达了对美国政府与人民同情声援中国抗战的感谢、对美国政府能联合他国对日本给以实际制裁的希望，以及中美及其他反侵略国家进一步联合对敌、结成抗日的国际统一战线的渴望。

3月底,来中国帮助八路军抗战的加拿大医生白求恩到达延安后,毛泽东专门会见了他,同他进行了3个多小时的长谈。他们从西班牙战事谈到中国,谈到战地医疗的需要。白求恩建议组织战地医疗队,毛泽东要他立刻组织八路军的第一支战地医疗队。然后他们又谈到了国际形势,中国抗日战争的进程,共产党的抗日民族统一战线纲领等。不久后的一天,毛泽东请白求恩等人看了延安首次放映的有声电影,并向观众介绍了白求恩等三位国际友人。

1938年春(四五月间),毛泽东在自己的窑洞里接受瑞士新苏黎世新闻社记者博斯哈德和美国记者斯蒂尔的采访。这次采访持续了3小时。毛泽东向博指出了日本的三大弱点:兵力不足,军事残暴,指挥笨拙。他指出,日本现在立即停止侵略,最符合其利益。他把日本侵华比作骑在虎背上,不想被摔下来,就只好硬往前冲。"日本人越深入内地,他们的麻烦就越多。一旦他们拿下汉口,烦恼的倒不是中国人,而是他们自己。中国人的团结一致,让他们(日本人)大吃一惊。日本人始终以为能用钱收买中国人,而中国民众对于外国侵略军也只会像以前袖手旁观。但现在农民站在我们这一边,而且战争拖得越长,他们(农民)就组织得越好。我们的对手高估了手中的重型现代武器,在游击战中,这些丝毫没用。"在谈到国共合作时,毛泽东说,只有国共双方"诚心合作才能战胜日本,各自为政则势单力薄。如果国民党真正愿意执行他们3月份制定的抗日建国计划的话,我们是他们最好的盟友"。如果国民党不真正抗日,"那我们只有殊死抗争,因为我们绝不会与日本侵略者妥协"。毛泽东认为,当时的世界已经划分为两个阵营,德、意、日法西斯是中国的敌人,并希望英、美、法、苏支持中国。他说:"如果法西斯国家还是胆敢挑起世界大战,比如德国攻击苏联,那我们将在中国把日军拖住。""西安事变后,我们向各国驻华代表通报了中国国内政策的新动向,英、美、法、苏四国政府都对中国结束内战表示欢迎。而日本则再一次欺辱并挑拨离间,削弱中国的团结力量,这场侵略战争也正是出于他们对正在强大起来的中国的畏惧。"他还说:"据当前形势来看,苏联会卷入战争。""同时,我们希望美国提供帮助,如果英国能下定决心加入抗日阵营的话,那么战争将很快结束。"(朱纪华主编:《外国记者眼中的中国共产党人》,上海锦绣文章出版社 2015 年版,第 206—209 页)

6 月 8 日,毛泽东领衔复电美国共产党,感谢美共和美国人民对中国抗战的同情和帮助。在这之前,美共致电毛泽东,祝贺中国军队的台儿庄大捷,并表示将尽一切力量援助中国的抗日战争。

6 月 15 日,毛泽东在接到美国一位中国抗战同情者的信后,写信给吴亮平,请他起草一封回信,"信内除感谢她外,并说及八路军抗战情形,请她转告美国兄弟姊妹们多给我们援助,我们和他们是站在一起的"。(《年谱》中,第 79 页)

7 月 1 日,中共中央召集会议,欢迎世界学联代表团的干部,毛泽东出席并致欢迎词,欢迎学联派团来考察,感谢学联对中国的衷心援助。他说:抗战虽然要自力更生,但外援也有重大意义,我们需要国际援助。他还希望代表团把这一愿望带给世界青年大会和全世界人民。(《年谱》中,第 81 页)次日,毛泽东又会见世界学联代表团干部柯乐满、雅德、傅路德、雷克难等,并回答了他们提出的 5 个问题,介绍了陕甘宁边区的民主性质和各方面情况,介绍了中共在中国抗战中的作用,指出中国抗战胜利时间的缩短,除了"中国的统一战线更加巩固与扩大"外,还需要"日本国内人民的帮助"和"世界各国的帮助"。"我们需要世界学生的帮助,需要世界人民的帮助,也需要各国政府的帮助。"他还希望通过学联经过学生"劝告人民与政府给我们以物质上的帮助,不买日本货与不卖货给日本,直至组织国际抗日义勇军,准备于适当时机来华参加战争等等"。希望他们回去后"把中国伟大抗日战争的真相带给世界学生与人民"。(《文集》二,第133、136页)

7月18日,毛泽东领衔致电法国《人道报》转国际和平大会,请求大会号召和组织各国人民,给正在英勇反抗法西斯侵略的中国人民和西班牙人民,以更大的同情和更有力的援助。(《年谱》中,第85页)

《论持久战》发表后,在国内引起很大反响。上海的朋友把这本书翻译成英文准备出版。1939年1月20日,毛泽东为之撰写了序言,题为《抗战与外援的关系》。序中说:"伟大的中国抗战,不但是中国的事,东方的事,也是世界的事",中国抗战"需要外援的配合,我们的敌人是世界性的敌人,中国的抗战是世界性的抗战"。"中国如果战败,英、美等国将不能安枕。""我希望英、美民众积极起来,督责其政府采取反对侵略战争的新的政策。"(《文集》二,第145—146页)再次希望英美等国与中国结成抗日的国际统一战线。

1939年2月上旬,美国合众社记者罗伯特·马丁访问延安,毛泽东会见了他,向他介绍了中国抗战的形势和前途,以及将来中国对英美法等资本主义国家的外来投资及外人在中国财产以保障的政策,以解除英美等国对与中国结成抗日统一战线的顾虑。(《年谱》中,第112页)

2月12日,印度援华医疗队受印度国大党派遣来华,援助中国抗战,到达延安。14日,毛泽东出席了欢迎晚会。后又在自己的窑洞里会见了医疗队的5位大夫,并同他们亲切会谈,共进午餐。谈话中,毛泽东感谢印度国民大会和印度人民对中国抗战的同情和支持。11月2日,当医疗队就要开赴八路军抗日前线工作的时候,毛泽东又出席了欢送宴会,兴致勃勃地同他们谈起中国古代的许多奇闻轶事。5月24日,毛泽东又致函印度国民大会主席尼赫鲁,感谢印度人民和国民大会给予的医疗和物质援助,并告知印度医疗队已开始工作并受到热烈欢迎。7月11日,尼赫鲁复函毛泽东,说自己可能来中国作短期勾留,届时希望能和毛泽东见面。(《年谱》中,第127页)这说明毛泽东对印度的统一战线工作是得到正面回应的。8月23日,尼赫鲁到中国访问,27日,毛泽东致电在重庆访问的尼赫鲁,邀请他到延安访问,并再次感谢印度援华医疗队对八路军的援助。但由于第二次世界大战的全面爆发,尼赫鲁于9月5日提前回国。回国前,尼赫鲁于9月2日复电毛泽东,对不能访问延安表示遗憾,并向毛泽东和英勇的八路军致敬。11月2日,毛泽东又领衔致电尼赫鲁,对他被印度当局逮捕入狱表示慰问。

　　1939年5月25日晚,毛泽东会见了前来拜访的苏联记者罗曼·卡尔曼,向他分析了中国抗战的形势和前途,认为日本不但要把中国作为它的殖民地,还会把侵略的魔爪伸向北起西伯利亚,南到马来群岛、新加坡的广泛区域。面对德、意、日的侵略战争联合阵线,"英、美、法等国虽然采取抵抗日本在中国侵略的态度,但他们都很少帮助中共,而且选择一条与日本妥协的道路"。倘若国际上有人希望牺牲中国,中国人民绝不会同意。"在这样的国际环境之中,中国要巩固民族统一战线,巩固自己军事的组织力量,支持持久战的战争到底。"([苏]罗曼·卡尔曼:《毛泽东会见记》,阮竞成译,《新华日报》1939年8月28日)

　　6月1日,英国援华委员会举行"中国周",毛泽东特意为之写下《中英两国人民站在一条战线上》一文,向在国际反侵略阵线中和中国站在一起的英国人民表示感谢并致热烈的敬礼。他指出,英国人民抑制日本、援助中国的最有效办法,是施压政府,要它立

即实施对日制裁。(《年谱》中,第 128 页)

9 月 14 日,毛泽东在延安干部大会上作关于第二次世界大战的演讲。他指出,这次帝国主义战争是非正义的掠夺战。中国、苏联、各国人民解放运动、各国民族解放运动,应该组成坚固的革命的统一战线,用以对抗反革命的统一战线。(《年谱》中,第 139 页)

9 月 24 日,毛泽东会见再次来延安访问的美国记者斯诺并同他谈话。在谈到欧洲战争对日本等国的影响问题时,毛泽东指出,日本要利用欧战来达到他的两个目的,即灭亡中国与进攻南洋。(《年谱》中,第 141 页)向全世界揭露了日本企图进攻南洋的狼子野心,意在提醒南洋与世界各国反对日本的侵略战争,推动建立南洋各国的国际抗日统一战线,

9 月 28 日,应中苏文化协会之约,毛泽东为纪念苏联十月革命二十二周年,撰写了《苏联利益与全人类的利益一致》一文。文中说:"中国的外交政策,很明显的,应该是抗日的外交政策。这个政策以自力更生为主,同时不放弃一切可能争取的外援。"(《选集》二,第600 页)

9 月下旬,毛泽东又在延安设宴欢迎美国记者斯诺、苏联朋友和国民党军骑兵第 2 军军长何柱国等,接着又陪同他们出席延安各界举行的欢迎晚会并讲话,指出,国内的团结,再加上国际的团结,日本帝国主义一定会打倒的。(《年谱》中,第 142 页)

11 月 12 日,援助八路军抗战的加拿大医生白求恩因抢救伤员受感染,不幸逝世。22 日,毛泽东主持中央政治局会议决定:举行追悼白求恩大会,并由中共中央、八路军和追悼大会向白求恩的家属发慰问电。12 月 1 日,延安各界举行追悼大会,毛泽东题写了挽词:"学习白求恩同志的国际精神,学习他的牺牲精神、责任心与工作热忱。"(《年谱》中,第 147 页)21 日,毛泽东又为八路军政治部、

卫生部将要出版的《诺尔曼·白求恩纪念册》撰写了《纪念白求恩》一文，赞扬白求恩："一个外国人，毫无利己的动机，把中国人民的解放事业当作他自己的事业，这是什么精神？这是国际主义的精神。""我们要和一切资本主义国家的无产阶级联合起来"，这样"才能打倒帝国主义"。（《选集》二，第659页）1940年11月12日，毛泽东参加了中国医科大学纪念白求恩逝世一周年大会并讲话，勉励大家要向白求恩大夫学习，为革命多做工作、多做贡献。

1940年10月29日，毛泽东致电周恩来等，分析时局说：一个月来英、美与德、日、意在中国的斗争是异常激烈的。"英国的开放滇缅路，美国的借款，尤其是撤侨，都向中国表示英、美的反日决心。""运城、鄂北两飞机场的停开，阿部（按：指日本驻汪伪政府大使阿部信行）的回国，南宁的撤兵，海通社（按：指希特勒纳粹政府的通讯社）在重庆正式开设，则是表示日本让步和德国劝和的开端。""蒋介石现在是待价而沽，一方面准备加入英美同盟，一方面也准备加入德意日同盟。"（《年谱》中，第217页）

11月6日，毛泽东电告周恩来："蒋加入英美集团有利无害，加入德意日集团则有害无利，我们再不要强调反对（蒋）加入英美集团了。""目前不但共产党、中国人民、苏联这三大势力应该团结，而且应与英、美作外交联络。"（《年谱》中，第222页）为了结成广泛的国际抗日统一战线，至此，毛泽东和中共中央放弃了之前反对中国加入英、美集团的政策。

皖南事变发生后，1941年1月上旬，毛泽东会见印度援华医疗队的巴苏华，用木炭在地上画出日军、国民党军和新四军的位置，说明蒋介石制造皖南事变的严重局势。他指出，中国共产党仍坚持把日本侵略者作为打击的主要敌人，中国共产党绝不鼓励内战。（《年谱》中，第254页）1月28日，毛泽东致电廖承志，要他将我党

我军关于皖南事变的几个文件寄给英、美共产党,以让国际社会了解皖南事变真相。(《年谱》中,第264页)

3月4日,毛泽东电示周恩来等,对国民党"参加英美集团或订立中缅协定一事不必强调反对","对英美援华与中缅联防""不应反对","因此事可使蒋介石难于投降与难于反共"。(《年谱》中,第280—281页)

5月14日,毛泽东致电廖承志,要他对不久前刚到重庆的美国援华委员会委员鲁斯一类的美国人"可与之多联络,表示我党坚决抗日到底"。我党"对外交是主张与英、美联系的"。同日,并致电周恩来,要他告诉苏联驻华大使崔可夫等,自武汉失守后,"国民党对日打得很少","我党对日则无日不战"。(《年谱》中,第296—297页)这意在让国际社会主持公道,促蒋抗日。

6月22日,德军突然进攻苏联,第二次世界大战战火进一步蔓延。次日,毛泽东为中共中央起草关于反法西斯的国际统一战线的党内指示,指出:"目前共产党人在全世界的任务是动员各国人民组织国际统一战线,为着反对法西斯而斗争。"中共的任务其中之一是:"在外交上,同英美及其他国家一切反对德意日法西斯统治者的人们联合起来,反对共同的敌人。"(《选集》三,第806页)6月26日,毛泽东在起草的一份电报中说:"英、美、华都站在苏联方面,现在是法西斯与反法西斯两大阵线的对抗。"(《年谱》中,第309页)

7月5日,毛泽东电告周恩来,"七七宣言今晚最后脱稿","宗旨主要拉英、美、蒋反德、日、意"。次日又电告他:"不管是否帝国主义国家,凡反法西斯者就是好的,凡助法西斯者就是坏的。"目前"对英、美主要是拉,批评可减少"。(《年谱》中,第311—312页)

7月24日,毛泽东电告彭德怀,"此次国民党发动反动宣传",

"为英美派郭泰祺、王世杰等所反对！自我们联络英、美在华人员与英美派，集中揭露亲日派阴谋后"，据周恩来电告，这场宣传"业已失败"。(《年谱》中，第314页)看来，毛泽东指示的联络英、美共同反日的活动是见了成效的。

7月30日，毛泽东致电黄克诚等：我党我军的长期方针，"政治上仍是反法西斯国际统一战线与抗日民族统一战线"。(《年谱》中，第314页)

8月17日，毛泽东起草中央书记处复陈毅等电，要他们暂不大举向西发展，因"目前中苏英美、国共两党均亟需联合对付法西斯"，"故不宜大举西向"。(《年谱》中，第322页)可见，毛泽东是在实际行动上尽力维护中苏英美反法西斯的国际抗日统一战线的。

10月30日，毛泽东冒雨参加延安召开的东方各民族反法西斯代表大会并讲话。他说：现在我们有三条统一战线，一条是中国的抗日民族统一战线，一条是东方的ABCD阵线(按：指美国、英国、中国、荷兰四国1941年春在远东建立的对日警戒、防卫、协同作战的抗日同盟)，一条是英、美、苏的联合行动，有这三条统一战线，法西斯一定会打倒的。今天全世界反法西斯需要实际工作，而不要夸夸其谈。(《年谱》中，第336—337页)

11月7日，毛泽东在延安发表关于时局的广播讲演。他说："目前全世界人类的任务是团结起来反对法西斯。"他呼吁："美国应和中国及英国一道，以实力制裁日本法西斯。"(《年谱》中，第339页)

太平洋战争爆发当天，毛泽东即在中央政治局会议上提议中央发表一个声明，并指出：廖承志应大胆地在香港与英国建立关系。(《年谱》中，第344页)次日，中共中央即发出了《为太平洋战争的宣言》，指出：太平洋战争使全世界一切国家一切民族划分为法西斯阵线和反法西斯阵线。中国政府与人民"应坚决站在反法西斯国家方面,动员自己一切力量,为最后打倒日本法西斯而斗争"。(《年谱》中,第 344—345 页)为此,中国应与英美及其他抗日友邦缔结军事同盟,实行配合作战,同时建立太平洋一切抗日民族统一战线。同日,中共中央还发出关于太平洋反日统一战线的指示。

12 月 13 日,在得悉英国大使要求中共派人去新加坡的消息后,毛泽东起草中央书记处致周恩来电,建议"利用此机会派人去","去人目的不但在新加坡并在指导整个南洋工作"。(《年谱》中,第 346 页)

1942 年 12 月 9 日,印度援华医疗队成员柯棣华大夫因积劳成疾,不幸在河北唐县逝世。29 日,毛泽东为柯棣华题写了挽词,说他"远道来华,援助抗日",工作五年,"积劳病逝,全军失一臂助,民族失一友人"。(《年谱》中,第 419 页)

1943 年 5 月 5 日,印度援华医疗队大夫巴苏华离开延安回国。行前,毛泽东向他介绍了中国抗战和抗日民族统一战线的经验,并托他带回自己与朱德一个月前写的致印度国民大会的信,信中说:贵会派遣医疗队来华,"参加中国的抗战,表示对华的极大友谊"。"希望印、华两大民族团结得更加坚固,以便与其他一切反法西斯国家配合作战。"(《文集》三,第 14 页)

1943 年 7 月,国民党掀起第三次反共高潮,引起多国不满。苏联塔斯社中国分社社长罗果夫在《战争与工人阶级》杂志上发表一篇文章,批评国民党政府要求取消中共。9 月 11 日,毛泽东致信秦邦宪,要求《解放日报》转载这篇文章,并为此文配发了一个小注,说:"罗果夫此文曾被美国及英国报纸广泛登载,引起世界人士的注意,在重庆亦曾博得中国真正爱国人士的广大欢迎,实为我六年抗战中苏联人士第一次对于中国政府有系统的批评。此种批评,与中国共产党及中国一切真正爱国人士的见解完全一致,但望国民党当局对于国际国内的公正舆论,勿加漠视,认真纠正自己的错误,抗战前途,庶有裨益。"(《年谱》中,第470页)这说明毛泽东和中共中央的国际抗日统一战线,是得到苏、英、美等国舆论的支持的。

8月11日,毛泽东致电董必武,要他将中间人物抗议国民党反共的文章,"译成英文向美、英出版界揭露"。(《文集》三,第64页)

1944年3月9日,在得悉外国记者团要来延安参观的消息后,毛泽东和中共中央委托周恩来致电记者团,表示热烈欢迎。

4月15日,毛泽东在中央书记处会议上指出,目前,对英、美主要是宣传抗战,要求英、美派人常驻陕甘宁边区。(《年谱》中,第509页)要求英美派人常驻陕甘宁,这是毛泽东和中共中央国际抗日统一战线政策的新内容。几个月后,美军观察组常驻延安,使这一统一战线政策得到了实现。

4月30日,毛泽东又致电即将来延安的11位外国记者:"诸位来延,深表欢迎,只要政府同意即可动身。"(《年谱》中,第510页)6月9日,中外记者西北参观团到达延安采访。12日,毛泽东会见了参观团,对他们来到延安表示十分欢迎。他说:"各位到延安时,正遇着欧洲开辟了第二战场,我们表示极大的庆祝。""其影响不仅在欧洲,而且将及于太平洋与中国。""全中国所有抗战的人们"应该"配合欧洲的决战,打倒日本军阀"。(《文集》三,第167页)他用第二战场开辟这件与抗日相关的国际反法西斯统一战线中的大事,来说服中外记者和全国人民共同建立国际抗日统一战线。

6月14日,在第三个联合国日到来之际,毛泽东专门为《解放日报》写了一篇社论《纪念联合国日,保卫西安与西北》,表明了与世界反法西斯各国共同纪念联合国日,共同夺取反法西斯战争胜利的立场。

6月23日,驻重庆美国陆军总部代理参谋长费尔利斯致函林伯渠:将派遣观察组去延安调查访问。6月28日,毛泽东致电林伯渠等:"美军事人员来延,请你们代表我及朱、周表示欢迎,飞机场即日开始准备。"(《中央档案馆藏美军观察组档案汇编》,第38页)次日,又主持中共六届七中全会主席团会议,讨论美军事使团来延问题,决定:对使团表明我们现在需要合作抗战,抗战胜利后需要和平建国,民主统一;在交涉中以老实为原则,我们能办到的就说办到,办不到的就说办不到。(《年谱》中,第523页)

7月2日,毛泽东又次同中外记者西北参观团举行了谈话会。12日,记者团多数人离开延安回重庆,唯有5名外国记者留下继续参观访问。7月4日,为了庆祝美国独立一百六十八周年,毛泽东设宴招待在延安的美国侨民和中外记者团。7月14日,毛泽东单独会见中外记者团成员、美联社、英国《曼彻斯特卫报》、美国《基督教科学箴言报》记者斯坦因,同他进行了10多个小时的谈话,回答了他的很多提问。并申明愿意"同一切国家进行自由平等贸易"。(《文集》三,第186页)

7月4日,毛泽东又为中共中央起草电报,告诉在重庆的林伯渠等人延安机场的详情,并嘱他们与美军谈一次,以保证观察组飞延时顺利着陆。

7月18日,毛泽东会见中外记者团成员、路透社、《多兰多明星周刊》《巴尔的摩太阳报》记者武道,同他进行了谈话。毛泽东说:我们接受一切来自国外的、对中国有益和有用的东西。在谈到国共关系时说:1943年7月以前,我们克制对国民党的批评。然而发生了国民党进行军事威胁的七月事件,我们在7、8、9三个月进行

了十分广泛的批评。之后到今年 5 月,我们没有进行批评。最近
的批评是因为:第一,国民党军队没打好,没能顶住日军的进攻。
第二,来自华盛顿和伦敦的批评比我们尖锐激烈得多,并指出中国
有不抵抗的危险。(《年谱》中,第 529—530 页)

　　7 月 19 日,毛泽东发出他 15 日起草的给各中央局、分局的党
内通报。其中说:"英、美、苏记者到边区已一个多月,他们感到兴
奋。""他们愿意多看一看,并将赴晋西北参观。他们对英、美、苏的
新闻报道有利于我们。"(《文集》三,第 195—196 页)从中可以看出
毛泽东和中共中央接待这些外国记者并接受大量访谈的作用。还
通报了美军观察组来延的情况:"罗斯福三次电蒋要求派美国军事
代表团来延安,均被蒋拒绝;此次华莱士来华,率美方在渝有关人
员全体见蒋,正式提出罗斯福第四次电报,蒋始被迫答应。美军事
人员十八人不日可到延安。"(《文集》三,第196 页)

　　7 月 22 日,美军中缅印战区驻延安观察组第一批 9 人,在组长
包瑞德上校率领下到达延安。26 日,毛泽东出席了为他们举行的
晚宴。席间,毛泽东问观察组成员、美驻华使馆二等秘书谢伟思:
美国是否有可能在延安建立一个领事馆?因为抗战结束后美军观
察组会立即撤离延安,而那时正是国民党发动进攻和打内战的最
危险的时机。(《年谱》中,第 532 页)

　　8 月 12 日,毛泽东电告林伯渠等:"外国人在延安很高兴,他们
对我军的发展甚感兴趣。"(《年谱》中,第 534 页)

　　8 月 15 日,当第二批美军观察组 9 人也到达延安后,《解放日
报》发表毛泽东大幅修改的社论《欢迎美军观察组的战友们!》。社
论称:美军观察组到延安,"是中国抗战以来最为令人兴奋的一件
大事","对于争取抗日战争的胜利,实有重大的意义"。因为这将
有助于美国和世界各国了解这样一个过去一直被国民党封锁的事

实真相："七年以来,近五十万的八路军、新四军和八千余万被解放了的人民,在华北、华中、华南三大敌后战场奋勇作战","敌后战场成了中国抗战的最重要战场"。社论认为:该组战友们观察此间情况后,"对于双方如何亲密合作以战胜日寇,必能多所擘划"。这将"会使美军统帅部"对于中国共产党的政策和敌后抗战力量"获得真实的了解,并据以决定正确的决策",并"会增进中美两大盟邦的团结,并加速最后战胜日寇的过程"。(《中央档案馆藏美军观察组档案汇编》,第133—135页)这就是当时毛泽东和中国共产党从共同战胜日本法西斯这一世界大局的角度所认识到的美军观察组来延安这件事的重大政治意义。显然,在毛泽东和中共中央看来,美军观察组到延安,不仅于中共自身有利,于中国的抗战事业有利,而且于增进中美两国团结有利,于加速战胜日军的进程有利。

8月18日,毛泽东签发了由周恩来起草的中共中央关于外交工作的指示,开头即通报了近几个月来国际抗日统一战线的最新进展:"自五月底中外记者参观团来边区后,接着便有美军观察组十八人奉史迪威总部之命先后来延,并将分赴前方。同时美军第十四航空队亦派欧高士少校及一上士经五战区前往我鄂中五师地区,担任前线侦察。"指出:我们应把美军观察组的访问和观察"看作是我们在国际间统一战线的开展"。并预言:"今后国际统战政策,将可能给我们以更大的发展。"(《中央档案馆藏美军观察组档案汇编》,第138页)

为使与美军观察组的合作取得切实成果,8月20日,毛泽东为中共中央起草电报,指示八路军山东军区和新四军军部,要他们以尽可能的速度,收集美军观察组所需的青岛、烟台、连云港等沿海地区的日军情报。(《中央档案馆藏美军观察组档案汇编》,第142页)同日,又致电邓小平等,告知美军观察组到延安后,"观感极佳"。他们"拟坐飞机到敌后,望在太行、山东、华中三地区,选择适当(上空开阔,地面坚实)地点,各开辟一个飞机着陆场"。(《中央档案馆藏美军观察组档案汇编》,第143页)

美军观察组来延后不久,美军少校欧高士,即受美国第14航空队陈纳德将军派遣,于8月15日到达新四军五师,商谈有关合作问题。接到报告后,毛泽东于8月21日复电李先念等:欧所提三个问题,"已得延安批准,均可合作办理。第一,可先在五师范围设无线电网,将来再在长江下游及广州附近设置","第二,可供给敌军情报;第三,美海陆军登陆时协同作战问题","正与驻延美军观察组人员协商,准备一切"。电报还要李先念等"在合作过程中将国民党进攻破坏情形告知,请其反映到上面去"。(《中央档案馆藏美军观察组档案汇编》,第144页)同日,毛泽东还电告张云逸等:"美军准备在中国登陆,要求和我军配合作战。""不久他们即将派人来军部并在上海及沿江沿海设无线电网,其目的不但目前便利空军轰炸,而且准备将来登陆作战取得配合。美军在中国登陆时间,据有些美国人估计已不在很远。"(《年谱》中,第538页)可见当时美军和中共军队的对日军事合作已进入实际操作阶段。

8月23日,毛泽东就国共关系问题,同美军观察组成员谢伟思进行了长时间谈话。毛泽东指出,中国防止内战的希望在很大程度上有赖于外国的影响,尤其是美国的影响。美国要努力引导国民党改革自己,国民党已在忙于为发动内战制造借口。(《年谱》中,第540页)

8月29日,毛泽东领衔电告董必武:20日美空军第20航空队一架飞机坠落在新四军建阳金家桥根据地内,新四军三师和当地游击队出动营救,救出5名飞行员,已送抵三师师部,其余飞行员1人毙命,6人正在寻找中。让董必武把此情况转告有关方面。(《年谱》

中,第 540 页)

9月1日,毛泽东主持中共六届七中全会主席团会议。在听取了周恩来、叶剑英关于美军观察组活动的汇报后,为做好对观察组的配合工作,会议决定在各战略区增加副参谋长,设一外事组。

9月上旬,美军观察组考林、琼思二人拟于最近赴晋绥和晋察冀收集情报。9月7日,毛泽东电告晋西北和晋察冀军区并要其接待。

美军人员去敌后抗日根据地,有些根据地领导怕因此招来日军"扫荡",因而不愿让美军去。9月8日,华中新四军负责人张云逸等致电毛泽东等,认为"美军事人员经常来往华中潜伏地区,在目前条件下,可能引起敌人注意和'扫荡,使将来航空比较困难,此时我们害多利少"。(《中央档案馆藏美军观察组档案汇编》,第188—189页)毛泽东于9月10日起草电报回复他们:"大批美军人员陆续飞来军部及各师,我们应表欢迎","虽可能引起日寇'扫荡',但比较全局,利多害少"。并说:"放手与美军合作,处处表示诚恳欢迎,是我党既定方针。"(《中央档案馆藏美军观察组档案汇编》,第188页)这封电报,表达了毛泽东和中共中央从中美合作抗日的大局出发,不计小害、与美军合作的坚定态度,显示出毛泽东对美军观察组的高度重视。

9月26日,毛泽东和美军观察组组长包瑞德等人,在延安东关大操场观看八路军留守兵团模范学习代表举行的投弹、射击等7项军事技术表演。

9月27日,毛泽东重新起草林伯渠复张治忠、王世杰信,提出建立各党派联合政府的主张。毛泽东将此信电告林伯渠等,并要他收到后在报上发表,如不能发表,则印单张广为散发,并多送外国人。(《年谱》中,第548页)

10月5日,毛泽东出席在延安举行的美国陆军中印缅战区统帅部对美军观察组组长包瑞德的授勋仪式。

10月9日,毛泽东出席八路军总部举办的舞会,同美军观察组成员谢伟思再次谈国共关系问题。

11月7日,毛泽东到延安机场迎接从重庆飞抵延安调停国共关系的美国总统私人代表赫尔利。同日,毛泽东同苏联、美国、英国的来宾和在延安的国际友人等出席庆祝苏联十月革命二十七周年宴会,并举杯庆祝同盟国反法西斯战争的胜利。

11月8日上午和下午,毛泽东同赫尔利进行了两次会谈。第一次会谈在赫尔利说明了来意并提交了他和蒋介石共同草拟的题为《为着协定的基础》的文件后结束。第二次会谈由毛泽东先发言,他首先感谢赫尔利将军帮助中国团结抗战之热忱。他说:"现在全世界反法西斯战争都打得很好,唯有中国正面战场上打得不像样子。"共产党在沦陷区"组织地下军,准备配合盟军作战"。在解放区,"组织人民,实行民主,坚持抗战","用一切力量对日作战"。赫尔利将军说要改组红军,"我们愿意你们组织几百个人的观察组,到各根据地去看看来做出结论,应当改组的究竟是哪一种军队"。毛泽东并表示:"我们愿意和蒋介石先生取得妥协。""在适当时机我愿意和蒋先生见面。"(《文集》三,第220—225页)接着,毛泽东对赫尔利提交的文件讲了具体修改意见。第二天下午,毛泽东又同赫尔利进行了第三次会谈,讨论了修改后的方案。毛泽东同意了这个方案,并说:我们所同意的方案,如蒋介石先生也同意,那就非常好。赫尔利说:我将尽一切力量使蒋接受,我想这个方案是对的。毛泽东提出,这五要点双方同意之后,应当由双方共同签字,公开发表。赫尔利表示,他也要在上面签字。11月10日,毛泽东同赫尔利进行了第四次会谈。毛泽东请赫尔利把这个文件转达罗斯福总统。他说:昨晚我们中央委员会开了会,一致通过这个文件,并授权我签字。随后,毛泽东和赫尔利分别在《中国国民政府、中国国民党与中国共产党协定》上签字。下午,赫尔利携带协定乘机飞重庆,周恩来和包瑞德同行。同日,毛泽东应赫尔利的建议,致信美国总统罗斯福,告之自己同赫尔利在三天之内"融洽地商讨一切有关团结全中国人民和一切军事力量击败日本与重建中国的大计,为此,我提出了一个协定",现托赫尔利将军转达。(《年谱》中,第559页)这一天,毛泽东还致电罗斯福,祝贺他连任美国总统。11月19日,赫尔利将五条协定草案交蒋介石后,被蒋拒绝。

11月24日,毛泽东在致浙东纵队诸同志的电报中,要求他们"发展武装部队","准备配合盟军驱逐日寇"。(《年谱》中,第561页)

12月8日,在蒋介石拒绝赫尔利和毛泽东共同拟定的五点协定,另提出三点建议后,毛泽东同美军观察组组长包瑞德会谈,坚决拒绝蒋介石的三点建议。他说:我们欢迎美国的军事援助,但不能指望我们付出接受这种援助要由蒋介石批准这样的代价。(《年谱》中,第564页)

12月12日,毛泽东领衔致电王若飞,强调:"我们毫无与美方决裂之意。""牺牲联合政府,牺牲民主原则,去几个人到重庆做官,这种廉价出卖人民的勾当,我们决不能干。""希望美国朋友不要硬拉我们如此做。我们所拒绝者仅仅这一点。"电报要王若飞将以上意思转告时在重庆的包瑞德或戴维斯。(《中央档案馆藏美军观察组档案汇编》,第205页)

12月16日,毛泽东复信赫尔利,说:"十一月间,罗斯福总统选举胜利时,我曾去电祝贺他。在他回给我的电报上说,'为着击败日本侵略者,愿意和中国一切抗日力量作强有力的合作。'请你转达给罗斯福总统,我对于他的这个方针,表示完全同意,并向他致谢。"信中还"希望包上校能够早日回延工作"。(《中央档案馆藏美军观察组档案汇编》,第212页)

1945年3月13日,毛泽东会见了四天前回到延安的美军观察组成员谢伟思,同他谈战后中国的发展前途,4月1日,毛泽东又在住处同谢伟思进行了最后一次谈话。他说:中国共产党对美国的政策,是寻求友好的美国支持在中国实现民主和在对日作战中进行合作。(《年谱》中,第590页)

4月12日,美国总统罗斯福逝世。次日,毛泽东领衔致电美国新任总统杜鲁门,向美国人民及总统遗族表示深切吊唁。同时致函美军观察组表示哀悼,并派叶剑英等人到观察组进行吊唁。

4月24日,毛泽东在《论联合政府》的报告中,宣布了中国共产党外交政策的基本原则:"在彻底打倒日本侵略者……互相尊重国家的独立和平等地位……这些基础之上,同各国建立并巩固邦交,解决一切相互关系问题,例如配合作战、和平会议、通商、投资等等。"(《选集》三,第1084—1085页)同日,他在中共七大上作口头政治报告时又说:"苏联,毫无问题是朋友","其他外国,几个大国,同盟国,也要坚决地联合他们"。(《文集》三,第320页)

5月8日,德国无条件投降,欧洲反法西斯战争胜利结束。11日,毛泽东等宴请在延安的苏、美、英等国朋友,庆祝这一人类反法西斯事业中的伟大胜利。

6月2日,毛泽东主持七大主席团和各代表团主任会议。会议在听取叶剑英介绍美国在敌后战场进行军事布置的计划后,毛泽东指出:美国现在定下的方针是联蒋抗日、拒苏反共,但我们对美国的态度是,只要它是打日本,我们就愿意同它合作。(《年谱》中,第603页)这段在党内高层会议上的讲话,充分反映出毛泽东和中国共产党在对美联合抗日这一点上坚定合作的真诚态度和坚定立场。明知美国铁定反共,但仍坚持与美国在抗日上合作,这反映出毛泽东和中共国际抗日统一战线的底线和边际线,这也表明毛泽东和中共的国际抗日统一战线真正是为了中华民族最高利益的,是没有任何私心、不图任何私利的,是超出党派立场和党派利益的。

第二节　对华侨的统一战线工作

1938年3月18日,毛泽东为华侨辜俊英题词,希望"全体华侨同志应该好好团结起来,援助祖国,战胜日寇"。并表示:"共产党是关心海外侨胞的,愿意与全体侨胞建立抗日统一战线。"(《年谱》中,第58—59页)可见,毛泽东是把华侨也包括在抗日统一战线之内的,是愿意同全体侨胞建立抗日统一战线的。

1940年5月31日,爱国华侨、南洋华侨筹赈祖国难民总会主席陈嘉庚接受毛泽东的电邀,率南洋侨胞回国慰劳团第一分团到达延安访问。次日下午,毛泽东在杨家岭会见了陈嘉庚等,就中共进行的反磨擦斗争和以斗争求团结的方针作了解释和说明。共进晚餐后,毛泽东又陪同他们参加延安各界举行的文艺晚会。6月4日下午,毛泽东又到陈嘉庚住地去看望他,并同他长谈到深夜。毛泽东向陈嘉庚讲述了共产党团结抗日的诚意,表示将不负海外侨胞的厚望,并希望他回南洋后,向海外侨胞据实报告在延安的见闻。这次延安之行,使陈嘉庚深受感动,确信只有共产党才能救中国。特别他对毛泽东更是钦佩无比,把他比作"中国的救星"。

7月,毛泽东为新创办的美洲华侨报纸《美洲日报》创刊号题

词:"起来,为中华民族的独立自由而奋斗到底。"(《年谱》中,第
202 页)

1941 年 3 月 14 日,毛泽东复电全美洲洪门总干部监督司徒美
堂等,表示对美洲侨胞关怀祖国,呼吁团结,敬佩无已。中国共产
党坚持抗日民族统一战线政策迄未稍变,现已提出解决皖南事变
的办法,希望他们"一致主张,予以赞助"。(《年谱》中,第 283 页)

5 月 1 日,由毛泽东起草的《陕甘宁边区施政纲领》发布,其中
写道:"欢迎海外华侨来边区求学,参加抗日工作,或兴办实业。"
(《文集》二,第 337 页)

5 月 25 日,毛泽东复信旅美华侨王履孚、甄玉莹等,对他们本
年正月的来信"关怀祖国,力主团结抗战,钦佩良深"。信中表示,
不论国际、国内形势如何发展,"中共同人必与国内一切真诚抗日
之党派团结抗战到底"。(《年谱》中,第 301 页)

12 月 8 日,太平洋战争爆发当天,毛泽东在中央政治局会议上
提出:要加强南洋华侨工作。(《年谱》中,第 344 页)

第三节 对日本的统一战线工作

毛泽东的抗日统一战线,从很早就开始包括日本方面。1936
年 7 月 16 日,他在同斯诺的谈话中,就把"日本国内人民和日本殖
民地人民的革命运动的兴起"作为中国战胜日本的条件之一。
(《文集》一,第 401 页)他预见到,"在战争的过程中,中国能俘虏许
多的日本兵"。"被我们俘虏和解除武装的日本官兵将受到优待。"
"反法西斯的日本军队是我们的朋友。"(《文集》一,第406 页)

1937 年 10 月 25 日,毛泽东在同英国记者贝特兰的谈话中,向
他解释了"宽待俘虏的政策,在日本军队的纪律下未必有效"的疑

问,指出:日军对我军放回去的俘虏"越杀得多,就越引起日军士兵同情于华军"。并重申说:"我们宽待俘虏的政策仍然不变。我们仍然把被俘的日本士兵""给以宽大待遇","释放他们回去。有些不愿回去的,可在八路军服务","手执武器反对日本帝国主义"。(《选集》二,第381页)

1939年2月18日,毛泽东领衔致电八路军、新四军各部等,指示他们今后在战斗中俘获的日军俘虏,应尽量释放,多加宣传优待,严禁枪杀及其他侮辱行为,借此降低日军之作战决心而动摇其军心,以利于粉碎敌之进攻。(《年谱》中,第113页)可见毛泽东实际地把日军俘虏也包括到抗日统一战线中来,以优待俘虏的政策来动摇日军军心,粉碎敌之进攻。这一统战政策,后来产生了很大效果。

1941年5月1日,毛泽东起草的《陕甘宁边区政府施政纲领》公布,其中第12条公开宣布:"对于在战斗中被俘之敌军(按:指日军)及伪军官兵","一律实行宽大政策",不愿参加抗战者"释放之,一律不得加以杀害、侮辱、强迫自首或强迫其写悔过书"。(《文集》二,第337页)

由于对日俘虏政策的实行,从全国抗战开始后,就陆续有一些日本士兵被八路军俘虏甚至来投诚。1940年8月,八路军政治部在延安创办了一所日本工农学校,集中对这些日本士兵进行教育。1941年8月,该校向毛泽东等人作了第二期工作报告。22日,毛泽东在报告上批示,表扬这是"很好的一个报告",这个学校"是理论与实际联系的学校,不是单纯的概论学校","延安的学校应照此种精神去办"。(《年谱》中,第323页)

1942年6月23日,在华日本共产主义者同盟在延安日本工农学校成立。成立大会向毛泽东发了致敬信。25日,毛泽东致信同盟领导人、日本共产党领导人之一林哲(按:即野坂参三),祝贺同盟成立,并感谢他们的来信,同时预祝即将召开的华北日本士兵代表大会成功。信中说:"中国共产党完全同意你及一切日本革命同志的革命活动,我们将尽一切可能援助你们。请以此意告诉同盟诸同志。"(《年谱》中,第388页)

1943年7月2日,毛泽东起草《中共中央为抗战六周年纪念宣言》,指出要"十分注意争取日军的士兵与伪军,协同日本共产党进行破坏敌伪军的工作,使这个工作极大地加强起来。组织日本工农学校,发展日人反战同盟与日本共产主义同盟,发展朝鲜人民的抗日武装队伍及抗日团体,使这一切力量变成中国人民反对日本法西斯的强有力的友军"。(《文集》三,第45页)强调要加强对日本国内及殖民地内反侵略人士的统战工作,使之成为反对日本法西斯的一支友军。

第四节　抗日统一战线对中国抗战的决定性作用

由上可见,在抗日战争时期,毛泽东最为看重的是统一战线工作,影响最为广泛的是统一战线工作,收效最大的也是统一战线工作。在抗战14年期间,毛泽东的言论与活动中,涉及统一战线方面的无疑最多。通过统一战线工作,他不但把国内各方面的力量调动起来参加抗日,而且把国际上很多国家的力量也调动起来参加抗日,甚至把日本国内、军队内、殖民地内的有关力量也调动起来参加抗日。

在国内,毛泽东不断扩大抗日民族统一战线的范围,积极做一切人的统战工作,把除了汉奸外的一切人,包括最主要的反共对手蒋介石,都纳为统战对象,都向其开展统战工作。结果,不断地化解矛盾，化敌为友，化干戈为玉帛，化雷电为彩虹，使抗日的阵营越来越大，抗日队伍的磨擦越来越少，抗日的力量越来越强。在国际，他把视野放得很宽，不但推动太平洋国家结成抗日统一战线，而且推动世界所有反法西斯国家建立反法西斯的国际统一战线；不但支持华侨参加抗日国际统一战线，而且吸引日本共产党人、日本被俘官兵甚至参战官兵参加抗日国际统一战线；不但积极同意识形态相同的苏联保持抗日统一战线，而且积极同意识形态不同的英、美、法等国家建立抗日统一战线；不但同苏联领导人在合作抗日方面有互动，而且同美国领导人在合作抗日方面也有互动，从而使中共不但得到苏联支持，而且一度得到美国支持。在抗日民族统一战线政策的昭告下，蒋介石派人和他谈判，国内各方面政治力量派人同他接触，中外记者到延安去见他，国民参政员到延安去见他，美国军官到延安去见他，美军观察组到延安去见他，美国总统派私人代表到延安去见他。在抗日统一战线政策的化解下，一场场军事围攻，或烟消云散，或雨过天晴，红军、八路军、新四军化险为夷、逢凶化吉，闯过一个个险关，不断发展壮大。毛泽东的一封封统战信件，像一道道停战令，让国共军队鸣金收兵；一封封统战指示电报，像一阵阵吹散乌云的风；一个个统战新政策，像聚沙成兵、撒纸为城的灵符，团结、聚集起新的抗战力量，树立、堆砌成新的抗战壁垒。正是有了抗日统一战线政策，这才有了国共两党的合作，才使中国抗战有了战略上互相支援的两个战场、两支劲旅，有了全国的、全民族的、全面的抗日战争，有了世界反法西斯力量的互相配合，有了长达14年的艰苦支持和伟大抗战，有了最终战胜日军的伟大胜利。

在抗日战争中，毛泽东实际上掌握和指挥着两支奇兵，第一支奇兵是国际国内的一切反日力量，第二支奇兵是敌后抗日根据地的广大军民。指挥调度第一支奇兵,毛泽东靠的是统一战线政策;指挥第二支奇兵,毛泽东靠的是人民战争和游击战思想。人们更多地说毛泽东是一位军事家,但在笔者看来,特别是从14年的抗战历程看来,毛泽东这位军事家,其实不是单纯的军事家,而是一位"政治军事家",是一位集政治家与军事家于一身,特别是用政治统帅军事、指导军事的"政治军事家"。就像马克思主义的经济学不是单纯经济学而是政治经济学一样,毛泽东也不是单纯军事家而是"政治军事家"。他的政治,就体现在统一战线上。他在中国抗战中,下的是一盘政治(统战)、军事、经济、文化的大棋局,军事只是其中的一部分;他指挥的不但有军队,而且有党派、团体、各阶层人士、广大人民群众。在这个大棋局中,他用的是大战略,搞的是大包围,动用的是大力量。正是从这个意义上说,毛泽东是一位伟大的政治军事家。毛泽东指导和推动的抗日统一战线,是不带枪的抗战、不打枪的抗战,是听不见炮响、看不见硝烟的抗战,是无声的抗战、隐形的抗战。有句话叫:将军决战岂止在战场。毛泽东抗日统一战线的战场,不仅在日军占领区,而且也在日军包围区;不仅在中国,而且也在中国以外的其他国家。其战场无所不在,其武器仅为思想,其队伍则是除主要敌人以外的全体兵与民,不分国家、不分民族、不分肤色、不分党派、不分团体、不分界别,浩浩荡荡、滚滚而来。

我们常说,中国抗战有两个战场,一个是正面战场,一个是敌后战场。但从前文看来,中国抗战应该还有一个战场,那就是抗日统一战线这个战场。正面战场和敌后战场,都是有形的、冒着硝烟的、看得见的战场,而统一战线这个战场则是隐形的战场、无硝烟的战场、看不见的战场,这是中国抗战的"第三个战场"。这第三个无形的战场,整合了那两个有形的战场,让那两个战场互相支援、互相配合；这第三个无形的战场，粘合了那两个有形的战场，让那两个战场减少了磨擦、减少了抵消；这第三个无形的战场，远远大于那两个有形的战场，在这两个战场之外纵横捭阖，排兵布阵，并使那两个战场力量暗中消长、形势悄然改变。这个客观存在的第三个隐形的战场，在中国抗战中功莫大焉。抗日统一战线，既是中国共产党在抗战期间发明的三大法宝之一，也是我们今天所认识到的中国抗战的三大战场之一，是隐然存在于正面战场和敌后战场那两个有形战场之外的第三个重要战场。

第六章　提出持久战的系统理论和坚持实行持久战略

　　以前说到毛泽东和中国共产党对中国抗战的贡献,人们总会想到毛泽东的《论持久战》,以及其中所提出的中日战争是持久战这一战略思想。近几年来有人提出,在中国,讲中日战争是持久战的,并不仅只毛泽东一人,在毛泽东的《论持久战》一书发表之前,蒋百里曾在《国防论》中提出过"持久战"这一说法,陈诚也有《陈诚将军持久抗战论》一书出版,等等。在我看来,毛泽东对中国抗战战略指导的贡献,并不仅仅在于专门写出《论持久战》一书,专门地、系统地、有针对性地论述了中日战争为什么是持久战、持久战的发展过程、怎样打赢持久战等一系列问题,提出了持久战的系统理论;还在于他之前曾较早地、多次地提出持久战的思想,之后又长期地坚持着并切实地实行着持久战的战略。可以说,毛泽东是抗日持久战思想的较早提出者、系统阐述者和实际执行者。全部做到这三点的,中国唯毛泽东一人而已。

第一节　较早提出持久战的思想

　　毛泽东的持久战思想,并非始于1938年5月写作《论持久战》,

而是起源甚早。还在中华苏维埃共和国正式对日宣战的 1932 年，毛泽东就已提出"持久"的概念，开始孕育持久战思想；之后又不断地、反复地提出这一思想，并把它上升为一种战略，提到战略的高度去强调。

1932 年 4 月 15 日，中华苏维埃共和国临时中央政府主席毛泽东签发《对日战争宣言》，同时，毛泽东对全国工农红军和各级苏维埃政府下达训令，要求他们实行对日宣战的动员，进行对日作战的准备。其中包括"要屯集一部分谷子准备米荒，要节省经费准备战役的持久"等。(《中共中央文件选集》第 8 册，第 643 页)可见，毛泽东在 1932 年，就已预料到对日作战这场"战役"将是"持久"的，要求从"节省经费"等方面去做准备。这是目前我所见到的毛泽东本人所有已公开发表的言论中，关于中日战争是持久的最早言论。研究毛泽东和中国的持久战思想，不能无视这一篇文献和这一个提法。这说明，毛泽东不仅早在刚刚决定和筹划对日作战之时，就已酝酿持久战的想法，把"持久"形诸文字，指导全苏区，而且在九一八事变发生仅仅半年后，在很多人尚不认为这是日本对中国的一场战争、南京国民政府也未对日宣战的情况下，就已敏锐地在中共内部先人一步地提出了"持久"战的提法，开始孕育持久战的战略思想，指导人们对对日作战从"节省经费"等方面加以"准备"。

红军到达陕北后，1935 年 12 月 23 日，毛泽东为中共中央政治局瓦窑堡会议起草关于军事战略问题决议的前两个部分。在讲作战指挥上的基本原则时，提出了十条原则，其中第五条赫然写道："战略的持久战，战役的速决战，反对战役持久战，反对拼消耗。"(《文集》一，第 381 页)这是毛泽东在红军已走上抗日前线、积极准备直接对日作战的形势下，又一次把"持久战"形诸文字，提出持久战的思想，特别是把持久战明确为"战略"。这是在全党的会议上

提出的,是在全党的决议中写上的,是成为党指导战争——包括抗
日战争——的原则的。如果说,1932年,还没有走上抗日前线的毛
泽东,只是提到了对日战争将是"持久"性质的,要求作"节省经费"
等方面的"准备";而1935年,已经走到抗日前线并积极准备直接
对日作战的毛泽东,已明确地提出了"持久战"这个完整概念,并把
它确定为"战略"。特别重要的是,在这个决议中,毛泽东还提出了
一系列跟持久战相关的策略和原则,如广泛开展国际国内的统一
战线,广泛开展游击战争,建立游击队的根据地,把游击队同民众
结合起来,增加计划性,后发制人,反对冒险主义,波浪式的发展,
运动战,大踏步进退等,甚至提出"要有充分的休息训练,反对无益
的急,学习必要的慢"。可以说,后来《论持久战》中的不少思想,在
这里已经开始提出;《论持久战》中的不少原则,在这时就已确定。
今天的人们,无论是研究毛泽东的持久战思想,还是研究中国的持
久战理论,毛泽东这篇在全面抗战发生以前一年多就已形成的战
争指导性文献,都不可不读,不可不注意分析和研究。

　　1935年12月27日,毛泽东在《论反对日本帝国主义的策略》
报告中,明确告诉人们:"打倒日本帝国主义和中国反革命势力的
事业,不是一天两天可以成功的,必须准备花费长久的时间。""像
过去那样地过分的性急是不行的。""中国革命战争还是持久战,帝
国主义的力量和革命发展的不平衡,规定了这个持久性。""帝国主
义还是一个严重的力量,革命力量的不平衡状态是一个严重的缺
点,要打倒敌人必须准备作持久战。""不到决战的时机,没有决战
的力量,不能冒冒失失地去进行决战。"(《选集》一,第152—153
页)这里,毛泽东两处明确提出"持久战",另一处讲的是"持久性",
还有一处讲的是"长久",并提出不能性急,不能冒失决战。他试图
从理论上向人们说明中国抗日战争为什么是持久战。毛泽东这次

讲持久战，不是在党的内部文件和会议上，而是在公开的集会上；不是一处提到，而是多处提到、反复论及；不是一带而过，而是从原因上去作分析，去认识它的必然性。

1936 年 7 月 16 日，毛泽东对斯诺说："如果中国单独作战，相对地说，牺牲就会大些，战争的时间也会拖得长些，因为日本是一个充分武装的强国，而且还会有它的盟国。"如果中国国内的和国际的抗日统一战线"不能很快实现，战争就要延长"，"牺牲会大，要经过一个很痛苦的时期"。他批驳了当时很多人认为"一旦中国海岸被日本封锁，中国就不能继续作战"的"亡国论"思想，指出："中国是一个庞大的国家，就是日本能占领中国一万万至二万万人口的区域，我们离战败还很远呢。我们仍然有很大的力量同日本作战，而日本在整个战争中须得时时在其后方作防御战。中国经济的不统一、不平衡，对于抗日战争反而有利。"他指出："战争的前期，我们要避免一切大的决战，要先用运动战逐渐地破坏敌人军队的精神和战斗力。"他预言："日本在中国抗战的长期消耗下，它的经济行将崩溃；在无数战争的消磨中，它的士气行将颓靡。中国方面，则抗战的潜力一天一天地奔腾高涨，大批的革命民众不断地倾注到前线去，为自由而战争。"（《文集》一，第 401—406 页）在这里，毛泽东没有一处提到"持久战"的字样，但又没有一处不在阐述持久战的思想。他从日本是一个充分武装的强国，且又有盟国一点来分析中国抗战时间会拖得较长，牺牲会比较大，会经历很痛苦的时期；从中国地域广大、经济不统一和不平衡来分析中国不会速亡，实际上就已经提出了中国可以"以空间换时间"、进行持久作战的想法；从中国地理广大、利于作运动战，分析了中国不能在战争前期进行大的决战，而要运用运动战逐渐地、长期地消耗日军，进行持久作战。他还预言，在持久作战中，日本将被消耗殆尽、逐渐

崩溃,而中国的抗战势力将日益高涨、取得胜利。这是毛泽东,也
是中国第一人,第一次向外国人阐述中国抗战将是持久战的思想
以及中国抗战应采用持久的运动战的战略方针。这也是毛泽东和
中国的对日持久战思想第一次对外传播,为外国人所知晓。这又
是毛泽东持久战思想,较其他持久战思想的一个独特之处和重要
之点。后来毛泽东在《论持久战》中,曾经引用过他同斯诺的这些
谈话内容,来说明:《论持久战》一书的主要观点,他在两年前就一
般地指出过。

1936年12月,毛泽东在《中国革命战争的战略问题》一书中指
出:"战略的持久战,战役和战斗的速决战","也可以适用于反对帝
国主义的战争",即适用于当时的中国抗日战争。为什么是战略的
持久战呢?"因为反动势力的雄厚,革命势力是逐渐地生长的,这
就规定了战争的持久性。在这上面性急是要吃亏的。""因为中国
的反动势力,是许多帝国主义支持的,国内革命势力没有聚集到足
以突破内外敌人的主要阵地以前","我们的革命战争依然是持久
的。从这一点出发,规定我们长期作战的战略方针,是战略指导的
重要方针之一"。"在战争问题上,古今中外也都无不要求速决,旷
日持久总是认为不利,唯独中国的战争不能不以最大的忍耐性对
待之,不能不以持久战对待之。"(《选集》一,第233—234页)这就
把中国国内战争和抗日战争是持久战,为什么是持久战,为什么要
把持久战当作战略方针和指导方针,说得很明白了。

1937年3月1日,毛泽东在同美国记者史沫特莱谈话时说:
"中国的资源与自然条件,是能够支持长期作战的。"(《文集》一,第
487页)这里所说的"长期作战",实际上也是指的持久战,并从"中
国的资源与自然条件"方面,分析了中国抗战将是"长期作战"的持
久战,同时,这些条件也能够支持中国进行"长期作战"的持久战。

　　以上是全面抗战爆发前毛泽东关于持久战的一些提法和论述。

　　全面抗战爆发后一个多月,1937 年 8 月 22 日至 25 日,毛泽东在中央政治局洛川会议上所作报告中指出:中国抗战最基本的方针是持久战。(《年谱》中,第 15—16 页)这是在全面抗战爆发后,毛泽东又一次在党的会议上提出持久战的战略方针。会议结束当天,中共中央根据毛泽东的报告精神,发布《关于目前形势与党的任务的决定》,其中指出:"由于当前的抗战还存在着严重的弱点,所以在今后的抗战过程中,可能发生许多挫败、退却、内部的分化、叛变,暂时和局部的妥协等不利的情况。因此,应该看到这一抗战是艰苦的持久战。"(《选集》二,第 446 页)9 月 1 日,毛泽东在中央一级积极分子会议上所作报告的大纲中写道:"结论:是持久战。"(《文集》二,第 9 页)再次指出了抗日战争的持久性和中国抗战的持久战战略。

　　9 月 26 日,毛泽东致电朱德等,提出关于华北作战的战略意见。电报说,他的意见是"为阻敌南占太原、石家庄,支持华北的持久战起见"而拟向蒋介石、阎锡山提出的,并强调,只有按照他的建议,方能"造成华北战争的新局面,支持相当时期的持久战"。毛泽东要他们考虑之后,向蒋、阎建议。毛泽东分析说:"蒋、阎保定决战、晋北固守的方针","决难持久"。(《文集》二,第 25—26 页)在这份短短千字左右的电报中,毛泽东又两处说到"持久战",并从持久战的角度,认为蒋介石所提的作战方针不符合持久战的要求,"决难持久",因而从持久战的方针出发,向国民党提出新的作战建议。10 月 6 日,毛泽东又致电周恩来等,对华北作战提出补充意见。并强调这样做,虽然将付出相当的代价,"但在支持山西作战及用以支持华北作战较为长久之战略目的上,却有很大意义"。

（《文集》二，第 34 页）这里，"作战较为长久"，实际也是指的持久战。因此，毛泽东又明确地把支持持久战作为战略目的，并且他仍然在持久战的战略目的下考虑部队的使用方向和战略得失。10 月 13 日，毛泽东再次致电周恩来等，要他们向国民党提出："为确保太行山脉、正太铁路于我手中，准备向大同、张家口、北平线作战略反攻，支持华北持久战，用以消耗敌人。"（《文集》二，第 31 页）

10 月 17 日，毛泽东致电朱德等，要求他们"告诫各部首长，仍一本谨慎沉着精神使之与勇猛奋发精神相配合，争取与日寇之持久战"。（《年谱》中，第 32 页）10 月 23 日，八路军 771 团在七亘村遭到日军袭击，伤亡 30 余人。毛泽东知悉后，又于 25 日专门致电朱德等八路军负责人并转各级负责同志，要他们"发通令于全军，一直传达到连队战士，说明对日本帝国主义的战争是一个艰苦奋斗的长过程"。（《文集》二，第 46 页）这两封电报里，毛泽东不但指明对日抗战是一个"长过程"的持久战，而且要求八路军向全军各部首长战士说明战争的这一特性和特点，防止盲目骄傲轻敌的片面观点。可见从这时起，毛泽东已要求向全军说明和宣传持久战的观点，并从持久战的观点出发，要求防止骄傲轻敌了。

1937 年 10 月，毛泽东撰写《目前抗战形势与党的任务的报告提纲》，分析了 3 个多月来的中日战争战况，特别是对中国的实力作了分析，指出："这时失利是暂时的与部分的失利"，"最后胜负要在持久战中去解决"。在分析中国抗战的内外因素后，毛泽东得出两条结论："一，中国有力量战胜日本"；"二，今天的中心在坚持抗战，进行持久战"。在论述"如何争取抗战胜利"时，毛泽东提出要"扩大与建立国防工业"，并指出："持久战中国防工业的重要，国民政府尚未注意此事。"（《文集》二，第 49—58 页）

12 月 11 日，毛泽东在中央政治局会议上明确说："抗日战争总

的战略方针是持久战。"(《年谱》中,第 42 页)

　　1938 年 2 月 28 日,毛泽东对中国抗战为什么是持久战作了分析,说:国民党的腐败与共产党力量的不足,日本的兵力不足与野蛮政策,再加上复杂的国际条件,造成了中国抗战的长期性,即持久战。(《年谱》中,第 53 页)这就从中国、日本、国际 3 个方面找出了 5 个原因。中国方面的原因是:有责任和能力抗战的执政党国民党腐败无能;有决心抗战的共产党处于非执政地位,力量不足。日本方面的原因是:有野蛮侵略中国的决心;但没有足够的兵力把中国吞灭。国际方面的原因则是:各国利益与立场不一,相当复杂,不能一致对日。同时,他又就中国应该怎样打这场持久战提出了建议,指出:中国抗战应有战略退却,也就是应该以地理空间去换取时间,让有限的日军去占领大片的土地,把他的兵力摊薄;不能"硬拼",应该"保存实力到最后"。(《年谱》中,第 53 页)

　　3 月 3 日,毛泽东在陕北公学向同学们描绘了抗战的前途:"先败后胜,转弱为强,这是我们长期抗战的前途。"这里的"长期抗战",实际也是指持久战。针对日本暂时占领了中国一些大城市,有些人认为中国必亡的情况,毛泽东说:"敌人占领的地方是大块的,我们就可以在附近的小地方做起'文章'来","在大路附近画'豆腐块'"。"中国不是亡国,而是亡路,日本得到了城市、大路的速决战,也就得到了乡村、小路的持久战。比方,陕北延安被占领了,我们就会在其他小块,无数乡村,无数小路打持久战。城市速决战日本可以取得胜利,乡村持久战是我们取得胜利。"(《文集》二,第 105—108 页)这就不但指明了中国抗战的持久性,而且指明了中国抗日的持久战战法,即放弃大城市,撤退到广大乡村去;"让开大路,占领两厢";不在城市、大路与日军打速决战,而在农村、小路与日军打持久战,最后以乡村的持久战而战胜对手。

3月12日,毛泽东在一次大会上对8个月来的全面抗战作了宏观分析。他说:"敌人是倾全国的力量来打,目标是灭亡中国,战略是速战速决。我们呢,也是倾全国的力量来抵抗,目标是保卫祖国,战略是持久奋斗。""日本差不多在任何一省都只能作部分的占领,日本的兵力不够分配,它的野蛮政策又激怒了每一个中国人,中国有广大的军队与人民,中国又实行着统一战线的良好政策,就此决定了持久战以及最后胜利之属于哪一方。""我们要使全中国人都有这种明确的认识与坚固的信念,都懂得最好的持久战方针。"(《文集》二,第113—115页)又一次说明了中国抗战为什么是持久战,明确指出了中国抗战应以"持久战"为"战略"、为"方针"。

4月9日,毛泽东在抗大第四期第三大队开学典礼上讲话,明确告诉这些未来的抗日战士们:"抗日战争是持久战,不是一年半载可以解决的。"(《文集》二,第119页)

5月10日,毛泽东在中央常委会议上说:"现在蒋介石与我们的估计都认为抗日战争是持久战。最近《大公报》两篇社论态度变化,认为鲁南战争是准决战,否认中日战争是持久战。我们对于中日战争的估计,过去也有两种意见。我一贯估计中日战争是持久战,因为中国是大国,日本不能完全吞并中国,同时中国又是弱国,须要持久战争才能取得胜利。"(《年谱》中,第70页)这段话,告诉了我们4个信息:(1)蒋介石也估计抗日战争是持久战;(2)最近《大公报》连发社评,否认中日战争是持久战;(3)共产党内过去对中日战争也有两种估计;(4)毛泽东一贯估计中日战争是持久战。

1938年5月13日,毛泽东致电协助国民党保卫武汉的陈绍禹等,指出:"《大公报》否认持久战,提倡准决战的论调,我们认为是不对的。徐州决战只应该是某种程度的战役决战,而决不应该看作战略决战,必须准备在徐州决战失败后仍有充足力量为保卫武汉而战。"(《年谱》中,第 72 页)批评和否定了徐州会战是"总决战"的意见,指出应从持久战的战略出发,为之后的武汉保卫战准备充足力量。

5 月 24 日,也就是作《论持久战》讲演的前两天,毛泽东在抗大第四期开学典礼上讲话时,又一次强调抗日战争是艰苦的、长期的,要把日本帝国主义赶出中国,就要增加抗日力量。(《年谱》中,第 74 页)

以上就是毛泽东作《论持久战》讲演以前,他对持久战的相关论述。尽管笔者搜集到的相关论述并不完整、并不全面,但已可说是洋洋大观。在为写作本书而收集资料的过程中,我发现,毛泽东的持久战思想,并非始于《论持久战》,而是大大早于《论持久战》;在写作和演讲《论持久战》之前,毛泽东就已经在国内外、党内外的很多场合,多次地、反复地提出过持久战的概念,作出过持久战的判断,阐述过持久战的思想。此前他对持久战的论述,也不是偶尔提及或零星论述,而是经常性地提及,特别在 1935 年底以后,还是连贯性地提及,竟提及数十次;最早提及的时间,比他作讲演的时间,不是提前了一两年,而是 6 年多;具体提及的时间,不仅是在全面抗战爆发之前,而且是在局部抗战爆发后不久,也就是早在 1932 年 4 月 15 日,中国共产党正式对日宣战的那天,毛泽东就提出了"持久"的概念,并要求人们怎样去支持这场持久战。他的以上这些论述,不仅作出了中国抗战是持久战的一般估计,而且从各个方面阐述了为什么会是持久战;不仅提出了持久战的概念,而且把持久战上升为指导战争的战略与方针;不仅指出了中国抗战应该采取持久战的战略,而且指明了怎样进行持久战,怎样支持持久战,怎样去争取持久战的胜利。同时,这些论述还表明:毛泽东自从提出持久战的概念后,对这一估计就一直没有动摇,而且不断对这一

思想加以发展和丰富。正像他自己所说的："我一贯估计中日战争
是持久战。"持久战在毛泽东的言论里，不是偶一出现，而是经常出
现、不断出现；持久战在毛泽东的思想中，不是灵光一闪的念头，而
是常驻心中的思想。持久战的思想，是经常地盘旋于毛泽东的脑
海中、萦绕在毛泽东的心头的，因而才会经常地出现在他的口中和
笔头，形诸文字、化作言论。

这又涉及另外一个问题：在中国，到底是谁最早提出了中国抗
日战争是持久战的？

有人根据《论持久战》的演讲时间，认为在中国共产党内，周恩
来、张闻天、朱德、彭德怀等人都比毛泽东更早提出持久战。举出
的例证是：1937年周恩来在山西协助阎锡山抗战时，就向有关方面
和民众宣传持久战的思想。其实，周恩来的这些宣传，直接来自毛
泽东给他们的两次电报中关于坚持华北持久战的指示精神，间接
来自毛泽东多次关于持久战的讲话和指示精神。其他的例证如：
1937年，张闻天写有《论抗日民族战争的持久性》，指出，中国必须
用持久战战胜日本；朱德写有《实行对日抗战》，指出，对日作战将
是一个持久而艰苦的抗战；彭德怀写有《争取持久抗战胜利的先决
条件》；1938年1月，周恩来写有《怎样进行持久抗战》，等等。但实
际上，这些中共领导人的持久战思想，都源自毛泽东在多次的讲
话、谈话、党的决议、指示、电报以及文章中反复强调的持久战思
想，都是对毛泽东和中国共产党持久战思想的再申述、再阐明、再
传播、再推广。当然，他们的这些再阐述，也为毛泽东后来写作《论
持久战》提供了思想营养，成为以毛泽东为代表的中国共产党人持
久战思想的一部分。

又有人认为，在中国国内，蒋百里、陈诚、白崇禧都早于毛泽东
提出持久战。证据是：1937年下半年出版的蒋百里《国防论》一书

中,出现过"持久战"一词。书中说:"第一,中国对日不怕鲸吞,乃怕蚕食……第三,以空间换时间,行持久战,通过时间的消耗拖垮日本。"陈诚的持久战言论,曾于1937年11月由战时生活出版社结集出版为《陈诚将军持久抗战论》一书。白崇禧1938年1月在一次军事会议上,提出过"积小胜为大胜,以空间换时间"的思想。以上这些观点,都是把毛泽东演讲《论持久战》作为时间点来对比和立论的。他们或许不知道,毛泽东在作《论持久战》演讲以前,已经从1932年开始就多次地、反复地提出和阐述过持久战思想了。无论是蒋百里,还是陈诚、白崇禧,他们讲持久战的时间,都不如上述史料所表明的毛泽东所讲的时间早,次数更不如毛泽东所讲的次数多。

事实上,在毛泽东演讲《论持久战》前,讲持久战的并非毛泽东一人。因为毛泽东在演讲的一开头就说了:"很多人都说持久战。"(《选集》二,第439页)可见毛泽东自己也承认,在他作演讲之前,很多人都说持久战。据笔者所知,在中国,确实有人比毛泽东更早地提出持久战概念。这些人不是上述已列举过的那些,而是另外两人:一是蒋介石,一是张谓行。

据秦孝仪主编《"总统"蒋公大事长编初稿》,在1932年一·二八事变发生后,蒋介石就曾说过:"与倭持久作战,非如此不足以杀其自大之野心。"(台湾"中央"文物供应社1978年版,第440—441页)他讲对日作战的持久,在时间上比毛泽东要早两个多月。当年3月,蒋介石在国民党四届二中全会讨论对日策略时,也提出要取"长期抵抗"的方针。之后,他也曾多次地提出过这些想法。上引毛泽东1938年5月10日在党内的报告中也说过:蒋介石也认为抗战是持久战。可见,蒋介石不但也认为抗战是持久战,而且其提出时间似要稍早于毛泽东。

张谔行则早在九一八事变也就是日本局部侵华战争发动前几年，就曾经说到中日将有战争，且将是持久战。还在1924年，他在浙军第一师为教导队讲课时，就说过"中日一战难免"，中国"作持久战，定能获得最后胜利"。（王成斌等主编：《民国高级将领列传》第5集，解放军出版社1990年版，第365页）可见他提出持久战的概念，单就时间来说，要比毛泽东和蒋介石都还要早。

但不管怎么说，认识到中日战争的持久性，提出中国抗战将是持久战，毛泽东不仅在中共党内是最早的，而且在中国国内也是较早的。而且他在提出后，又不断地、反复地申述，把它上升为战略、上升为方针，并用于指导抗战的实践。

综上所述，我们必须认识到以下几点：（1）《论持久战》只是毛泽东持久战思想的高峰点，而不是起始点；（2）在写作《论持久战》之前，毛泽东早就几十次地、连续地论及持久战，申述持久战理论，阐明持久战思想；（3）一些论者提到的张闻天、周恩来、朱德、彭德怀等中共领导人的持久战论述，以及蒋百里、陈诚、白崇禧等国民党军队将领的持久战论述，在时间上都比毛泽东晚；（4）中国真正早于毛泽东而提出"持久战""持久作战"的，目前就我所知，还只有张谔行和蒋介石二人；（5）毛泽东是中国较早提出又在其后反复阐述持久战思想的。

第二节　发表《论持久战》，提出持久战的系统理论

1938年5月26日到6月3日，毛泽东在延安抗战研究会上作了几次讲演，题目非常醒目又直击人心，叫《论持久战》。从今天公开发表的内容看，这个演讲共5万多字，含结论在内，共分21个部分。它不但回答了人们最关心的中国抗战两大问题，即"中国能胜

吗"和"怎么胜",而且用理论和实践来加以说明,让人信,让人服。这是迄今为止对持久战理论最为系统全面也最为专业出色的论著,是对中国抗战战略最为清晰也最为详尽的阐述。它科学地分析了战争形势与前途,提出了正确的抗战路线、战略和策略,准确地揭示了中国抗战的规律和前景,在党内外和国内外都得到广泛传播,并产生了强烈反响,对统一国人的抗战思想、鼓舞国人的抗战信心,起了很大作用,是指导中国抗战的指导性文献,也是中国抗战著作中代表性、标志性的一部,同时也是传播最广、影响最大的一部。

毛泽东作《论持久战》演讲时,全国抗战已经进行 10 个多月了。华北的沦陷及上海、南京等大城市的失守,使很多人产生了悲观情绪,"亡国论"甚嚣尘上;徐州会战的进行,特别是台儿庄大捷的取得,又让一些人被胜利冲昏了头脑,认为抗日战争已进入"总决战","速胜论"又流行开来。为了驳斥"亡国论"和"速胜论",用持久战的思想去正确地指导全国抗战,增强人们的抗战决心和胜利信心,毛泽东从 5 月下旬开始写作《论持久战》。

在这之前,毛泽东着重研读了著名的军事著作——克劳塞维茨《战争论》,并在延安组织了研究小组。徐州失守的第二天,毛泽东开始写作《论持久战》,每天都写到深夜,经过 7 天的呕心沥血,终于完成了这部不朽短著。由于有几年来的长期思考和多次论述,有长期的在艰苦条件下进行作战的战争经验,有 10 个月来的中国全面抗战经验与教训,毛泽东这篇论著的写作,可以说是一气呵成,行云流水。

这篇论著以问题为导向,开头第一部分就讲"问题的提起",说全面抗战爆发以来,有"失败主义的亡国论者跑出来向人们说:中国会亡,最后胜利不是中国的。某些性急的朋友们也跑出来向人们说:中国很快就能战胜,无需乎费大气力"。"在这种情形下,很多人要求做个总结性的解释。尤其是对持久战,有亡国论和速胜论的反对意见,也有空洞无物的了解。"他举例说,有个学生从湖南写信来说,他的乡下亲戚们总说:"中国打不胜,会亡。"这类中国必亡论者,全国各地都有。又举例说,上海战争时,有些人说:"只要打三个月",战争就可解决。台儿庄胜利后,有人说这是敌人的最后挣扎,过去的持久战方针应改变。为了纠正这些不正确的认识,回答人们的疑问,"因此,我的讲演就来研究持久战"。他自问自答地说出了演讲的鲜明观点:"中国会亡吗? 答复:不会亡,最后胜利是中国的。中国能够速胜吗? 答复:不能速胜,抗日战争是持久战。"(《选集》二,第439—443页)

第二部分,讲"问题的依据",回答为什么是持久战,为什么中国最后胜。他分析了战争双方的特点即优缺点:"日本的军力、经济力和政治组织力是强的,但其战争是退步的、野蛮的,人力、物力又不充足,国际形势又不利。中国反是,军力、经济力和政治组织力是比较地弱的,然而正处于进步的时代,其战争是进步的和正义的,又有大国这个条件足以支持持久战,世界的多数国家是会要援助中国的。"这些特点,"规定了和规定着战争的持久性和最后胜利属于中国"。(《选集》二,第449—450页)

第三部分:"驳亡国论"。他从时代的特点分析"日本的退步和寡助,中国的进步和多助","加上日本是小国,地少、物少、人少、兵少,中国是大国,地大、物博、人多、兵多","这就是中国决不会亡的根据"。(《选集》二,第451—453页)

第四部分:"妥协还是抗战? 腐败还是进步?"。他分析说:"妥协的危机是存在的,但是能够克服","中国内部有妥协的社会根源,但是反对妥协的占大多数。国际力量也有一部分赞助妥协,但

是主要的力量赞助抗战。这三种因素结合起来,就能克服妥协危机,坚持抗战到底"。(《选集》二,第456页)

第五部分:"亡国论是不对的,速胜论也是不对的"。指出:"我们客观地并全面地估计到一切敌我情况,指出只有战略的持久战才是争取最后胜利的唯一途径。"(《选集》二,第459页)

第六部分:"为什么是持久战?"。指出:"我们说抗日战争是持久战,是从全部敌我因素的相互关系产生的结论",而单是强弱或大小,或进步退步、多助寡助,"都不能产生持久战的结果"。就日本方面讲,"目前敌尚能勉强利用其强的因素","其人力、物力不足的因素尚不足以阻止其进攻"。敌人在国际"还没有达到完全的孤立"。"这一切,规定了我之抗战不能速胜,而只能持久战。"就中国方面讲,"军事、经济、政治、文化各方面"在10个月全面抗战中虽有进步,但"距离足以阻止敌之进攻及准备我之反攻""还远得很"。"在国内,克服腐败现象,增加进步速度;在国外,克服助日势力,增加反日势力,尚非目前的现实。"这一切,又规定了战争"只能是持久战"。(《选集》二,第460—462页)

第七部分:"持久战的三个阶段"。他说:"这种持久战,将具体地表现于三个阶段之中。第一个阶段,是敌之战略进攻、我之战略防御的时期。"这一阶段,"现在尚未完结。敌之企图是攻占广州、武汉、兰州三点"。"这一阶段我所采取的战争形式,主要的是运动战,而以游击战阵地战辅助之。""第二个阶段,是敌之战略保守、我之准备反攻的时期",也"可以名之曰战略的相持阶段"。敌人在到达其战略进攻终点后"即停止其战略进攻,转入保守占领地的阶段"。"此阶段中我之作战形式主要的是游击战,而以运动战辅助之。""除正面防御部队外,我军将大量地转入敌后","向敌人占领地作广泛的和猛烈的游击战争"。游击战"可能使敌只能保守占领地"的 1/3 左右,这个阶段,"我们要准备付给较长的时间,要熬得过这段艰难的路程"。"此阶段中,国际形势将变到更于日本不利",中国的胜败,"不决定于第一阶段大城市之是否丧失,而决定于第二阶段全民努力的程度"。第三阶段,"是敌之战略保守、我之准备反攻"也即"收复失地的反攻阶段"。"这个阶段我所采取的主要的战争形式仍将是运动战,但是阵地战将提到重要地位。""三个阶段中,敌我力量的变化将循着下述的道路前进":"中国由劣势到平衡到优势,日本由优势到平衡到劣势,中国由防御到相持到反攻,日本由进攻到保守到退却——这就是中日战争的过程,中日战争的必然趋势。"毛泽东分析,有人可能认为日本军力优于中国,战争不会按这个趋势走。毛泽东批评了这种"唯武器论",并提出了他的著名论断:"武器是战争的重要因素,但不是决定的因素,决定的因素是人不是物。"(《选集》二,第 462—469 页)对这个问题的论述,是全书最为精彩的部分,以上引用的论述,后来基本都被战争的实际情况一一证实。这充分体现出毛泽东对战争前景和战争规律的把握相当准确,对战争的逻辑发展和国内与国际形势的逻辑发展看得相当准确。其"兵棋推演"式的逻辑推论的合理性和语气的自信性、明确性、坚定性,都足以让当时人对他信服,对他另眼相看。

第八部分:"犬牙交错的战争"。他认为,持久的抗战将出现"犬牙交错的战争形态",具体表现为:双方互为内线和外线;我军作战有时有后方,有时无后方;敌我互相形成包围和反包围;双方互有大块和小块。

第九部分:"为永久和平而战"。指出:"历史上的战争分为两类,一类是正义的,一类是非正义的。""日本的战争是……非正义的战争。""我们的战争是神圣的、正义的,是进步的,求和平的。"

（《选集》二，第475—476页）

以上9个部分都是说明"为什么是持久战"和"为什么最后胜利是中国的"。以下各部分则都讲"怎样进行持久战"和"怎样争取最后胜利"。

第十部分："能动性在战争中"。指出："持久战和最后胜利没有人做就不会出现。"需要"指导战争和实行战争"。"抗日战争的指挥员"要能"提挈全军"去打倒敌人，又有"驾驭整个战争变化发展的能力"。（《选集》二，第477—478页）

第十一部分："战争和政治"。他说："战争一刻也离不了政治"，"抗日军人中，如有轻视政治的倾向"，"那是错误的"。"政治是不流血的战争，战争是流血的政治。"（《选集》二，第479—480页）

第十二部分："抗日的政治动员"。他强调："动员了全国的老百姓，就造成了陷敌于灭顶之灾的汪洋大海，造成了弥补武器等缺陷的补救条件，造成了克服一切战争困难的前提。"抗战胜利"离不开动员老百姓"。要把抗战的政治目的"告诉一切军民人等，方能造成抗日的热潮"。（《选集》二，第480—481页）

第十三部分："战争的目的"。他说：战争的目的是"保存自己，消灭敌人"。这"是战争的本质"，"是一切战争行动的根据"。"我们的战争，在于力求每战争取不论大小的胜利，在于力求每战解除敌人一部分武装，损伤敌人一部分人马器物。把这些部分地消灭敌人的成绩积累起来，成为大的战略胜利。"（《选集》二，第482—483页）这就是被后人总结为"积小胜为大胜"的持久战略。

第十四部分："防御中的进攻，持久中的速决，内线中的外线"。他说：抗战中具体的战略方针是，在"敌之进攻和保守阶段中，应该是战略防御中的战役和战斗的进攻战，战略持久中的战役和战斗的速决战,战略内线中的战役和战斗的外线作战"。"敌以少兵临大国","敌以少兵临多兵","我可以利用地广和兵多两个长处,不作死守的阵地战,采用灵活的运动战,以……几路对他一路,从战场的外线,突然包围其一路而攻击之"。(《选集》二,第484—485页)

第十五部分:"主动性,灵活性,计划性"。他说,要"坚决地实行外线的速决的进攻战和发动敌后的游击战争,在战役的运动战和游击战中取得许多局部的压倒敌人的优势和主动地位。通过这样许多战役的局部优势和局部主动地位,就能逐渐地造成战略的优势和战略的主动地位"。有了战争指导员"一般地正确的指导","就能多打胜仗,就能变劣势为优势,变被动为主动"。"灵活地使用兵力","是战争指挥的中心任务"。"灵活,是聪明的指挥员,基于客观情况,审时度势(这个势,包括敌势、我势、地势等项)而采取及时的和恰当的处置方法的一种才能,即是所谓'运用之妙'。""没有事先的计划和准备,就不能获得战争的胜利。""战争的计划性","随战争的运动(或流动,或推移)而运动"。(《选集》二,第489—495页)

第十六部分:"运动战,游击战,阵地战"。他说,中日战争"无疑地应以进攻的运动战为主要的作战形式",运动战的特点是"大踏步的前进和后退"。要反对"'有进无退'的拼命主义"。拼命主义者"明明已处于确定了的不利情况,还要争一城一地的得失,结果不但城和地俱失,军力也不能保存"。"我们历来主张诱敌深入。""游击战在整个抗日战争中的战略地位,仅仅次于运动战。""在全国的数百万正规军中间,至少指定数十万人""从事游击战争"。在整个抗战中,"中国将不会以阵地战为主要形式"。(《选集》二,第497—501页)

第十七部分："消耗战，歼灭战"。他说："抗日战争是消耗战，同时又是歼灭战"，"战役的歼灭战是达到战略的消耗战之目的的手段"。"中国之能够进行持久战，用歼灭达到消耗是主要的手段。""抗日战争的正确要求应该是：尽可能的歼灭战。在一切有利的场合，每战集中优势兵力，采用包围迂回战术。"（《选集》二，第501—504 页）

第十八部分："乘敌之隙的可能性"。他从军事的角度分析，10个月来日军犯了五大错误："一是逐渐增加兵力"，"二是没有主攻方向"，"三是没有战略协同"，"四是失去战略时机"，"五是包围多歼灭少"。他说，今后"我之计划宁可放在敌人少犯错误的假定上，才是可靠的做法"。"有意地制造敌之错误"，"少授敌以可寻之隙"，"是我们指挥方面的任务"。（《选集》二，第504—506 页）

第十九部分："抗日战争中的决战问题"。他要求："一切有把握的战役和战斗应坚决地进行决战，一切无把握的战役和战斗应避免决战，赌国家命运的战略决战应根本避免。"中国是大国，"如果避免了战略的决战，……虽然丧失若干土地，还有广大的回旋余地，可以促进并等候国内的进步，国际的增援和敌人的内溃，这是抗日战争的上策。急性病的速胜论者熬不过持久战的艰难路程，企图速胜，一到形势好转，就吹起了战略决战的声浪，如果照了干去，整个的抗战要吃大亏，持久战为之葬送，……实在是下策。不决战就放弃土地"，"在无可避免的情况下"，"只好勇敢地放弃"。"这是以土地换时间的正确的政策。""放弃土地是为了保存军力，也正是为了保存土地；因为如不在不利条件下放弃部分的土地，盲目地举行绝无把握的决战，结果丧失军力之后，必随之以丧失全部的土地，更说不到什么恢复失土地了。"（《选集》二，第506—508页）这部分中所说的"以土地换时间"，后人将之概括为"以空间换时间"，它同前面介绍的"积小胜为大胜"，共同构成持久战的两大诀窍。

第二十部分："兵民是胜利之本"。这一部分可以说是全书的精华所在、创新所在、要义所在。他说，要战胜日本强敌，最根本的要有"军队和人民的进步"。"军队应实行一定限度的民主化，主要地是废除封建主义的打骂制度和官兵生活同甘苦。""战争的伟力之最深厚的根源，存在于民众之中。"如果克服了"中国民众的无组织状态"这一缺点，"就把日本侵略者置于我们数万万站起来了的人民之前，使它像一匹野牛冲入火阵，我们一声唤也要把它吓一大跳，这匹野牛就非烧死不可"。"军队须和民众打成一片，使军队在民众眼睛中看成是自己的军队，这个军队便无敌于天下。""军队政治工作的三大原则：第一是官兵一致，第二是军民一致，第三是瓦解敌军。""发动全军全民的全部积极性来支持战争，是十分严重的任务。""政治上动员军民""实在太重要了"，"没有这一点就没有胜利"，"这是胜利的最基本的条件"。（《选集》二，第511—513页）这部分中的思想，是动员军民、依靠军民的人民战争思想。"兵民是胜利之本"，正是人民战争思想的最集中和最深刻体现。在毛泽东看来，中国抗日战争这场持久战的胜利，最根本的应该依靠人民战争。这可以说是毛泽东持久战理论同其他人持久战理论的一个本质区别和更高明之处。我们研究中国的持久战理论，不能忽视这一点。研究毛泽东的持久战理论，须特别看重这一点。

第二十一部分："结论"。他再一次明确而简洁地总结说："抗日战争是持久战，最后胜利是中国的——这就是我们的结论。"（《选集》二，第515页）

从以上所列《论持久战》的各部分主要内容来看，其中的不少观点，在第一节所引毛泽东在写作《论持久战》之前关于持久战的论述中,已经有过论述或提及,此次是把它们作了更全面、更深入、更集中的系统阐述,是一次集大成,是一个集中研究、专题研究。这其中,也有一些新的观点。比如,对中日战争三个战略阶段的划分和推演,以及对这三个阶段中一些重大事件的预测,不但非常新颖,而且极为准确,很多在后来都一一应验。再比如,关于"兵民是胜利之本"的科学论断,也使以前他多次讲到的人民战争思想形成结晶、得到升华,成为至理名言。再比如,把"部分的消灭敌人的成绩累起来,成为大的战略胜利"和"以土地换时间"这两句话,被人们总结为"积小胜为大胜""以空间换时间"的持久战略两大名言,流传甚广。这篇讲演,首先是着眼于现实,回答现实中人们普遍关心的实际问题的。它回答得既明确简单,让人易记,又具有强大的逻辑性,让人不得不信服;既有生活中的生动案例,又有哲学的思考和理论的演绎;既带着实践的泥土、生活的气息、现实的鲜活,又有着思考的深度,散发着哲学的光芒,闪耀着理论的光辉,达到了思想的结晶与升华。它既是对中国全面抗战 10 个月经验的总结,也是对他本人之前几年持久战思想的总结、梳理与再造、升华。它既回答了共产党内一些人对抗战前途的疑问,澄清其思想上的迷茫;也回答了中国国内许多人以及国外一些人对中国抗战前途的疑问,澄清了其思想上的迷茫。它既批驳了不利于中国抗战的"亡国论"和"速胜论"等错误,有力地、反复地、多角度地申述了持久战观点,而且也捎带地批评了在中国抗战中重视阵地战而不重视运动战和游击战,重视政府和军队的抗战而不重视发动民众、不重视人民战争,重视军事而不注意政治等方面的片面说法和做法,有力地、反复地、多角度地申述了运动战、游击战和人民战争的思想,从而提出了不同于国民党方面的抗日持久战理论,树立起了具有鲜明马克思主义观点、具有显著中国共产党特色的持久战理论,把自己与中国共产党的持久战理论,同蒋介石与中国国民党的持久战理论区隔了开来、分别了开来,更突显了出来。研究中国抗战的持久战理论,应该注意这种区别,强调这种区别。

《论持久战》不但在中国共产党内和敌后抗日根据地内形成共识,而且在国民党内和全国也产生很大反响,为很多人所信服。《论持久战》的演讲稿,经毛泽东整理修改后,先在延安油印出来,在党内传阅,7 月 1 日又在延安《解放》杂志第 43、44 期合刊上正式刊出。当月,延安解放出版社出版了单行本,毛泽东专门为单行本题词:"坚持抗战,坚持统一战线,坚持持久战,最后胜利必然是中国的。"毛泽东的这一题词,既表明了毛泽东和中国共产党在抗战中的鲜明立场,又对全国人民发出了强烈号召,现在看来,更是他本人在抗战中言论和行动的真实写照和高度概括。在这以后的 7 年抗战岁月里,以及在长达 14 年的中国抗战岁月里,毛泽东都一直强调了并始终做到了这"三坚持"。延安解放出版社的单行本出版后,各敌后抗日根据地又印行了多种单行本。同时,中共中央决定向国民党统治区发行。1938 年 7 月 25 日,汉口新华日报馆出版了单行本,接着,重庆、桂林、西安等地的新华日报馆,也相继出版了铅印订正本。

《论持久战》在国统区的印刷发行,对国民党的很多人士以及大后方的许多爱国人士产生了吸引和影响。程思远《我的回忆》写道:"毛泽东《论持久战》刚发表,周恩来就把它的基本精神向白崇禧做了介绍。白崇禧深为赞赏,认为这是克敌制胜的最高战略方针。后来白崇禧又把它向蒋介石转述,蒋也十分赞成。在蒋介石的支持下,白崇禧把《论持久战》的精神归纳成两句话:积小胜为大胜,以空间换时间,并取得了周公的同意,由军事委员会通令全国,作为抗日战争中的战略指导思想。"(华艺出版社 1994 年版,第 131

页)周恩来还向陈诚介绍了《论持久战》的基本思想,但开始陈诚不以为然,未为所动,后来当抗战形势发展不断印证了毛泽东书中的推演、预测时,他才深为折服,仔细研读该书,并结合战例在书眉上作了许多批注。这本陈诚批注的《论持久战》,今天还在台北陈列着,成为《论持久战》影响国民党高级将领的重要物证。冯玉祥在武汉创办的三户印刷社,当时曾大量印刷《论持久战》,并向大后方大量运送。傅作义不仅自己阅读《论持久战》,还令所属各部官兵阅读,并指示各部军政干部学校开展学习。卫立煌专门让秘书找来一本《论持久战》,两人一起研读。蒋经国看了《论持久战》后认为,"文章对于抗日战争的形势、战争发展的几个阶段、战争形式的运用,以及战争过程中可能出现的苦难和问题,分析得十分到位,读了叫人万分信服"。他还说他已阅读了七八遍,有时间还要下功夫去钻研。(葛娴:《蒋经国的共产党员秘书余致浚》,《炎黄春秋》2005 年第 12 期)周恩来曾听到一位外国记者评论说:"不管他们对于共产党的看法怎样,以及他们所代表的是谁,大部分的中国人现在都承认毛泽东正确地分析了国内和国际的因素,并且无误地描绘了未来的一般轮廓。"(《周恩来在中共中央政治局会议上的发言记录》,1939 年 8 月 4 日,转引自《毛泽东传(1893—1949)》,第 494 页)1938 年底,爱国青年赵俪生从山东流亡到武汉,一天,日军飞机轰炸武汉,他"坐在轮渡的甲板上,从报童手里买过《新华日报》,一个字一个字细读上面三版连载的毛泽东《论持久战》,真是佩服得五体投地了"。(《篱槿堂自叙》,上海古籍出版社 1999 年版,第53 页)

　　《论持久战》的中文单行本出版发行后,很快被翻译成英文向海外传播。《论持久战》发表后,受中共中央的委托,中共地下党员、香港《大公报》记者杨刚带着这本书,隐蔽到上海霞飞路的项美丽家中,请这位美国人把《论持久战》译成了英文。项的丈夫邵洵美立即把这本书在《自由谭》英文版《直言评论》上加以连载。他在连载按语中说:"近十年来,在中国的出版物中,没有别的书比这本更能吸引大众的注意了。"他还说这是一部"人人能了解、人人能欣赏、万人传颂、中外称赞"的作品。在连载的同时,又出版了英文版单行本。1939年1月20日,毛泽东专门为《论持久战》英译本写了序言,希望此书能让民主国家的人民"明白""中国抗战的必然规律,经过艰难路程日本必败中国必胜这个必然规律";向那些同情中国抗战"也存在着苦闷"的外国人"解释""这类同情的苦闷";特别是"希望此书能在英语各国间唤起若干的同情,为了中国利益,也为了世界利益"。(《文集》二,第145—146页)邵洵美又亲自把这篇序文译成英文,放在单行本的前头。除了邵洵美、项美丽等人翻译出版的英文本外,上海的《每日译报》和《导报》也作了英文连载。上海租界的英文版《公正评论》也于1939年2月发表过《论持久战》英文本。比英文本翻译更早的,是日文本。《论持久战》发表后不久,1938年9月,就被日本人增田涉翻译成日文,并在日本著名杂志《改造》10月号上全义登出。著名学者河上肇教授读到后认为:毫无疑问,在日本没有一篇论文能对战争前景作出像《论持久战》这样清晰透彻的预见。可惜,这期杂志发行后,遭到日本政府的禁止,可能并未在日本得到广泛传播,但直到今天,日本国立国会图书馆里还收藏有这期杂志。这成为《论持久战》传到日本的一个有力证据。后来,当日本陷入战争泥潭后,在日本内阁官房的默认下,大东亚省总务局印发了《毛泽东抗日言论选集》,收入了《论持久战》等5篇论著,作为秘密资料供内部人员作"执务参考"。他们把这称之为"毛泽东的天才著作""不可否认的重要文献"。日本侵略者偷着学习毛泽东《论持久战》,不仅因为毛泽东在此书中论述了日本侵华战争的规律和前途，讲了中国的对抗战略和策略，他们要从中了解对手的战法；而且也因为此书分析了日本侵华前 10 个月所犯的五大战略错误，他们要从中吸取一些教训吧！

第三节　长期坚持并实行持久战略

毛泽东对持久战思想的贡献，不仅在于较早地提出这一思想，系统地论证和丰富这些思想，以及区别于其他人的独特论述，更重要的还在于他在《论持久战》发表后，仍然长期地坚持并自觉地实行持久战的战略。他不仅有言论，而且有行动；不仅形诸理论，而且付诸实践。

毛泽东作了《论持久战》演讲一个月后，1938 年 6 月 27 日，在到陕北公学作时事问题演讲时，又着重讲了持久战和保卫武汉问题。

7 月 2 日，毛泽东会见世界学联代表柯乐满等人。在同他们的谈话中，当他们问到目前中共在全中国的作用是什么时，毛泽东就以前一天的题词内容作回答，即"坚持抗战，坚持统一战线，坚持持久战"。他说，这"三个坚持"，就是中共"在全国的工作与作用"。其中，他简要地向这些外国友人阐明了什么叫作坚持持久战："中国现在有两种人，一种人说，中国会亡，不能作持久战；另一种人说，中国很快可以把日本帝国主义赶出去，也无需乎持久战。我们认为这两种意见都是不对的。首先，中国绝不会亡。理由是日本虽强，但他先天不足，国内外矛盾很多；中国虽弱，但是大国，又有许多国内外的优良条件。因此，中国虽在战争的一定时期损失了许多地方，但仍能坚持战争，取得最后的胜利。但要很快地打胜日本也困难，因为虽有争取胜利的可能条件，但不能很快地全部地实现,这不论中国的进步也好,日本的内溃也好,国际的援助也好,都非有相当长的时间不能达到目的。所以我们应该准备长期战争,不能希望即刻胜利。"(《文集》二,第 132 页)当问及"中国是否有什么条件缩短这些持久战的时间"时,毛泽东告诉他们:"必须加强三个条件",即"中国的统一战线更加巩固与扩大","日本国内人民的帮助","世界各国的帮助"。"这三个条件多具备一分,则战争时间就能缩短一分。""我们的战争是持久战,但我们应极力争取尽可能缩短时间的条件。"(《文集》二,第 133—134 页)这是毛泽东在发表《论持久战》演讲后,第一次同外国人谈持久战,第一次自己向外国人传播中国抗战是持久战的道理。

1938 年 8 月 17 日,毛泽东领衔电示聂荣臻等人:"边区应有比较稳定的货币,以备同日寇作持久的斗争。"(《文集》二,第 137 页)这是毛泽东从货币方面来布置敌后抗日根据地坚持持久战。

1938 年 8 月,国民政府中央赈济委员会派曹仲植、郝瑞珍等到陕甘宁边区赈济灾区时,国民政府行政院长孔祥熙托郝瑞珍带给毛泽东一封信。9 月 10 日,毛泽东给孔祥熙回了一封信,也托郝瑞珍转交。信中说:"战争进至新阶段,困难因之增多。克服困难,鄙意似宜实施新的战时政策,使人力物力能获得广大之发动,则作持久战,庶有巩固之基础。"(《年谱》中,第 92 页)这是毛泽东向国民政府建议实施新的战时经济政策,来发动全国人力物力,为持久战打下基础。

9 月 26 日,毛泽东领衔电示宋时轮等人:"创造冀热察边区根据地",必须"坚持统一战线的原则,建立坚决持久抗战胜利的信心"。(《年谱》中,第 93 页)要求他们以持久抗战的信心去克服困难。

9 月 29 日,毛泽东写信给蒋介石,说:"抗战形势有渐次进入一新阶段之趋势。此阶段之特点,将是一方面更加困难,然又一方面必更加进步,而其任务在于团结全民,巩固与扩大抗日阵线,坚持持久战争,动员新生力量,克服困难,准备反攻。"(《年谱》中,第93—94页)这封信后由周恩来于10月4日面交蒋介石。这是毛泽东直接向蒋介石建议"坚持持久战争",通过动员新生力量来克服困难。

10月14日,毛泽东在扩大的中共六届六中全会上的报告中,专门讲到"长期战争与长期合作"问题。(《年谱》中,第94页)报告指出,从现在到战胜日寇,这中间"存在着一段艰难的路程",我们"必须有步骤地同日寇作斗争;而要打败他,只有经过长期的战争","用长期的抗日民族统一战线支持长期的战争"。(《选集》二,第519—520页)再次向全党讲了持久战的道理。

10月15日,毛泽东再次电示宋时轮等人:应坚持冀热察边的艰苦斗争,创造根据地、培养基干队伍,准备持久斗争。(《年谱》中,第95页)从创造根据地、培养基干队伍这两个方面,部署敌后的持久抗战。

11月5日,毛泽东在扩大的中共六届六中全会上用持久战的观点分析说:在"敌强我弱"条件下,"广州、武汉的放弃是正确的","从整个形势看""有利于我不利于敌,我们保存了实力,敌人的兵力更分散了,日军占领上海等地时是一鼓作气,占领武汉后它的力量就再而衰,其战略进攻接近了顶点,这是相持局面快要到来的象征"。(《年谱》中,第96页)毛泽东罕见地赞同国民党政府放弃广州和武汉,而没有批评其抗战不力,因为这正符合他的持久战战略。他就是要让日军在战争开始阶段多占些地盘,从而摊薄日军的有限兵力,"以土地(空间)换时间",造成敌我力量对比的局部变化,以达到最后逐个消灭日军的目的。

11月24日,毛泽东领衔电示八路军总部等:冀中区域的中心任务,是坚持长期游击战争。因而决定程子华带一部分干部、第120师派一部分人去冀中。(《年谱》中,第98页)这是为华北的持久抗战而采取的一个有力措施。

11月,毛泽东在西北青年救国联合会第二次代表大会上讲话时告诉大家:武汉失守后,抗日战争要进到一个新阶段,即敌我相持的阶段。在半殖民地的中国,我们长期作战就依据乡村,乡村同城市作战(相比)有一定的困难,这也是中国采取持久战的道理。(《年谱》中,第99页)明确指出要以农村作为持久抗战的依据,把持久抗战的重点放在了广大的农村。

12月15日,毛泽东在对即将分配工作的抗大八大队学员讲话时,提出要作政治上的持久战。他说:抗日的持久战需要的时间很长,要经过很多变化,我们打日本必须要有一个政治上的持久战。所以,每个革命者在政治上要有持久性,要准备应付各种曲折,准备克服困难。世界上无论什么事情都是走曲路,而不是走直线。走"之"字路,而不是走"一"字路,走"之"字路,是世界上任何事情发展的原则。我们抗日战争要经过防御、相持和反攻三个阶段,这也是走"之"字路。(《年谱》中,第102页)与战争的持久战相对应,毛泽东又提出了"政治上的持久战"的概念,也就是在思想上要作持久打算,不把战争想得太简单、太顺利,准备应付各种曲折并克服困难。他还从哲学上讲持久战就是像其他事物一样,走"之"字形的路,具体的要经过从防御到相持再到反攻这三个阶段。政治上的持久战,是其他讲持久战的人从未讲过的概念,是毛泽东持久战思想中的又一个创新、又一个特点、又一个亮点!

1939年1月26日,毛泽东出席中央书记处会议,在讨论生产运动时,他说:"生产运动的意义,是在长期抗战中实行自给自足。"

（《年谱》中，第108—109页）这是毛泽东从军队生产运动方面来部署敌后抗日根据地的持久战。后来，八路军、新四军广泛开展了生产运动，不但改善了部队生活，而且减轻了民负，密切了军民关系，提高了部队生产力，支持了敌后的持久战。

1月28日，毛泽东在第18集团军延安总兵站检查工作会议总结时讲话说，日军将来一定会停止进攻，"由于敌人国小，人少，兵少，现在战线又是这么长，南至广州，北至包头，它本来就有兵力不足的弱点，再加上这个兵力分散，强兵也便变弱了。它这个兵力不足与兵力分散是个不治之症，它的力量不能允许更多出兵中国，因为它另外要防强大的苏联，又有英、美、法与它为敌，还要防范国内人民与殖民地人民"。"我们天天在正面打，在敌后打，主力军打，游击队打，杀伤它的兵员，疲惫它，使它的兵力更减少，更分散，弹药给养消耗更多，力量削弱了，它就不得不停止进攻。"（《文集》二，第149—150页）这仍然是用持久战的理论分析抗战的前途。

3月19日，毛泽东致电彭德怀等："河南是我们全国长期抗战的枢纽地带"，要加以准备。同时告诉他们"边区正发展生产运动，以备最困难时能自给自足"。要求他们"亦自己动手从事生产"。（《文集》二，第173—174页）这里，毛泽东从持久战略考虑，一方面要求八路军准备发展河南这一全国长期抗战的枢纽地带，一方面要求前方部队也像后方一样开展生产运动，作持久打算。

由于日军几个月没有向中国发动大规模进攻，于是"速胜论"又发展起来，磨擦也增加起来。1939年4月8日，毛泽东作时事报告说："有些人说日本已经没有力量向中国进攻了，这是不正确的。""有些人以为这场战争很快会结束，不需要长期合作了，所以又跟共产党多搞磨擦。""必须认清……日本还要继续进攻我们，抗战是长期的，长期抗战需要长期合作。"（《年谱》中，第120页）这是在"速胜论"抬头、国共军队磨擦增加的情况下再次判断抗战是持久战,呼吁长期抗战需要长期合作。

4月29日,毛泽东作关于国民精神总动员问题的报告。他说:"中国需要全国总动员,政治的、经济的、军事的、文化的等等,这样才能支持长期抗战。"(《年谱》中,第122页)国民精神总动员是国民党发起的一场全国运动,其中含有清除共产党日益扩大的思想影响的一面。但是,毛泽东从支持长期抗战即持久战的角度,态度鲜明地支持它,并认为抗日持久战需要政治、经济、军事、文化等方面的全国总动员。

6月10日,毛泽东在《反投降提纲》中说:"我们从来也没有设想过抗战应该是速胜论、直线论(一字论),而历来主张长期论与曲线论(之字论)。"(《文集》二,第211页)"我们历来反对速胜论与亡国论,今天仍一样。"(《文集》二,第216页)重申了中国抗战的长期论、持久论。同时,他预计:"华北局面有变到极严重的可能",要求华北"从军事、政治、财政、党的组织、统一战线各方面进行准备,以适合坚持游击战争应付最大困难为原则"。要求华中"建立自己的根据地,以为全国长期抗战的枢纽地带"。(《文集》二,第226页)这就又一次对敌后抗日根据地作了持久作战的切实部署。

《论持久战》发表后,各方面曾有一些责难。1939年6月,毛泽东在收集不少材料后,曾准备写一篇《再论持久战》,用来答复自《论持久战》和《论新阶段》出版以来从某些方面发出的责难、挑战和质疑。7月3日,周恩来在中央政治局讨论中共中央对时局宣言的会上,也请毛泽东作《再论持久战》,答复如何继续支持抗战的办法。由于当时时局的最大危险是投降,因此,毛泽东和中共中央又以"坚持抗战,反对投降""坚持团结,反对分裂""坚持进步,反对倒退"来作为动员全国人民坚持持久抗战的三大口号。

12 月 23 日,毛泽东在中央政治局讨论反磨擦问题时说:在山西,局面还很严重,要准备长期斗争。国民党自五届六中全会以后以军事反共为主了,现在,我们要提倡坚持性顽强性。(《年谱》中,第 153 页)

1940 年 2 月 11 日,毛泽东为中央和军委起草复萧克等电报,强调应"十分注意财政工作与经济建设工作","这于支持长期战争是基本决定条件之一"。(《年谱》中,第 170 页)把财政工作与经济建设作为支持持久战的基本条件,从注意这两项工作去部署敌后持久战。

3 月 11 日,毛泽东在党的高级干部会议上,又提出"发展进步势力,争取中间势力,反对顽固势力"的策略,用以支持全国的持久抗战。(《年谱》中,第 178 页)

8 月 28 日,毛泽东领衔电示朱瑞等:"对山东抗战作长期打算,因此必须实行正确政策,尤其是财政经济政策。"(《年谱》中,第 205 页)10 月 14 日,毛泽东又领衔电示陈毅等:"注意组织财政经济工作,从长期战争出发,勿使人力物力浪费。"(《年谱》中,第 213 页)这两封电报,都是再次部署从经济方面支持持久抗战。

从 1940 年 10 月起,毛泽东多次指出,全党要"准备对付最黑暗局面"。(《年谱》中,第 217 页)以此决心来部署敌后的持久抗战。

1941 年 4 月 5 日,毛泽东领衔致电朱瑞等,指出:"山东、华中敌、顽、我的三角斗争是长期性的,三方中无论哪一方均不可能迅速解决问题。""因此你们战略部署须适应上述根本情况,作长期打算。"(《年谱》中,第 287 页)继续提醒党内同志作持久战的长期打算。

6 月 7 日,毛泽东在中央政治局会议上说:目前大局,中国则继续国共合作,造成长期战争,长期磨擦。因此,我们的战略方针,要

准备继续四年的长期战争。现在华北、华中要支持长期战争,就要
加强政治工作,实行七分政治,加紧敌伪军工作。(《年谱》中,第
304 页)这又部署从加强政治工作、抓紧敌伪军工作方面,来支持持
久战局面。6 月 9 日,毛泽东领衔电示刘伯承等:击破日军的"蚕
食"政策的中心环节,"主要应从政治上着手,而不能只是军事进攻
或以军事进攻为主"。要"善于隐蔽自己,保存实力"。(《年谱》中,
第 305 页)重申了这一思想。

　　7 月 15 日,毛泽东在给周恩来的电报中指出:目前我们采取
"与日寇熬时间的长期斗争的方针,而不采孤注一掷的方针"。
(《年谱》中,第 312 页)这里,又把敌后的持久战方针,概括为与日
军"熬时间"。7 月 18 日,毛泽东在给刘少奇的电报中,重申"熬时
间"的方针:目前"八路、新四大规模动作仍不适宜,还是熬时间的
长期斗争的方针"。(《年谱》中,第 313 页)7 月 30 日,毛泽东又电
示黄克诚等,当前"军事上在武器未改变前仍是与敌人无时间的不
冒险也不消极的长期游击战争"。并强调"此种方针应准备长期坚
持下去,不为一时一事所冲动,望注意为盼"。(《年谱》中,第 314—
315 页)明确要求把持久抗战方针长期坚持下去,不为一时一事所
冲动、作改动。

　　10 月 30 日,毛泽东在东方各民族反法西斯代表大会上讲话
说:今后同法西斯斗争还有一个困难时期,还有更大的仗要打,现
在只有五六分困难,十分困难还在后面。(《年谱》中,第 336 页)再
次提醒人们要在持久战中迎接更大困难。

　　太平洋战争爆发后,毛泽东也没有改变持久战的观点。在太
平洋战争爆发当天的中央政治局会议上,他指出,日美战争爆发,
对中国有利之处有四点。但他分析中国抗战仍不会速胜:日美战
争前途,最初对日会有利,战争会延长,将要二三年后英、美准备好

才能决战。英、美可能集中力量先打败德国,然后英、美力量均向东打败日本。为了迎接几年后打败日本的前途,毛泽东还要求加紧训练干部,两年内培养出四五万个高级干部。(《年谱》中,第343—344页)这一部署,仍是基于持久战之上的。

12月28日,毛泽东在给八路军、新四军及党的负责同志的指示中指出:"太平洋战争是长期战争",国民党已"不用主力与敌对峙,让敌撤走",我军也应防止"冒险精神"。指示提出,1942年全党的中心任务在"积蓄力量,恢复元气,巩固内部,巩固党政军民"。(《文集》二,第385页)再一次对全党全军作了基于持久战的积蓄力量、恢复元气、巩固自己的战略部署。为此,毛泽东在1942年还发起了"整顿三风的延安整风运动,让全党统一思想认识,提高思想水平"。这是从思想文化方面部署敌后持久抗战。

为了应付敌后持久抗战的局面,毛泽东在1942年又提出并在敌后根据地大力部署了精兵简政。精兵简政与持久战的关系,毛泽东在1942年8月给陈毅的电报中,说得最为明白:"有一点须请你注意,即伴随着极端残酷斗争,根据地缩小必然要到来","这一点如不预先计及,将来必要吃大亏。在此情形下,不论华中、华北,都不能维持过大军队,如愿勉强维持,必难持久"。(《文集》二,第437页)

1942年12月,毛泽东为中共中央西北局高干会议写了题为《经济问题与财政问题》的书面报告,指出:"我们一方面取之于民,一方面就要使人民经济有所增长,有所补充","使人民有所失同时又有所得,并且使所得大于所失,才能支持长期的抗日战争"。(《选集》三,第893—894页)强调用发展生产、使人民经济有所增长的办法去支持长期的持久抗战。

1943年4月30日,毛泽东为中央书记处起草给全党的电报,指出，在英、美并未开辟第二条战线的情况下，"各中央局及分局须作长期坚持打算，准备再作两年至三年的极端艰苦斗争"。（《年谱》中，第436页）

6月1日，毛泽东在给彭德怀的电报中，估计"抗战还须准备三年"，"对人民除坚持'三三制'外，应以大力发展农业、手工业，如人民（主要是农民）经济趋于枯竭，我党即无法生存。为此除组织人民生产外，党、政、军自己的生产极为重要"。（《年谱》中，第443页）仍从发展人民生产方面部署敌后持久抗战。

7月2日，毛泽东在起草的《中共中央为抗战六周年纪念宣言》中，也把"发展生产"作为"应付今后愈加困难的抗战与准备有力的反攻"的基本方针。（《文集》三，第43页）

8月5日，毛泽东起草中央书记处电，指示晋察冀分局："你们应实行精简。""你们现在只有九十万人口的比较巩固的根据地，其他能收公粮的九十万人口是处在游击区中，而你们连马匹折合计算尚有八万多人脱离生产，这是决不能持久的。目前你们应下决心减去三万。"（《年谱》中，第462页）又一次把精兵简政同持久抗战联系起来，着力加以推进。

即使到了开罗会议、德黑兰会议以后，反法西斯战争胜利已经露出曙光之时，毛泽东仍然要求作长期准备。1943年12月16日，毛泽东领衔致电邓小平，说："努力生产，注意积蓄，准备迎接更加艰苦之局势之到来"，"请你坚持此方针"。他分析说："开罗会议可能促使日本财阀间、军阀间各派别之矛盾减少，而较前更妥协团结，坚持持久战争。"因此，他要求"处于敌后之华北须有充分准备，再坚持三五年，防止在德黑兰、开罗会议及苏联不断胜利下，引起轻敌，放松长期准备"。（《文集》三，第78页）

1944年，抗战胜利希望越来越大，但毛泽东仍然不断提醒全党

"防止骄傲"。7月15日,他在一份党内关于时局近况的通知中告诉全党,现在"我党困难仍是很多的,日寇将向我们施行残酷进攻,经济困难依然极大,决不可粗心大意,失去警惕性"。(《文集》三,第197页)10月14日,他领衔致电邓小平等人,也告诫他们:我们应有敌军可能在华北还有一时期最严重的"扫荡"与摧残的准备。(《年谱》中,第551页)

1945年1月1日,毛泽东在同郭述申谈话时说:同敌人斗争要有长远准备。过去只顾眼前,扩兵筹款,不久根据地也搞空了。不管敌人是早倒还是晚倒,我们都要作好准备,有备无患,才能立于不败之地。1月5日,他在给太岳区党委的复电中仍告诉他们:"我们至少还需两年时间进行各方面准备工作,对于争取胜利方有较大把握。"(《年谱》中,第572页)即使到了抗战胜利前夕,在党的七大上,毛泽东仍然没有产生速胜的想法,而是继续要求大家看到困难面。1945年5月31日,他在七大上强调要"准备吃亏"。他一共列举出17条有可能出现的困难,包括"爆发内战","天灾流行,赤地千里","经济困难","敌人集中华北"等。他说:"我们要在最坏的可能性上建立我们的政策",要"准备对付非常的困难"。(《文集》三,第387—392页)7月22日,他在给王震等人的电报中,也告诫他们:"谦虚谨慎,不骄不躁,是全党应取的态度。"(《年谱》中,第615页)一直到8月9日苏联宣布对日作战,毛泽东才发表声明,乐观地宣称:"对日战争已处在最后阶段,最后地战胜日本侵略者及其一切走狗的时间已经到来了。"(《选集》四,第1119页)

由上可见,毛泽东的持久战思想、长期抗战思想、从最坏处着想的思想,是持续到抗战胜利的前夜的,是几乎贯穿于中国抗战的全过程的。

第四节　毛泽东持久战思想对中国抗战的指导作用

前文分析了毛泽东在《论持久战》之前关于持久战的论述、《论持久战》之中的持久战论述、《论持久战》之后关于持久战的论述。从中可以看出,毛泽东的持久战思想,不等于《论持久战》,不始于《论持久战》,也不止于《论持久战》。因为在《论持久战》发表前和发表后,毛泽东都有一系列关于持久战的论述,都提出过持久战的思想。现在可以把这三部分论述统称为毛泽东持久战思想。如前所述,在中国,不仅毛泽东说到过持久战,其他人也说到过持久战。但比较起来,毛泽东的持久战论述有以下几个特点:

第一,他的论述是持续的、连贯的,几乎贯穿于抗战的全过程。它不是一时之论,不是灵光一现。

第二,他的论述是大量的、全面的,不是一知半解,不是只言片语。

第三,他的论述是系统的、成体系的,不是支离破碎、零星散乱的。

第四,他的论述是有专门著作的,而且在国内外流传甚广、影响甚大,《论持久战》即是其代表。

第五,他的论述是有独特思想的,是可以区别于其他人的持久战论述的。其中的人民战争思想,游击战、运动战思想,注重政治动员的思想,注重政治、经济、军事、文化等各方面的思想,都是独树一帜的。

所以,笔者把它称为"毛泽东持久战思想",以同其他人的持久战论述相区隔、相分别。

那么,毛泽东持久战思想对中国抗战起着什么作用呢? 笔者认为有以下几方面作用。

一是让人们有了抗战的意志。在日本的侵略面前，中国人民是应该抗，还是应该降？是应该战，还是应该和？毛泽东不同时期的所有持久战论述，都是主张抗、主张战的，而不是主张降、主张和的。这就高举起了抗战的旗帜，发出了抗战的呼喊，激发起了全国人民的抗战意志，振奋了所有抗日人士的斗志。

二是让人们有了抗战胜利的信心。对日本的侵略，中国要抗、要战，但最终能胜吗？中国抗战会导致亡国吗？尤其在日本全面侵华的前10个月中，日军来势凶猛，攻城略地，中国不但基本丧失了整个华北以及华中的大片国土，而且丧失了中国的古都北平、政治首都南京以及经济中心上海等标志性城市，于是"亡国论"甚嚣尘上，一般人对抗战前途皆感渺茫，对抗战胜利都没有多少信心，看不到胜利的希望。毛泽东却登高大呼，说：只要抗，中国必胜！中国不会亡！并摆出中国的各方面优势、日本的各方面劣势、国际上对中国有利的各方面因素，痛斥了"亡国论"，阐明了最后胜利是中国的，让人们普遍地眼前一亮、心头一震，内心信服、士气高涨，从而看到了胜利的前景，有了胜利的信心，有了继续抗下去的勇气和斗志。

三是让人们有了抗战的耐心和韧性。台儿庄大捷后，有人出来说中国很快会胜利；后来日本攻陷广州、武汉后未再发动大的进攻时，太平洋战争爆发时，英美议定在欧洲开辟第二战场时等时刻，都有人出来说中国会很快胜利。毛泽东却始终认为并多次站出来告诉人们：中国不会速胜。并摆出中国的各方面劣势、日本的各方面优势、国际上对中国不利的各方面因素等，驳斥"速胜论"，让人们冷静下来、踏实下来，沉下心来，收起骄傲心理、轻敌心理、速胜心理，对困难估计多一些，把准备做得足一些，把政策放在最黑暗、最困难的基础上，不到胜利真正到来之时，绝不轻言胜利、放松努力。只有不轻言胜利，用最充分的准备去迎接胜利，才能取得最后胜利。否则很容易因胜而败，由胜转败，半途而废，功亏一篑。

四是让人们看到了战争的趋势和过程，并一步步从事实的印证中看到希望。毛泽东不但说了中国抗战是持久战，而且对战争形势作了推演，指出了它的最后结果、演进阶段、将要经历的过程，特别是预见了各阶段将会出现的重大情况和发生的重大困难。后来当人们从一个个的事实中看到这些预见一个又一个地得到验证时，当然会心悦诚服，当然会对战争的前景与轮廓了然于胸，对各种情况作出正确的应对。这一点使毛泽东的持久战思想比其他人的持久战论述，更令人信服，更影响广泛。

五是让人们看到了中国抗战这场持久战应该怎么打、采用什么战略战术，因而对中国抗战起到了实际上的指导作用。他提出的人民战争、运动战、游击战、政治动员、各方面动员等战略、战术，在敌后战场和根据地军民中得到了全面与切实的贯彻执行，使敌后抗战取得收复大片失地、消灭大量日军、抗击和牵制近半日军及大部伪军的出色战绩，使大量日军深陷敌后人民战争的泥潭而拔不出来、分不出身，有力地配合了正面战场和国际反法西斯战争的太平洋战场、欧洲战场。同时，他的持久战思想也对国民党的很多将领、对正面战场的一些决策、对国统区的广大人民，产生了重要影响，并使国民政府实际地采取了"以空间换时间、积小胜为大胜"的战略，比如，让共产党军队领导人为国民党军队讲游击战，向日本占领区派了几十万人的游击部队，坚持进行抗战不投降，适当地放弃一部分国土以保存实力，进行国民精神总动员，等等。这又是毛泽东持久战思想最为重要的一点，也就是说，它不是夸夸其谈，不是空头理论，不是虚言高说，不是纸上谈兵，而是真正指导了抗战实际、影响了抗战走向与进程、影响了人们对抗战的认识的指针、法宝、窍门、秘诀。

毛泽东持久战思想，是坚决抗战的思想。它始终坚决反对对侵略者作任何妥协和投降，反对对日讲和，反对亡国论调；坚持以战促和，以战止战，以战取胜。

毛泽东持久战思想，是全面抗战的思想。它主张全民族的动员和各方面的发动，反对只依靠政府和军队而不依靠各阶层力量特别是广大人民群众力量的片面抗战路线，也反对只着眼军事而忽视政治、经济、外交、文化等各方面的单纯军事观点，在军事上，又反对只依靠阵地战、正规战，而忽视运动战、游击战、非正规战的军事教条主义。

毛泽东持久战思想，是长期抗战的思想。它反对同敌人拼消耗、争地盘，而主张在不利情况下让出地盘，保存实力；主张以空间换时间，以中国的广大土地摊薄日军的有限实力，让它的整体兵力优势，转化为各个局部的兵力劣势，然后各个击破敌人，战而胜之。它反对过早地同敌人进行决战，而主张"积小胜为大胜"，用运动战寻机歼敌，用游击战、麻雀战不断地耗损敌人力量，把敌人"肥的拖瘦，瘦的拖死"。它反对"速胜论"思想，反对小胜即骄，反对轻敌，反对不作长期打算和艰苦准备的侥幸取胜心理，要求长期打算和艰苦准备，扎实应对，要求把对策建立在应付最坏局面的基础上，要求在胜利真的到来之前绝不放松准备。

毛泽东持久战思想，是人民战争的思想。它着重和依靠的是广大人民群众和广大士兵，要求发动最广大的人民参加抗战，要求用最广泛的统一战线团结最广大的抗日力量，用民主的办法、改善民生的办法，去调动人民群众和抗日士兵的抗战热情和抗战积极性。它要用人民战争来牵制日军、抑留日军，拖住日军的"牛尾巴"；它要用人民战争的汪洋大海，淹没日本侵略者；它要制造人民战争的泥潭，让日本陷进去便拔不出来；它要化人民战争为处处战火、重重烈焰，烧死日军这匹"野牛"。

从以上分析来看，毛泽东持久战思想对中国抗战的贡献，不仅在于他写作了集大成的代表性著作《论持久战》，形成系统的、独特的理论；而且在于他从中国有人对日正式宣战的那天起，就提出持久战思想，并在之后又反复地论述；更在于他在提出后，又在自己影响所及的范围内，长期加以践行，切实加以实施，把它付诸行动，让它产生实际作用。可以说，毛泽东是中国共产党内最早提出持久战思想的人，是中国较早并持续和反复提出持久战思想的人，是中国持久战思想中有自己思想而不同于其他人思想的人，是中国也是世界对持久战思想论述最多最丰富全面、研究最深入、著作最出名、国内外影响最大的人，是对持久战思想坚持时间最长和得到实际执行时间最久、对中国抗战实际指导作用最突出的人，是中国和世界持久战思想最具代表性和标志性的人。

毛泽东持久战思想，不仅对中国抗战起了思想引导、战略指导的作用，而且对其他方面也有作用。

比如，它为所有弱者对强者的战争和竞争，提供了正确的战略指导。毛泽东对中日战争持久性的认识，首先来源于红军对国民党军队的长期战争。在这场战争中，红军是弱者，国民党军队是强者。在这场长期的战争中，毛泽东逐渐体会出：战争将是持久的，红军不会速胜，要作长期的战略打算，要从各个方面进行准备，要依靠人民群众，进行运动战、游击战等灵活的战略战术等，体会出持久战的战略。当抗日战争爆发后，毛泽东又体会到：在这场战争中，中国是弱者，日本是强者，其差距犹如红军与国民党军。因此他又把对国内战争的认识转移到抗日战争当中来，发现其道理是一样的,只不过对象的具体情况不一样。其实,如果以战争双方实力来划分,世界上的战争无非有两种:一种是强者攻打弱者或者弱者反抗强者的战争,一种是强弱相当的战争。因此,毛泽东从红军对国民党军队的反"围剿"与"清剿"、中国对日本的抗战这两场弱者反抗强者的战争中总结出来的持久战思想,就有了普遍意义。它不但对当时中国的抗日战争和红军对国民党军队的反"围剿"战争、反"清剿"战争,具有指导意义,而且对之后其他弱国对强国的战争,也有借鉴和参考意义。推而广之,除了在战场外,在商场、在职场,弱者要与强者竞争时,持久战思想也有指导意义和借鉴意义。实际上,人生就是一场持久战。要想在人生中最终胜出,就需要有持久战的观念,做持久的努力和长期的准备,采用各种可以持久、可以持续的策略和方法,胜不骄,败不馁,从最坏处着想,向最好处努力,最终实现人生的目标和理想。

比如,它为战争或竞争中的弱者,提供了一个转弱为强、反败为胜的新的视角和辩证的思想方法。弱者面对强者,是必败无疑还是可以反败为胜? 毛泽东的持久战思想启示人们:强者有弱的方面、有其劣势,弱者有强的方面、有其优势,随着人的努力和形势的变化,强弱两者会发生变化直至倒转、易位,弱者变成强者,转败为胜。这种新的视角和辩证的思想方法,是具有普遍意义的,并不只限于战争,更不只限于中国的抗日战争。这种思想和智慧,不但是毛泽东和中国共产党人的思想瑰宝、杰出智慧,而且也是中华民族的思想瑰宝、杰出智慧,同时也是全人类的思想瑰宝、杰出智慧。它不但是毛泽东对中国抗战的贡献,而且也是毛泽东对中国和人类思想库、智慧库的贡献。

第七章　提出并坚持实行人民战争思想和游击战方针

中国抗战的敌后战场上,执行的是毛泽东的人民战争思想,呈现的是人民战争的宏伟画卷。敌后战场的胜利,胜在人民战争,是对毛泽东人民战争思想的验证,是人民战争思想的胜利。而游击战又是人民战争的重要战争形式和重要实现手段。

第一节　提出并坚持实行人民战争思想

毛泽东从中华苏维埃共和国政府对日宣战的第一天起,就把目光放在人民群众身上,把人民群众看作对日抗战的真正力量。1932年4月15日,他在领衔发布的《中华苏维埃共和国临时中央政府关于动员对日宣战的训令》中,就明确指出:"只有全中国工农劳苦群众,才是真正反帝国主义的力量。"所以"号召全国工农兵及一切劳苦群众",一致起来参加战争,"组织抗日民众义勇军"。要求各苏区"实行对日宣战的群众动员"。(《中共中央文件选集》第8册,第642、644页)可见,毛泽东在抗战发生不久之后,就提出了人民战争的思想。

红军到达陕北后,1935年12月23日,毛泽东在起草中央政治

局瓦窑堡会议决议时,要求各地区的"游击队同当地革命民众密切地结合起来"。(《文集》一,第 378 页)

12 月 27 日,毛泽东在《论反对日本帝国主义的策略》报告中明确指出"要组织千千万万的民众,调动浩浩荡荡的革命军",强调"只有这样的力量,才能把日本帝国主义和汉奸卖国贼打垮"。(《选集》一,第 155 页)相信只有人民的力量,才能打垮日本侵略者。

红军东征抗日期间,1936 年 3 月 22 日,毛泽东在致林彪和徐海东等的电报中,都要他们在所在区域"放手发动群众"或"发动广大群众"。3 月 23 日,毛泽东在中央政治局会议上指出:我们的任务,是要利用每一分钟争取最大多数群众。(《年谱》上,第 524 页)把发动群众当作抗日的重要任务和迫切急务。

1936 年 7 月 16 日,毛泽东在同斯诺谈话时告诉他:"如果中国人民都能得到训练、武装和组织,他们就能成为一支战无不胜的力量。"他说:"中国农民有很大的潜力,只要组织和指挥得当,能使日本军队一天忙碌 24 小时,使之疲于奔命。"(《文集》一,第 405、406 页)次年 3 月 1 日,毛泽东在同史沫特莱谈话时也告诉她,工农贫苦群众"将是抗日救国的主要力量,抗日救国没有他们是完全不行的"。(《文集》一,第 483 页)5 月 15 日,毛泽东在同韦尔斯谈话时,也把"组织民众、训练民众、武装民众"作为"准备抗战"的重要内容。(《文集》一,第 501 页)通过这些谈话,毛泽东把人民战争思想告诉给了外国记者,人民战争思想传向了国外。

1937 年 4 月,毛泽东在中国共产党的活动分子会议上指出:"抗战需要人民的动员","没有人民的动员,抗战的前途就会蹈袭阿比西尼亚的覆辙"。(《选集》二,第 397 页注)把是否动员人民参战看作抗战前途的成败之本。5 月 8 日,毛泽东在中共全国代表会

议上,又号召全党"为争取千百万群众进入抗日民族统一战线而斗争"。(《选集》一,第 278 页)

全面抗战爆发后,1937 年 7 月 23 日,毛泽东发表《反对日本进攻的方针、办法和前途》一文,提出"全国人民的总动员"等八条抗战办法,要求"武装民众实行自卫"。他指出:"民力和军力相结合,将给日本帝国主义以致命的打击。"他断言:"民族战争而不依靠人民大众,毫无疑义将不能取得胜利。"他还说:"政府如果是真正的国防政府,它就一定要依靠民众。"(《选集》一,第 346、347 页)呼吁国民政府在抗战中一定要依靠人民。8 月 4 日,毛泽东在让周恩来等人向国民政府提出的国防问题的意见中,也明确地指出:"发动人民的武装自卫战,是保证军队作战胜利的中心一环。对此方针游移是必败之道。"(《文集》二,第 4 页)促使国民政府采用人民战争的方针。

1937 年 9 月 1 日,毛泽东在中央一级积极分子会议报告大纲中判断:目前"还是单纯的政府抗战","全民抗战还没有到来,但非此不能战胜日本"。(《文集》二,第 8 页)

在八路军协同国民党军队开展山西抗战的过程中,毛泽东十分注意发动和依靠群众,开展人民战争。9 月 21 日,毛泽东在给彭德怀的电报中,要他们在山西"以创造根据地发动群众为主",并告诉他"只有分散做群众工作,才是决定地战胜敌人、援助友军的唯一无二的方法",指示他们"适时把中心转向群众工作为宜"。(《文集》二,第 19、20 页)23 日,毛泽东给阎锡山所提关于在山西开展游击战争的意见中,又明确说:"游击战争除军事部署外,最主要的是紧密依靠乡村广大人民群众,只有如此,才能取得最后胜利。"(《文集》二,第 22 页)9 月 29 日,毛泽东致电周恩来等,又指出,目前在山西,"根本方针是争取群众,组织群众游击队","你们应要求阎锡

山拿出一万支枪来武装人民"。(《文集》二,第 29 页)

　　9 月 29 日,毛泽东在《国共合作成立后的迫切任务》一文中指出:"抗日需要一个充实的统一战线,这就要把全国人民都动员起来加入到统一战线中去。"(《选集》二,第 367 页)把动员全国人民看作抗日的需要。

　　10 月 25 日,毛泽东在同英国记者贝特兰谈话时告诉他:"现在的战争还不是群众的战争。反对日本帝国主义侵略的战争而不带群众性,是决然不能胜利的。"中国目前的抗战,"还只是政府和军队的抗战,不是人民的抗战","还不是群众战"。(《选集》二,第 375 页)这里所说的"人民的抗战""群众的战争""群众战"等,指的都是人民战争。他还说:政府"必须唤起人民","以便积极地参加抗战"。"中国的民族解放战争""没有人民参加""是不能胜利的"。(《选集》二,第 384 页)又一次向外国记者阐明了人民战争主张。

　　1937 年 10 月,毛泽东写下《目前抗战形势与党的任务报告提纲》,在讲"如何争取抗战的胜利"时,也把"动员与武装人民"作为一条,并指出,我党在华北"应该大规模地武装民众","建立各种名义的自卫军、义勇军、游击队等"。(《文集》二,第 56、57 页)

　　11 月 1 日,毛泽东在陕北公学开学典礼上作目前时局的讲话时,提出要"动员四万万五千万中国人参加抗战,组织他们、武装他们。这是一个最伟大的力量,只有这个力量,中国才能打胜仗"。(《文集》二,第 63 页)把全国人民看作抗战的最伟大力量。

　　11 月 8 日,毛泽东在太原失陷的当天,致电在山西的中共和八路军负责人,要他们在山西"放手发动群众,扩大自己"。(《年谱》中,第 37 页)次日,又再次电示他们:"在华北正规战争业已结束"的形势下,我山西八路军须重新部署,"大部尽量分散于各要地组织武装民众","放手发动人民,废除苛捐杂税,减轻租息"。(《文集》二，第 65 页）11 月 13 日，毛泽东再次致电要求他们"发动民众"。（《文集》二，第 67 页）这样一而再，再而三地去电催促，可见他对"发动群众"这件事的重视程度之深与要求之迫切。

11 月 12 日，日军占领上海。当天，毛泽东在《上海太原失陷以后抗日战争的形势和任务》报告中说："我们早就指出"，"不要人民群众参加的单纯政府的片面抗战，是一定要失败的"，"因为它不是群众战争"。"我们主张全国人民总动员的完全的民族革命战争"，"只有这种抗战，才是群众战争，才能达到保卫祖国的目的"。（《选集》二，第 387—388 页）他还说，现在，"全国工农基本群众还没有组织起来"，"不克服这个弱点，是不能战胜日本帝国主义的"。（《选集》二，第 394—395 页）批评国民党不要人民的片面抗战，主张开展动员全国人民参加的人民战争。

11 月 27 日，毛泽东领衔电示朱德等，指出，为防备日军进攻，要求在八路军占领区域立即进行三项准备工作，其中一项就是动员地方民众。（《年谱》中，第 41 页）12 月 16 日，毛泽东又领衔电示朱德等：趁敌人空虚，派两个支队到平汉路以东地区游击，其任务包括发动民众与组织游击队。（《年谱》中，第 43 页）

由于山西地区八路军在发动民众方面成绩巨大，1938 年 2 月，毛泽东在同合众社记者王公达的谈话中，专门向他作了介绍，说现在八路军的活动区域"拥有坚决反日的一千二百万民众，都与军队密切结合着，这是一个极大的抗战的堡垒"。（《文集》二，第 101 页）"抗战的堡垒"，这是毛泽东对敌后抗日根据地人民的真实看法和高度赞扬。

3 月 24 日，毛泽东领衔电示朱瑞等，在冀晋豫边区坚决执行动员武装群众的政策，动员群众参战及建立真正有广大群众的团体，满足人民一些迫切要求。（《年谱》中，第 61 页）

4月9日,毛泽东在抗大第四期第三大队开学典礼上讲话说:"要广大的老百姓都愿意变作军人,才能打败日本帝国主义。"(《文集》二,第116页)他号召学员们"去发动组织广大的人民,把成千上万的人民变成有组织的队伍","你们不论在前方后方都要发动民众、组织民众,从政治上军事上去组织他们"。因为"要战胜日本帝国主义,没有这广大的有组织的队伍是不可能的"。(《文集》二,第117页)要求抗大学员、抗日军人都去发动和组织民众,发起人民战争。

4月11日,毛泽东在陕甘宁边区国防教育会成立会上讲话说:目前的战争是打日本。国防教育的任务是教育和训练全国人民参加抗战,求得民族解放。(《年谱》中,第65页)

4月21日,毛泽东领衔电示朱德等:党和八路军在河北、山东平原地区,应尽量发动最广大的群众走上公开的武装抗日斗争。(《年谱》中,第67页)再次要求党和军队发动群众抗日,形成人民战争。

1938年5月,毛泽东在《抗日游击战争的战略问题》一文中指出:"我之胜利,就建立在深入的民众工作和灵活的作战方法之上。"(《选集》二,第431页)同月,毛泽东在《论持久战》中,辟出专章论述"兵民是胜利之本",深刻地指出:"战争的伟力之最深厚的根源,存在于民众之中。"有了民众,军队就可以有"源源不绝的补充","财政也不成问题"。只要军队"和民众打成一片","这个军队便无敌于天下"。(《选集》二,第511—512页)他还说:"只有坚决地广泛地发动全体的民众,方能在战争的一切需要上给以无穷无尽的供给。"(《选集》二,第492页)"动员了全国的老百姓,就造成了陷敌于灭顶之灾的汪洋大海","造成了克服一切战争困难的前提"。抗战胜利"离不开动员老百姓"。(《选集》二,第480—481

页)毛泽东的人民战争思想,成为《论持久战》一书的重要闪光点。

6月14日,毛泽东会见平民教育会派来延安参观的诸述初,对他说:在抗战期中我们发动了广大农民的积极性,那何愁没有人上前线,何愁没有钱抗战!(《年谱》中,第79页)

8月6日,毛泽东联衔致电陈绍禹等:"保卫武汉重在发动民众。"(《年谱》中,第87页)把发动民众作为保卫武汉的重点和重要任务。

1939年3月2日,毛泽东为聂荣臻写的《抗日模范根据地晋察冀边区》一书作序,称赞这本书足以为各地"如何唤起民众以密切配合抗战的模范"。(《年谱》中,第116页)

5月4日,毛泽东在《青年运动的方向》一文中说,中国反帝反封建的"主力军""是工农大众",号召知识青年、学生青年"到工农群众中去,把占全国人口百分之九十的工农大众,动员起来,组织起来"。"到了全国青年和全国人民都发动起来、组织起来、团结起来的一天,就是日本帝国主义被打倒的一天"。(《选集》二,第565、569页)

6月,毛泽东在关于反投降的报告提纲中写道:"只有愿意动员全国人民的政府","才是能够领导抗日胜利的政府"。(《文集》二,第213页)"群众是我们的最后依靠,也是抗战的最后依靠。"(《文集》二,第234页)鲜明地提出了人民是抗战的最后依靠的观点。

12月23日,毛泽东在中央政治局会议上说,中国没有武装民众不能决定问题。(《年谱》中,第153页)把武装人民参战看作抗战胜利的关键。

1940年3月31日,毛泽东在党的高级干部会议上作《目前抗日统一战线中的策略问题》报告时,要求在宣传工作中"唤起民众,一致抗日"。(《选集》二,第752页)

　　8月19日,毛泽东在获悉晋西北一般民众动摇彷徨的消息后,电示贺龙等:"目前部队应以全力进行驻地周围的群众工作,达到安定秩序,巩固民心。"(《年谱》中,第204页)要求部队全力做群众工作。

　　1941年6月9日,毛泽东领衔电示刘伯承等:我党我军在三角地带工作时,应"处处为民众着想,要保护民众使民众不致吃亏(也就是保存自己)。对于民众中某些被迫应付敌人的行为,不仅不应尖锐地反对(这不是右倾退缩),反而应该因势利导成为带有计划性的应付敌人的办法",从而打破日军分离我军民团结的毒计。(《年谱》中,第305页)把保护民众的任务,向八路军提了出来。

　　同日,因日军在中条山战役后占领晋南,毛泽东又以朱、彭名义致电卫立煌,请求同意八路军一部"进入中条山及汾南三角地区",并"请求允准发动民众组织抗日游击队"。他认为"唯有此策为最有效,此次中条失利之原因固多,而无民众组织以障蔽敌之耳目,明快我之耳目,实为主因"。(《年谱》中,第306页)把国民党军队在中条山战败的主要原因归为无民众组织以蔽敌耳目,这是以人民战争的观点作出的独特分析。因此,他建议允许八路军发动民众以打击与牵制敌人。

　　1943年7月2日,毛泽东撰写《中共中央为抗战六周年纪念宣言》,强调"共产党员应该紧紧地和民众在一起,保卫人民,犹如保卫你们自己的眼睛一样,依靠人民,犹如依靠自己的父母兄弟姊妹一样"。(《文集》三,第45页)这两句话,也成为人民军队爱护人民的两句名言。

　　1944年3月16日,毛泽东领衔电示罗荣桓等:在鲁南等三区"应利用时机努力发动群众,深入减租减息,加强游击队与组织民兵"。(《年谱》中,第501页)

7月5日,毛泽东起草《召开陕甘宁边区第二届参议会第二次大会的决定》,提出军事工作应加强"拥军优抗工作与组织民众工作","务以军民一体与全民皆兵之阵势,打倒日本帝国主义"。(《文集》三,第179页)"军民一体","全民皆兵",可以说是对人民战争内容的高度概括和精辟提炼。

8月12日,毛泽东在审改《解放日报》社论稿《衡阳失守后国民党将如何?》时,批评国民党政府"不要民众",认为这是衡阳失守的原因之一。他批评说:"政府的措施中,没有一件是号召和组织民众起来参加保卫衡阳、保卫西南与西北的。""你们国民党人把人民手足紧紧捆住,敌人来了,不让人民自己起来保卫,而你们却总是'虚晃一枪,回马便走',据说这是'磁铁战术',实际则是……永远不要人民的战术。"他进一步指出:"不解决要不要民众的问题,什么都无从谈起。要民众,虽危险也有出路;不要民众,一切必然是漆黑一团。"(《文集》三,第201—202页)

1945年4月9日,毛泽东电示郑位三等:"应通令一切党政军民一齐动手做群众工作,将一齐动手打敌人,一齐动手生产自给,和一齐动手做群众工作三者结合起来。总之,一切依靠最广大群众力量去解决问题。"(《年谱》中,第591页)

4月24日,毛泽东在为中共七大所作政治报告中,第一次把以前的发动人民参加战争称为"人民战争"。他说,七大的政治路线应该是"放手发动群众,壮大人民力量,在我党的领导下,打败日本侵略者,解放全国人民,建立一个新民主主义的中国"。(《文集》三,第303页)"抗战一起来,我们的方针就是'放手发动群众,壮大人民力量'。那时候,中央认为只有人民战争,才能打败日本。"(《文集》三,第309页)同一天,毛泽东在为七大所作的《论联合政府》报告中,也提出了"人民战争"的概念。他说,在抗日战争中存在着两条路线,即"国民党政府压迫中国人民实行消极抗战的路线和中国人民觉醒起来团结起来实行人民战争的路线"。(《选集》二,第1034页)报告还专门辟出一节来,题目就叫"人民战争"。他说,只有八路军和新四军"才能进行真正的人民战争"。因为这个军队是人民的军队,"紧紧地和中国人民站在一起,全心全意地为中国人民服务,就是这个军队的唯一宗旨"。"这个军队形成了为人民战争所必需的一系列的战略战术。""这个军队形成了为人民战争所必需的一系列的政治工作。"这个军队"有人民自卫军和民兵这样广大的群众武装组织,和它一道配合作战"。"没有这些群众武装力量的配合,要战胜敌人是不可能的。"这个军队"取得了人民的真心拥护"。他还描述了在"中国解放区"即敌后抗日根据地"人民战争"的热烈场面和生动画面:"一切抗日人民组织在工人的、农民的、青年的、妇女的、文化的和其他职业和工作的团体之中,热烈地从事援助军队的各项工作。这些工作不但包括动员人民参加军队,替军队运输粮食,优待抗日军人家属,帮助军队解决物质困难,而且包括动员游击队、民兵和自卫军队,展开袭击运动和爆炸运动,侦察敌情,清除奸细,运送伤兵和保护伤兵,直接帮助军队的作战。同时,全解放区人民又热烈地从事政治、经济、文化、卫生各项建设工作",其中最重要的是"全体人民从事粮食和日用品的生产,并使一切机关、学校"也"从事生产自给"以"造成伟大的生产热潮,借以支持长期的抗日战争"。另外,在解放区发生自然灾害时,全体人民又开展"灭蝗、治水、救灾的伟大群众运动,收到了史无前例的效果,使抗日战争能够长期地坚持下去"。他总结说,"这就是真正的人民战争。只有这种人民战争,才能战胜民族敌人"。他还分析说:"国民党之所以失败,就是因为它拼命地反对人民战争。"(《选集》三,第1038—1041页)这段内容,总结了人民战争的两大方面内容：第一，军队为人民服务、同人民打成一片，有人民配合作战，取得人民的真心拥护；第二，人民全面地通过参军、参战、辅助作战等形式参加直接帮助军队的作战，此外还以生产运动、救灾运动等支持长期的抗日战争。这两大内容，也可以概括为"军爱民"和"民拥军"两大方面。整个抗日战争中各敌后抗日根据地的许多军爱民、民拥军的鲜活故事和感人场景，最好地印证了毛泽东的这些总结和描述。敌后战场的军队之所以能从几万发展到几十万，人口之所以能从几百万发展到近亿，抗击的敌伪军之所以接近于正面战场，主要的就是靠的这种人民战争，根本的秘诀也在于人民战争。人民战争是共产党抗战与国民党抗战战略的最根本区别、最大不同、最显著分界。共产党抗战中的许多胜利，胜在用的是人民战争战略；国民党抗战中的许多失败，也恰好是根本败于不愿用人民战争战略。抗战中毛泽东对国民党的好多批评和建议，就是批评他们不愿开展人民战争，建议他们开展人民战争。

第二节　在抗战中重视游击战争并把游击战上升到战略地位

在反对国民党军队"清剿""围剿"的土地革命战争中，毛泽东就经常运用游击战术，开展游击战争，并总结出关于游击战的"16字诀"。从中华苏维埃共和国临时中央政府对日宣战开始，毛泽东又注意把游击战用于抗日战争中。1932年4月15日，他领衔发布关于动员对日宣战的训令，提出"要组织大批游击队从苏区各边境向外发展，在接近中心城市与帝国主义势力直接统治的地方，可由游击队领导民众组织抗日义勇军，实行游击行动"。（《中共中央文件选集》第八册，第643页）可见，抗日战争发生后不久，毛泽东就已经把游击战提上日程，作为中国共产党抗日的重要手段。

红军到达陕北后，1935 年 12 月 23 日，毛泽东为中央政治局瓦窑堡会议决议起草《关于战略方针和作战指挥的基本原则》，指出："在日本占领区"，"应尽量组织、扩大及联合一切的抗日武装力量"，"同日本军队进行直接的有力的游击战争"。并指出"游击战争对于战胜日本帝国主义""有很大的战略上的作用"，对游击战争提出十条指导原则。（《文集》一，第 377—378 页）可见从这时起，毛泽东就已认为游击战在抗战中具有战略作用，开始把游击战上升到战略地位。

1936 年 7 月 16 日，毛泽东同斯诺谈话。在讲到抗日战争的战略方针时，他说："除了调动有训练的军队进行运动战之外，还要在农民中组织很多的游击队。"这样，"日军要完全被敌对的中国人所包围"。（《文集》一，第 406 页）这是他第一次向外国人讲游击战的战略，向外国人宣传了游击战。

1937 年 5 月中下旬，毛泽东派彭雪枫去北平、天津、济南、聊城等地，向当地地下党组织传达中央关于抗日民族统一战线和开展敌后抗日游击战争的战略方针等指示，准备以游击战争开展敌后抗战。

全面抗战爆发后，1937 年 7 月 23 日，毛泽东发表《反对日本进攻的方针、办法和前途》一文，呼吁采用一整套的抗战办法，其中包括"确定游击战争担负战略任务的一个方面，使游击战争和正规战争配合起来"。（《选集》二，第 346 页）仍然把游击战作为抗战战略之一面。

之后，在同国民党关于红军改编的谈判中，毛泽东一直坚持红军开展"独立自主的游击战"这一方针，把游击战作为红军抗日的战略原则。8 月 1 日，毛泽东联衔电示中共谈判代表周恩来等：红军作战应"在整个战略方针下执行独立自主的分散作战的游击战争,而不是阵地战,也不是集中作战"。要他们将此原则告诉国民党。(《文集》二,第1页)在毛泽东的一再坚持下,国民党方面同意了八路军的这一战略方针。

8月22日至25日,中共中央在洛川召开政治局扩大会议,毛泽东在会上作了报告,指出:红军的战略方针是独立自主的山地游击战,包括在有利条件下消灭敌人兵团和在平原发展游击战争。游击战争的作战原则是分散以发动群众,集中以消灭敌人,打得赢就打,打不赢就走。这实际上提出了后来概括出来的方针:基本的是游击战,但不放松有利条件下的运动战。

8月4日,毛泽东又致电周恩来,向国民党提出对国防问题的意见,其中包括"正规战与游击战相配合,游击战以红军与其他适宜部队及人民武装担任之"。兵力"为适应游击战性质,原则上应分开使用而不是集中使用"。现时红军对日军"执行侧面的游击战"。(《文集》二,第3—4页)始终把游击战作为红军抗战的方针。次日,毛泽东又联衔致电周恩来等:红军担负以独立自主的游击运动战,钳制敌人大部,消灭敌人一部的任务。(《年谱》中,第10页)重申独立自主游击战方针。

8月9日,毛泽东在各单位负责人会议上讲话:红军应当实行独立自主的指挥与分散的游击战争。(《年谱》中,第13页)17日,他在给朱德等的电报中又提出:红军"在独立自主的指挥与游击战山地战原则下受阎百川节制"。18日,中共中央根据毛泽东意见,发出给朱德等人关于与国民党谈判的训令,确定红军在总的战略方针下,执行独立自主的游击战争,发挥红军特长。(《年谱》中,第14页)

红军改编为八路军后,9月1日,毛泽东在为中央一级积极分子会议报告撰写的大纲中,明确提出"独立自主的山地游击战争"

作战原则。(《文集》二,第9页)

9月12日,毛泽东致电彭德怀,同意他去南京,并叫他"在晋、在冀、在京,均着重(向国民党当局)解释我'独立自主的山地游击战争'这个基本原则,取得他们的彻底了解与同意"。电报对这一原则做了四点解释,让他向国民党将领讲明"使用大兵团于一个狭小地域实不便于进行游击战争"的道理,说明我军"坚持依傍山地与不打硬仗的原则"。(《文集》二,第11页)14日,毛泽东致电林伯渠,对国民党将领蒋鼎文的无理要求加以批驳,指出:"游击战争与按照情况使用兵力",是国共"决定之战略方针与指挥原则。红军主力已上前线,多兵堆于狭地不合游击战使用。因此一二九师留驻待机是完全正当的"。(《年谱》中,第21—22页)17日,毛泽东致电朱德等八路军将领,再次指出我军"此时是支队性质,不起决战的决定作用。但如部署得当,能起在华北(主要在山西)支持游击战争的决定作用"。并根据敌情的变化,"为真正进行独立自主的山地游击战","支持华北游击战争"起见,对八路军各部队作了新的战略部署。(《文集》二,第16—17页)21日,毛泽东又致电彭德怀,分析阎锡山在山西决难持久,太原与华北危如累卵,明确指出:"今日红军在决战问题上不起任何决定作用,而有一种自己的拿手好戏","这就是真正独立自主的山地游击战(不是运动战)","要实行这样的方针",就要以"发动群众为主,就要分散兵力,而不是以集中打仗为主"。(《文集》二,第19页)23日,毛泽东致电彭雪枫,完全同意阎锡山所提"假如在不利情况下,两军团结一致,用游击战争坚决抵抗日寇进攻之方针"。(《文集》二,第21页)并提出了在山西开展游击战争的几条意见,要他提供给阎锡山考虑。

毛泽东在坚持山西开展游击战的同时,又确定整个华北也以游击战为唯一方向。9月25日,毛泽东电示周恩来等:"整个华北工作,应以游击战争为唯一方向。一切工作,例如民运、统一战线等等,应环绕于游击战争。华北正规战如失败,我们不负责任;但游击战争如失败,我们须负严重的责任"。这体现了毛泽东对抗战的责任担当。电报又要求:"应令河北党注全力于游击战争,借着红军抗战的声威,发动全华北党(包括山东在内)动员群众,收编散兵散枪,普遍地但是有计划地组成游击队。"电报还指示他们:"要设想在敌整个占领华北后,我们能坚持广泛有力的游击战争。要告诉全党(要发动党内党外),今后没有别的工作,唯一的就是游击战争。"(《文集》二,第 23 页)这是抗战初期,毛泽东预见到日军将要占领整个华北时关于游击战争的最重要文献。在这份电报中,他把游击战争看作华北工作的唯一方向,看作其他工作都应环绕的中心,看作我们党应该对之负责的工作,看作日本占领华北后党与八路军在华北的唯一工作。可见毛泽东对游击战争的极度重视。

1937 年 10 月,阎锡山要八路军 115 师参加与日军的决战。16日,毛泽东电示林彪:我军应坚持既定方针,用游击战配合友军作战。此方针在南京与蒋介石、何应钦决定,周恩来、彭德怀又在山西与阎锡山当面决定,基本不应动摇此方针。(《年谱》中,第 32 页)

10 月 25 日,毛泽东在同英国记者贝特兰谈话时,贝特兰要求毛泽东告诉他八路军开赴前线后的战略战术等。毛泽东说:"现在八路军采用的战法,我们名之为独立自主的游击战和运动战。"在现阶段,"集中使用兵力之时较少,分散使用兵力之时较多,这是为着便于在广大地域袭击敌人翼侧和后方"。"若在全国军队,因其数量广大,应以一部守正面及以另一部分散进行游击战,主力也应经常集中地使用于敌之翼侧。军事上的第一要义是保存自己消灭敌人,而要达到此目的,必须采用独立自主的游击战和运动战,避免一切被动的呆板的战法。如果大量军队采用运动战,而八路军则用游击战以辅助之,则胜利之券,必操我手。"(《选集》二,第378—379页)这是毛泽东第一次向外国人介绍八路军开赴抗日前线后的战略战术,也是毛泽东第一次向外国人讲他对全国军队抗战应取战略方针的看法,以及这样做的理由和后果。

11月8日,太原失陷。当天,毛泽东致电周恩来和八路军负责人,指出:"太原失后,华北正规战争阶段基本结束,游击战争阶段开始。这一阶段,游击战争将以八路军为主体","八路军将成为全山西游击战争之主体"。他要求八路军各部分赴各处发动群众,壮大自身,自己筹饷,准备坚持长期游击战争。(《年谱》中,第37页)他关于太原失陷后华北进入游击战争阶段、八路军将成为山西乃至华北游击战主体的判断是准确的,后来几年的华北抗战证实了这些判断。

11月23日,在得知有人对山西游击战方针产生动摇时,毛泽东领衔致电北方局和八路军负责人,严肃指出:"坚持山西游击战争的方针,是中央已定下的方针,谁也不应该对此方针发生动摇。"同时告诉他们"坚决执行这一方针,决不能束缚红军主力的适当的使用与适当的转移","红军主力的使用决定于今后全国抗战形势的发展,不决定于山西一省的形势,你们不要仅看局部,而且要看到全国"。电报还要他们"及时预防红军主力需要转移时,在同志中丧失坚持山西游击战的自信心"。(《年谱》中,第40页)

12月11日、12日,针对王明对洛川会议以来中央方针的批评,毛泽东在中央政治局会议上两次发言,重申:抗日战争总的战略方针是持久战。红军的战略方针是独立自主的山地游击战,在有利条件下打运动战,集中优势兵力消灭敌人一部。总的一句话:相对集中指挥的独立自主的山地游击战。洛川会议决定的战略方

针是对的。(《年谱》中,第 42 页)

1938 年 1 月 11 日,毛泽东《论抗日游击战争的基本战术——袭击》一文发表。文章开头就说:"游击战争不能一刻离开民众,这是最基本的原则。"深刻地指出了游击战与人民战争的密切关系。据此原则,我们也可以说,游击战是人民战争的主要形式,人民战争以游击战为其主要形式。文章又指出:"游击战争的基本作战形式""乃是袭击","游击战争不注重正规的阵地攻击这种形式,而注重突然袭击或名奇袭的这种形式,这是因为游击战争是战略上以少胜多以弱胜强的,非如此不能达到目的"。(《文集》二,第 74 页)据此看来,游击战争的战略是以少胜多,以弱胜强,其战术只是突袭或奇袭。相对于日军来说,八路军肯定是数量少的、力量弱的,八路军要想在持久战中最后胜出,就只能采取游击战略,与敌打小仗、打巧仗,与敌周旋,经常地、长期地消耗敌人,而不能与敌硬拼、与敌决战,与敌打大仗、硬仗。这就是毛泽东在敌后抗战中不顾国民党方面的反对,不顾党内、军内一部分人的反对,始终强硬坚持游击战方针的根本原因。

1 月 13 日,毛泽东在陕北公学说:中国抵抗日本侵略的办法,应以运动战为主,游击战、阵地战为辅。应该普遍地发展游击战,游击战使敌人灭亡不了中国。(《年谱》中,第 47 页)他这一"普遍发展游击战"的思想,在当时是受到很多人怀疑和责难的,但后来的事实证明他是正确的。

2 月,毛泽东同合众社记者王公达谈话,向他陈述对全面抗战的意见:"在军事上,我们若能运用运动战、阵地战、游击战三种方式互相配合,必能使敌军处于极困难地位。"他建议"抽调八九万军队组成二三十个基干的游击兵团","打到敌人后方去","有力地配合野战军的运动战,而使敌军疲于奔命"。他还针对"有人说,我们只主张游击战"而解释说："游击战在半殖民地的民族战争中，特别在地域广大的国家，无疑在战略上占着重大的地位。"（《文集》二，第100页）他还向王公达介绍说："八路军现在共在四个区域中进行广大的游击战"，"有了很多大小的胜利，使敌人大减其前进的力量"。在游击战区域，"中国失去的不过是几条铁路及若干城市而已，其他并没有失掉。这一实例给全国以具体的证明：只要到处采用这种方法，敌人是无法灭亡中国的"。（《文集》二，第101页）这就用八路军的游击战所收实效，用硬邦邦的事实，进一步说明了游击战对抗日的重要作用。

4月21日，毛泽东联衔致电八路军领导人，指出，目前在河北、山东平原地区广大地发展与坚持游击战争是可能的，应坚决采取尽量广大发展游击战争的方针，应即在河北、山东平原划分若干游击军区，有计划地系统地普遍发展游击战争。（《年谱》中，第67页）

5月4日，毛泽东又电示新四军副军长项英，要他放手开展敌后游击战争，告诉他，"在敌后进行游击战争虽有困难"，"但只要有广大群众……也会能够克服这种困难。这是河北及山东方面的游击战争已经证明了的"，而且"平原也是能发展游击战争的"。（《文集》二，第127页）在毛泽东的强力推动下，八路军、新四军在河北、山东等平原地区以及沿长江一线的江苏、安徽两省地区，也广泛开展了游击战争。

5月14日，毛泽东电示朱德等："在平绥路以北沿大青山脉建立游击根据地甚关重要，请你们迅即考虑此事。"（《年谱》中，第72页）这样，毛泽东又把游击战的眼光投向了大青山脉。

徐州失守后，5月26日，毛泽东致电八路军和新四军，告诉他们，下一步日军将以武汉为作战中心，不会将主力转向华北打游击队,因此应"坚持华北游击战争","华北游击战争还是广泛开展的有利时机,目前应加重注意山东、热河及大青山脉"。(《年谱》中,第75页)

5月下旬,毛泽东在《论持久战》中,对游击战作了不少论述。他回顾说,在抗战初起时,"有些人轻视抗日战争中游击战争的战略地位,他们对于'在全体上,运动战是主要的,游击战是辅助的;在部分上,游击战是主要的,运动战是辅助的'这个提法,表示怀疑。他们不赞成八路军这样的战略方针:'基本的是游击战,但不放松有利条件下的运动战',认为这是'机械'的观点"。(《选集》二,第441页)他预测:在中国抗战的三阶段中,"游击战争在第一阶段中乘着敌后空虚将有一个普遍的发展"。在第二阶段中,"我之作战形式主要的是游击战,而以运动战辅助之"。此时,"我军将大量地转入敌后","向敌人占领地作广泛的和猛烈的游击战争"。此阶段中,"游击战争能够胜利","可能使敌只能保守占领地三分之一左右的区域"。在第三阶段,游击战"仍将辅助运动战和阵地战而起其战略配合的作用"。(《选集》二,第464—466页)在第一阶段,"中国游击战争的猛力发展,将使他(按:指日军)的占领区实际上限制在狭小的地带"。在第二阶段,"日本的军力、财力大量地消耗于中国的游击战争",而中国则"游击战争更加发展"。这些最后导致日本由优势转劣势。(《选集》二,第467—468页)这些预测,后来完全为抗战发展的进程所证实。他还分析说:游击战争造成的各个敌后游击根据地,还对日军对我某个根据地的包围形成"反包围",(《选集》二,第472页)形成犬牙交错的战争态势。这种态势,后来也在抗战中得到证实。为什么游击战争能够存在呢?他分析说:"敌以少兵临大国,就只能占领一部分大城市、大道和某些平地",其他广大地面"无法占领,这就给了中国游击战争以广大活动的地盘"。(《选集》二,第484—485页)他特别指出:"游击战在整个抗日战争中的战略地位,仅仅次于运动战,因为没有游击战的辅助,也就不能战胜敌人。""游击战的战略作用""有两方面:一是辅助正规战,一是把自己也变为正规战"。"中国抗日战争中的游击战,决不是可有可无的。它将在人类战争史上演出空前伟大的一幕。"因此,"在全国的数百万正规军中间,至少指定数十万人""从事游击战争"。(《选集》二,第499页)他说:"游击战没有正规战争那样迅速的成效和显赫的名声",但是,"在长期和残酷的战争中,游击战争将表现其很大的威力,实在是非同小可的事业"。(《选集》二,第500页)他判断:"整个抗日战争中,中国将不会以阵地战为主要形式,主要和重要的形式是运动战和游击战。"(《选集》二,第501页)这一判断,也为后来的敌后抗战所印证。

在写作《论持久战》之前,毛泽东还写了一篇专门论述游击战争的文章,标题叫《抗日游击战争的战略问题》。他首先解释了游击战争为何有战略问题。由于中国大而弱,日本小而强,于是"敌人占地甚广的现象发生了","在占领区留下了很多空虚的地方,因此抗日游击战争就主要地不是在内线配合正规军的战役作战,而是在外线单独作战";又由于中国"有共产党领导的坚强的军队和广大的人民群众存在,因此抗日战争就不是小规模的,而是大规模的";此外,还有"根据地的问题、向运动战发展的问题"等。"于是中国抗日的游击战争,就从战术范围跑了出来向战略敲门,要求把游击战争的问题放在战略的观点上加以考察。"他说:在中国"这样又广大又持久的游击战争,在整个人类的战争史中,都是颇为新鲜的"。(《选集》二,第405页)因此,"游击战争虽然在整个抗日战争中仍然处于辅助的地位,但是必须放在战略观点上加以考察"。(《选集》二,第406页)文章共论述了抗日游击战争的六个具体战略问题:(1)主动地、灵活地、有计划地执行防御战中的进攻战,持久战中的速决战和内线作战中的外线作战;(2)和正规战争相配合;(3)建立根据地;(4)战略防御和战略进攻;(5)向运动战发展;(6)正确的指挥关系。他说:"这六项,是全部抗日游击战争的战略纲领,是达到保存和发展自己,消灭和驱逐敌人,配合正规战争,争取最后胜利的必要途径"。(《选集》二,第 407 页)在中国抗战历史上,在中国全部历史上,把游击战争提到战略高度的人,前所未有;能看出游击战争这六个方面战略问题,并逐章加以详细论述的人,也前所未有。可以说,毛泽东是把抗日游击战争提到战略高度并加以系统论述的第一人,是中国抗日游击战争的最伟大战略家、理论家。

第三节　坚持在敌后实行游击战争

1938 年 7 月 3 日,毛泽东联衔复电彭雪枫等人,同意他们对游击战争的布置,并提醒他们:游击战争的发动一般不应过早,需在敌人后方比较空虚的地区发动。(《年谱》中,第 82 页)部署在河南的游击战争。

7 月 16 日,毛泽东在对八路军留守兵团负责干部讲话时说:就抗战的战略方针来说,在全国是以运动战为主,游击战为辅;在抗战第一阶段华北的八路军,是以游击战为主,运动战为辅。这个方针去年 8 月中央政治局会议便提出来,"基本上的游击战,但不放松有利条件下的运动战"。一年来证明,去年 8 月政治局会议的决定是正确的。(《年谱》中,第 84 页)继续宣传游击战方针。

8 月 5 日,毛泽东在对抗大第十期毕业学员讲话时说:现在抗战,"游击战争"四个字,是制敌的一个锦囊妙计,要下决心到敌人后方去进行游击战争。(《年谱》中,第 87 页)把游击战争作为"锦囊妙计"送给即将走上抗日前线的抗大学员。

1938 年 10 月 24 日,毛泽东领衔电示李井泉:在大青山坚持长期游击战争,建立游击根据地完全可能,而且是中心任务。因此,那里一切政策应以长期游击战争性质为出发点。(《年谱》中,第 95 页)把开展长期游击战争作为大青山抗日部队的中心任务。

11 月 5 日和 6 日,毛泽东在中共扩大的六届六中全会上说,在相持阶段中,我方作战形式以游击战为主,运动战为辅,敌后游击战争分为两大区域,在已经大大发展了游击战争的区域,应大力加以巩固;在没有充分发展或正在发展游击战争的区域,应迅速地广大地发展游击战争。所以,应当巩固华北,发展华中和华南。(《年谱》中,第 96—97 页)从而对抗战相持阶段的敌后抗日游击战争作了战略性的部署,继续坚持了游击战的方针。在讲到战争和战略问题时,他说,在抗战过程中,我党的军事将大体上分为两个战略时期,"在前期(包括战略防御和战略相持两个阶段),主要的是游击战争;在后期(战略反攻阶段),主要的将是正规战争"。(《选集》二,第 549 页)他还说:"中国的抗日游击战争,就其特殊的广大性和长期性说来,不但在东方是空前的,在整个人类历史上也可能是空前的。"(《选集》二,第 551 页)这次讲话中,他再次说到了抗日游击战争的战略地位,指出,"在抗日战争的全体上说来,正规战争是主要的,游击战争是辅助的","但游击战争是在全战争中占着一个重要的战略地位的。没有游击战争,忽视游击队和游击军的建设,忽视游击战的研究和指导,也将不能战胜日本。原因是大半个中国将变为敌人的后方,如果没有最广大的和最坚持的游击战争,而使敌人安稳坐占,毫无后顾之忧,则我正面主力损伤必大,敌之进攻必更猖狂,相持局面难以出现,继续抗战可能动摇"。此外,"我反攻力量准备不足,反攻之时没有呼应,敌之消耗可能获得补偿等等不利情况,也都要发生",如此,"要战胜日本也是不可能的。因此,游击战争虽在战争全体上居于辅助地位,但实占据着极其重要的战略地位。抗日而忽视游击战争,无疑是非常错误的"。(《选集》二,第552—553页)他还告诉人们,"抗日战争中国共两党的分工,就目前和一般的条件来说,国民党担任正面的正规战,共产党担任敌后的游击战,是必须的,恰当的,是互相需要、互相配合、互相协助的"。他还系统地列举了抗日战争前期游击战争的"十八利"即18个好处,并论定:"我们将经过游击战争,积蓄力量,把自己造成为粉碎日本帝国主义的决定因素之一。"(《选集》二,第553—554页)这个报告,对抗日游击战争又作了相当系统和全面的论述,阐明了抗日游击战争的战略地位和重要作用。

11月24日,为了在冀中地区坚持长期游击战争,毛泽东决定派程子华带一批干部去冀中,并派120师去冀中,从而大大加强了冀中的抗日游击战力量。次日,为了在冀热察地区坚持抗日游击战争,毛泽东又决定成立八路军冀热察挺进军,并派萧克去主持成立军政委员会。这又开辟了冀热察地区的抗日游击战争。

1939年1月2日,毛泽东在为《八路军军政杂志》所写的发刊词中,赞扬"八路军在抗战一年半中","进行了英勇的抗战,执行了'基本的游击战,但不放松有利条件下的运动战'的正确的战略方针,坚持了与发展了华北的游击战争"等许多功绩。(《文集》二,第139页)

1月28日,毛泽东在第18集团军延安总兵站检查工作会议上讲话说,过去"我们估计,在敌后能大大发展游击战争","现在已证明了,以后更将证明。同时我们又指出,游击战争并不是一帆风顺的,要看到敌人是要回头进攻的,在那时,游击战争更会困难的,我们要准备着这个困难的到来，以战斗的姿势还击它。一定要准备到这一着，才可避免'措手不及'的遭遇"。(《文集》二,第150页)及时提醒人们要准备游击战争中困难的局面。

6月,毛泽东在《反投降提纲》中,强调了"坚持华北游击战争"的意义,说"如果别处都黑暗了,剩下华北(同样,新四军,陕甘宁边区)","它成了唯一的抗日军,也就取得了战略相持的意义"。(《文集》二,第231页)从这段话中,我们不但看到了华北游击战争对于中国抗战的意义,而且看到了毛泽东坚持抗战的决心和勇气。他是想着即使别人都不抗战,他也要领着共产党抗下去、抗到底,其办法就是游击战争。他还说,"即使延安失守,仍然坚持边区,大家准备过游击战争生活,最艰苦但是最生动的生活"。(《文集》二,第226页)从中,人们不但可以看到毛泽东坚持游击战、坚持抗战的决心与勇气,而且可以看到他的乐观与豪迈!

7月9日,毛泽东向陕北公学即将开赴华北抗日前线的同学讲话,送给这些未来的抗日战士三个法宝,其中一个法宝就是"游击战争"。他说:你们不要看轻这"游击战争"四个字,这是我们十八年艰苦奋斗中得来的法宝,要把日本打出中国,没有它,其他就没有办法。(《年谱》中,第132页)

9月16日,毛泽东和中央社、扫荡报、新民社三记者谈话,讲到相持阶段及"新阶段的任务"时说:"在敌人后方,一定要坚持游击战争,粉碎敌人的'扫荡',破坏敌人的经济侵略。"(《选集》二,第588页)

1939年10月1日,毛泽东在《日本帝国主义在中国沦陷区》一书序言中说,在敌我相持阶段,"我们为了确保未失地,为了收复沦陷区,不能不从各方面有所准备。而最积极地支持游击战争,改革国内政治,乃是破坏敌人计划实现我们计划的两个大政方针"。

（《文集》二,第 247—248 页）

10 月 4 日,毛泽东为《共产党人》杂志撰写了发刊词,说:"统一战线,武装斗争,党的建设,是中国共产党在中国革命中战胜敌人的三个法宝",而"武装斗争的总概念,在目前就是游击战争"。他指出,"游击战争是什么呢? 它就是在落后的国家中,在半殖民地的大国中,在长时期内,人民武装队伍为了战胜武装的敌人、创造自己的阵地所必须依靠的因而也是最好的斗争形式"。他进一步说:"到目前为止,我们党的政治路线和党的建设,是密切地联系于这一斗争形式的。"离开它,"就不能了解我们的政治路线"和"党的建设"。（《选集》二,第 606、609—610 页）第一次把抗日游击战争同党的政治路线和党的建设联系了起来。

10 月 10 日,毛泽东在为中共中央起草的《目前形势和党的任务》的决定中,正式向全党提出"在敌后方,必须坚持游击战争,战胜敌人的'扫荡',破坏敌人的占领地"的任务。（《选集》二,第 616 页）

1939 年 12 月,毛泽东在《中国革命和中国共产党》一文中指出,日本侵入中国后,敌人变得异常强大。在这样的敌人面前,"轻视游击战争"等观点是不正确的。在日军长期占据城市的条件下,就必须把农村改造成抗日根据地,"在这种革命根据地上进行的长期的革命斗争,主要的是在中国共产党领导之下的农民游击战争"。因此,"忽视以农村区域作革命根据地的观点","忽视游击战争的观点,都是不正确的"。（《选集》二,第 635—636 页）

1940 年 12 月 25 日,毛泽东在《论政策》的党内指示中,继续坚持"在军事战略方面,是战略统一下的独立自主的游击战争,基本上是游击战,但不放松有利条件下的运动战"的方针。（《选集》二,第 763 页）

1941 年 2 月 1 日，毛泽东领衔电示新四军、八路军主要负责人："目前华中指导中心应着重三个基本战略地区。第一个基本战略地区是鄂豫陕边，其办法由彭雪枫、张云逸、李先念三地逐步向西推进，以在一年内达到鄂西、豫西及陕南建立游击根据地为目的。"（《年谱》中，第 267 页）开始部署在鄂豫陕边地区开展游击战争。

日军占领宁波、奉化、温州、福州后，1941 年 4 月 30 日，毛泽东领衔电示新四军领导人：你们应注意组织各该地的游击战争。从吴淞，经上海、杭州、宁波直至福州，可以发展广大的游击战争。（《年谱》中，第 293 页）及时地部署在日军所占浙江、福建两省发展广大的游击战争。

1941 年 7 月 15 日，毛泽东复电周恩来，告之"我们采取巩固敌后根据地，实行广泛的游击战争，与日寇熬时间的长期斗争的方针"。（《年谱》中，第 312 页）可见，即使在皖南事变发生后，毛泽东仍坚持在敌后实行广泛抗日游击战争的方针。

7 月 30 日，毛泽东又致电黄克诚等，指出，我之方针，"军事上在武器未改变前仍是与敌人无时间的不冒险亦不消极的长期游击战争"。（《年谱》中，第 314 页）他把游击战争看作"不冒险亦不消极的"抗日手段，且又是"无时间"限度的长期方针。

日军占领中条山地区后，1941 年 8 月 17 日，毛泽东致电彭德怀说："中条山十县既只有敌伪全无友军，派一个团带干部去发展游击战争，是很对的。如有必要还可酌量多派一点，以不使卫感到威胁为度。"（《年谱》中，第 321 页）这是对在山西中条山地区开展游击战争作出部署。

太平洋战争爆发后，面对"重庆政策是仅用游击队对敌，不用主力与敌对峙，让敌撤走"的情况，以及"1941 年我根据地受了很大损害"的情况，1941 年 12 月 28 日，毛泽东致电八路军、新四军及党的主要负责同志，指出，1942 年的中心任务，在于"积蓄力量，恢复元气"，"对敌伪以政治攻势为主，以游击战争为辅"。我们要"取此政策以待敌军之弊"。（《文集》二，第 385—386 页）这是毛泽东第一次提出在敌后"以游击战争为辅"的策略，体现了毛泽东他变我变、与时俱进、实事求是的科学态度。

1944 年 1 月 12 日，毛泽东领衔复电新四军领导人张云逸等，说："如果敌军放弃无为……七师主力转到含、和地区，而以一部留巢、无坚持游击。又沿长江两岸，特别由安庆至九江一段尚有发展可能，应加派得力部队前去建立游击根据地。"（《年谱》中，第 492页）见机部署皖中长江沿线的游击战争。

3 月 16 日，毛泽东又领衔致电罗荣桓等，要求在"鲁南、鲁中、滨海三区""加强游击队与组织民兵"。（《年谱》中，第 501 页）加强游击战争。

1944 年 6 月 5 日，毛泽东起草了中共中央关于城市工作的指示，为抗日胜利作准备。其中要求"根据地游击战争应采取各种妥善办法向城市四周与要道两侧逐渐逼近，在那里建立隐蔽的游击区"，"同时，要动员城市与要道中的大批工人与革命知识分子出城出路参加游击战争"。（《文集》三，第 162 页）可见，毛泽东在抗战胜利一年多以前，就已在为胜利作准备，提出开展城市周围与要道两侧的游击战争，以利夺取城市与要道。为了贯彻这一指示精神，8 月 3 日，毛泽东领衔电示华中局："如何使游击战争极广泛地发展到上海周围、杭州周围、沪宁路两侧，使沪、杭两城及沪杭路完全在我们游击战争紧紧包围之中，以便加紧进行这些大城市工作并准备夺取这些大城市"，"请你们加以研究，分段分区给各地党与军队以一定的任务，努力争取完成"。（《年谱》中，第 533 页）又开始部署沪、杭周围及沪宁路两侧的游击战争,准备在进入反攻阶段后夺取这些大城市。

12月15日,毛泽东在陕甘宁边区参议会二届二次会议上,号召大后方的"青年们及其他各界,应该有许多人到敌人占领的地方去打游击","同时,解放区则以自己的英勇作战行动及发动新地区的游击战争,有力地援助大后方"。(《文集》三,第235页)号召以扩大游击战来迎接抗战的胜利。

1945年1月31日,毛泽东专门写了《游击区也能够进行生产》一文,介绍晋察冀游击队的生产运动事例,号召各游击区开展大规模的生产运动,来支持游击战争。

2月15日,毛泽东在中央党校作报告,也号召党校学员们和全国的同志们,"在日本占领区组织游击队"。(《文集》三,第252页)以迎接赶走日寇的胜利。

4月24日,毛泽东在党的七大上就几个问题作了报告,在讲到政治问题时指出:由游击战转变到正规战,由乡村转到城市,我们要有这个准备。(《年谱》中,第596页)在抗战胜利前夕,向全党提出了由游击战转变到正规战的问题。

6月24日,毛泽东电示湘鄂赣区党委等:"我军的战略方针是在日寇占领区域实行分散的游击战争,建立与扩大解放区,缩小沦陷区,建立与扩大军队、游击队与民兵,削弱敌军、伪军与联敌攻我之顽军",你们的主力应在湘桂边区,"分散建立许多游击根据地,逐渐成为巩固根据地"。(《文集》三,第439、440页)又一次强调了抗日游击战争战略,并开始部署在五岭山脉建立游击根据地的战略行动。

由上可见,在整个抗日战争的第二和第三两个阶段中,毛泽东都仍然坚持他在以前提出并已上升到战略高度的游击战方针,并且一旦有合适时机和可能条件,就预先部署新的游击战争行动,用游击战争加大对日军的攻击和消耗,扩大敌后抗日根据地的力量,为最后战胜日军积蓄力量。

第四节　人民战争和游击战对中国抗战的制胜作用

中国的抗日战争,是一场军事弱国对军事强国的战争,但又是一个人口大国对人口小国、地域大国对地域小国的战争。单纯依靠军队、依靠政府,很难制胜,但如果发动人民,让全体人民都参战,都支持战争,那么,中国的战争资源就多了许多,战争力量就强了许多。因此,人民战争是对日制胜的一个重要因素。

第一,人民战争和游击战争开辟了中国抗战的第二个战场——敌后战场。在局部抗战阶段,东北抗联战士在日军占领下的东北,坚持了长期的敌后抗日游击战争,开辟了中国抗日战争的东北敌后战场。在全面抗战阶段,八路军、新四军、华南游击队又根据毛泽东的战略方针,开辟了华北、华中、华南三大敌后战场。这些敌后战场的开辟,使中国抗战形成了新的战略格局,从以前只有正面战场一个战场,到又有了敌后战场这第二个战场,形成了两个战场互为犄角、互相策应、互相配合、互为战略支援的格局。敌后战场首先对日军形成了战略牵制和战略袭扰,使它从以前只用兵于一面,到现在必须分兵于两面;从以前只需顾好一头,到现在必须两头兼顾;从以前只需面对正面的中国军队,到现在又须防备背面的中国军队;从以前可以倾巢出动、没有后顾之忧,到现在因有后顾之忧而不敢倾巢出动。日军在敌后战场上使用的兵力,并不少于正面战场;在敌后战场使用的战略战术,也并不少于正面战场。日军之未能实际地占领它打下的中国很多省份,就因为中国有敌后战场存在,敌后军民把日军从正面战场军队手中夺去的土地又夺了回来;日军之始终不能对中国军队实行决战并战胜中国,也因为有敌后战场存在;日军之不能抽出更多兵力用于太平洋战场,还是因为有敌后战场存在。

　　第二,人民战争和游击战争牵制了大量的日军。全面抗战开始后不久,美国就有人看出来:敌后游击战争比正面战场军队更让日军头疼。1937年11月上海出版的《陈诚将军持久抗战论》中,收录了译自美国《民族周刊》所载史德华的文章,说:"用大军去对抗,中国迟早要吃亏的。""游击队深入日军后方活动,实在比津浦、平汉线的主力大军还易使日军感到棘手。"文章翻译者在此还补充说:"最近晋北某路军(按:即指八路军)的屡次告捷,就证明了这一点。"(战时生活社编,第58页)在抗日战争中,人民战争实行游击战略,把军队化整为零,深入日军没有驻兵的广大农村和交通不便地区,建立了一个一个的抗日根据地,对日军占领的城市及交通要道形成战略包围、战争破坏和战术袭扰,在敌人后方开辟了广大的战场。一支支游击队、武装工作队,用毛泽东的话来说,像"麻雀"一样飞进飞出,跳来跳去,打一小仗就换一个地方,今天消灭几个日军,明天又消灭几个日军,这里消灭几个日军,那里又消灭几个日军,使日军不但天天受到损耗,而且还天天不得安宁。派大兵去"扫荡"吧,又跑得无影无踪,甚至还遭到伏击。日军的岗楼,常常被游击队端掉;日军的铁路、公路、电线,经常被游击队破坏掉;日军的封锁沟、隔离墙,经常被游击队填平和烧毁。几十万日军,多年陷在敌后。毛泽东在《论联合政府》报告中列举了两个数字:"一九四三年,侵华日军的百分之六十四和伪军的百分之九十五,为解放区(按:即敌后战场)军民所抗击;国民党战场(按:即正面战场)所担负的,不过日军的百分之三十六和伪军的百分之五而已。"

1944 年日军举行打通大陆交通线作战后,"两个战场分担的抗敌的比例,才起了一些变化。然而就在我做这个报告的时候(按:即 1945 年 4 月 24 日),在侵华日军(满洲的未计在内)四十个师团,五十八万人中,解放区战场抗击的是二十二个半师团,三十二万人,占了百分之五十六;国民党战场抗击的,不过十七个半师团,二十六万人,仅占百分之四十四。抗击伪军的情况则完全无变化"。(《选集》三,第 1043 页)《中国抗日战争史》一书写道:"进入战略相持阶段,八路军、新四军和华南人民抗日游击队,抗击了 58%—75% 的侵华日军和几乎全部伪军。"(第 675 页)日本华北派遣军 1943 年的一份战果报道称:"敌大半为中共军。""在本年交战 1.5 万次中,和中共的作战占七成五。在交战的 200 万敌军中,半数以上也都是中共军。在我方收容的 19.9 万具敌遗体中,中共军也占半数。"这些数字都说明,人民战争和游击战确实牵制了大量的日军,其数量一点也不少于国民党军队的正规战争、正面战场。

第三,它发起了很多场作战,消灭了大量日军。仅在 8 年的全面抗战中,八路军、新四军和华南游击队就一共发起对日作战 12 万多次,歼灭日军 52 万多人,歼灭伪军近 120 万人。这些作战,主要的是游击战。被消灭的日军中,有日军的"名将之花"——阿部规秀中将,还有沼田德重中将、饭田泰次郎中将、秋山静太郎中将、山县业一中将、下田宣力中将、吉川资少将等日本将军。此外,还有一些日军向八路军、新四军投降或被俘。这种大量歼灭日军,甚至使日军的指挥中枢产生惧怕。在日本宣布投降前不久,1945 年 6 月 8 日,日本天皇主持御前会议,通过《世界形势判断及今后应采取的基本大纲》,其中特别指出:"敌方对我占领区的反攻,特别是延安方面的游击反攻,一定会越来越厉害。"

第四,它使日军在中国不能得到更多的战争资源。人民战争和游击战争从日军手中夺回大片土地、大量人口。到抗战结束时，人民军队通过人民战争收复的国土达100多万平方公里，解放人口将近一亿。它使这广袤土地上的所有资源都不能为日军所用，也使这广大的人口不能为日军所驱使，使日军不能像它在别的占领区内那样可以掠夺敌后根据地的各种资源和劳力，使敌后战场的战争资源不能为敌所用，从而增加日军的战争困难，阻挠它把战争更长久地打下去的企图。

第五，它使中国的抗战力量得到增强。人民战争和游击战，不同敌人打硬仗、拼消耗，从而损失小；同时又从人民当中不断地获得战争补充，自身力量不断壮大，不降反升。全面抗战开始时，八路军仅编为4.5万人，加上后来编成的新四军，也不过五六万人。但是，8年全面抗战打下来，人民军队发展到130多万人，增至20多倍。此外，还有民兵268万人，这完全是从无到有、新发展起来的。这是一支以将近一亿人为后盾，有着将近400万武装、半武装人员的抗日力量，这是一支任何人都不可小视的中国抗战力量。这同正面战场上中国军队与日军打阵地战、正规战，拼消耗、硬抗硬，实力不断消耗，正规军队从300多万损耗到不足200万，抗战力量不升反降，形成了鲜明对比。这说明人民战争和游击战比正规战、阵地战等打法，更有利于抗日持久战。

第六，它使全国人民增强了抗日胜利的信心。在第一阶段抗战中，中国军队丢失华北的几乎全部国土，又丢失华中的大片国土，包括首都南京、经济中心上海、古都北平这样的中国人心中的"中国标志"性城市，很多中国人因此而丧失胜利信心和抵抗斗志。但是中国共产党通过人民战争和游击战，又把华北、华中的大片国土收复了回来，把中国正规军队弄丢的土地又捡了回来、拾了起来，并把它们发展成抵抗日军、牵制日军、消耗日军的坚强根据地。

这使全国人民看到了在滔滔洪水中有砥柱屹立，在漫天风雨中有杨柳在顽强抗击，从而看到了抗日胜利的希望，增强了抗日的斗志和信心。

日本学者山崎重三郎曾经撰写文章说："世界上虽然有各种各样的游击战争，但只有毛泽东率领的中国共产党军队在抗日战争中进行的游击战，堪称历史上规模最大、质量最高的游击战。它的游击战和运动战相结合，在中国打败了日本人。"（见《丸》，1965 年 12 月号）这是一位日本学者的观点，一位日本学者在经过战后 20 年沉思的观点，一个日本人从日本方面的看法，特别是在中日尚未建交的情况下一个日本人从日本方面的看法。因此，我觉得，这一看法应该是比较客观、冷静也公正、不带偏向性、不带政治宣传性的看法，令人信服。他认为，是毛泽东的游击战争"在中国打败了日本人"，他认为，毛泽东的游击战是"历史上规模最大、质量最高的游击战"。这确实是历史事实。因为毛泽东领导和指挥的这场游击战，是在近百万平方公里地域上和近一亿人口的广众中开展的游击战，是在几十万日本军队和上百万中国伪军与顽军长达八年的"扫荡""清剿"、封锁、围困、挤压下，不但坚持下来，而且越战越勇、越战越强的游击战。它在中国与日本之间的战争历史上、在中国与外国之间的战争历史上，都无可比拟，它创造了中日历史上和世界历史上的战争奇迹。

第五节　人民战争和游击战思想对当代国际战争理论的启示

毛泽东在抗日战争中提出的人民战争和抗日游击战思想，仅仅对中国抗战具有指导作用吗？它对当代国际战争理论有没有新的启示呢？

　　中国抗日战争,归根到底,是一场弱者抵抗强者的战争。毛泽东在抗战中提出的人民战争和游击战思想、理论、战略、战术、方法等,都是从弱者抵抗强者这一战略态势出发的,都是为了实现弱者抗强、由弱转强、弱者胜强而提出的。弱国抵抗强国的战争,不但古代、近代发生过,而且现代、当代也发生过;不但过去会发生,而且将来也还会发生。因此,毛泽东人民战争和游击战思想,对当代国际战争也还会有指导意义或借鉴意义、启发意义。

　　第二次世界大战后,很多亚洲、非洲、拉丁美洲的弱小国家、弱小民族,在反对殖民主义、争取民族独立和解放的斗争中,就曾经运用过毛泽东的人民战争和游击战思想,从而赢得了战争,获得了独立。著名的越南抗美战争,越共军队坚持了 20 年,让美军出动了二战后参战人数最多的几十万军队,但深陷泥潭,难以自拔。靠的是什么? 是人民战争和游击战。战争中,美军出动大批轰炸机,号称"滚雷行动",采取滚雷式的轰炸,但越共军队仍坚持了下来。越共军队靠的是什么? 是人民战争和游击战。战争结束后,众多参战的美国越战老兵选择自杀,让他们终生恐惧的是哪一次重大的正规战役吗? 不是! 是无休无止的丛林游击战,是随时随地都可能会袭击美军,从而让美军精神高度紧张的越共游击队。这场战争造成的美军 30 万人伤亡,是在哪场著名大战中造成的吗? 不是,而是由日积月累、长达 10 年的游击战争造成的。这场战争,由于有中国军事专家的帮助,因此采用的主要是中国的毛泽东的人民战争和游击战思想,它是第二次世界大战后,一个弱小国家抗击美国这样一个世界头号军事强国的侵略战争,采用人民战争和游击战思想指导,而最终取得胜利的经典战争案例。

第八章　坚持建立敌后抗日根据地

在中国抗战的两个战场上，正面战场的依靠，是日军未占领的中国大后方，那是中国既有的；敌后战场的依靠，则是大大小小的各个根据地，那大都是由中国共产党领导新建立起来的。敌后抗日根据地，在中国抗战中起着巨大的抗击敌人的堡垒作用和鼓舞人心的旗帜作用。而毛泽东在抗战期间，则不但提前部署了各个敌后抗日根据地的建立，而且指导了这些根据地的各项建设，使其从无到有，从小到大，从弱到强。

第一节　部署建立敌后抗日根据地

在全面抗战爆发前、红军开始东征抗日时，1936 年 1 月 19 日，毛泽东领衔发布命令，命令陕甘苏区军民，坚决保卫陕甘苏区，扩大陕甘苏区这个抗日战争的根据地；命令黄河两岸的抗日红军、游击队和民众，奋勇过河东去，在河东发展抗日根据地。（《年谱》上，第 505—506 页）开始把红军长征到达陕北后建立的陕甘苏区称为抗日根据地，并要求保卫和扩大陕甘抗日根据地，发展河东及山西抗日根据地。2 月 24 日，毛泽东又领衔电示东征军团以上各级首

长,要求集中兵力消灭部分晋绥军,取得在山西发展抗日根据地之
有利条件。(《年谱》上,第514页)4月1日,毛泽东领衔发布训令,
将红一方面军改为抗日先锋军,"以华北五省为作战范围,第一阶
段以在山西创造对日作战根据地为基本方针"。(《年谱》上,第529
页)后因中央军入晋,毛泽东提出的在山西及华北建立抗日根据地
的任务没有实现。

　　全面抗战爆发后,在红军正式改编为八路军、赴前线抗日前
夕,中共中央政治局1937年8月22日至25日在洛川冯家村召开
会议,毛泽东在会上作军事问题报告时指出,红军的任务基本是:
创造根据地。红军的战略方针是独立自主的山地游击战。山地战
要达到建立根据地,发展游击战争,小游击队可到平原地区发展。
(《年谱》中,第16页)8月25日,红军正式改编为八路军。9月12
日,毛泽东致电彭德怀,要他向国民党方面解释"红军有发动群众、
创造根据地、组织义勇军之自由"。(《年谱》中,第21页)9月16
日,毛泽东又致电朱德等,根据敌情新变化,提议以第115师位于
晋东北,第120师位于晋西北,第129师位于晋南。9月17日,又
致电朱德等八路军及各师负责人,指出,八路军的新的部署,有利
于真正执行独立自主的山地游击战,广泛发动群众,组织义勇军,
创造根据地,支援华北游击战争和扩大自己等目的。(《年谱》中,
第23页)

　　9月21日,毛泽东又致电彭德怀,进一步地阐明八路军的战略
方针,强调我军"要以创造根据地发动群众为主"。(《年谱》中,第
23页)同日,八路军总部按照毛泽东先前的电示,命令第115师在
晋东北地区活动,第120师挺进晋西北抗日前线,第129师准备开
赴晋东南地区。

　　9月25日,毛泽东致电朱德等,要他们极力向蒋、阎建议,同意

我八路军第 115 师在日军深入华北后,收复灵丘、涞源、广灵、蔚县四县,在灵、涞、广、蔚四县建立根据地。认为只有此着才是活棋,才能在华北变被动为主动。(《年谱》中,第 25 页)

11 月 8 日,山西省会太原被日军占领。当日,毛泽东致电在山西前线的中共和八路军各负责人,指出:吕梁山是八路军的主要根据地,但其工作尚未展开,第 115 师的第 344 旅、第 343 旅应立即迅速转移至吕梁山地区。(《年谱》中,第 36 页)又部署了在吕梁山地区建立敌后抗日根据地。

1938 年 2 月,毛泽东同合众社记者王公达谈话,当王问"中国的力量能渐渐加强起来吗"时,毛泽东回答说:中国目前应组成八九万人的游击兵团,"打到敌人后方去,如能运用得宜,结合民众,繁殖无数小游击队,必能在敌后方建立抗日根据地,发动千百万民众,有力地配合野战军的运动战,而使敌军疲于奔命"。(《文集》二,第 100 页)这是全面抗战爆发后,毛泽东根据山西敌后根据地发展情况,首次建议国民政府在敌后建立抗日根据地。毛泽东还告诉王公达:目前八路军在山西已经在四个区域中开展了游击战。这四个山西敌后抗日根据地,"是一个极大的抗战的堡垒",是"将来举行反攻收复失地的有力基础之一"。只要全国到处都采用这种办法,日本"是无法灭亡中国的"。(《文集》二,第 101 页)对此时刚刚形成的敌后抗日根据地,给予了充分的肯定。

3 月 3 日,毛泽东对陕北公学即将毕业的同学讲话时,介绍了五台山抗日根据地在日本占领区画出一块"豆腐块"的实际案例,并号召同学们"到敌人占领的一切地方"去画"豆腐块","无论在前方后方,内线外线,都要努力去创造无数大大小小的抗日根据地,从建立山西的五台山,到建立全中国的五台山,争取最后的胜利"。(《文集》二,第 108、109 页)

3月12日,毛泽东在延安一次大会上说,将来"即使日本占领了中国的大半",但是,"只要我们能够在每个省中组织大多数乡村中的人民一致武装起来打日本,建立许多的抗日根据地,如像现在已经建立起来了的五台山根据地一样,我们就包围了日本军"。(《文集》二,第114页)再次强调了敌后抗日根据地在抗战中的重要作用。

1938年3月17日,毛泽东致电周恩来等,要他们在同蒋介石及国民党高级将领谈军事问题时,向他们说明:在敌人后方创设许多抗日根据地是完全可能和十分必要的,国共两党均须用极大努力去干。(《年谱》中,第58页)又向国民党提出了两党均须在敌后创立抗日根据地的建议。

3月22日,毛泽东在中央常委会讨论华北工作时指出,日军的进攻在占领西安、武汉、广州后将要告一段落,将在华北修路筑堡,使游击队不能有大部队的活动,抗日根据地可能缩小,但能支持。将来在日军占领区的后方,要建立抗日根据地。(《年谱》中,第60页)预料到敌将在华北迫使我抗日根据地缩小,但我仍能坚持,并提出将来在更广大日军占领区建立抗日根据地的任务和准备。

3月24日,毛泽东联衔致电朱瑞等,指出,"摆在冀晋豫全区面前的中心任务,是以最快的速度创造冀晋豫边区成为坚持抗战的巩固根据地"。(《年谱》中,第60页)要求快速创建冀晋豫敌后抗日根据地。

4月2日,毛泽东领衔致电陈光等,专门部署第115师建立以吕梁山为中心的晋西南抗日根据地等事宜。

4月18日,毛泽东又领衔致电贺龙等,请他们调查在平绥线以北广大地区,能否建立游击根据地。(《年谱》中,第66页)又开始考虑在平绥线以北广大地区建立抗日游击根据地。经过调查,5月

14日,毛泽东致电朱德等说:"在平绥路以北沿大青山脉建立游击根据地甚关重要。请你们迅即考虑此事。"(《年谱》中,第72页)6月10日,朱德等电告毛泽东,准备派骑兵或步兵开创大青山抗日根据地。次日,毛泽东复电同意,并强调派去的部队须选精干的,领导人必须在政治上、军事上都能胜任,并且机警耐苦和有在该地创立根据地的决心。(《年谱》中,第78页)第二天朱德等电告毛泽东,决定派李井泉率部队开创大青山抗日根据地。这样,抗日根据地又建到了大青山脉。

1938年5月4日,毛泽东电示项英,要求新四军"在广德、苏州、镇江、南京、芜湖五区之间广大地区创造根据地,发动民众的抗日斗争","在茅山根据地大体建立起来之后",还应准备分兵向东、向北发展新的抗日根据地。(《文集》二,第127页)从而开始部署华中地区敌后抗日根据地的建立。

5月31日,毛泽东在《解放》发表了《抗日游击战争的战略问题》,把建立根据地作为抗日游击战争的六个战略之一。他阐述了建立根据地的必要性,说:抗日战争的"长期性加上残酷性,处于敌后的游击战争,没有根据地是不能支持的",根据地"是游击战争赖以执行自己的战略任务,达到保存和发展自己,消灭和驱逐敌人之目的的战略基地","是游击战争的后方"。他介绍了三种根据地,第一种是山地根据地,如已经或正在或准备建立的长白山、五台山、太行山、泰山、燕山、茅山等根据地。这里,毛泽东把东北抗联在长白山地区建立的游击根据地也列入敌后抗日根据地,并提出了建立几个大的山区敌后抗日根据地的构想。第二种是平原根据地,他说,"中国有广大的土地,又有众多的抗日人民,这些都提供了平原能够发展游击战争并建立临时根据地的客观条件"。第三种是河湖港汊根据地。他说,"江北的洪泽湖地带、江南的太湖地

带和沿江沿海一切敌人占领区的港汊地带",都可开展游击战"并
建立起持久的根据地"。这就为全国广大的敌人占领地区,规划了
在山区、平原地区、河湖港汊地区都建立抗日根据地的任务。他打
比方说:建立抗日根据地"之战略作用的重大性",就好比下围棋中
的"做眼"。他要求"全国军事当局"和"各地的游击战争领导者",
都须把在敌后"一切可能地方建立根据地的任务,放在自己的议事
日程上,把它作为战略任务执行起来"。这样就可以"围剿法西斯
日本"。(《选集》二,第418—427页)

　　1938年6月15日,毛泽东致电朱德等说:"目前为配合中央作
战,为缩小华北敌之占领地,为创造并巩固华北根据地,都有大举
袭敌之必要。"(《年谱》中,第80页)同意八路军以大举袭敌来创造
并巩固华北敌后抗日根据地。

　　7月8日,毛泽东联衔致电聂荣臻等,要求"在长城口外建立根
据地",这样,"冀东根据地亦开始能确立"。(《年谱》中,第83页)
对创立和发展冀东抗日根据地也提出了要求。

　　9月7日,毛泽东联衔电示郭洪涛,指出:山东各党派军队与我
们的关系进一步好转,已使我们有可能开始在黄河以东建立大块
抗日根据地。要求他们与国民党军驻山东部队负责人石友三议定
共同建立山东抗日根据地的纲领。(《年谱》中,第91页)对在山东
建立大块抗日根据地作出了具体部署。

　　9月26日,毛泽东领衔致电在冀东抗日的宋时轮等,指出,根
据各种条件,"创造冀热察边区根据地""是有可能的",目前应以主
要力量在白河以东、以部分力量在白河以西创造根据地。10月2
日,毛泽东又领衔电告宋时轮等:"在冀热边区创造抗日根据地有
极重要的战略意义,宋邓纵队与冀热边区全体同志应为达成这个
任务而坚决斗争。"(《年谱》中,第93、94页)从而提出了创建冀热

察边区根据地的任务和方略。10 月 15 日,毛泽东又次领衔电示宋时轮等,要他们坚持冀热察,"创造根据地"。(《年谱》中,第 95 页)

武汉失守后,1938 年 10 月 16 日,毛泽东领衔致电周恩来,请他向国民党方面提议,为阻滞日军继续前进,以八路军一部进至鄂豫皖地区活动为有利。(《年谱》中,第 95 页)从这时起,毛泽东又把建立敌后抗日根据地的眼光,投向了华中的鄂豫皖地区。真是日军占领到哪里,毛泽东就把敌后抗日根据地建立到哪里。

广州、武汉相继被日本占领后,11 月 5 日,在中共扩大的六届六中全会上,毛泽东又对全党提出了"巩固华北,发展华中和华南"(《年谱》中,第 97 页)的根据地发展任务,首次把华南发展敌后抗日根据地的任务向全党提了出来。

11 月 10 日,毛泽东领衔致电新四军领导人项英:"现在安徽中部最便利我军活动,新四军可否派二个至三个营交张云逸同志率领过江。"(《年谱》中,第 98 页)开始部署在皖中地区建立抗日根据地。

11 月 25 日,毛泽东领衔电告朱德等,为了在冀热察地区坚持抗日游击战争和创造根据地,决定成立八路军冀热察挺进军。(《年谱》中,第 99 页)并派萧克去主持成立军政委员会,从而加快了冀热察根据地建立的步伐。

1939 年 1 月 2 日,毛泽东在《八路军军政杂志》发刊词中,称赞八路军在一年的抗战中,"进行了英勇的抗战","创立了许多在敌人后方的根据地,缩小了敌人的占领地,钳制了大量的敌军,配合了正面主力军的抗战"。(《文集》二,第 139 页)28 日,毛泽东在第 18 集团军延安总兵站检查工作会议上也指出"我们估计,在敌后能……建立根据地,现在已证明了,以后更将证明"。(《文集》二,第150 页)

3月19日,毛泽东电示彭德怀:今后发展"应着重苏、鲁、皖、豫、鄂五省"。苏北"应责成鲁南去发展"。河南"应极力准备"去发展。(《文集》二,第173页)这就进一步规划了此后敌后抗日根据地的发展范围和重点及先后顺序、责任人等。

4月12日,毛泽东在中央书记处会议上指出,现全国共产党与游击战争的主要发展方向是华中。(《年谱》中,第120页)把开辟和发展华中敌后抗日根据地作为全党的主要方向。6月,他在《反投降提纲》一文中再次指出:"必须大大发展华中","建立自己的根据地,以为全国长期抗战的枢纽地带"。(《文集》二,第226页)

晋西事变发生后,1939年12月30日,毛泽东领衔致电贺龙:你们需准备一切,将整个晋西北化为第二个五台山。你们的主要根据地是晋西北、绥德及吕梁山,望担起全部责任。(《年谱》中,第155页)部署保住晋西北抗日根据地。

1940年1月28日,毛泽东起草中央书记处给北方局、山东分局等的电报,指出:"集中一切力量为发展武装建立根据地而斗争,乃是你们最主要最主要的任务。要使干部明白,没有伟大革命武装与伟大革命根据地,抗日胜利是不可能的。"(《文集》二,第265—266页)再次向全党强调了建立根据地对抗日胜利的巨大作用,把建立敌后根据地作为全党全军的最主要任务。

2月10日,以毛泽东为主要领导的中共中央和中央军委向各战略区发出指示:"八路军、新四军的当前战略任务",是"将整个华北直至皖南、江南打成一片,化为民主的抗日根据地,置于共产党进步势力管理之下,同时极大发展鄂中与鄂东"。(《年谱》中,第169页)提出了全国敌后抗日根据地发展的新任务和新的战略规划,并把建立鄂中和鄂东抗日根据地正式提上了日程。

2月11日,毛泽东为中共中央及中央军委起草复萧克等人电,指出，"中央规定你们的战略任务是确保平西根据地，发展冀东游击战争，直至热河、山海关"。（《年谱》中，第 170 页）提出了巩固平西根据地、发展平北根据地的任务。3 月 3 日，毛泽东又致电贺龙等，要他们对萧克挺进军加以支持，"该部任务是巩固平西根据地，发展冀东游击战争，这在战略上是有颇大意义的"。（《年谱》中，第 175 页）

3 月 21 日，毛泽东为中央书记处起草致刘少奇等人电，要求他们在皖东 15 县"建立民主政权，争取中间势力"，"巩固这个战略上极端重要的抗日根据地"。（《年谱》中，第 181—182 页）对建立皖东抗日根据地作了部署。

1940 年 4 月 1 日，毛泽东为中央及军委起草致八路军、新四军领导人电，指出"我八路军有抽调足够力量南下华中增援新四军……建设新的伟大抗日根据地之任务。此根据地以淮河以北、淮南铁路以东、长江以北、大海以西为范围"。（《文集》二，第 279 页）"我鲁南、胶东部队，须积极行动……扩大抗日根据地。"（《文集》二，第 280 页）进一步部署扩大我在山东和苏北、皖北的抗日根据地。4 月 5 日，毛泽东又领衔电示他们，"凡扬子江以北，淮南路以东，淮河以北，开封以东，陇海路以南，大海以西，统须在一年以内造成民主的抗日根据地"，并确定了各项推进工作的具体负责人。（《文集》二，第 282 页）这一次不但又一次规定了建立苏、皖两省江北抗日根据地的范围，而且罕见地、明确地限定完成时间和具体分工负责人。

4 月 26 日，以毛泽东为首的中央书记处致电项英，要新四军在日军占领区域"放手发展武装，建立政权，建立根据地"。（《年谱》中，第 189 页）督促新四军放手建立敌后抗日根据地。

4 月 29 日，毛泽东在中央政治局会议上，就广东省委今后工作提出指示性意见说:今后应将工作重点放在武装工作和战区工作。现在应上山还是下水呢？现在一切偏僻的地方都成为国民党的地区,我们不要上山,而要下水,深入敌后活动。(《年谱》中,第189页)督促广东方面大力在敌后开辟抗日根据地。

5月4日,毛泽东为中央起草对东南局的指示,针对项英不敢扩大人民军队和抗日根据地的严重右倾观点,再次指示新四军"在一切敌后地区和战争区域","独立自主地放手地扩大军队,坚决地建立根据地,在这种根据地上独立自主地发动群众,建立共产党领导的抗日统一战线的政权,向一切敌人占领区域发展。例如在江苏境内","西起南京,东至海边,南至杭州,北至徐州,尽可能迅速地""建立政权"。(《选集》二,第753—754页)再次督促新四军加紧建立敌后抗日根据地。

6月27日,毛泽东领衔致电八路军总部等,同意彭雪枫、黄克诚两部合编为八路军第四纵队,"活动于津浦路西、陇海路南,以对日寇作战,巩固豫皖根据地,扩大与整训部队为中心任务"。并让彭、黄"设法抽掉一部兵力过津浦路东,帮助苏北发展"。(《年谱》中,第196页)这一部署,使豫皖根据地和苏北根据地都得到进一步发展和扩大。

8月28日,毛泽东领衔电示中共中央山东分局书记朱瑞等,"坚持山东根据地,并在将来必要时准备再调一部向苏北发展"。(《年谱》中,第205页)对巩固和发展山东、苏北根据地,进一步作出部署。

10月12日,毛泽东领衔电示新四军领导人,不能在国民党统治区开展游击战争,"军部应乘此时速速渡江,以皖东为根据地,绝对不要再迟延"。新四军皖东部队,应迅速部署向西防御,坚持皖东根据地。"皖东决不可失"。(《年谱》中,第212页)对坚持和扩大皖东抗日根据地作出新的部署。

皖南事变发生前两个月,1940 年 11 月 1 日,毛泽东领衔电告新四军负责人,蒋介石已通知限在 11 月 20 日以前把华中新四军和八路军开至华北,并准备期满向我进攻。"你们应立即开始加紧军事、政治各方面的准备……加紧根据地的创造与巩固。"(《年谱》中,第 219 页)对华中敌后抗日根据地的创造与巩固进一步作出部署。

11 月 24 日,毛泽东领衔致电萧克,指出,目前"我党一面须坚持各抗日根据地,一面须准备对付蒋介石的'剿共'战争。平西、平北及冀东区域的坚持与发展,增加了对整个局势的意义,望在艰难中支持下去"。(《年谱》中,第 230 页)重申了我党在全国"坚持各抗日根据地"的方针,指出了平西、平北、冀东三个抗日根据地的坚持与发展的意义及办法。

12 月 16 日,毛泽东领衔再次电示新四军领导人,"皖南部队务须迅速渡江,作为坚持皖东之核心。其大批干部分配苏北、皖东两处建设根据地"。(《年谱》中,第 243 页)再次要求皖南新四军北撤以加强苏北和皖东两个抗日根据地。3 天后,毛泽东又致电八路军新四军领导人:"望叶、项率部迅速渡江,应于两星期内渡毕增援皖东为要。"(《年谱》中,第 244 页)对皖南新四军北渡增援皖东根据地提出了严格的时限要求。可惜,由于项英等人一直消极北渡,皖南新四军没有按限渡江,使得国民党军队有了更充分的准备。在此电发出两星期内,新四军不仅没有渡毕,而且在两星期后才开始从皖南北撤,在国民党军队的合围下遭受重大损失。

12 月 23 日,毛泽东领衔致电刘少奇等,指出:"目前重心在苏北,其次才是淮北与皖东。故陈、黄两部及一一五师增加之两个团,目前均应集中于苏北……努力巩固苏北根据地。""你们的根据地愈发展,愈巩固,任何进攻都是不怕的。""认真发展与巩固根据地,就是粉碎任何进攻的可靠资本。"(《年谱》中,第 245 页)划出了发展巩固华中根据地的重心与重点,强调了发展巩固根据地对粉碎敌人进攻的根本性意义。

皖南事变后,1941 年 2 月 1 日,毛泽东领衔致电新四军和八路军负责人,指出:"目前华中指导中心应着重三个基本战略地区。第一个基本战略地区是鄂豫陕边","以在一年以内达到鄂西、豫西及陕南建立游击根据地为目的"。"第二个战略中心是江南根据地。又分为苏南、皖南、浙东及闽浙赣边四方面。""第三是苏鲁战区,这是目前华中的基本根据地,主力所在,用力最大。"(《年谱》中,第 267 页)这是毛泽东对华中敌后抗日根据地的新的战略部署,涉及苏、鲁、鄂、豫、皖、浙、闽、赣等 9 个省份。

2 月 18 日,毛泽东领衔致电新四军领导人,指出:"顽军虽有重新进攻华中我军之可能,然经日军'扫荡'后整训须时,故雪枫部应在涡河南岸尽可能努力迅速建立根据地,不到不得已时不要全部退至涡河北岸与放弃涡南。"(《年谱》中,第 273 页)具体部署了对涡河南岸抗日根据地的建立。

皖南事变发生前,为防止国民党军对我华中敌后抗日根据地的进攻,毛泽东曾让华北八路军准备抽调几万人的机动部队。1941 年 3 月 4 日,毛泽东领衔电告八路军负责人:"关于机动部队准备事,须能适应走与不走两种情况,决不可一心一意只准备走,致放松坚持根据地的决心与注意力。"(《年谱》中,第 280 页)可见,毛泽东即使在应对极坏情况时,仍不放松对华北敌后抗日根据地的决心与注意力,并把这一想法传递给战友们。

第二次反共高潮被打退后,1941 年 3 月 18 日,毛泽东为中共中央起草了党内指示,要求"各根据地必须坚决地执行中央去年十二月二十五日的指示","纠正过左思想,以便长期地不动摇地坚持抗日民主根据地"。(《选集》二,第 779 页)向全党提出了长期地、不动摇地坚持抗日根据地的要求。

4 月 5 日,毛泽东领衔电示新四军、八路军负责人:"在日蒋矛盾依然尖锐存在条件下,反共军向我大举进攻是不可能的,这一点给我党在山东、华中巩固扩大根据地以有利条件。""但山东、华中敌、顽、我的三角斗争是长期性的,三方中无论哪一方均不可能迅速解决问题。""因此你们战略部署须适应上述根本情况,作长期打算,勿为临时消息所左右。"(《年谱》中,第 287 页)这对山东、华中敌后抗日根据地的巩固与扩大,作出了战略性的部署,提出了长远性的方针。

1943 年 11 月 4 日,毛泽东为中共中央宣传部起草宣传要点,指出:"各根据地目前时期的宣传应集中于鼓励人民配合军队粉碎敌人的进攻……扩大我们的根据地。"(《年谱》中,第 478 页)继续把扩大根据地作为各个根据地今后的任务。

1944 年 1 月 12 日,毛泽东领衔电示张云逸等:"沿长江两岸,特别由安庆至九江一段尚有发展可能,应加派得力部队前去建立游击根据地。"(《年谱》中,第 492 页)要求开辟皖中抗日游击根据地。

4 月 18 日,日军发动河南战役。22 日,毛泽东见有机可乘,电示滕代远等:应乘日军南犯后方空虚时,开展豫北地方工作,以便将来可能时开辟豫西工作基地。(《年谱》中,第 509 页)部署在豫北和豫西建立根据地的准备工作。

5 月 24 日,毛泽东在延安大学开学典礼上说:"要把日本打出去,就要建立根据地。整个中国凡是没有沦陷的地方都是抗日根据地,大后方是根据地,华北、华中是根据地,广东、海南岛是根据地,陕甘宁边区是根据地,我们共产党在许多地方创造了抗日的根据地。""没有根据地,八路军、新四军就没有饭吃,没有地方出发去打敌人。"(《文集》三,第149—150页)这里,毛泽东站得更高,把眼光放得更远,不但把共产党创立的各个根据地看作抗日根据地,而且第一次把未沦陷的大后方也看作抗日根据地,全国还未沦陷的地方,都是抗日根据地。

10月7日,毛泽东在中共六届七中全会主席团会议上说:今后主要发展方向是南方,江南、湖南、河南;同时要注意东北。(《年谱》中,第549页)及时地把建立根据地的方向扩展到了江南、河南、湖南及东北。

10月14日,毛泽东领衔电示邓小平等:"在可能条件下,我军应乘虚尽量消灭伸入根据地内的伪军、日军的小据点,扩大根据地。"(《年谱》中,第551页)作出了在华北扩大抗日根据地的部署。

10月25日,毛泽东在中共中央党校大礼堂对即将走上抗日前线的干部说:从现在的环境看,还需要大大的发展,广东、湖南、河南都可以大发展。(《年谱》中,第553页)再次提出在广东、湖南、河南等地建立抗日根据地的任务。为了实现这一目标,毛泽东下令组建了八路军南下支队。11月1日,毛泽东检阅南下支队时对他们说:你们这次到南方去,到敌人的后方去插旗帜,开辟新的敌后抗日根据地,这是一个光荣而又艰巨的任务。(《年谱》中,第555页)把建立敌后抗日根据地比喻为到敌人后方去"插旗帜"。

11月2日,考虑到美军可能在杭州湾登陆,毛泽东领衔电示新四军领导人,要粟裕带两个团南进,并请他们考虑设立苏浙军区,统一指挥苏南及全浙江。(《年谱》中,第555页)部署在浙江开辟新的抗日根据地。

11月23日,毛泽东在中共六届七中全会主席团会议上说:可调一些人到广西、广东去，中国的国土蒋介石丢到哪里，我们就到哪里。华中来电决定向南发展，基本上可同意，还要准备几千干部到满洲去。(《年谱》中，第 561 页)不但提出了到广西、广东、满洲建立根据地的具体部署，而且提出了中国国土蒋介石丢到哪里，我们就把根据地建到哪里的总原则。

12 月 15 日，毛泽东在《一九四五年的任务》演讲中指出，1945年，中国解放区及敌后各抗日民主根据地"应该进攻"那些"被敌伪占领而又守备薄弱的地方"，"扩大解放区，缩小沦陷区"。"在一切新被敌人占领、尚未建立解放区的地方，例如河南等处，必须……建立新的解放区。"(《文集》三，第 236—237 页)

1945 年 2 月 24 日，毛泽东领导的中共中央致电华中局，要求苏南粟裕部、浙东何克希部、皖南部队，应就现地扩大及深入农村工作。(《年谱》中，第 583 页)对扩大江南根据地作出再部署。

3 月 1 日，毛泽东为中共中央起草复河南区党委电报，要求他们"迅速发展河南建立根据地，打通华北与鄂、湘联系"。(《年谱》中，第 583 页)对在河南建立抗日根据地提出新要求。

4 月 24 日，毛泽东在中共七大的口头政治报告中说："我们的任务需要发展攻势，扩大解放区，集中大的兵力(五至六个团)和小的兵力(武工队)，到敌后之敌后举行攻势。""在可能条件下，对敌人的最薄弱的地方举行进攻。"(《文集》三，第 329—330 页)提出了用进攻敌人的方式扩大根据地的任务，把扩大根据地作为普遍任务提了出来。

5 月 16 日，毛泽东主持中共七大主席团常委会议，决定再组织一批八路军，从延安南下，经湘鄂赣待机去湘粤桂边五岭山脉，开辟新的根据地。(《年谱》中，第 599 页)为建立五岭根据地增派了新的力量。

6月24日,毛泽东为中央起草致湘鄂赣区党委等的电报,要求八路军南下支队在湘桂边区"分散建立许多游击根据地,逐渐成为巩固根据地"。(《文集》三,第440页)部署在五岭山脉建立根据地。

7月15日,毛泽东起草中央致河南区党委电报,告诉他们入豫部队"今后作战方针,是向西防御,向东向南进攻(即对顽占区取防御方针,对敌占区取进攻方针)","建立可靠的军事、政治、经济基础"。(《文集》三,第442页)要求入豫部队主动向日军进攻,夺回敌占土地,建立可靠的抗日根据地。

7月22日,毛泽东致电王震等:"你们唯一任务是……在粤北、湘南创立五岭根据地,并与广东我军连成一片。"(《文集》三,第444页)再次要求南下部队创立五岭根据地。

可见,在抗日战争期间,直到抗战胜利前夕,毛泽东都一直在部署着在日军占领区建立敌后抗日根据地,以此作为夺取抗日战争胜利的基地。

第二节　指导敌后抗日根据地的各项建设

在全面抗战爆发前,毛泽东就已考虑敌后抗日根据地的建设问题。1937年5月3日,毛泽东在《中国共产党在抗日时期的任务》报告中,提出了红军和抗日根据地的任务,包括:将红军"造成抗日战争中的模范兵团";在根据地实行民主制度,"造成抗日和民主的模范区";实行必要的"经济建设"和"文化建设"。(《选集》一,第261页)

全面抗战爆发、八路军开赴山西抗战后,1937年9月24日,毛泽东致电在山西抗日前线的周恩来等:山西地方党目前应以全力布置恒山、五台、管涔三大山脉之游击战争，而重点在五台山脉，该处应设置军政委员会一类的领导机关，立即开始普遍地组织地方支队和群众组织，在半个月内应全部布置完毕。(《年谱》中，第 24 页)次日，毛泽东又致电周恩来和刘少奇等华北局领导人，指出，当前华北"应以游击战争为唯一方向"，为此，应着重于组织"独立领导的党政军集体机关"。(《年谱》中，第 25 页)开始布置在将要建立的抗日根据地建立领导机关、地方部队、群众组织等，开展政权建设。

10 月，毛泽东作《目前抗战形势与党的任务报告提纲》，提出我党在华北"应该大规模地武装民众，扩大抗日军与八路军，建立各种名义的自卫军、义勇军、游击队等"，"利用一切旧形式与合法的形式组织群众"，"普遍地建立共产党组织"。(《文集》二，第 57 页)要求各根据地武装民众、组织民众，建立共产党的组织。

11 月 12 日，毛泽东在延安中共活动分子会议上指出，我党"在各革命的抗日根据地，同样提出了'统一战线中的独立自主'这个原则"。(《选集》二，第 393 页)11 月 15 日，毛泽东又电示周恩来等："目前山西工作原则是在'统一战线中进一步执行独立自主'"，以使我党我军能在国民党不可靠时"还能够干下去"。(《文集》二，第 70 页)可见在敌后抗日根据地建立伊始，毛泽东就向他们提出了在统一战线中坚持中共的独立自主这一敌后抗日根据地中党的领导的原则。

1938 年 3 月 24 日，毛泽东联衔致电朱瑞等，要求快速创建冀晋豫抗日根据地，并提出中共和八路军在这一地区的任务，包括：建立游击队；组织自卫军；改造政权机关，使之成为广泛人民阶层的抗日民主政权；准备召集边区政府代表大会，成立边区临时政府；召开群众团体的代表会议，建立群众团体；建立健全党的领导机关等政权建设、抗日武装建设、群众团体建设、党的建设等。
(《年谱》中,第60—61页)

4月20日,毛泽东联衔致电彭真等,指出,晋察冀根据地已大
体建立,目前中心任务是巩固和继续发展。电报提出了巩固和发
展根据地应当进行的工作和采取的政策。

4月21日,毛泽东联衔致电刘少奇等,要求在河北、山东平原
地区大力发展游击战争,在收复的地区应即建立政府。(《年谱》
中,第67页)要求在所有收复地区都要进行抗日根据地的政权
建设。

6月15日,因日军进攻晋西北根据地,毛泽东领衔电示八路军
第120师负责人,要他们向当地国民党军政首长提议,召集各界开
一次会,讨论如何打退日军进攻的作战计划,并相机提出建立根据
地的某些重要问题。(《年谱》中,第80页)又部署了晋西北根据地
的统一战线工作。

8月17日,毛泽东领衔电示聂荣臻等,提出晋察冀边区的货币
政策原则,并要求边区"要有适当的对外贸易政策"。(《文集》二,
第137页)对根据地的经济建设提出要求。

1938年5月,毛泽东在《抗日游击战争的战略问题》一文中指
出,敌后抗日根据地"只有在建立了抗日的武装部队、战胜了敌人、
发动了民众这三个基本的条件逐渐地具备之后,才能真正地建立
起来"。(《选集》二,第424页)把建立抗日武装、战胜日军、发动民
众这三项任务,作为敌后抗日根据地建设的必要任务。此外,根据
地还必须执行"合理负担和保护商业"这样的经济政策。(《选集》
二,第425页)为了巩固和发展根据地,又必须做"组织民众、训练
部队"这两项工作。(《选集》二,第426页)

8月20日,毛泽东联衔致电徐向前等人,对新成立的冀南行政

公署这一冀南抗日根据地新政权提出要求，指出，新政府成立，须即实行几项善政，包括救济饥民、组织秋收运动、规定"二五减租"、组织廉洁政府等，"以完全新的姿态在人民面前出现"。（《年谱》中，第90页）这就把救济贫民、组织生产、减租、建设廉政政府等任务提到了根据地政府的面前。特别重要的是，提出了"以完全新的姿态在人民面前出现"这一根据地政权建设的总原则，作为对人民政权的总要求。这不仅是对冀南根据地提出的，也是对全国各个敌后抗日根据地提出的。

10月24日，毛泽东领衔致电周士第等，指出，在大青山建立游击根据地，要处处照顾到同傅作义的统一战线。要团结蒙汉人民联合抗日。要尊重蒙族风俗习惯、宗教信仰并发扬其文化，吸收蒙族知识分子，培养蒙族干部。（《年谱》中，第95页）对如何建立大青山抗日游击根据地，特别提出了关于统一战线的各项政策，要求把统一战线建设也放进根据地建设的任务之中来。

12月21日，毛泽东在中央书记处会议上提议，陕甘宁边区今后须注重经济建设和文化建设。（《年谱》中，第102页）再次把经济建设和文化建设的任务，向陕甘宁边区并向其他较为巩固的敌后抗日根据地提了出来。

1939年1月2日，毛泽东在《八路军军政杂志》发刊词中，前瞻性地提出"长期抗战中最困难问题之一，将是财政经济问题"，因而也前瞻性地提出了"如何在各个抗日根据地上，不但注意执行正确的地方财政经济政策……而且提出与实行在不妨碍作战条件下，由军队本身亲身参加生产的问题"，要求"在比较巩固的根据地上"，"后方机关人员担任生产"，战斗部队也利用时机发动士兵"做衣服、做鞋袜、做手套"等。"在巩固的根据地上"，发动非战斗部队"种菜、喂猪、打柴"，"开办合作社"等。（《文集》二，第141—142

页)这就向各个敌后抗日根据地不但再次提出执行正确的财政经济政策的任务,而且第一次提出了军队参加生产的任务。

3月19日,毛泽东又致电彭德怀,告诉他陕甘宁"边区正发展生产运动"。"前方注意银行、税收是很对的,但根本之计在生产。请考虑在某些较稳固区域,不但发动民众增加生产,而且发动机关、学校、部队",也"自己动手从事生产"。(《文集》二,第173、174页)进一步部署了根据地的军民生产运动。可见在毛泽东的心目中,根据地的经济建设,根本在生产,而非银行和税收。也就是说,他更加重视实体经济。

5月1日,毛泽东在陕甘宁边区工业展览会开幕式上讲话说,要打倒日本帝国主义,必须有政治、军事、经济、文化各方面的新的建设。他夸赞"陕甘宁边区的政治建设、军事建设、经济建设、文化建设都搞得很好"。(《年谱》中,第123页)从而向各个抗日根据地提出了政治建设、军事建设、经济建设、文化建设的任务。

6月,毛泽东在《反投降提纲》中,又说"要提拔地方干部。没有地方干部……不能建立巩固的根据地"。(《文集》二,第233页)把提拔地方干部、加强干部队伍建设,也作为根据地建设的内容之一。

1940年2月1日,毛泽东在延安民众讨汪大会上发表演讲说,陕甘宁边区是"民主的抗日根据地,这里一没有贪官污吏,二没有土豪劣绅,三没有赌博,四没有娼妓,五没有小老婆,六没有叫花子,七没有结党营私之徒,八没有萎靡不振之气,九没有人吃磨擦饭,十没有人发国难财"。因此,它是取消不了的。(《选集》二,第718页)既把抗日根据地的建设成绩摆了出来,也把抗日根据地的建设方向指了出来。

2月11日,毛泽东为中共中央和军委起草复萧克电,要求他在

根据地中"十分注意财政工作与经济建设工作","这于支持长期战争是基本决定条件之一"。(《年谱》中,第170页)

3月6日,毛泽东为中央起草了《抗日根据地的政权问题》的党内指示,提出了抗日根据地政权建设的"三三制"原则,指出:"在抗日时期,我们所建立的政权的性质,是民族统一战线的","是一切赞成抗日又赞成民主的人们的政权"。"根据抗日民族统一战线政权的原则,在人员分配上,应规定为共产党员占三分之一,非党的左派进步分子占三分之一,不左不右的中间派占三分之一。"(《选集》二,第741—742页)3月11日,毛泽东在党的高级干部会议上作报告时,又要求在抗日根据地内建立政权问题上,应坚持"三三制",要求全党深刻了解并坚决执行。

5月4日,毛泽东在中央给东南局的指示中指出:"在抗日战争中,我们在全国的方针是抗日民族统一战线的。在敌后建立民主的抗日根据地,也是抗日民族统一战线的。中央关于政权问题的决定,你们应该坚决执行。"(《选集》二,第756页)把建立抗日民族统一战线的政权作为敌后抗日根据地建设的核心任务。

7月5日,毛泽东在为延安《新中华报》撰写纪念抗战三周年的文章《团结到底》中,除在政权问题上重申"三三制"原则外,还指出:"其他财政、经济、文化、教育、锄奸各方面的政策,为着抗日的需要,均必须从调节各阶级利益出发,实行统一战线政策,均必须一方面反对右倾机会主义,一方面反对'左'倾机会主义。"(《选集》二,第761页)把实行统一战线政策作为敌后抗日根据地建设的中心,要求调节各阶级利益,反对"左"的社会政策。

7月13日,毛泽东在延安高级干部会议上讲目前时局与党的政策时说,目前全国有"两个上了轨道的根据地——陕甘宁边区与晋察冀边区"。但也指出,即使在这两个根据地,也存在着"统一战线太少，官僚主义太多"等缺点，要求各地进一步加强根据地的建设。(《文集》二，第291页)这就把加强统一战线和反对官僚主义列入根据地建设的重点中来。

8月18日，毛泽东在中央政治局会议上指出，陕甘宁边区今后收税不能增加太多，公粮不能收十万担。(《年谱》中，第204页)把减轻人民负担的要求向抗日根据地提了出来。

8月28日，毛泽东联衔致电山东分局负责人："山东是你们的基本根据地"，"对山东抗战作长期打算，因此必须实行正确政策，尤其是财政经济政策"，"应组织统一的财政经济委员会，确实整理财政收入与开支"。(《年谱》中，第205页)对敌后抗日根据地不但要求其实行正确的财经政策，而且指示了具体的做法。

1940年9月23日，毛泽东在《时局与边区问题》报告中回顾说：过去对知识分子没有大量吸收吃了亏，对敌后民主政权建设太慢也吃了亏。他说，陕甘宁边区新的国营经济，是一种特殊的国家资本主义。要发展新式的国家资本主义。边区有四种经济，国营经济、私人资本主义、合作社经济、半自足经济。私人资本主义要节制，但非打击，更非消灭。(《年谱》中，第208—209页)实际上这就向敌后抗日根据地提出了大量吸收知识分子、迅速建立民主政权、发展新式的国家资本主义、不要打击和消灭私人资本主义等任务。

9月25日，毛泽东在中央政治局会议上又指出：各个根据地的中心问题，都是经济问题，要把经济建设当作党与民众团体整个工作的中心，边区党委和政府工作的中心。(《年谱》中，第209页)这就把经济建设作为根据地建设的中心和根据地党委政府工作的中心，从而在实际上明确地提出了"以经济建设为中心"的思想。这是非常值得人们引起注意的！这应该是毛泽东注意经济建设的一段经典语言，也是中国共产党"以经济建设为中心"思想的明确表达和源头所在。可见，即使在抗日战争这样战争任务异常重要的条件下，毛泽东仍然非常重视经济建设，明确提出"以经济建设为中心"的思想。讲话中毛泽东还指出，整个经济工作要实行自给的原则。(《年谱》中，第209页)提出了根据地经济建设的原则。

10月14日，毛泽东为苏北根据地的建设发出三份电报。在领衔致陈毅等人电报中说："建设苏北根据地是很大工作"，要"注意收集知识分子，注意调节各阶层利益，实行政权中的三三制，预防'左'的危险，注意组织财政经济工作，从长期战争出发，勿使人力物力浪费"。(《年谱》中，第213页)在致刘少奇等人的电报中，则要求他们注意吸收民族资本家及其代表参加根据地建设。(《文集》二，第300页)在致周恩来等人的电报中指出："苏北根据地的工作对全国有重大政治影响，而对民族资产阶级的正确政策，成为我们建立苏北模范抗日根据地的中心问题之一。""请你们除对生活教育社人员加以联络，鼓励他们去苏北外"，"同时也对黄炎培……等江浙民族资产阶级之代表加以联络争取工作"，"约请他们派人和介绍人到苏北去办教育文化事业，去投资兴办实业"，"参加苏北的政权工作和民意机关工作"，"帮助我们巩固苏北根据地"。(《年谱》中，第213—214页)这就向根据地提出了吸收民族资本家及其代表参加抗日根据地建设，到抗日根据地去兴办文化事业，兴办实业，参加政权和民意机关的新任务。这是加强敌后抗日根据地建设中的一项重要政策，也是毛泽东抗日根据地建设思想中的一个重要内容。这是统一战线思想在抗日根据地建设中的重要体现。

10月18日，毛泽东连续为中央书记处起草了两份关于在根据地反对"左"倾政策的电报。在致北方局等的电报中明确指出："冀南的土地政策,我们认为是过左的,是违反抗日统一战线原则的,业已造成了严重结果。""晋东南及山东两地土地政策是否有过左错误,望北方局、山东分局及一一五师加以检查报告我们。"(《年谱》中,第214页)对冀南根据地实行的过左土地政策提出了批评,并要有关方面检查晋东南及山东两个根据地的土地政策。在致新四军、八路军领导人的电报中,毛泽东又举一反三,指出:"许多地方犯有极左错误,主要是在土地政策,劳动政策,财政政策,锄奸政策,对待知识分子政策……以及我之政权组织上表现过左。其结果是缩小了我之社会基础。"他明确地、一针见血地向全党指出"'左'倾错误是当前主要危险"。他要求各地"及时检查下级工作,纠正过左行动",否则,"要长期坚持根据地,是不可能的。此事望你们尖锐地提起全党全军注意,切勿等闲视之"。(《文集》二,第302页)在这份电报中,毛泽东尖锐地向全党全军提出了"'左'倾错误是当前主要危险"的重大判断和重要提醒,并要求把纠正过左行动,作为坚持根据地的一项重要工作。

10月25日,毛泽东致电周恩来等,强调"各根据地上实行完全的自足自给"。(《年谱》中,第216页)把达到自足自给作为根据地经济建设的一个重要目标。

12月3日,毛泽东在中共陕甘宁中央局经济自给动员大会上讲话说:现在根据地的工作粗枝大叶已经不行了,必须以细密的组织工作来代替。经济建设的任务就是适应现在的环境而提出的。(《年谱》中,第236页)在根据地建设中,又提出了要开展细密的组织工作的要求。

12月13日,毛泽东在中央政治局会议上说:现在各根据地土地政策、劳动政策都是过左的,如实行八小时工作制,过高增加工资等,必须解释清楚,把理论与实际政策说清楚。(《年谱》中,第

240—241页)从而在根据地建设中,又提出纠正过左的劳动政策的任务。

同日,毛泽东为中央书记处起草给各中央局的指示,提出华中、华北抗日根据地应实行的各项政策,包括:(1)政权机关及民意机关,坚决实行"三三制";(2)劳动政策力避过左,不要实行八小时制,保证资本家能赚钱;(3)土地政策应实行部分的减租减息;(4)税收政策暂时照旧征税,苛杂酌量减轻;(5)锄奸政策避免多杀人;(6)经济政策尽量发展工业农业生产与商业流通,力避破坏生产与商业,号召上海资本家到苏北办实业;(7)文化教育政策容许民族资产阶级的自由主义思想存在,容许自由主义的文化人及教育家办报办学。(《文集》二,第320—321页)进一步较系统地提出了根据地所应该实行的七项政策。

1940年12月25日,毛泽东为中共中央起草了《论政策》的党内指示,再一次明确指出:"目前党内的主要危险倾向,仍然是过左的观点在作怪。"提醒全党:过左是当前主要危险。指示中对根据地建设中的各项具体政策作了规定或重申,这些政策包括:政权组织坚决执行"三三制";劳动政策不应过多地加薪减时;土地政策一般为二五减租;税收政策按收入相应纳税;锄奸政策决不可多杀人;人民权利应规定一切不反对抗日的地主资本家和工人农民有同等各项权利;经济政策应吸引愿来的外地资本家到抗日根据地开办实业,奖励民营企业。并再次提出要"认真地精细地而不是粗枝大叶地去组织各根据地上的经济,达到自给自足的目的,是长期支持根据地的基本环节";文化教育政策"应容许资产阶级自由主义的教育家、文化人、记者、技术家来根据地和我们合作,办学、办报、做事"。(《选集》二,第765—768页)这一指示,是毛泽东对抗日根据地建设各项政策的一次全面阐述,是中共敌后抗日根据地建设的一件指导性文献,是研究毛泽东抗日根据地建设思想的一份重要史料。它对敌后抗日根据地建设中的一些过左和有害的政策作了调整和纠正,对抗日根据地的巩固和发展起了重要作用。

1941 年 4 月 17 日,毛泽东领衔电示贺龙等:"你们部队主力择适当地点集中整训,不要妨碍生产建设,以便坚持根据地。延安亦是这个方针(准备应付蒋之万一进攻,但不妨碍生产)。"(《年谱》中,第 290 页)可见在毛泽东心目中,生产建设始终是坚持根据地的一项中心工作,其他工作不能妨碍之。

4 月 28 日,毛泽东修改完《陕甘宁边区施政纲领》,其中增写了"改进司法制度,坚决废止肉刑,重证据不重口供","厉行廉洁政治,严惩公务人员之贪污行为",保证土地所有权,"继续推行消灭文盲政策","普及国民教育","奖励自由研究,尊重知识分子,提倡科学知识与文艺运动"等内容,为敌后抗日根据地建设又增加了一些新的内容。5 月 1 日,这一纲领正式发表,其内容包括军事政策,优抗政策,"三三制"政策,人权保障政策,司法政策,廉洁政策,农业政策,土地政策,工商政策,劳动政策,税收政策,文化政策,妇女政策,民族政策,华侨政策,游民政策,俘虏政策,外国人政策,等等。后来,它不但在陕甘宁边区得到施行,而且在华北、华中各抗日根据地也加以仿行,对根据地建设起了很好的规范、示范及推动、促进作用。

5 月 8 日,毛泽东起草中共中央给党内的指示,对打退第二次反共高潮作出总结。在这个指示中,毛泽东第一次对中共领导建立的各敌后抗日根据地的社会性质作出判断,说:"陕甘宁边区和华北华中各抗日根据地的社会性质已经是新民主主义的。"理由是,"判断一个地方的社会性质是不是新民主主义的,主要地是以那里的政权是否有人民大众的代表参加以及是否有共产党的领导

为原则。因此,共产党领导的统一战线政权,便是新民主主义社会
的主要标志"。他进一步分析说:"现在各根据地的政治,是一切赞
成抗日和民主的人民的统一战线的政治,其经济是基本上排除了
半殖民地因素和半封建因素的经济,其文化是人民大众反帝反封
建的文化。因此,无论就政治、经济或文化来看,只实行减租减息
的各抗日根据地,和实行了彻底的土地革命的陕甘宁边区,同样是
新民主主义的社会。各根据地的模型推广到全国,那时全国就成
了新民主主义的共和国。"(《选集》二,第785页)1940年1月,毛泽
东在《新民主主义论》中曾畅想要建立一个新中国——新民主主义
的中国,即新民主主义的政治、新民主主义的经济和新民主主义的
文化相结合的新民主主义共和国。之前我一直认为那是毛泽东对
未来的畅想,但是现在毛泽东又总结说,共产党领导的各个敌后抗
日根据地,就是新民主主义的社会。可见,各个敌后抗日根据地的
建设,归纳起来也可以说主要是三大建设,即政治建设、经济建设、
文化建设。

　　8月13日,毛泽东在中央政治局会议上讲陕甘宁边区财政经
济问题时说,现在边区财经问题主要有两个矛盾,一是140万人生
产要供给8万人生活,二是出入口不平衡。解决的方针是:一,发
展经济;二,平衡出入口。发展经济的原则,主要民营,部分公营。
(《年谱》中,第320页)提出了抗日根据地经济建设的原则。

　　8月22日,毛泽东致信陕甘宁边区政府秘书长谢觉哉,说:"边
区有政治、军事、经济、财政、锄奸、文化各项重大工作,就现时状态
即不发生大的突变来说,经济建设一项乃是其他各项的中心,有了
穿吃住用,什么都活跃了,都好办了,而不要提民主或其他什么为
中心工作。"(《文集》二,第369—370页)又一次阐明了经济建设是
各项工作的中心,再一次提出了根据地"以经济建设为中心"的

思想。

11 月 17 日,毛泽东主持中央政治局会议,讨论陕甘宁边区财政经济计划草案,确定了精兵简政的方针。这一方针,后来在各个敌后抗日根据地推行,成为抗日根据地建设的一项重要内容。

12 月 28 日,毛泽东起草中央书记处和中央军委关于太平洋战争爆发后的指示,指出:"1941 年我根据地受了很大损害,应乘 1942 年敌人忙于太平洋对中国采取战略守势之际,集中精力恢复元气","精兵简政,发展经济,发展民运"。(《文集》二,第 385 页)

1942 年 1 月 28 日,毛泽东主持中央政治局会议,通过《中共中央关于抗日根据地土地政策的决定》。他说:这一决定是第一次公开承认资本主义生产并给予奖励。现在解决土地问题必须保存一部分封建性,不使地主跑到敌人方面去。实行这个政策,是破坏敌人统一战线的最好办法。他还说:土地政策,研究了好几个月了,是我党以前未曾有过的决定。(《年谱》中,第 358—359 页)这一抗日民族统一战线的土地政策,即既减租减息又交租交息的土地政策的制定和实行,对抗日根据地经济建设的发展、根据地的稳定和巩固,起到了重要的作用。

7 月 25 日,毛泽东在中央政治局会议上说:"精兵简政适合于目前需要,但做得还不彻底。明年陕甘宁边区脱离生产的人员要减至六万人,晋西北减至五万人。"(《年谱》中,第 394 页)对精简提出了硬指标,显示了毛泽东对精兵简政的决心。他还说:边区主要是两项工作,教育工作和经济工作。(《年谱》中,第 394 页)把对各方面的教育工作也列入根据地建设的重点工作。7 月 29 日,在中央政治局会议上,毛泽东又说:在敌后根据地困难日益增长的环境下,必须使各根据地负责同志深刻认识精兵简政与整顿三风的重要性。他还提出了根据地精简的比例:在全部脱离生产的人员中,

军队占百分之七十,党、政、民、学占百分之三十;全部脱产人员占
老百姓人数的百分之三。要按这个比例,主动地、彻底地、有计划
地执行。(《年谱》中,第 394—395 页)8 月 4 日,毛泽东在给陈毅的
复电中,特别提醒他注意精简:"现在华北、山东须下绝大决心实行
彻底的精兵简政",因为"如使根据地民力财力迅速枯竭,弄到民困
军愁,便有坐毙危险"。(《文集》二,第 437 页)8 月 19 日,毛泽东写
信给陕甘宁边区参议会副议长谢觉哉等,要求边区"二届参议会应
以准备精兵简政为中心"。(《文集》二,第 439 页)8 月 29 日,毛泽
东在中央政治局会议上说:精兵简政,除包括精简、效能、统一外,
加上节约和反官僚主义两项。(《年谱》中,第 400 页)这样,节约和
反官僚主义,也随着精兵简政的实行,成为根据地各项建设的内容
之一。9 月 7 日,毛泽东在为《解放日报》所写的社论中,称精兵简
政为"一个极其重要的政策",有了它,各个抗日根据地就可以克服
"鱼大水小的矛盾","轻轻快快地同敌人作斗争"。(《选集》三,第
882 页)

　　1942 年 10 月 19 日,毛泽东在西北局高干会议上讲到边区建
设时说,军队要开荒生产,建立工厂,减轻人民的负担,要重视作经
济工作的同志。(《年谱》中,第 408 页)

　　12 月,毛泽东为西北局高干会议写了长篇书面报告《经济问题
与财政问题》,提出:"发展经济,保障供给,是我们的经济工作和财
政工作的总方针。"(《选集》三,第 891 页)这一抗日根据地经济建
设"八字方针"的提出,对根据地经济建设的发展具有重要的指导
作用,也起了重要的推动作用。他还提出了"公私兼顾"或"军民兼
顾"的口号,批评不顾人民困难、加重人民负担的观点。(《选集》
三,第 894—895 页)他说:"一切空话都是无用的,必须给人民以看
得见的物质福利。""我们的第一个方面的工作并不是向人民要东

西,而是给人民以东西",在目前就是领导人民发展生产。(《文集》二,第467页)"所以党与政府用极大力量注意人民经济的建设,乃是我们非常重要的任务。"(《年谱》中,第420页)在当时陕甘宁边区的条件下,中心工作或"第一位工作""确确实实地就是经济工作与教育工作,其他工作都是围绕着这两项工作而有其意义"。(《文集》二,第465页)这些话,不但又一次地阐述了"经济建设为中心"的思想,更重要的是提出了"发展经济为人民"的思想,并在经济之前鲜明地冠上"人民"二字,把经济称为"人民经济",并把发展经济的目的归结为增加人民的物质福利。这些思想,不但对抗日根据地的经济建设具有指导作用,后来还长时期地影响了新民主主义社会和社会主义初级阶段的经济建设。在这个报告中,毛泽东还指出,今后根据地发展经济,"应确定以农业为第一位,工业、手工业、运输业与畜牧业为第二位,商业则放在第三位",确定了"农、工、商"的发展次序。此外,还提出了"建立经济核算制""改善工厂的组织与管理"(《文集》二,第462、463页)等新的经济管理方面的问题,把经济管理也提上了根据地建设的议事日程,进一步丰富了敌后抗日根据地建设的内容。

　　1943年1月1日,毛泽东在中共中央办公厅干部新年晚会上说:1943年在前方敌后抗日根据地的任务是战斗、生产、学习,在后方陕甘宁边区的主要任务是生产和学习。(《年谱》中,第421页)继续把生产列为1943年根据地建设的重点任务之一。

　　1月25日,毛泽东在复彭德怀的电报中指出,根据地"民主政权的实质是改善人民的经济生活与提高人民的政治觉悟,二者均为抗战。改善生活的条件,一是减轻农民对地主的负担,即实行减租减息;二是减轻农民对政府的负担,即实行精兵简政与发展一部分公营经济;三是认真帮助农民发展农业生产及副业生产,增加农民的粮食收入及副业收入。各根据地上对这几件事都有很多工作可做。陕甘宁边区的中心工作是经济与教育二项,敌后各根据地的中心工作是战争、经济与教育三项"。(《文集》三,第1—2页)更加明确地阐明了发展经济、改善人民生活在根据地建设中的重要地位。

3月16日,毛泽东在中央政治局会议上指出,对敌后抗日根据地,要"研究政治、军事、经济、文教。政治主要是政权,军事是军事建设、民兵建设,经济是公营经济与民营经济"。(《文集》三,第10页)可见,军事建设、民兵建设也是根据地建设的内容。

7月1日,毛泽东在纪念中共成立二十周年和抗战六周年干部晚会上说:几年来我们创造了许多新东西,例如反"扫荡"、反"蚕食"、生产运动、土地政策、"三三制"、精兵简政、拥政爱民、拥护军队、整顿三风等。这些政策还要继续执行。(《年谱》中,第447—448页)从而把拥政爱民、拥护军队,也作为敌后抗日根据地建设的内容之一。

7月2日,毛泽东起草中共中央为抗战六周年纪念宣言说,在6年全面抗战中,八路军、新四军与敌后人民"从敌人手中夺回了广大的土地,建立了民主的抗日根据地","实行了联合各抗日阶层的三三制政策,实行了减租减息同时又交租交息的土地政策,实行了奖励生产同时又保护工人的劳动政策,实行了鼓励人民爱国心与发扬人民抗战积极性的文化政策"。(《文集》三,第44页)这几项重要的政策,代表着根据地的政治、经济、文化三项建设的内容。他还要求今后"陕甘宁边区及敌后许多根据地上卓著成效的公私生产运动,应该不疲倦地坚持发展下去"。(《文集》三,第46页)可见生产运动也是根据地建设的重要内容之一。

8月5日,毛泽东起草中央书记处致晋察冀分局电,要求他们精兵简政,"下决心减去三万"。(《年谱》中,第 462 页)当日,他个人又致电聂荣臻,再次强调"你们要下决心减去三万人"。(《年谱》中,第 462 页)

10 月 1 日,毛泽东为中央政治局写了关于开展根据地的减租生产和拥政爱民运动及宣传十大政策的指示,要求各根据地"检查减租政策的实行情况",开展"大规模生产运动",每年举行一次"拥政爱民和拥军优抗的广大规模的群众运动"。(《选集》三,第 910—913 页)自此,双拥运动不仅成为抗日根据地建设的经常性内容,而且成为解放战争时期的解放区和新中国成立后全国各地区人民政权的传统性工作。指示还列举了现时在各根据地实行的十大政策,即"第一,对敌斗争;第二,精兵简政;第三,统一领导;第四,拥政爱民;第五,发展生产;第六,整顿三风;第七,审查干部;第八,时事教育;第九,'三三制';第十,减租减息",并要求全党全部地认真地实行这十大政策。(《文集》三,第 66 页)从而为根据地建设作了内容更加丰富的布置。

10 月 14 日,毛泽东在西北局高干会议上作报告时,又一次要求"切实执行十大政策"。其中在讲到发展生产时,特意讲到了组织劳动力即"发展劳动互助组织"问题,提出"要大力提倡合作社"。因为之前,陕甘宁边区有 3 万多劳动力组成了变工队、扎工队等"集体互助的劳动组织"。他把这看作"从个体劳动转到集体劳动的第二个生产关系及生产方式的改革"。(《文集》三,第 68—71页)11 月 29 日,毛泽东在中共中央招待陕甘宁边区劳动英雄大会上专门作了《组织起来》的讲话,他说:"在边区,我们现在已经组织了许多的农民合作社",它是"建立在个体经济基础上(私有财产基础上)的集体劳动组织"。而克服"分散的个体生产""而使农民自己陷于永远的穷苦"这种状况的"唯一办法,就是逐渐地集体化;而达到集体化的唯一道路……就是经过合作社"。(《选集》三,第931页)可见,生产合作社在陕甘宁边区刚一露头,毛泽东就敏锐地发现了它、热情地肯定了它、及时地总结了它,并向各抗日根据地提出了广泛组织集体互助的生产合作社的新任务。

1944年3月22日,毛泽东在中共中央宣传工作会议上,专门讲了陕甘宁边区的文化教育问题。他说:"边区在没有战争的条件下,直接任务就是生产和教育两项。"边区政府甚至某些管理机关要把文化教育问题提上议事日程。"文化,它是政治、经济的反映,又指导政治、经济。""任何社会没有文化就建设不起来。"他从报纸、学校、艺术、卫生四个方面讲了怎么"把边区人民的文化提高到一个必要的程度"。(《文集》三,第106—111页)这样,他又把文化建设的任务向陕甘宁边区、向各敌后抗日根据地提了出来。

5月22日,毛泽东在中共中央办公厅为陕甘宁边区工厂厂长及职工代表会议举行的招待会上讲话说:"边区工业的进步是很快的,它的数目虽小,但它所包含的意义却非常远大。谁要不认识这个最有发展、最富有生命力、足以引起一切变化的力量,谁的头脑就是混沌无知。""要打倒日本帝国主义,必须有工业。""我们共产党是要努力于中国的工业化的。"(《文集》三,第146页)又把工业化的任务向陕甘宁边区,也向各敌后抗日根据地提了出来。

5月24日,毛泽东在延安大学开学典礼上说:"我们有了根据地,就要做军事、政治、经济、文化、党务等工作。"(《文集》三,第150页)把党务工作也列入根据地的建设任务之中。

12月15日,毛泽东在陕甘宁边区二届二次参议会上发表演说,提出了各个根据地即解放区在1945年的15项任务,主要包括:整训军队,加强拥政爱民与拥军优抗,加强统一战线工作,做好减租工作,开展大规模生产运动,注意报纸、学校、艺术、卫生等文教工作,选举并奖励和教育战斗英雄、劳动英雄及模范工作者,提高干部能力,改进工作作风,等等。进一步丰富了根据地建设的内容。

1945年1月10日,毛泽东在陕甘宁边区劳动英雄模范工作者大会上,作了题为《必须学会做经济工作》的讲话。其中他再次讲到了在农村实行劳动互助的方针。他说:"劳动互助提高了农业劳动的生产率",组织互助团体后,"三个人的劳动效率抵过四个人"。他说,如果各个根据地都"采取耐心说服、典型示范的方针,那末,几年之内,就可能使大多数农民都组织在农业生产和手工业生产的互助团体里面"。那样,"不但生产量大增,各种创造都出来了,政治也会进步,文化也会提高,卫生也会讲究,流氓也会改造,风俗也会改变;不要很久,生产工具也会有所改良。到了那时,我们的农村社会,就会一步一步地建立在新的基础的上面了"。(《选集》三,第1017页)再次把组织劳动互助向各个抗日根据地提了出来。

4月24日,毛泽东在《论联合政府》报告中提出今后中国解放区即抗日根据地的任务时,又提出了爱惜人力物力,"避免滥用和浪费","容许各派宗教存在"等新的任务。(《选集》三,第1091—1092页)

第三节 敌后抗日根据地对中国抗战的支持作用

抗战胜利4个多月前,1945年4月24日,毛泽东在《论联合政府》报告中,曾经对中国解放区即敌后抗日根据地有一段专门的论述。他说:"中国共产党领导的中国解放区,现在有九千五百五十万人口。其地域,北起内蒙,南至海南岛,大部分敌人所到之处,都有八路军、新四军和其他人民军队的活动。这个广大的中国解放区，包括十九个大的解放区，其地域包括辽宁、热河、察哈尔、绥远、陕西、甘肃、宁夏、山西、河北、河南、山东、江苏、浙江、安徽、江西、湖北、湖南、广东、福建等省的大部分和小部分。""在所有这些解放区内，实行了抗日民族统一战线的全部必要的政策，建立了或正在建立民选的共产党人和各抗日党派及无党无派的代表人物合作的政府。……解放区内全体人民的力量都动员起来了。""中国解放区在强敌压迫下，在国民党军队的封锁和进攻的情况之下，在毫无外援的情况之下，能够屹立不摇，并且一天一天发展，缩小敌占区，扩大自己的区域，成为民主中国的模型，成为配合同盟国作战、驱逐日本侵略者、解放中国人民的主要力量。"（《选集》三，第1044—1045页）这里所说的19个解放区，指的是陕甘宁、晋绥、晋察冀、冀热辽、晋冀豫、冀鲁豫、山东、苏北、苏中、苏南、淮北、淮南、皖中、浙东、广东、琼崖、湘鄂赣、鄂豫皖、河南19块抗日根据地。到抗战胜利时，这19块根据地的面积达100余万平方公里，涉及中国当时的19个省份，总人口将近一亿人。

从毛泽东的这段论述以及本章所引的其他论述中，我们可以看出：

一、这些根据地，都是从日军手里即"敌人所到之处"夺回来的，是中国共产党领导的敌后军民通过英勇抗战、流血牺牲，从日军占领下恢复的国土，其每一寸土地，都是敌后军民以命换命、以血换血——以中国人的命和血换了日本军队和伪军的命和血——得来的，都埋葬过日军、伪军的尸体，当然也都埋葬着中国军民的英魂。这么多国土的收复，本身就是敌后军民英勇抗战的成果，也是敌后军民英勇抗战的铁证。否则，日军和伪军会把这些土地送给共产党和敌后军民吗？那些说敌后军民不抗日的人，你们能解释得了敌后军民既不抗日又从日军手里夺回来100多万平方公里土地这一巨大矛盾吗？所以，敌后抗日根据地的大片国土，正好说明了敌后军民曾经开展了大量的抗战。据统计，是12.5万余次作战。这些根据地，是抗战抗出来的，是敌后军民流血牺牲换来的，是中国军民敌后抗战的丰碑和铁证。这座丰碑，人人都看得见，并将世世代代矗立着，任何人也磨灭不了；这些铁证，也永远会流传着，任何人也抹杀不了，任何污蔑和否认，只会在它面前成为笑谈。

　　二、这些根据地的存在，说明日军并不能真正地占领中国。当日军把国民党军队打得望风逃跑、遗下大片国土，日军宣布已经占领这些地区的时候，过了不久它就发现，它先前占领的大片地区里，又冒出了很多抗日军民，一块一块地占了它的地，收了它的地盘。它占领的地区一开始很大，然后就慢慢地缩小，它不得不回过头来对这些占了它原先占领的土地和人民的根据地，进行"扫荡"，"扫荡"不成，又进行"蚕食"，但最终还是不成。它的占领区慢慢缩小，直到它无条件投降时，它始终未能真正地全部占领它号称占领的地方，而只是那些地方的城市和交通要道而已，广大的山区、乡村，它并未真正占领过。所以，敌后根据地的存在，证明了一个真理：日本并不能真正灭亡中国。敌后抗日根据地在日本占领区的大量存在和长期存在，就像是大海中的一个个岛屿的存在，就像草原一场野火后一片片草根的存在，让世人看到日本的占领，并不是全部的占领和长久的占领，日本的胜利并不是全部的胜利和最后的胜利。同样，中国的被占领也不是全部被占领，中国可以在土地被占领后再收复，可以劫后重生，可以在敌后生长出新的更加坚强的抗日力量，收复大片沦丧的国土，中国不会真正亡。这就给了中国人以抗战胜利的希望、以抗下去的信心和决心，让中国人看到了抗战还有这样一条路，这样一条再生之路、恢复之路、胜利之路、别开生面之路。同时，这也牵制了日军的兵力，打击了日军的斗志，挫败了日军的士气，并让世界其他国家看到了中国的韧性和斗志，看到了中国抗日力量的强大，看到了同中国合作的前途，从而全面加强了抗日的力量。

三、这些根据地的存在，为敌后抗战提供了无尽的战争资源。敌后抗战的兵员完全来自根据地。正规军从最初的几万人发展到抗战胜利时的 100 多万人，所补充的兵员和扩大的兵员，全部来自根据地的人民之中；根据地的 200 多万民兵，也都全部是根据地的人民；此外，战争的一切供应，如粮、草、衣、钱、物，除了部队和根据地机关自己动手生产的和从敌人手里缴获的以及外界支援的很少一部分，也全部由根据地人民所提供、所支持。这就是敌后抗战越抗越大、越战越强，而非像国民党军队那样，越战越损耗，越战越缩小。可以说，没有敌后抗日根据地，就没有敌后抗日力量的越来越强。

四、这些根据地成为敌后军队进击日军据点的前进基地和躲避日军进攻的可靠后方。敌后抗日根据地，分布在日军占领地的四周，离日军的驻地一般不太远，抗日军民以其为前进基地，可以随时对日军发动进攻，开展袭扰，对敌人进行打击，给敌军造成伤亡和恐惧，并把几十万日军死死地吸引在各个敌后抗日根据地附近，不能脱身，不能分兵去中国正面战场及太平洋战场。同时，当日军集结力量对根据地进行"扫荡"、进攻时，抗日战士则可退守到根据地，躲避在根据地内，以广大人民群众为掩护、为靠山，化装分散，使敌人找不到、打不着，不是扑空，就是被周旋，甚至遭到伏击。中国共产党与人民军队同根据地的人民打成一片，情同手足，亲如一家，鱼水不分，同时又在抗战中提高人民的抗日觉悟，凝聚各方面的抗日力量，聚成抗日的统一战线和巨大力量。战争中，根据地人民为抗日军队提供敌军情报，提供掩护和隐蔽地点，提供伤员救治,提供抗日所需要的一切,很多人为此献出了生命。所以敌后根据地成为抗日军队的最大靠山,成为敌后抗战的铜墙铁壁,成为日军的广大埋葬场。

五、这些根据地还在抗日中被改造成新民主主义的社会,成为"民主中国的模型",成为新中国的雏形。在抗日战争中,中国共产党在敌后抗日根据地不但进行了军事建设,而且进行了政治建设、经济建设、文化建设。其军事建设是官兵一致、官兵平等、军民一体、拥军爱民、全民皆兵、有仗打仗、没仗生产的新型军事建设。其政治建设是建立了抗日统一战线的政权,开展了民主选举和民主治理,建立了官民一致、军民一家、上下平等、亲切友爱、清明廉洁、奋发向上、充满公平正义与秩序的民主社会的新型政治建设。其经济建设是以开展生产运动、减轻人民负担、开展劳动竞赛、组织互助合作等为标志的新型经济建设,这种新型的经济建设对生产关系进行了调整,从而更好地调动了劳动者积极性,更大地提高了劳动效率和生产率,不但支撑了抗日的经济需要,而且对社会起到了重新组织的作用,使社会产生了巨大的凝聚力。其文化建设,则用新民主主义的文化代替了旧的封建文化,使现实的文化、进步的文化、大众的文化在敌后根据地产生了、普及了,并对根据地人民施以影响。在这种新的文化建设中,中国共产党的思想,特别是为人民服务的思想,马克思主义的思想,抗日的思想,民主的思想,进步的思想,艰苦奋斗、廉洁奉公、劳动光荣的思想等,以及一些新的文化形式,一些具有歌颂抗日、歌颂人民的新内容的文化,被根据地的人民广泛接受。所有这些,使得这些敌后根据地,既是抗日的根据地,又是民主的根据地;既是抗战的堡垒,又是民主的堡垒;既是战争的根据地,又是各项新型建设的根据地。这使所有的根据地人民,都被广泛地动员起来、组织起来,使过去的一个个散乱的、摊在地上的马铃薯,被装成了一袋袋站立起来的马铃薯;使过去的一盘散沙,变成了混凝土块;使一个个普通的村庄,变成了一个个抗日的壁垒。在这些根据地中,不但孕育出抗击日本、取得抗战胜利的巨大力量,而且孕育出抗战胜利后建设新中国的巨大力量。这一切都证明:毛泽东不失时机地、始终积极地推动建立和扩大敌后抗日根据地的部署,是正确的;毛泽东提出并不断丰富的抗日根据地建设的思想,也是正确的。

第九章　指挥敌后战场抗战并收复大片失地

在全国抗战中,中国曾经形成了正面战场和敌后战场两个战场。在敌后战场抗战的,是中国共产党所领导的八路军、新四军、华南游击队和广大的敌后军民,而指挥敌后战场抗战的,则是在陕北窑洞中运筹帷幄的毛泽东。

第一节　指挥八路军的抗战

卢沟桥事变后,国民党与中共中央加快就北方红军改变为八路军出动抗日问题进行谈判。1937 年 8 月 1 日,毛泽东领衔给中共与国民党谈判代表周恩来等 3 人发去电报,提出向国民党提交的红军改编后作战两原则:一是"在整个战略方针下执行独立自主的分散作战的游击战争,而不是阵地战,也不是集中作战,因此不能在战役战术上受束缚。只有如此才能发挥红军特长,给日寇以相当打击",二是"依上述原则,在开始阶段,红军以出动三分之一的兵力为适宜,兵力过大,不能发挥游击战,而易受敌人的集中打击。其余兵力依战争发展,逐渐使用之"。(《文集》二,第 1 页)这实际上就是坚持我们自己的打法,不同日军打拼消耗的阵地战,而打分散的游击战;不把兵力全部集中在一起去便利日军集中打击。8月4日,毛泽东又次联衔致电周恩来等,提出中共出席南京国防会议代表对全国国防问题的意见,原则仍是红军担任游击战,并有独立自主的指挥权,兵力也不集中使用,目前先"出三分之一兵力,依冀、察、晋、绥四省交界地区为中心,向着沿平绥路西进及沿平汉路南进之敌,执行侧面的游击战。另以一部向热冀察边区活动,威胁敌后方"。(《文集》二,第3—4页)8月9日,毛泽东在各单位负责人会议上强调:红军应当实行独立自主的指挥与分散的游击战。(《年谱》中,第13页)由上可见,还在八路军正式改编之前,毛泽东就已经先行对八路军的作战原则作出指导。

8月5日,毛泽东电告彭德怀等:红军出动抗日,主力仍以在韩城、宜川渡河为有利。9日,毛泽东又次电示红军前方总指挥部,强调红军开动必须走韩城。17日,毛泽东又致电朱德等,坚持红军"决走韩城渡河,在侯马上车,到大同集中,再转至怀来、蔚县,决不走平汉路"。(《年谱》中,第10、13、14页)这样,毛泽东又在八路军正式改编前,对八路军的出动路线作出了指导。

8月22日至25日,毛泽东在中央政治局洛川会议上说,红军的基本任务是:创造根据地;钳制和相机消灭敌人;配合友军作战(战略支援任务);保存和扩大红军。红军的战略方针是独立自主的山地游击战,包括在有利条件下消灭敌人兵团和在平原发展游击战争。游击战争的作战原则是:分散以发动群众,集中以消灭敌人;打得赢就打,打不赢就走;山地战要达到建立根据地,发展游击战争,小游击队可到平原地区发展。(《年谱》中,第16页)在八路军正式改编的前夕,毛泽东又全面地提出了八路军抗日的基本任务、总体战略和基本战术。

8月22日,国民政府军委会委员长蒋介石正式委任朱德、彭德怀为国民革命军第八路军总指挥和副总指挥。25日,中共中央军委会主席毛泽东领衔发出关于红军改编为国民革命军第八路军的命令。陕北红军正式改编为八路军。

9月7日,鉴于国民党军队已将蔚县、涞源、广灵、灵丘四县及其东北地区占据,这些地区已无八路军活动余地,且阎锡山有将八路军开赴阳原、大同之意,毛泽东又次电告周恩来等:现时对八路军有利地区是阜平、唐县、曲阳、行唐、灵寿、平山、繁峙、浑源、五台、盂县及涞源、灵丘两县之南部地区。望向阎锡山力争规定上述地区为八路军活动区域。(《年谱》中,第19—20页)这是毛泽东根据现实情况,第一次明确提出八路军抗日的具体活动区域。10天后,因战局变化,毛泽东又放弃了这一想法。9月16日,毛泽东复电朱德等,指出:"日寇分两路进攻广灵、灵丘,晋军已放弃大同,绥远全境实际已失,以五台为中心之晋东北日寇将以重兵进据,并继进攻取太原。在此情况下,我三个师已无集中晋东北一处之可能,更无此必要。"因而提出了新的以八路军三个师分别配置于三个地区的计划:"拟以百十五师位于晋东北,以五台为活动重心,暂时在灵丘、涞源,不利时逐渐南移,改以太行山脉为活动地区。以百二十师位于晋西北,以管涔山脉及吕梁山脉之北部为活动地区。以百二十九师位于晋南,以太岳山脉为活动地区。"(《年谱》中,第22页)9月17日,毛泽东又次致电朱德等八路军及各师负责人,进一步指出改变原先部署的原因:根据华北日军进攻的形势,恒山山脉必为敌军夺取冀、察、晋三省之战略中枢,向此中枢出动主力。阎锡山指挥的各军均失锐气。在此情况下,"过去决定红军(按:即指八路军)全部在恒山山脉创造游击根据地的计划","已根本上不适用了",否则将使自己"全部处于敌之战略大迂回中","完全陷入被动地位"。因此,"拟变更原定部署,采取如下之战略部署":第120

师移至"晋西北管涔山脉地区活动"。第129师"在适当时机,进至吕梁山脉活动"。第115师"以自觉的被动姿势,现时进入恒山山脉南段活动",并"准备依情况逐渐南移,展开于晋东南之太行、太岳两山脉中"。(《文集》二,第16—17页)9月19日,毛泽东又电示彭德怀:"敌于太原,志在必得,此时部署应远看一步","贺龙部应位于晋西北,处于大同、太原之外翼,向绥远与大同游击,方能给敌南进太原以相当有效的钳制作用","因此,贺师应速赴晋西北占先着"。(《年谱》中,第23页)从这封电报中,我们可以看出毛泽东"远看一步"和善"占先着"的超人智慧和战略家远虑。这是毛泽东的宝贵优点,也是他能超出同时代人的关键一点。远看一步,先占一着,则无往而不胜。我们任何人,都要学习这一点,凡事远看一步,先占一着,就会争取主动,获得成功。收到此电后,八路军总部于9月21日,命令第115师在晋东北地区抗日,第120师进赴晋西北抗日前线,第129师准备向正太铁路以南的晋东南地区发展。

9月28日,毛泽东电示第129师负责人刘伯承:"保定、沧州、献县均失,国军溃乱不堪,卫立煌退石家庄。""我一二九师(缺一个团)接电立即出动,经临晋渡河到侯马上车,在太原补充衣、弹,速开正太路南北地区。"(《年谱》中,第26页)对第129师下达了出动命令,指挥第129师开赴敌后抗日。

10月20日,因预料到日军占领太原后,太原以北的国民党部队将溃乱无序,八路军第115师、129师与八路军总部之间的联系可能被隔断,毛泽东致电周恩来等,拟定新的部署意见:留杨成武团在恒山、五台山地区坚持游击战争,第115师主力准备转移于汾河以西吕梁山脉,第129师在正太路以南之现地区坚持游击战争;第120师坚持晋西北之游击战争。(《年谱》中,第33页)

11月9日,毛泽东电告朱德等:"在华北正规战争业已结束、游击战争转入主要地位的形势之下,日寇不久即将移其主力向着内地各县之要点进攻。"毛泽东列举了晋西北、晋东北、晋东南、晋西南四地区各要点县的名称,接着指示:"我分任四大区工作之聂部、贺师、刘师、林师(林师应即移至吕梁山脉)须重新部署。一般部署纲领,以控制一部分为袭击队,大部尽量分散于各要地组织民众武装为第一义。""放手发动人民,废除苛捐杂税,减租减息,收编溃军,购买枪支,筹集军饷,实行自给,扩大部队。""期于一个月内收得显著成绩,以便准备充分力量对付敌向内地各县之进攻。"(《文集》二,第65—66页)这封电报,不但根据敌军下步企图,把八路军原先三个师占据山西三个角的部署改为占据山西四个角,而且让各部队以大部力量,发动群众,扩大力量,准备对付敌对我之进攻。这又是下了一步先手棋,在敌进攻之前先壮大自己力量,不被敌人消灭。发动群众等,看似不是直接抗战,实质着眼于长远抗战和更有力之抗战。敌后抗战之所以不但坚持下来,而且发展很大,与这一战略方针关系极大。

11月13日,毛泽东致电朱德等,要求八路军在日军进击、国民党之山西各军大溃的情况下,"多打小胜仗,兴奋士气,用以影响全国","实现全面抗战之新局面"。并具体指示:"林师徐旅速到吴城镇地区,准备与贺师之贺廖支队配合作战,打几个小胜仗。总部、林师师部、陈光旅速到汾西、隰县地区,准备打几个小胜仗。刘师应以师部及陈赓旅位于太行山脉地区,多打几个小胜仗。刘师之另一团"应与"陈旅配合,夹击沿汾河南下之敌,多打小胜仗"。(《文集》二,第67—68页)不久,八路军总部决定:第115师除以一部创建晋察冀抗日根据地外,师部率343旅适时转移至吕梁山脉,创建晋西南抗日根据地;第120师继续创建以管涔山脉为依托的晋西北抗日根据地;第129师主力及第115师344旅由正太路南下,依托太行、太岳山脉,创建晋冀豫抗日根据地。这就在山西的四个角上,建立了八路军最初的四个抗日根据地。

11月16日,为了联合内蒙古边境各旗开展抗日游击战争,毛泽东联衔致电高岗,任命他为八路军骑兵司令,率骑兵团及蒙汉支队向内蒙古出动,活动于陕北的靖边、定边、安边以北及沙漠以南地区。(《年谱》中,第40页)这就把八路军的兵锋指向了内蒙古。

在日军进攻晋察冀边区的情况下,12月5日,毛泽东领衔致电朱德等,要八路军"避免正面抵抗,袭击敌之后尾部队","在敌之远近后方活动,使敌进一步仍在我包围中","同蒲、正太路必须积极活动,予以有力的配合"。(《年谱》中,第41页)

当看到平汉路以东日军出现空虚时,12月16日,毛泽东领衔致电朱德等,提出拟乘敌人空虚,派两个支队到平汉路以东地区游击。两个支队分别由第129师一部和聂荣臻部一部组成。毛泽东特意交代:"该两支队出去须十分谨慎、周密、灵活,根据情况灵活地决定自己行动。"(《年谱》中,第43页)指挥八路军到平汉路以东对日游击。

1938年2月,毛泽东又提出雾灵山计划,让八路军挥师冀东抗日,建立以雾灵山为中心的抗日根据地。2月4日,毛泽东致电朱德等,要他们电告秘密准备执行雾灵山计划的各种条件,主要是干部配备,并请陈绍禹等向蒋介石交涉派5000人去冀东的半年经费和装备。(《年谱》中,第50页)2月8日,毛泽东在中共中央常委会上又说:热河、河北两省交界的雾灵山一带,派杨成武去发展新的游击区域。以便东面策应东北抗日联军,南面策应晋察冀,北面与蒙古接近,西面与绥远联系。次日,毛泽东致电八路军总部等,指出:以雾灵山为中心的区域有广大发展前途,那是独立作战区域,应派精干部队去。(《年谱》中,第50页)不久,挺进冀东的八路军第四纵队，就以一部主力开辟了以雾灵山为中心的抗日根据地。

在河北、山东、苏北日军空虚，而山西、察哈尔、绥远日军一时又无力南进的情况下，毛泽东又大胆地提出了山西八路军分三步南进的战略构想：第115师第一步进入河北、第二步进入山东、第三步进入安徽境内。他认为，这一战略行动在国内国际的政治作用是很明显的，从抗日军事战略来说也是必要的和有利的。2月15日，毛泽东领衔致电朱德等，提出这一战略构想，并征询他们对这一战略行动的意见。(《年谱》中，第51页)

3月2日，由于日军在山西军渡、碛口猛攻黄河河防，威胁河东抗日军队的归路，毛泽东致电朱德等，要他们部署兵力，巩固河防，并阻滞日军向潼关的进攻。(《年谱》中，第55页)

3月6日，毛泽东致电北方局军委书记朱瑞等：晋豫边很重要，望有计划地部署沁水、翼城、曲沃、垣曲、济源、博爱、晋城地区的游击战争，配合主力在西北两面之行动。(《年谱》中，第55页)

由于日军分五路包围第120师及傅作义部，3月6日，毛泽东致电朱德等，要第120师同傅作义部协力各个击破敌人。目前重点在坚决击破正向静乐、方山、五寨三点前进之日军。(《年谱》中，第54页)

为便于八路军领导机关指挥作战，3月8日，毛泽东致电八路军负责人，规定：中共中央军委"指导只提出大的方针，由朱、彭根据此方针及当前情况作具体部署。军委有时提出具体作战意见，但是建议性质，是否切合情况，须由朱、彭按当前敌情情形加以确定，军委不加干涉"，但敌我位置、作战情况等要报告军委。(《年谱》中，第56页)这样规定，更有利于八路军总部的对日作战指挥切合实际。

3月，毛泽东开始考虑八路军主力转移其他地区后的部署，提

出建立游击兵团。3月23日,毛泽东在中央常委会议上说:八路军
主力转移后的部署,现在就要准备,应在各区域建立游击兵团。
(《年谱》中,第60页)次日,毛泽东即领衔致电八路军总部等,指
出:由于战争形势的发展,八路军主力或许在不久的将来有转移地
区作战的必要。因而提出在晋西北、晋西南、晋东南、平汉路东必
须立即组织以八路军名义出现的游击兵团的任务,要求各支队千
人左右,各以八路军有战斗经验的主力一二个连作基础,由地方游
击队及新兵编成。(《年谱》中,第60页)这实际上是把目前八路军
建立的四个根据地,作为全国抗日的孵化器,不断地孵化出新的抗
日军队,发展新的抗日力量,建立新的抗日根据地。这一任务的实
施,保证了日后八路军主力在陆续抽赴其他地区抗日后,山西根据
地仍能巩固和发展。

　　3月29日,考虑到日军有进攻陕北的计划,毛泽东致电朱德
等,建议刘伯承师和徐向前旅两部宜位于同蒲路东侧,以太岳山脉
为根据,发动群众,袭击同蒲路,配合林彪、贺龙两师,打击晋西之
敌。(《年谱》中,第62页)

　　同日,毛泽东又领衔电询第120师负责人:能否沿大青山脉创
造一个游击性质的骑兵支队?(《年谱》中,第62页)开始考虑把八
路军撒向大青山脉。2个多月后,八路军总部便决定派第120师
358旅政委李井泉率部开创大青山抗日根据地。8月12日,毛泽
东在听取李井泉等人意见后,又暂缓执行了这一计划。

　　5月19日,日军占领徐州。次日,毛泽东致电朱德等,判断:徐
州失守后,河南将很快落入敌手,武汉危急。那时蒋介石将同意我
军南进在豫、皖、苏、鲁四省深入敌人后方活动。所以他说:第129、
第115两师将相应地作整个新的部署。但他提醒:未到适当时机,
不应向蒋介石等提出这一点,只是自己预作准备。山东方面已发

展广大游击战争,已派张经武、郭洪涛率党、政、军干部去。(《年谱》中,第73页)这是毛泽东根据对战局的预判,作出了准备派兵南进抗日的部署。这是毛泽东又一次提出八路军南进计划,并准备对八路军第129师和第115师作新的部署。从电报中还可看出,不久前毛泽东又派了一批八路军干部去山东发展抗日游击战。这批派去的干部,郭洪涛领导的山东四支队,到了6月上旬,毛泽东就同意他们使用八路军游击部队的番号。至此,山东的抗日部队,正式出现了八路军番号,也可以说,八路军开始公开在山东抗日。6月8日,毛泽东致电周恩来等,提出:河北、山东等处凡属我们独立领导、已得广大民众拥护和受邻近的友党友军欢迎的游击队,以用八路军名义为合宜。(《年谱》中,第77页)这样,到1938年6月上旬,不但山东,而且河北等处此前中共派人去组织起来的抗日武装,都公开打出了八路军的旗帜。

1938年6月15日,周恩来致电毛泽东,提议八路军集较大兵力于一些较大城市附近,以调动日军和打击他的增援部队。毛泽东当天便复电同意,但仍提醒他们注意具体作战须全依敌我当前实际条件而定,不因人家议论而自乱步骤。(《年谱》中,第80页)7月3日,朱德等人又致电毛泽东,建议8月中旬集中10个团以上兵力,消灭正太路沿线敌人。9日,毛泽东复电认为集中兵力攻正太路是否适当还须考虑,目前不必急于集中,要他们看一看情形再决定为宜。(《年谱》中,第83页)毛泽东的意见未被接受,朱德、彭德怀又一次致电毛泽东,打算集中南面兵力攻正太路。8月3日,毛泽东又次复电,未予同意。电报分析说:这样做"有如下缺点:一,不能必胜;二,敌有由道清攻洛阳、由临汾攻潼关之势,我军向北不便策应南边,因此仍以现时部署不大变动为宜"。(《年谱》中,第87页)从这三封复电来看,毛泽东还是倾向于八路军在敌后抗战要按自己的打法,以游击战为主,不跟着别人的议论起舞,转而改用集中兵力打大仗和硬仗的打法。正像7月16日他在对八路军留守兵团负责干部讲话时说的:在抗战第一阶段,华北的八路军是以游击战为主,运动战为辅。(《年谱》中,第84页)

　　7月17日,鉴于八路军第115师343旅在吕梁地区一直"顾此失彼,东奔西波,亦未打一个好仗",毛泽东致电朱德等:"请你们立即考虑徐旅(按:即徐海东旅)西移归还建制,并朱、彭以一人西移指挥该师问题。""否则将贻误大局。"(《年谱》中,第84—85页)要求对作战不甚得力的八路军部队加强领导力量。

　　9月26日,毛泽东领衔致电在冀东抗日的八路军第四纵队司令员宋时轮等,要他们"目前应以主要力量在白河以东、以部分力量在白河以西创造根据地","并"注意培养基干兵团与基干游击队"。(《年谱》中,第93页)10月15日,毛泽东再次领衔电示他们坚持冀热察边的艰苦斗争,培养基干部队,准备持久斗争。(《年谱》中,第95页)多次鼓励八路军第四纵队坚持冀东抗日斗争。

　　在日军即将攻陷武汉前10多天,为了配合支持武汉及武汉失守后滞敌继进,1938年10月16日,毛泽东领衔致电周恩来,准备以八路军一部进至鄂豫皖地区活动。要他向国民党方面透露此意。这是毛泽东又一次计划把八路军派到鄂豫皖地区去抗日。

　　10月,毛泽东再次提出了两个多月前暂缓执行的八路军开向大青山抗日的计划。24日,他领衔致电李井泉,指出:在大青山建立游击根据地完全可能,而且是中心任务。电报还指示了到那里以后的抗日方略。(《年谱》中,第95页)

　　为了加强冀中地区的抗战,11月24日,毛泽东领衔致电八路军总部等:决定派程子华带一部分干部去冀中,任吕正超纵队(八路军第三纵队)政治委员,贺龙、关向应率第120师一部去冀中,争

取扩大第 120 师。(《年谱》中,第 98 页)

由于宋时轮的八路军第四纵队在初步建立冀东游击区后,没有能够保持和发展成果,以致退出原地区,并使军队和群众武装都遭受相当大损失。为了在冀热察地区坚持抗日游击战争和创造根据地,11 月 25 日,毛泽东又决定成立八路军冀热察挺进军,派萧克前去工作。

同日,毛泽东又领衔致电彭德怀:拟派陈光、罗荣桓率第 115 师师部及 343 旅两个主力团去山东、淮北,由陈士榘率 343 旅的补充团等在晋西南地区坚持抗日战争。(《年谱》中,第 99 页)开始酝酿第 115 师主力由晋西南转赴山东抗战的计划。

1939 年 3 月 19 日,毛泽东复电彭德怀等,要求八路军目前"巩固着重于华北","发展则应着重鲁、苏、皖、豫、鄂五省,目前请特别注重鲁省。苏北应责成鲁南去发展"。皖、豫、鄂三省"目前虽尚无大发展可能,但应极力准备之"。(《文集》二,第 173 页)指出了八路军的未来发展方向和当前发展重点。

12 月 30 日,毛泽东领衔致电贺龙等,要他们准备一切,将整个晋西北化为第二个五台山。指出:你们的主要根据地是晋西北、绥德及吕梁山,望担起全部责任,师部宜即过来。(《年谱》中,第155 页)

1940 年 1 月 28 日,毛泽东为中央书记处起草致八路军第 115 师等电,要求"一一五师应分配干部与兵力到山东全境去",今年一年内"至少应发展武装军队(包括游击队)到十五万人枪",并要他们发展"十倍于正规军与游击队"的"抗日自卫军"。(《文集》二,第264—265 页)

1940 年 2 月 10 日,以毛泽东为主要领导的中共中央及中央军委发出关于战略方针的指示,指出:"八路军、新四军的当前战略任务是在粉碎敌人'扫荡',坚持游击战争的总的任务下","将整个华北直至皖南、江南打成一片,化为民主的抗日根据地","同时极大发展鄂中与鄂东","坚持华北、华中抗战","争取时局好转"。(《年谱》中,第169页)

2月11日,毛泽东为中共中央及军委起草复萧克及挺进军军政委员会电,指出其"战略任务是确保平西根据地,发展冀东游击战争,直至热河、山海关,并准备将来再向辽宁前进"。(《年谱》中,第170页)

6月27日,毛泽东领衔致电彭雪枫等,同意彭雪枫、黄克诚两部合编为八路军第四纵队,"活动于津浦路西、陇海路南,以对日寇作战,巩固豫皖根据地、扩大与整训部队为中心任务"。电报并要山东的"彭朱支队到徐州以东南下,活动于津浦路东地区"。八路军第四纵队"抽调一部兵力过津浦路东,帮助苏北发展,俟彭朱支队到达后,苏北部队再行合编,成一八路军纵队"。(《年谱》中,第196页)

由于日军正集中兵力准备进攻河南、陕西、云南,打通平汉路,1941年5月9日,毛泽东领衔致电八路军、新四军各部负责人,要他们"按当地情况许可,拔取敌伪某些深入我区的据点,在接近豫陕地区,应有相当部队配合友军作战。"(《年谱》中,第296页)

接到日军沿黄河增兵、扬言渡河的情报后,5月14日,毛泽东又领衔致电彭德怀,建议八路军"于此时机""在敌侧背给以打击"。(《年谱》中,第297页)

5月25日,毛泽东为中央起草的党内指示,揭露日军在军事进攻的同时造谣八路军不愿和中央军配合作战,指出:"八路军虽没有领到一颗弹、一文饷,然无一刻不与敌军搏斗。此次晋南战役,八路军复自动配合国民党军队作战,两周以来在华北各线作全面出击,至今犹在酣战中。"(《选集》三,第804页)5月30日,毛泽东电告彭德怀:"九个月来中央社第一次广播我军战绩,谓据洛阳讯,我军已截断正太路车不通等语。"电报要彭将八路军"对正太、平汉两路战绩多报"卫立煌和蒋介石。(《年谱》中,第302页)这两封电报,反映了八路军在这一时期的抗战事实,以及国民党长期抹杀这些战绩,连日本人也对之加以抹杀以离间国共的事实。

6月7日,毛泽东在中央政治局会议上指出:我们的战略方针,要准备继续四年的长期战争。因此要实行七分政治,加紧敌伪军工作,不要像百团大战那样硬打。(《年谱》中,第304页)对八路军今后的抗日战略与战法作了规定。6月9日,毛泽东在领衔致电刘伯承等人的电报中,针对如何击破日军在冀南的蚕食政策,也指示八路军领导人"主要应从政治上着手,而不能只是军事进攻或以军事进攻为主。"(《年谱》中,第305页)重申了这种对日作战的有效战法。

中条山战役后,日军有进图郑州、洛阳、西安之可能。6月9日,毛泽东为八路军领导人起草致卫立煌电,表示八路军愿与友军配合作战,并主动建议"八路军以有力一部进入中条山及汾南三角地区,担任同蒲南段、白晋南段及道清路之破袭及黄河北岸之控制,从侧面打击与牵制敌人",配合中央军抗日。(《年谱》中,第306页)

8月3日,在接到日军4000余人集结于黄河军渡、碛口一线准备渡河的情报后,毛泽东领衔致电贺龙等:望迅速布置加强河防兵力,准备打击渡犯之日军,另以一部从侧面威胁,务使日军不能得逞。(《年谱》中,第317页)指挥八路军粉碎日军突破河防的阴谋。

8月17日,毛泽东致电彭德怀,同意他在中条山"只有敌伪全无友军"的情况下,"派一个团带干部去发展游击战争"的计划,并

指示"还可酌量多派一点"去袭扰日军。(《年谱》中,第321页)

在日军进攻湘北和河南郑州、洛阳等地的情况下,9月9日,毛泽东领衔致电八路军和新四军有关领导人,要求"各部应向各重要交通线予以可能的袭击,配合国民党之作战"。(《年谱》中,第326页)

12月28日,毛泽东为中央书记处和中央军委起草关于太平洋战争爆发后战略方针给八路军、新四军等主要负责人的指示,确定1942年要"发展敌占区工作","在军事上是粉碎敌人可能的'扫荡'","对深入我区之据点,尽可能使之陷于孤立,自动撤去;对某些最必要的地方,可以个别地采取强攻收复手段,但不可采取大规模攻势,反而抑留敌人,引起报复'扫荡',非徒无益,而又害之。部队中及地方上可能发生的冒险精神,务须防止"。"中心任务在于积蓄力量,恢复元气","对敌伪以政治攻势为主,以游击战争为辅","以待敌军之弊"。(《文集》二,第385—386页)

1942年3月,日军进攻山西乡宁、吉县等地,阎锡山希望八路军予以援助。24日,毛泽东领衔致电八路军领导人:"望令我军及时了以必要援助。"(《年谱》中,第370页)

1943年6月1日,毛泽东复电彭德怀时提醒他:"对敌应用一切方法坚持必不可少之根据地,反'扫荡'反'蚕食'之军事斗争与瓦解敌伪之政治斗争均须讲究最善方策。"(《文集》三,第24页)

7月2日,《解放日报》发表了毛泽东起草的《中共中央为抗战六周年纪念宣言》,号召八路军、新四军"更好地将敌后战场上的一切主力军、游击队与民兵的配合作战组织起来","加紧打击敌人,粉碎敌人的'扫荡'。发展武装工作队,加强反'蚕食'斗争","把反'扫荡'、反'蚕食'的艺术提到更高级的程度上来"。(《文集》三,第45页)

1944 年 4 月,日军发动河南战役。22 日,毛泽东致电藤代远等,指出:日军打通平汉铁路战役,一部已由中牟渡河,其主力似准备向黄河以南侵犯。我军应乘日军南犯后方空虚时,开展豫北地方工作。(《年谱》中,第 509 页)乘日军空虚,指挥八路军开向豫北。

5 月 21 日,毛泽东在扩大的中共六届七中全会第一次全体会议上指出:要"发展八路军、新四军和抗日民主根据地,以此为代表中华民族打击日寇的中心力量"。"今年军事仍以精练为主,明年准备发展,并占领一批小城市,准备驱逐日寇出中国。"(《文集》三,第 138、142 页)开始作抗战胜利前的战略部署。

6 月 5 日,中共六届七中全会讨论通过毛泽东起草的《中共中央关于城市工作的指示》,向全党和全军提出要"负起准备夺取所属一切大、中、小城市与交通要道的责任"。(《文集》三,第 158 页)

10 月 14 日,毛泽东领衔复电邓小平等:华北八路军在可能条件下,应乘虚尽量消灭伸入根据地内的伪军、日军的小据点。一般地暂时不打交通要道及较大城市。(《年谱》中,第 551 页)

同日,毛泽东又起草中央军委复郑位三等电,告诉他们:八路军第一批南下部队两个团,在司令员皮定均、政治委员徐子荣率领下,已于一个月以前在新安以北渡过黄河,进入登封、临汝、禹县地区一带,正从事建立根据地。中央已决定派戴季英、王树声等从陕北率两个老团并大批干部进入河南活动,他们一个月内可从延安动身。(《年谱》中,第 551—552 页)这样,1944 年下半年,在毛泽东指挥下,八路军又相继有四个团的兵力进入河南,开辟抗日根据地。1945 年 2 月,为进一步加强河南,毛泽东又令太行再出一部(2000 人)渡河南下。(《年谱》中,第 579 页)

10 月 31 日,毛泽东主持中共六届七中全会主席团会议,决定由王震、王首道率领干部和部队组成南下支队,以衡山为中心建立根据地。次日,又在延安东关机场出席八路军南下支队的誓师大会,检阅了南下支队指战员。他对指战员们说:你们这次到南方去,到敌人的后方去插旗帜,开辟新的敌后抗日根据地。(《年谱》中,第555页)1945年2月12日,毛泽东致电王震等,要他们"稳重前进,不要太急"。全部进到衡阳附近,选定一处作中心点,然后向各县扩展。(《年谱》中,第579页)

1944年12月18日,毛泽东复电程子华,希望他们"努力向雁北、绥东、察哈尔、热河及冀东敌占区发展"。(《年谱》中,第567页)

在毛泽东的指挥下,八路军从1937年8月改编后,到1944年8月上旬彭德怀向美军观察组介绍时为止,7年中"共进行了大小战斗74060次,平均每天与敌作战29次;共毙伤敌军351113人,伪军239952人"。(《中央档案馆藏美军观察组档案汇编》,第29页)

第二节 指挥新四军的抗战

在南方游击队改编为新四军的谈判过程中,1937年9月14日,毛泽东在联衔致电同国民党武汉行营谈判的中共领导人博古等的电报中,要他们坚持南方游击队改编后"驻地依靠有险可守之山地","不要求驻大地方"。(《文集》二,第13页)从而为日后新四军到敌后抗日争取了必要的条件。

12月25日,新改编成的新四军军部在汉口成立。28日,毛泽东复电项英,同意新四军编四个支队。四个支队不久即于1938年初编成。第一支队由陈毅任司令员,第二支队由张鼎丞任司令员,第三支队由张云逸任司令员,第四支队由高敬亭任司令员。

1938年2月15日,毛泽东复电项英等,指出新四军的抗日区域,"力争集中苏浙皖边发展游击战,但在目前最有利于发展地区还在江苏境内的茅山山脉,即以溧阳、溧水地区为中心,向着南京、镇江、丹阳、金坛、宜兴、长兴、广德线上之敌作战,必能建立根据地,扩大四军基础"。(《年谱》中,第 51 页)

5 月 4 日,毛泽东就新四军如何开展游击战争问题复电项英,要求新四军主力部队在苏州至芜湖之间的广大地区"创造根据地,发动民众的抗日斗争,组织民众武装,发展新的游击队"。在江南茅山根据地大体建起后,还应准备继续分兵东进苏州、镇江、吴淞三角地区和北上江北地区。(《文集》二,第 127 页)

6 月 2 日,毛泽东复电项英,要他"凡敌后一切无友军地区,我军均可派部队活动。不但太湖以北吴淞江以西广大地区,即长江以北,到将来力能顾及时,亦应派出一小支队"。为解除项英的顾虑,毛泽东告诉他:"敌之总目标在进攻武汉,你们可放手在敌后活动。"(《年谱》中,第 76—77 页)再次要求新四军苏南部队向东、向北发展,放手抗日。

1939 年 4 月 21 日,以毛泽东为主要领导的中共中央书记处发出指示,为了发展华中,决定成立新四军江北指挥部,作为"华中我武装力量之领导中心,除指挥我原有武装外,更有建立及发展新的队伍之任务"。(《年谱》中,第 121 页)

1940 年 1 月,项英曾向中央提议新四军由江南抽兵到皖南。1月 19 日,以毛泽东为主要领导的中央书记处复电项英,重申中央多次明确的"新四军向北发展的方针",要他重新考虑抽江南兵去皖南,指出:"皖南发展较难,江南发展较易,江南陈毅同志处应努力向苏北发展。"(《年谱》中,第 163 页)1 月 29 日,毛泽东又领衔致电项英等,指出,新四军"主要出路在江北,虽已失去良机,但仍非力争江北不可"。(《年谱》中,第 165 页)

5月5日，毛泽东为中央书记处起草致项英等人电，指出："新四军第一、二、三支队主力的主要发展方向"不是在"靠近中央军之地区，而是在苏南、苏北广大敌人后方直至海边之数十个县，尤其是长江以北地区"。(《年谱》中，第191页)

占领武汉的日军分三路进攻鄂豫边地区，并占确山、竹沟等地，这为新四军向豫南发展创造了条件。5月11日，毛泽东领衔致电刘少奇，告诉他豫南宜发展。请令李先念路西部队派部队及干部向北发展。(《年谱》中，第191页)

10月12日，毛泽东领衔致电新四军领导人，指出：我们不能在南方国民党统治区进行任何游击战争。"因此军部应乘此时速速渡江，以皖东为根据地，绝对不要再迟延。皖南战斗部队，亦应以一部北移。"新四军皖东部队，应迅速部署向西防御，坚持皖东根据地。(《年谱》中，第212页)

1941年2月12日，在日寇发动华中攻势的情况下，毛泽东领衔致电刘少奇："望令克诚部向西推进，求得与雪枫区域联成一片，以巩固华中阵地。"(《年谱》中，第271页)

2月17日，毛泽东领衔致电八路军、新四军领导人，指示新整编的新四军，"不应该去大后方，暂时仍以限制于敌占区及其附近地区活动为原则"。(《年谱》中，第273页)

4月30日，由于日军占领宁波、奉化、温州、福州等地，毛泽东领衔电示新四军领导人，要他们注意组织各该地的游击战争，并要他们从吴淞，经上海、杭州、宁波直至福州，发展广大的游击战争。(《年谱》中，第293页)

1942年5月起，日军进攻浙江国民党军队。7月6日，毛泽东复电曾山等人："浙江战局不久将告一段落。""你们须准备应付敌之'扫荡'。"(《年谱》中，第391页)

7月9日,毛泽东电告刘少奇说:"日寇攻我方针之一是寻找我主要指挥机关给以打击。"并举了不久前八路军总部被袭和今春第115师师部遇险的案例,提醒他注意"一切主要指导机关及主要指导人总以安全为第一要义"。(《文集》二,第435页)

1943年1月5日,毛泽东复电新四军领导人,同意他们"在日军大举'扫荡'的严重形势下新四军可能被迫在某些地区作分散布置的计划"。(《年谱》中,第421页)

1944年1月12日,毛泽东领衔复电张云逸等,要新四军七师主力转到含山、和县地区,留一部在巢县、无为坚持游击,并加派得力部队去安庆到九江的长江沿线开展游击。(《年谱》中,第492页)

10月1日,毛泽东修改审定的《解放日报》社论《新四军的胜利出击与中国的救国事业》发表。社论对新四军本年内的抗战成绩大加赞扬:今年一至六月,新四军作战一千余次,俘敌伪军一万余人,缴枪一万一千余支,攻克敌伪据点四百二十座。七月以来的三个月中,进行大战役十三次。总计今年新四军的胜利出击,解放国土十余万平方公里,人口五百万以上。(《年谱》中,第548—549页)这些战绩的取得,与毛泽东的战略指导是分不开的。

1944年10月14日,毛泽东起草中央军委复郑位三等电,告诉他们中央已经派八路军的两个团进入河南,中央派到五师的部队及大批干部也即将动身,要求新四军五师派到豫南的部队,应坚持进行活动,建立据点,发展地方武装。(《年谱》中,第552页)

为了配合美军登陆及准备夺取杭州、上海、苏州、南京等大城市,11月2日,毛泽东领衔致电饶漱石等,建议除粟裕带两个团南进外,请饶等考虑设立苏浙军区,统一指挥苏南及全浙江。(《年谱》中,第555页)部署新四军准备把苏南及浙江从日军占领下收复回来。

在毛泽东的正确指挥下,经过新四军指挥员和华中根据地人民的浴血奋斗,新四军从改编走上抗日前线,到1944年5月的不到7年中,就进行大小战斗1.7万多次,毙伤日伪军24万多人,俘虏日伪军3.4万多人,争取敌伪投诚反正2.4万人,粉碎敌人千人以上的"扫荡"170多次,对日军形成有力的打击和牵制。新四军自己也从改编时的1万余人,发展到18万人。特别是在1944年和1945年两年中,新四军和华中抗日根据地军民又歼灭日伪军10多万人,部队更发展到30多万人。

第三节　指挥敌后军民的对日反攻

1944年12月15日,毛泽东在陕甘宁边区参议会第二届第二次会议上作《一九四五年的任务》演说,提出了"扩大解放区,缩小沦陷区"的任务。他说:"无论哪一个解放区的附近,或其较远之处,都还有许多被敌伪占领而又守备薄弱的地方,我们的军队应该进攻这些地方,消灭敌伪,扩大解放区,缩小沦陷区。"他强调:"这种进攻,是完全必要的与可能的。我们的军队已经举行了很多这样的攻势,特别是今年有很大的成绩,明年应该继续这样做。"他还指出:"在一切新被敌人占领、尚未建立解放区的地方,例如河南等处,必须……建立新的解放区。"(《文集》三,第236—237页)毛泽东根据1944年敌后军民一系列对日攻势作战的成绩,号召敌后军民在1945年主动地对日开展进攻,进行反攻作战。这是毛泽东正式向全体敌后军民发出的对日反攻动员令。

1945年2月24日,以毛泽东为主要领导的中共中央致电华中局,要求苏南粟裕部、浙东何克希部、皖南部队,应就现地扩大及深入农村工作,整训及扩大部队,准备大举跃进。(《年谱》中,第

583 页）

　　4 月 24 日，毛泽东在中共七大书面政治报告《论联合政府》中说："在目前条件下，解放区的军队应向一切被敌伪占领而又可能攻克的地方，发动广泛的进攻，扩大解放区，缩小沦陷区。"（《选集》三，第 1090 页）同日，他向大会所作口头政治报告中也指出："在一切可能进攻的地方，就要发动攻势。""我们要以进攻为主，防御为辅。"现在，"我们的任务需要发展攻势，扩大解放区，集中大的兵力（五至六个团）和小的兵力（武工队），到敌后之敌后举行攻势。因为日寇的情况变化了，它的兵力疲惫，自顾不暇，而我们的地方扩大了，我们和敌人两方面的情况都变化了。世界的情况也变化了，柏林快打下来了，所以我们应该集中相当的兵力，在可能条件下，对敌人最薄弱的地方举行进攻"。（《文集》三，第 329—330 页）在敌我情况及国际形势发生变化的情况下，毛泽东一改抗战以来对日作战的谨慎指挥风格，要求敌后军民对日"发动广泛的进攻"，"发展攻势"，"以进攻为主"，进一步加大了对日反攻的力度。

　　5 月 16 日，毛泽东主持中共七大主席团常委会议，决定再派八路军第二、第三游击支队从延安南下，经湘鄂赣待机去湘粤桂边开辟新的根据地。（《年谱》中，第 599 页）6 月 7 日，毛泽东在这第二批南下支队的营以上干部会上讲话，并送给他们"由小到大、一定胜利"8 个字为礼物。（《年谱》中，第 603 页）

　　6 月 24 日，毛泽东为中央起草致湘鄂赣区党委、湖南人民抗日救国军军政委员会各同志电，指出，八路军南下部队的"战略方针是在日寇占领区域实行分散的游击战争，建立与扩大解放区，缩小沦陷区"。两批南下部队"均应取道敌占区向南"，"直至湘粤边界和广东部队联接"。（《文集》三，第 439—440 页）

　　7 月 14 日，毛泽东批示刘伯承等"由冀鲁豫调得力人率大部西渡,负责开辟郑州、许昌、郾城与新黄河间广大地区"。(《年谱》中,第613页)从而为日军占领下的河南增派了又一支新的抗日力量。

7月15日,毛泽东起草中央致河南区党委电,指示他们"今后作战方针,是向西防御,向东向南进攻(即对顽占区取防御方针,对敌占区取进攻方针),以求利用时间北与太岳、太行,东与渡新黄河西进之冀鲁豫部队,南与五师(按:指新四军第五师)部队完全打成一片"。(《文集》三,第442页)为进入河南的八路军部队规定了向日军占领区进攻的作战方针。

8月4日,毛泽东复电已到湖南湘潭南部的王震等,要他们今后南进道路应根据情况自行决定,总以出敌不意,走"之"字路为有利。(《年谱》中,第617页)

8月6日,美军在日本广岛投下第一颗原子弹,接着,8月8日,苏联又正式对日宣战。8月9日,毛泽东主持中共七届一中全会第二次会议。他在会上判断说:抗日战争已进入最后阶段,我们现在要做的是配备干部,发展攻势,准备几十个旅打仗。防御的问题在解放区一般地是不存在了,只有局部还有敌人"扫荡",因此,我们应广泛发展进攻。我们要对日本军队放手进攻。要学习大规模的作战,战役上要谨慎。目前的主要方针是取之于日伪。

8月9日,毛泽东发表声明,指出,在"苏联政府宣布对日作战""最后地战胜日本侵略者及其一切走狗的时间已经到来"的情况下,"八路军、新四军及其他人民军队,应在一切可能条件下,对于一切不愿投降的侵略者及其走狗实行广泛的进攻,歼灭这些敌人的力量"。(《选集》三,第1119页)

8月11日,毛泽东起草党内指示,指出:"目前阶段,应集中主要力量迫使敌伪向我投降,不投降者,按具体情况发动进攻,逐一消灭之,猛力扩大解放区,占领一切可能与必须占领的大小城市与交通要道。""为此目的,各地应将我军大部迅速集中,脱离分散游击状态,分甲、乙、丙三等,组织成团或旅或师,变成超地方性的正规兵团,集中行动,以便在解决敌伪时保证我军取得胜利。"(《文集》三,第 454 页)

8 月 12 日,毛泽东起草中央致华中局电,指出,以新四军为主的"江南力量就现地向四周发展,夺取广大乡村及许多县城";江北力量则"力争占领津浦路及长江以北,津浦以东,淮河以北一切城市,消灭伪军"。"以有力部队配合八路军占领陇海路。"(《年谱》下,第 3 页)

8 月 13 日,毛泽东在延安干部会上作《抗日战争胜利后的时局和我们的方针》讲演,判断:"从整个形势看来,抗日战争的阶段过去了,新的情况和任务是国内斗争。"(《年谱》下,第 5 页)8 月 15日,日本广播天皇投降诏书,中国抗战总体基本结束。

从 1945 年 8 月对日大反攻开始,到 1945 年底消灭拒不投降的日军为止,八路军、新四军共歼灭日伪军 30 多万人,取得重大胜利。

第四节　争取敌后军民的对日受降

1945 年 8 月 10 日,在得知日本政府发出乞降照会后,根据毛泽东和中共中央的精神,朱德总司令发布延安总部第一号命令,要求各解放区抗日部队依据《波茨坦宣言》,向附近敌伪送出通牒,限其于一定时间向我军缴出全部武器;如果日伪军队拒绝投降缴械,应予坚决消灭。11 日,延安总部又连续发布第二号至第七号命令,要求各解放区部队向敌伪所占地区和交通要道积极进攻,迫使敌伪无条件投降。8 月 11 日,毛泽东起草中央的党内指示,指出,目

前"应集中主要力量迫使敌伪向我投降，不投降者，按具体情况发动进攻，逐一消灭之"。(《文集》三，第454页)

但是，蒋介石在8月11日命令八路军"所属部队，应就原地驻防待命"，不让八路军对日受降。8月13日，毛泽东起草朱德致蒋介石公开电，批驳了蒋的命令，指出："现在日本侵略者尚未实行投降，而且每时每刻都在杀中国人，都在同中国军队作战"，"我们认为这个命令你是下错了"，"我们不得不向你表示：坚决拒绝这个命令"。(《年谱》下，第4页)同日，毛泽东又为新华社写了一篇评论，对国民党中央宣传部发言人指责延安总部限令敌伪投降的命令的谈话和蒋介石要八路军原地驻防待命的命令进行了批驳。

8月15日，根据以毛泽东为主要领导的中共中央的精神，朱德以中国解放区抗日军总司令名义，向美、英、苏三国政府发出说帖，指出：一切抗日的人民武装力量，有权根据《波茨坦宣言》条款及同盟国规定的受降办法，接受被我军所包围的日伪军投降。同日，朱德又命令侵华日军总司令冈村宁次，除被国民党军队包围的部分，其余日军必须向中共军队投降。冈村宁次拒绝接受。

8月16日，毛泽东起草朱德总司令致蒋介石电，再次指出蒋介石的命令是错误的，并明确提出："凡被解放区军队所包围的敌伪军由解放区军队接受其投降，你的军队则接受被你的军队所包围的敌伪军的投降。"(《年谱》下，第6页)明确提出了要求被解放军军队包围的日军由解放区军队受降的合理要求。

由于美国在中国实行扶蒋反共的政策，因而美国命令日本只向中国政府投降，并指定蒋介石唯一享有在中国受降的权力，因而蒋介石利用中国战区最高统帅的地位，垄断中国的对日受降权，企图独吞属于包括敌后抗日军民的全国人民的胜利果实。在华日军

128万人向蒋介石指定的受降长官投降,其所交出的68万多支枪,近3万挺机枪,500多辆坦克和装甲车,1068架飞机,1400艘舰船等战争装备全部为蒋军所得。从这一点来看,当年美国政府和蒋介石欠敌后抗日武装一个公道。

第五节　高度评价敌后军民的抗战

1937年10月25日,八路军刚刚改编后两个月,毛泽东在同英国记者贝特兰谈话时,就赞扬了八路军的抗战战绩。他说:"八路军正以山西为中心进行战争。如你所知,八路军曾经取得了多次的胜利,例如平型关的战斗,井坪、平鲁、宁武的夺回,涞源、广灵的克复,紫荆关的占领,大同雁门关间、蔚县平型关间、朔县宁武间日军的三条主要运输道路的截断,对雁门关以南日军后方的攻击,平型关、雁门关的两次夺回,以及近日的曲阳、唐县的克复等。"(《选集》二,第378页)

1939年1月2日,毛泽东在《八路军军政杂志》发刊词中,对八路军一年半的战绩作了评述,说:"八路军在抗战一年半中……进行了英勇的抗战……坚持了与发展了华北的游击战争,创立了许多在敌人后方的抗日根据地,缩小了敌人的占领地,钳制了大量的敌军,配合了正面主力军的抗战,延缓了敌人进攻西北的行动,兴奋了全国的人心,打破了认为'在敌后坚持抗战不可能'的那些民族失败主义者与悲观主义者的错误观点。""此外,八路军的一部——后方留守部队,亦保卫了河防,现正准备配合西北友军,为反对敌人进攻西北而战。"(《文集》二,第139页)

1940年2月1日,毛泽东在为延安民众讨汪大会起草的通电中,曾列举事实说:"立于国防之最前线抗御敌军十七个师团,屏障

中原、西北,保卫华北、江南"者,"非共产党、八路军、新四军与边区乎?"(《选集》二,第722页)

3月11日,毛泽东在《目前抗日统一战线中的策略问题》报告中说:"在抗日战场上,共产党所抗击的日寇兵力,同国民党比较起来,几乎占到了同等的地位。"(《选集》二,第745页)

1941年5月25日,毛泽东在为中央写的党内指示中指出:"新四军虽被宣布为叛变,八路军虽没有领到一颗弹一文饷,然无一刻不与敌军搏斗","共产党领导的武力和民众,已成了抗日战争的中流砥柱"。(《选集》三,第804页)

1943年7月2日,毛泽东起草《中共中央为抗战六周年纪念宣言》,指出:"在六年抗战中……八路军、新四军与敌后人民的艰苦奋斗是史无前例的。侵华敌军的半数是由他们之手抗击了六年","他们从敌人手中夺回了广大的土地,建立了民主的抗日根据地","因此引起了日寇与汪逆汉奸群的深仇大恨,誓死要消灭他们。残酷的'扫荡',阴险的'蚕食',堡垒如林,沟墙遍地,'三光'政策与所谓'治安强化'运动的无止息的推行,'剿共委员会'的普遍设立,都是为了要消灭他们的"。(《文集》三,第44页)

1944年4月12日,毛泽东在《学习和时局》一文中说:"几年内,我党开辟了一个广大的解放区战场,以至于能够停止日寇主力向国民党战场作战略进攻至五年半之久,将日军主力吸引到自己周围,挽救了国民党战场的危机,支持了长期的抗战。"(《选集》三,第942页)"从一九四一年至今这三年多以来,百分之六十以上的在华日军是压在我党领导的各个抗日根据地身上。"(《选集》三,第944页)"自武汉失守以来的五年半中,共产党领导的解放区战场担负了抗击日伪主力的重担。"(《选集》三,第945页)

1944年5月21日,毛泽东在中共六届七中全会上的工作报告中说："我们的八路军、新四军……在敌后建立了十几个根据地,曾经停止了敌人在正面战场的战略进攻达五年半之久。"(《文集》三,第137页)"归根结底,主要靠了八路军、新四军,才挽救了民族的危亡,抗击了百分之五十八的日军与百分之九十的伪军。没有八路军、新四军的抗战,中国的抗战决不能有今天。"(《文集》三,第139页)

　　1945年4月24日,毛泽东在《论联合政府》报告中指出:"一九三八年十月武汉失守后,日本侵略者停止了向国民党战场的战略性的进攻,逐渐地将其主要军事力量移到了解放区战场。""到一九四三年,侵华日军的百分之六十四和伪军的百分之九十五,为解放区军民所抗击;国民党战场所担负的,不过日军的百分之三十六和伪军的百分之五而已。""一九四四年,日本侵略者举行打通大陆交通线的作战了","两个战场分担的抗敌的比例,才起了一些变化。然而就在我做这个报告的时候,在侵华日军(满洲的未计在内)四十个师团,五十八万人中,解放区战场抗击的是二十二个半师团,三十二万人,占了百分之五十六,国民党战场抗击的,不过十七个半师团,二十六万人,仅占百分之四十四。抗击伪军的情况,则完全无变化"。(《选集》三,第1042—1043页)"当我在这里做报告的时候,我们的军队已发展到了九十一万人,乡村中不脱离生产的民兵发展到了二百二十万人以上。不管现在我们的正式军队比起国民党现存的军队来(包括中央系和地方系)在数量上要少得多,但是按其所抗击的日军和伪军的数量及其所担负的战场的广大说来,按其战斗力说来,按其有广大的人民配合作战说来,按其政治质量及其内部统一团结等项情况说来,它已经成了中国抗日战争的主力军。"(《选集》三,第1038—1039页)

第六节　指挥敌后军民对日作战取得的成果

在毛泽东的指挥下，八路军、新四军和华南游击队，在从1937到1945年的8年全面抗战中，共进行大小作战12.5万余次，歼灭日军52万多人，歼灭伪军近120万人，缴获长短枪近70万支，机枪1万多挺，各种火炮1800门，收复国土100余万平方公里，解放人口近1亿。这些重大战果，是人民军队以61万余人的伤亡为重大代价而换来的。

这些作战次数和对日伪军造成的重大伤亡，表明毛泽东和中国共产党以及敌后抗日军民，对日军是真实抵抗、真正抗击的，不是有些人所认为的不抵抗的；对日伪军是造成重大伤亡的，不是有些人所认为的"游而不击"、躲避逃跑的。其所歼灭的日伪军，使日军侵略中国、侵略世界的力量遭到了大量消耗；其所缴获的武器，武装了敌后的中国抗日军民，使敌后抗战力量越战越大。人民军队由全面抗战发生时的几万人，发展到抗战胜利时的正规部队120余万人，民兵260万人。人民军队所收复的国土，都是从日本人手里夺回来的，这是把日本人从中国政府军队手里抢去的土地夺回中国人民自己的手里；是把政府军队丢弃的土地又从日军手里抢了回来。它本来是中国的土地，在被国民党守军丢弃给日军、被日军占领后，又被敌后军民夺了回来，再次回到中国人手里。人民军队所解放的人民，也是本来在日军铁蹄蹂躏下的人民，是被政府军队丢弃的人民，他们本来是中国治下的人民，政府把他们丢弃给日本、日本人统治了他们一段时间后，敌后军民又把他们从日本治下夺了回来，再次成为中国治下的人民，而且成为新生的抗日力量。所以敌后军民的战果，是全体中国人民的战果；敌后军民的胜

利,是中华民族的胜利;敌后军民的抗战胜利成果,在中国抗战胜
利成果中占着重要的比重。在中国人民的抗战胜利中,有着敌后
军民的重大贡献:敌后军民让中国的百万余平方公里土地重新光
复,让中国的上亿众人民脱离日军残暴统治。这一战果,在中国抗
战的所有战果中,应该是最为重要、最值得载入史册的成果。衡量
战争的成果,应该以最终光复了多大土地、解放了多少人口为最重
要标准。古今中外,有哪场国家间的战争不是以占领对方的土地
与人口为其最终目的呢? 侵略方的目的是占领对方土地与人口,
反侵略方的目的则是恢复其被占的土地与人口。如果有一支军
队,仗打了很多,兵员损失了很多,但土地也丢了很多,人民也丢弃
了很多,那么它只能是有战无果,是浪战,是消耗战,是损失战,是
无效战。只有像敌后军民这样,在毛泽东游击战争和人民战争思
想的指导下,与日军打游击战、麻雀战、跳蚤战、袭扰战,以少胜多,
以小制大,以弱胜强,打得赢就打,打不赢就走,天天缠着对手,袭
扰对手,消耗对手,夺取其占领的大片土地,夺回其掳去的大量人
口,还用从敌人手里夺回的武器,武装起被解放的人民,使自己的
力量不断壮大,越战越强,这才是不但有战,而且有果,而且是小战
大果、少战多果,这才是实战,是耗敌战、损敌战,是有效战、是巧
战、是聪明战,是正确的战法。

第七节　敌后战场对中国抗战的砥柱作用

　　1944 年 5 月 24 日,毛泽东在延安大学开学典礼上说:“现在
我们各个根据地(按:即敌后战场)负担的敌人很多,抗击了百分
之五十八的日军和百分之九十的伪军。有些人看不见这个事实,
污蔑我们好像一个日军也没有打。”“去年《解放日报》发表了我们

的一篇文章，叫做《国共两党抗战成绩之比较》，那里头就有数字，有百分之五十八、百分之九十等。"(《文集》三，第151页)

6月14日，毛泽东在为《解放日报》写的社论中说："中国从抗战开始，即形成了两个战场，敌后战场与正面战场。一九三七年七月至一九三八年十月武汉失守，敌主力向正面战场进攻，但是八路军、新四军却向敌后前进，开辟了几个广大的敌后战场。"其后5年半时间内，日军主要对付敌后战场，"最高峰时，六十万日军及九十万伪军的总数中"，共产党领导的敌后战场"担负的几达四分之三"，目前，"敌后战场在进攻，正面战场在退却"。(《文集》三，第173页)后来，毛泽东又把敌后战场称作"解放区战场"，把正面战场称作"国民党战场"。特别是在1945年4月24日所作《论联合政府》报告中，专门列出标题论述了两个战场。他说："中国的抗日战争，一开始就分为两个战场：国民党战场和解放区战场。""一九三八年十月武汉失守后，日本侵略者停止了向国民党战场的战略性进攻，逐渐地将其主要军事力量移到了解放区战场。"同时国民党政府也"采取了对日消极作战的政策"，"把作战的重担放在解放区战场上，让日寇大举进攻解放区，他自己则'坐山观虎斗'"。"在这几年内，国民党战场实际上没有严重的战争。日本侵略者的刀锋，主要的向着解放区。"1943年解放区战场抗击着64%的日军和95%的伪军，1944年日本发动打通大陆交通线的作战，两个战场分担的抗敌比例才有些变化，但到1945年4月，解放区战场和国民党战场抗击日军的比例仍为56：44，抗击伪军的比例仍无变化。解放区的敌后军民"成为配合同盟国作战、驱逐日本侵略者、解放中国人民的主要力量"，"在对日战争的作战上，起了英勇的模范作用"。(《选集》三，第1042—1045页)

敌后战场或解放区战场的形成、巩固和扩大，是毛泽东精心策划、坚定支持、全力推进的结果。敌后战场的形成,在中国抗战中发挥了重要的作用。

第一,它对侵华日军形成了战略包围、战略牵制和两面夹击,使日军不得不面临两面作战、首尾难顾的困境。

第二,它使侵华日军从正面战场上占领的土地、人民、物资等得而复失,使日军从正面战场取得的战果不是日益扩大,而是日益缩小。这不但使日军的战争资源、战争能力等难以为继,而且使日军的士气、信心、精神等受到打击。

第三,它对正面战场形成战略支援、战略配合,大大减轻了正面战场的压力,化解了正面战场的危机,减少了正面战场的伤亡,使正面战场得以支撑,中国抗战得以长期坚持下来。

第四,敌后战场屏障了西北,使日军铁蹄始终未能跨过黄河、蹂躏西北,使西北没有成为日军沦陷区,而始终成为抗日大后方。

第五,敌后战场的许多胜利,敌后战场不断扩大的事实,不但打破了日军"速战速决"、迅速灭亡中国的战略图谋和战斗信心,而且鼓舞了正面战场同日军作战的官兵的作战斗志,鼓舞了大后方和日军占领区广大中国民众的抗日决心,让他们看到了只要坚决抗、善于抗,中国不会亡。

第六,敌后战场对中国以外的东南亚战场、太平洋战场也形成了战略支援作用。如果不是这个战场牢牢地拖住了几十万日军,那么,这些日军就会进入东南亚战场、太平洋战场;而且中国敌后战场上的战果和战例,也对日军占领下的东南亚地区、太平洋地区军民起到鼓舞作用、示范作用;中国敌后军民还为太平洋战场的盟军提供过诸如营救被日军击落飞机的盟军飞行员,向盟军提供所需情报、所需机场、所需通信站点和气象站点设置等的实际援助。

第七,敌后战场实实在在地抗击和牵制住了大部分的侵华日军,并歼灭、俘虏了几十万的日军,缴获了大量的日军武器,收复了被日军占领的百万以上平方公里土地,从日军魔掌中解救出近亿的中国人民,有着实实在在、任何人也抹杀不掉的辉煌战果。

第八,敌后战场的存在,使中国抗战有了两个相互配合、相互支援、相互依存的战场,形成了两个战场互相独立、互为犄角、共同支撑的特殊战争形态,在中国战争史上,在第二次世界大战史上,也在世界军事史上,写下了绝无仅有的一章。

毛泽东曾经说过,敌后战场是中国抗战的“主力”“主要力量”“中流砥柱”,这主要是就中国抗战进入相持阶段以后的情况来说的,而且是从以下 7 个方面的比较而得出的这一结论。

一是从在 8 年全面抗战的大部分时间内敌后战场所抗击的日军和伪军的绝对数、比例来说的。毛泽东 1940 年 3 月说敌后战场所抗击的日寇兵力已与正面战场几乎同等,以后直到 1945 年 4 月,每次所说,敌后战场抗击日伪军的绝对数量和比例,都大于正面战场。所抗日伪军在大部分时间内都占多数,理所当然是主要力量。

二是从敌后战场的广大来说的。敌后战场几乎是在日军所占领的全部地区摆开的,是一大片,日军占领了哪里,毛泽东就指挥敌后军民到哪里去打游击、去抗日、去摆战场、去建立抗日根据地,这一战场,最大时有 100 多万平方公里。而正面战场只是在日军的向前推进线上展开的,是一条线,其战场多数是阵地战,以某一地区、某一城市为战场,所以其战场区域没有敌后战场那样广大。

三是从战斗力来说的。在全面抗战开始时,在正面战场作战并由政府保障供给的军队有 200 多万人,而在敌后战场作战并由政府保障供给的军队,充其量也只有 5 万多人,但是,在其后的大部分时间里,敌后战场 5 万多军队所抗击的日军,竟然比正面战场 200 多万军队抗击的还要多,那么,每一个学过数学的人都能够计算出,敌后战场的军队战斗力显然比正面战场的军队战斗力要强,因为军队人均抗击日军的比例多出几十倍。另外,在全面抗战期间,正面战场上经常出现军队在日军面前一触即溃、望风而逃,降兵如潮、降将如毛的情景,经常出现大片国土沦丧敌手的情况,经常听到将领因闻风逃跑不抵抗而被处决或处分的事情,而这些在敌后战场上是几乎没有的。这也更加证明了敌后战场的战斗力更强。

四是从军队有广大的人民配合作战来说的。在敌后战场上,战争的指导方略是人民战争,是全面动员、全面抗战,是军民一致、全民皆兵。因此,在这里,军队和人民是一条心、一个目标、向着一个敌人的,军队在前方打,人民在后方进行着各种支持;军队打不过日军时,又以人民为靠山,隐蔽到人民之中,并得到人民的掩护和支持;军队兵员、供给被消耗后,也能及时从人民中得到补充。由于有广大人民的配合和支持,敌后战场的力量越打越大,越战越强。而正面战场上战争的指导方略,是政府和军队抗战,不动员民众参加抗战,是片面抗战。军队很少得到民众的配合和支持,民众也很少参加到战争当中去。

五是从军队的政治质量来说的。敌后战场上,军队内部实行军事民主,官兵平等,上下一致,并施行政治教育,士兵多数为自愿、主动来当兵的,而不是被抓来、被强迫来当兵的,是为了打败日本、保卫家乡而当兵而不是为了吃饭来当兵,因而敌后战场军队的政治素质普遍要比正面战场军队高一些。

六是从军队内部统一团结情况来说的。敌后战场的军队没有明显的派系之分,无论是八路军和新四军之间,还是他们下面的各个师之间,都能做到听从中央军委的统一指挥、统一调度,战时互相支援、互相配合,平时互相友爱、互相团结,而不像正面战场军队那样,中央军和地方军、地方军和地方军之间各顾各、自顾自,战时各自保存自己实力,不为别的军队提供支援、作出牺牲,不愿配合别人作战、成全别的军队。

七是从抗战胜利的最后关头对最后战胜日军的作用来说的。在抗战胜利的最后关头,正面战场的军队远离日军,而敌后战场的军队紧靠着日军,迅速地对日军实行包围和总攻,逼迫其向中国军民投降,不投降者则将其消灭,配合盟军对日军进行了最后的作战,对日军展开了最后的总攻,促使日军最终投降。

除以上所说的这 7 个方面以外,我认为,如果从每个由国家供养的士兵人数所抗击的日军人数、所歼灭的日军人数、所俘获的日军人数、所缴获的日军武器数、所从日军手中收复的土地面积、所从日军治下解放的人口数这 6 个关键的、重要的人均指标来看,则我们更可以说,敌后战场是中国抗战的主力军、主要力量、中流砥柱。人们没有必要、更没有理由对主力军、主要力量、中流砥柱等判断嗤之以鼻或不予置信。因为虽然从大的战役数量、歼灭日军总人数等角度来说,敌后战场不能说是中国抗战的主力军、主要力量、中流砥柱,但是从毛泽东所说的几个方面综合来看呢? 从笔者所说的 6 个军队人均指标来分析呢? 毛泽东的判断有错吗? 可笑吗? 所以,从 8 年全面抗战的后 5 年特别是最后关头的表现与作用来说,从由国家供养的军队人均抗日贡献来说,从总体的抗击日军数量、收复国土面积、解放沦陷区人口等关键作用来说,敌后战场都可以真正地说得上是中国抗战的中流砥柱,在抗战中发挥着中流砥柱般的支撑作用。

第十章 支持并赞画正面战场抗战

在 8 年全面抗战中,毛泽东不但对正面战场的抗战提出了一些建议,给予了实际的赞画,而且当正面战场积极抗战或打得好时,毛泽东则予以支持,鼓励他们抗战,当正面战场消极抗战或打得不好时,毛泽东则予以批评,促进他们抗战。毛泽东从中国抗战的最高利益出发,对正面战场的抗战予以支持、赞画和促进。

第一节 对正面战场抗战的建议

全面抗战爆发半个月后,毛泽东于 1937 年 7 月 23 日写下《反对日本进攻的方针、办法和前途》一文,建议蒋介石"反对妥协退让,实行坚决抗战",并在坚决抗战的总方针下,实行全国军队的总动员和全国人民的总动员,改革政治机构,实行抗日的外交,改良人民生活,进行国防教育,实行抗日的财政经济政策,筑成民族统一战线的坚固长城。

在收到国共谈判的国民党代表张冲关于蒋介石密邀中共领导人飞赴南京共商国防问题的电报后,8 月 4 日,毛泽东同张闻天商讨中共对国防问题的意见,并随即电告赴南京谈判的中共代表周恩来等："总的战略方针,暂时是攻势防御,应给进攻之敌以歼灭的反攻,绝不能是单纯防御。""正规战与游击战相配合","发动人民的武装自卫战,是保证军队作战胜利的中心一环。对此方针游移是必败之道"。(《文集》二,第3—4页)

8月25日,毛泽东在为中共中央宣传部起草的关于形势与任务的宣传鼓动提纲中,向国民党当局和全国各界提出"十大救国纲领"的抗日建议,建议:"反对任何的动摇妥协";"动员全国陆海空军,实行全国抗战",并"武装人民,发展抗日的游击战争,配合主力军作战","动员全民族参战";"和一切反对日本侵略主义的国家订立反侵略的同盟及抗日的军事互助协定";等等。(《选集》二,第354—356页)

9月23日,毛泽东电告彭雪枫等,要他们向国民党军第二战区司令长官阎锡山提出以下关于游击战的意见:山西游击战"应分为晋西北、晋东北、晋东南、晋西南四区",对日军"取四面包围袭击之姿势";"五台山脉应使之成为重要的游击区域之一,现就宜加紧准备";其他地区亦宜作准备与适当之部署;"资材集中于五台一处是不妥当的";"游击战争除军事部署以外,最主要的是紧密依靠乡村广大人民群众,只有如此,才能取得最后胜利"。(《文集》二,第21—22页)

9月25日,毛泽东又电告朱德等,要他们考虑之后向蒋介石及阎锡山建议:"蒋阎派何柱国骑兵军全部"等,"与我林师全部配合,受朱彭指挥,在蔚、涞之敌向保定前进,灵、广之敌向代州前进确已深入之际,从灵、涞之间向北突击(反攻性质的中央突破),恢复灵、涞、广、蔚四县,然后向着大同、张家口、北平线,大同、太原线,北平、石家庄线,举行大规模的侧后袭击战,在灵、涞、广、蔚建立群众的及堡垒的根据地"。电报强调:"蒋阎保定决战、晋北固守的方针

（见蒋十九日部署电），完全是处在被动挨打的姿势下，如无上述一支奇兵袭入敌后，决难持久。只有实行上述计划才能变被动为主动。现在仅仅剩下此一着活棋，应向蒋阎极力建议。"（《文集》二，第25、26页）

9月29日，毛泽东在《国共合作成立后的迫切任务》一文中指出，"现在的军队都在执行抗战的任务，我们对于所有这样的军队，特别是在前线抗战的军队，都是具有钦敬之忱的。然而国民党军队的制度不适宜于执行彻底战胜日寇的任务"。因而建议对国民党的军队制度"加以改变"，"改变的原则就是实行官兵一致、军民一致"，恢复北伐时代国民革命军的精神。（《选集》二，第370页）

10月6日，毛泽东致电周恩来等，对华北作战提出补充意见："程潜放弃石家庄、集中兵力守太行山地是正确的。但敌占石家庄后将向西面进攻，故龙泉关、娘子关两点须集结重兵，实行坚守，以使主力在太原以北取得胜利。"日军到"达忻口一带作战者，似将不过一个师左右，已处于我三面包围中，如果龙泉关、娘子关能坚守一个月，又如果我方部署得当，则以我方兵力数量与质量计算，有可能暂时破坏敌之攻击计划"。为此，应"要求南京速加派生力军三四个师位于娘子关"。"要求卫军四个师担任正面出击兵团之主力，晋军以两个师协助出击，余任守备。""红军林、贺两师主力，担任从东西两方破坏敌之侧后纵深地区。另要求南京派生力军两个师从涞源、蔚县行动。"电报还要他们向阎锡山和程潜建议："要求他们十分注意秘密，他们部署最好不用无线电，否则是十分危险的。"（《文集》二，第33—35页）

10月13日，毛泽东致电周恩来等，提出太原失守后的战略部署意见，要他们考虑向国民党提出。电报说："太原即使失守，亦无关大局。""华北大局之枢纽，现乃在桓山山脉及正太路。"电报提出了为确保太行山脉、正太铁路于我手中,准备向大同、张家口、北平线作战略反攻,用以消耗敌人而应实行的具体部署。(《年谱》中,第31页)

10月17日,毛泽东致电朱德等,同意由周电蒋介石调主力军入晋,以调川军为宜。(《年谱》中,第32页)

10月25日,毛泽东和英国记者贝特兰谈话,在分析了抗日战争的情况和教训后,也提出了一些改进的建议。政治上则建议"将现政府改造成为一个有人民代表参加的统一战线的政府"等;军事上则建议"实行全盘的改革,主要地是战略战术上单纯防御的方针,改变为积极攻击敌人的方针;旧制度的军队,改变为新制度的军队;强迫动员的方法,改变为鼓动人民上前线的方法";"单单正规军作战的局面,改变为发展广泛的人民游击战争配合正规军作战的局面";等等。(《选集》二,第376—377页)

10月,毛泽东在《目前抗战形势与党的任务报告提纲》中,又就"如何争取抗战的胜利"提出以下各点建议:"扩大与巩固以国共两党合作为基础的抗日民族统一战线","在国民政府的基础上建立统一的国防政府";"在现有军队的基础上扩大与建立统一的国防军";"动员与武装人民,帮助政府与军队抗战,组织巩固的后方";"坚持华北抗战与游击战争";"扩大与建立国防工业";"争取国际援助,加强抗战的力量"。(《文集》二,第52—58页)

11月1日,毛泽东在延安公学开学典礼上说:抗日战争中国目前虽然不顺利,但还是"一定要再打,但怎么样打呢"?"就是要活打,不要死打。过去只是挨敌人的打,所以必须改变一个打法";还要"动员四万万五千万中国人参加抗战";再有就是"全国一定要学习八路军的样子,真正地做到军民一致、官兵一致"。(《文集》二,第63页)

11 月 12 日,毛泽东在《上海太原失陷以后抗日战争的形势和任务》一文中,又一次"主张全国人民总动员"的"全面抗战",而反对国民党主张的"片面抗战"。(《选集》二,第 387—388 页)

1938 年 2 月 23 日,毛泽东领衔致电朱德等,要他们将以下战略计划向蒋介石等报告并力求其同意且鼓励各军执行:"敌为夺取陇海、平汉两路直取西安、武汉,决胜点必在潼关、武胜关。""为保卫潼关及西安而战,不是将全部兵力处于平汉以西黄河以南之内线所能胜任的。""必须将兵力分为两部:第一部,刘峙、宋哲元、商震、胡宗南、樊崧甫诸军,固守郑、洛、潼线,策应该线以北诸军之作战,反对敌人渡河。第二部,黄河以北诸军,包括阎、卫及八路全部,坚持晋南晋西战局。""必须告诉国民党,如果近百万军队均退至黄河以南平汉以西之内线,而陇海、平汉尽为敌占,则将形成极大困难。故总的方针,在敌深入进攻条件下,必须部署足够力量于外线,方能配合内线主力作战,增加敌人困难,减少自己困难,造成有利于持久战之军事政治形势。"(《文集》二,第 95—97 页)这一战略计划的核心,就是以外线作战配合内线作战,不能只有内线而无外线。这也是毛泽东与蒋介石、共产党与国民党在对日作战方略上的区别点,即,毛泽东强调要用外线作战配合内线作战,对敌形成牵制,而蒋介石和国民党诸将领则不太主张和运用这一点。

2 月 25 日,毛泽东复电朱、彭,要他们预告阎锡山、卫立煌,必须使用全力歼灭府城西进之日军,"即使该敌冲入临汾,亦决不可动摇整个战局。该敌甚少,可用一部包围之,其余全军均应决心在敌后打不要后路之运动战。如此必能最后制敌"。(《年谱》中,第 53 页)

2 月,毛泽东在同合众社记者王公达谈话时,也提出了自己对加强中国抗战的意见。他说,"根据过去七个月作战的经验,在军事上我们若能运用运动战、阵地战、游击战三种方式互相配合，必能使敌军处于极困难地位。我的意见，在目前除应以二三十万精兵组成数个强有力的野战军，从运动战中给敌人前进部队以歼灭的打击之外，还应抽调八九万军队组成二三十个基干的游击兵团，……配置于从杭州到包头的敌人阵线前面"，从空隙中间"打到敌人后方去"，"结合民众，繁殖无数小游击队"，"发动千百万民众，有力地配合野战军的运动战，而使敌军疲于奔命"。（《文集》二，第100页）这也是毛泽东和蒋介石、共产党与国民党在抗日战略上的一个根本区别点，即毛泽东主张游击战，并发动民众打人民战争，而蒋介石和国民党则不愿这样做。

3月17日，毛泽东致电周恩来等，要他们同蒋介石及国民党高级将领谈军事问题时，注意分现在和将来两个阶段，说明现在以大军留在华北作战是需要的，也是可能的。将来军事情况的变化将使我军活动范围缩小和补给困难，那时只能留若干较小的兵团即若干个游击兵团于华北，各军主力须在敌未将黄河各渡口封锁以前渡过河来。在敌人后方创设许多抗日根据地是完全可能和十分必要的，国共两党均须用极大努力去干。（《年谱》中，第58页）

5月13日，毛泽东致电协助国民党保卫武汉的陈绍禹等，针对《大公报》关于徐州战役是抗战的"准决战"的观点，指出："徐州决战只应该是某种程度的战役决战，而决不应该看作战略决战，必须准备在徐州决战失败后仍有充足力量为保卫武汉而战。"（《年谱》中，第72页）从而在徐州会战尚未结束时便提出了准备武汉保卫战的建议。

5月下旬，毛泽东在《论持久战》一书中又一次提议："在全国的数百万正规军中间，至少指定数十万人，分散于所有一切敌占地区，发动和配合民众武装，从事游击战争。"（《选集》二，第499页）

　　7月17日，毛泽东在致朱德等的电报中，要他们向蒋介石等建议，"要巩固吕梁山脉于我手中，保障某些渡口，非徐旅（按：即徐向前第344旅）西移及朱、彭以一人去指挥，好好打几个胜仗，不能解决问题，否则将贻误大局"。（《年谱》中，第84—85页）

　　8月6日，毛泽东领衔致电在武汉协助国民党保卫武汉的中共领导人，提出保卫武汉的方略，指出："保卫武汉重在发动民众，军事则重在袭击敌人之侧后，迟滞敌进，争取时间，务须避免不利的决战，至事实上不可守时，不惜断然放弃之"。（《年谱》中，第87—88页）两个多月后，鉴于武汉已被日军三面包围，为保存军力以利长期抗战，国民政府军委会于10月24日下令放弃武汉。27日，日军占领武汉三镇，抗日战争进入战略相持阶段。

　　1939年9月1日，毛泽东在同《新华日报》记者的谈话中建议，"从现时起，全国应以'准备反攻'为抗战的总任务"，"在现时，一方面，应当严正地支持正面的防御，有力地援助敌后的战争；另一方面，应当实行政治、军事等各种改革，聚积巨大的力量，以便等候时机一到，就倾注全力，大举反攻，收复失地"。（《选集》二，第585页）

　　1939年11月以后，国民党先后掀起三次反共高潮，小规模的军事磨擦和大规模的军事进攻，使得国共关系不复如前。从此以后，毛泽东未再向正面战场提出过抗日建议。

第二节　对正面战场积极抗战的支持

　　全面抗战甫一爆发，毛泽东就于1937年7月8日，率尚未改编为国民革命军的红军将领致电蒋介石，表示愿意为国效命，并致电抗日前线的国民党军第29军主要将领，请他们策励全军，为保卫平津和华北而战。(《年谱》中,第1页)7月13日,毛泽东又电示叶剑英,要他积极同国民党军队接洽,协商坚决抗战的总方针及办法。14日,毛泽东领衔电示叶剑英,要他转告蒋介石:红军同意担任平绥线国防;最特长于同防守友军配合作战;愿以一部深入敌后方,打其后方。(《年谱》中,第3页)17日,毛泽东又致信阎锡山,派周小舟去谈"关于红军协同作战"问题。(《年谱》中,第5页)

8月25日,全面抗战刚刚进行一个多月,毛泽东在为中共中央宣传部起草的关于形势和任务的宣传鼓动提纲中,赞扬"蒋介石先生七月十七日在庐山关于抗日的谈话,和他在国防上的许多措施,是值得赞许的。所有前线的军队,不论陆军、空军和地方部队,都进行了英勇的抗战,表示了中华民族的英雄气概",并表示"中国共产党谨以无上的热忱,向所有全国的爱国军队爱国同胞致民族革命的敬礼"。(《选集》二,第352页)这是全面抗战以来,毛泽东对国民党正面战场的统帅与军队的抗战,第一次加以热情的礼赞,从而作出了实际的支持。

9月29日,毛泽东在《国共合作成立后的迫切任务》一文中,赞扬全国抗战的发动,"已经发动了百年以来未曾有过的全国范围的对外抗战"。(《选集》二,第365页)

1937年10月,毛泽东写下《目前抗战形势与党的任务报告提纲》,对三个月来的中国正面战场抗战表示了总体满意,并对其部分失利表示了理解,而没有加以苛责。他说:从"卢沟桥事变后华北与长江一带的最近战况"看,尽管日军"得到了暂时的部分的胜利","但是这一次它同'九一八'不同,它所占领的每一寸土地都付了极大的代价,遭到了有力的抵抗"。他充分地肯定"中国进行了坚决英勇的抗日民族自卫战",赞扬这场民族自卫战"空前地发扬了中华民族的伟大与坚决勇敢的精神,打破了过去的'恐日病',给了日寇相当的打击","空前地巩固了中国内部的团结与统一,表示了中华民国的新气象"。他也承认在几个月来的这场战争中,中国"遭受了暂时的部分的失利",但是,他认为:"这种失利,在半殖民地国家与帝国主义国家开始作战时,一般是难于避免的。"(《文集》二,第48—49页)空前地发扬了民族精神,空前地巩固了国家团结与统一,表示了中华民国的新气象,可见毛泽东对以正面战场为主的全国积极抗战是大加褒扬的。

10月25日,毛泽东在和英国记者贝特兰谈话时,赞扬目前的抗战"是自有帝国主义侵略中国以来所没有的,它在地域上是真正全国的战争",其"性质是革命的"。"战争使全国分崩离析的局面变成了比较团结的局面","国际间过去鄙视中国不抵抗的,现在转变为尊敬中国的抵抗了","给了日寇以很大的消耗"。(《选集》二,第374—375页)

11月1日,毛泽东在陕北公学开学典礼上讲话说,"我们必须认识,过去的抗战是有着不可抹煞的成绩的","中国的抗战是百年来未有的,它的性质是革命的"。"在抗战中国国内即比较团结了","在军事上虽然遭受许多失败,但给了日寇以相当严重的打击","取得了国际间的同情"。(《文集》二,第63页)

11月12日,毛泽东在《上海太原失陷以后抗日战争的形势和任务》的报告提纲中,第一句话就说:"我们赞助一切反对日本帝国主义进攻的抗战,即使是片面的抗战。因为它比不抵抗主义进一步,因为它是带着革命性的,因为它也是在为着保卫祖国而战。"(《选集》二,第387页)

在日军大举进攻山西,山西国民党军队大部溃败的情况下,11月13日,毛泽东电示八路军领导人:"多打小胜仗,兴奋士气,用以影响全国。"(《文集》二,第67页)这是毛泽东要求敌后战场多打胜仗来支持正面战场的抗战。

1938年2月8日,毛泽东在中央常委会上作目前军事问题报告时指出:要估计到武汉、广州等地失陷以后中国将发生的新的变化,要鼓励国民党在极端困难环境之下也要继续坚持抗战。(《年谱》中,第50页)可见毛泽东不但支持正面战场抗战,而且支持其在极困难条件下坚持抗战。

3月6日,毛泽东电告朱、彭:日军分五路包围第120师及傅作义部,企图压迫我军渡过黄河。要求八路军第120师应同国民党军傅作义部协力各个击破敌人,策应其他区域之作战。(《年谱》中,第56页)

3月9日,毛泽东又致电朱、彭:目前阶段,八路军在不被日军根本隔断条件下,应在敌后配合友军坚决作战,有效地消灭与削弱敌军。(《年谱》中,第56—57页)明确要求八路军在敌后坚决配合正面战场上友军的作战。

3月12日,毛泽东在追悼抗敌阵亡将士大会上讲话时,对8个月来以正面战场为主的英勇抗战和牺牲将士予以高度赞扬。他说:"从卢沟桥事变以来,东方历史上未曾有过的大战已经打了八个月。""陆、空两面,都做了英勇的奋战,全国实现了伟大的团结,几百万军队与无数人民都加入了火线,其中几十万人……光荣地壮烈地牺牲了。""从郝梦麟、佟麟阁、赵登禹、饶国华、刘家祺、姜玉贞、陈锦秀、李桂丹、黄梅兴、姚子香、潘占魁诸将领到每一个战士,无不给了全中国人以崇高伟大的模范。"(《文集》二,第113页)毛泽东并"向一切在前线奋斗的将士们致敬礼"。(《文集》二,第115页)

5月,毛泽东在《论持久战》中,表扬了包括正面战场上的一些战例。他说,中国抗战是敌强我弱,敌要求我与之决战,我之要求则与之相反："在选择有利条件，集中优势兵力，与之作有把握的战役和战斗上的决战，例如平型关、台儿庄以及许多的其他战斗，而避免在不利条件下的无把握的决战，例如彰德等地战役所采的方针。拼国家命运的战略的决战则根本不干，例如最近之徐州撤退。这样就破坏了敌之'速决'计划，不得不跟了我们干持久战。"(《选集》二，第506—507页)毛泽东同时也反对逃跑主义，赞扬："李服膺、韩复榘等逃跑主义者的被杀，是杀得对的。"(《选集》二，第508页)

10月16日，为了配合正面战场的武汉会战，毛泽东领衔致电在武汉的周恩来，告诉他八路军准备以一部进入鄂豫皖地区活动，并要他向国民党透露这一意向。(《年谱》中，第95页)这是毛泽东主动以敌后战场的兵力去支持正面战场的武汉会战。

11月5日，毛泽东在中共扩大的六届七中全会上作结论报告时，出人意料地赞成正面战场上对广州、武汉的放弃。他说：在敌强我弱形势没有发生决定性变化的条件下，广州、武汉的放弃是正确的。认为这是一种战略退却，它一时表现了有利于敌不利于我，但从整个形势看表现了有利于我不利于敌，我们保存了实力，敌人的兵力更分散了，使其战略进攻接近了顶点。(《年谱》中，第96页)

1940年11月9日，毛泽东起草朱德等给何应钦、白崇禧的电报，针对国民党强令黄河以南的八路军、新四军在一个月撤到黄河以北的无理要求，恳切要求"暂时拟请免调，责成彼等严饬军纪，和协友军，加紧对敌之反攻，配合正面之作战"。(《文集》二，第312页)表达了八路军、新四军愿在华中敌后配合正面战场作战的愿望。

皖南事变发生后，日军连续向正面战场发起进攻。但毛泽东并未因国民党军围歼我皖南新四军的重大事件而停止对正面战场的支持。1941年5月9日,毛泽东领衔致电八路军和新四军各部负责人,告诉他们:"敌正集中兵力,企图进攻河南、陕西、云南,打通平汉路,截断西南、西北两交通线。""战事有在近日发生可能。""国民党要求我军配合作战",因而他令各部"按当地情况许可,拔取敌伪某些深入我区的据点",作战略支持。另外,在"接近豫、陕地区,应有相当部队配合友军作战",作战役的支持。(《文集》二,第349页)

5月12日,毛泽东又领衔致电新四军负责人:"敌占郑州后意图不明,蒋令何柱国袭击陇海线,扰敌后路,兼有防我意。为减轻蒋对我恐惧起见,彭、邓所部,不应越过津浦线以西,仍在原地不动为要,张、罗亦不可扰击李品仙。"(《年谱》中,第296页)这是毛泽东用敌后我军的行动,暗中支持正面战场的抗战。

5月14日,毛泽东又致电彭德怀:"目前国民党非常恐慌,望我援助甚切。""我们的基本方针是团结对敌,是配合作战。"要"周密考虑情况,给以有计划的配合","主要配合区域应是晋东南与冀南,其他作为次要配合区域"。(《年谱》中,第296页)提出了对正面战场"配合作战"的方针,并指定了配合作战的区域。

同日,他又致电廖承志,告诉他,"日寇准备大举进攻,我军决配合国民党作战"。(《年谱》中,第296页)并电告周恩来:针对日军"目前进攻",我军"决定配合作战"。同日,他还致电彭德怀,因日军准备渡河,民众恐慌,建议"我军于此时机","在敌侧背给以打击以振奋国民党"。(《年谱》中,第296—297页)

5月15日,毛泽东领衔致电彭德怀等,要八路军总部不断向蒋介石通报敌情和战况,特别是胜利消息,以影响其抗战决心。(《年谱》中,第297页)以此支持蒋介石在正面战场的抗战。

　　5月25日，毛泽东在题为《击破远东慕尼黑的阴谋》的党内指示中说："此次晋南战役，八路军复自动配合国民党军队作战，两周以来在华北各线作全面出击，至今犹在酣战中。"（《选集》三，第804页）这里所指的是日军进犯中条山战役中，处于敌后战场的八路军主动截断同蒲路、正太路、平汉路、白晋路等日军交通线，支持配合正面战场的国民党军作战的事实。毛泽东在党内指示中赞扬这一案例，正表明了毛泽东支持国民党正面战场作战的态度。

　　5月26日，毛泽东领衔致电卫立煌，决定"即派南汉宸来洛，共商团结对敌大计"。坚持与正面战场军队团结对敌。同日，他又复电周恩来，告诉他："卫立煌对我积极配合作战甚为兴奋"，"派车接南汉宸去"。（《年谱》中，第302页）在卫立煌的影响下，5月30日，中央社9个月来第一次广播八路军截断正太路的消息，承认并宣传八路军的战绩。

　　6月8日，毛泽东领导的中央书记处及中央军委复电彭德怀等，指出：目前卫立煌处境甚为困难，我们须极力予以种种援助，因而叫停八路军总部所提建立太岳军区及派兵南下的计划。（《年谱》中，第305页）以此给正面战场的部队以默默的支持。

　　6月9日，毛泽东起草朱、彭致卫立煌电，指出："敌于晋南得手后，有进图郑、洛、西安可能。八路军决在委座及吾兄领导下与友军配合作战，坚决破坏敌之进攻，为保卫郑、洛、西安而战。"（《年谱》中，第306页）电报还具体提出直接配合和间接配合两种支持方案。

　　9月9日，毛泽东领衔致电八路军和新四军有关领导人，指出："敌攻湘北，又犯郑、洛，国民党正集中力量抗敌，我八路、新四各部应向各重要交通线予以可能的袭击，配合国民党之作战"，同时，"向国民党各部发出通知，要求配合对敌"。（《年谱》中，第326—327页）

1942 年 3 月 24 日,毛泽东领衔电示彭德怀等:"敌攻乡宁、吉县甚急,阎正坚决抵抗,要求我们援助。望令我军及时予以必要援助,以争取晋绥军之抗战,是为至要。"(《年谱》中,第 370 页)明令八路军对正面战场上阎锡山部的抗战务要予以支持援助。

7 月 24 日,毛泽东又领衔复电王世英,让他告诉阎锡山,"已令前方援助晋绥军之英勇抗战"。(《年谱》中,第 394 页)再次命令八路军支持援助晋绥军在正面战场的抗战。

1944 年 4 月 12 日,毛泽东在《学习和时局》一文中指出:"国民党在一九三七年和一九三八年抗战是比较努力的。"(《选集》三,第941 页)对全面抗战开始两年内正面战场上的积极抗战进行了肯定。1945 年 4 月 24 日,毛泽东在《论联合政府》报告中,仍然对这一时期的正面战场抗战给予了肯定,他说:"从一九三七年七月七日卢沟桥事变到一九三八年十月武汉失守这一个时期内,国民党政府的对日作战是比较努力的",其"政策的重点还放在反对日本侵略者身上,这样就比较顺利地形成了全国军民抗日战争的高潮,一时出现了生气蓬勃的新气象"。(《年谱》中,第 1037 页)

第三节　对正面战场消极避战的批评

七七事变爆发后不到一个月,北平、天津就于 7 月 29 日、30 日相继失陷。毛泽东对此大为不满。1937 年 8 月 1 日,他在陕甘宁边区第一届抗战动员体育运动大会上,指出此次平津失陷,是华北当局动摇不定,没有抗战决心和压制民众的爱国抗日运动所致。(《年谱》中,第 8 页)对国民党军队在正面战场上让平津这两个大城市过快落入敌手表示了不满,提出了批评。

8 月 9 日,毛泽东在中共中央召集的各单位负责人会议上指

出："目前还存在着严重的危机，即统治者怕群众起来。蒋介石的
抗战决心是日本逼起来的，应战主义是危险的，在华北实际是节节
退却。"(《年谱》中，第 12—13 页)对正面战场怕群众起来的想法、
应战主义、节节退却的现象等提出了批评。

　　8 月 25 日，毛泽东在为中共中央宣传部起草的关于形势与任
务的宣传鼓动提纲中，在首先肯定了前线军队的抗战时也批评国
民党对日本进行的妥协和退让，"压制了爱国军队的积极性，压制
了爱国人民的救国运动"，批评他们"以为单纯的政府抗战便可以
战胜日寇，这是错误的"。(《选集》二，第 353 页)

　　9 月 4 日，毛泽东在给周恩来的电报中指出：冀、察、晋、绥四省
军政人物的做法，"完全脱离民众，挫败之后失去胜心，整个华北战
线酝酿着极大危机"，要周考虑同他们会面详细交谈，"利用红军新
到壮其气而相当改变其做法"。(《年谱》中，第 19 页)

　　9 月 29 日，毛泽东在《国共合作成立后的迫切任务》一文中，再
次批评此时的抗战"虽然是全国性的，却还限制于政府和军队的抗
战"，而"这样的抗战是不能战胜日本帝国主义的"。(《选集》二，第
365 页)广大的民众"还没有组织起来和武装起来"，这就"影响到前
线不能打胜仗"。他尖锐地指出："华北以至江浙前线的严重危机，
现在已经不能掩饰，也无须掩饰了。"(《选集》二，第 366 页)因为事
实上，进入 9 月，在华北，日军连陷大同、呼和浩特、涿州、保定、沧
县等地。在淞沪战场，最近几天中国守军出现全线退守之势，毛泽
东写文章的当天，日军攻破了中国守军的第一道防线。这种战况，
毛泽东看在眼里，焉能不急、不直接地指出并希望当局能改弦更
张呢？

　　10 月 25 日，毛泽东在和英国记者贝特兰谈话时，批评了正面
战场抗战的几方面弱点：政治方面是"现在的战争还不是群众性的

战争"，"政府和人民之间、军队和人民之间、军官和士兵之间，关系依然……不是团结"。军事方面是"打的大半都是被动的仗，军事术语叫'单纯防御'。这样的打法是没有可能胜利的"。(《选集》二，第375—376页)这是毛泽东从全面抗战爆发后不久，"日寇已在短期内取得了河北、嚓哈尔、绥远三省，山西亦在危急中"(《选集》二，第374页)这一令人痛心疾首的情况中总结出来的抗战教训。他在说到八路军在敌后主力使用于敌侧、采取包围迂回战法，独立自主地攻击敌人的战法时又批评正面战场军队说："就是在正面作战的军队，也不可用单纯防御的战法，主要应采取'反突击'。几个月来军事上的失利，作战方法失宜是其重要原因之一。"(《选集》二，第378页)

11月12日，毛泽东在《上海太原失陷以后抗日战争的形势和任务》一文中，又一次批评正面战场上那种"不要人民群众参加的单纯政府的片面抗战，是一定要失败的"。(《选集》二，第387页)

1938年2月27日至3月1日，毛泽东在中央政治局会议上作军事问题的发言，指出：中国抗战应有战略退却，前一段没有大踏步的进退，只是硬拼，这是错误的。(《年谱》中，第53页)

5月，毛泽东在《论持久战》中，批评了正面战场的许多战役成了"消耗战"。他说："十个月的经验是，许多甚至多数的运动战战役，打成了消耗战。"这种"消耗战"的缺点是："一则消耗敌人的不足；二则我们自己不免消耗的较多，缴获的较少"。(《选集》二，第502页)

7月17日，毛泽东在致朱德等的电报中，批评了国民党军在山西吕梁地区的逃跑主义，指出："陈长捷军万余人，此次作战大部逃跑，仅余数千毫无战斗力。王靖国军大体相同。要这些军队巩固吕梁山脉各县，完全无望"。(《年谱》中，第84页)

1939 年 6 月,毛泽东在《反投降纲领》一文中,批评国民党"半年以来,华北、华中、南方、西北反共活动特别厉害。在华北:八路军从日本手里收复失地,国民党从共产党手里'收复失地',"等妨碍抗战的行为。(《文集》二,第 209 页)

1940 年 3 月,毛泽东对蒋介石在全国参谋长会议上的讲话写下一条批语:"军队是暮气沉沉"。(《年谱》中,第 184 页)对正面战场的军队士气和斗志提出了批评。

11 月 30 日,毛泽东致电周恩来等,说:"汤恩伯北进反共,敌人却西进反蒋,算是搬石头打自己的脚。"(《年谱》中,第 233 页)对正面战场军队不抗日而转向反共提出批评。

1941 年 2 月 24 日,毛泽东在给周恩来的电报中,批评"蒋介石不会对敌举行反攻,他的主意仍是保存实力"。(《文集》二,第 329 页)

1941 年 6 月 9 日,毛泽东起草的朱、彭致卫立煌电报中说:"此次中条失利之原因固多,而无民众组织以障蔽敌之耳目、明快我之耳目,实为主因,并非兵不精将不勇指挥不善之咎也。"(《年谱》中,第 306 页)批评正面战场因未发动民众而得不到民众支持的片面抗战方针。同日,毛泽东在复周恩来的电报中,更批评"此次中条山战役的损失,为上海战役以来最大损失"。(《年谱》中,第 307 页)

12 月 28 日,毛泽东在给八路军、新四军及各地党的负责人电报中,批评正面战场的消极抗战,说:"重庆政策是仅用游击队对敌,不用主力与敌对峙,让敌撤走。"(《文集》二,第 385 页)

1943 年 10 月 5 日,毛泽东在为《解放日报》所写的一篇社论中,批评国民党的消极抗日政策,导致其在正面战场上虽然"有三百万兵,实际上士气颓丧已极,有人比做一担鸡蛋,碰一下就要垮。

所有中条山战役,太行山战役,浙赣战役,鄂西战役,大别山战役,无不如此"。(《选集》三,第917页)批评国民党"由抗战改为观战","对二十个投敌的国民党中委,五十八个投敌的国民党将领"不执行任何军令、政令。(《选集》三,第920页)

1944年4月12日,毛泽东在《学习和时局》一文中,批评国民党在正面战场上,"自从武汉失守以后","对日抗战逐渐消极"。(《选集》三,第941—942页)并批评国民党从1941年以后的"三年多以来,国民党留在敌后的数十万军队……约有一半投降了敌人,约有一半被敌人消灭"。在1938年10月以后的5年半中,对日军在正面战场发动的几次较大的战役行动,"采取上山政策和观战政策,敌人来了招架一下,敌人退了袖手旁观"。还批评河南战役中,"敌人不过几个师团,国民党几十万军队不战而溃","汤恩伯部官脱离兵,军脱离民,混乱不堪,损失三分之二以上。胡宗南派到河南的几个师,也是一触即溃"。(《选集》三,第944—945页)

5月21日,毛泽东在中共六届七中全会上作报告时,让人宣读了国民党河南调统室给其中央调统室关于河南战役的情况报告。毛泽东说,这是"最近时期抗战情况的典型材料之一","这个材料表明,蒋介石的三个主力之一汤恩伯如何完全无能,日寇乱冲一顿,他们就乱跑一顿,胡宗南有两个师在河南也只剩下一个团","战斗力完全瓦解,一击即溃"。(《文集》三,第137页)对正面战场的国民党军队被日军一击即溃现象进行了批评。报告还批评国民党从1939年以后在正面战场上"对日军的进攻采取消极的态度"。(《文集》三,第140页)

5月24日,毛泽东在延安大学开学典礼上讲话说:国民党正面战场"三百万军队只负担日军的百分之四十二、伪军的百分之十","这次河南战役,日军十余万,国民党军队约四十万,就不挑担子,一听枪响就'向后转,开步走'"。(《文集》三,第152页)批评正面战场负担抗击的日军比重太小,且军队缺少战斗力。

6月14日,毛泽东在为《解放日报》所写的社论中,在说了欧洲战场上盟军正向法西斯军队进行反攻的形势后,列举了中国正面战场的形势:"从四月十八日开始,日寇相继发动向河南、湖南与广东的进攻,洛阳失陷,长沙岌岌可危,其中最严重的是河南战事。"日军在击溃蒋鼎文、汤恩伯部30多万军队、攻克洛阳后,又向灵宝、虢略、官道口线的胡宗南军进攻,"截止本日","该线业已不守,敌向潼关前进,显有攻陕目的"。"西北处在极大的威胁中。"中国与欧洲相比,"那边在进攻,这边在退却",同时,在中国境内,"敌后战场在进攻,正面战场在退却"。1938年10月以来,国民党军队对日军在正面战场"并无战略的与占领性质的进攻"的"几次战役性质的作战",采取"招架与观战的政策,敌来招架,敌去袖手"。这年4月18日以后,更"陷于几乎丧失战斗力与束手无策的境地,军队不战而溃,或一触即溃,军队官兵脱节,军民之间又脱节,作战五十余日而退入潼关,西安震动,又在准备退却"。(《文集》三,第173—174页)他批评"中国正面战场现在已处于极端严重的状态"。(《文集》三,第175页)

1944年7月15日,毛泽东在《关于时局近况的通知》中,批评国民党领导的正面战场"在退却,在萎缩,在充满着危机"。(《文集》三,第197页)

11月8日,毛泽东在同美国总统私人代表赫尔利谈话时,批评"现在全世界反法西斯战争都打得很好,唯有中国正面战场上打得不像样子"。"国民党当局所负责的正面战场却天天打败仗。中国人民和盟国朋友都非常着急。"正面战场"自今年四月起,在日寇进攻面前,国民党军队已由二三百万减至一百九十五万。大部分国

民党军队是打不得仗、一触即溃的"。(《文集》三,第220—221页)

1945年4月24日,毛泽东在《论联合政府》报告中,也批评1938年10月以后,国民党在正面战场上"采取了对日消极作战的政策,保存军事实力,而把作战的重担放在解放区战场上,让日寇大举进攻解放区,它自己则'坐山观虎斗'"的消极抗日做法,并批评了1944年在日军打通大陆交通线的作战中,正面战场的"国民党军队表现了手足无措,毫无抵抗能力。几个月内,就将河南、湖南、广西、广东等省广大区域沦于敌手"的不堪表现。(《选集》三,第1042—1043页)

毛泽东的这些批评,不是党派成见,而是诤言,很多情况是国民党自己也知道并深恶痛绝的痼疾,如逃跑主义、一触即溃、将士贪生怕死、军队缺乏战斗力等。正面战场上的很多表现,不但国内各方面人士看了不满意,连外国盟友看了也不满意,表示愤慨。例如,当年的美军观察组看到国民党军队在豫湘桂战场的大溃败,就感到气愤和无奈。另外,毛泽东不但对正面战场抗战不力给予批评,而且对敌后战场共产党军队抗战不力也是给予批评的。比如,他对项英不愿到敌占区去同日本军队打游击就屡有批评,对陈光部队在全国抗战初期没打过好仗也给过批评,等等。总之,在毛泽东的眼里,不管是中国的哪支部队,只要抗战不力,他都会给予批评,并非只针对友军。

第四节　正面战场对中国抗战的御敌作用

全面抗战爆发后,国民党在中国国内的正面战场上,先后组织过卢沟桥抗战与平津之战、淞沪会战、太原会战、南京保卫战、徐州会战、武汉会战、广州作战、南昌战役、随枣战役、第一次长沙战役、枣宜战役、1939 年冬季攻势作战、桂南战役、豫南战役、上高战役、晋南(中条山)战役、第二次长沙战役、第三次长沙战役、浙赣战役、鄂西战役、常德战役、远征军反攻滇西作战、豫湘桂作战等 20 多场较大战役,对侵华日军作了节节抵抗,有效地阻挡了日军的侵华步伐,使日军铁蹄基本未能踏入中国的大西北和大西南,止步于中国的东部和中部地区。正面战场在中国抗战中,起着防波堤一般的御敌作用,它就像是防洪大堤,挡住了日军进犯的一波波洪水,使其不能肆虐横溢。如果没有正面战场的抵抗与对峙,日军将会占领中国更多的地方。这些抵抗,给予日军以重创和消耗。加上局部抗战时期的淞沪抗战、长城抗战、察哈尔抗战、绥远抗战等,国民党军队在抗战中共歼灭日军 100 余万。正是由于正面战场取得过重大战果,对抗战起过重要作用,所以,毛泽东对正面战场的抗战给予过充分肯定和热情赞扬。正面战场的这些抗战,共产党领导的人民军队有的曾参与其中,有的则予以战略支持或战役配合。同时,正面战场的一些战役,确实也打得不如人意,有的甚至堪称耻辱。毛泽东作为中国人的一员,作为中国军队的一名指挥员,作为中国抗战的旗帜性人物,尤其是作为一位高明的军事家,当他看到有些仗打得太窝囊,不但一般中国人看不下去,连蒋介石也气愤得不行,甚至连外国人也跟着愤慨时,毛泽东恨铁不成钢,理所当然地对之进行了批评,怒其不争,切责其有所改进和提高,希望能使政府的几百万主力军担负与之相应的抗击日军的任务,从而减小敌后抗日军民的压力。当时毛泽东的好些抗日建议如能被国民党当局采纳,毛泽东的好多批评如能被当局听进去并加以改进,正面战场应是能够发挥出更大的作用的。

第十一章 重视建立以民主为核心的抗战精神

在抗战中,毛泽东不但重视统一战线、战略战术,而且重视抗战精神,特别是民主精神。因为在毛泽东看来,抗战的制胜法宝就是发动民众和调动各方面的积极性,而发动民众和调动各方面积极性的法宝,又在于民主,没有以民主为核心的抗战精神,则无以造成新的抗战力量。因此,毛泽东在中国抗战中,十分重视民主,十分重视建立以民主为核心的抗战精神。

第一节 重视抗战中的民主精神

还在局部抗战时期,毛泽东就把民主列为抗日的条件之一。1933年1月17日,他在领衔发布的《中华苏维埃政府、工农红军革命军事委员会宣言》中,宣布的中国工农红军准备与任何武装部队订立作战协定的三个条件中,就有"立即保证民众的民主权利(集会集社言论罢工出版之自由等)"。(《中共中央文件选集》第9册,第458页)

毛泽东领导红军长征到达陕北后不久,1935年11月28日,在领衔发布的抗日救国宣言中,公布了抗日救国十大纲领,其中第七条就是："实现民主权利,释放所有的政治犯。"(《文集》一,第361页)把民主列为抗日救国纲领之一。

1936年8月25日,毛泽东为中共中央起草《中国共产党致中国国民党书》,指出："全国人民现在热烈要求一个真正救国救民的政府,要求一个真正的民共和国。全国人民要求一个为他们自己谋利益的民主共和政府。"这个政府"是能够给予人民以民主权利的"。他郑重宣布："我们赞助建立全中国统一的民主共和国","在全中国统一的民主共和国建立之时,苏维埃区域即可成为全中国统一的民主共和国的一个组成部分","并在苏区实行与全中国一样的民主制度"。(《文集》一,第428—429页)可见毛泽东把抗日和民主二者看作国共合作、建立抗日民族统一战线的两个基本要求。

9月23日,毛泽东在和美国记者斯诺谈抗日民族统一战线问题时说:为了实现抗日这个原则,"必须建立民主共和国,建立国防民主政府。它的主要任务应该是:一、抵抗外国侵略者,二、给广大人民以民主权利,三、加速发展国民经济"。(《文集》一,第408页)这段谈话的逻辑是:为了抗日,必须民主。

西安事变爆发后,1936年12月21日,毛泽东致电潘汉年,要他向国民党谈判代表陈立夫提出和平解决西安事变的五个条件,其中第四条即包括"保障民主权利"。(《文集》一,第471页)

1937年3月1日,毛泽东同美国作家史沫特莱谈到抗日民族统一战线的八条政纲,其前三条分别是:国内和平、对日作战、人民民主。可见毛泽东在当时把民主看得仅次于停止内战和一致抗日。

3月23日,毛泽东在中央政治局扩大会议上说,为了抗日要争取民主。(《年谱》上,第666页)

4月22日,毛泽东复电周小舟,要他在几天后同阎锡山谈话时,着重向其指出:"为巩固国内和平、增强国内团结、实现对日抗战,没有民主自由是不行的。"(《年谱》上,第672页)

5月3日,毛泽东在中共全国代表会议上作报告指出,目前"这一阶段的任务主要地是争取民主"。因为"为了建立真正的坚实的抗日民族统一战线,没有国内和平固然不行,没有国内民主也不行"。他还说:"抗战需要全国的和平与团结,没有民主自由,便不能巩固已经取得的和平,不能增强国内的团结。抗战需要人民的动员,没有民主自由,便无从进行动员。""政治制度的民主改革和人民的自由权利,是抗日民族统一战线纲领上的重要部分,同时也是建立真正的坚实的抗日民族统一战线的必要条件。"(《选集》一,第255—257页)5月8日,毛泽东在会上又专门讲了民主问题,说:"对于抗日任务,民主也是新阶段中最本质的东西,为民主即是为抗日。抗日与民主互为条件。""民主是抗日的保证,抗日能给予民主运动发展以有利条件。"他还说:"民主对于中国人民是缺乏而不是多余。"(《选集》一,第274—275页)"民主是抗日的保证",足见在毛泽东眼里,民主对于抗日的重要性。

1937年5月15日,毛泽东会见美国记者韦尔斯,韦尔斯问:现在你们为什么把民主强调起来?毛泽东说:"抗日要全国人民参加,没有民主则老百姓不能参加。""无人民参加,抗战成为不可能,即战也不能保证胜利。所以民主制度为对日抗战胜利之必要条件,非它不可。"(《文集》一,第500页)

1938年3月23日,毛泽东在中央常委会上发言强调:坚持抗战必须有广泛的民主,抗日与民主不可分。(《年谱》中,第60页)

7月2日,毛泽东同世界学联代表团谈话。学联代表首先就问目前陕甘宁边区的意义与作用。毛泽东一言以蔽之:"民主的抗日根据地。"因为"边区人民，只要在抗日原则下，都有他们言论、出版、集会、结社之自由"。边区的军队，"其内部官长与士兵的关系，其对外与人民的关系，也都有一种民主的精神，能够官兵打成一片，军民打成一片，使在抗日战争中表现不能被战胜的力量"。"边区的教育同样是抗日的与民主的。"经济也"以有利抗战为主旨，而以民主精神经营之"。"边区各级政府都是由人民投票选举的。""当人民选举他们所喜欢的人去办政府的事的时候，办得很不错，这比派官办事制度要好得多，对于动员人民力量参加抗日战争，特别积极而有效。"这说明："把抗日战争与民主制度结合起来，都能收得很大的效果。"（《文集》二，第129—130页）从毛泽东说的这几点来看，民主同抗日的关系，民主对抗日的好处，就不是空的而是实的、不是抽象的而是具体的。说实话，之前我看到毛泽东在抗日时期经常谈民主问题，我还觉得有些高蹈、空虚，不太务实。看完这段论述，我才明白为什么毛泽东在抗日时期会那么重视民主、要求民主、坚持民主了。毛泽东在这次谈话中，还要求"全国也应采取这个制度，应把抗日战争与民主制度结合起来，以民主制度的普遍实行去争取抗日战争的胜利"。民主制度"是最于抗日救国有利的，是抗日救国唯一正确的道路"。（《文集》二，第130—131页）

1939年2月上旬，毛泽东在会见美国合众社记者罗伯特·马丁时对他说：中国需要民主才能坚持抗战。（《年谱》中，第112页）

6月，毛泽东在《反投降提纲》报告中说："没有革命民主政府，要领导抗日胜利是不可能的"，"只有抗日才有实行民主可能，只有抗日与民主才有改良民生可能"。（《文集》二，第221页）

8月13日，毛泽东出席陕甘宁边区学生救国联合会第一次代表大会并讲话，指出，没有民主要打倒日本帝国主义取得最后胜利是不可能的。（《年谱》中，第135页）又一次强调了民主的重要性。

9月16日，毛泽东在和中央社和扫荡报、新民报记者谈话时说："民主政治的问题，应当快点解决，才能加强政治上的抵抗力，才能准备军事力量。"他还用抗日民主根据地的民主事实，批驳关于"中国目前不能实行民主的政治"的观点："有些人说：老百姓没有知识，不能实行民主政治。这是不对的。在抗战中间，老百姓进步甚快，加上有领导，有方针，一定可以实行民主政治。例如在华北，已经实行了民主政治。在那里，区长、乡长、保甲长，多是民选的。县长，有些也是民选的了，许多先进的人物和有为的青年，被选出来当县长了。"（《选集》二，第588—589页）

9月24日，毛泽东在同美国记者斯诺的谈话中，告诉斯诺："现在的中国，是一个不民主的国家。""毫无疑义，抗日而没有民主，是不能胜利的，抗日与民主是一件事的两方面。有一些人，赞成抗日，而反对民主，这种人，实际上是不愿意抗日胜利的，是要引导抗日到失败的人。"（《文集》二，第241、245页）

1940年2月20日，毛泽东在延安各界宪政促进会上演说，指出，目前在中国，抗日和民主"这两件事，是目前中国的头等大事"。"现在我们全国人民所要的东西，主要的是独立和民主"，"把独立和民主合起来，就是民主的抗日，或叫抗日的民主。没有民主，抗日是要失败的。没有民主，抗日就抗不下去了。有了民主，则抗他十年八年，我们也一定会胜利"。（《选集》二，第731—732页）

1943年6月6日，毛泽东在给彭德怀的信中，批评彭在两个月前发表的民主教育谈话，"从民主……等的定义出发，而不从当前抗日斗争的政治需要出发"，"不强调民主是为着抗日的，而强调为着反封建"。"不说言论、出版自由是为着发动人民的抗日积极性与争取并保障人民的政治经济权利，而说是从思想自由的原则出发。""不说集会、集社自由是为着争取抗日胜利与人民政治经济权利,而说是为着增进人类互助团结与有利于文化、科学发展"等。
(《文集》三,第 26 页)可见毛泽东在抗战期间强调民主,是出于抗
日的需要,是把民主看作增进抗日力量的条件和手段,是把民主与
抗日紧紧联系在一起的,是以抗日为目的的。由此,我们可以看出
毛泽东在抗战时期为什么高度重视民主了。

7 月 2 日,毛泽东在起草的《中共中央为抗战六周年纪念宣言》
中这样问道:"日本侵华军队总共不过三十几个师团,何以我们以
四万万五千万人的大国还不能战胜它或取得更大的胜利呢?"他回
答:"主要的理由""是中国没有民主政治,因而没有发动全国人民
的抗战积极性"。(《文集》三,第 43 页)

1944 年 5 月 21 日,毛泽东在中共六届七中全会报告中说:"不
民主的方针必然使抗战失败,只有民主的方针才能战胜敌人。蒋
介石的中央军没有民族主义与民主主义的教育,只有法西斯的教
育,因而战斗力完全瓦解,一击即溃。我们的八路军、新四军实行
民族主义与民主主义的教育,我们充分发动了人民的力量,在敌后
建立了十几个根据地,曾经停止了敌人在正面战场的战略进攻达
五年半之久。""实行民主则胜,不实行民主则败,以前这还只是我
们的一种理想,现在开始变为现实了。"(《文集》三,第 137 页)他对
正面战场与敌后战场进行比较后得出的中国抗战"实行民主则胜,
不实行民主则败"的结论,更明显地说明了民主对抗日的作用。

1944 年 6 月 12 日,毛泽东在会见中外记者西北参观团时讲话
说:"中国是有缺点的","一言以蔽之,就是缺乏民主。中国人民非
常需要民主,因为只有民主,抗战才有力量,中国内部关系与对外
关系,才能走上轨道,才能取得抗战的胜利,才能建设一个好的国
家"。"中国缺乏一个为推进战争所必需的民主制度。只有民主,
抗战才能够有力量。""民主必须是各方面的,是政治上的、军事上

的、经济上的、文化上的、党务上的以及国际关系上的。"他承认：
"无论什么都需要统一，都必须统一。但是，这个统一，应该建筑在
民主基础上。政治需要统一，但是只有建立在言论、出版、集会、结
社的自由与民主选举政府的基础上面，才是有力的政治。统一在
军事上尤为需要，但是军事的统一，亦应建筑在民主基础上，在军
官与士兵之间，军队与人民之间，各部分军队互相之间，如果没有
一种民主生活、民主关系，这种军队是不能统一作战的。经济民
主，就是经济制度要不是妨碍广大人民的生产、交换与消费的发
展，而是促进其发展的。文化民主，例如教育、学术思想、报纸与艺
术等，也只有民主才能促进其发展。党务民主，就是在政党的内部
关系上与各党的相互关系上，都应该是一种民主的关系。在国际
关系上，各国都应该是民主的国家，并发生民主的相互关系。""全
中国只有民主制度、民主作风，目前才能胜敌，将来才能建立一个
很好的和平的国内关系与国际关系。""只有民主的统一，才能打倒
法西斯，才能建设新中国与新世界。"（《文集》三，第 168—170 页）
在这次谈话中，毛泽东不但说到了民主对抗日的作用，而且说到了
抗战中民主的内容，全面地讲到了政治民主、军事民主、经济民主、
文化民主、党务民主、国际关系民主对抗战胜利的促进作用。

　　6 月 14 日，毛泽东在为《解放日报》所写的社论中，指出目前国
民党领导的正面战场倾全国之力，面对十几个师团日军的进攻不
断退却，共产党领导的敌后战场却在向日军不断进攻的现状，说：
"原因很简单，共产党坚持团结与民主"，"实行民主，依靠人民，在
那里充满抗敌卫国的爱国精神与再接再厉的朝气"，而国民党"没
有团结与民主方针"，"自大骄傲，不可一世"，"满心依赖同盟国打
日本，很少自力更生的意图与计划。以此而求制敌，岂非缘木求
鱼?"。（《文集》三，第 175 页）把敌后战场的对日进攻和正面战场

的对日退却,归结为有无团结民主方针,更把民主对抗战胜利的作用直接点了出来。

7月15日,毛泽东起草召开陕甘宁边区参议会第二次大会的决定,提前4个月预告会议将讨论团结与民主问题、军事问题、边区经济文化建设问题、选举问题。指出:"陕甘宁边区抗日根据地之所以发展,所以巩固,依靠于政治上的民主、经济上的民主与文化上的民主,团结了各阶层各党派的人民成为一条心。"(《文集》三,第179页)也把抗日根据地的发展归结为实行了团结与民主。其实毛泽东起草的这个决定本身,也处处体现了共产党和边区的民主。例如,决定在讲团结与民主问题时,要求"今年的参议会应检讨已有好的和不够的经验,反映各方意见,给团结与民主以更充实的内容,使各界人民,男女老少,一起动员,增加力量"。在讲到军事问题时说,"过去拥军优抗工作与组织民众工作是有成绩的,但是还有缺点。今后两项均应加强,务以军民一体与全民皆兵之阵势,打倒日本帝国主义"。(《文集》三,第179页)这实际是说的军事民主。在讲到经济文化建设问题时说,"必须增加生产","号召人民于两年至三年内普遍做到每户至少有一年余粮。""号召人民植树,在五年至十年内每户至少植活100株树。""布、铁等项,要办到三年内完全自给。""要用一切有效办法,使男女老少在数年内至少都能认到一千字。""应在数年内做到每乡至少有一个医生,每区至少有一个药店。""号召人民组织各种形式的合作社。"在讲到选举问题时,要求"边区参议会议员应于明年改选。为使人民更能把自己爱戴的人选到参议会去,使这些新的参议员更能反映人民利益与决定抗战建国大计,关于选举条例及选举方式应在今年参议会中提出讨论"。在决定的最后,毛泽东写道:"本联席会议责成各级政府,各参议员及各级参议会,各抗日团体,各劳动英雄,在事先发动热烈的讨论,准备意见,以便届时反映于参议会,作出有利于增强团结抗战与发展边区各项建设之决议,至为至要。"(《文集》三,第 179—181 页)请看,决定讨论的四个问题,都与民主有关。团结与民主问题、选举问题是政治民主,军事问题要讨论的优军优抗与组织民众,涉及的是军事民主,增加生产、植树、扫盲、卫生、合作社等,这是经济民主与文化民主。特别是中共中央主席为边区老百姓提出的那些具体的"小目标",诸如每户有一年余粮、植活100 株树,每人识 1000 个字,每乡有一个医生,每区有一个药店等,体现的又是何等的民主精神! 这些问题不但提前半年就公布出来,还特意要求每个方面充分讨论,充分准备意见,而且包括好的和不好的意见,这同样体现的又是何等的民主精神! 在这种民主精神的带动下,在这样民主方法的激励下,人们的抗日热情能不高涨吗? 边区、各个抗日民主根据地、全国其他地方的抗日力量能不强大吗? 可见,毛泽东在抗战中一再强调民主,始终重视民主,正是为了造成这种用民主促进抗战力量高涨从而最终战胜日军的局面。

9 月 27 日,毛泽东在为林伯渠起草的复王世杰、张治中的信中指出,目前抗战形势危急,"以致军心动摇,民心离异,以致不能停止敌人的进攻,不能配合盟国的反攻","最根本原因,就是由于在一党独裁制度下完全没有民主。因此不能取得人民的信任,不能动员与团结全国抗战力量,不能巩固军心民心,不能使政治、军事、经济、文化各项设施符合抗战、民主与团结的需要"。(《文集》三,第 214 页)把正面战场的危急形势与国统区完全没有民主挂起钩来,并看作根本原因,这也说明了民主与抗战的密切关系和对抗战的直接作用。

11 月 8 日,毛泽东在同美国总统私人代表赫尔利将军谈话时说:"中国有丰富的人力、物力,我们所需要的就是团结。但是要团结必须有民主,也就是说我们需要在民主基础上团结全国抗日力量。现在全世界反法西斯战争都打得很好,唯有中国正面战场上打得不像样子,这是因为中国缺乏民主。"(《文集》三,第 220 页)同样把正面战场上抗战不力归结为缺乏民主。

12 月 15 日,毛泽东在陕甘宁边区参议会第二届第二次会议上演说时,呼吁国民党迅速建立联合政府。他说:"只要中国有一个真正实行民主政策的、能够动员与统一中国一切抗日力量的联合的中央政府出现了,中国抗日战争的胜利与中国人民的解放,就会很快了。"(《文集》三,第 235 页)把民主的联合政府的建立看作抗战胜利的重要条件。同时,在这次演讲中,他也批评敌后根据地即解放区存在的不民主作风,指出,"我们工作作风中的一项极大的毛病,就是有些工作人员习惯于独断专行,而不善于启发人们的批评讨论,不善于运用民主作风"。"只爱听恭维话,不爱听批评话。""我提议各地对此点进行教育,在党内,在党外,都大大地提倡民主作风。"(《文集》三,第 242 页)可见,抗战时期毛泽东对民主的要求,不仅针对国民党,也针对共产党内的一些人。这是我们必须了解的。

1945 年 3 月 31 日,毛泽东在中共六届七中全会上讲话时说:"还在一九三七年我就提出只有民主才能救中国,当时有同志不赞成,他们不知道抗日的问题是已经定了的,当时的问题是如何抗日。"(《文集》三,第 272 页)还说,"国民党说我们讲民主不着边际"。(《文集》三,第 276 页)可见,抗战时期毛泽东讲民主,强调民主,不但国民党不赞成,共产党内开始时也有人不赞成。这更可见毛泽东重视民主是艰难的,是有很多人反对的,是非常可贵的。

在抗战胜利的前夜,4 月 24 日,毛泽东在中共七大所作的《论联合政府》报告中指出："为着彻底消灭日本侵略者,必须在全国范围内实行民主改革",只要国民党"同意民主改革,我们是愿意和他们恢复谈判的。但是谈判的基础必须放在抗日、团结和民主的总方针上"。(《选集》三,第1066、1069页)仍然把民主与抗日、团结,并列为抗战的总方针。

第二节　提出新民主主义的理论

在抗日战争中,毛泽东不但一直重视民主、强调民主、坚持实行民主,而且还提出了一套系统的、完整的抗战时期民主理论——新民主主义理论。这一理论,集中于1939年至1940年提出。

抗战中,国民党有人一直宣传"一个主义","一个政党,公开主张取消马克思主义,取消共产党,取消边区,取消八路军和新四军"。

为了反击这些谬论,公开地打出中国共产党在抗日时期的思想旗帜,毛泽东提出了一套新民主主义的理论。

在毛泽东看来,中国从鸦片战争发生,即已开始了资产阶级民主革命的过程。而从五四运动开始,这个革命又进入了一个新阶段,即新民主主义革命阶段。新民主主义革命的完成,需要无产阶级的领导,需要无产阶级的政党中国共产党通过建立广泛的统一战线来实现。中国共产党在目前要进行的是新民主主义革命,而不是社会主义革命,社会主义革命是第二步的事,是将来的事。这就既把新民主主义同旧民主主义区别了开来,又把新民主主义同社会主义区别了开来,从而把中国共产党的长远目标和当前目标区别了开来。

1939年5月1日,毛泽东在《五四运动》一文中开宗明义地指出："二十年前的五四运动,表现中国反帝反封建的资产阶级民主革命已经发展到了一个新阶段。"因为其中"出现了一个壮大了的阵营,这就是中国的工人阶级、学生群众和新兴的民族资产阶级"。他说中国的资产阶级民主革命,"是为了建立一个在中国历史上所没有过的社会制度,即民主主义的社会制度"。这一革命完成所需要的社会势力是"工人阶级、农民阶级、知识分子和进步的资产阶级,就是革命的工、农、兵、学、商,而其根本的革命力量是工农,革命的领导阶级是工人阶级"。"在今天,革命的根本敌人是日本帝国主义和汉奸,革命的根本政策是抗日民族统一战线,这个统一战线的组织成分是一切抗日的工、农、兵、学、商。抗日战争最后胜利的取得,将是在工、农、兵、学、商的统一战线大大地巩固和发展的时候。"(《选集》二,第558—559页)

3天后,毛泽东又作了关于《青年运动的方向》的讲演,对目前的中国革命作了阐述:革命的对象,"一个是日本帝国主义,再一个是汉奸"。革命的主体,"就是中国的老百姓。革命的动力,有无产阶级,有农民阶级,还有其他阶级中一切愿意反帝反封建的人",其"根本的力量"或"骨干","就是占全国人口百分之九十的工人农民"。革命的性质"是资产阶级性的民主主义的革命"。"这个革命,资产阶级已经无力完成,必须靠无产阶级和广大人民的努力才能完成。"革命要达到的目的"就是打倒帝国主义和封建主义,建立一个人民民主的共和国"。"这种人民民主共和国","它比起现在这种半殖民地半封建的状态来是不相同的,它跟将来的社会主义制度也不相同"。"我们在目前的阶段上不是实行社会主义,而是破坏帝国主义和封建主义……建立人民民主主义的制度。"这个革命在过去的经验教训就是"要打倒帝国主义和封建主义,只有把占人口百分之九十的工农大众动员起来,组织起来,才有可能"。所以，"现在我们要达到战胜日本建立新中国的目的，不动员全国的工农大众，是不可能的"。（《选集》二，第562—565页）这就把新民主主义革命的对象、革命的主体或动力、革命的根本力量或骨干、革命的性质、革命的目的、革命的阶段、革命的教训等，都简要地、明白地说了出来。

半年多以后，1939年12月，毛泽东又写了《中国革命和中国共产党》一文，第一次明确地把资产阶级的民主革命区别为旧民主主义革命和新民主主义革命，并确切地加以定性："所谓新民主主义的革命，就是在无产阶级领导之下的人民大众的反帝反封建的革命。"（《选集》二，第647页）明晰地提出了"新民主主义"这个新的科学概念。同时，也进一步分析了新民主主义革命的对象、任务、动力、性质、前途。他说："现阶段上中国革命的任务"，"就是对外推翻帝国主义压迫的民族革命和对内推翻封建地主压迫的民主革命"。（《选集》二，第637页）"革命的终极的前途，不是资本主义的，而是社会主义和共产主义的。""中国革命的全部结果是：一方面有资本主义因素的发展，又一方面有社会主义因素的发展。这种社会主义因素是什么呢？就是无产阶级和共产党在全国政治势力中的比重的增长，就是农民、知识分子和城市小资产阶级或者已经或者可能承认无产阶级和共产党的领导权，就是民主共和国的国营经济和劳动人民的合作经济。"革命的"最后结果，避免资本主义的前途，实现社会主义的前途"。（《选集》二，第650页）

1940年1月，延安召开了陕甘宁边区文化协会第一次代表大会，毛泽东到会作了长篇演讲，题为《新民主主义的政治与新民主主义的文化》。一个月后，《中国文化》创刊号首发了这篇演讲。几天后，《解放》周刊第98、99期合刊又加以转载，并改名为《新民主主义论》。在这篇讲演中，毛泽东系统地阐述了新民主主义的理论和纲领。讲演首先针对近来国民党当局甚嚣尘上的妥协空气和反共声浪,劈头提出"中国向何处去"的问题,接着回答:"我们要建立一个新中国",即"中华民族的新社会和新国家",或者说是"中华民族的新政治、新经济和新文化"。(《选集》二,第 662—665 页)具体来说,则是"新民主主义的政治""新民主主义的经济""新民主主义的文化"。

新民主主义的政治,就是要建立"在无产阶级领导下的一切反帝反封建的人们联合专政的民主共和国,这就是新民主主义的共和国"。"在今天的中国,这种新民主主义的国家形式,就是抗日统一战线的形式。它是抗日的,反对帝国主义的;又是几个革命阶级联合的,统一战线的。""国体——各革命阶级联合专政。政体——民主集中制。这就是新民主主义的政治,这就是新民主主义的共和国,这就是抗日统一战线的共和国。"(《选集》二,第 675—677 页)

新民主主义的经济,是"走'节制资本'和'平均地权'的路,决不能是'少数人所得而私',决不能让少数资本家少数地主'操纵国计民生',决不能建立欧美式的资本主义社会,也决不能还是旧的半封建社会"。(《选集》二,第 678—679 页)

新民主主义的文化,"就是人民大众反帝反封建的文化;在今日,就是抗日统一战线的文化",这种文化,只能由无产阶级的文化思想去领导,因此,它也"就是无产阶级领导的人民大众的反帝反封建的文化"。(《选集》二,第 698 页)这种文化,是"民族的科学的大众的文化"。(《选集》二,第 706 页)

这篇演讲,把新民主主义国家的政治、经济、文化特征及其主要内容,把中国共产党致力建设的新中国是怎样的面貌,为世人勾画出一个比较完整而又清晰的轮廓来。这实际上在中国抗战中又树立起一面鲜明的旗帜——民主抗日的旗帜、新民主主义的旗帜、能吸引更多人前来抗日建国的旗帜。

第三节　指导建立抗日文艺、振奋抗战精神

毛泽东很重视抗日的文艺，重视发挥文艺宣传在抗战中的动员鼓舞作用。

全面抗战爆发前，1936 年 11 月 22 日，中国文艺协会在延安成立。毛泽东在成立大会上讲话说："现在中国有两条战线，一条是抗日战线，一条是内战。""我们要文武两方面都来。要从文的方面去说服那些不愿停止内战者，从文的方面去宣传教育全国民众团结抗日。"他号召文艺协会和文艺家们，"发扬民族革命战争的抗日文艺"。（《文集》一，第 461、462 页）把建立"抗日文艺"的任务提了出来。

1938 年 2 月，毛泽东领衔发出鲁迅艺术学院《创立缘起》，指出，艺术是宣传、发动与组织群众的最有力的武器，培养抗战的艺术工作干部已是刻不容缓的工作。因此决定创立鲁艺。（《年谱》中，第 54 页）4 月 10 日，鲁艺成立时，毛泽东到会讲话，说抗日战争把来自上海"亭子间"和来自根据地"山上"的两部分艺术家汇合到一起，现在都要在抗日民族统一战线的方针指导下，实现文学艺术在今天中国的使命和作用。（《年谱》中，第 64—65 页）4 月 28 日，毛泽东又应邀来学院讲艺术方面的问题。在讲他的艺术观点时说，"现在为了共同抗日在艺术界也需要统一战线"，"不管他是写实主义派或是浪漫主义派，是共产主义派或是其他什么派，大家都应当团结抗日"。要求艺术家们团结抗日，把抗日放在首位。他还强调："艺术作品要有内容，要适合时代的要求，大众的要求。"即使

是"演旧戏也要注意增加表现抗敌或民族英雄的剧目,这便是今天时代的要求"。要求作品至少表现抗战,歌颂英雄。他还要求艺术家们到实际生活中去,到抗日斗争中去:"你们不能终身在这里学习,不久就要奔赴各地,到实际斗争中去,正如你们唱的《游击队员之歌》中所说的,'我们都是飞行军,哪怕那山高水又深'。你们不但要在口里唱,而且要实际地去那样做。""现在你们的大观园是全中国。""你们的作品,'大纲'是全中国,'小纲'是五台山。"(《文集》二,第121—124页)希望艺术家在抗日斗争中写出抗日作品,鼓舞人民抗日。1939年5月10日,毛泽东出席鲁艺成立一周年大会,并为鲁艺题词"抗日的现实主义,革命的浪漫主义"。(《年谱》中,第125页)毛泽东倡议成立鲁艺,又多次为鲁艺讲话或题词,表明了毛泽东对文学艺术的重视。毛泽东每次讲话和题词,都把文艺放在抗日的大背景和大目标下,强调文艺为抗战服务、文艺工作者为抗战服务,要求文艺成为抗日的文艺,文艺工作者深入抗日实际创作文艺作品。这为鲁艺植下了现实主义的基因。后来,"大鲁艺"在抗战中不断成长壮大,培养出好多现实主义的文艺家,他们也创作出很多激励人们抗日斗志、鼓舞人们积极向上、脍炙人口且流传不朽的艺术作品。

1942年5月,延安召开了文艺座谈会。毛泽东于5月2日和23日两次到会讲话,讲文艺的任务,讲文艺工作者的立场问题、态度问题、为什么人的问题、如何服务的问题等。在2日的讲话中,毛泽东提出:"要使文艺很好地成为整个革命机器的一个组成部分,作为团结人民、教育人民、打击敌人、消灭敌人的有力的武器,帮助人民同心同德地和敌人作斗争。"他说:"对于敌人,对于日本帝国主义和一切人民的敌人,革命文艺工作者的任务是在暴露他们的残暴和欺骗,并指出他们必然要失败的趋势,鼓励抗日军民同心同德，坚决地打倒他们。"（《选集》三，第848—849页）在23日的讲话中，他要求大家讨论和考虑问题，要在"中国的已经进行了五年的抗日战争"等重大事实的基础上来进行。他提出了文艺为什么人的问题。响亮地、明确地，更是在中国历史上前所未有地提出了文艺为人民、为人民大众、为工农兵服务的观点，要求文艺工作者"一定要把立足点移过来"，"移到工农兵这方面来"，克服"轻视工农兵、脱离群众的倾向"，"把为工农，为八路军、新四军，到群众中去的口号提出来，并加以切实的实行"。接着又提出了目前如何为工农兵服务，即是先努力于普及还是提高的问题，指出："现在工农兵面前的问题，是他们正在和敌人作残酷的流血斗争"，而他们"不识字、无文化，所以他们迫切要求一个普遍的启蒙运动，迫切要求得到他们所急需的和容易接受的文化知识和文艺作品，去提高他们的斗争热情和胜利信心，加强他们的团结，便于他们同心同德地和敌人作斗争。对于他们，第一步需要还不是'锦上添花'，而是'雪中送炭'"。"我们的文学艺术都是为人民大众的，首先是为工农兵的，为工农兵而创作，为工农兵所利用的。"这就把抗日时期文艺为什么人服务和怎样服务的根本问题，明确地指了出来。要求文艺为抗日者服务，鼓舞抗日者去抗日。这就是毛泽东作为抗日政治领袖，在抗日的大背景下，向文艺工作者提出的任务。毛泽东还说："文艺是从属于政治的，但又反转过来给予伟大的影响于政治。"但这个政治，是指"群众的政治"。"文艺服从于政治，今天中国政治的第一个根本问题是抗日"，因此，他要求各方面的文艺工作者或文学艺术家，"首先应该在抗日这一点上""团结起来"。毛泽东还号召文艺工作者写抗日革命根据地，为抗日根据地的群众而写。他说："大后方的读者""希望革命根据地的作家告诉他们新的人物，新的世界。所以，愈是为革命根据地的群众而写的作品，才愈有全国意义"。(《选集》三,第853—876页)这个讲话,为文艺工作者指明了为现实服务、为人民服务、为抗日服务的方向。而这时候的现实即是抗日,这时候的人民,即是抗日根据地的群众和其他抗日者。文艺一旦扭转方向,为抗日服务,写抗日者,那么,文艺就真的成了抗日的一部分,成了抗日的枪炮和利剑,成为振奋抗日精神、鼓舞抗日者斗志的精神力量,成为凝聚一切抗日力量的黏合剂。

抗战中,毛泽东除了指导建立抗日文艺、用抗日文艺振奋抗战精神外,还积极推动陕甘宁边区的国民精神总动员。1939年3月,国民党发起"国民精神总动员"运动。4月26日,毛泽东在中央书记处讨论这一问题的会议上说,要用国民党提出的国民精神总动员在陕甘宁边区发动一个大的运动,反对纷歧错杂的思想与贪生怕死等。29日,毛泽东又在延安党的活动分子会议上作关于国民精神总动员问题的报告,指出,中国需要全国总动员,政治的、经济的、军事的、文化的等等,这样才能支持长期抗战。共产党是历来号召全国总动员的,就是要动员一切力量,争取抗战胜利。(《年谱》中,第122页)5月1日,毛泽东又出席延安各界为实行国民精神总动员及纪念五一劳动节大会,并发表讲话,指出,国民精神总动员,就是要全国人民团结起来,振奋抗战到底的精神,打到鸭绿江边,争取最后胜利。为了争取最后胜利,就要改造全国国民的精神,把一切不好的东西统统去掉,例如自私自利、贪生怕死、贪污腐化、萎靡不振等,提倡和发扬中华民族的艰苦奋斗精神,还要纠正一切不利于抗战的错误思想。(《年谱》中,第123页)毛泽东是要利用这场活动,对抗日来一次大动员、大宣传,对抗日精神来一次大振奋,对不利于抗日的各种错误思想来一次大纠正。他把这种宣传动员也看作争取抗战胜利的一个环节。

同时,毛泽东也十分注意对抗日英雄事迹的宣传。1939 年 3 月 18 日,毛泽东专门领衔电示八路军、新四军各政治机关:"在抗战中,从我们八路军、新四军的干部与战士中涌现出许多民族英雄。表扬这些英雄及其英勇行为,对外宣传与对内教育均有重大意义,各政治机关应注意收集这些英雄的事迹,除在各部队报纸上发表外,择其最重要者电告此间及广播。军政杂志今后专设八路军、新四军抗战英雄一栏,望各级政治部供给材料。"(《年谱》中,第 118 页)为了振奋抗战精神,毛泽东竟然想到了这样具体的事:在全军表扬、宣传抗战英雄的英雄事迹。可见毛泽东把宣传抗战英雄作为振奋抗战精神、助力抗战胜利的一项重要工作并亲自加以布置。

第四节　重视发挥共产党人在抗战中的先锋模范作用

抗战需要正确的思想指导,需要建立一支浩浩荡荡的抗日队伍,需要支持抗日的物质和精神条件,同时也需要有人在其中起先锋模范和带头作用。毛泽东很重视发挥共产党人在抗战中的先锋作用、模范作用、带头作用,用这种作用去带领更多人抗日。

全面抗战爆发前,1937 年 5 月 3 日,毛泽东在中共全国代表会议上作《中国共产党在抗日时期的任务》报告,就要求共产党在抗战中,"应该提起自己的无限的积极性和忠诚",成为实现抗日民族统一战线、停止内战、实现抗战等各种目标的"模范"。他提出:"在为抗日民族统一战线和民主共和国的一切任务而奋斗时,共产党员应该作到最有远见,最富于牺牲精神,最坚定,而又最能虚心体会情况,依靠群众的多数,得到群众的拥护。""建立与同盟者的适当的关系,发展和巩固这个同盟。"(《选集》一,第 263 页)

5月8日，毛泽东在这次会议作结论时，又一次提出，为了指导伟大的抗日战争这场"历史上空前的大革命"，我们党必须"自觉地造就成万数的干部，要有几百个最好的群众领袖"，他们要"有政治远见，有工作能力，富于牺牲精神，能独立解决问题，在困难中不动摇，忠心耿耿地为民族、为阶级、为党而工作"。"这些人不要自私自利，不要个人英雄主义和风头主义，不要懒惰和消极性，不要自高自大的宗派主义，他们是大公无私的民族的阶级的英雄。"（《文集》一，第277页）

全面抗战进行了一年多以后，1938年10月14日，毛泽东在扩大的中共六届六中全会上作报告时，专门提出了"中国共产党在民族战争（按：即抗日战争）中的地位"问题。他指出，共产党的口号是"为保卫祖国反对侵略者而战。对于我们，失败主义是罪恶，争取抗日胜利是责无旁贷的"。他要求"每一个共产党员必须发挥其全部的积极性，英勇坚决地走上民族解放战争的战场，拿枪口瞄准日本侵略者"。他列举了九一八事变以来中国共产党为此而采取的一系列行动："我们的党从九一八事变开始，就提出了用民族自卫战争反抗日本侵略者的号召；后来又提出了抗日民族统一战线的主张，命令红军改编为抗日的国民革命军开赴前线作战，命令自己的党员站在抗日战争的最前线，为保卫祖国流最后一滴血。"这表明中国抗战发生以来，中国共产党就在抗战中发挥着先锋模范作用。接着，毛泽东又专门列出一节，讲"共产党员在民族战争中的模范作用"。他说，"共产党员应在民族战争中表现其高度的积极性"，"应在各方面起其先锋的模范的作用"，在中国抗战这场"在困难环境之中进行的"战争中，"共产党员的先锋作用和模范作用是十分重要的"。他要求共产党员至少作十几个方面的模范："共产党员在八路军和新四军中，应该成为英勇作战的模范，执行命令的模范,遵守纪律的模范,政治工作的模范和内部团结统一的模范。共产党员在和友党友军发生关系的时候,应该坚持团结抗日的立场,坚持统一战线的纲领,成为实行抗战任务的模范;应该言必信,行必果,不傲慢,诚心诚意地和友党友军商量问题,协同工作,成为统一战线中各党相互关系的模范。共产党员在政府工作中,应该是十分廉洁、不用私人、多做工作、少取报酬的模范","共产党员应是实事求是的模范,又是具有远见卓识的模范","共产党员又应成为学习的模范"。他说:"在长期战争和艰难环境中,只有共产党员协同友党友军和人民大众中的一切先进分子,高度地发挥其先锋的模范的作用,才能动员全民族一切生动力量,为克服困难、战胜敌人、建设新中国而奋斗。"(《选集》二,第 520—523 页)

1941 年 5 月 18 日,毛泽东为《解放日报》写的社论《请看今日之域中,竟是谁家之天下》中写道:"中国现在是一堆民族革命的大火,在这里高举着火炬的是几万万人,而共产党则站在这个火炬行列的最前线。"(《年谱》中,第 298 页)站在"火炬行列的最前线",这正是共产党员先锋模范作用的形象化表达。

1941 年 11 月 6 日,毛泽东在陕甘宁边区参议会上说,抗战期间"中国共产党提出的各项政策,都是为着团结一切抗日的人民,顾及一切抗日的阶级"的,"都是为了团结全国人民,合力抗日"。他希望这些政策"在全国也实行起来"。这些政策是"使各界人民都有说话机会、都有事做、都有饭吃的政策"。这些政策,显然是有利于抗战的,是在全国具有模范的先进作用的。他还指出,为了把抗日的事情办好,"共产党员有义务同抗日的党外人士合作","共产党员必须倾听党外人士的意见","决不可自以为是,盛气凌人,以为自己是什么都好,别人是什么都不好;决不可把自己关在小房子里,自吹自擂,称王称霸"。他强调:"共产党是为民族、为人民谋利益的政党,它本身决无私利可图。它应该受人民的监督,而决不应该违背人民的意旨。它的党员应该站在民众之中,而决不应该站在民众之上。"(《选集》三,第 808—809 页)这些要求,实际上都是要求共产党及其党员应该成为抗日统一战线的模范。

1944 年 9 月 18 日,毛泽东在同军队代表谈话时说:"现在八路军、新四军及华南人民部队抗击了在华的敌伪军六分之五,国民党只打了六分之一。豫湘战役,敌人如入无人之境,情形极为严重。中国不亡,是由于有了我们共产党、八路军、新四军,主要地由我们支持了抗战局面。"(《年谱》中,第 546—547 页)这把共产党人在抗战后期支撑抗战局面、抗击主要敌人的先锋模范作用,具体地说明了出来。

直到抗战胜利前夕,1945 年 4 月 24 日,毛泽东在《论联合政府》报告中,仍然告诫全党:"采取谦虚态度,防止骄傲态度,在党内,和全体同志更好地团结起来,在党外,和全国人民更好地团结起来","一定要把日本侵略者及其忠实走狗坚决、彻底、干净、全部地消灭掉,"(《年谱》中,第 1097 页)要求共产党人做谦虚和团结的模范,带动全国人民打败日本。他自豪地说:"抗日战争的经验,给了我们和中国人民这样一种信心:没有中国共产党的努力,没有中国共产党人做中国人民的中流砥柱,中国的独立和解放是不可能的。"(《年谱》中,第 1097—1098 页)

在整个抗战期间,毛泽东始终要求共产党站在抗日的最前线,担负起促成抗战、领导抗战的责任。即使别人都不抗日了,共产党也仍然要抗日;即使大半边天都黑了,共产党也仍然坚持抗战。要求共产党员站在抗日的最前线,在抗战的各个方面,都发挥先锋的、模范的作用,带动更多的人参加抗战,推动更多的人积极抗战,促进更多的人支持抗战,以共产党员为抗日的中坚力量,以共产党为抗日的中流砥柱,夺取抗日战争的最后胜利。事实证明,共产党人在抗战中的先锋模范作用发挥得是相当大、相当好的。无论是日本侵占东北后东北抗联在东北地区的顽强抗日,还是全面抗战爆发后八路军、新四军、华南游击队在华北、华中、华南日军占领地区的敌后抗战;无论是对停止内战的推动,还是对抗日民族统一战线的全面建立与巩固;无论是在坚持抗战方面,还是在以人民战争的正确战略、游击战的正确战术有效耗敌方面;无论在消灭敌人方面,还是在发展自己方面,共产党都作出了表率,作出了示范,当了先锋队,成了模范生。没有共产党人的先锋模范作用,中国抗战的局面不会有这样好,抗战的成果不会有这样大,抗战的胜利不会有这样快。

第十二章　抗战时期国内外人士对毛泽东的 印象和传播

抗战时期,毛泽东在延安会见过敌后抗日根据地以外的不少国内外人士,有些人对毛泽东留下了很深的印象,并以各种方式进行了传播。这使毛泽东以及他的抗日主张更加广为人知。

第一节　外国人士对毛泽东的印象

一、斯诺对毛泽东的印象

毛泽东长征到达陕北后,第一批见到的外国人有美国记者斯诺。

斯诺于 1936 年 6 月由北平出发,7 月 13 日到达保安。当天傍晚,毛泽东就先到住处看望了他。斯诺后来写到了毛泽东同他第一次见面的情况:直到吃晚饭时,毛泽东才来。他用劲和我握了握手,以平静的语调寒暄了几句,要我在同别人谈话过后,熟悉一下周围环境,认识方位,然后去见他。他缓步走过挤满农民和士兵的街道,在暮霭中散步去了。(《年谱》上,第 557 页)在斯诺的第一印象中,毛泽东是个面容消瘦、看上去很像林肯的人物,一头黑发留得很长，双眼炯炯有神，鼻梁很高，颧骨突出，一霎那间所得的印象，是一个非常精明的知识分子的面孔。（《外国记者眼中的中国共产党人》，第 8 页）

　　初次见面后，第二天，斯诺又见到了毛泽东。那是毛泽东来出席对他们的欢迎会。接着，7 月 15 日，毛泽东专门会见斯诺，回答他关于苏维埃政府对外政策的提问。16 日晚 9 时到次日 2 时，毛泽东再同他谈中国抗日战争的形势和方针问题。18 日、19 日，又同他谈苏维埃政府的对内政策问题。23 日，还同他谈了中共与共产国际、与苏联的关系问题。当斯诺在苏区进行了两个多月的考察后，9 月 23 日，毛泽东又同斯诺谈了抗日联合战线问题。9 月底10 月初，毛泽东又连续几个晚上同斯诺谈其个人历史和红军长征的历史。这是毛泽东一生当中与外国记者谈话时间最长、内容最多、影响最大的一次。毛泽东甚至会取消一些会见或会议，搁下待批的文件和待写的文章等，同斯诺连续长谈。为什么如此呢？斯诺后来认为："毕竟我是一种媒介，他通过我，第一次得到了向世界发表谈话，更重要的是，向中国发表谈话的机会。"而在此之前，"他被剥夺了合法地向中国报界发表意见的可能"。（蒋建农：《走近毛泽东》，中共党史出版社 2003 年版，第 49 页）

　　在这些谈话中，毛泽东不但第一次向斯诺讲了自己的生平、红军的历史、中央苏区的情况、长征的历程、苏维埃政府的内政与外交政策、中共与共产国际及苏联的关系等，更重要的是，第一次公开中共对即将爆发的全面抗日战争前途的看法及对世界主要国家的期望和态度，第一次在外国记者面前公开声明，欢迎蒋介石参加反日的抗战，中共愿在蒋介石真正抵抗日本的那一天把军队放在他的指挥之下，中华苏维埃政府愿成为全国抗日联合政府的一部分，并废止自己关于土地问题的法律。可以说，当时中共中央关于抗日问题的立场、态度，都在其中。斯诺曾记载说："在我就要离开保安的时候，毛把我叫到他那里，对我说了国共再次合作的条件。"（［美］埃德加·斯诺：《斯诺文集》第一卷，新华出版社 1984 年版，第 214 页）

经过多次的亲密接触和大量谈话，斯诺对毛泽东有了深刻而又丰富的印象：

谈话中，毛泽东"有时交叉着腿坐在从岩石中凿成的一个很深的壁龛里，吸着一支前门牌香烟"。有时则"一会儿在两个小房间之间来回踱步，一会儿坐下来，一会儿躺下来，一会儿倚着桌子读一叠报告"。在斯诺看来，"在毛泽东的苍白有点发黄的脸上"，"找不出一丝疲倦的表示"。（［美］埃德加·斯诺：《斯诺文集》第二卷，新华出版社 1984 年版，第 80、90 页）

在"几个晚上的谈话中，我们真像搞密谋的人一样躲在那个窑洞里，伏在那张铺着红毡的桌子上，蜡烛在我们中间毕剥着火花，我振笔疾书，一直到倦得要倒头便睡为止"。（《年谱》上，第 606 页）

"在我看来，毛泽东是一个令人极感兴趣而复杂的人。他有着中国农民的质朴纯真的性格，颇有幽默感，喜欢憨笑。甚至在说到自己的时候和苏维埃缺点的时候他也笑得厉害——但是这种孩子气的笑，丝毫也不会动摇他内心对他目标的信念。他说话平易，生活简朴，有些人可能认为他有点粗俗。然而他把天真质朴的奇怪品质同锐利的机智和老练的世故结合了起来。

"我想我第一次的印象——主要是精明这一点——大概是不错的。然而毛泽东还是一个精通中国旧学的有成就的学者，他博览群书，对哲学和历史有深入的研究，他有演讲和写作的才能，记忆力异乎常人，专心致志的能力不同寻常，个人习惯和外表落拓不羁,但是对于工作却事无巨细都一丝不苟,他精力过人,不知疲倦,是一个颇有天才的军事家和政治战略家。许多日本人都认为他是中国现有的最有才干的战略家,这是令人很感兴趣的事。

"毛泽东的生活和红军一般战士没有什么两样。做了十年红军领袖,千百次的没收了地主、官僚和税吏的财产,他所有的财物却依然是一卷铺盖,几件随身衣服——包括两套布制服。

"我第二次见他是傍晚的时候,毛泽东光着头在街上走,一边和两个年轻的农民谈着话,一边认真地在做手势。我起先认不出是他,后来等到别人指出才知道。南京虽然悬赏25万元要他的首级,可是他却毫不介意地和旁的行人一起在走。

"毛泽东在我的印象中是一个有相当深邃感情的人。我记得有一二次当他讲到已死的同志或回忆到少年时代湖南由于饥荒引起的大米暴动中发生死人事件的时候,他的眼睛是湿润的。

"他似乎一点也没有自大狂的征象,但个人自尊心极强,他的态度使人感到他有着一种在必要时候当机立断的魄力。我从来没有看见他生过气,不过我听到别人说,他有几次曾经大发脾气,使人害怕。在那种时候,据说他嬉笑怒骂的本领是极其杰出和无法招架的。"(《毛泽东传》,第388—389页)

他"对于世界政治惊人地熟悉,他熟读世界历史,对英国工党、美国罗斯福总统很感兴趣,还读过许多关于印度的书"。他的身上,"有一种天命的力量,这并不是什么昙花一现的东西,而是一种实实在在的根本活力"。(《外国记者眼中的中国共产党人》,第8页)

1941年,斯诺在《为亚洲而战》一书中还曾说:"1936年,毛曾对我作了一些重要的政治预言,这在许多人看来是荒谬的。当时很少人相信共产党可以存在,更少有人预见到国共会缔结抗日联合战线。"([美]埃德加·斯诺:《斯诺文集》第三卷,新华出版社1984年版,第236页)斯诺用后来发生的事实来向全世界印证毛泽东的先见之明和准确预见。

1936年10月底,斯诺回到北平后,迅速把对毛泽东的印象形诸文字,加以传播。11月14日和21日,上海《密勒氏评论报》连续两期连载了斯诺的访问记《会见共产主义领袖毛泽东》。这篇英文报道,不但介绍了毛泽东对当时人们普遍关注问题的基本看法,而且发表了毛泽东戴着红星八角帽的军人照片。毛泽东的英明见解和英武形象,双双首次向英语世界的人们公开。不久,上海英文报纸《大美晚报》也转载了这篇文章。

之后,1937年1月25日和10月11日,美国《生活》杂志都刊登了斯诺的文章,并配发了毛泽东等人的照片。同年2月5日,斯诺的演讲稿《红党与西北》又在《大美晚报》发表。4月15日,斯诺的《苏维埃的台柱子》一文,发表于新创刊的英文杂志《民主》上。

此外,斯诺兼职担任记者的英国《每日先驱报》开辟了专栏,在头版连载斯诺的苏区访问记,并配以大篇幅的照片和有关社论。

美国出版的《星期六晚邮报》刊载了斯诺的《我去红色中国——中国抗日统一战线秘史》等文章。美国的《亚洲》杂志发表了斯诺的《来自红色中国的报告》等报道;《美亚》杂志发表了斯诺的《中国共产党和世界事务——和毛泽东的一次谈话》等文章;《新共和》刊登了斯诺的《中共为何要长征》等文章;《纽约太阳报》更是发表了斯诺的30篇报道。除了撰写文章外,斯诺还召集了各种报告会,报告他的红区之行。

离开红区一年后,1937年10月,斯诺把他之前在报刊上发表的系列报道,编集成图书,由英国伦敦的维克多·戈兰茨公司出版,书名叫《红星照耀中国》。这本英文图书一出版就轰动英伦,几周内就销售 10 万多册。3 次加印仍供不应求。3 个月内,连续再版 5 次。1938 年 1 月,美国兰登出版社又在美国出版了《红星照耀中国》一书,当月就连印数次,销量 1 万多册,半年后又修订再版。

通过报纸、杂志、图书、集会,斯诺把他对毛泽东的印象,把毛泽东对抗日战争的态度、政策等,传向了英国、美国,传向了英语世界。

与此同时,中国人又把上述英文报刊图书译成中文进行传播。1937 年 3 月 25 日,《救国时报》刊载了斯诺《一个非常的伟人》一文。同年 5 月,由思三翻译的斯诺《中国的新西北》一文,印成铅印本发行。11 月,上海无名出版社出版了中文单行本《毛泽东访问记》,封面署为"史诺笔录,章铎声译",并印有毛泽东 1937 年 7 月 13 日的手书题词:"保卫平津、保卫华北、保卫全国,同日本帝国主义坚决打到底,这是今日对日作战的总方针。各方面的动员努力,这是达到此总方针的方法。一切动摇游移和消极不努力都是要不得的。"同年,战时出版社又出版了《西北新社会》一书,封面标明为史诺等著。1938 年 2 月,中共上海地下党组织把斯诺的《红星照耀中国》一书译成中文,用"复社"的名义正式在上海出版。为了便于在国民党统治区和日本占领区传播,书名改为《西行漫记》。该书出版后,很快发行告罄,不得不接连再版。仅上海一地,就印了 5 万册。接着,国内各地和香港及东南亚华侨聚居区也一再翻印和重印,成为国内外畅销书。斯诺在为本书所写的序言中说:"这一本书出版之后,居然风行各国。"可见该书在当时世界各国的传播之广和受欢迎程度之深。

斯诺的系列报道和《西行漫记》一书,在中国还曾以《二万五千里长征》《毛泽东革命史》等名字各异的小册子,被广泛地出版、发行过。特别是《西行漫记》,自出版发行后曾风行了几十年。1979

年,该书在中国再版第一次印刷时,印量竟达 100 万册,次年又加印 40 万册。它的版本有很多。

斯诺对毛泽东和红区的采访与报道,影响了世界各国的无数人。其中包括美国总统罗斯福。1942 年 2 月 24 日,罗斯福在白宫约谈了斯诺。他对斯诺说,"他是从《红星照耀中国》一书及《星期六晚邮报》上我写的报道知道我的"。([美]埃德加·斯诺:《红色中华散记(1936—1945)》,奚博铨译,江苏人民出版社 1991 年版,第 145 页)

1939 年 9 月 24 日,斯诺又到延安采访了毛泽东。他回忆说:"我们谈论了罗斯福的对外政策、民主党和共和党的区别、中国工业合作社、统一战线的新问题、欧洲战争、八路军同国民党之间的关系以及苏联的欧洲政策及其对中国的影响。"(《红色中华散记(1936—1945)》,第 79 页)他们还谈论了许多关于美国的问题。离开延安后,斯诺把他整理的采访稿全文发表在《密勒氏评论报》1940 年 1 月 13 日和 20 日这两期上。1941 年,他在纽约出版的《为亚洲而战》一书中,也收录了这次采访的内容,书中他感叹说:"革命运动需要一个领袖对于未来事情有比任何人先见一着的能力,而在这方面,毛泽东是成功的,他的群众非常信任他的判断。"(《斯诺文集》第三卷,第 236 页)

这次采访,毛泽东鲜明的态度、清晰的阐述、坚定的信心、坚强的意志、磊落的胸怀、清贫的生活等,都给斯诺留下了深刻的印象。斯诺在书中写道:"他是博览的,在辩论中是一个成功的辩证学者,他有着一种趣味的技术。""他一个一个驳倒对方的论点,直到慢慢地把它全部包围起来,然后用最后的滑稽语调或动人的逻辑说服了对方。"(《斯诺文集》第三卷,第 239—240 页)"他是一个有力的进取的有决断的人,他而且是一个能干的政治和军事的战略家",

"是一个社会革命家"。他"不大神秘。他决不说没有错误。我曾听到他承认错误,他是不以改变他的意见为耻的"。(《斯诺文集》第三卷,第239页)斯诺在别的地方也说过这次访问给他留下的印象:"几年来的战争不曾使他有什么改变。因为不再挨饿,他的体重增加了;他的头发已经剪短;他常是穿着一套普通士兵的制服。他仍是人民中的平常人,有农民知识分子素质的奇异的搀杂,也有伟大的政治目光和普通常识的非常的混合。他革命乐观主义始终不动摇;他永远自信共产党最后必在中国胜利。他还是彻夜工作到天明。"([美]约翰·汉密尔顿:《埃德加·斯诺传》,柯为民等译,辽宁大学出版社1990年版,第121页)

斯诺这次对毛泽东的采访,除了他的英文报道外,在中国国内没有像上次那样被再次广泛传播。不过,毛泽东同斯诺谈话的要点,特别是关于英国政府正在实施远东慕尼黑阴谋的批评意见,在延安《解放日报》作出报道后,惊动了在重庆的中国政府实际领导人蒋介石。蒋介石赶紧发表声明,说英国将继续支持中国。斯诺写道:"毛泽东的见解在重庆引起了反响。那是恰恰跟蒋介石的意见相反的。"(《埃德加·斯诺传》,第238页)

二、史沫特莱对毛泽东的印象

1937年1月,毛泽东和中共中央从保安迁到延安。2月,美国女记者史沫特莱到了延安,成为第一个到延安的外国记者。当天晚上,她就拜访了毛泽东。3月1日,毛泽东在住处再次见了史沫特莱,回答了她对中日战争与西安事变所提出的问题。这次谈话的整理稿,毛泽东于3月10日寄给斯诺,告诉他这个谈话"表示了我们政策的若干新的步骤",希望他广为宣播。3月16日,延安的《新中华报》刊登了谈话内容。这样,毛泽东与史沫特莱的谈话在延安公开发表了。3月29日,毛泽东又把谈话稿寄给《大公报》记者范长江,请他在可能时予以发布。

在延安,史沫特莱深为毛泽东等红军领导人的抗日主张、思想境界、个人魅力所打动,回去后曾经"向上海的十几位第一流的外国编辑和记者发出了秘密邀请函件"。她还对红军领导人说:"我确信,在中国的英、美记者,只要有一星半点机会直接向你们了解事实真相,就决不会把那些攻击你们的国民党官方报道发出去。"

史沫特莱在后来出版的《中国的战歌》一书中,曾这样写下她对毛泽东的印象:"中共的其他领袖人物……无人能比得上毛泽东。""他是一个地道的中国人,没有到外国旅游过,也没有到国外留学过。毛以理论家闻名于世,他的一套思想理论深深根植于中国历史和军事经验之中。""毛泽东在抗大和陕北公学上课,在群众大会上作报告,都以中国社会的日常生活和丰富历史为根据,他引用《红楼梦》《水浒传》等古典文学作品的故事,他的诗具有古代诗家的风格,诗中流露出他个人探索社会改革的清流气味。他的幽默总是讽刺挖苦和冷酷无情,像是从穷思苦索与世隔绝的无底洞蹦跳出来的嬉笑怒骂。"([美]艾格尼丝·史沫特莱:《中国的战歌》,江枫译,新华出版社1986年版,第159页)

三、海伦·斯诺(韦尔斯)对毛泽东的印象

1937年5月,斯诺的夫人海伦(笔名韦尔斯,亦作威尔斯)也到了延安。毛泽东多次接受她的采访。在同毛泽东初次见面时,海伦注意到了一双显示了真正力量的手:既不像知识分子的手,也不像工人阶级的手。由于她和毛泽东的见面总在夜晚,所以,在海伦看来,毛泽东在延安这个熙来攘往的弹丸之地,俨然是一尊奥林匹斯山神,夜访之隐秘庄重,一如朝觐神明。她写道:"他

总是确定某项政策和某种理论的大轮廓,而把细节留给行政人员。作为个人,他绝不是微不足道的,也决不是自私平庸的,更不是有报复心理的,他是中国革命的产物。""他是巨型化了的普通人,是中国的缩影,他是他的国家占人口80%的农民的化身。"(〔美〕海伦·福斯特·斯诺:《旅华岁月》,纽约威廉·莫罗公司1984年出版,第259页)在笔记里,海伦还把毛泽东和朱德作比较,说:"朱毛"可以看作是一个人,毛是头脑,理论家;朱是心脏,军队指挥家。"他们俩都是用高级材料做成的。"海伦曾把毛泽东交给她的《抗日救国十大纲领》和毛泽东交给她时的语气坚定的谈话等,一起记入《中国红区内幕》一书中。这本书后来被收入"北新文选"丛书中,于1939年4月公开出版,书名改为《续西行漫记》,成为斯诺《西行漫记》的续篇和姊妹作。这夫妇二人的两部著作,成为中国红色革命传播史上的一段佳话。在这本书的最后,海伦写道:"中国普通老百姓一旦有人为他们指明目标和方向,仅以其民族精神和血肉之躯就能筑成一道攻不破的防线,他们大无畏的英雄气概和坚忍不拔的战斗精神,简直令人难以置信。"(〔美〕尼姆·威尔斯:《续西行漫记》,陶宜、徐复译,生活·读书·新知三联书店1991年版,第279页)显然,在海伦的眼里,在读者从本书描写所得出的印象中,那个为老百姓指明目标和方向的人,就是毛泽东。

四、拉铁摩尔对毛泽东等共产党人的印象

1937年6月,毛泽东会见了美国《太平洋事务》主任编辑拉铁摩尔等人后,拉铁摩尔对共产党的民族政策大加赞赏。他在1940年出版的《中国的亚洲内陆边疆》一书中指出,中国共产党在中国大西北实行的联合少数民族反对日本帝国主义侵略的政策,其实

是中国历代"王道"政策的延续。他甚至预言说：可以预见的是，中国共产党将可以通过联合少数民族，在驱逐日本帝国主义出中国的斗争中，先是占领中国广阔的边疆地区，然后以此为根据地，最终推翻盘踞中原和沿海的腐败统治者——一个新的、统一的中国将会形成。9年后，他的预言就得到了验证：中国共产党果然建立了一个统一的新中国。

拉铁摩尔等人访问毛泽东期间，史沫特莱也在延安，他们常常见面。史沫特莱听过拉铁摩尔等人对包括毛泽东在内的共产党人的评价，说他们不是"中国人，而是新人"。(《中国的战歌》，第190页)

五、贝特兰对毛泽东的印象

1937年9月，英国《泰晤士报》记者贝特兰到达延安，同毛泽东有过几次谈话和接触。第一次是在一次毕业典礼上。毛泽东给他的印象是"一个高大的、背微微有些弯的人"，"他的头发从中间分开，垂到耳际。他那温和而不同寻常的风度，他那敞开的上衣，这一切都使他更像一个心不在焉的学者，而不像一个军事和政治上的掌权人"。"他站起来向学员演说时，没有呼喊口号，也没有用'第一'、'第二'、'第三'来列举他的论点，不是作那种煞似旧式牧师说教般的很费力气的中国式政治演说。他用浓厚的湖南口音轻松地讲话，生动地运用农民的幽默和粗俗语言——当他出人意料地讲个玩笑话时，听众发出阵阵的笑声。"([新西兰]詹姆斯·贝特兰：《在中国的岁月——贝特兰回忆录》，何大基等译，中国对外翻译出版公司1993年版，第34页)

见毛泽东之前，贝特兰以为会看到一个杰出的狂热分子。但是通过接触，他改变了印象。他认为："只要同这个人有最简短的接触，他那丰富的人情味和幽默感，足可以推倒上述种种猜想。事实上，毛泽东给我的印象里，他是我在中国遇到的最冷静，最有条不紊的人。与他谈话，你马上会意识到他头脑灵活，思路清晰，意识到一种巨大的知识力量，除了渊博的知识外，他处理任何问题都非常实际，而且对自己的同胞有深刻的了解。""应该说，毛泽东的那种敏锐性、灵活性，代表了中国人智慧之精华。这便是使他在一个不乏政坛风云人物的国家里成为一个成功的战略家的因素。然而，主宰和控制这个头脑的是经受过锻炼的、雄心勃勃的人的意志。这在中国就更少见了。""中国革命没有列宁，但如果说有谁同中国民众之间的关系，就像列宁在一生中同欧洲工人的关系一样的话，那么这个人就是毛泽东。"（［英］詹姆斯·贝特兰：《不可征服的人们—— 一个外国人眼中的抗战》，李述一等译，求是出版社1998年版，第113—114页）

毛泽东在同贝特兰的谈话中，曾说到八路军对日俘的政策，会导致将来在抗日战场上，有日本俘虏拿起武器反对日本帝国主义。当时，贝特兰对此曾半信半疑，认为"这些听起来根本无法实现的事情，我不能不把它们当成是毛泽东偶尔的异想天开而已"。但是后来同八路军中的日俘谈过话之后，贝特兰改变了对毛泽东的看法。他在书中写道："到我离开中国的时候，蒙古、满洲，甚至还有日本的部队，在共产党的领导下，已经在北方组织起来，真正地同中国游击队肩并肩地战斗了。"（《不可征服的人们》，第124页）

毛泽东同贝特兰的谈话内容，1937 年 10 月刊载于延安的《解放》周刊第23、24 期合刊上，篇名是毛泽东手写的《毛泽东与英国记者贝特兰之谈话（1937 年 10 月 25 日）》。这篇文章后来收入《毛泽东选集》，在全世界得到了广泛的传播。

六、博斯哈德对毛泽东的印象

　　1938年春，瑞士记者博斯哈德采访了毛泽东，并为毛泽东拍了电影和照片。采访是在毛泽东的住处进行的。在他的印象中，毛泽东当时正在一张大写字桌旁坐着，后面是一张炕，此外就是一个中式橱柜和三把不稳的椅子，这就是屋中的全部家当了。桌上到处堆着书籍、文件、报纸、信件、图纸。他在后来写的报道中，是这样描写毛泽东的："乌黑的头发常要飘落在他的额头前，他说话时，他就伸出手慢慢地将头发撩到后面去。最廉价的香烟也能让他陶醉不已，抽起来没个停，闻上去却是一股混合着马粪和酸菜的味道。"另外，他还觉得，"毛泽东说话有力，简明扼要，看问题深刻透彻，不拿腔拿调，不拖泥带水"。（王纪刚：《这里是延安》，人民出版社2019年版，第189—190页)，他评价毛泽东"更像一位古典时期沉思的哲人"。（《这里是延安》，第192页）

　　1938年8月17日，瑞士《新苏黎世报》发表了总标题为《在共产主义中国》的6篇系列报道，这6篇报道都是由博斯哈德撰写的，其中，对毛泽东的采访刊登在醒目位置上。

七、卡尔逊对毛泽东的印象

　　1938年5月5日，毛泽东在自己的窑洞里会见了美国海军观察员埃文斯·福代斯·卡尔逊上校，这是毛泽东见到的第一位美国现役军人。卡尔逊在后来写的书中描述过他对毛泽东的印象："我一进门，就见到一位身材魁梧、体格健壮的人，他头如雄狮，密密麻麻的黑发，从中间朝两边分，蓬松地向后背去。他用和蔼的目光若有所思地打量着我。从脸部表情看，他是个富于想象力的人。""他热情、有力地和我握手，笑容可掬地轻声说道：'欢迎你！

我听说你已经跟着我们的队伍转了一大圈,现在欢迎你来延安访问。'""毛泽东本人那种超然的风度,使我感觉到一派超凡脱俗的气氛。""我终于见到了这个人,他为中国现代的自由思想奠定了基础,他以卓越的才能缔造了今日的中国共产党。他和朱德一起,领导共产党的队伍,历经艰险,长征万里,来到了这片不易受敌人骚扰的黄土高原。他高瞻远瞩,成功地领导了山西、河北的抗日斗争,使日本人在这场战争中无法利用现代化武器的优势。""他是个理想家,同时又有很切实际的想法。""我向毛泽东告辞时,已是凌晨。……他那谦逊、和蔼的形象将永远留在我的心中,他是独立于漫漫长夜中的奇才,为人民探索着和平、幸福的道路。"(《在中国的六个美国人》,第 200—202 页)

本来,卡尔逊是在看了斯诺的《红星照耀中国》后才知道毛泽东等人的事迹的,并曾怀疑是斯诺凭空编造出来的。但当他实际接触了以后,对毛泽东留下了这样深刻的印象和很高的评价。

八、白求恩对毛泽东的印象

1938 年 3 月底,在全城人民敲锣打鼓的欢迎下,来中国帮助抗战的加拿大医生白求恩到达延安。白求恩是加拿大共产党员,他是读了斯诺的《红星照耀中国》而要求来中国的。当天晚上,毛泽东就会见了他,同他进行了三个小时的长谈。毛泽东平和的态度、丰富的知识、敏锐的洞察力,特别是深邃的思想,给白求恩留下了深刻的印象。凌晨两点,他回到住处,仍然十分兴奋,坐在炕上,用打字机记下刚才他们谈话的内容。在这天的日记中,他充满激情地写道:"我现在明白,为什么毛泽东那样感动每一个和他见面的人。这是一个巨人! 他是我们世界上最伟大的人物之一。"([加]白求恩:《无产者的骄傲》,见何玉林等:《国际友人在中国革命中》,

上海人民出版社 1985 年版,第 117 页)"巨人","世界上最伟大物之一",这就是白求恩同毛泽东作过一次长谈后留下的对毛泽东的印象和对毛泽东的评价。

九、印度援华医疗队对毛泽东的印象

1939 年 2 月 12 日,印度援华医疗队到达延安的当天,毛泽东等中共领导人就同他们见了面,对他们表示欢迎。他们在延安考察了一段时间后,3 月 15 日,毛泽东在住地同他们进行了长时间的交谈。会见结束后,医疗队成员巴苏华在日记中详细记录了当时会见和交谈的情况。日记写道:"今天我们会见了毛泽东同志,同他进行了亲切的交谈。我们发现他是一位博古通今、坚定勇敢的革命领袖。任何一个国家都会为有像毛泽东这样的领袖而感到自豪。"([印度]比·库·巴苏:《巴苏日记》,顾子欣等译,商务印书馆1988 年版,第 114 页)

十、卡尔曼对毛泽东的印象

1939 年 5 月 14 日,苏联记者、著名电影摄影师罗曼·卡尔曼到达延安。25 日晚,卡尔曼才有机会去拜访毛泽东。但在到延安之前,卡尔曼已经从许多报道中对毛泽东有了不少了解,知道毛泽东提出的游击战争 16 字诀,使毛泽东被日本人认为是"最光辉的中国式的战略家",特别对毛泽东在《论持久战》一书中提出的中国抗战三阶段的精辟分析表示由衷的敬佩。来延安后的十几天中,他在所有参观过的地方,都能感受到毛泽东的精神影响。他在《毛泽东会见记》一文中记载道:"在大学,在学校,儿童保育院,在每一个场所,都能感受到这个天才的组织者的精神,他的名字,从感人的热情里熟悉于所有的地方。""毛泽东这名字的光辉对于人们的心，像传说似的故事中那种勇敢、不屈的意志，英雄主义和极度单纯。"在同毛泽东的谈话中，他们的话题非常广泛，关于飞机，关于盲目飞行，关于北方海道，关于现代技术进步的程度，关于从苏联到美洲的航空线，关于空中和海上战争，还有西班牙等。因而卡尔曼认为毛泽东"懂得大量的知识"。（《新华日报》1939 年 8 月 28 日第 4 版）谈话时间从晚上持续到深夜。交谈中，毛泽东通俗化的谈吐，简明而诙谐的用语，对孔子语录的偶尔引用，还有不时自信而快乐的大笑，都深深地感染了卡尔曼，给他"留下了终身难忘的印象"。

这次会见后，卡尔曼还在抗大现场聆听了毛泽东的一次演讲，记载道："他讲得很平和，率直地、温柔地注视着安静的听众。""他坐在板凳的旁边，很少站起来用手势，手臂放在桌子上。""他的演讲充满了明了的例子、大众的语言、格言，常常的他引起了全体听众的哈哈大笑，在他的听众笑过之后，他自己才开始微笑。"（《新华日报》1939 年 8 月 28 日第 4 版）卡尔曼还现场拍摄了毛泽东的演讲镜头。在离开延安的前一天，卡尔曼又特意到毛泽东的住处拍摄了毛泽东一天的工作生活情况，人们今天还能见到的毛泽东看文件、写文章的镜头，工作之余散步或休息的镜头，与农民交谈的镜头等，都出自卡尔曼的摄像机。特别令他印象深刻的是，毛泽东挥毫写下自己的得意诗作《七律·长征》，赠送给卡尔曼。卡尔曼后来这样记录下自己的感受："我紧紧地握住毛泽东的手，这是人民领袖亲手书写的一首关于最伟大历史功勋的诗词，我感受到这将是我从中国带回国的最珍贵的礼物。"（《外国记者眼中的中国共产党人》，第 273 页）中国之行和延安之行，给卡尔曼留下的最深刻的印象就是：年轻的共产党领袖毛泽东在窄小的窑洞里领导着伟大的中国抗日战争。

　　回到苏联后,卡尔曼写了《毛泽东会见记》一文,发表在1939年7月8日的《消息报》上。毛泽东的形象被传播到苏联和俄语世界。8月28日,在重庆出版的《新华日报》翻译转载了这篇文章。同年7月23日,美国纽约的《星期日工人报》发表了卡尔曼所发的电讯,题为《中国最伟大的战略家谈抗日战争问题》,报道的也是毛泽东同他的谈话。这样,毛泽东又作为"中国最伟大的战略家"而名传美国和英语世界。特别重要的是,卡尔曼回国后,还把他在中国拍摄的镜头,编辑成两部大型电影纪录片:《中国在斗争中》和《在中国》。毛泽东的影像,八路军和中国人民抗日的影像,抗日时期延安的影像等,借此在世界上更广泛地传播开。卡尔曼对毛泽东的印象,借助他的文章、电讯和电影,又成为世界上很多国家人民的印象。

十一、中外记者西北参观团外国记者对毛泽东的印象

　　1944年6月9日,由21人组成的中外记者西北参观团到达延安,其中有6名外国记者,他们是:美联社、英国《曼彻斯特导报》、美国《基督教科学箴言报》记者斯坦因,美国《联合劳动新闻》《纽约时报》《时代》杂志记者伊斯雷尔·爱泼斯坦,美国合众社、伦敦《泰晤士报》、纽约《先驱论坛报》记者哈里逊·福尔曼,英国路透社、《多兰多明星》周刊、《巴尔的摩太阳报》记者莫里斯·武道,美国《天主教信号杂志》《中国通讯》记者夏南汉神甫,苏联塔斯社记者普罗岑柯。

　　3天后,毛泽东在杨家岭会见了中外记者团,并介绍了中国抗战的形势和中共的基本政策。斯坦因的采访笔记记下了他对毛泽东的第一印象:"毛身材高大魁梧,长着一副读书人的面孔。他敏感、坚定有力,眼神安详。他讲话慢条斯理,有湖南口音,因吸烟关

系,有时轻声咳嗽。"([美]伊斯雷尔·爱泼斯坦:《我访问延安:1944 年的通讯和家书》,张扬等译,新星出版社 2015 年版,第 33 页)

7 月 14 日,毛泽东又单独接受了斯坦因长达 12 小时的采访。斯坦因也记录下他对毛泽东的印象:"毛泽东按照我的需要腾出足够的时间来详细回答我向他提出的一切问题。在我好奇爱问的新闻采访中,没有一个对象有他那样的耐心。""我们的谈话是在城外由四个窑洞组成的他的'公寓'的会客室里进行的……毛泽东坐在一只摇摇晃晃的椅子上,一支又一支地点燃着烟,吸烟时发出一种中国某些地方农民所特有的怪声。"谈话时"毛泽东不时在窑洞里踱来踱去,然后巍然在我面前站了一会儿,他的眼睛注视了我好几分钟,同时用平静而有力的语言慢条斯理地谈起话来"。"他看到我在前面的摇晃的小桌子上记着笔记,就从外面花园里拿一块平整的石块,垫在一只桌脚下面。""到了凌晨三点钟,我终于带着一颗负疚的心、疼痛的四肢和熬红了的眼睛站了起来,但是他却还是像在下午那样精神充沛,那样活泼有力,那样有系统地谈论着。""毛泽东不回避我提出的任何问题。他的信念给我的印象是诚实的。他论证的逻辑,在我五个月来每天见到的边区社会和政治生活的映衬下,更显得有力。"([美]冈瑟·斯坦:《红色中国的挑战》,马飞海等译,上海译文出版社 1999 年版,第 101—103 页)

毛泽东平易近人的作风给斯坦因留下很深的印象:"他常常会步行在尘土飞扬的街道上,不带警卫,同老百姓随意交谈。在集体照相时,他总不站在正中的位置上,也没有人把他引导到这样的位置上。他随便找个地方站着,有时在边上,有时在别人后面。""我们曾有几次和他共同进餐,同席的还有其他领导人,都没有什么礼仪和规矩,大家散坐在两三张小方桌旁,谈话很方便,食物也极简单。"

毛泽东深入浅出的表达能力,也给斯坦因留下深刻印象:"他能够把十分复杂的战略思想用极简单又极深刻的话表达出来,即使没有文化的人也能理解他的话的意思和道理。这不是把事情简单化的手法,而是一种才能——他的头脑非常清楚,又能简明地形象地去说服别人。"

毛泽东虽身居窑洞,但对国际形势了然于胸,更让斯坦因感到惊讶:"毛泽东对美国的'劳工联合会'和'产业工人联合会'比当时为多家传媒撰稿的作家还要熟悉。他虽然身居延安的窑洞,但对外部世界的情况还是相当了解的,而且他在同别人谈论任何问题之前一定是充分'备课'的。"

有意思的是,斯坦因还把中国共产党的领导人毛泽东同中国国民党的领导人蒋介石作了对比。他在回忆录《见证历史》中说:"他(毛)同蒋介石在仪态上的反差真是再强烈不过了。在重庆,蒋介石总是在摆架子,显得不自然、神经质、紧张,说话哼哼哈哈。他坚持要'事必躬亲'——从训斥部下将领到接见每一个奉派出国的国民党官员(据说在接见时还让一个相士躲在幕后给这个官员相面,看他有无不妥或不忠的迹象。毛泽东则相反,他当时显然很善于把职责分散下去。""中央的各项总方针是必须理解和遵守的,但每个根据地可以决定各自的行动,这样就使一致性和主动性达到了充满活力的结合。"(《外国记者眼中的中国共产党人》,第181—182页)

1945年9月2日,爱泼斯坦在《纽约下午报》上发表了文章《这就是毛泽东——中国共产党的领袖》,同年10月10日,延安《解放日报》译载了该文。文章对毛泽东作了高度的评价:"毛泽东是我们这个世纪的伟大人物之一。我并不觉得这话说错了,凡是见过他的人,包括政治立场上完全反对他的人在内,都是同样的印象。毛的性格内混杂着深沉的严肃性和俚俗的幽默,忍耐和决断,思想和行动,自信和谦逊。""这人的主要特征是深思熟虑","在预测中国会发生什么事情的时候,他一直永远是准确的。在1935年,他预言了未来的中日战争的过程和战略发展"。

记者团在延安期间,福尔曼也单独采访过毛泽东。福尔曼后来回忆说:毛泽东派了一辆由美国"纽约中国洗衣店同盟"赠送的医院救护车把福尔曼接到自家窑洞来,"毛泽东在一个小院子的门口接我","我被迎至一间客厅里"。"招待客人的是淡茶、土制糖果和香烟,小孩子在大人们谈话的全部时间中进进出出。他们会停下来,注视客人几分钟,随后抢了一块糖,飞跑出去。毛泽东对他们不加注意。""毛泽东身材很高,肩很宽,大概有50多岁,但是却好像还不到40岁。他的眉梢长着浓厚的眉毛,他那副长着两道非常高起的眉毛的脸,由于两只惊人的富于表情的眼睛,呈现得非常活泼。他很爱笑,他轻轻地讲着话,在好奇方面却有点孩子脾气。他的癖性是他以有皱纹的唇吸烟时在喷烟与喷烟之间很紧张地吸气。"福尔曼还根据所见所闻判断说:"不可否认,毛泽东的观点和建议对政策的形成有着巨大的影响,但这些只被看作是供共产党领导成员讨论和最终批准的基础,而这些领导人不是些人云亦云的人。因此,毛泽东公开发表言论前,先要经过仔细的构思,然后得到党内同事的修改。这样,最后的定稿是党委集体的意见,不只代表毛泽东个人的观点。"在福尔曼的眼里,毛泽东"绝不是不可靠近的神灵",而是一个"善于集中大家智慧的人"。"毛泽东不是一切智慧与指挥的唯一泉源。他的话也不是出口就变成法律。的确,毛泽东的理想与建议在树立政策上有很大的影响,可是毛泽东的理想与建议只不过是中共领导者委员会讨论的基础及最后的准

绳而已。"(《外国记者眼中的中国共产党人》,第141、140页)

中外记者团离开延安后,有的又去其他敌后抗日根据地采访。采访结束后,斯坦因发表了《毛泽东、朱德会见记》等文章,1945年9月4日的《新华日报》曾经翻译登载了这篇文章。另外,他还发表有《8600万人民随着他的道路前进》一文,讲述毛泽东对中国敌后抗日根据地的影响。特别重要的是,他还著有《红色中国的挑战》一书,于1946年在伦敦和纽约分别出版。这使西方人对毛泽东和中国共产党、人民军队及中国的敌后抗日根据地有了更多的了解和更深刻的印象。

福尔曼采访结束后,把他采访中拍摄的照片编辑成一本画册,名叫《西行漫影》,1946年由上海画报公司出版,其中就有毛泽东同他的合影等照片。他的另一本书更加出名,书名叫《红色中国报道》,又译作《北行漫记》,1946年在伦敦出版。这也进一步扩大了毛泽东和中国共产党人在西方世界的影响。

爱泼斯坦对毛泽东的记录描写,后来被印成小册子《毛泽东印象》,旅顺民众书店、渤海新华书店、华中新华书店、豫皖苏新华书店、山东新华书店、新华书店南通分店、香港学习出版社、新民主出版社、人民出版社等在1946—1949年间,曾在解放区多次印行。2003年,中央文献出版社又再版。另外,它还曾被收入许之祯编辑的《毛泽东印象记》一书中,更加广泛地在各地印行过。1944年,爱泼斯坦访问延安期间的通讯集《我访问延安》一书,在印度出版,印度人民也通过这本书了解了毛泽东。

毛泽东集体会见中外记者西北参观团后不久,毛泽东对中外记者的谈话,就被英国伦敦《泰晤士报》刊载,美国旧金山电台也广播了美国记者们从延安发回的电讯,其中包括与毛泽东的谈话和对毛泽东的印象。

十二、美军观察组对毛泽东的印象

1944 年 7 月 22 日和 8 月 7 日,美军观察组 18 人分两批先后到达延安,毛泽东设宴招待了他们,并同他们交谈,后又多次同观察组成员谢伟思谈话。8 月 23 日,毛泽东在和谢伟思谈话后,谢伟思于 27 日把谈话内容摘要报告给史迪威。其中,毛泽东说:"我们不会害怕美国的民主影响,我们将欢迎这种影响。""美国无需担心我们不给予合作。"(《这里是延安》,第 318 页)谢伟思还向国内报告说:"毛主席相信美国当下对中国施加影响是可以起到决定性作用的"。(1944 年 9 月 28 日《高斯向国务卿呈递关于采访毛泽东、美国需对中共崛起制定政策和有必要向中共军队提供军事援助的报告》,见吕彤邻等主编:《美军驻延安观察组成员文件集》,上海远东出版社 2019 年版,导言第 3 页)

多年以后,谢伟思还对与毛泽东的谈话有着深刻的印象。他说:"毛泽东是一位令人难以忘怀的人物。在人们第一次同他见面时,不像见到周恩来时那样很快就有一种温暖和亲切的感觉。在中国人当中,毛泽东身材是高大的,但不像他后来那样胖。他的举止稍显缓慢,具有一种庄重严肃的风度,不过并没有自高自大的样子。他彬彬有礼而又热诚亲切。"(《外国记者眼中的中国共产党人》,第 315 页)"他的谈话总是妙趣横生,引经据典,一针见血,出人不意。他似乎不加思索,就立即得出恰当而明确的结论,把谈话引入难以预料和变幻无穷的境界。他不感兴趣的问题是很少的。他博览群书,几乎无所不知。他并不垄断会谈,毫无强加于人之意,你不会感到受压服。事实上,在小组会上,他一般是聚精会神的,每一个在场的人,都有插话和表达自己见解的机会。毛把会谈的意见加以总结,在这种情况下,他的总结是巧妙地做到公平合

理，周到而又简洁。"(《外国记者眼中的中国共产党人》，第 316 页)

　　观察组的组长包瑞德也对毛泽东产生了很好的印象。他曾经这样说道："毛泽东给我留下一个极为好的演说家的印象。他总是神态自如。当他清楚地、有效地提出他们的观点时，他并不咆哮如雷，他没有看天空、敲桌子等不自然的表情。他引用的辛辣、幽默的民间谚语，不时引起听众一阵阵大笑。如果有过一个演讲家通过手势吸引他的听众，那么就正是毛泽东。"([美]D. 包瑞德：《美军观察组在延安》，万高潮等译，解放军出版社 1984 年版，第 60 页)

第二节　华侨对毛泽东的印象

　　陈嘉庚是南洋侨领。1940 年他到延安后，毛泽东曾多次同他交往、接谈。陈嘉庚到延安后的第二天，就到毛泽东的窑洞里，与毛泽东进行了长谈。窑洞的简朴，也给陈嘉庚留下很深印象。1941 年 1 月 5 日，陈嘉庚在新加坡华侨筹赈会召开的万人欢迎会上，激动地报告了他在延安的所见所闻，并详细描述了毛泽东所住的窑洞，说："那样简朴是我意想不到的，他们上下刻苦耐劳，努力求进步精神，是值得称赞的。"(陈志凌主编：《中共党史人物传》第 10 卷《陈嘉庚》，人民日报出版社、中央文献出版社 2001 年版，第 506 页)窑洞，让陈嘉庚对毛泽东留下了"简朴"的印象。有一次，毛泽东到陈嘉庚住处看望完陈嘉庚后，又到与陈同来的国民党省党部科长寿佳俊房间去看望寿。陈嘉庚本以为毛泽东进去礼节性看一下就会出来，就在房间外等着，没想到等了好久也没出来。这让陈嘉庚非常感慨。他说："以一省府之科长，毛主席竟与长谈若是，足见其虚怀若谷也。"(文明国编：《陈嘉庚自述》，安徽文艺出版社 2013 年版，第 173 页)一件小事，又让陈嘉庚对毛泽东留下了"虚怀若谷"的印象。

在延安看到的很多事,都让陈嘉庚对毛泽东另眼相看,把他看作能"拯救中国"的人,是"救星"。陈嘉庚回新加坡途中在马来西亚的华侨华人欢迎会上,当有人问他这次回国观感时,陈嘉庚回答说:"去年新加坡各社团联合欢迎我,我的演讲措词是相当悲观的。我曾说,中国要转弱为强,必须再等半个世纪才有希望。经过这次回国实地考察,才知道我的话说错了,原来拯救中国的人,不但早已诞生,并且已经在那里做出许多大事了。"(林连玉:《陈嘉庚访问延安归来的一席话》,见《回忆陈嘉庚》,中国文史出版社 2013 年版,第 157 页)他所说的已经"做出了许多大事"的"拯救中国的人",显然指的是毛泽东。这从他的另一次谈话当中也得到了印证。回到新加坡后,陈嘉庚曾同他的好友、马来西亚爱国侨领庄明理说:"我来访问延安前对中国前途甚为悲观,以为救星尚未出世,或还在学校读书,其实此人已经四五十岁了,而且已做了许多大事,此人现在正在延安,他就是毛主席。"(中共厦门市委党史研究室:《陈嘉庚心目中的毛泽东》,人民网 2014 年 1 月 15 日)

陈嘉庚是著名的华侨代表,他对抗战期间毛泽东的印象,在华侨中是很有代表性的;他对毛泽东的评价,在华侨中也是有很大影响的。

华侨女记者黄薇,也在延安见过毛泽东。她在毛泽东的影响下,还到晋察冀敌后抗日前线去采访。

1938 年 5 月,黄薇从徐州前线撤到武汉后,又决定去延安,武汉八路军办事处安排她随世界学联代表团一起去延安。7 月 1 日,毛泽东出席欢迎学联代表团的会议,黄薇见到身材魁梧的毛泽东,穿着一件灰色中山服,在自己的后排坐下,过一会儿,主动同黄薇打招呼并握手。这第一次见面,让黄薇觉得毛泽东平易近人,和蔼可亲。此后的一天晚上,黄薇和广西《救亡日报》记者叶文津、新加坡《南洋商报》记者胡守愚一起,到毛泽东的窑洞里去见毛泽东。谈话中,毛泽东用辩证唯物主义思想,全面深刻地分析了抗战形势,展望战争前景,使黄薇深受启发和鼓舞,萌生了想留在延安工作的想法。

几天后,毛泽东又宴请了黄薇等记者,并同她们谈话,从政治、军事、文艺,谈到了延安的风土民情。在黄薇的眼中,毛泽东无愧于一个知识渊博,记忆惊人的领袖人物。他态度随和,说话风趣幽默。当毛泽东询问黄薇到延安后的观感时,黄薇向毛泽东表达了自己想留在延安工作的意向。毛泽东对她说:我认为你还是做新闻记者为好,当记者也是学习,而且是更好的学习。作为一个华侨记者,可以把你目睹战争的真相和所见所闻,向海外华侨宣传报道,使他们更好地了解全民抗战的情形与增强抗战必胜的信心。接着,毛泽东告诉黄薇:最近陕甘宁边区各界,要组织一个参观访问团,到晋察冀边区去,你们几位可同他们一起去,看看敌人后方的抗日工作。这使黄薇感受到巨大的关怀和鼓舞。于是,1938年8月25日,黄薇离开延安,随陕甘宁边区参观团一道去往晋察冀根据地,向国内外报道了那里的敌后抗战实情。后来,黄薇留在了中国,一直从事新闻事业。2000年,88岁的黄薇在北京辞世。毛泽东深刻地影响了这位华侨的人生。

第三节　中国党外人士对毛泽东的印象

1937年12月中旬,毛泽东接受汉口《大公报》记者陆诒的采访。12月20日,陆诒写的通讯《毛泽东谈抗战前途》在该报发表。陆诒在通讯中说:"延安已成了直接抗战的地区,一切的人都为了抗战而紧张地工作着，毛氏的紧张与忙碌，当然更不能例外。他最近仍未改深夜办公，有时甚至于竟夜工作，早晨迟起的作风。"

1938年1月，著名学者、乡村建设运动的倡导者梁漱溟先生来到延安。毛泽东先后8次同他谈话，这让他终生难忘、印象深刻。他在后来撰写的自述中，对这些谈话作了较详细的记载。他写道："在延安，谈话最多的是和毛泽东先生，前后共谈8次。有两次不重要，一是他设宴招待的一次，又一次是临走之前，他来送行。其余6次，每次时间多半很长，至少亦两个钟头。最长者，就是通宵达旦。——这样有两次。""此番会晤，在我印象上甚好。古时诸葛公称关美髯逸群绝伦，我今亦有此叹。他不落俗套，没有矫饰，从容，自然，而亲切。彼此虽有争辩，而心里没有不舒服之感，大致每次都可以让你很舒服地回去。他于听你谈话时，喜用笔随手记录。秃笔粗墨，在大纸上横行，写来如飞。我一边谈，他一边写。我谈完，他便手指所记要点，一条一条答复。条理清楚，句句到题。"（梁漱溟：《梁漱溟自述：我是怎样一个人》，当代中国出版社2012年版，第77—78页）

后来，汪东林曾让梁漱溟回忆与毛泽东彻夜长谈的情况，梁漱溟说得更详细："第一次谈话自下午六点，至第二天凌晨。""这一次谈话，主要是抗战前途问题。我先讲，坦率地谈到我的失望，我的悲观。""毛泽东十分耐心地听着，不打断我的话，抽烟，喝水。等我说完后，他露出了笑容，十分果断，斩钉截铁地说：'中国的前途大可不必悲观，应该非常乐观！最终中国必胜，日本必败，只能是这个结局，别的可能没有'。时隔近半个世纪，毛泽东在谈话的开头语气这样肯定，神态这样坚决，我至今记忆犹新。接着他分析了国内、国外、敌、我、友三方力量的对比，强弱的转化，战争的性质，人民的力量，等等，最终又回到中国必胜，日本必败的光明结局上。

他说得头头是道，入情入理，使我很是佩服。可以这样说，几年来，对于抗战必胜，以致如何抗日，怎样发展，还没有人对我作过这样使我信服的谈话，也没有看到过这样的文章。蒋介石的讲话、文告，我听过、看过多次，个别交谈也有若干次了，都没有像毛泽东那样有这么大的吸引力和说服力。""第二次谈话，也是从下午六点开始……谈到天明，一个通宵，欲罢而不能。这次谈话的内容是中国问题，也就是如何建设一个新的中国问题。我和毛泽东分歧较大"，"两人相持不下，谁也没有说服谁"。"现在回想起这场争论，使我终生难忘的是毛泽东的政治家风貌和气度。他穿着一件皮袍子，有时踱步，有时坐下，有时在床上一躺，十分轻松自如，从容不迫。他不动气，不强辩，说话幽默，常有出人意料的妙语。明明是各不相让的争论，却使你心情舒坦，如老友交谈。""我还记得他最后说：梁先生是有心之人，我们今天的争论不必先作结论，姑且存留听下回分解吧。"（汪东林：《梁漱溟问答录》，湖北人民出版社2004年版，第84—87页）

　　1938年3月24日，毛泽东会见了记者邓静溪。第二天，邓静溪就写出了《毛泽东先生会见记》一文，其中说："他的外表，很像朴实的农夫，但他的举止，却似文雅的书生。""他谈起话来，老是那样的不慌不忙，沉着持重，随时带着征询对方意见的语调。用语很通俗，听起来似乎觉得平淡无奇，过后想起来却又隽永有味。"谈话结束，"他持着洋烛送我出门"。（《年谱》中，第61页）

　　1938年4月，国民政府第二战区副司令长官卫立煌到延安期间，毛泽东专门会见并宴请卫立煌。卫立煌还在延安参观了抗大等地方。同毛泽东的谈话以及自己亲身感受到的毛泽东领导下的延安抗战活力，对卫立煌产生了很大的影响。他叮嘱身边人要想办法吸纳延安抗大学生到自己部队，批示拨发枪弹等军用物资给八路军,开始注意延安的书报杂志,并与人一起研读毛泽东的军事著作《论持久战》。据卫立煌秘书赵荣声回忆,卫从延安回去后,曾同赵谈起对毛泽东的敬佩和对延安的印象,感叹道:"要想战胜日本,救中国,恐怕只有学延安的办法。"(赵荣声:《回忆卫立煌》,中国文史出版社 2014 年版,第 92 页)

1938 年 4 月,国民政府晋陕绥边区总司令邓宝珊赴西安参加会议时路过延安,毛泽东与他彻夜长谈。这次谈话,"对他后半生走的道路起了重要作用"。(李维汉、习仲勋、汪峰:《深切怀念我们党的重要朋友邓宝珊先生》,见全国政协文史和学习委员会编:《回忆邓宝珊》,中国文史出版社 2015 年版,第 7 页)这次谈话后,邓宝珊听从毛泽东的建议,在延安多停留了一周,加深了对毛泽东领导下的延安的了解。之后,他又读了毛泽东《抗日游击战争的战略问题》《论持久战》等著作,并常和身边人谈论毛泽东在这些著作中所阐明的观点,认为毛泽东精通辩证法,对问题看得远,看得深。(沈求我:《回忆邓宝珊先生》,见《回忆邓宝珊》,第 181 页)

1943 年 6 月,邓宝珊去重庆开会路过延安逗留期间,毛泽东单独同他谈过几次话。由重庆返回榆林后,邓宝珊曾对人说,毛泽东在延安时所分析的国内外形势,见解十分精辟,给他留下难忘的印象。(石佩玖:《邓宝珊将军在榆林》,见《回忆邓宝珊》,第 142 页)邓宝珊还同身边人说:"在延安,同毛先生长谈,谈得很好,边区正在开荒生产,要做到自给自足,我看能办到。"(沈求我:《回忆邓宝珊先生》,见《回忆邓宝珊》,第 176 页)

1943 年,国民政府军委会军令部参谋徐复观被派驻延安。在延安期间,毛泽东不止一次同他见面交谈。有一次,徐问毛如何读历史,毛泽东回答,中国史应当特别留心兴亡之际,此时容易看出问题,太平时代反不容易看出。西洋史应特别留心法国大革命。

徐复观对这一看法深以为然。在谈及《论语》时,徐问毛对孔子的话有没有赞成的,毛泽东回答以"五之":博学之、审问之、慎思之、明辨之、笃行之。徐复观也表示赞同,但又补充了"四毋":毋意,毋必,毋固,毋我。毛泽东也同样点头赞同。所以,在徐复观一生的记忆中,同毛泽东闲聊,都是非常快意的。

直到多年以后,徐复观还能记得当年毛泽东同他谈论游击战的内容。他说,毛泽东向他强调:游击战不过是小规模扰乱战,若指挥大的兵团,必要时在战略上要牺牲一个兵团,然后才能保全两个兵团,那就要壮士断腕,立即决断。当时徐复观没有同意这个观点,并以德、意、日三国同盟举例,反问:若到非牺牲一国时,究竟牺牲谁呢?毛泽东没有回答。徐复观当时心里以为骄傲。但在笔者今天看来,毛泽东当时不回答,不是由于理屈词穷,而是要给徐以面子,是统战的政治需要。

给徐复观留下最深印象的是,1943年7月,当国民党掀起第三次反共高潮时,毛泽东约见徐复观让他给蒋介石带的一段话:蒋先生不相信天上可以同时出现两个太阳,我偏要出一个给他看看。再过5至8年,看虎死谁手?后来让徐复观震惊的是:根本没用了8年,仅仅用了6年多,毛泽东的这个预言,就真的实现了、应验了。

几次的接触,给徐复观留下的印象是:毛泽东是一位雄才大略的人。晚年的徐复观曾经说:我们的国家,现在不错,是站起来了。这个站起来,在我们的脑子里面,当然第一功劳,是毛泽东。没有他的气魄,没有他的号召力,没有他的组织力,那是不可能的。1944年夏,中外记者西北参观团访问延安,国民党特务杨嘉勇以记者身份随行,回去后给中央调查局写了份报告。8月15日,毛泽东在一份党内通报中,通报了杨的报告有关内容。其中对毛泽东的印象是:"毛泽东确为一有风度之政治家,非外面吾人所想象蓬首

垢面之状,其领导权威,确有登高一呼,万民皆应之状,无论军政商
民对其莫不敬仰,其政治势力与其思想已深入民间各阶层。对其
宣传之成功,不得不惊讶。"

　　1945 年 7 月初,黄炎培等 6 位国民政府参政员来到延安,促进
国共商谈。毛泽东同他们进行了三次正式会谈,达成了会谈纪要。
后来,黄炎培向人谈及这三次会谈给他的印象,说:"我们和毛先生
等谈话,在三个半天中间合起来,倒有十来个钟点。""这三天的谈
话,彼此都十分坦白、十分恳切,不当做办交涉,而是亲亲切切地谈
心。因为大家对于大局有相同的看法,这基本观念是一致的。"(黄
炎培:《八十年来》,中国文史出版社 1982 年版,第 116、117 页)

　　除了集体的会谈外,毛泽东还和黄炎培进行过个别的交谈。
黄炎培在日记中曾记述了毛泽东讲到过整风思想教育运动,目的
在于促进马克思主义与中国革命实际相结合,改变有些人当了中
国共产党党员,没有看见中国,看见的只是书架上的马克思主义书
籍的现象,促使仅有书本知识的人回到实践里去,向老百姓学习。
毛泽东认为:往往工农分子的知识,有时倒比我们多一些。在多年
从事职业教育的黄炎培看来,毛泽东倡导理论联系实际,向老百姓
学习,都是教育学说上的要点。他认定,毛泽东所讲的,是不会歧
出的真理。

　　当然,黄炎培此次延安之行同毛泽东的谈话,最精彩也最让黄
炎培终身印象深刻的,则是被后人称为"窑洞对"的那一席谈话。
毛泽东问黄有何感想,黄炎培回答说:我生 60 多年,耳闻的不说,
所亲眼看到的,正所谓"其兴也勃焉","其亡也忽焉",一人,一家,
一团体,一地方,乃至一国,不少单位都没有能跳出这周期率的支
配力。大凡初时聚精会神,没有一事不用心,没有一人不卖力,也
许那时艰难困苦,只有从万死中觅取一生,既而环境渐渐好转了,

精神也渐渐放下了。有的因为历时长久，自然地惰性发作，由少数演为多数，到风气养成，虽有大力，无法扭转，并且无法补救。也有为了区域一步步扩大了，它的扩大，有的出于自然发展，有的为功业欲所驱使，强求发展，到干部人才渐见竭蹶、艰于应付的时候，环境倒越加复杂起来了，控制力不免趋于薄弱了。一部历史，"政怠宦成"的也有，"人亡政息"的也有，"求荣取辱"的也有，总之没有能跳出这周期率。他说："中共诸君从过去到现在，我略略了解的了，就是希望找出一条新路，来跳出这周期率的支配。"

听了黄炎培对"周期率"的深刻见解和对中共如何跳出"周期率"的担心，毛泽东充满信心地回答说：我们已经找到新路，我们能跳出这周期率。这条新路，就是民主。只有让人民来监督政府，政府才不敢松懈。只有人人起来负责，才不会人亡政息。（《年谱》中，第611页）

听了毛泽东的"窑洞对"，黄炎培认为这话是对的："只有大政方针决之于公众，个人功业欲才不会发生。只有把每一地方的事，公之于每个地方的人，才能使地地得人，人人得事。把民主来打破这周期率，怕是有效的。"（黄炎培：《八十年来》，第148、149页）

毛泽东的这番话，经过黄炎培的传播，现已举国皆知。他们两人在西北黄土窑洞中的这番对话，不但向人们揭示出所谓"历史周期率"的历史规律，而且向人们揭示出跳出"历史周期率"、防止历史悲剧重演的秘诀——民主，向世人昭告了中国共产党要用民主来防止历史悲剧重演的决心和信心。毛泽东和黄炎培的这番对话，不但让黄炎培印象深刻，而且让全国所有知道的人都印象深刻，我甚至还敢断言，它将会让未来所有看到的人也印象深刻！它将作为中国历史上最为经典的政治对话之一而永载史册！

第十三章　毛泽东抗战思想的传播和应用

毛泽东在抗战期间的一系列著作,形成了毛泽东的抗战思想。毛泽东的抗战著作和抗战思想,曾在国内外得到广泛传播和应用。

第一节　抗战时期代表性著作的传播

1935 年 12 月 27 日毛泽东作《论反对日本帝国主义的策略》报告,1951 年曾先后被群众日报出版科和人民出版社印成单行本发行,1952 年和 1967 年、1976 年,人民出版社再版。1952 年,新疆人民出版社还以维吾尔文出版印行。1953 年开始,外文出版社又以英文、日文、阿拉伯文等多种外文,翻译出版发行到国外。

1936 年 12 月毛泽东撰写的《中国革命战争的战略问题》一文,还在 1941 年 2 月,就由一家不知名的单位印刷发行。之后,又先后被八路军军政杂志社在 1941 年和 1943 年印成单行本公开发行。此外,还有 1942 年胶东联合社印行本,1945 年 12 月渤海新华书店印行本,1946 年 3 月晋察冀日报印行本,1947 年 4 月不明单位与《抗日游击战争的战略问题》等合印本,1947 年 8 月东北民主联军总政治部印行本,1947 年 12 月华北新华书店印行本,1947 年不明单位印行本，1948年1月华北新华书店印行本，1948年2月山东新华书店印行本，1948年7月大众书店印行本，1948年8月东北书店印行本、太岳新华书店印行本，1948年12月东北书店印行本，1949年6月新民主出版社印行本，1949年7月苏北新华书店印行本，1950年1月新华书店发行本，1950年贵阳新华书店发行本，人民出版社1952年、1967年、1976年出版发行本，新疆人民出版社1952年出版的维吾尔文本，1953年出版的哈萨克文本，民族出版社1966年出版的维吾尔文本等几十种版本。1953年以后，外文出版社也以英、日、阿拉伯等多种外文向国外翻译出版了单行本。

1937年毛泽东撰写的《中国共产党在抗日时期的任务》一文，人民出版社先后在1951、1952、1976年出版发行过单行本。新疆人民出版社在1952年、民族出版社在1966年，都曾出版过维吾尔文本。1956年以后，外文出版社又将该书翻译成英、日、俄、阿拉伯等外文，对外出版发行过单行本。

1937年5月8日毛泽东所著《为争取千百万群众进入抗日民族统一战线而斗争》一文，1937年6月即由延安解放社印成单行本发行，后来，西安出版社又印行过单行本。1952年，新疆人民出版社出版了该书的维吾尔文本和哈萨克文本。至少从1956年起，该书又被外文出版社翻译成英、俄、日等多种外文单行本对外发行。

1937年10月25日毛泽东和英国记者贝特兰的谈话，1937年12月就由高原出版社发行了单行本，书名为《论抗日战争的现势及其教训与胜利的关键——毛泽东与梅杰·堡特兰谈话》。新中国成立后，新疆人民出版社1952年出版了维吾尔文单行本，1953年又出版发行了哈萨克文本。外文出版社至少从1968年起，就把该书译成英、俄、阿拉伯等多种外文，对外出版发行了单行本。

1938年5月毛泽东撰写的《抗日游击战争的战略问题》，当年6

月就由解放社和新华日报馆、太岳军区司令部等印发了单行本，1947 年 4 月、6 月，某不明单位和东北书店也印行了单行本。1948 年某不明单位也印行过单行本。新中国成立后，人民出版社先后于 1952、1967、1975、1976 年，都曾出版发行过单行本。1952 年，新疆人民出版社出版了维吾尔文本；1966 年，民族出版社出版了哈萨克文本。外文出版社至少从 1954 年起，就以英、法、俄、日、阿拉伯等多种外文，出版了该书的外文单行本。特别重要的是，抗战期间，日军曾把这本书翻译成日文发给各部队参考。1942 年，日本陆军省向在华各作战部队下发资料，指出："毛泽东所著的《抗日游击战争的战略问题》，对我军的影响甚大，特此节译，供各部队参考。"

　　1938 年 5 月毛泽东撰写的《论持久战》一书，是毛泽东抗战著作发行最广、影响最大的一部。据收藏专家介绍，仅在新中国成立前，《论持久战》就至少有 170 多个版本和版次。光是中国国家图书馆、中国国家博物馆就有 1938 年 7 月解放社初版本，1938 年 7 月 25 日汉口新华日报馆初版本，1938 年 8 月现代出版社初版本，1938 年 9 月 4 日译报图书部出版本，1938 年 9 月 25 日汉口新华日报再版本，1938 年 10 月上海每日译报社出版本，1938 年 11 月国际联合出版社出版本，1938 年 12 月新华日报馆印行本、1938 年 12 月大众出版社再版本，1939 年 1 月 1 日新华日报馆订正本，1939 年 1 月中国出版社出版本，1939 年 1 月新华日报馆四版本，1939 年 1 月大众出版社再版本，1939 年 1 月 25 日新华日报馆再版本，1939 年 5 月华社再版本，1939 年太行文化教育出版社出版本，1940 年 2 月 25 日江南出版社出版本，1942 年 1 月 1 日新华书店再版本，1942 年 2 月大众印书馆翻印本，1942 年 4 月胶东联合社出版本，1942 年 4 月解放社再版本，1944 年 6 月解放社三版本，1945 年 10 月新华书店晋察冀分店翻印本，1945 年辽东建国书社出版本，1946 年 4

月山东新华书店初版本，1946年11月东北书店印行本，1947年6月东北书店东安再版本，1947年6月东北书店发行本，1947年7月苏北新华书店印行本，1947年8月东北联军总政治部印行本，1948年1月某单位与《新民主主义论》合订印行本，1949年5月华北大学出版本，不明年份兆麟书店出版本，新华书店晋西分店印行本，活络社出版本等。此外，笔者还见过1938年太岳军区司令部与《抗日游击战争》合订印行本，1939年1月华社发行本，1939年文汇社刊本，1941年江淮出版社出版本，1943年新华书店纪念新华日报华北版四周年本，1944年8月救国报滦东分社翻印本，1944年胶东联合社出版本，1949年苏北新华书店再版本，不明年份译报时论丛刊本等。其出版印行单位，既有解放区的，也有国统区的，更有沦陷区的。大多为铅印，少数还是油印本。特别需要指出的是，为了躲过有关部门的出版禁止，该书还曾在抗战后期，以"上海广益书局"的名义，用《文史通义》的书名，出版过"伪装本"。

　　新中国成立后，该书又曾多次印行。中国国家图书馆就藏有人民出版社1952年、1953年、1966年、1967年四次出版的单行本，民族出版社1960年和1966年出版的单行本，文字改革出版社1961年出版的注音本。此外，笔者还见过人民出版社1960年5月、1964、1975、1976、1981年出版过的单行本，1975年12月中国人民解放军战士出版社重印本，2006年纪念抗战胜利敷金典藏本等。真可谓洋洋大观了。

　　《论持久战》的中文本出版后，《大公报》记者、中共地下党员杨刚于1938年11月到1939年2月连续四期在《公正评论》英文版上发表了英文版。上海英文杂志《坦言》1938年11月也刊登了《论持久战》的英文本。其译者士敏在序言中说："相比中国过去十年发表的刊物，这本书更加引人注目。""它的预言从方方面面都得到了令人吃惊的证实。每个识字的中国人都很熟悉这本书。"1938 年上海图书公司出版了《论持久战》的英文单行本。新中国成立后，《论持久战》也被多次译成外文对外发行，仅中国国家图书馆现就藏有1954、1960、1961、1963、1964、1965、1966、1967、1968、1969、1970、1971、1972、1976 年的英、法、德、俄、日、阿拉伯等多种外文单行本。此外，笔者还见过在上海的日本中支经济研究所于 1938 年 12 月 5日发行的日文本和 1946 年日本人民社刊印的日文单行本，中国外文出版社 1965 年出版的缅甸文本，1967 年 2 月出版的西班牙文本，1967 年出版的泰文本等外文单行本。

另外，1944 年 7 月，日军参谋本部曾把《论持久战》等 5 篇著作，合印为《毛泽东抗日言论选集》，作为内部资料印发。可见，在抗战期间，《论持久战》就在日本有了传播。

1938 年 10 月 14 日，毛泽东《中国共产党在民族战争中的地位》一文，于 1939 年 1 月被大众出版社收入《论新阶段》一书中发行，1946 年 3 月，晋察冀日报社编辑发行的《党的政策选集》和新四军华中军区政治部编辑发行的《毛泽东的建军思想》一书，都收录了这篇文章。新中国成立后，人民出版社于 1952、1975、1976 年等年份都出版过单行本。1966 年民族出版社又出版了该书的维吾尔文和哈萨克文单行本，之后又于 1977 年等多次再版过。外文出版社至少从 1956 年以后，就将该书译成英、俄、日、阿拉伯文等多种外文，并出版单行本对外发行。

1938 年 11 月 6 日《战争和战略问题》一文写成后，1952 年人民出版社出版了单行本，1967 年和 1976 年又再版过。新疆人民出版社 1952 年出版了该书的维吾尔文版。1966 年民族出版社又出版了该书的维吾尔文版和哈萨克文版。外文出版社至少从 1954 年就翻译出版过该书的英、俄、日、阿拉伯文等多种外文单行本。

　　1945年4月24日毛泽东的《论联合政府》报告向党的七大提交后,很快被很多单位印成单行本发行。70多年过去,经过历史的无情淘汰,仍有很多流传了下来,光是在今天中国国家图书馆收藏的,就有以下各种版本。知道年份的如:1945年4月印行本,1945年5月救国报社印行本,1945年5月和1946年3月,1949年5月、6月、12月,1950年1月、5月新华书店出版本,1945年5月和6月太岳新华书店发行本,1945年6月黎明报社印行本、晋察冀日报社印行本,1945年6月和1949年5月,1950年1月、3月解放社出版本,冀东新华书店发行本,拂晓社印行本,1945年7月胶东大众报社印行本,冀鲁豫书店印行本,印刷局职工总会印发本,1945年8月苏中出版社出版本,渤海新华书店发行本,胶东大众报社印行本,淮北拂晓出版社印行本,1945年9月冀中导报社印行本,联政印行本,华北新华书店发行本,新华书店晋察冀分店发行本,1945年10月印行本,1945年11月大众文化书店发行本,1945年新风出版社出版本,新知识出版社出版本,淮南日报社印行本,1946年2月中国灯塔出版社出版本,中国出版社出版本,1946年4月山东新华书店发行本,1946年6月建国文化供应社印行本,鲁南新华书店发行本,1946年前线出版社出版本,1947年和1948年10月、1949年4月东北书店出版本,1948年3月渤海新华书店发行本,1948年12月华北新华书店发行本,1949年2月华北新华书店发行本、光华书局发行本,1949年3月民生出版社出版本,1949年3月、6月、11月新民主出版社出版本,1949年4月华中新华书店发行本、华东新华书店发行本,1949年5月冀南新华书店出版本、中国出版社出版本、华北大学印行本,1949年6月山东新华书店发行本,中国人民解放军第二野战军军政大学政治部印发本,1952年香港新风出版社出版本,1953、1960、1967、1975、1976年人民出版社出版本,

1965年民族出版社哈萨克文单行本等。不知道年份的如：兆麟书店出版本，中共晋绥分局印发本，陕甘宁边区新华书店发行本，苏北文化服务社印行本，辽北省保安军政治部印发本，冀鲁豫书店印行本，中共西北局印发本，苏中出版社出版本，教育阵地出版本，东北人民建国会出版本，苏中江海报社出版本，华北军政大学政治部印发本，辽东建国书社出版本等。另外，笔者见到的还有：1945年5月1日重庆联合出版社印行本，1945年5月渤海新华书店出版本，1945年8月抗大印刷厂翻印本，1945年9月中国出版社出版本，1945年豫皖苏区建国学院印行本，解放出版社出版本，豫皖苏新华书店出版本，联合编译社出版本，鲁中新华书店出版本，苏北出版社出版本，新华日报印发本，晋绥新华书店出版本，长城书店印行本，太行新华书店印行本，1946年牡丹江书店发行本，前线出版社印行本，苏州新华书店发行本，大众出版社出版本，北平新华书店发行本，冀中军区政治部印刷本，1947年12月新民主出版社出版本，1947年光明书店出版本，1948年华中新华书店出版本，1948年11月中原新华书店出版本，1940年3月渤海新华书店翻印本，1949年5月浙江新华书店发行本、浙南出版社出版本、华东新华书店随军分店印行本，1949年6月苏南新华书店出版本，1949年8月新华书店江西出版公司印刷本，1949年9月新华书店出版本、西北新华书店出版本，1949年10月西北文化建设协会迪化印刷厂翻印本，1949年人民出版社出版本、前锋报社发行本、太岳边区印发本、华北大学印发本，西北新华书店出版本、北平市人民政府行政干部学校印发本、改造出版社"改造丛书"第一辑本、江淮新华书店出版本，1950年1月5日中国人民解放军第七军政治部翻印本，1950年12月14日中共川西党委宣传部印发本。具体时间不明的还有：大连新知识书社出版本，人民日报文化部印发本，中原新华书店印行本,新中国书局"干部学习丛书"第一辑本,新华社印行本,新潮出版社印行本,人民解放出版社印行本,淮海报社印行本,华北人民革命大学教务处印行本,长沙中西书局印行本等。

《论联合政府》报告提交后,新华社于 1945 年 8 月出版了英译本。新中国成立后,该书又被译成更多外文对外发行。仅中国国家图书馆现就藏有 1955、1959、1960、1962、1963、1964、1965、1966、1967、1968、1969、1971、1974、1975、1977 年英、法、德、日、俄、阿拉伯、印尼、印地文等多种外文的单行本。此外,笔者还见有不明时间之美国福斯特翻译的英文本,1945 年英文本,1953 年外文出版社英文本,1958 年外文出版社法文本,1968 年外文出版社越南文本,罗南解放出版社发行的朝鲜文本,1969 年外文出版社乌尔都文本等。

第二节　抗战时期著作各种合集本的传播

毛泽东抗战时期的著作,除以单行本方式传播外,还以各种合集方式传播过。

1943 年 10 月,中共晋绥分局曾经印发过《毛泽东三大名著》,其中收录了《论持久战》等著作。1945 年 3 月,涉县新华书店也曾编辑出版过这本合集。

1944 年 5 月,晋察冀新华书店编辑出版过《毛泽东选集》。1944 年 6 月,晋察冀日报社编辑出版了《毛泽东选集》1—5 卷,共收录毛泽东抗战时期著作 40 万字。之后,苏中出版社于 1945 年 7 月,大众书店于 1946 年 6 月、8 月和 1947 年 2 月、11 月,胶东新华书店于 1946 年 7 月,也出版了《毛泽东选集》。晋察冀中央局于 1947 年 3 月和 1948 年出版了《毛泽东选集》1—6 卷本,渤海新华书店于 1947 年 3 月出版了《毛泽东选集》1—5 卷本。东北书店于 1948 年 5 月出版过 6 卷本的《毛泽东选集》。

新中国成立后,中共中央专门成立了《毛泽东选集》出版委员会,1951 年至 1960 年,共出版了第一版共 4 卷,其中第二和第三两卷收录的都是抗战时期著作。《毛泽东选集》第一版从 1952 年第二卷出版,到 1976 年毛泽东去世,各种语种的版本(包括汉文版、5 种少数民族语文版、盲文版、20 多种外文版)、版次共印刷了 2.5 亿套。其中 1966 年印了 3000 万套,1967 年印了 9000 多万套。有一天,北京市新华书店在 6 个门市部投放 1 万套,不到两小时便被抢购一空。有人把它称为出版史上空前绝后的奇迹。1991 年,《毛泽东选集》1—4 卷,又增删出版了第二版,到次年 6 月,全国又发行了 1194 万套。《毛泽东选集》是对 20 世纪中国影响最大的书籍之一。

另外,香港民主出版社 1948 年也出版发行过《毛泽东选集》。

1959 年,有一种不明编者和出版者的书印行,书名叫《毛泽东军事著作选集》,收录有《论持久战》等著名抗战著作。

1964 年,毛泽东著作选读编辑委员会编辑了《毛泽东著作选读》甲种本和乙种本,其中也收录了毛泽东部分抗战时期的著作。甲种本由人民出版社出版,乙种本由中国青年出版社出版,1964 和 1965 年两年中,甲种本共印制了 2200 多万部,乙种本共印制了 5600 多万部。

1981 年 12 月,军事科学院编辑的《毛泽东军事文选》(内部本)由战士出版社出版,其中也收有毛泽东抗战期间的著作。

1993 年,中央文献研究室和军事科学院合编的《毛泽东军事文集》6 卷本,由军事科学出版社和中央文献出版社联合出版。

1999 年,由中共中央文献研究室编辑的《毛泽东文集》8 卷本出版发行,其中也收录了《毛泽东选集》没有收录的抗战时期的一些毛泽东著作。

在日本，1947年3月，日本评论社出版过日华学艺恳谈会译编的日文《毛泽东选集》。1948年，外务省调查局第五课编印过《毛泽东主要言论集》一书，其中即收有毛泽东最著名的抗战著作《论持久战》。1952年至1960年，日本三一书房翻译出版过《毛泽东选集》。1962年5月日共中央出版部、1965年新日本出版社、1977年国际图书贸易总公司，都翻译出版过《毛泽东选集》。20世纪70年代，竹内实主持选编的《毛泽东集》10册和《毛泽东补集》10册，由日本东京苍苍社先后出版，其中收录有毛泽东抗战时期著作。

在美国，《毛泽东传记》的作者斯图尔特·施拉姆编辑出版过英文的《毛泽东文集》，收录的是1949年以前毛泽东的著作，包括抗战时期著作。

在苏联，1947年李立三就组织人把晋察冀中央局的《毛泽东选集》译成俄文，传播到苏联。1949年5月23日，莫斯科外国文书籍出版社，曾出版过卡瓦列娃主编的俄文本《毛泽东选集》3卷。其中的第三卷，近年曾由中国的收藏家邵志刚收藏，其内容收入的是1944年3月到1947年12月间的著作。可见毛泽东抗战期间著作也收入其中。（见《中国红色鉴藏》2018年12月26日创刊号《苏联有一版神秘的〈毛泽东选集〉》）苏联军事出版局于1959年编辑出版过俄文本《毛泽东军事科学论文选集》，其中也收有毛泽东抗战时期著作。

第三节　毛泽东抗战思想在国内外的应用

毛泽东在抗战时期一系列著作所体现出来的抗战思想，最突出的表现为四个方面，一是持久战思想，二是人民战争思想，三是游击战思想,四是统一战线思想。这些思想,无论在当时还是在之后,都曾在国内外得到过实际应用。

如持久战思想。日本人对毛泽东的持久战思想非常佩服。日本东京大学教授近藤邦康说:我很佩服《论持久战》,日本被中国打败是当然的。这样的以哲学为基础的宏远战略眼光,日本没有。事实上,持久战思想是中国抗战的指导思想。上面已经说过,在敌后战场,各个抗日根据地都认真贯彻了持久战思想,作了长期抗战的准备,坚持了持久的抗战。在正面战场,战争的指导者也有着明显的持久战意识,一些大的会战,没有拼尽老本,而是多选择了战略退却,保存了抗战的实力。蒋介石不但读过《论持久战》,而且读过包含持久战略的《中国革命战争的战略问题》一书。因此,在8年的全面抗战中,国共两党的领导人都认识到,抗战是持久战,需要以空间换时间、集小胜为大胜,正面战场和敌后战场都没有完全和日军拼消耗,都多少不等地贯彻了持久战的战略,都实际地进行了持续8年的持久抗战。

毛泽东持久战思想在80多年后仍然受到人们重视。在《论持久战》发表八十周年之际,人民出版社于2018年10月出版了一本书,名叫《重读〈论持久战〉》,对《论持久战》的历史背景、主要内容、历史地位、当代价值等作了阐发,基本相当于对它的一次再版、一次重读。但是这本原计划只发行1万册的书,发行不久就加印了两次,一次3万册,一次5万册。该书问世后,在电商网站上,始终占据政治类图书热卖榜前十名,并在中外媒体上赢得一致好评。《参考消息》2018年12月24日刊载美国《华盛顿邮报》的报道称:"一次次加印!如此畅销!但这本书,既不是惊险小说,也并非浪漫故事。"报道称这本书为眼下"中国最火的书"。美国兰德公司国家安全政策和印太问题领域专家德里克·格罗斯曼称,这本书的热销，是因为"毛泽东80年前的持久战理论在今天仍然是对的"。可见《论持久战》在80年后还对中美两国产生巨大的而且是实际上的影响，两国的精英分子，都在用持久战思想来看待和分析中美关系。

比如人民战争思想。不但在抗日战争中，各敌后抗日根据地贯彻实行了人民战争思想，而且在解放战争中，各解放区贯彻实行的也是人民战争的思想，人民群众都被最广泛地发动了起来，参加支援战争的各项行动。正如陈毅所说，淮海战役的胜利，是人民群众用小车推出来的。包括渡江战役的胜利，也是人民群众用木船划出来的。新中国成立后的20多年中，国防建设中仍然贯彻实行的是人民战争思想，大办民兵就是体现之一。最高峰时，全国参加民兵的人数以亿计，民兵也实际参加了捉美蒋特务、守卫边防海防等战斗。直到现在，民兵仍然存在。2019年的国庆阅兵中就有民兵方阵。甚至人民战争思想还被应用到治安工作中，现在实行的"联防联治"和"群防群治"，就是人民战争思想在治安工作中的实际应用。

人民战争思想也走出国门，应用到外国的战争实践中。越南的抗美救国战争，就是由毛泽东的人民战争思想指导的。1965年10月20日，毛泽东在同越南民主共和国党政代表团谈话时，曾谦虚地同他们说："我在文章中讲的人民战争，有些属于具体问题，是一二十年前的事了。现在，你们已经有了一些新的情况，你们的很多方法和我们过去的不同了，应该有所不同。"可见越南是用毛泽东人民战争思想指导他们的战争的。毛泽东还说："对于发动群众和进行人民战争的问题，你们和我们同阿尔及利亚有所不同。"（中华人民共和国外交部、中共中央文献研究室编：《毛泽东外交文选》，中央文献出版社、世界知识出版社1994年版，第572页）同年

1月9日,毛泽东在同斯诺谈话时还说:美国总统肯尼迪"他也看我的军事文章"。"阿尔及利亚人问我,我的著作,他们利用,法国人也利用,怎么办?"(《毛泽东外交文选》,第546页)可见毛泽东包含着人民战争思想的军事著作,不但越南人、阿尔及利亚人在应用,而且美国人、法国人也在用,战争双方的人都在用。可以说,毛泽东的人民战争思想,也成为世界军事思想的一部分。

比如游击战思想。毛泽东的游击战思想,在当时曾影响到国民政府的决策层。1937年12月13日《军事委员会第三期作战计划》中,就提出过"发动广大游击战"的方针,和"组织训练民众,使连合军队,共同实行游击,以牵制扰乱破坏敌之后方,前后呼应"的指导要领。(中国第二历史档案馆编:《抗日战争正面战场》,凤凰出版社2005年版,第53页)1939年1月7日蒋介石令颁《国军第二期作战指导方案》中,又把"国军应以一部增强被敌占领区内力量,积极展开广大游击战,以牵制消耗敌人"作为方针。(《抗日战争正面战场》,第66页)国共两党还共同在湖南衡山,开办了南岳游击干部训练班。将介石在南岳军事会议上,甚至提出"游击战高于正规战"的想法,1938年至1939年,国民党军队也确实抽调过七八十万人,到敌人占领区担负游击战的任务。1943年中美特种技术合作所副主任梅乐斯,1939年之前曾目睹过中国抗日,说:"即使在日军控制最严密的地区,中国游击健儿照样十分活跃。日军要想赢得战争,简直是遥遥无期。"(孙丹年:《中美合作所与太平洋战争》,陕西人民出版社2012年版,第235页)可惜,国民党的几十万人游击部队的游击战,很快就偃旗息鼓,游击部队还有好多投降了日军。

在中国的敌后战场,游击战一直非常活跃。1943年6月,日本华北派遣军总部公布的战报称:"从今年1月到5月,与共产军交战次数为 5524 次之多", 平均每月作战 1000 多次, 其中很多都是游击战。游击战让占领区的日军昼夜不能安枕, 经常受到牵制和袭扰, 深陷在战争泥潭中而不能自拔, 几十万日军被拖在了敌后抗日根据地周围, 陷入了战略被动。

抗战期间, 毛泽东的游击战思想还传到了国外。1939 年英国人曾派了一个青年军官学习团来中国学习游击战, 就被安排到南岳游击干部训练班上学习。中共军事干部因有实战经验, 讲课很受欢迎, 使英军受益良多。因此, 这些英国军官在中国学的, 实际上主要是毛泽东的游击战思想。

美国军官卡尔逊在中国抗日前线考察和在延安会见毛泽东回国后, 曾指挥美国海军陆战队第二飞行突击营, 运用从八路军那里学到的毛泽东游击战术, 在瓜达尔岛战役中打败日军。这是美军在太平洋战争中运用毛泽东游击战思想的一个实例。

美国发动越南战争后, 从总统肯尼迪, 到陆军将领、特种部队军官, 都在研读毛泽东的游击战著作, 用以对付越南人民到处开展的游击战。驻越的美军司令威斯特摩兰将军甚至随身携带着毛泽东论述游击战争的著作。2008 年 4 月 23 日, 在伊拉克战争中, 美国总统布什任命彼得雷乌斯为美军中央司令部司令, 英国《每日电讯报》刊文称: 彼得雷乌斯的思想, 可以看作是将毛泽东的游击战术颠倒过来使用。为何彼得雷乌斯要把游击战术反过来使用呢? 因为长达 8 年多的伊拉克战争, 实际上也主要是一场游击战争。据美国陆军的《伊拉克自由行动最初印象报告》说, 自 2003 年结束大规模攻坚作战以后, 士兵伤亡人数竟是攻坚作战的 3 倍。也就是说, 美军在伊拉克的伤亡, 大多数是在占领伊拉克之后伊拉克人民开展的各种反美游击战中造成的。所以, 彼得雷乌斯才以反游击战术来对付反美武装。可见毛泽东的游击战思想, 影响美国六七十年。

把毛泽东游击战思想应用于战争实际的,在第二次世界大战以后,还有亚洲的越南抗美战争、东南亚不少国家在 20 世纪六七十年代反政府武装的军事行动、非洲一些国家的游击战争、拉丁美洲的游击战领导人切·格瓦拉领导的游击战争等。范围及于亚洲、非洲、拉丁美洲。在一些国家,游击战争还最终取得了胜利,游击战争领导人成为国家的新领导人,游击战争帮助这些国家赢得了独立和解放。这是毛泽东游击战思想对世界产生的重大影响。可以说,在现代和当代,还没有其他人的军事思想,能像毛泽东的游击战思想产生过如此广泛而深刻的影响。

正由于此,美国媒体把毛泽东称为"中国游击战之父"。日本军事评论家池野清躬说:把游击战加以系统化、战略化、普遍化的始祖,无论怎么说也是中国的毛泽东。他是现代游击战争之父。当年日军大本营参谋山崎重三郎在《毛泽东游击战略把帝国陆军弄得团团转》一文中写道:"毛泽东的抗日游击战,堪称世界历史上规模最大、质量最高的游击战争。它是一种全民总动员的攻势战略。"(萧延中主编:《"传说"的传说》,中国工人出版社 1997 年版,第 654 页)日本军事评论家久佳忠男在《战争·战略·日本》一书中说:"毛泽东论述得最精辟的是游击战理论。他所论述的游击战,比以往任何战略书籍都丰富。他那富有想象力的论述是举世罕见的。在 20 世纪出现的各种战略著作中,最有特色的就是毛泽东的游击战略思想。"(至诚堂出版,第 103 页)二战以后,一位美国国防部助理部长说,美国一些图书馆书架都被那些称颂毛泽东为卓越的游击战权威的书本压弯了。这些外国人的评论,也反映出毛泽东游击战思想的影响之大。

正因为毛泽东抗战思想在国内和国外,在当时和今天,都得到了广泛传播和实际应用,不但指导了中国敌后的抗战,也影响了全中国的抗战,而且在战后还走出了国门,影响了很多国家的战争和国际的战争,影响了很多的战争指导者。所以我们说,毛泽东抗战思想不仅是中国共产党的,也是全中国的;不仅是全中国的,也是全世界的;不仅是当时的,也是后世的。它是全中国的精神财富和伟大智慧,也是全世界的精神财富和伟大智慧。它注定会长久地流传下去。

第十四章　毛泽东对中国抗战的评价

在抗战期间,毛泽东在很多场合,都曾论及中国抗战,对中国抗战作出高度评价,并提出一些独特而深刻的见解。这些见解,直到今天还产生巨大的影响,影响着人们对中国抗战历史的研究、划分和评价。

第一节　高度评价中国抗战的伟大作用、历史地位和重大意义

在全面抗战爆发前,1936 年 7 月 15 日,毛泽东在同美国记者斯诺的谈话中就指出:"日本侵略不仅威胁中国,而且也威胁世界和平,尤其是太平洋的和平。日本帝国主义不仅是中国的敌人,同时也是要求和平的世界各国人民的敌人,特别是……英、美、法、苏等国的人民的敌人。"(《文集》一,第 390 页)按照这一逻辑推理,中国的抗战,不只是保卫中国,也是保卫太平洋各国,保卫世界和平;中国的抗战,不仅具有国家意义,对中国有贡献,而且具有国际意义,对世界各国、对人类有贡献。

七七事变爆发后,1937 年 9 月 29 日,毛泽东在《国共合作成立后的迫切任务》一文中说:日本的侵华,不但在中国"使联合全民族

各阶层反对日本帝国主义成了必需,而且有了可能","而且在世界范围内""建立反法西斯的统一战线也有了必需和可能"。(《选集》一,第 368 页)这又把中国的抗日同建立世界反法西斯统一战线联系了起来,把中国抗战看成了世界反法西斯统一战线的一部分,从而大大提高了中国抗战在世界格局中的地位和作用。

10 月 25 日,毛泽东在和英国记者贝特兰谈话时,贝特兰问到了中国抗战的成绩和教训。毛泽东说,三个多月以来中国的抗战"成绩是有的,而且是伟大的。这表现在:(一)现在的抗日战争,是自有帝国主义侵略中国以来所没有的。它在地域上是真正全国的战争。这个战争的性质是革命的。(二)战争使全国分崩离析的局面变成了比较团结的局面。国共合作是这个团结的基础。(三)唤起了国际舆论的同情。国际间过去鄙视中国不抵抗的,现在转变为尊敬中国的抵抗了。(四)给了日寇以很大的消耗。听说日寇资财的消耗是每天二千万日元,人员的消耗尚无统计,但一定也是很大的。如果说过去日寇差不多不费一点气力唾手而得东四省,现在就非经过血战不能占领中国的土地了。日寇原欲在中国求尝其大欲,但中国的长期抵抗,将使日本帝国主义本身走上崩溃的道路。从这一方面说,中国的抗战不但为了自救,且在全世界反法西斯阵线中尽了它的伟大责任。抗日战争的革命性也表现在这一方面"。(《选集》二,第 374—375 页)在这次谈话中,毛泽东用"伟大"来形容中国的抗战,并从四个方面进行了归纳:是近百年来未有的举国抗战;造成了全国的团结;唤起了国际同情;消耗了日本。特别是指出了中国抗战的世界贡献,"在全世界反法西斯阵线中尽了它的责任"。这一评价,肯定了中国抗战是反法西斯的战争,是世界反法西斯阵线的一部分,并且在其中尽了责任。这就不但说明了中国抗战对中国的意义和在中国历史上的地位,而且说明了中国抗战对世界的意义和在世界反法西斯战争中的地位。这为我们今天认识中国抗战在世界反法西斯战争中的地位与作用作了先导。

1937 年 10 月,毛泽东在《目前抗战形势与党的任务报告提纲》中,又一次对中国抗战给予了充分的肯定,指出,这次全国抗战"同'九一八'不同",使日本"所占领的每一寸土地都付出了极大的代价,遭到了有力的抵抗"。"中国进行了坚决英勇的抗日民族自卫战"。此战"1. 空前地发扬了中华民族的伟大与坚决勇敢的精神,打破了过去的'恐日病',给了日寇相当的打击;2. 空前地巩固了中国内部的团结与统一,表示了中华民国的新气象;3. 使十年来对立的国共两党重返合作,使国民党有了决定的转变"。战争虽有失利,但也是"在半殖民地国家与帝国主义国家开始作战时,一般是难于避免的"。(《文集》二,第 48—49 页)这里,毛泽东用了两个"空前",并视为"中华民国的新气象",还把其暂时的一部分失利看作"不可避免",可见毛泽东对中国抗战的赞扬之热烈和拥护之彻底,也为我们今天看待全面抗战初起时的中国失利提供了视角。大家想想,连当时人的毛泽东,特别是作为当时政府领导人批评者的毛泽东,对这些失利都能予以理解,予以正确对待,不予苛求,今天,作为后来人,作为本应持客观公正立场的学者,我们又何必去对中国抗战中一些局部的、暂时的失利不予理解、加以苛责呢?从这 3 个多月的全面抗战中,毛泽东还看到"中国的力量正在抗战中坚强起来",表现在:(1)"抗战扩大与巩固了抗日民族统一战线和中国内部的统一与巩固";(2)"抗战使政府开始成为国防性质的政府";(3)"国民革命军开始成为统一的国防军队";(4)"发动了广大的民众参加抗战,造成了民族抗战的高潮"。(《文集》二,第 50—51 页)此外,"中国的抗战引起全世界上无产阶级与人民的同情与援助"。(《文集》二,第 52 页)这里,毛泽东认为中国抗战造成了

"民族抗战的高潮",这是毛泽东对中国抗战的又一新的评价。

11月1日,毛泽东在延安陕北公学开学典礼上说:"现在的战争形势,中国显然不顺利",但是,"过去的抗战是有着不可抹煞的成绩的"。他把成绩仍然归结为四点:一是"百年来未有的","是革命的";二是促进了国内的团结;三是沉重打击了日寇;四是"取得了国际间的同情"。(《文集》二,第62—63页)

1938年2月11日,毛泽东在延安反侵略大会上说:抗战使"全中国人有了一个空前伟大的团结,这也是过去中国历史上没有过的","尽管暂时打了一些败仗,失了一些土地,但这样伟大的团结,是力量无比的"。(《文集》二,第89—90页)毛泽东又一次把抗战造成的国内团结,看得比暂时失了一些土地更加重要,为我们今天观察抗战提供了不同的视角。

1938年2月,毛泽东在同合众社记者王公达的谈话中,向他讲了半年多来中国抗战对日本的消耗:"日本现在正借钱打仗,除过去半年已经用去二十二万万元以外,今年一年的需要据说是四十万万元,必定还不止此数。""试问他哪有那许多钱无限长期地打下去?就军事方面讲,日本在中国的战线已经延长到自杭州以达包头的数千里的距离,它的兵力不够分配防守之用,所以它的兵力已随深入与扩大的程度渐渐薄弱。它占领了长距离的铁路,便需要军队去防守每一个车站。日本已动员三分之一的军队来侵略中国了,如果它再要占领汉口、广州等地,至少须再动员几十万军队,那时它的情况将十分困难。"同时,在日本占领区,八路军又在拥有1200万民众的"区域中进行广大的游击战",建立起"抗战的堡垒","随时猛烈地破坏敌人的后方联络线","使敌人大减其前进的力量"。这一实例向全国具体证明:"只要到处采用这种办法,敌人是无法灭亡中国的。"(《文集》二,第99、101页)这又说明了中国的抗战对日本的消耗与牵制作用。这对看待中国抗战的作用,又提供了一种视角。

1938 年 5 月 15 日,毛泽东在为陕甘宁边区政府和八路军后方留守处写的布告中,开头便说:"自卢沟桥事变以来,我全国爱国同胞,坚决抗战。前线将士,牺牲流血。各党各派,精诚团结。各界人民,协力救亡。这是中华民族的光明大道,抗日胜利的坚强保障。"(《选集》二,第 401 页)热情赞颂了全国抗战开始后全民族抗战的感人景象。

1938 年 5 月,毛泽东在《论持久战》中说:"伟大抗日战争""在东方历史上是空前的,在世界历史上也将是伟大的"。(《选集》二,第 439 页)"东方历史上空前","世界历史上伟大",这是毛泽东对中国抗战的又一新评价。

在这篇文章中,毛泽东还说:"长期而又广大的抗日战争,是军事、政治、经济、文化各方面犬牙交错的战争,这是战争史上的奇观,中华民族的壮举,惊天动地的伟业。这个战争,不但将影响到中日两国,大大推动两国的进步,而且将影响到世界,推动各国首先是印度等被压迫民族的进步。"(《选集》二,第 474 页)在这里,毛泽东把中国抗战的世界意义揭示得更加充分:"战争史上的奇观","惊天动地的伟业",都不仅是在中国范围内如此,而且在世界范围内也如此。因为 4 亿多中国人民在数百万平方公里持续 8 年的全面抗日战争,其战争的规模之大,尤其是人民战争范围的广阔与战法的奇特,对侵略者的杀伤之大,赢得那么多正义的、反侵略国家的支持,有那么多国家派人来参与和支援,对中国和世界造成那么大的影响,都堪称人类战争史上的奇观和壮举,而不仅是中国战争史上的奇观和壮举。而且,它不仅影响到中国,也影响到日本;不但推动中日两国的进步,而且推动其他被压迫民族的进步,使得不少国家和民族在这场战争结束之后获得独立和解放。因此，中国抗战的世界意义就更加具体和实在了。

在这篇文章中，毛泽东还进一步推断说："我们的抗日战争包含着为争取永久和平而战的性质"，因为这场战争是在"世界资本主义总危机发展的基础上发生的"，"这次战争中无疑将出现伟大的革命战争，用以反对一切反革命战争，而使这次战争带着为永久和平而战的性质。即使尔后尚有一个战争时期，但是已离世界的永久和平不远了"。（《选集》二，第475页）"四亿五千万的中国人占了全人类的四分之一，如果能够一齐努力，打倒了日本帝国主义，创造了自由平等的新中国，对于争取全世界永久和平的贡献，无疑地是非常伟大的。"（《选集》二，第476页）可见，毛泽东是把中国抗战看作为争取人类永久和平而战，是为争取世界永久和平而作的贡献。这就把中国抗战放到了更加崇高的位置上了。它所争得的不仅是中国的民族解放，而且是人类的长期和平。这是"以战制战"的正义之战、和平之战、进步之战。包括这场战争在内的第二次世界大战，结束已经70多年了，世界总体处于和平之中。这不能不说是那场战争的贡献之一。

1939年1月20日，毛泽东在《论持久战》英译本序言中说："伟大的中国抗战，不但是中国的事，东方的事，也是世界的事。""我们的敌人是世界性的敌人，中国的抗战是世界性的抗战。"（《文集》二，第145、146页）再次把中国抗战称作"伟大的"抗战，把中国抗战同东方、同世界联系起来，看作是东方的事、世界的事，是世界性的抗战。这就又一次向全世界宣告：中国抗战是伟大的，是为世界东方作贡献的，是为全世界、全人类作贡献的。

1941年5月18日，毛泽东在为《解放日报》写的社论中说：对于中国发展着的抗日战争，很多人是估计过低的。殊不知，"基本上决定日本的动向的正是中国"，"中国现在是一堆民族革命的大火，在这里高举着火炬的是几万万人"。（《年谱》中，第298页）在这时，毛泽东就已经对很多人过低估计中国抗战作用提出了批评，并向人们大声地指出：基本上决定日本动向的，正是中国，而不是其他任何国家；始终高举抗日火炬的，是中国的几万万人，而不是别的国家的人。看待对打败日本的贡献，要看到底是谁在基本地决定着日本的动向。实际上，这就提出了评价抗日作用的一个基本标准或重要指标，即什么力量在基本地决定日本的动向。今天我们评价各国对打败日本的贡献或在抗日中的作用，千万不能忘记这个基本的标准或重要的指标。毛泽东的这段话，对任何人在任何时候评价中国抗战对打败日本的贡献时，都是一个响亮的提醒和有力的纠偏。

1945年4月24日，毛泽东在《论联合政府》报告中说："中国是全世界参加反法西斯战争的五个最大的国家之一，是在亚洲大陆上反对日本侵略者的主要国家，中国人民不但在抗日战争中起了极大的作用，而且在保障战后世界和平上将起极大的作用，在保障东方和平上则将起决定的作用。中国在八年抗日战争中，为了自己的解放，为了帮助各同盟国，曾经作了伟大的努力。""中国军队的广大官兵，在前线流血战斗，中国的工人、农民、知识界、产业界，在后方努力工作，海外华侨输财助战，一切抗日政党，除了那些反人民分子外，都对战争有所尽力。总之，中国人民以自己的血和汗同日本侵略者英勇地奋战了八年之久。但是多年以来，中国反动分子造作谣言，蒙蔽舆论，不使中国人民在抗日战争中所起作用的真相为世人所知。"（《选集》三，第1033页）这里，他强调了中国在世界反法西斯战争中的重要作用：第一，中国是世界反法西斯战争五个最大国之一，是世界反法西斯的重要力量；第二，中国是亚洲亦即世界东方抵抗日本侵略的最主要国家,是世界反法西斯战争东方战场上的主力军;第三,中国抗战帮助了同盟国,保障了东方和平和世界和平。同时,他也强调了中国人民在抗日战争中的重要作用。另外,特别重要的是,他还指出:由于中国一些人造谣抹杀人民的抗战作用,以致中国人民在抗战中的作用不为世人所知。当然,这也同时导致了中国在世界反法西斯战争中的作用不为世人所知。这就启示我们:今天研究中国抗战,一方面要努力弄清中国人民在中国抗战中的作用,一方面也要努力弄清中国在世界反法西斯战争中的作用。这就不单要研究正面战场的抗战,也要研究敌后战场的抗战;不单要研究政府组织的抗战,也要研究共产党所领导的抗战以及民间自发的抗战;不单要分别研究正面战场和敌后战场在抗战中各起什么样的作用,而且要共同研究中国两个战场共同在世界反法西斯事业中和在东方和平与世界和平中的作用。

第二节　明确提出中国抗日战争始于 1931 年

1945 年 4 月 24 日,毛泽东在《论联合政府》报告中说:"中国人民的抗日战争……还是在一九三一年就开始了。"为什么这么说呢? 他说:"一九三一年九月十八日,日本侵略者占领沈阳,几个月内,就把东三省占领了。国民党政府采取了不抵抗政策。但是东三省的人民,东三省的一部分爱国军队,在中国共产党的领导或协助之下,违反国民党政府的意志,组织了东三省的抗日义勇军和抗日联军,从事英勇的游击战争。这个英勇的游击战争,曾经发展到很大的规模,中间经过许多困难挫折,始终没有被敌人消灭。一九三二年,日本侵略者进攻上海,国民党内的一派爱国分子,又一次违反国民党政府的意志,率领十九路军,抵抗了日本侵略者的进攻。一九三三年,日本侵略者进攻热河、察哈尔,国民党内的又一派爱国分子,第三次违反国民党政府的意志,并和共产党合作,组织了抗日同盟军,从事抵抗。"(《选集》三,第1034—1035页)

这里,毛泽东把中国抗日战争的起点,从卢沟桥事变,拉到了九一八事变;把中国抗日战争的开始时间,从1937年,前推到1931年。因为九一八事变后,尽管政府电令不抵抗,但是国民党军队中的一部分爱国分子,还是进行了自发的零星抵抗。

比如驻守北大营的独立第七旅部分官兵的自卫还击,长春地区守军对日军进攻的抗击,马占山领导的江桥抗战,锦州地区驻军对日军西侵的抗击,哈尔滨地区驻军对北犯日军的抗击,等等。同时,东北各方面的爱国人士,还自发地组织起义勇军,进行了广泛的抗日斗争,其高峰时人数总计30万以上,在东北的大部分县开展行动。特别是中国共产党,在九一八事变后还组织起10多支抗日游击队,同日军展开了英勇的斗争。这些游击队后来发展为东北人民革命军和东北抗日联军。到全面抗战爆发时,抗日联军发展到3万多人,游击区域涉及东北70多个县。从九一八事变到七七事变这6年中,东北抗日力量的抗日斗争,共造成日伪军数以十万计的人员伤亡。可以说,东北人民的抗日斗争,首先拉开了中国人民抗日战争的大幕。

接着,1932年的一·二八淞沪抗战,第19路军和第5军,虽未得到政府援助,但在人民群众包括华侨的支持下,与日军奋战30多天,歼敌1万余人。1933年日军侵犯热河,政府又组织了长城抗战,广大爱国官兵奋勇苦战80余天,结果以政府与日军签订《塘沽协定》而告终。再接着,进犯长城的日军侵占察东,察哈尔民众又自发组织抗日同盟军,血战5昼夜,收复失地。结果,这支抗日军队竟被政府军瓦解。但是,东北抗日和淞沪抗战、长城抗战、察哈尔抗战,都形成了中国局部抗战的局面,共同打响了中国的抗日战争,也在东方首先打响了世界反法西斯的伟大战争。

在论述中国抗日战争起始时间的人当中,毛泽东是最早把它确定为1931年九一八事变的。在那时,国内外很少有人这么说。但他列举的这些事实,又都确实是任何人都否认不了又抹杀不了的。九一八事变到七七事变前这6年时间内,政府虽然有过不抵抗,但也不是完全不抵抗;政府的抗日虽然不多,但也有一些,民间的抗日则更多一些;甚至还有像淞沪抗战、长城抗战那些著名的战役;特别是中国共产党领导的东北抗联,在东北大部分地区一直坚持着抗日,抗日烽火几乎一直没有中断过,还曾成建制地消灭过日军。因此,这时虽然没有形成全面抗战的局面,但说它是局部抗战,则绝无问题,也无可置疑。虽然国民党不承认这些是抗日战争,但当时毛泽东没有忘记这些可歌可泣的抗日战争,今天的中国人更不能忘记这些可歌可泣的抗日战争!中国抗战始于1931年的九一八事变,而不是以前所说的始于1937年的七七事变;中国抗日战争的持续时间是14年,而不是以前所说的8年。现在,这已经成为国人的共识和国家的定论。毛泽东的观点,终于在几十年之后成为全国共识,说明在这个问题上,毛泽东的认识比大多数人先进了几十年。

说中国抗战始于1931年而不是1937年,说中国抗战是14年而不是8年,不但符合1931年至1937年这6年间全国有局部的抗日战争这一事实,而且可以告慰那些参加了这6年局部抗战的将士们,特别是在这6年抗战中牺牲了的抗日烈士们,更为重要的是,还可以证明:世界反法西斯的战争,不是起于欧洲,而是起于中国;中国是第一个打响抵抗日本法西斯的战争的。这就加重了中国在世界反法西斯战争中的分量,更能恰如其分地体现出中国在世界反法西斯战争中的地位和所作出的贡献。因此,毛泽东关于中国抗日战争起于1931年九一八事变的观点,在中国抗战史的研究中,不但独树一帜,有先见之明,而且符合事实,特别重要。这可以说是毛泽东对中国抗战史研究的一大贡献!我们研究中国抗战史的人,绝不应该忘记毛泽东的这个开创性贡献!毛泽东的观点在几十年后才被人们普遍认可,说明了真理的光芒可以穿越时空,真理的力量终将征服人心,真理不会被长久地掩盖掉。

第三节　明确划分了中国抗战的两个阶段

卢沟桥事变爆发后一个多月,1937年8月9日,毛泽东在中共中央各单位负责人会议上讲话说:卢沟桥事变是中国大规模全国性抗日战争的开始。(《年谱》中,第12页)断然指出七七事变是全国抗战的开始,把七七事变以后的抗日战争称为"全国性抗日战争"。与此对应,七七事变之前的抗日战争,则应是局部性抗战。这样,中国抗战实际上就被划分成局部抗战和全面抗战这两个阶段。

8月25日,毛泽东在为中共中央宣传部起草的关于形势与任务的宣传鼓动提纲中,又一次作了这样的判断:"七月七日卢沟桥事变,是日本帝国主义大举进攻中国本部的开始。卢沟桥中国军队的抗战,是中国全国性抗战的开始。""九一八以来中国统治当局的对日不抵抗政策,在卢沟桥事变后开始转变到实行抗战的政策",中国革命发展"由停止内战准备抗战的阶段,过渡到了实行抗战的阶段"。"所有前线的军队,不论陆军、空军和地方部队,都进行了英勇的抗战,表示了中华民族的英雄气概。"(《选集》二,第352

页)对卢沟桥抗战开始的全面抗战,给予了高度赞扬。同一天,以毛泽东为重要领导人的中共中央,在《关于目前形势与党的任务的决定》中也指出:"七月七日卢沟桥的抗战,已经成了中国全国性抗战的起点。中国的政治形势从此开始了一个新阶段,这就是实行抗战的阶段。"(《选集》二,第446页)

以七七卢沟桥事变作为中国全面抗战的标志性事件,是符合抗日战争的实际情况的。因为卢沟桥事变发生后,日本先是在中国的华北发动大规模进攻,不久在华东也发动大规模进攻,不但占领北方重镇北平、天津等大城市,而且占领上海、南京这些中国的政治中心和经济中心。之后又进攻华南、华中,占领广州、武汉等大城市,进攻的步伐不加停顿,进攻的范围遍及中国的东半部,直到被中国人民的抵抗遏制,才不得不转而巩固占领地,放慢其进攻。特别是七七事变发生后,国共合作较快地形成,国共两党领导的军队和人民,都投入了抵抗日军的战争。双方先是携手联合抗日,然后又分别在正面战场和敌后战场配合抗日。后来,国共军队虽然有过磨擦,甚至发生过像皖南事变那样大的军事斗争,但国共合作毕竟没有全面破裂,国共内战毕竟没有全面发生,抗日民族统一战线毕竟依然一直维持着。因此,在中国抗战的14年中,七七事变是一个分水岭,是一个界标。在这之前,是局部抗战,在这之后,是全面抗战。以前所说的8年抗战,则是指的8年全面抗战。

第四节　明确指出中国抗战有两个战场

在日军占领广州、武汉,抗战进入相持阶段后,1938年11月6日,毛泽东在《战争和战略问题》中说:"在战争问题上,抗日战争中国共两党的分工,就目前和一般的条件说来,国民党担任正面的正规战,共产党担任敌后的游击战,是必须的,恰当的,是互相需要、互相配合、互相协助的。"(《选集》二,第 553 页)我们可以把这看作是毛泽东首次把中国抗战划分为正面和敌后两个战场,并划分了国民党担负正面战场的正规战和共产党担负敌后战场的游击战的任务分工,而且很明确地指出了两个战场、两种战争形式之间的关系是"互相配合、互相协助"。毛泽东这样的划分,是依据中国实际情况作出的。因为国民党是执政党,掌握着包括 200 多万正规军在内的全国的兵员、人民、土地、财政、武器制造、外交等几乎全部的战争资源,而共产党在全面抗战开始时,则只有几万军队和几百万人口的根据地。

1943 年 7 月 1 日,毛泽东在纪念中共成立二十二周年和抗战六周年干部晚会上说:"我国的抗战,现在有正面与敌后两个战场,敌后战场的斗争非常残酷。"(《文集》三,第 32 页)进一步明确指出,中国抗战有两个战场:正面战场与敌后战场。

7 月 2 日,毛泽东在起草的《中共中央为抗战六周年纪念宣言》中,又一次指出:"整个中国战场上,六年来的作战,实际上是被划分为正面与敌后两大战场,这两个战场的作用,是互相援助的,缺少一个,在目前就不能制止法西斯野兽的奔窜,在将来就不能驱逐这个野兽出中国,因此必须增强这两个战场互相援助的作用。特别是因为处在敌后战场上的抗日军民,他们抗击了日本匪军的半数以上,而其处境则较之正面战场要困难百倍。""只有加强这两个战场的互相援助与特别加强对于敌后抗战军民的援助,才是加强整个中国战场作战努力的具体办法。"(《文集》三,第 41—42 页)这就一方面指出了在全国抗战中,中国战场实际一直被划分为正面和敌后两个战场这个事实,一方面又指出了这两个战场的作用是互相支援的,对于抗日胜利是缺一不可的。

　　1944 年 5 月 21 日,毛泽东在中共六届七中全会的工作报告中,把全国抗战以来的战况分为三个阶段:"第一阶段是一九三七年至一九四〇年。这一阶段的头两年,日本以主力对付国民党,国民党也比较有朝气,国共关系比较好,我们采取了游击战争的方针,发展了军队,建立了根据地。""第二阶段是一九四一年至一九四三年,日本以主力对付共产党,举行了无数次的残酷'扫荡',实行'蚕食'政策与'三光'政策,我们的根据地、人口和军队都缩小了。""这一阶段,日本对国民党采取政治诱降为主,军事打击为辅的政策","日本对国民党差不多没有大的军事行动",国民党"对日本的进攻采取消极的态度"。"第三阶段,从去年开始。我们的根据地、人口和军队又上升了。"(《文集》三,第 139—140 页)这就把全面抗战发生后两个抗日战场上的主要状况和发展趋势,简明扼要地概括了出来。这种宏观的论述,对人们认识中国抗战两个战场的整体情势,认识中国抗战的特点等,都很有帮助。

　　7 月 5 日,毛泽东在起草的《召开陕甘宁边区第二届参议会第二次大会的决定》中说:"日寇临死挣扎,进攻河南、湖南,正面战场后退,全国危极,西北危极。但是八路军、新四军作战的敌后战场则捷报频传,各抗日民主根据地日益巩固,成为全国人民希望之重心。"(《文集》三,第 179 页)对当时中国抗战两个战场的情况作了对比,指出了当时中国抗战两个战场的形势。

　　7 月 19 日,毛泽东在向全党通报时局近况时说:"蒋军在河南、湖南作战中,绝大多数均不战而溃或一触即溃,损失在四十万以上。进攻河南敌军不过四个师团,蒋军近四十万,除少数武器较差、待遇较坏的杂牌军比较能作战外,几乎无不望风而逃。胡宗南有十个师由陕、甘开入豫西参战,但是只有一二个师能打一下,其余都是一触即溃。"(《文集》三,第 195 页)"我党在华北、华中、华南三大敌后战场，近几个月有新发展，消灭了许多敌伪军，夺回了许多土地。""在人民面前，我党领导的敌后战场与国民党领导的正面战场间的区别，越来越明显了。一个在进攻，在发展，在巩固；一个在退却，在萎缩，在充满着危机。"(《文集》三，第196—197页)再一次对比了两个战场的现状，强调了中国抗战两个战场的发展趋势。

11月8日，毛泽东在同赫尔利谈话时说："现在全世界反法西斯战争都打得很好，唯有中国正面战场上打得不像样子"，"天天打败仗"。(《文集》三，第220页)国民党"军队在抗战头两年打仗打得比较好，现在总算也还在打日本"。"自今年四月起，在日寇进攻面前，国民党军队已由二三百万减至一百九十五万。大部分国民党军队是打不得仗、一触即溃的。"(《文集》三，第221页)"我们在敌后战斗的六十三万军队和九千万人民，拖住了日寇的'牛尾巴'，这样保护了大后方；假若没有这个力量拖住日寇的'牛尾巴'，国民党早被日寇打垮了。"(《文集》三，第224页)这不仅指出了当时中国抗战两个战场上抗日力量的消长变化情况，而且指出了敌后战场对正面战场的支持保护作用。

1945年4月24日，毛泽东在《论联合政府》报告中，专门有一节讲了两个战场，并指出："中国的抗日战争，一开始就分为两个战场：国民党战场和解放区战场。"(《选集》三，第1042页)这实际上就是之前所说的正面战场和敌后战场。他指出了两个战场在不同时期抗击日伪军的情况，特别指出，在1945年4月，解放区战场即敌后战场抗击着侵华日军的56%和伪军的95%，国民党战场即正面战场抗击着侵华日军的44%和伪军的5%，从而用数字说明了当时两个战场在抗日战争中的作用。

第五节　指出日本侵华战争对中国也有"帮助"

新中国成立后,为了促进中日友好,毛泽东在同日本朋友谈话时,也曾幽默地讲到当年日本侵华对中国也起到另外的"帮助"作用,即作为反面教员的作用。

1960年6月21日,毛泽东在同日本文学代表团谈话时说:我同很多日本朋友讲过,我们曾同日本军阀打过仗。"其中一部分人说日本侵略中国不好。我说侵略当然不好,但不能单看这坏的一面,另一面日本帮了我们中国的大忙。假如日本不占领大半个中国,中国人民不会觉醒起来。在这一点上,我们要'感谢'日本'皇军'。"(《毛泽东外交文选》,第438页)

1961年1月24日,毛泽东在同日本社会党国会议员黑田寿男谈话时说:"日本的南乡三郎见我时,一见面就说:日本侵略了中国,对不住你们。我对他说:我们不这样看,是日本军阀占领了大半个中国,因此教育了中国人民,不然中国人民不会觉悟,不会团结……就是因为日本'皇军'占领了大半个中国,中国人民别无出路,才觉悟起来,才武装起来进行斗争,建立了许多抗日根据地,为解放战争的胜利创造了条件。所以日本军阀、垄断资本干了件好事,如果要'感谢'的话,我宁愿'感谢'日本军阀。"(《毛泽东外交文选》,第460—461页)

1964年7月9日,毛泽东在同参加第二次亚洲经济讨论会后访华的代表们谈话时,再次说到了他同南乡三郎的对话,说:"有一位日本资本家叫南乡三郎,和我谈过一次话,他说:'很对不起你们,日本侵略了你们。'我说:'不,如果没有日本帝国主义发动大规模侵略,霸占了大半个中国,全中国人民就不可能团结起来反对帝国主义,中国共产党也就不可能胜利。'事实上,日本帝国主义当了我们的好教员:第一,它削弱了蒋介石;第二,我们发展了共产党领导的根据地和军队。在抗战前,我们的军队曾达到过三十万,由于我们自己犯了错误,减少到两万多。在八年抗战中间,我们军队发展到了一百二十万人。你看,日本不是帮了我们的大忙?"(《毛泽东外交文选》,第 534—535 页)

1965 年 3 月 23 日,毛泽东在同叙利亚访华友好代表团谈话时说:"打日本帝国主义的时候,我们是同美、英、法合作的。""日本同我们在中国东北打了十四年,在中国其他地方打了八年。日本帝国主义对我们有帮助,使中国团结起来反对它,促进了中国的革命。"(《毛泽东外交文选》,第 563—564 页)

毛泽东的这些讲话,一是充满了辩证法。因为用辩证的观点来看,世界上任何事情都具有两面性,即既有好的一面,也有坏的一面。日本的侵华战争,既给中国带来了巨大的伤害和损失,也促进了中国内部的团结,动员了全国人民起来抗日,使中国的革命力量乘机发展和壮大起来。所以,中国的抗日战争,既付出了沉重的代价,又取得了重大的胜利。二是体现出中国人民的宽容和大度。抗日战争既已结束,中国人民既已胜利,就要以宽容的态度、大度的胸怀看待过去的那场战争,以向前看的姿态,从另一面即从好的方面去看待那场战争,重建两国人民的友谊。可见,毛泽东这种"以德报怨"的博大胸怀和恢宏气度,是何等伟大!他为了中华民族的更长远发展,为了中日两国人民的友谊和未来,释放出的是满满的善意。这种伟大政治家的胸怀,为后人怎样看待过去的那场中日之间的战争,提供了榜样;也为中日两国政治家怎样处理中日两国间的历史问题,提供了榜样;推而广之,还为世界各国的政治家怎样看待和处理历史恩怨,也提供了榜样!

尾章 重读的新发现，重读有时也是新读

写完全书，我有一个新的发现：重读会有新发现，甚至会有很多新发现。本书基本是对毛泽东抗战著作的一次重读、精读，但经过这次专题性的、有目的的重读，却意外地产生了很多新认识，发现了很多新东西。

比如：发现毛泽东堪称一面抗战的旗帜。我为"抗战旗帜"设下了12条标准，特别是设下了两条最核心的标准：敢抗，能胜。通观全书内容，毛泽东竟然全部符合这些标准。

比如：发现毛泽东是高人一筹、先人一步的预见大师。本书列举出毛泽东对中国抗日战争10多个方面的上百个相当准确的预见。包括：在战争发生方面，1916年预见到中日20年内必有一战；1936年7月预见到日本想征服全中国；同年8月预见到全国抗战的发动人——宋哲元、发生地——宋哲元军驻地范围、战争规模——大规模之抗日战争、战争影响——红军助战及29军成为抗日英雄；同年12月，预见到红军未灭，日军已来；1937年3月预见到中国对日作战不可避免，九国公约不可能阻止日本对中国作战。在战争前途方面，从1936年3月起，就一直预言中日战争中国必胜，日本必败，即使没有外援，也是如此，中日战争是持久战而不是

速决战;从 1937 年 11 月起就多次预见中国将克服投降主义,坚持到抗战胜利。在战争规律方面,1938 年 5 月预见到:中国抗战将经历三个演进阶段——敌进我防,到敌我相持,再到我进敌退,也可以说是中国由劣势,到平衡,到优势,日本由进攻,到保守,到退却;第一阶段将在日军攻占广州、武汉后结束;第二阶段将经过相当长的时间;我军将大量转入敌后作游击战;敌占区将分为敌根据地和我根据地及敌我争夺的游击区;敌后将发生经济困难;敌人将成立伪政府;大国将进一步援助中国;日本将在南洋发动新的战争;日本将在西伯利亚发动新的战争;第三阶段的开始将不会整齐划一而是此起彼落的。在战争形态方面,1938 年 5 月预见中日战争的形态将是犬牙交错的。在战争制胜条件方面,从 1936 年 7 月起,就多次预见到中国抗战胜利将包括国内统一战线和国际统一战线的建立。在国际形势方面,1938 年预见日本对西伯利亚将取守势;1939 年 1 月预见世界各大国间的战争已日益迫近,英、美等国不能置身事外,日本还要去打南洋,也要打缅甸、安南、印度,世界一定会打更大规模的战争;1941 年 8 月预见《罗邱宣言》,美国决心参战;12 月预见太平洋战争是长期的,日军将在南太平洋愈陷愈深,将来日军可能从中国抽兵去太平洋;1942 年 10 月预见美、英将开辟第二条战线即欧洲战场;1943 年 10 月预见美、英将打进法国去,国民党所希望的美、英"先亚后欧"或"欧亚平分"已送进历史博物馆;1944 年底预见打倒希特勒明年就可实现;1945 年 5 月预见第三次世界大战的可能性不存在。在各国对中日态度方面,1936 年预见苏联会帮助中国抗日,美国最终会同日本作斗争;1945 年 2 月预见苏联参与东方事件即中日战争可能性增长;1941 年 4 月预见英、美总方针是先对德,后对日,目前不敢对日强硬;1941 年 12 月预见太平洋战争前半年英、美军非日本之敌,半年后将进入相持,然后英、美举行反攻；1936年预见日本对英国不是友善而是破坏的面孔，英国对日不会永远妥协，但会随时出现妥协，英国对日妥协将不会被人民同情；1938年5月预见英国不会为德国侵略捷克而同德国打仗；1941年预见英、美对苏联关系将转好。在法西斯同盟国方面，1936年7月预见日本的潜在盟国是德国与意大利；1938年5月预见希特勒要同各大国打，这场战争将比以往战争更大，把一切民族卷进去；1941年10月预见德国对苏进攻已到最高点，日本南下可能性比北进更大，日本东条内阁是直接准备战争的军人内阁，苏联在德国进攻中是能坚持的，德国情况并不怎么好，美、英、苏、中的合作必能战胜法西斯；1942年10月预见10月9日以后的希特勒只有死路一条，斯大林格勒保卫战将停止法西斯的进攻，希特勒精锐已经耗完，日本还可举行一个进攻，但它们都已丧失主动地位。在国共情况方面，1936年9月预见蒋介石军队有全部或大部参加抗日的可能性；1938年5月预见河南将很快落入敌手，武汉危急，蒋介石将会同意我军南进豫、皖、苏、鲁四省；1938年11月预见蒋介石和国民党的大多数不会同日本讲和；12月起多次预见敌后抗日根据地将会没钱、没饭吃；1940年10月到12月多次预见到要准备对付最黑暗的局面；1940年12月预见到国民党不会对新四军北移宽展期限、发给饷弹，新四军北移中会有不利，全军对机密文件不要留一个字；1941年5月预见国共地位将发生变化，我党在抗战中将日益占据领导地位；1941年7月预见蒋介石绝不会同日本拼，蒋既不会投降，也不可能大举"剿共"；1942年6月预见国共一时不会好转，也不会决裂；1943年7月6日提前一天预见到国民党会查抄重庆新华日报馆；1945年5月预见到东北可能在我们领导下，要准备15万到20万人开到东北去。在战争的具体进程方面，从1936年7月起，多次预见在中日战争中，中国能俘虏日

本兵;1937 年 9 月预见日军将夺取太原,夺取黄河以北,阎锡山的
与日决战必难持久,太原危如累卵,河北局面实际已经完结,山东
将不战而失,上海战线将发生某些变化,南京将被大轰炸,并提前
几十天预见到国民党将迁都;1937 年 10 月预见日军今后在华北将
遇到最坚强的抵抗;11 月预见华北正规战已结束,游击战进入主要
地位;1938 年 3 月提前半年预见到武汉失守,预见到日军还要进攻
郑州、南昌、福州、长沙与广州,日军在占领武汉、广州等地区后,将
在华北修路筑堡,抗日根据地将会缩小;1938 年 5 月预见日军很难
完全占领粤汉铁路,日军将会厌战和反战;1939 年 6 月预见到华北
局面可能变得极严重;1942 年 7 月预见到日本战败后,八路军、新
四军要集中到东三省去。在战争胜利时间方面,从 1941 年起多次
预见到抗战胜利的时间在 1945 年前后。在战争的其他方面,1936
年 8 月预见蒋介石将退居西南保其半壁山河,预见杨虎城参与救
西北救华北救中国之伟大事业;1939 年 1 月预见日军还会进攻,国
民党五中全会对抗战是积极的,今后统一战线会发生磨擦,日本的
朋友只有希特勒和墨索里尼,英、美、法、苏都不喜欢它,英、美借钱
给中国,但不会大帮忙;1943 年 7 月预见德、意和日本法西斯,只剩
下无条件投降一条死路等等。具体的预见多达百余个,而且都基
本被后来的历史发展证实是完全准确和基本准确的。不比不知
道。反观今天的很多专家,虽然著作等身,但一辈子可能连一个准
确的预见也没有,而毛泽东有时在一天内或一次演讲中,就有好几
个甚至十几个相当准确或基本准确的预见。可以说,毛泽东是中
国历史上预见得到印证最多的预见大师,是最高明的预见家。这
无论是在毛泽东研究中,还是在中国抗战史研究中,无疑都是一种
新的发现。

　　比如:发现毛泽东在全中国和全世界,首先以红色政府名义对

日本宣战，宣战的时间，不是以前通常所说的 1932 年 4 月 15 日，而是 3 月 1 日。他不但早在中央红军失利之前的 1933 年 5 月，就已提出北上抗日，而且在之后坚定地坚持了好几年，并付诸一系列的行动，且最终实现。他的北上抗日，绝不是欺世口号，而是出于民族利益和红军利益的坚定目标，并且代表了当时全国的人心所向。因为当时很多人都提出过"北上抗日"的口号，连蒋介石也曾提出过，但是其他人都没有付诸行动、更没有实现。北上到达陕北后，毛泽东又为实现直接对日作战而东征，由山西再向日军的集结区域河北、绥远等地挺进，希望形成抗战的局面。他始终有着抗日的决心和胜利的信心，从未动摇过。他一直坚持要取得抗日的全胜，即把日本逐出一切中国领土，而非仅仅恢复七七事变前的局面。他始终坚决反对任何人对日妥协和投降，从无对日妥协、投降的言论和行动。他是中国最坚定的抗日派、胜利派、全胜派。

比如：发现毛泽东在抗战期间用力最多的，不是军事指挥，而是搞统一战线；毛泽东是一位用政治统帅、指导军事的"政治军事家"，而不是单纯的军事家。在毛泽东那里，统一战线把日本侵略者及其盟友以外的国内外一切人动员起来，反对日本，对日本形成包围，具有化敌为友、化干戈为玉帛、化战火于无形、化战争为和平的作用。统一战线是中国抗战中"无硝烟的战场"，是通常所说的正面战场、敌后战场这两个战场之外的"第三个战场"。

比如：发现毛泽东早在《论持久战》演讲发表之前好几年，就在中国比较早地提出了中日战争是持久战的思想，并在党内外、国内外人士面前几十次地宣传过，特别是还把持久战上升为战略。《论持久战》是毛泽东持久战思想的进一步丰富、系统、深化和集大成，是中国和世界上对中国抗战为什么是持久战，怎样进行持久战论述得最生动具体而详尽系统的著作，当时及后来都在国内外得到超乎想象的极其广泛的传播，产生了巨大的影响，对中国抗战起到实际的指导作用。更为可贵的是，毛泽东又是把持久战思想一直加以贯彻实行的行动家，在抗战的几乎全部时间里，都坚持用这一战略指导敌后军民抗战。因此，毛泽东的持久战思想，不等于《论持久战》，不始于《论持久战》，也不止于《论持久战》。

比如：发现毛泽东提出的人民战争和游击战思想，是中国共产党和国民党抗战战略的最大区别、最根本不同、最显著分界，它是共产党力量在敌后根据地迅速发展、不断发展、越战越强的根本秘诀。它不仅指导了当时的中国敌后抗战，而且指导了二战以后不少亚非拉国家的民族解放斗争，甚至对今天的国际战争、国际政治还产生实际的影响，它并没有过时，进入历史的博物馆。

比如：发现毛泽东在指导敌后抗日根据地建设中，十分重视经济建设，率先提出以经济建设为中心的思想，把经济建设作为根据地党委和政府的中心工作。经济建设中又十分重视发展生产，而不是加重税收；重视改善民生，特别是用集体互助合作的方法去发展生产和改善民生。他在党内首先发现并大力纠正各根据地的一系列左的社会政策，提出左倾错误是当前主要危险。他的纠左努力超出人们的想象。

比如：发现毛泽东不但指挥着敌后战场抗击日军，建立根据地（这些不断扩大的根据地，是抗日军民从日军手里而不是从政府手里夺来的，是政府先前丢弃给日军而敌后军民又加以恢复的），而且实际地赞画和支持了正面战场的对日抗战。毛泽东对正面战场的积极抗战有过很多赞扬，包括对正面战场的一些失地和暂时失利，也有正确的理解和客观的评价。毛泽东对正面战场的消极避战和接敌后一触即溃的逃跑主义，也有不少批评，但他对敌后战场的一些抗战不力，同样给过狠狠的批评。他对抗战不力的批评，是不分党派的，是从全民族利益出发的公允之见，而非党派之争或门户之见。

比如：发现毛泽东在抗战中特别重视民主，一直把抗战与民主并提，把民主视为抗战胜利的重要条件，在抗战中一直高举着民主的大旗。他不愧为民主的旗手。他的这一形象也超出很多人的想象。

比如：发现抗战期间，无论是外国人，还是华侨等党外人士，见了毛泽东后都对他印象很好，评价很高，甚至认为他是中国的"救星"。这也出乎很多人的意外。

比如：发现毛泽东的抗战思想，不但在中国得到广泛传播和实际应用，而且在国外也得到广泛传播和实际应用，特别是日本，也把他的著作印发供研究。二战后，不但被侵略者、被压迫者用它来指导反侵略战争和反压迫战争，而且侵略者和压迫者也在研究。当然，由于立场不同，他们只能从中看到人民战争的巨大威力，看到侵略战争失败的真正原因，不可能真正学会运用毛泽东抗战思想的精髓。中国任何其他抗战思想，都没有毛泽东的抗战思想那样广泛地、持续地得到传播和应用，产生那样大的国内外影响。这又是出乎很多人想象的。

这些新发现，就使本书具有了新颖性和独创性，具有了不同于别人、超出于别人的创新点和可贵之处，它们也构成了作者的兴奋点、读者的看点、出版者的卖点，使本书有了存在的价值。

上面说到，本书实际也是对毛泽东抗战著作的一次重读和精读。因为我的所有论点都来源于、立足于、依据于毛泽东抗战时期的著作，我先把其中的相关点、核心点、闪光点、精彩点列举出来，与读者一同重温、重读，然后或列举事实加以对比，或加以点评和论述，谈些自己的感受和体会。也许罗列得过于频繁，以致有堆砌史料之嫌，但我觉得这还是有必要的。因为这些史料，很多过去是被人忽视的，或者是被人误解的，或者是没有被重视、没有被深刻理解的；特别是这些史料，又是很有说服力的，能够形成系列证据链，自身就已能说明问题，而无需笔者多费笔墨。它胜过那些无根的空泛之词、空疏议论、空洞观点，它能够让人信服，不辩自明。我的所有观点，都来自它们，我认定毛泽东是"抗战旗帜"的结论，也来自它们。我的观点和结论，有这么多的真实史料作支撑、作凭证、作依据，我心里踏实，我不心虚、不脸红、不缺少底气，我相信它经得起别人辩驳，经得起历史检验。这些史料，使得本书又具有了客观性、扎实性、可靠性、权威性，使它更具有厚重感，具有学术性和史料性。这些坚实的史料共同证明：毛泽东完全符合本书开头提出的作为抗战旗帜应该具有的 12 个条件。毛泽东，不愧为抗战的旗帜；"抗战旗帜"这个称号，毛泽东当之无愧，舍他无谁！